KB174319

기후학·고고학·언어학·
유전학 관점에서 살펴본

유럽 민족의 기원

기후학·고고학·언어학·유전학 관점에서 살펴본

유럽민족의 기원

1판 1쇄 인쇄_2021년 05월 10일
1판 1쇄 발행_2021년 05월 15일

지은이_엘리자베스 하멜 Elisabeth Hamel
옮긴이_김재명
펴낸이_홍정표

펴낸곳_글로벌콘텐츠
등록_제25100-2008-000024호

공급처_(주)글로벌콘텐츠출판그룹
대표_홍정표 이사_김미미 편집_권군오 하선연 문유진 홍명지 기획·마케팅_이종훈 홍혜진
주소_서울특별시 강동구 풍성로 87-6 전화_02-488-3280 팩스_02-488-3281
홈페이지_www.gcbook.co.kr 메일_edit@gcbook.co.kr

값 45,000원
ISBN 979-11-5852-321-3 93300

기후학·고고학·언어학·유전학 관점에서 살펴본

유럽 민족의 기원

엘리자베스 하멜 지음 | 김재명 옮김

글로벌콘텐츠

Das Werden der Völker in Europa

머리말

독일의 제1TV 방송국 ARD가 1996년에 방영한 '쉬페사르트Spessart로부터 카르벤델Karwendel까지'라는 시리즈를 시청하고 난 후, 나는 뮌헨 대학에 재직하던 언어학자 테오 페네만Theo Vennemann 교수에게 관심이 생겼다. 페네만 교수는 언어학이란 도구를 가지고 유럽 선사시대에 일어난 일에 대해 새로운 주장을 했다. 나는 페네만 교수의 주장을 고고학, 유전학 분야에서 심도있게 살펴보았고, 그 과정에서 그의 주장에 크게 공감하여 이 책을 쓰기로 결심했다.

나는 선사시대의 민족 이동이라는 주제로 발표된 여러 학문 분야의 최근 논문들을 정리하는 것이 우선이라고 생각했다. 기후학, 고고학, 언어학, 유전학 등의 분야는 이 주제에 대해 새로운 사실을 많이 알려준다. 이 과정에서 언어학이 가장 어려운 학문이라는 것도 드러난다. 최근 언어학은 수학자들에 의해 다른 어떤 분야보다도 상당히 추상적인 방법으로 다루어지고 있다. 많은 전문 분야 중, 특히 언어학에서 학자들은 일치된 의견을 보이지 않고 있다. 그런데도 문외한인 내가 여기에서 내 멋대로의 견해를 피력하는 것을 너그러이 보아주기 바란다. 그래서 이 책에서 서술한 내용과 더불어 여기에서 혹시라도 오류가 발생한다면, 전적으로 나의 책임임을 말해둔다. 나는 전문가는 아니지만, 전문분야의 참고문헌이 내포하고 있는 문제점을 잘 알게 되었다. 그래서 나는 복잡한 내용도 일반인들이 쉽게 이해할 수 있게 서술하려고 노력하였다. 또한 영어를 모르거나, 뮌헨에 있는 독일 시립도서관에 있는 자료를 이용하지 못해 영문으로 쓰인 문헌을 접하지 못하는 독일 독자들도 고려하였다. 물론 먼저 이런 자료가 있다는 사실을 알아야만 해당 문헌들을 이용할 수 있기는 할 것이다. 나는 대학에서 강의를 들으면서 알게 된 여러 강사분을 통해 이런 자료에 손쉽게 접근할 수 있게 되었다.

이 책은 다양한 분야의 내용을 대충 모아서 만든 것이다. 그러나 독자들이 이 책을 통해 '좀 더 많은 것에 대한 흥미'를 얻게 된다면, 나는 이미 목표를 달성했다. 그뿐만 아니라, 나는 더 많은 자료를 제시해 주고 싶고, 이 책을 읽을 때 어떤 식으로 읽으면 좋을지에 대한 힌트도 주고 싶다. 독자들은 이 책의 모든 장들에 동일한 흥미를 느끼고 매료되지 않을 수 있다. 나는 이 책에 전부를 담을 욕심에서 지엽적이고 부분적인 것은 생략하기도 했다. 따라서 책 전체를 다 읽으려 하지 말고, 상대적으로 흥미를 더 느끼는 부분을 먼저 읽어보기를 권한다.

무엇보다, 이 책은 학생들을 위한 참고서이다. 언어학은 일반인에게 잘 알려지지 않은 학문이지만, 고등학생들이라면 이 책을 읽고 언어학에 관심을 가질 수 있을 것이다. 이러한 점은 기후학, 고고학, 유전학에도 적용된다.

이 연구를 시작한 이래 나는 흥미진진한 시간을 보냈다. 그리고 많은 만족감을 느꼈다. 이러한 불꽃이 이 책을 읽는 독자들에게도 튀어서, 내가 경험한 것처럼 이 책에서 소개한 내용들이 여러분에게도 미지 세계를 향한 흥미진진한 탐구 여행이 되기를 바란다.

> 학습서는 매력적이어야만 한다. 그래야만 당신에게 지식과 학문에서의 즐거움을 쉽게 접하게 해 준다.
>
> - 요한 볼프강 폰 괴테(1749~1832)의 유서에서 -

감사의 말

나는 이 책을 나의 아버지, 한스 칸츠(1914~2000)께 바친다. 나의 아버지는 자신의 아홉 자녀가 폭넓은 교양을 갖출 수 있도록 애쓰셨다. 그리고 이를 통해 나에게 다양한 언어들로 쓰인 여러 학문적 텍스트를 이해할 바탕을 마련해 주셨다. 또한, 아버지는 나의 작업을 돕기 위해 노트북과 컬러 프린터도 마련해 주셨다. 더 나아가서 아버지는 자신의 오랜 인생 경험을 바탕으로 하여, 내게 책을 다양하게 꾸미는 귀중한 방법들도 알려 주셨다. 내 여동생인 마리아 펜리히와 헤르베르트 바그너도 컴퓨터 작업을 하는 도중에 발생하는 여러 문제점을 해결하는 데 유용한 도움을 준 것에 대하여 감사를 표한다. 발터 바이스 씨에게는 이 책의 교정을 보아주면서 많은 건설적인 비평을 해 준 것에 대해 감사함을 느낀다. 그리고 여러 오류를 찾아내 주신 헤르만 베함 씨에게도 감사드린다.

내 작업을 알고 있던 많은 지인이 신문기사들을 오려오는 등 수많은 자료를 모으는 데 도움을 주었다. 그러한 그들의 도움이 이 책에 있는 각 장의 내용을 풍부하게 만들어 주었다. 나는 이들 모두가 이 책이 탄생하는 데 함께 참여하였다고 생각한다. 고고인류학 분야의 후베르트 발터Hubert Walter, 기젤라 그루페Gisela Gruppe, 혈청학 분야의 콘라드 훔멜Konrad Hummel, 고고학 분야의 한스유르겐 뮐러-벡Hansjürgen Müller-Beck, 지리학 분야의 콘라드 뢰그너Konrad Rögner, 언어학 분야의 테오 페네만Theo Vennemann, 이바 벨셔Iva Welscher, 볼프강 슐체Wolfgang Schulze, 베라 빈더Vera Binder, 페더 슈라이버Peter Schrijver, 유전학 분야의 피터 포스터Peter Forster, 엘리자베스 바이스Elisabeth Weiß 등 여러 분야의 교수들이 문외한인 나의 여러 모든 질문에 대해 참을성을 갖고 성실히 답변을 해 주신 학문적인 조력자들이다. 특히 테오 페네만 교수에게 감사를 드리고 싶다. 청강생으로서 그의 세미나와 강의를 듣는 과정에서, 페네만 교수로부터 받은 많은 조언과 수정사항이 이 책에 그대로 반영되었다. 또한 날카로운 비평으로 유명한 한스-유르겐 반델트Hans-Jürger Bandelt 교수에게 받은 조언도 이야기를 안 할 수가 없다. 우베 두빌치히Uwe Dubielzig와 로버트 마일함머Robert Mailhammer는 학문적인 자문을 맡아 주었고, 프로리안 블라쉬케Florian Blsaschke는 언어학 분야의 모든 색인 작업을 맡아주면서 추가 보완을 해 주었다. 베를린의 에델트라우드 쉰펠트Edeltraud Schönfeldt는 원고 초안을 읽기 적절한 형태로 정리해 주었으며, 에바스베르크의 요한 브란트Johan Brand는 레이아웃에 대해 상세히 살펴주었다.

나의 남편은 재정적인 도움을 아낌없이 주면서, 나를 가사의 부담에서 벗어나게 해 주었다. 남편의 도움이 없었다면, 아마도 이 책은 출간되지 못했을 것이다.

레이아웃과 출판 비용은 안드레아 폰 브라운 재단이 거의 전적으로 대 주었다. 이에 대해 심심한 감사를 드린다.

번역의 변

저자는 이 책에서 유럽의 여러 언어와 민족이 형성된 과정을 다루고 있다. 그런데 여기에서는 현재 살아있는 언어와 민족뿐만 아니라, 예전에 한때 유럽에 나타났다가 사라진 언어와 민족도 함께 다루고 있다. 이 과정에서 저자는 다양한 시각으로 기후학, 고고학, 언어학, 유전학 등에 접근하고 있다. 이처럼 특정 학문 분야를 연구하는 데 있어서, 우리는 이제 여러 분야의 학문 연구를 동원하여 바라보는 시각이 필요하다. 왜냐하면 이런 다제간 학문 연구를 통한 협업을 통해 좋은 연구 성과를 얻어낼 수 있기 때문이다. 따라서 이제는 인문학 연구에 있어서 자연계통의 연구결과와 그 방식의 도움이 필요하고, 자연계통의 연구에서도 인문학 분야의 도움 또한 필요하다. 이러한 측면에서 이 책에서 서술된 접근 방식과 내용은 우리에게 많은 시사점을 준다.

놀라운 사실은 저자가 정통 학자 출신이 아니라는 점이다. 저자는 원래 기자로 활동하며 취재하다가 이 분야에 큰 관심을 두게 되었다. 이리하여 직접 대학에 들어가 공부하면서 여러 분야의 학자들과 교류하였다. 이때 저자는 뮌헨의 저명한 언어학자인 테오 페네만 교수의 영향을 많이 받았고, 또 영국의 피터 포스터 같은 젊은 유전학자를 비롯한 여러 학자의 도움도 크게 받은 것으로 보인다. 테오 페네만 교수는 음성학 등 순수 언어학을 연구하여 많은 업적을 낸 분이다. 그러나 최근에는 유럽의 지명과 언어에 관련된 부분의 연구에 깊이 파고들어, 이 분야에서 새로운 사실을 많이 밝혀냈다. 특히 유럽의 여러 언어 형성에 세미티드어계의 언어가 끼친 영향에 주목하면서, 이에 관한 여러 놀라운 연구결과를 내

보였다. 그리하여 이 분야에서 독특하고 독보적인 학문 분야를 확립하여, 아직도 활발하게 활동하고 있다.

저자는 다방면에서 엄청나게 많은 자료를 수집하여 이 분야에 대해 깊이 분석하고 연구하여 이 책을 출간하였다. 저자가 모은 자료들이 너무나도 방대하여 한 편으로는 다소 버거운 측면을 보여주기는 한다. 그러나 순수 아마추어로 시작하여, 이처럼 방대한 책을 출간할 정도로 저자가 이 분야의 학문 연구에서 보여준 열정은 절로 감탄이 나올 정도다.

번역하는 과정에서 많은 어려움이 있었다. 특히 전문 용어를 한국어로 적절히 번역하는 일이 아주 어려웠다. 관련 분야의 많은 용어가 아직 한국어로는 적절히 번역되지 못하여, 학자마다 자의적으로 번역하여 사용하는 경우가 많기 때문이다. 또 흔히 일상에서는 일반적으로 원어 용어를 그대로 사용하는 관례가 아직은 강하게 남아 있다. 그렇기 때문에 적절히 한국어로 번역된 용어를 찾아내기가 어려웠다. 그렇지만 원서에 나온 독일어 용어들을 가능한 한 많이 적절한 한국어 용어를 찾아내어 사용하려고 노력했다. 그러나 역시 여기에도 한계가 있어 일부 용어에서는 역자가 자의적으로 만들어 사용했다. 용어를 자의적으로 만들 때는 내용상의 오해를 피하고자 한국어로 번역된 전문 용어마다 독일어 용어와 더불어 영어로 된 용어도 가능한 한 전부 병기했다. 왜냐하면 국내에서는 일상적으로 영어로 된 용어가 흔히 사용되고 있기 때문이다. 이는 저자의 요구이기도 했다. 또 한자 용어도 병기하여 독자의 이해 폭을 더욱 넓히고자 했다.

원서가 독일어로 쓰인 것이어서 학문 용어 외에도 일부 지명 등 고유명사들을 표기하는 데에도 어려움이 컸다. 전문 용어와 마찬가지로 국내에서는 영어로 된 용어가 일반적으로 기반을 이루고 있기 때문이다. 이 때문에 여기에서도 필요하다고 생각되는 곳에서는 가능한 한 독일어로 된 용어와 더불어 영어로 된 용어도 병기했다.

책 출간 이후, 세계의 많은 독자로부터 지적받은 표기상 또는 내용상의 여러 오류가 지적되었다. 이 중에서 저자가 스스로 인정한 것들은 번역하는 과정에서 가능한 한 충실히 반영하려고 노력했다. 아울러 책의 서술이 다소 모호하여 독자에게 오해를 살 만한 사항은 저자와 여러 번의 메일을 주고받으며 독자가 이해하기 쉬운 방향으로 그 서술 방식을 바꾸도록 유도했다. 따라서 일부 내용에 있어서는 원래 책과는 다른 측면이 보이기도 할 것이다. 이 점 양지하기 바란다.

저자는 이 책이 평범한 일반 독자들도 충분히 이해할 수 있도록 서술했다고 말한다. 이에 역자도 독자가 이 분야들에 대해 특별한 소양이 없더라도 충분히 이해가 가능하도록 서술하고자 노력했다. 이러한 과정에서 역자는 독자의 이해를 돕고자 필요하다고 생각되는 부분에서는 적절한 주를 추가로 덧붙였다.

이 책의 저자는 원래 참고문헌을 책의 뒷부분에 위치시켰다. 역자는 이를 본문 안에 있는 해당 부분을 일일이 찾아내어 전부 본문 안에다가 안치시켰다. 그리고 역자 본인이 추가로 넣는 주는 해당되는 페이지에서 각주로 집어넣었다. 이는 역자의 주를 집어넣기 위한 부득이한 선택이었다. 이 점 양해를 바란다.

이 책의 번역에 있어서 많은 사람의 도움을 받았다. 특히 각 전문 분야의 용어 번역에 어려움이 컸다. 이에 생화학 분야를 전공한, 강릉원주대학교의 총장을 지낸 한송 명예교수와 한림대학교의 위세찬 명예교수, 음악 분야에서는 강원대학교의 김경순 명예교수, 언어학 분야에서는 경상대학교의 신용민 교수, 고고학 분야에서는 강원대학교 박물관에 근무한 분들의 도움을 받았다. 진심으로 도움을 주신 모든 분께 지면을 통해 감사를 드린다.

아울러 이 책을 출판하기로 결심해 주신 (주)글로벌콘텐츠출판그룹 홍정표 대표와 방대한 내용과 많은 그림 때문에 편집에 큰 어려움을 겪었을 여러 직원에게도 깊은 감사를 드린다.

제3-1장 | 언어학의 기여 - 재구성의 방법 | 143

부록 | 713

Das Werden der Völker in Europa

1

빙하시기에 유럽에 살던 사람들

빙하시기에 유럽에 살던 사람들

지금으로부터 약 200만 년 전에 요르단과 잠베지강 사이에 걸친 아프리카의 한 지역에서는 끊임없는 지각변동으로 대륙판들이 엇갈리면서 거대한 모래톱이 하나 생겨나서 자라고 있었다. 이에 6,000km에 걸쳐 뻗어있는 이 엄청난 크기의 고원지대에서는 두 개의 서로 다른 기후지대가 형성되었다. 즉 서쪽지대는 대서양의 촉촉한 바람이 끊임없이 비를 내리게 한데 반하여, 동쪽지대는 연중의 상당 기간 건조한 상태에 머물렀다. 다만 계절적으로 생기는 우기에는 이곳에도 상당한 양의 비가 내렸다. 이에 서쪽지대에는 우림이 생긴 반면에, 이 산록의 동쪽지역에는 사반나 지역이 형성되었다. 그리고 이 사반나 지역에서 기어 다니던 원숭이로부터 직립인간이 진화되어 나왔다.

현재 여러 분야의 학자들은 아프리카 동부지역이 현생 인류를 태생시킨 곳임이 틀림없다는 데에는 의견일치를 보이고 있다. 1940년대에 프란츠 바이덴라이히Franz Weidenreich 외의 여러 학자들이 현생인류가 여러 지역에서 기원하였다는 주장을 내세우기도 하였지만, 이는 오늘날 설득력을 잃어가고 있다. 왜냐하면 그렇다면 현생인류가 여러 지역에서 평형선을 이루면서 발전해 나간 사실은 어찌 설명할 수가 있겠는가? 이리하여 오늘날 학계에서는 '아프리카로부터의 탈출설의 이론Out-of-Africa-Theorie'이 다수의 지지를 받고 있다.

지금부터 약 55,000년 전에 '호모 사피엔스 사피엔스Homo sapiens sapiens'에 속한 한 인간의 계통이 아프리카 대륙의 경계선을 성공적으로 넘어서면서 다른 대륙에 정착하기 시작했다. 이들 대부분은 아프리카의 동쪽지역에서 움직이고 있었다. 오늘날 재구성된 당시의 해안선을 근거로 하여 보면, 이들의 행로는 아라비아 반도와 인도를 거쳐 인도네시아 지역에까지 이르렀음을 추정할 수 있다. 아시아인과 유럽인과 파푸아인이 이런 최초 이주자들의 후손이었다. 추측건대 오늘날 이들 중에서 단지 수천 명이 서쪽방향에 있는 코카사스 산맥 쪽으로 간 후에, 이 산맥을 넘어서는 오늘날의 유럽지역에 들어서기 시작했다. 그렇다면 그 어떤 요인이 현생인류를 자신들의 기원지에서 이 아주 먼 지역들에까지 들어서게 만들었을까?

자연재해는 항상 인류문화를 바꾼 주요 요인이었다. 인간은 언제나 한발과 엄습하는 추위 및 질병 등과 싸워 이겨야만 했다. 문화의 커다란 단절에는 무엇보다도 해일 및 화산폭발과 같은 자연현상이 예외 없이 작용하였다고 오늘날 사람들이 믿고 있다. 먹을 것을 찾는 일은 인간이 새로운 거주지를 찾아 나서게 한 우선적인 요인이었다. 만일 토지가 인간이나 동물에게 충분한 먹을 것을 제공하지 못하여 식량이 부족하게 되거나, 기후변화에 따라 생활환경이 급작스레 나빠지

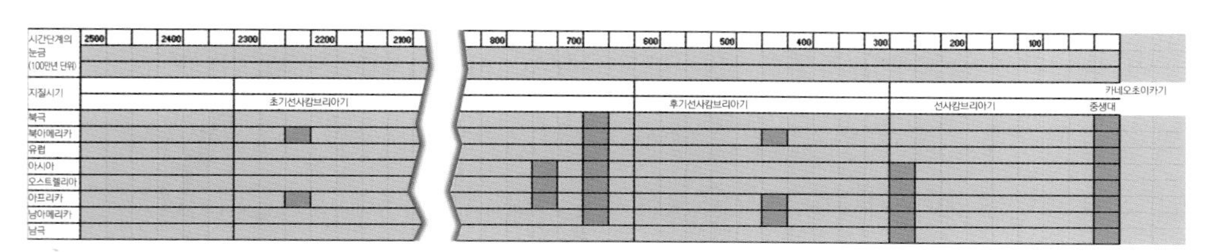

1-01_ 한트케Handtke에 따른 빙하기

빙하 현상은 빙하 퇴적물과 빙하에 의해 침식되어 생긴 자국을 통해 알아낼 수 있다.
여기에서 빙하 현상은 회색 영역으로 표시되어 있다.

거나, 또 인구가 너무나도 늘어나게 되면, 인간은 그동안 살던 곳을 떠나 새로운 고향을 찾아 나서야만 했다. 그런데 낯선 곳으로의 가는 길에는 항상 위험이 도사리고 있었다. 따라서 지금 살고 있는 지역이 도저히 살 수 없게 된 경우에만 이들은 출발 길에 나섰다. 사냥꾼은 사라져가는 야생동물을 쫓아갔으며, 채집자들은 먹을 것이 풍부한 곳을 찾아 나섰다.

유럽에서의 최초 거주지의 흔적은 아주 드물지만 45,000년 전 이전에 이미 나타난다. 당시 이곳의 온화한 기후는 인간이 살아가기에 좋은 조건을 제공했다. 그래서 소규모 집단의 사냥꾼과 채집자들이 유럽 전역에 흩어져 살았다. 그러나 인구밀도는 수천 년간 아주 낮았다.

그러다가 2만 년 전에 유럽의 생활환경이 갑자기 나빠져서 연 평균기온이 몇 도나 낮아졌다. 이에 중부유럽의 차고 건조한 지대에서는 수 미터 깊이까지의 얼어붙은 동토지역이 생겨나면서, 광대한 넓이의 툰드라 지역이 형성되었다.

이런 빙하기의 원인에 대해서는 아직도 알려진 바가 거의 없다. 이렇게 지구가 냉각된 원인으로는 우선적으로 행성들의 위치가 변경되면서 생긴 태양열의 강도 변화 때문으로 추측되고 있다. 우리의 태양은 매 2억5천 년마다 은하의 먼지 세계를 통과하여야만 하는데, 이때 그 빛의 강도가 약해진다. 이렇게 우리의 태양계가 은하의 먼지 세계에 빠져드는 것이 빙하기를 유발하는 원인이 되거나 아니면 적어도 이를 일으키는데 일익을 담당하게 된다.

커다란 위성들이 태양 주위를 도는 궤도상에서 1306~1307년에 일어났던 바와 같은 대열을 지으며 위치하였을 때에, 강해진 중력이 지구를 더욱 끌어당겼다. 이때 태양과 지구 사이의 거리는 천만 킬로미터 내지 천5백만 킬로미터나 더욱 멀어졌다. 14세기 초기에 소빙하기가 생긴 것은 이 때문이다. 이때 연 평균기온이 섭씨 1.5도나 낮아졌다. 위성 행렬의 변경 외에 거대한 화산 폭발도 지구상

1-02_ 천체 메커니즘

지구의 축을 통과하는 볼펜형의 심지는 태양을 축으로 하여 도는 과정에서, 13,000년마다 하나의 나선형 곡선을 형성한다. 그 결과로 지구 양극의 한 쪽의 빙하가 지열에 의해 약화됨에 따라서, 반대쪽 빙하의 양이 증가한다. 운석의 충돌 같은 자연 현상이 이런 팽이 운동을 유발시켜, 지구의 궤도를 바뀌게 할 수 있다.

의 기온을 낮추게 한 원인이 되었다. 화산이 폭발할 때에 생긴 먼지 덩어리가 대기권에 진입하게 되면서, 이것은 지상으로 내려오는 태양의 빛을 가리게 만들었다. 또 거대한 운석의 충돌이 한 요인일 수도 있다. 이런 모든 현상들은 지구 역사상에서 여러 번 일어나면서 빙하기를 유발시켰다. 그러나 빙하기의 생성과 소멸에 대한 자세한 원인은 아직도 정확히 알려져 있지 않다.[1)]

확실한 것은 빙하가 형성되기 위해서는 지구상에서 가장 추운 지역인 극지대에도 땅 덩어리가 존재하여야만 한다는 사실이다. 지구의 냉각현상은 그 위치 변경에 따라서 태양열을 아주 적게 받는 곳부터 먼저 시작된다. 이런 조건하에서 자동적으로 상호작용이 일어나게 된다. 그렇지만 이런 상호작용이 아직은 확실히 규명된 것이 아니다.

아직 확실하게 알려진 바는 아니지만, 극지대나 높은 산악지대에서 눈이나 얼

1) 지구는 흔들리는 축 운동을 하면서 태양 주위를 돈다. 이때 달은 지구를 안정화 시키는 역할을 한다. 지구는 41,000년을 주기로 22°6'~24°3'로 기운 각도의 사이에서 조금씩 바뀐다. 이때 지구의 궤도는 타원형이며 긴 쪽 부분에서는 태양이 중심부로부터 벗어나 있다.

음의 양이 늘어나면서 쌓이게 되면 이에 따른 자기효과는 증대한다. 눈과 얼음은 땅이나 바위와는 달리 태양광선을 열로 변환시키지는 못하고, 이를 우주상으로 되돌려 방출한다. 이에 따라서 지구는 따뜻해지는 대신에 냉각되면서 이곳에서의 빙하는 점차 증가하게 된다.

찬 공기는 따뜻한 공기보다 습기를 적게 내포한다. 따라서 극한의 추운 겨울시기에는 빙하가 더 커지지 않는다. 추운 시기에는 항상 건조하다는 특징이 있다. 그리하여 춥고 건조한 겨울철에는 강우량이 적어진다. 시원하고 비가 없는 여름철과 온화하고 비가 없는 겨울철은 빙하를 증가시키는 최적의 조건을 제공한다. 이리되면 지상에서의 평균 기온이 낮아지면서 빙하의 규모가 커진다.

지구 역사상 지금부터 약 8억 년에서 6억 년 전 사이에 적어도 한 번은 완전한 빙하기가 도래하여, 지구의 내륙 전체와 대양의 상당 부분을 얼음으로 뒤덮었다. 학자들은 이 시기의 지구를 '*눈덩어리 지구*Schneeballerde'라 부르고 있다. 지구 전체에 걸쳐 나타난 이런 빙하 현상은 여러 다양한 종류의 종種들을 출현시키기에 유리한 조건을 만들어냈다. 생명의 원래 조상들은 섭씨 60도의 고온이나 간헐 온천에서도 생존 할 수가 있는 박테리아였다. 오랜 기간 지속되었던 고립시기에는 이들 생명체들이 각기 달리 발전해 나가는 것을 극도로 불가능하게 만들었다. 그 결과로 그동안 이들의 유전인자들이 서로 간에 교류를 하지 못하였는데, 이제는 이들이 독자적인 발전을 하는 것이 가능하게 되었다. 따라서 이때에 이르러서야 비로소 여러 다양한 종류가 생겨날 수 있었다고 추측된다. 이 '눈덩어리 지구'의 시기도 온난기의 시기처럼 불안정한 시기였다고 알려진다 (http//www.awi.brmerhaven.de/Modelling/Paleo/inTopics/Snowball.html (2006. 03. 02); Gabriele Walter, Schnellball Erde, *Die Geschichte der globalen Katastrophe, die zur Entstehung unserer Artenvielfalt führte*, Berlin, Berliner Taschenbuchverlag, 2005).

오늘날 보이는 지형이나 퇴적의 형태를 보고서, 우리는 예전에 그곳이 어떤 상태에 있었는지를 추리해 낼 수가 있다. 즉 빙하가 녹은 물이 고여 만들어진 호수의 계곡과 돌이나 절벽에 나타난 빙하가 할퀴고 간 흔적들을 보면, 예전에 빙하가 어떻게 전진해 들어왔고, 어떻게 정체되어 퇴적물을 남겼고, 또 어떻게 물러나갔는지를 알려준다. 얼음 덩어리 속에 들어 있는 돌덩어리에는 각을 이루거나 네모진 여러 형태의 많은 자국이 나 있다. 빙하의 녹은 물에 의해 운반된 돌들에는 둥글게 닳아버린 모습을 보인다. 강바닥에서 나온 돌의 크기는 이 빙하가 녹은 물이 어느 정도의 속도로 흘러 나갔는지를 말해준다. 즉 강물이 급히 흘러갔으면 남겨진 돌의 양이 많아진다. 타원형과 길쭉한 돌들이 누워진 형태를 보면 빙하가 어떤 방향으로 흘러나갔는지를 보여준다. 빙하가 전진해 들어올 때에는, 이 돌들은 길게 늘어선 상태로 강바닥에 차곡차곡 기와처럼 겹쳐져 쌓여진다. 빙하가 천천히 낮은 속도로 전진하게 되면, 모래나 고운 진흙같은 작은 알갱이들이 모여 축적된다. 거대한 얼음 덩어리에 의해 표석漂石 Findling이라 불리는 거대한 바위 덩어리가 예전에 근처에는 전혀 없었던 곳으로 운반되어 온다.

칼 프리드리히 쉼퍼Karl Friedrich Schimper는 1837년 최초로 '빙하기*Eiszeit*'란 용어를 도입했다. 그리고 오토 마르틴 토렐Otto Martin Torell의 '내륙빙하*Inlandeis*'의 이론이 나오면서 빙하에 대한 실체적 연구가 비로소 시작되었다. 알브레히트 펜크Albrecht Penck는 수 년간의 야외에서의 작업을 통해 남부독일에 있는 알프스 산록지대의 지형도를 만들었다. 따라서 그는 최초로 빙하 연구에 대한 학문적인 토대를 마련한 사람으로 간주되고 있다. 펜크와 그의 동료인 페터 브뤼크너Peter Brückner는 알프스 지역의 빙하시기를 위한 '귄츠*Günz*', '민델*Mindel*', '리쓰*Riß*', '뷔름*Würm*' 등과 같이 알프스 산록에 있었던 빙하시기를 위한 여러 용어들을 만들어 냈다. 이들을 뒤따라 후에 콘라드 카일하크Konrad Keilhack가 북부독일지역에 있었던 빙하시기를 위한 '엘스터 Elster', '잘레 Saale', '바이크셀 Weichsel'과 같은 용어들을 만들어냈다.

지층은 예전에 일어났던 기후변화에 대한 정보를 알려준다. 바람과 비의 마찰 과정을 통해 바위들은 잘게 부수어져서, 모래와 황토와 진흙으로 된다. 그리고 바람은 이들 입자들을 멀리 날린 후에, 이 바람이 그치는 지역에서 이를 가라앉게 만든다. 이들 미세한 입자들은 틈새나 갈라진 곳에 틀어박혀 식물에게는 좋은 서식환경을 제공한다. 중국에서는 이렇게 만들어진 황토층이 300m에까지 달하기도 하고, 유럽에서도 20m에 달하고 있다. 이런 황토층은 지질학자들에게 지구의 역사를 알려주는 서고와도 같은 역할을 한다. 그 규모와 풍화 정도, 화학적 구성 요소, 내포된 아주 작은 달팽이의 집과 꽃가루 등이 각 분야의 전문가들에게 지난 천 년간의 기후변화에 대한 정보를 제공했다.

그린란드의 지층과 깊은 호수 안에 있는 퇴적층도 역시 우리에게 과거의 기후에 대한 정보를 제공한다. 북극지역에 있는 내륙빙하에는 과거의 공기층이 내포되어 있어, 당시 빙하시기에 있던 대기층에서의 구성요소를 알려준다. 당시 공기에 포함된 탄산가스의 양은 산업혁명 시기 이전의 그것보다 훨

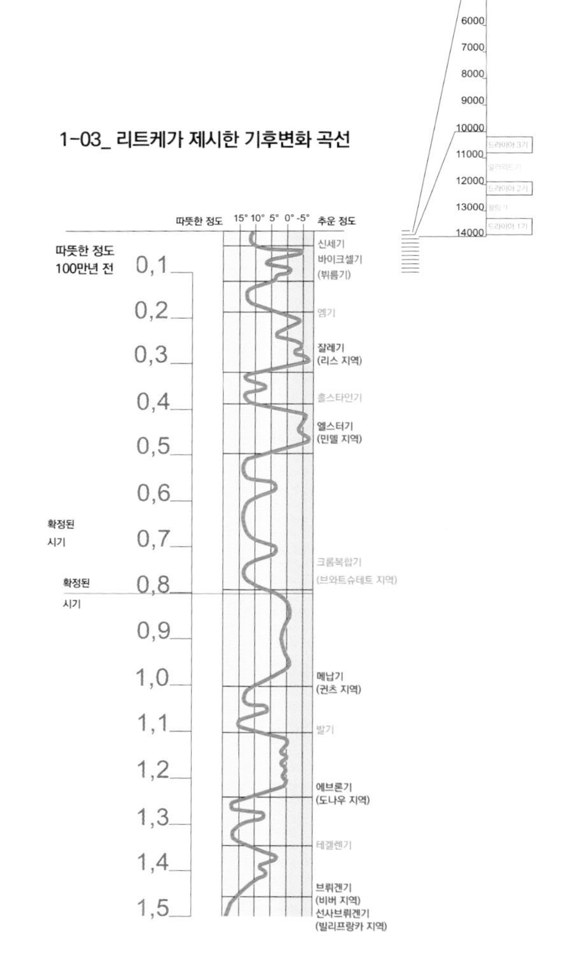

1-03_ 리트케가 제시한 기후변화 곡선

씬 낮았다. 이의 원인으로는 무엇보다도 당시 대양의 활동이 낮았던 때문으로 생각되고 있다.

깊은 호수에 있는 퇴적층은 일반적으로 지상 표면에 있는 바위들보다는 침식의 작용을 덜 받는다. 따라서 온난기와 냉한기의 기후 상황을 상당히 정확하게 알아낼 수 있다. 천 년 동안 약 10cm의 퇴적층이 축적된다. 이 퇴적층에는 작은 미생물체들이 들어 있다. 단세포의 플랑크톤인 유공충에 있었던 석회가 포함된 표피층은 우리가 필요로 하는 당시의 기후 정보를 제공한다. 이 안에 내포된 산소계통의 동위원소Isotope 16O과 18O 사이의 상호관계를 살피면, 당시 습도의 정도를 알아내는 귀중한 자료를 얻어낼 수가 있다. 그리하여 이를 통해 당시의 기온을 알아낼 수 있다. 굴착된 퇴적층에 내포된 이 두 동위원소가 어떻게 상이한 용량상의 차이를 보이는가를 통해 당시의 기후변화를 알아낼 수 있다. 동위원소 18O을 아주 적게 내포하고 있는 퇴적 지층은 과거에 있었던 냉한기를 보여 주요한 지표이다.

1-04_ 남극 얼음 속에서 채취한 200m 길이에 달하는 굴착봉

그림 1-04에서는 방금 남극의 얼음 층에서 얻어낸 굴착 봉이 보인다. 이 얼음 봉의 막대에 불을 비쳐보면, 맨눈으로도 이미 여러 층이 원반처럼 중첩되어 있는 것을 알 수 있다. 거대한 그린란드 내륙빙하에서는 연도에 따른 층들을 뚜렷이 구분하여 보여주는데, 여기에는 각 시기의 얼음 층마다 당시의 여러 다양한 물질들을 녹여내면서 내렸던 비나 눈들이 들어있다. 학자들은 여기에 내포된 물질들과 이 얼음 층의 성분들을 분석하는 방법을 통해, 이제 전문가들은 수천 년 전에 있었던 기후변화를 온도계의 눈금처럼 읽어낼 수가 있다.

우리가 빙하기라 부르는 마지막 냉한기는 약 7,000년간 지속되었다. 이는 지금

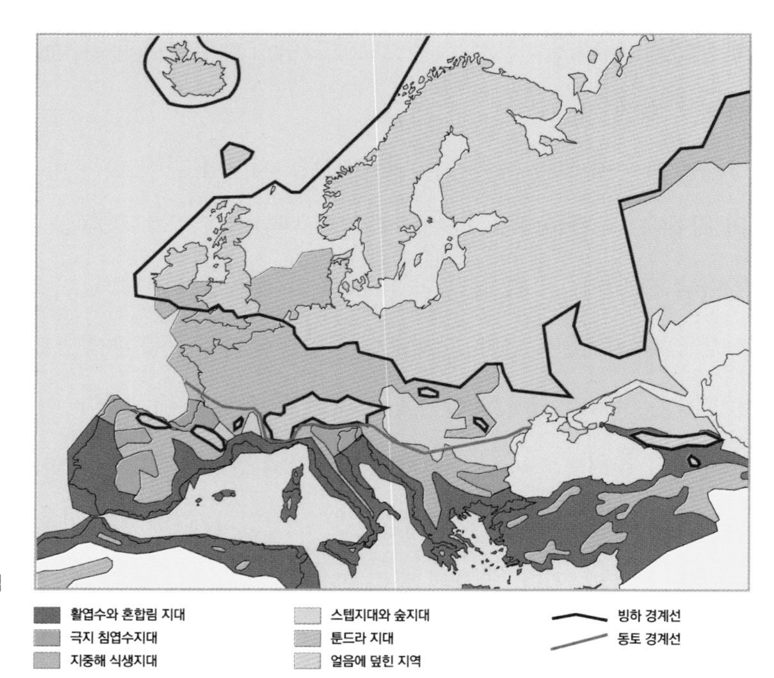

1-05_ 전성기 빙하시기 때의 유럽

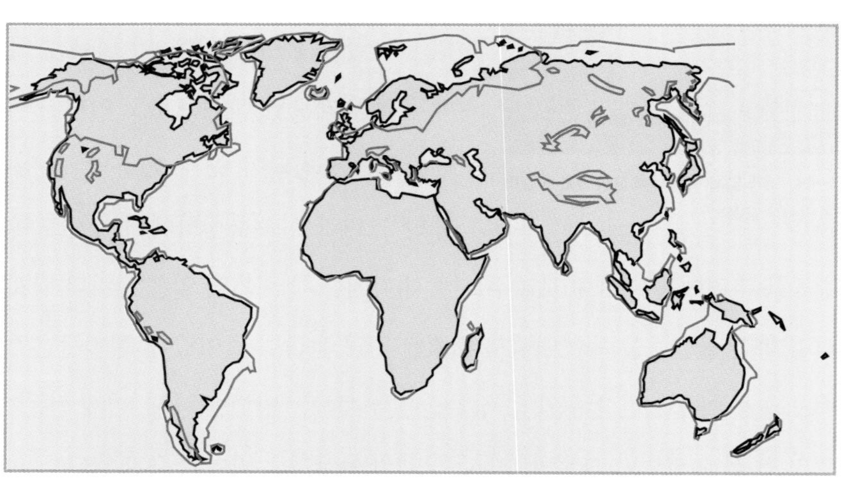

1-06_ 빙하기의 해안선(18,000년 전의 지구)

동토지구 해안선

으로부터 대략 20,000년 전에 시작되었는데, 추위 때문에 식물의 성장시기가 연중 약 3개월로 줄어들었다. 이는 여름철 밤에는 다른 성장 조건을 제공하긴 했지만, 대체로 오늘날 북극의 툰드라 지역에서의 생활환경 조건에 비유된다. 북쪽과 알프스 산악지대로부터는 만년설에서 생긴 빙하가 끊임없이 전진해 들어왔다. 북쪽의 내륙빙하는 오늘날의 발틱해를 넘어서서 북부독일의 전역을 뒤덮었다. 단지 동서로 중부유럽을 관통한 좁은 복도와 같은 지대만이 얼음으로 뒤덮이지 않았다.

오늘날 유럽이라 불리는 지역은 당시 아주 부적합한 생육조건을 보인 곳이었다. 이에 우선 숲이 사라졌다. 처음에는 전나무, 너도밤나무, 참나무가 없어졌고, 그 다음에 개암나무와 소나무 등이 사라졌다. 그리고 추위에 강한 난장이 자작나무들만이 가장 오랜 기간 버텼다. 그러다가 초지들이 번성하였지만, 이들도 결국은 얼음으로 완전히 뒤덮였다. 식물계가 바뀜에 따라서 동물계도 바뀌었다. 일부 종의 동물들이 떠나갔다(그림 1-07을 보라). 마지막 혹한기가 절정에 이르렀을 때에는 유럽의 북서지역은 사람이 살지 않은 곳이 되었다. 사람의 흔적은 오직 아주 온화한 지역들에서, 예를 들면 잉골슈타트Ingolstadt 근교의 벨하임Wellheim 분지나 비스바덴Wiesbaden에서 잉골슈타트에 걸친 지역과 같은 곳에서 지금으로부터 23,000년에서 15,000년 전 사이에 가끔은, 그리고 기껏해야 여름철에만 사람이 거주했다. 식량의 결핍은 툰트라 지역에서의 생활을 이미 아주 어렵게 만들어서, 만년설 지역에서의 생존은 불가능했다. 이에 제때에 더 나은 생활공간을 발견하지 못한 무리들은 추위에 굶주려 죽을 수밖에 없었다.

그러나 모든 곳의 생활환경이 인간에게 적대적인 것만은 아니었다. 강변 지역이나 산악의 초입지대와 언덕 근교 등에는 여러 종류의 동물과 식물을 위한 안정적인 지대가 생겨나서, 인간의 생존을 위한 근거지를 제공했다. 오랜 기간 지속되던

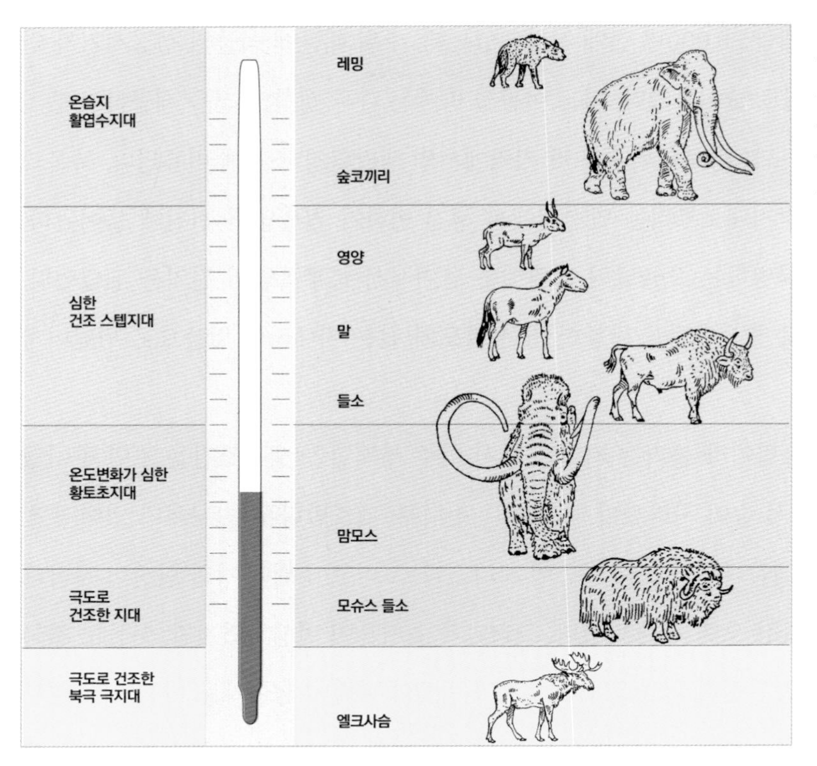

1-07_ 기후 변화에 영향 받은 동물들
식물계가 달라지면서 동물계도 바뀌었다. 일부 동물들은 다른 지역으로 떠나 버렸다.

이 추운 시기를 견뎌내기 위하여, 인간은 피레네 산맥 주변과 이태리 반도나 북아프리카와 같은 지중해변에 있는 온난한 지대로 몰려들었다. 온난한 기후 조건 때문에 코카사스 산맥과 우크라이나와 카르파티아 분지 등에서도 생존이 보장되었다. 유럽에서는 특히 남서부 지대의 계곡지역이 생명의 종들을 유지시키는 데에 큰 기여를 했다. 이들에게 피난 지역이 없었다면, 빙하시기가 끝난 후에 중부유럽에서 오늘날과 같은 다양한 종들이 번성하는 것은 불가능하였을 것이다.

단지 코카사스 지역에서만 코카사스 프뤼겔 호두나무가 이 추운 시기를 견디고 살아남았다. 이 식물은 더 이상 유럽의 내륙 쪽으로는 진출하지 못하고 있다가, 오늘날 인간들의 손에 의해 비로소 다시 유럽에서 자생하게 되었다.

1-08_ 독일 바이에른주의 에베스베르크에 자생하는 코카시아 프뤼겔호두나무와 프뤼겔호두나무의 꽃가루(좌하단)

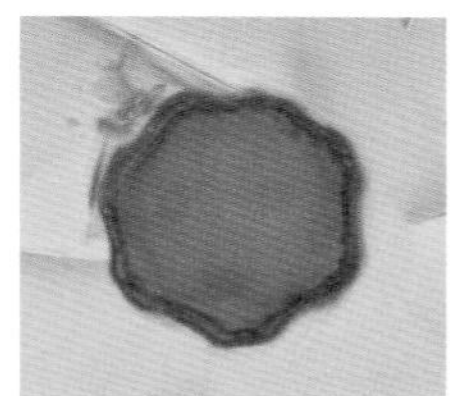

빙하는 수천 년간 이 피난지들을 고립시켰다. 빙하시기에 있었던 이 고립화 때문에 상당 기간 이들 지역의 역사적 발전은 그 과정을 각기 달리했다. 피레네 산맥 주위는 빙하가 최고조에 달했던 춥고 건조한 기후 조건하에서도 빙하기 시대의 사람들에게는 좋은 생활환경을 제공했다. 피레네 산맥에는 피난 지역만이 갖는 특성이 있었다. 즉 아주 험한 산맥지대로서 도처에 접근하기가 아주 힘든 계곡들이 있었다. 피레네 산맥의 정상을 제외하고는 남부 프랑스와 스페인 지역은 결코 얼음으로 뒤덮였던 때가 전혀 없었다. 이베리아 반도의 서부지역, 즉 오늘날의 포르투갈의 생활환경은 소규모 사냥꾼이나 채집경제 사람들에게는 빙하시기 이전보다 오히려 더 나은 생활환경을 제공했다. 왜냐하면 바다의 수심이 낮아짐에 따라 육

지의 면적이 늘어났고, 새로이 생겨난 이 넓은 평야지대는 당시 사냥으로 먹고 살던 이들 수렵인에게는 아주 호의적인 장소가 되었기 때문이다. 오늘날의 포르투갈 지역은 다른 유럽의 남서부지역과 고립되었어도, 문화적으로는 완전히 다르게 되지는 않았다. 이는 이 시기의 석기문화의 발전상에서 입증되고 있다. 그러나 당시 이곳에서 큰 규모의 이주 현상은 있지 않았던 것으로 보인다.

북서 지중해지역에서는 건조현상이 커지면서 기온이 급격히 낮아졌다. 이는 멕시코 만의 해류가 남쪽방향으로 바뀌면서 대서양 해변과 지중해 서부지역의 기온이 섭씨 2도정도가 낮아졌기 때문이다. 이렇게 낮아진 기온으로 식물은 생장의 지장을 받았다. 이에 프랑스 남부지역은 오늘날보다 더 남쪽방향으로 번성했고, 프랑스 서부지역은 점증하는 건조현상의 영향을 덜 받았기에 오늘날보다 더 서쪽방향으로 번성했다. 이 시기에 짧은 기간이었지만 3개의 온난기가 있었다. 즉 23,000년에서 22,000년 전까지의 '투르낙Tournac'시기, 19,200년 전의 '로저리Laugerie'시기, 18,000년에서 16,300년 전에서 오늘날까지의 '라스코Lascaux' 시기이다.

이 지역에 정주한 사람이나, 또 이곳으로 와서 한때 살았던 사람들에게는 북부유럽이나 동부유럽 지역으로 가는 통로가 막혀 있었다. 그러나 남쪽으로 가는 길은 열려 있었다. 바다의 수면이 오늘날보다 100m에서 145m까지 낮아졌기 때문에, 지브롤터 해협의 폭은 아주 좁혀져 있었다. 특별한 융기나 침강이 있지 않았다면, 당시에 이 해협의 폭은 약 1.5km로 줄어들어 있었을 것이다. 이는 스페인과 북아프리카의 식물계와 동물계에게서 많은 공통점이 보이는 데에 대한 시사점을 던져 준다. 따라서 인간들에도 당시 이 해협의 횡단은 어느 때보다도 쉬워져서, 북아프리카와 이베리아 반도의 양방향으로의 이주가 여러 번에 걸쳐 이뤄졌던 것으로 보인다.

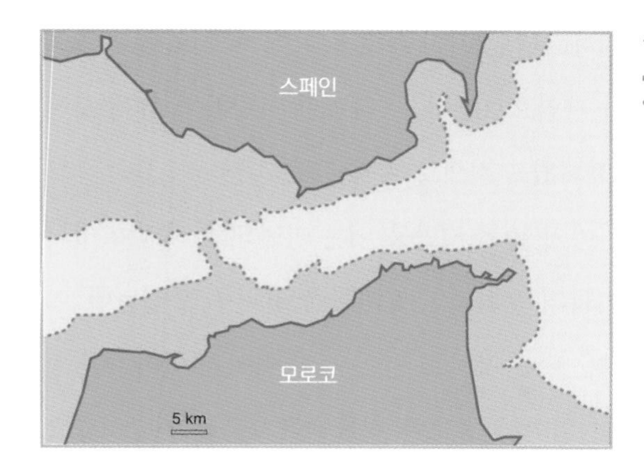

1-09_ 빙하기 시기의 지브롤터 해협
오늘날의 해안선
해수면이 150m 낮아졌을 때의 해안선

남부프랑스와 이베리아 반도 지역에서는 빙하기 때에 인구가 다소 줄어들었을 수는 있으나, 주거 현상이 완전히 중단된 일은 결코 없었다. 빙하기에 많은 사람이 살아남으려고 추운 지역으로부터 이곳으로 이주해 들어왔다. 진화사다리의

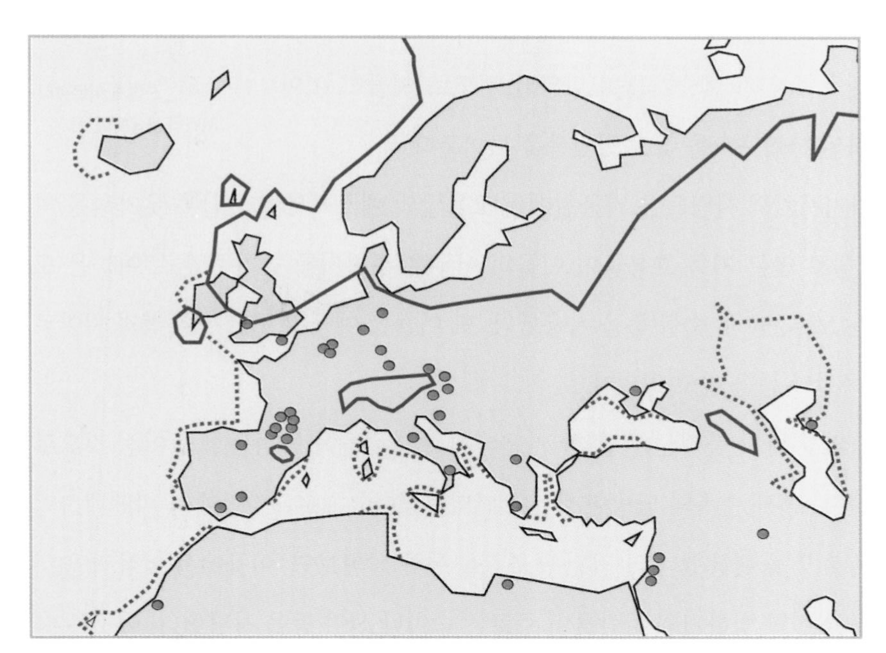

1-10_ 네안데르탈인의 유적지
당시의 해안선 빙하 경계선 네안데르탈인 발견 유적지

과정에서 우리의 사촌이었던 네안데르탈인도 이 추운 시기에 이 지역을 선호해 살았다. 이에 이 지역에서는 여러 지역으로부터 온 다양한 사람들이 함께 모여 살면서, 공통의 문화와 언어를 발전시켰을 것으로 추측된다.

빙하기시기의 사람들은 결코 의미 없는 소리만을 내는 야만의 원시인이 아니었다. 단지 석재로 된 물건만이 이들의 문화적인 결과물을 알려주고 있는데, 이는 목재나 뿔 및 식물의 섬유와 같은 다른 재료로 만든 것이 썩어 없어져 버렸기 때문이다. 구석기시대의 사람들이 얼마나 정교한 직물제조기술을 개발시켰으며, 또 그들의 정신적 교양 수준이 어느 정도였는가는 단지 추측에만 의존할 수 있다.

그런데 동굴 벽의 그림들이 숙련된 솜씨로 그려졌고, 그곳에 나타난 동물들은 멋지게 정형화되어 묘사되어 있다. 이는 당시에 전통적인 교육을 받은 재주 있는 직업적인 무속인과 예술가들이 나타날 정도로 이들이 이미 세분화된 사회구조를 갖고 있었음을 보여준다.

1-11_ 프랑스 마르술라 지역의 동굴벽화

빙하기시기의 사람들은 겨울철에는 오늘날의 에스키모인과 같은 옷차림을 하였다. 돌로 만든 기름 호롱불이 이들의 어두운 주거지를 밝혀주었고, 이들은 도구로는 모루, 망치, 숫돌 등을 사용했다. 또 이들은 예식 도구로서 부적과 치아로 만든 목걸이 등을 갖고 있었다.

이때의 피난지 풍경은 풀밭 한 가운데에 소나무들이 듬성듬성 들어선 것으로 상상된다. 당시 순록의 남방한계선은 칸타브리아Kantabrien지방에서 피레네산맥의 북부지역을 관통했다. 발견된 뼛조각을 통해 살펴보면, 이곳에서 이상적인 서식지를 발견한 빙하기의 사람들이 주로 사슴이나 산양 등을 사냥했다. 이곳은 사람들에게도 아주 살기 좋은 지역이었다. 오늘날의 바스크 지역에서 발견되는 대부분의 빙하기시기의 예술작품들은 이때 만들어졌다. 라스코에서와 같은 동굴벽화는 당시에 예술수준이 최고조에 달했음을 보여준다.

지금으로부터 약 16,000년 전에 유럽대륙이 다시 따뜻해지기 시작했다. 그리고 약 14,000년 전에 극지대의 황무지가 사라지기 시작했다. 모든 빙하기 중에서 가장 남쪽까지 진출했던 후기 뷔름빙하기는 13,000년에서 10,000년 전 사이에 있었다. 이 시기에는 스칸디나비아의 대륙빙하가 완전히 녹아 없어졌다.

빙하기는 갑자기 끝났다. 약 11,400년 전에는 수십 년의 기간 동안에 기온이 몇 도나 올라가면서 엄청난 양의 얼음이 물로 바뀌었다. 이에 해수면은 단기간에 오늘날의 수위에까지 올라가서 여러 반도가 섬으로 되었다. 이에 시칠리아, 사르디니아, 브리타니아, 수마트라, 자바, 보르네오, 파푸아-뉴기니아 등의 많은 섬이 생겨났다. 그리하여 이곳 주민들은 대륙으로부터 떨어져 살게 되었다. 베링해협을 연결하던 육지는 바다 속에 갈아 앉았다. 습기의 증가로 강우량이 급격히 늘어났는데, 이는 멕시코만의 해류가 다시 활성화되었기 때문이었다. 이에 새로운 호수와 못들이 생겨났다.

수천 개의 빙하에서 녹은 물이 바위들을 계곡 안으로 휩쓸어 넣었다. 이에 계곡들이 깊게 파이면서 지형이 근본적으로 바뀌었다. 많은 호수가 육지화되어 수많은 평지와 습지가 생겨났다. 그리고 이 과정에서 황토와 진흙이 생겨났다. 푸블리우스 코르넬리우스 타키투스Publius Cornelius Tacitus (기원후 57년~120년에 산 로마의 정치가이면서 역사가)는 당시 게르만인이 살던 이 지역을 진흙수렁의 황량한 지역으로 묘사하고 있다.

1-12_ 배르희트가든 근교의 빙하

지구 전체가 따뜻해짐에 따라서 유럽에

서는 아주 다양한 형태를 가진 식생계가 번성했다. 추운 기후에 적응하여 살아남았던 식물들이 덩치가 커짐과 동시에, 종류 상에서도 아주 다양해졌다. 툰드라 지역은 점차 자작나무, 소나무, 개암나무, 참나무 등에 자리를 비켜 주면서 많은 동물에게 생활의 근거지를 제공했다.

인간이 자신의 특이한 위치 때문에 진화상에서의 높은 우위를 점하게 된 것은 무엇보다도 정신적인 능력에서 진정한 진전을 이뤘기 때문이다. 생존을 위한 냉혹한 싸움에서 다양한 도전에 직면하게 되면서, 인간은 새로운 능력을 발휘하였다. 살만한 지역에서는 새로운 개발이 시작되었다. 이때 다시 새로이 얻어낸 지속적인 거주지로는 독일의 토스카나라 불리는 독일 남서부의 프라이부르크지역이었다(1-18의 지도를 보라).

약 14,700년에서 12,600년 전의 뵐링/알러외드Bölling/Alleröd 온난기에 대륙을 뒤덮었던 얼음과 눈덩어리들이 녹기 시작하면서 유럽 북부에서 평지가 드러나게 되자, 더 많은 생활공간이 생겨났다. 그리하여 사람들은 이 새로이 생겨난 지역으로 진출하기 시작했다.

그러나 아직도 얼음으로 뒤덮인 북쪽의 황무지에는 사람이 살지 않았다. 알프스 산맥은 상당기간 계속해서 얼음에 뒤덮여있었기에, 이탈리아 북부에 있던 사람들은 자신들이 사는 지역에서 계속 웅크리고 살아야만 했다. 동쪽으로부터의 특별한 의미가 있는 이주는 있지 못했

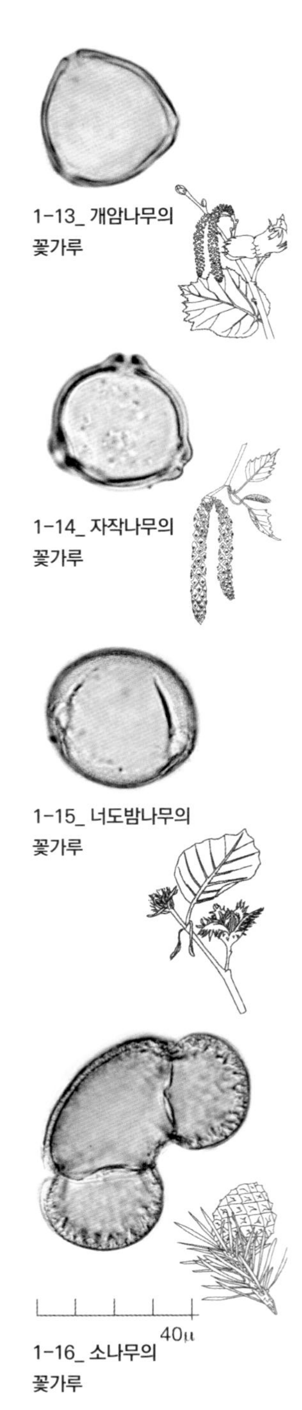

1-13_ 개암나무의 꽃가루

1-14_ 자작나무의 꽃가루

1-15_ 너도밤나무의 꽃가루

1-16_ 소나무의 꽃가루

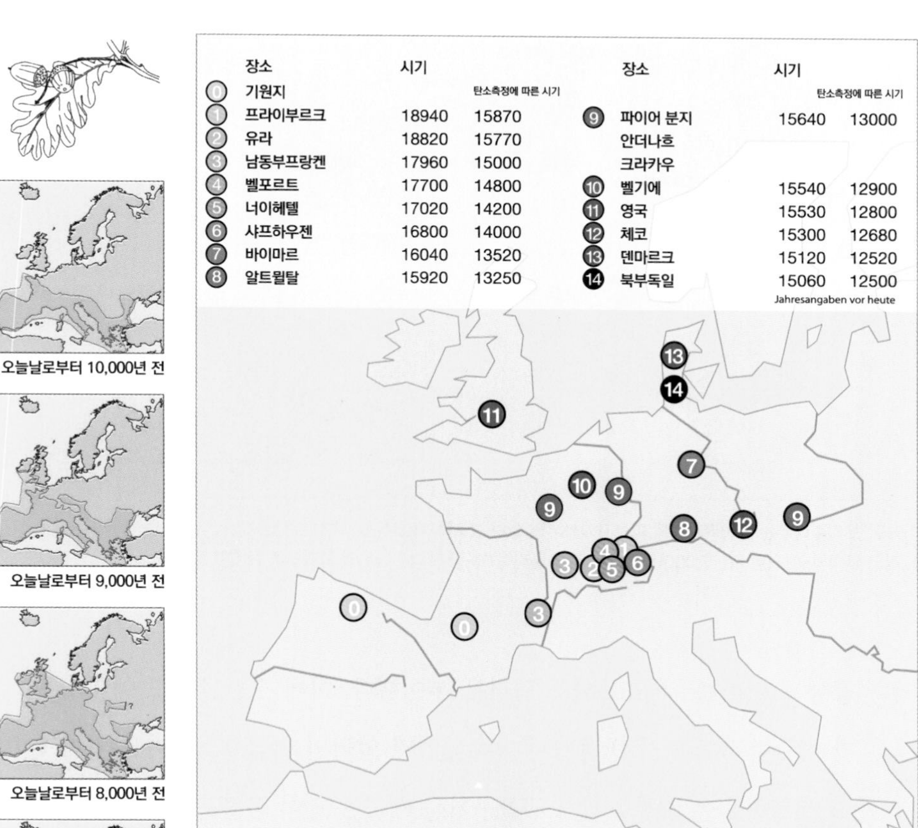

오늘날로부터 10,000년 전

오늘날로부터 9,000년 전

오늘날로부터 8,000년 전

오늘날로부터 7,000년 전

1-17_ 참나무 서식지의 확산

1-18_ 빙하가 끝난 직후의 초기 거주지들

마그달라니아 문명에서 나온 유물들은 탄소 측정방법을 통해 그 시기를 측정해 냈다.

다. 왜냐하면 그곳에서도 역시 눈 덮인 높은 산악지대가 인간들이 이동할 수 있는 통로를 가로막고 있었기 때문이었다. 그리하여 유럽에서의 새로운 최초의 이주 움직임은 남부프랑스에 있었던 피한지로부터 시작되었다.

약 10,000년 전에 사람들은 이곳에서부터 북쪽을 향해 유럽 전역으로 퍼져 나갔다. 이들은 유럽에 있는 대부분의 강과 호수들에다가 그동안 빙하기시기에 생

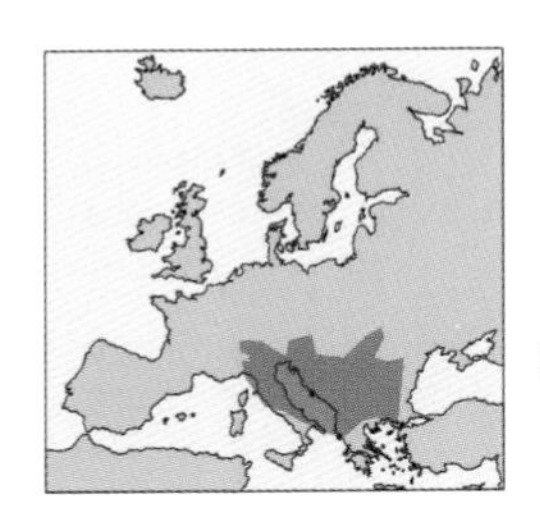

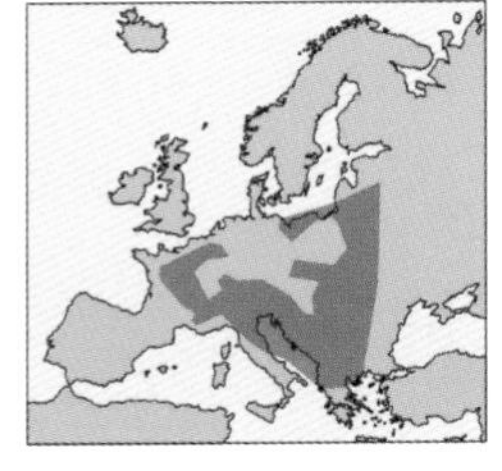

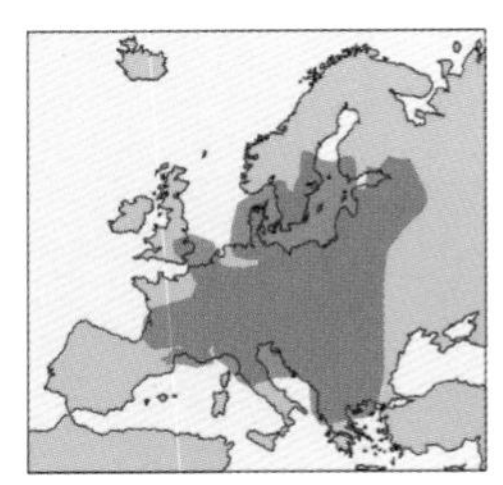

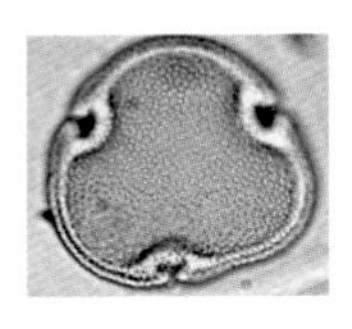

1-19_ 보리수나무는 빙하기시기의 피한지에서부터 점차 그 서식지를 유럽 전역으로 넓혀나갔다. 그리고 우측 아래 귀퉁이는 7,000년 전에 있었던 틸리아Tillia종 보리수나무의 꽃가루를 확대한 것이다.

겨난 공통의 언어를 가지고 여러 명칭을 부여했다. 이에 오늘날에도 이 지명의 많은 것에는 아직도 당시 빙하기시기에 있었던 언어의 핵심요소들이 숨겨져 있다. 순록 사냥꾼들은 자신들에게 생활근거를 제공했던 이 동물을 따라 스칸디나비아 북쪽 끝까지 쫓아갔다. 이들의 후손들은 오늘날 핀-우그리Finnougrisch계의 고대 사미족Samen인 핀족Finn에게서, 그리고 아주 일부분은 시베리아의 야쿠트족Jakuten에게서 발견된다.

마지막 빙하기가 끝난 후에, 그리고 나중에 농경이 유럽 전역으로 확산된 이후에, 유럽의 인구는 지금까지 볼 수 없었던 정도로 크게 늘어났다. 나아진 생활환경이 인구폭발을 이끌어낸 것이다.

1-20_ 1777년경의 론 계곡 빙하의 모습

지구가 다시 따뜻해지면서 빙하는 오늘날까지 계속 줄어들었다. 독일 프라이부르크 대학이 찍은 일련의 사진에서 보듯이, 론 계곡에서는 오늘날 빙하가 더 이상 거의 존재하지 않고 있다.

Das Werden der Völker in Europa

2

고고학의 기여

고고학의 기여

실증된 예들

1장에서는 기후환경과 지구의 역사 틀 안에서 유럽의 조상들이 겪었던 생활환경에 대해 대략적으로 그 상황을 그려보았다. 이번 두 번째 장에서는 이에 대해 좀 더 깊숙이 파고들어가 보려 한다. 이에 지질학자나 지구물리학자 및 선사기후학자들이 지금까지 연구한 성과에 따라 알아낸 것과 고고학자들이나 고생물학자들이 유럽의 선사시대나 초기 역사시대의 거주 상황에 대해 언급한 바를 살피고자 한다. 이 과정에서 우리에게는 아직 거의 알려지지 않은 일부 특별한 민족의 역사도 좀 더 상세히 다루게 될 것이다.

2-01_ 메소포타미아에서 나온 토기 판

우리의 선사시대는 수십만 년에 걸쳐 있다. 선사시대란 역사적인 기록물이 전혀 있지 않은 시기를 말한다. 지금까지 발견된 가장 오래된 문자는 약 5,000년 전에 돌에 새겨진 것인데, 이는 메소포타미아의 우루크 지역에서 발견되었다. 좁은 의미에서의 역사기록물은 로마인이 만들어냈다. 이들이 기록한 것을 통해서 우리는 당시 이들과 함께 살았던 덜 문명화된 민족에 대한 많은 역사적인 사실을 알아낼 수가 있다. 그 이전 시기의 것은 흔히 고고학자들이 발굴해 낸 파편 상태의 물건들이나 뼛조각에 의존하고 있다. 이에 기록물이 전혀 내려오고 있지 않은 시기의 역사는 고고학자들이 발굴한 것을 통해 알아내고 있다.

2-02_ 독일 허이네부르크에서 출토된 물병 형태의 도자기

고고학 연구는 실증적인 작업에 바탕을 두고 있다. 유물이 보이는 양식상의 특징과 그것을 만든 시기에 따라서 고고학자들은 선사시대의 시기를 구분한다. 그리고 이들에게 그 시기가 보이는 유물의 특징과 그 발견 장소에 따라 명칭을 부여한다. 이리하여 사람들은 유물의 형태에 따라서 선형무늬토기문화Bandkeramikkultur, 종형토기문화Glockenbecherkultur 등을 말하고 있다. 그리고 발견 장소에 따라, 오리냑Aurignacien문화, 그라베띠아Gravettien문화, 마그달레니아Magedalénien문화 등으로 그 명칭을 부여하고 있다.

유물이 발견된 장소가 항상 이것이 만들어진 바로 그 장소였다고는 볼 수가 없다. 왜냐하면 이 유물이 상거래를 통해 멀리 떨어진 곳에서 이송되어 온 것일 수도 있기 때문이다. 물론 중부 유럽에서 발견된 많은 그리스 물병의 경우와도 같이 그 기원지를 추론해 낼 수 있기는 하지만, 항상 그러할 수는 없다. 발견 장소를 통해 그 주민집단의 기원지나 진출 장소를 추론하면, 흔히 유물을 잘못 판단하는 오류를 범할 수 있다. 유물은 여러 방법을 통해 어떤 특정 장소에 도달될 수 있다. 유물은 발견된 장소에서 만들어졌을 수도 있지만, 상인들에 의해 먼 곳에서 반입되었을 수도 있다. 또 각 장인이 자신의 문화권을 떠나 낯선 지역에서 자신의 능력을 발휘하였을 수도 있다. 그리고 현지인이 다른 장소에서 보았던 것을 그대로 흉내 내어 만들었을 수도 있다.

일상의 가사 일에 사용되거나 각 가정에서 직접 만든 단순한 도구들은 상대적으로 해당 거주지에서 만들어졌을 가능성이 크다. 그러나 그 지역에서의 특징이 나타나지 않는 유물일 경우, 이는 해당 문화권의 사람이나 상인들에 의해 관련 지역으로 운반되었을 가능성이 농후하다.

고고학자들이 아무런 유물을 발견하지 못한 장소라고 할지라도, 이 지역에 사람들이 전혀 살지 않았다고 단정할 수는 없다. 왜냐하면 유목 민족들은 아무런 거주지의 흔적을 남기지 않을 수가 있기 때문이다. 선사시기의 사냥꾼 집단이나 채집경제 집단도 이런 유형에 속한다. 또 이들이 휴대하고 다닌 것들은 대부분 유기물질이었다. 즉 생물학적으로 쉽게 분해되는 물건들이었다. 반면에 비싼 광물로 만들어진 물건들은 그 흔적이 거의 남아있지 않을 때까지 대대손손 사용된다. 이런 유물들이 아주 우연히 다시 햇빛을 보게 되는 경우가 많다.

광범위한 분야에 걸쳐 학자들은 각자 전공별로 연구하고 있다. 고고학자들은 지난 시기에 살았던 인간의 유물들을 다루고 있다. 즉 생활도구, 무기, 거주 공간, 무덤, 신전 등 인간에 의해 만들어진 것들이 이에 해당된다. 고생물학은 지난 시기의 생물체를 연구한다. 이들은 화석과 뼈로 만들어진 물건들을 분석한다.

정상적이라면 모든 생명체는 썩기 마련이다. 즉 자연적인 분해현상을 피할 수가 없다. 미생물과 같은 작은 생명체는 신체의 모든 부분을 분해하여, 약 100년이 지나면 더 이상 아무것도 남게 하지 않는다. 뼈는 가장 오랜 기간 동안 남아있지만, 이것의 대부분도 장기적으로는 자연의 순환현상을 피할 수가 없다.

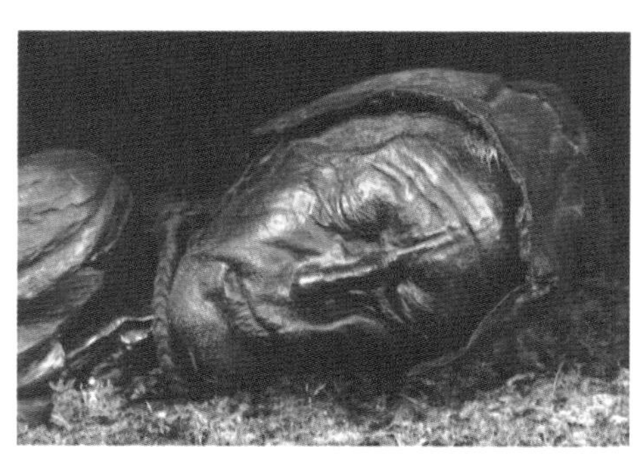

2-03_ 덴마크의 비앨드스코브달Bjældskovdal 습지에서 발굴된 톨룬드Tollund의 미이라

미이라 상태로 보존된 시체나 뼈가 발견되는 일은 극히 예외적인 현상이다. 청동기시기로부터 로마제국 시대까지는 화장이 일반적이었다. 따라서 대부분의 경우에는 단지 뼛조각만이 남아 있을 뿐이다. 이러한 뼛조각이라도 남아 있으려면, 다시 습기와 기후와 놓인 곳의 상태 등이 중요한 역할을 한다. 만일 한 생명체가 죽은 직후에 건조한 공기에만 노출되고, 또 동굴이나 얼음의 지층 밑에 있어 풍화작용으로부터 보호되었다면, 이 생명체는 그대로 보존되어 후대에 전해진다. 시체가 미이라로 되는 것은 건조한 환경 때문이거나, 또는 소위 습지 미이라의 경우처럼 습지 내에 있는 산성 성분의 작용 때문이다. 지금까지 발견된 습지 미이라 중에는 약 2,700년이나 된 것도 있다. 그리고 이집트 미이라의 경우에는 3,000년이 훨씬 넘은 것도 있다.

동토지대에서 발견된 맘모스는 마지막 빙하기 시기에까지 거슬러 올라간다. 디마Dima란 한 맘모스의 새끼는 시베리아의 땅속에서 약 40,000년간이나 묻혀 있었다. 뼈는 높은 비율의 광물질이, 특히 칼슘이 포함되어 있어서 오랜 기간 보존되어질 가능성이 높다. 유기물 사체가 화석화되면 거의 무한정 보존된다.

2-04_ 독일의 그레딩Greding에서 출토된 암모니트 조개의 화석

무엇보다도 예전에 불을 지폈던 곳이나, 부엌의 음식물 찌꺼기가 묻힌 구덩이는 우리에게 풍부한 연구 자료를 제공한다. 그러나 거주지였음을 확실히 입증해 주는 가장 중요한 발굴 장소는 무덤이다. 아주 밀집된 상태로서 한꺼번에 발견되는 동일한 유물들은, 즉 소위 보물단지 유물들은 예전에 몰래 숨겨진 것들이거나 또는

2-05_ 긴급 수습발굴 현장
독일 그로스회빙Großhöbing의
ICE-고속전철 노선의 설치 공사 현장

보관창고의 물건들로 생각했다.[2] 그러나 지금은 이곳을 희생제물을 바쳤던 장소로도 보고 있다. 이밖에 시기나 거주지와 연관시킬 수 없는 유물들이 가끔 개별적으로 발견되기도 한다.

이른 시기의 인간의 귀중한 유물들이 우연히 발견되는 경우가 많다. 광물자원의 채굴이나 토목공사를 시행할 때에, 기계 장비들이 예측치 못하게 유물들을 땅밖으로 내놓는다. 그러면 고고학자들이 곧장 그 장소로 불려 와서는 이들을 촉박하게 살펴본다. 왜냐하면 공사현장을 얼른 떠나보내야만 하는 불도저를 의식할 수밖에 없기 때문이다. 그래서 대개의 경우 단지 긴급한 수습형태의 발굴 작업만이 행해진다.

2) 외부로부터의 급작스런 침입을 당하면 많은 주민은 자신들이 소유한 귀중한 고가의 물건을 땅속에 묻어버리고는 급작스레 피난을 떠났다. 그런데 이를 묻은 주인이 죽어 다시 돌아오지 못하면, 이런 보물들은 오랜 기간 땅속에 있다가 우연히 발견되어 귀중한 역사자료를 제공한다. 학자들은 이런 물건에 보물단지 유물이란 명칭을 부여하고 있다.

학문으로서 고고학의 시작

고대문화의 흔적을 찾는 일은 이미 네부카드네자르Nebukadnezar 2세와 (기원전 605~562) 바빌로니아의 마지막 왕인 나보니아Nabonia가 시작했다. 이들은 우르Ur를 발굴하고, 이를 다시 재건하도록 했다. 나보니아는 앞선 지배자들의 여러 비문에 큰 관심을 가졌다. 이런 아버지의 열정을 나눠가졌던 그의 딸인 에니갈디-난나Ennigaldi-Nanna는 수년간 아카드의 신전발굴을 진두지휘했다. 어느 날 억수같이 내린 비로 씻기면서 새로운 출구가 드러나자, 왕은 "이 발굴의 결과에 아주 기뻐하면서 그의 얼굴은 환희로 빛났다"라고 한다 (Daniel Glyn, Geschichte der Archäologie, Bergisch Gladbach, Lübke, 1982, p. 10).

선사시대 유물에 대한 순진한 해석

그리스인은 아직 철기를 사용하지 않았던 자신들의 과거인 미케네의 시기를 알고 있었다. 그리고 나중의 로마인처럼 당시 기술을 재현해 보려고 노력했다. 이들은 구석기, 청동기, 황금기로 구분되는 시기가 있었다고 생각했다. 그러나 이에는 억측의 면이 상당히 작용했다.

기원후 52년에 중국의 철학자 펭푸Föng-hu란 사람이 주周 Tschu왕국의 어떤 제후가 월越 Yüé왕국의 역사에 대해 기술했다는 기록이 남아있다. 그런데 그가 쓴 중국의 한 사서에서 인간의 발전시기에 대한 아주 흥미로운 설명이 나타나고 있다. "기원전 3,000년부터의 헌원Hién-yuan, 신농Schönung, 복희Ho-sü의 시기에 인간은 돌로 무기를 만들었다. 기원전 2,704년에서 2,595년까지의 황제Huang-ti의 시기에는 사람들이 옥으로 무기를 만들었다. 기원전 2,200년에서 500년 사이의 우禹 Yü 왕 때에는 황토동굴에서 청동과 구리로 무기를 만들었다. 기원전 500년 이후의 지금까지의 시기에는 우리가 철로 무기를 만들고 있다." (Großer Katalog des Kaiserlichen Bibliothek in Peking, Kap. 66, p. 3ff., 이는 다음에서의 인용임. Friedrich Hirth, chineische Ansichten über Bronzetrommeln, Leipzig, Harrassowitz, 1904, p. 18~19. 히르트가 도입한 이 시대 구분은 추측을 통해 나온 것이기는 하지만 어느 정도의 타당성은 있다) 물론 이런 전쟁 무기에 따른 시기 구분은 사실에 입각하서라기 보다는 추측에 기인한 것이다.

당시 사람들은 이런 발견된 유물들의 태반을 신화나 전설의 세계에서 생긴 것으로 보려고 했다. 그래서 거석물은 아주 오래 전에 이 지상에 살았던 거인들이 만든 작품이라고 보았고, 맘모스의 뼈와 같은 것은 이들이 남긴 신체의 일부 잔존물이라고 생각했다. 그리고 상아로 만들어진 조각물은 신화에 나타나는 일각수의 뿔로 만들어진 것이라고 보았다. 유골단지묘Urnengräber/urn graves에서 발굴된 유골단지는 스스로 자라난 것으로 보았기에, 사람들은 이의 부서진 조각을 상처를 아물게 하려는 치료 목적으로 이용했다. 19세기 후반기까지 흑요석으로 만들어진 원시 도구들은 요정의 화살촉이나 정령의 창끝으로 생각하거나, 이것들이 천둥과 번개 때문에 생긴 것이라고 믿었다.

수집 열풍

15세기와 16세기에는 고대에 있었던 유럽의 고전시기에 대한 관심이 생겨났다. 또 17세기에는 이탈리아 학자들과 유럽 여러 나라 출신의 여행가들 사이에서 그리스 고전 시기나 근동 오리엔트 지역의 고대유물에 대한 관심이 크게 고조되었다. 이에 교황이나 추기경들은 골동품의 수집에 몰두하였다. 이 시기의 이탈리아에서는 자신들의 예전 위대한 시기에 대한 기억에 사로잡혀 딜레타니Dilletani

(예술 애호가)란 말이 생겨나기도 했다.

18세기 초에는 고대 유물과 고대 건축방식에 대한 관심이 계속 높아졌다. 특히 알프스 산맥의 북쪽에 위치한 지역에서 그러하였는데, 이곳에서는 로마 지배자의 비명이 다수 발견되었다. 1732년 영국에서는 여러 예술애호가 단체가 생겨났다. 이들 회원들은 열성적으로 이탈리아 여행을 다녀오면서, 그곳의 옛날 유물들에 대해 감탄하고 자신들의 경험을 공유했다. 수집된 유물들에 대해 책을 발간하는 외에, 이들 단체들은 니폴라우스 레벳Nicholas Revett, 리차드 챈들러Richard Chandler, 윌리암 파르스William Pars를 중심으로 한 '*최초의 이오니아 탐험*'이란 여행단을 조직하였다. 그리고 이를 뒤따라서 많은 여행단이 기획되었고, 또 이들의 여행기가 출간되었다.

학문적으로 정립된 고고학의 시작

1770년 한 지하 송수관을 파내려는 과정에서 일꾼들이 한 폐허의 흔적을 발견했다. 이어서 젊은 여자들의 모습을 한 여러 개의 대리석 상이 발견되었다. 이에 나폴리 왕국의 칼 4세는 이 멸망한 도시를 발굴하도록 명령하였고, 그의 부인은 이에 대단히 기뻐했다. 잿더미에 파묻혀 있던 폼페이가 발견된 것이다. 이 발견은 당시 미술계에 큰 센세이션을 일으키면서 고대 연구에 대한 불을 지폈다.

요한 요하임 빈켈만Joachim Winckelmann (1717~1768)은 이 고대 미술을 역사적인 관점에서 살핀 최초의 사람이었다. 그는 폼페이 유적의 분석에 지대한 공헌을 하였다.

민족주의 성향의 강화

이제 사람들은 로마문화와 그리스문화를 위시하여 오리엔탈문화를 자신들의 생활방식과 국가형태 및 예술에 대한 모범으로 간주하였다. 그리고 이에 대한 반향으로 알프스 북쪽 지역에서 게르만인의 과거시기를 살펴보아야겠다는 생각을 갖기 시작했다. 이때 타키투스의 '*게르마니아*'는 독일인의 자존심을 크게 높이는 수단으로 자주 인용되었다. 안드레아스 알버르트 로데Andreas Albert Rhode (1682?~1724)는 1720년 자신의 아버지와 함께 킴브리쉬-홀슈타인Cimbrisch-Holstein 유물을 수록한 전집을 발간하였다. 그는 이 책을 통해 로마 세계에 대응된 게르만의 세계를 내세우면서, 독자들에게 자신들의 정체성에 대한 의식을 깨우치려고 시도했다. 이렇게 낭만주의 시대에서의 역사 서술은 민족감정을 일깨우는데 초점을 두었다.

나중에 나치스는 이 시기의 이러한 경향을 적절히 이용하였다. '독일 선사시대 총서'에서 선사시대 학자인 한스 라이네르트Hans Reinerth (1900~1990)는 수천 년 동안 북구인이 유럽문화의 공여자였다는 독선적인 이론을 고수했다. 그는 페더제Federsee 호수[3]의 발굴로 유명해진 사람이었다.

음울하고 인종 간의 차별과 민족 말살의 파괴적인 전쟁이 끝난 후에, 학계는 오랜 기간 인종과 관련된 연구를 수행하기를 주저하게 되었다.

이렇게 학계의 연구결과는 당시 세계관에 맞춰 나오고는 했다. 유물의 해석 및 당시 사람과 사회구조에 부응하려는 움직임은 항상 이러한 주관적인 입장에서 행해지고는 했다. 그리고 우리는 언제나 이러한 과정에서 오늘날의 시기와 또 우리 자신을 파악하려는 데에 이를 이용하고 있다.

---

3) 독일 바덴부르크주의 동남부에 있는 한 호수. 아주 이른 시기부터 동서교역로와 남부교역로가 마주하는 위치에 놓여 있어서, 이곳에서 신석기로부터 로마제국과 프랑켄제국에 이르는 다양한 유물이 발굴되었다.

오늘날 고고학의 연구방법

'아르하이오로기아archaiologia'란 그리스 단어의 원 뜻에는 '시작을 알려주는 방법', '과거 사실에 대한 조사'가 내포되어 있다. 고고학은 과거 인간들이 했던 일에 대한 흔적을 찾아내서 이를 모아 서술한다. 발굴된 유물의 형태와 그 양식의 변화 및 발굴 장소가 역사적이고 사회적인 틀 안에서 조사된다. 아직 문서화된 보고서가 기사로 실리기 전까지는 신문에 나온 기사의 내용은 별다른 도움이 되지 않는다. 무엇보다도 이런 유물에 대한 상세한 해설이 덧붙여져 나와야만 한다.

연대측정법Datierung

화석과 지각은 지층의 연대를 알아내는 주요 부분이다. 각 시기의 대표화석Leitfossilien은 아주 먼 옛날 시기를 시간적인 측면에 따라 순서대로 구분하는데 이용된다. 화석화된 세포형태와 동식물은 당시에 있었던 기후환경에 대한 정보를 또한 제공한다. 이를 통해 우리는 어느 시기에 어떠한 기후가 지배했는지를 알 수가 있다.

큰 틀에서의 분류	원생대	고생대						중생대			신생대
암석의 생성시기	선사캄브리아기	캄브리아기	오르도비스기	실루리아기	더번기	카본기	페름기	트라이아기	쥬라기	백악기	지질 3세기
백만년전		570	500	435	395	345	280	232	195	141	66
화석		삼엽충									
			필석류								
			고니아돈트								
					고니아돈트						
								암모나이트			
									벨렘나이트		
									암모나이트		
		완족동물									
	스트라토마톨리트										
											포유동물

2-06_ 지구 연대기와 그 대표화석

지구의 연도 상에서 보면, 인간의 조상들은 아주 늦은 시기에 나타났다. 선사시대에 뼈로 된 유물이나 인간에 의해 만들어진 물건들이 어느 시기에 만들어졌나를 알아내기 위해서는 우선 지층이 생성된 시기를 알아내야만 한다. 여기에 발굴과정에서 고고학자는 지질학자의 도움이 필요하거나, 스스로가 지질학에 대한 지식을 습득하고 있어야만 한다. 지질학은 지구의 생성과 변천에 대한 학문으로서 고고학의 입장에서는 주요한 도움을 준다.

유물의 시기를 알아내는 데에는 원칙적으로 두 개의 방법이 있다. 이는 고고학에만 해당되는 것이 아니라 유전학과 같은 다른 학문 분야에도 해당된다 (이에 대해서는 이 책의 4장을 참조하라). 그 하나의 방법은 상대적인 측면에서 그 시기를 알아내는 것이다. 여기에서 학자들은 어떤 지층이나 유물이 다른 것들보다 상대적으로 더 오래 되었는지를 알아내려고 한다. 이를 통해 시기의 순서를 추론하여 발견된 유물들을 그 시기적인 순서대로 배열하는 것이다. 이러한 방식으로 그 시기를 지정하면 유물이 만들어진 년대를 알아낼 수 있다. 이 시기에 대한 알아내기의 정확도를 높이기 위해서는 흔히 여러 가지 다양한 방법이 함께 이용된다. 이제 몇몇의 연대측정 방식을 소개하고자 한다.

방사능탄소연대측정법 Radiokarbon-Methode

방사능 원자가 분열된 정도를 분석하면 유물의 연령을 알아낼 수가 있다. 왜냐하면 이들 원자들은 일정한 기간마다 반감기를 겪기 때문이다. 유기질 물질의 경우에는 그 기준 대상은 탄소원자 C^{14}로서, 이것은 β-방사선을 방출하여 점차 질소인 N^{14}로 바뀐다. 이를 방사능탄소측정방법에 이용한다.

모든 유기물체는 다음 원자로 구성되어 있다. 즉 탄소(C), 산소(O), 수소(H), 질소(N)이다.

탄소 원자에는 6개의 중성자와 6개의 전자가 있다. 이 원자에는 두 개의 안정적인 형태가 있다. 즉 6개의 중성자를 갖고 있는 동위원소 C^{12}와 7개의 중성자를 갖고 있는 C^{13}이다. 자연계에는 또 하나의 동위원소가 존재한다. 즉 C^{14}이다. 이것은 6개의 중성자와 8개의 양자와 6개의 전자를 갖고 있다. 이 동위원소는 적은 양이지만 대기 중에 있는 질소 동위원소 N^{14}에서 생성되는데, 이것은 7개의 양자와 7개의 중성자와 7개의 전자를 갖고 있다.

2-07_ C^{14}의 생성과 소멸

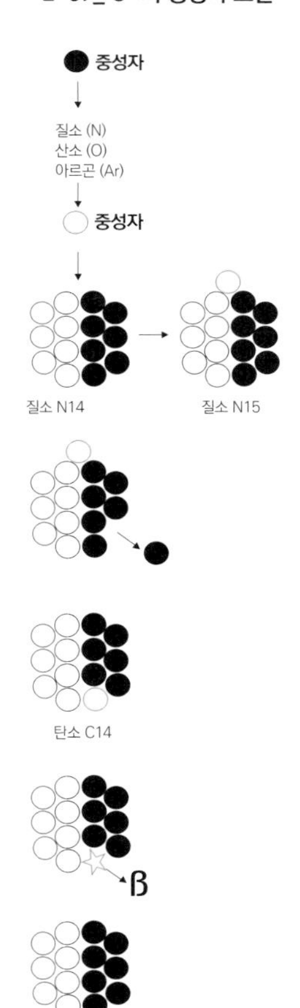

우주 공간에서 날아 온 여러 종류의 우주광선은 지구를 향해 끊임없이 쏟아진다. 이들이 대기층의 가장 바깥층에 도달하게 되면, 공기 중에 있는 질소, 산소, 아르곤(Ar) 원자들과 충돌한다. 그리고 이때 이들 원자들을 분열시키면서 하나의 중성자를 방출한다. 이 방출된 중성자는 안정적인 질소원자인 N^{14}에서 일시적으로 불안정한 질소원자인 N^{15}를 생성함과 동시에 곧 바로 방사능 동위원소 C^{14}로 바뀐다. 이 원자는 6개의 양자와 8개의 중성자와 6개의 전자를 갖고 있다. 이 탄소동위원소는 짧은 기간 안에 산화되어 물 CO_2이 되면서 대기층에 도달한다. 이것은 정상적인 탄소원자와 비교하여 볼 때에 단지 $^1/_{1012}$에 불과하다. 이 동위원소는 원자핵 내에 너무나도 많은 중성자를 내포하고 있어 아주 불안정하다. 그리고 동시에 내부에는 방사능을 포함하고 있다. 그리하여 한 개의 중성자는 한 개의 양자와 한 개의 전자로 분열된다. 이때 양자는 방사능 광선(β-방사선)을 방출하면서 원자를 떠나가고, 중성자만이 핵 속에 남는다.

또 이때 원자는 7개의 양자(+)와 7개의 중성자와 6개의 전자(-)를 가지면서 양성을 띄게 되는데, 이때에 균형을 맞추기 위하여 주위에서 전자(-) 하나를 받아들이게 된다. 이에 원자는 다시 7개의 양자와 7개의 중성자와 7개의 전자를 갖게 되면서 안정적인 질소 원자인 N^{14}를 만든다. 이렇게 질소 원자 N^{14}로 바뀌면서 탄소 원자 C^{14}는 줄어들게 된다. 이를 소멸이라고 부른다.

C^{14}의 생성과 소멸의 현상은 대체로 균형을 이루고 있다. 이에 대기 상에서의 탄소원자는 비교적 꾸준히 똑같은 양을 유지한다. 유기물의 합성과정에서는 항상 탄소가 받아들여진다. C^{14}는 5730(±40)년의 기간마다 반감되면서 줄어든다. 이 탄소 원자를 받아들이는 일은 생명체의 죽음과 동시에 중단된다. 이 순간부터 탄소 원자 C^{14}의 용량은 단지 우연의 경우가 아니라면 전혀 변동이 없다. 40,000년 후에 반감기의 과정이 7번이나 일어나면서, 이 탄소원자의 용량은 원래의 $^{1}/_{128}$로 줄어든다. 이리하여 오늘날 C^{14}가 남아있는 함량을 통해 유물의 연령을 알아낼 수가 있다. 이 C^{14}의 양이 적을수록 유기물은 더 적은 방사능을 내보낸다. 즉 그 유물의 연령이 높아지는 것이다.

이러한 방사능탄소연대측정법을 통해 약 70,000년 전까지는 거슬러 올라가면서 해당 유물의 연령을 확실히 알아낼 수가 있다. 그러나 오랜 과거로 올라갈수록 그 정확도는 급격히 떨어진다. 대기 중에 있는 C^{14}의 함량은 태양광선의 변화나, 또 산업화에 따라 배출된 배기가스나, 원자탄의 폭발 실험이나 경수硬水 등에 의해 변동이 생길 수 있다. 그러나 만일 아주 늙은 참나무 나이테의 자료를 함께 이용하면, 우리는 지난 12,000년의 기간 내의 것에서는 그 시기를 좀 더 정확히 알아낼 수 있다. 이렇게 나무의 나이테를 통해 시기를 알아내는 방법을 나이

2-08_ 해당 나이테를 자료은행에 보관된 것과 비교하여 살펴보고 있다.

테연대측정법Dendrochronologie이라 부른다. C^{14}-방사능탄소연대측정법과 나이테연대측정법을 함께 사용하면, 고고학적 발굴유물의 생성시기를 좀 더 정확히 알아낼 수가 있다. 이 책에서는 탄소측정법에 의해 나온 시기는 괄호 안에 넣어 제시하였다. 이 방법에 의해 측정된 시기는 기존에 알려진 시기와는 많은 차이를 보인다.

유물이 12,000년 이상을 넘어가면, 비교를 위한 여러 다른 측정법이 함께 이용된다. 이 중의 하나가 지층이나 얼음 층의 분석을 위한 바르베 분석 방법이다. 바르베Warve란 빙하에 쓸려오는 과정에서 생성되면서, 계절에 따라 다르게 퇴적된 진흙층을 말한다. 그리고 자연계에 존재하는 유리 물질이나 광물이나 화산지대의 응회암을 분석하려면 전자회전공명측정법電磁回轉測定法 Elektronenspinresonanz-Methode이라고도 불리는 핵회전측정법核回轉測定法 Kernspin-Methode/nuclearspinmethod이 사용된다. 이 방법은 고체 물질의 가장 내부의 핵심물과 유기 분자체 및 생명체 등에다가 높은 자기장을 침투시켜서 정보를 얻어낸다. 또 단백질로부터 아미노산을 화학적인 방법을 가지고 분석 추출하는 방법으로 우리는 약 10만 년 전까지의 시기를 측정해 낼 수가 있다.

1991년 9월 알프스의 외찌Ötzi 계곡에서 아주 놀랄만한 발견이 있었다. 즉 완전한 상태의 미이라가 발견된 것이다. 이 빙하에서 발견된 남자를 법의학자들은 처음에 기껏해야 100년 전쯤으로 보았다. 그리하여 당시에 모든 신문에 경찰이 낸 여러 장의 수배사진이 게재될 정도였다.

2-09_ 구석기인 외찌가 발견된 장소는 알프스산맥의 고도 3,210m에 위치한 외찌 계곡의 등산로 바로 옆에 있는 지밀라운 산장으로부터 하우스라프 고개로 통하는 오솔길의 바로 옆에 위치해 있다.

그러나 이를 감정하려고 초빙되어 온 고고학자 콘라드 쉬핀들러Konrad Spindler는 미이라 근처에서 함께 발견된 여러 물건들을 보는 순간에 놀라지 않을 수가 없었다. 그는 이 유물들이 약 4,000년은 된 것으로 평가했다. 이로써 진실에 근접하게 되었다. 탄소방사능법에 따른 조사를 통해 나중에 '외찌Ötzi'라는 애칭으로 불리게 된 이 미이라는 지금으로부터 약 5,300년 전의 것으로 추정된다.

이 유물의 발견으로 고고학은 큰 성과를 얻게 되었다. 왜냐하면 당시에 여러 다양한 유물들이 함께 발견되었는데, 이중에는 심지어 천 조각까지 잘 보존되어 있었기 때문이었다. 지금까지 선사시대의 것으로 이렇게 잘 보존된 상태의 미이라가 당시 일상생활에 사용된 여러 장비들과 함께 발견된 적은 없었다.

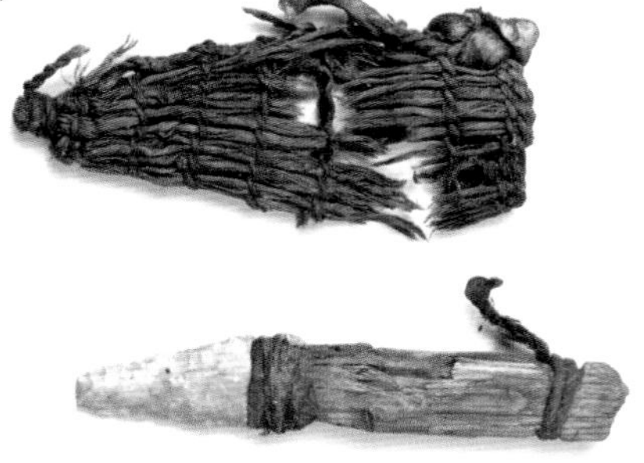

2-10_ 흑요석으로 만든 단도와
나무껍질 섬유로 만들어진 이 단도를 위한 칼집

2-11_ 도자기의 파편 유물과 이를 복원한 모습

도자기의 연대측정법

옛날 사람들의 생활상에서의 흔적은 때때로 오직 우리 조상들이 만든 도자기의 파편만을 통해 알아낼 수가 있다. 우리는 전자회전공명電磁回轉共鳴측정법 Elektroenspinresonanz과 열형광熱螢光 연대측정법Thermolumineszens-Methode[4]을 통해 이들 유물의 나이와 그 생성시기를 알아낼 수 있다.

후자의 방법은 모든 종류의 재료들이 에너지 상에서 우주선에 의해 충전되었음에 착안하여 개발된 방법이다. 태양광선과 유물이 있던 지층에 충전되어 있던 에너지와 방사능 물질의 분열정도는 이 유물에 에너지가 충전되는 데에 기여한다. 유물의 소재가 얼마나 오래 되었는가의 정도에 따라서 여기에 축적된 에너지의 정도는 높아져 있다. 도자기는 만들어질 때에 높은 열을 받는다. 즉 고온에 노출된다. 이는 내부 소재의 원자구조를 변형시키고, 내포되었던 에너지를 중성화시킨다. 즉 충전되었던 과거 에너지의 흔적을 말끔히 없애면서 잔재했던 열 시계를 제로화 시킨다. 이리하여 새로운 에너지의 충전이 일어난다. 자그마한 시료를 300도로 다시 가열시키면, 축적된 에너지는 빛의 형태로 방출된다. 이 빛의 농도를 측정함으로써 도자기가 생성된 이후에 얼마의 시간이 지났는지를 알아낼 수 있다.

4) 특정 물질을 가열할 때 발열되어 나타나는 색깔을 통해 시기를 알아내는 방법이다.

이른 시기에 재배된 식물들이 보여주는 정보

식물은 성장하는 과정에서 지하수로부터 규산염을 흡수한다. 이 물질은 점차 광물질의 한 요소로서 식물의 세포 내에 축적된다. 특히 열매의 과피果皮에 많이 축적된다. 이때 생겨나는 소위 피토리테Phytolithe라 불리는 미세微細화석의 크기에 따라서 야생식물과 재배식물을 구분해내는 것이 가능하다. 이 미세세포가 크기상에서 보이는 차이를 조사하는 과정에서 이 세포의 크기가 상대적으로 크면 이는 재배된 식물임을 입증한다. 왜냐하면 대체로 재배된 경우에는 열매가 마찬가지로 커지기 때문이다. 이리하여 탄소방사능 방법의 경우와 똑같은 방식으로 이 과피의 생성시기를 알아낼 수가 있다.

유골의 뼈 속에 있는 아교질의 분석

뼈는 단단하면서도 잘 부서지는 물질인 석회질과 신축성이 있는 관절로 구성되어 있다. 후자는 단백질의 결합체로서 콜라겐이라고도 불린다. 이 콜라겐을 C^{14}-방사능탄소연대측정법으로 분석한다.

콜라겐의 분석을 통해 다른 어떤 물질들이 침착되었는가를 살펴보면, 사람들이 어떤 식습관을 갖고 있었고 또 주변 환경이 어떤 영향을 주었는지를 알 수 있다. 예를 들면 납과 같은 중금속이 신체 안으로 들어오면, 해독하기 위한 노력으로서 이것이 몸 안에 축적된다. 뼈는 음식물을 섭취하는 과정에서 탄소나 질소 원자에서의 경輕하고 중重한 다양한 동위원소들을 받아들인다. 가벼운 동위원소는 효소에 빠르게 작용한다. 따라서 식물들은 이를 앞서 섭취하여 몸에 축적시킨다. 방목한 가축의 고기를 섭취하게 되면, 이러한 동위원소가 인간의 신진대사에 참여하게 된다.

화학적 분석을 통해 아래의 동위원소들이 아래의 음식물에 들어가 있음이 입증되었다.

중탄소 ……………… 옥수수
탄소 …………………… 밀
질소 …………………… 육류
질소, 중탄소 …… 우유
질소, 탄소 ………… 해산물

콜라겐이 잘 보존되어 있으면 이런 다양한 동위원소들이 어떤 정도로 포함되어 있는지를 알아낼 수 있다. 그런데 화석은 콜라겐을 최근 시기의 뼈보다 더 잘 보존하고 있다. 이리하여 옛 원시인들이 육류를 많이 먹은 사냥꾼이었는가를, 또는 우유를 많이 섭취한 목축인이었는가를, 그리고 밀이나 옥수수를 식량으로 한 농경인이었는가를 알아낼 수가 있다. 또 해변가에 살던 사람들의 흔한 식량이었던 해산물도 콜라겐에 포함된 동위원소로 알아낼 수 있다. 이렇게 옛날 사람들의 음식습관을 통해, 그들의 생활방식에 대한 광범위한 정보를 얻어 낼 수 있다. 따라서 이러한 분석은 큰 의미가 있다.

금속의 출토지를 통한 분석

항상 평화적인 방법에 의해 진척된 것은 아니었지만, 구리와 청동, 그리고 마지막으로 철의 제련법은 당시의 사회구조에 큰 변혁을 가져왔다. 철은 녹슬어 없어지게 마련이기에, 철제 유물은 오늘날 아주 드물게 남아있다. 그러나 몸체가 없어졌더라도, 지상에 남은 흔적을 통해서 이런 철제 도구의 존재를 알아낼 수가 있다. 당시 금속은 너무나도 귀한 것이었기에, 이를 소유했던 자가 이를 그냥 버리는 일은 극히 드물었다. 그러나 그런 경우가 실제 있었다면, 이는 고고학자들에게는 아주 큰 행운이다. 이 금속이 완전히 닳아 없어져 아무것도 남아 있지 않게 될 때까지 손잡이나 고정하는 물체는 흔히 여러 번 교체되어 사용되었다. 물론 이런 유물들이 신에게 바치는 공양물이나 소유자의 창고 보관물로 후세에 전혀 내려 오지 않을 수도 있다.

오늘날의 금속 전문가들은 금속제 유물을 통해서 예전보다 훨씬 더 많은 고고학적인 정보를 캐내고 있다. 지난 수십 년간 녹슬어 스러진 금속의 잔해에서 추가로 정보를 얻어내는 여러 가지 화학적이고 물리적인 방법이 새로이 개발되었다. 금속의 제련 과정에서 섞인 다른 금속에 있는 불순물의 흔적을 통해서 이 소재가 채취되었던 광산의 소재지를 알아내고 있다 (이에 대하여는 다음을 참조하라. Rüdiger Krause, *Studien zur kupfer-und frühbronzezeitlichen Metallurgie zwischen Karpatenbecken und Ostsee* (Freie Universität Berlin Hab.-Schr., 2000), Vorgeschichtliche Forschung 24, Rahden/Westf., Leidorf, 2003). 스펙트럼 분석Spektralanalyse과 화학적 입증실험chemische Nachweisvefahren/chemical evidence mehtod을 통해서 우리는 청동기시기 이후에 광범위한 지역에 걸쳐 있었던 무역관계를 알아내는 일에서 큰 도움을 받았다.

지역과 기술에 따라 옛날의 모든 제련장소는 각기 금속의 혼합비율을 달리 하였다. 그리고 현대의 금속 분석기술로 재현할 수 있는 독특한 제조방법을 각기 갖고 있었다. 여기에다가 옛날 작업 장소에서 발견된 재와 슬러지도 연구에 함께 이용되고 있다. 또 도자기 그릇의 겉면을 장식하기 위해 사용된 유약 성분도 이것의 기원지를 밝히는데 일조를 하고 있다.

실증 고고학Experimentelle Archäologie

실제 실험과는 달리 고고학적 자료는 임의로 실험을 반복하여 그 결과를 얻어

내지는 못하다. 이에 부득이하게 소위 현실화 작업이란 방법을 택할 수밖에 없다. 이 방법은 예전과 똑같은 상황을 재현해 보는 것이다.

19세기 후반에 한 비전문가가 선사시대를 생생하게 재현하는 흥미로운 시도를 해 보았다. 1878년 프리데릭 시헤스티드 Frederik Sehested경이라는 한 농지 소유자가 그때까지 전혀 해 보지 않았던 시도를 하였다. 즉 선사시대 인간이 만든 연장들과 주택을 검증해 보려고, 그는 일련의 선사시대 도구들을 만들었다. 이 과정에서 그는 사라지거나 녹슬어 없어진 부분들을 보완하여 이를 완전히 재현해 냈다. 그는 이 원시적인 도구들을 가지고 나무들을 벌채하고 썰어보고 또 구멍을 뚫어가면서, 최종적으로 현대적인 도구를 전혀 사용하지 않고서도 옛날 통나무집을 하나 만들었다. 이러는 과정에서 그는 흡사 구석기시기로 돌아가서 살아가는 체험을 직접 하였다.

2-12_ 프리데릭 시헤스티드 경 (1813~1882)

목공이나 목수에게 필요한 손재주를 전혀 갖지 않았던 이 귀족은 당시로서는 선구자적인 사람이었다. 옛사람의 작업조건에 맞는 도구들을 최초로 만들어내면서, 그는 실증 고고학의 창시자가 되었다. 그 후 수많은 학자가 이런 실험을 따라 행했다.

인종학적인 연구방법

전통적인 연구방법과 더불어 최근 고고학자들은 아직도 구석기시대를 살아가는 민족들을 찾아가서는 그들의 작업방법이나 도구들을 연구하기 시작했다. 이리하여 옛 시대에 살던 사람들의 생활방식을 엄밀히 분석하고, 또 이를 위해 동일한 목적으로 사용되었을 만한 도구들을 오늘날 살아가고 있는 원시인들이 사용하는 구식 도구들과 비교함으로써 옛 시대에 이 도구들이 어떻게 사용되었는가를 추론했다.

이때의 고고학 연구의 주안점은 옛 민족이나 종족의 역사를 바탕으로 하여 현재 살고 있는 원시종족과 대비하여 당시의 문화를 추론해 보려는 것이다. 즉 오늘날 자연 원시부족의 생활상을 살펴서 인간의 발전 과정을 그대로 밝혀보려는 것이다. 왜냐하면 이들 원시 종족이 옛날 인간생활의 원래 형태를 아직도 유지하고 있기 때문에, 이들을 통해 다른 지역에 있었던 과거 문화의 단면을 엿볼 수 있을 것이라고 믿기 때문이다.

시기별 조망

선사시대 민족에게서는 유골 이외로는 단지 부장품과 토기 조각들만이 남아있다. 이들 유물들은 간접적으로 그들이 가진 도구제작에 대한 능력을 우리에게 알려준다. 동시에 우리는 이를 통해 이들의 당시 생활상을 짐작할 수가 있다.

고고학적으로 발굴된 유물을 토대로 하여, 우리는 기록이 없던 과거의 시기를 구분하고 있다. 동시에 우리는 옛날 사람들의 경제활동과 사고방식, 그리고 종교적 행위 및 사회생활 방식을 재현해 낼 수가 있다. 프랑스 고고학자들은 자신들의 나라에서 발굴된 유물들을 분류하면서, 후세 연구에 주요한 초석이 되는 작업을 해 냈다. 당시 이들은 많은 유적지를 새로이 발굴해냈다. 이의 중요한 것으로는 솜므강과 세느강 강바닥에서의 발굴지와 뻬리고르Périgord 지역에 있던 동굴과 암반지대에 있는 거주지역이다. 이들을 시기적으로 아쉘레아Acheuléen, 무스떼리아Moustérien, 솔루뜨레아Solutréen, 마그달레니아Magdalénien 문화 등으로 명명하였는데, 이는 이러한 주요 발굴지에 따라 붙여진 명칭이었다. 이런 시대 구분을 위한 명칭이 오늘날 규범이 되어 전 세계적으로 통용되고 있다.

2-13_ 마그달레니아 동굴

옛날 구석기시대 사람들이 남긴 예술작품을 통해서 우리는 당시 이들의 사고방식의 일면을 엿볼 수가 있다. 당시 사람들이 그려내고 만든 것들의 대부분은 제식을 위한 것이었다. 이런 것들은 또한 당시 이들이 어떻게 살아가고, 또 생계를 이어갔는지를 보여준다. 추측건대 당시 사람들에게서는 자신들의 믿음을 예술로서 표현하려는 제식 행위가 이미 싹터 있었다.

새로이 습득된 기술을 통해 한 문화의 특성이 결정된다. 상이한 문화들이 뒤따라 곧바로 나타나게 되면, 이는 시대가 바뀌면서 거주하는 사람들이 바뀌었거나 문화적인 교류가 있었음을 보여준다.

거주지가 있었는지의 여부는 대개의 경우 무덤들이 알려준다. 후대에 전해져 내려온 부장품을 통해서 우리는 종족의 명칭이나 그들이 살았던 시기를 명명한다. 그리고 그들의 내세관을 추론한다. 이 옛 종족들은 내세에서의 삶을 확실히 믿고 있었다. 처음에는 죽은 자를 위한 부장품으로 옷과 먹을 것을 넣어주었다. 그밖에 죽은 자가 내세에서 쾌적하게 살기를 바라는 마음에서 일상에서 사용한 생활용품을 넣어주었다.

수습된 생활용품을 통해서 옛 사람들의 생활상과 이들의 문화가 어떻게 계속 발전하여 나갔는가를 알아낼 수가 있다. 예를 들면 집을 만든 재료와 그 기법이 나아진 것은 좀 더 나은 문화단계로 발전하였음을 알려준다. 이러한 더 나은 문화로의 발전 모습은 지역적으로나 시기적으로나 각기 달리하면서 나타난다.

유럽에 나타난 석기시대 문화

중석기시기에는 서로 아주 멀리 떨어진 지역에서도 이미 개별적으로는 신석기시기의 징조가 생겨 발전해오고 있었다. 반면에 아프리카나 아시아와 오스트레일리아의 많은 지역에서는 아직도 현생인류가 수천 년 동안에 걸쳐 만든 중석기 시기 문화의 영향을 받은 도구들이 널리 퍼진 상태로 나타나고 있다. 심지어 구석기시기 문화의 영향에서 나온 도구들도 보인다.

레바논의 해안가나 시리아의 레바논 산맥 안쪽 지대에서는 뷔름빙하기가 시작될 때에 '선대-오리냑크Prä-Aurignacien' 시기라고도 불리는 '아무디아Amudien' 문명이란 시기가 있었다. 아직도 중석기시기의 징후조차도 거의 보이지 않는 이 아무디아 문명이 최초 발생한 곳이 어디인지는 아직도 모른다. 약 40,000년 전에 리비아의 중부 해안 지역을 따라서 개별적으로 여러 새로운 양식의 도구들이 나타나기 시작한다. 즉 긁개Kratzer, 찍개Stichel, 조악한 형태의 '얇은 판 조각형태의 라멜레Lamelle' 등이다. 이것들은 베이루트 근교의 해변에 위치한 크사르아킬Ksar'Akil에서 발굴된 것들과 비슷한 특이한 형태를 보인다.

유럽지역에서는 개별적으로 여러 지역을 중심으로 한 새로운 기술들이 생겨났는데, 이런 현상은 특히 중부유럽과 남부유럽의 지역에서 두드러지게 나타난다. 후기 구석기시대에 나타나는 이런 변화의 모습은 흑해의 북안과 동안으로부터 유라시아의 스텝지역을 통과하면서 동쪽으로부터 서쪽방향으로 진행되어 온 변화된 흐름의 영향을 받았다. 러시아 남부 평야지대는 오랜 기간 거주지로서는 적합하지가 않았다. 왜냐하면 추측하건데 당시 이곳은 습지지역이었기 때문이다. 따라서 이곳보다는 오히려 코카사스 지역에서 더 많은 거주 흔적이 발견되고 있다.

코카사스에서는 조지아 지역과 부분적으로는 1600m 이상의 고원지대인 아르메니아 지역에서 이미 구석기시기의 유적지가 발견되고 있다. 흑해 해변 지역에서는 오늘날의 해안선에서보다 약 100m 높은 지역에서 많은 유적지가 발견되고 있는데, 이 유적지들은 아주 오랜 시기로부터 지속되어 온 정주문화의 발전양상을 보여준다.

이 구석기시기의 문화는 지중해를 통해 유럽으로 진출했다. 그런데 유럽에서의 석기도구의 형태가 아프리카 북부해안의 그것들과 일치하고 있는데, 이는 이미 철기시기의 초기와 중기에는 이베리아 반도가 유럽과 아프리카 사이의 민족 이동과 문화의 흐름에서 교두보의 역할을 하였음을 보여준다. 이 시기에 지브롤터 해협은 극히 좁혀져 있어서, 일부 식물과 동물이 아프리카지역에서 유럽의 이베리아지역으로 충분히 넘어올 수가 있었다. 오늘날 유럽의 다른 지역에서는 나타나지 않는 여러 많은 종류의 동식물이 아프리카와 이베리아 반도에서 함께 자생하고 있다.

약 45,000년 전에는 상대적으로 따뜻했던 초기 뷔름 빙하기시기에 최초로 오리냑크 문화가 자생적으로 생겨난다. 이 문화는 동물들의 묘사나 그 새긴 문양에서, 또 맘모스의 상아나 기타 뼛조각으로 만든 조각품 등에서는 더 이상 예전 문화의 특징은 거의 내보이지 않는다. 그러면서도 이미 완전히 성숙되고 상당히 발전된 형태의 문화로서 나타난다. 석기도구로는 솟구친 긁개Hochkrzter, 주둥이형

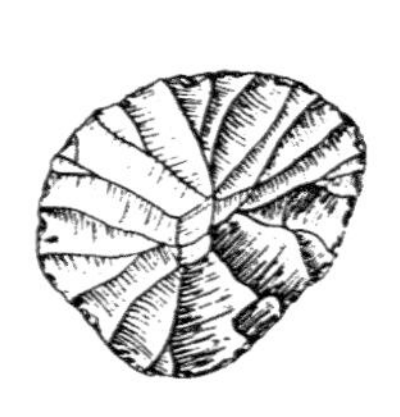
솟구친긁개

용골형긁개

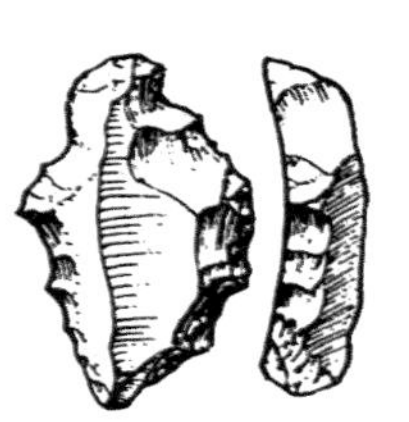
용골형긁개

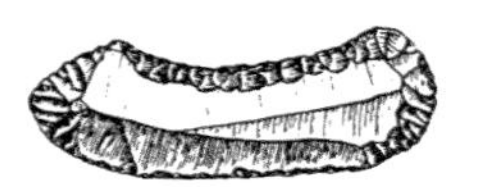
양면날이 다듬어진 째개

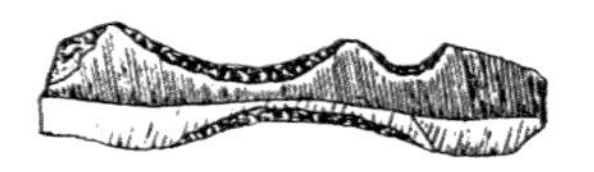
주름이 있는 칼날

갈라진 끝이 있는 창촉

머리묶는 비녀

2-14_ 오리냑크 문화의 대표적 유물들

긁개Schnauzenkratzer, 용골형 긁개Kielkrztzer, 양면날이 다듬어진 째개Klinge mit beidersietiger Randretuschierung 등이 보인다. 여기에다가 뼛조각과 순록의 뿔이나 상아를 재료로 하여 갈라진 형태와 넓적한 형태를 보이는 창촉을 위시하여 머리를 묶는 비녀 등도 또한 보인다.

오리냑크 문화가 유럽의 서쪽지역에서 마지막으로 살았던 네안데르탈인의 무스떼리아Moustérien 문화에 영향을 준 것은 확실하다. 이 후자의 문화는 이의 대표적인 유물인 무스떼리아 창촉을 통

2-15_ 무스떼리아 문화의 전형적 형태

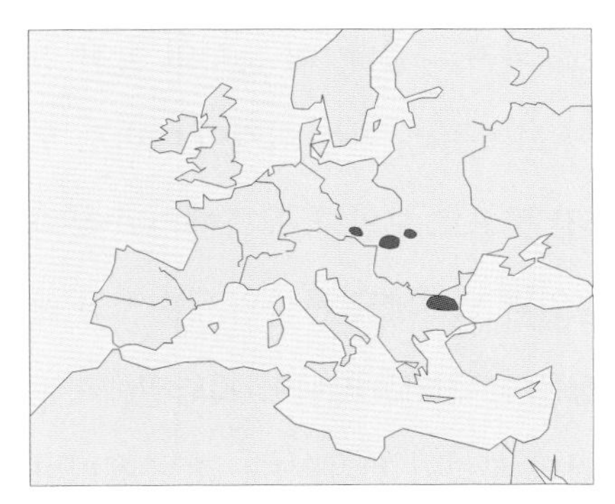

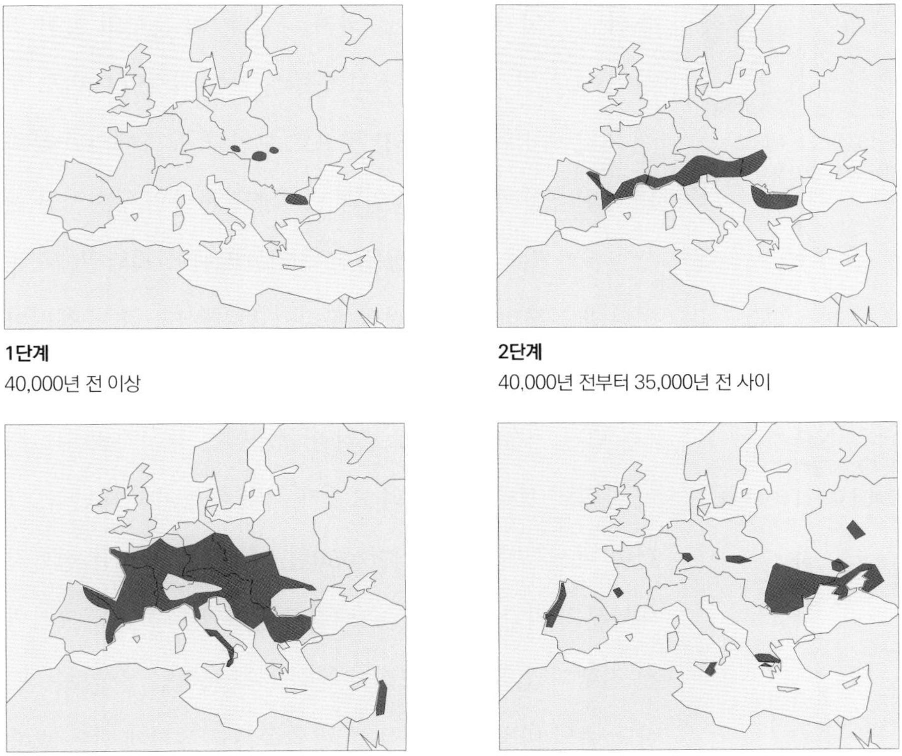

1단계
40,000년 전 이상

2단계
40,000년 전부터 35,000년 전 사이

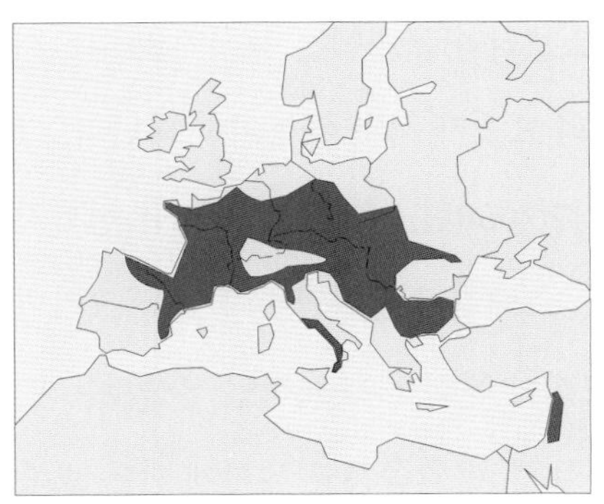

3단계
35,000년 전부터 28,000년 전 사이

4단계
28,000년 전

2-16_ 오리냑크 문화의 파급

2-17_ 미꼬끼아 문화의 대표유물의 형태

2-18_ 맘모스 상아로 만든 사자 인간상

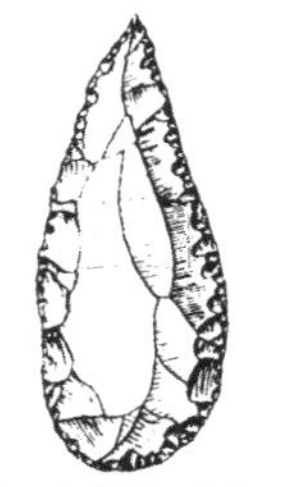

2-19_ 샤뗄뻬로니아 문화의 대표적 유물 형태

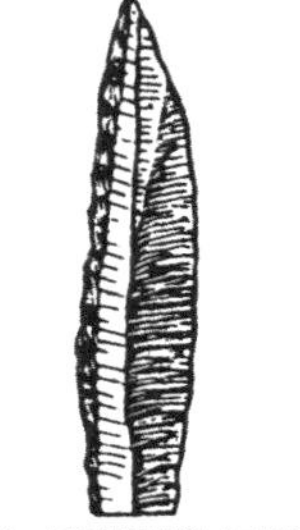

2-20_ 그라베띠아 문화의 대표적 유물 형태

해 널리 알려져 있다. 이 창촉은 홀쭉하면서 길쭉한 형태이거나, 널찍하게 펴진 형태를 보인다. 그리고 대개 경우에는 오직 한쪽에만 날이 있다. 이밖에 쐐기 형태의 칼과 비대칭적으로 만들어진 주먹형태의 찍개, 판대기형 송곳, 밀개 Schaber 등을 보여준다.

오리냑크 문화는 현생인류가 유라시아 대륙에 거주할 당시에 이들이 최초로 진출한 방향을 알려준다. 이 문화는 발칸의 산악지대와 도나우 분지지역에서 기원하여, 이곳들로부터 유럽의 전 지역으로 퍼져 나갔다. 이 문화의 발전 양상이 서로 일치하지 않아 보이는데, 이는 이것이 아마도 오랜 기간에 걸쳐 퍼져 나간 탓으로 보인다. 무스떼리아 문화의 구현자인 네안데르탈인과 오리냑크 문화의 구현자인 현생인류가 접촉하는 과정을 통해 카르타니아 지역권에서는 하나의 독특한 중부유럽권 문화가 발생한다. 즉 스첼티아 Szeltien 문화이다. 이 문화는 약 42,000년 전에 시작되어 약 4천 년간 지속되었다. 스첼티아 문화에는 중석기의 미꼬끼아 문화와 오리냑 문화의 요소가 서로 뒤섞여 나타난다. 그런데 미꼬끼아 문화는 120,000년 전에서 75,000년 전까지 대부분의 기간 동안에 무스떼리아 문화와 평행선을 그리면서 진행되었다. 이 미꼬끼아 문화의 대표적인 유물로는 밑바닥 족의 바탕 부분은 두껍고, 위쪽은 섬세하게 만든 뾰족한 끝부분을 보이는 주먹형태의 찍개가 있다. 스첼티아 문화는 오랜 기간 오리냑크 문화와 함께 나타나고 있다. 그런데 정작 이의 기원지에서는 해당 유물이 극히 제한적으로 나타나고 있다.

4만 년이 넘는 훨씬 이전에 체코의 메렌Mähren 지역에서 중석기시기에 네안데르탈인이 만들어낸 레발르와Levallois 제작기법에 기반을 둔 보후니키엔Bohunicien 제작기술이 생겨났다. 지금으로부터 약 40만 년 전에서 4만 년 전 사이에 있었던 이 레발르와 제작기법은 원석을 비스듬하게 내려쳐서 나중에 사용할 중간재를 특별히 미리 마련하는 기법이었다. 이 기법이 오리냑크 문화의 영향을 받은 것은 아니다. 일부 메렌 지역의 유물로써 판단해 볼 때에, 이 기법은 같은 시기의 스첼티아 문화와 오리냑크 문화에 큰 영향을 끼쳤다.

오리냑크 문화는 발칸의 동부산악지대를 거쳐 근동지역으로 뻗어나갔는데, 이곳에서는 약 36,000년이나 된 유물도 발견되고 있다. 약 28,000년 전에 있었던 이의 후기문화는 카르파티아 분지로부터 동부유럽지역으로 그 파급의 흐름이 이어지고 있다. 이 문화는 폴란드 남부와 메렌과 남부독일 등에 걸친 중부유럽의 각 지역에 나타나서는, 이보다 약간 늦은 시기에는 미꼬끼아Micoquien 문화를 밀치면서 퍼져 나갔다. 남부독일에서의 오리냑크 문화의 유물로는 상아로 만들어진 작은 동물의 조각상과 더불어 인사하는 모습을 보이는 한 남자의 부조상과 사자 머리를 한 여자의 모습을 한 조각상이 있다. 이 문화의 진출 경로는 지중해 북쪽해변을 따라서 프랑스 남부와 스페인으로 향하는 노선과, 도나우강을 거슬러 올라가면서 프랑스 동부 및 남서지역으로 진출하는 두 개의 노선이 있다. 오리냑크 문화가 서부유럽으로 진출하기 이전에, 이곳에는 후기 구석기시기의 초기에 속하는 네안데르탈인의 무스떼리아 문화에서 발전해 나온 샤뗄뻬로니아Châtelperronien 문화가 있었다. 이 문화를 대표하는 뾰족한 '샤뗄뻬로니아 칼'은 곡선을 이루면서 좁게 다듬어진 날을 가진 뾰족한 형태를 보이는데, 이는 대개 경우에는 다소간 반달모양의 형태를 가진 칼날을 보여준다. 아르시-쉬르-뀌르

Archy-sur-Cure에서는 약 33,000년 전에 만들어진 샤뗄뻬로니아의 여러 도구들이 발견되고 있는데, 이는 네안데르탈인이 남긴 마지막 흔적이다.

이미 여러 고고학적 유물들을 통해 네안데르탈인과 현생인류 간에 접촉이 있었음을 보여주고 있다. 네안데르탈인의 문화는 현생인류의 문화에게서 영향을 받았다. 마찬가지로 네안데르탈인의 문화도 현생인류의 문화에 영향을 주었다. 그러나 이들 두 인류 간에 서로 어떠한 접촉이 있었는가는 고고학적 증거만으로는 아직까지 구체적으로 알아낼 수가 없다. 앞으로의 유전학을 다룰 장을 통해서 우리는 오늘날 사는 인류의 유전인자에 네안데르탈인의 유전인자가 어느 정도 섞였는지의 그 구체적인 흔적을 밝혀보게 될 것이다.

28,000년 전에서 18,000년 전 사이에 남부프랑스 지역은 유럽의 어떠한 다른 지역보다 더 나은 기후조건을 보였다. 여기에서 추측건대 31,000년 전과 22,000년 전 사이에 그라베띠아Gravettien 문화가 나타나 지속되었다. 그러나 이것은 오리냑크 문화와는 명확히 구분되지는 않고 있다. 그라베띠아 문화의 특징을 나타내는 대표적인 유물로서는 좁고 얄팍한 날을 갖고 있으면서, 그 가상 자리가 다듬어진 상태로 뾰쪽한 형태를 보이는 '그라베띠아 칼'이 있다. 그라베띠아 문화는 오늘날 러시아로부터 유럽으로 전해져서 오랜 기간 동안 오리냑크 문화와 공존했던 것으로 보인다. 그러나 발칸반도의 오리냑크 문화는 28,000년 전에서 26,000년 전 사이에 그곳의 기후가 나빠지면서 완전히 사라진다. 그러다가 23,000년 전과 22,000년 사이에 다시 그라베띠아 문화의 특성을 보이는 석기도구들이 발견된다.

프랑스에서는 일찍이 오리냑크 문화가 독자적으로 계승 발전된 흔적이 보인다. 이것은 32,000년 전에 시작되어 대략 27,000년 전까지 지속되었다. 그러니까 뷔름 빙하기의 중기시기에 해당하는 때이다. 이 프랑스의 오리냑크 문화는 거칠게 다듬어져 가공된 톱니무늬 형태의 날을 특징으로 보이고 있다. 단지 수십 센티미터의 길이에다가 갈라진 형태를 보이는 뼈로 만든 이 날카로운 물건들은 화살촉으로 사용되었던 것으로 보인다. 이에 따라 이미 30,000년 전에 활과 화살이 있었음을 알 수가 있다. 여러 부분을 각기 따로 만들어 조합하여 만든 이 무기는 구석기 후기에서의 획기적인 발명품으로 간주될 수가 있다. 강화된 관통력, 더 먼 사정거리, 빠른 재장전이 가능하여 이 시기의 사냥에서 성공의 가능성을 높여 주었고, 동시에 이 도구를 사용하는 사냥꾼이 겪는 위험도를 낮춰주었다.

당시 유럽에 살던 현생인류는 춥고 건조한 기후에 적응해야만 했다. 높은 고위도 지역에서는 따뜻한 기간이 아주 짧아진 탓에 사람들은 바뀐 식량원과 이의 보존에 적절히 대응해야만 했다. 이에 인간들은 필요한 에너지원의 획득을 툰드라 지역에 사는 대형동물에서 얻는 고기에 훨씬 더 의존할 수밖에 없었다.

쇼베Chauvet 동굴에 그려진 동굴벽화

지금으로부터 약 35,000년 전으로부터 11,000년 전 사이에 석기시대의 사람들이 그린 많은 동굴벽화가 유럽 전역에 산재해 있다. 강우량이 많은 지역에서는 이러한 그림들이 풍화의 영향을 적잖이 받았지만, 프랑스 남부나 스페인과 북부 및 아프리카와 같이 덥고 건조한 지역에 있는 것은 아직도 잘 보존되어 있다.

1994년 12월에 프랑스의 한 말라버린 계곡에서 하나의 동굴이 발견되었다. 이곳에서 예전에 발견된 어떠한 동굴들보다도 더 많은 실마리를 풀어주는 유물들이 발견되었다. 브루노와 쇼베란 두 탐사 연구학자가 한 무너진 동굴 입구로부터 공기 바람이 새어나오는 것을 보았다. 이는 겨울에 외부의 찬 공기가 상대적으로 따뜻한 동굴내부의 공기와 교류하는 과정에서 생기는 현상이었다. 동굴 입구는 약 20,000년 전에 무너져서, 그 이후로는 아무도 이 동굴 안으로 들어갈 수가 없었던 것으로 보였다. 탐사 연구자들은 이 동굴에서 전혀 사람의 손길이 닿지 않은 상태로 잘 보존된 선사시대 유물의 다수를 발굴했다.

쇼베 동굴은 지난 수년간 발견된 것들 중에서 가장 주요한 동굴벽화를 보여준다. 이 동굴에서 마지막으로 살았던 것은 이곳에서 죽은 채로 발견된 곰이었음이 확실하다. 그런데 동굴 한 귀퉁이에 그려진 하나의 곰 그림이 학자들을 놀라게

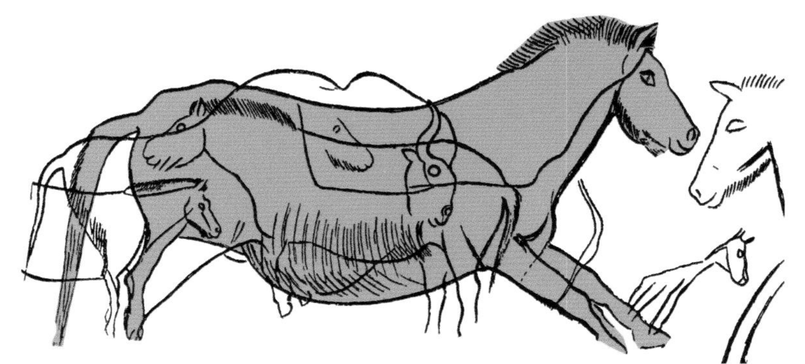

2-21_ 프르세발시키 Prschevalsiky 야생마
이미 그렸던 곳에 나중에 다시 덧붙여 그려져 있다.

2-22_ 프르세발시키 야생마

몽골에서 다시 야생상태에서 살아가는 프로세발스키 말들의 무리를 촬영한 이 사진은 크리스티안 오스왈드의 허가를 받아 게재한 것이다. 여기에서 보이는 이 동물들은 다른 어떠한 말 종류에서는 발견되지 않는 유전자 계통을 보이고 있다. 이 말들은 길들이기가 불가능하다. 따라서 추측건대 이 말은 결코 사육된 바가 없이 오직 사냥의 대상이었던 야생마였다.

했다. 왜냐하면 그 동굴 곰은 약 13,000년 전에 멸종한 종이었기 때문이다.

이곳에서는 또한 약 25,000년 전에 살았던 프르세발시키Prschevalsiky 야생마가 그려져 있다. 그리고 확실히 부엉이처럼 보이는 새의 그림도 있다. 이렇게 새겨진 이들 그림보다 더 오래된 시기에 숯검정으로 그려진 맘모스의 모습도 하나 보인다. 그리고 털복숭이를 한 코뿔소, 하이에나 형상을 한 동물, 점박이 무늬를 한 가죽을 가진 갈기가 없는 사자, 또 산양과 순록도 그려져 있다. 이 동굴은 이미 후기구석기 시대인 오리냑크 시기에, 즉 약 32,000년 전에서 29,700년 전 사이에 사용되었던 것으로 보인다. 아직까지도 이처럼 오래 전에 그려진 동굴그림은 발견되지 않았다. 안료를 위한 재료로 쓰인 숯을 라디오카본 방법으로 분석해 보았더니, 이 그림이 그려진 시기로는 32,400년 전에서 29,700년 전으로 측정되고 있다. 그리고 경우에 따라서는 최대 37,000년 전에서 34,000년 전까지로 거슬러 올라갈 수도 있다. 또 이렇게 완벽히 그려진 그림은 아직까지 없다.

이 그림을 그린 예술가들은 훨씬 나중에 나온 마그달레니아 문화시기에 속한 자들로서, 이들이 오리냑크 시기에 앞선 조상들이 버린 숯을 땅에서 주워서 그렸을 것이라고 추측하는 사람도 있다. 그러나 횃불에 의해 벽의 벽화 위에 그슬린 검댕은 이 벽화에 사용된 안료와 동일한 시기의 것임이 확인되었다.

우리는 이 시기의 우리 조상들을 지금 우리와 비교하면 원시적인 인간이라고 생각하기가 쉽다. 이들이 그린 대부분의 회화나 바위 벽면에 새겨 그린 것만으로는 극히 제한된 연구자료만을 접한다고 할 수 있지만, 우리는 이런 그림들을 통해 당시 이들이 아주 제한적으로 사용했던 재료들에 대한 정보를 알아낼 수 있다. 이들은 금속을 가공하는 기술은 아직은 알지 못했다. 어떤 목적이었던 간에 이들은 아주 안정되고 능숙한 기술을 가지고 그림을 그렸다. 잘못 그려서 수정했던 흔적은 전혀 발견되지 않고 있다. 그림들은 아주 사실적이면서도 특정형식의 측면만 보여준다. 쇼베 동굴에서는 반 초상화 기법으로 그려진 들소 그림도 보인다. 그런데 얼굴을 약간 옆으로 빗겨간 형태로 그려진 이 그림기법은 아주 고도의 능력을 가진 예술가에게만 가능한 일이다.

동굴은 단지 입구 부분만이 주거의 목적으로 활용되었다. 석기시대의 인간이 동굴의 입구를 거주영역으로 활용했다는 사실 외에도 이들이 나무 가지와 잎으로 된 바람막이를 설치하였음이 또한 입증되고 있다. 나중 시기로 깊숙이 들어서면서, 이들은 뼈대를 세우고 짐승 가죽을 씌워서 만든 천막을 설치했다. 이 중의 많은 것은 바닥을 깔고 나서 그 위에 설치했다. 춥고 습기가 많아 쾌적하지 않은 동굴의 안쪽 공간은 예식을 위한 장소로 사용되었다. 아직도 그 흔적이 잘 보존되어 있는 동굴 바닥에 찍혀진 발자국들에게서 청소년과 아이들의 것이 발견되는 것이 특별히 시선을 끈다.

당시 인간들의 정신세계는 단지 벽화에 그려진 것을 통해서만 단편적으로 알아낼 수 있다. 일본에서 북쪽 지역에 사는 일본의 원주민인 아이누족은 곰을 성공적으로 사냥하고 난 후에는 죽은 곰의 영혼을 달래기 위한 희생예식을 치루고 있다 (James George Frazer, *The Golden Bough, A Study in Magic and Religion*, New York, The Macmillan Company, 1923). 이는 오늘날 당시 사람들이 식량을 얻으려고 불가피하게 죽인 동물에 관해서 어떠한 속죄의 예식을 행했을 것이라 믿게 하고 있다. 왜냐하면 이들은 모든 창조물과 함께 자연을 숭배하고 존중하였기 때문이다. 이리함으로써 사냥감을 일정하게 유지시키고자 하여, 살생은 아주 필요한 경우에만 제한적으로 행해졌다.

오리냑크 문화는 현생인류가 유럽으로 이주한 후에 처음으로 남긴 문화적인 유산이다. 신석기 기간의 도중에 생겨난 기후 악화현상은 이 시기에 모든 예술활동을 정지시켰다.

30,000년 전에서 25,000년 전 사이에 이탈리아 지역에서 오리냑크 문화가 사라진 것은 아마도 이탈리아에서는 이 시기에 인간이 더 이상 살지 않았음을 암시한다. 적어도 수천 년간에 걸친 이 기간 동안에 이탈리아에서는 인간이 살았던 어떠한 흔적도 보여주지 않고 있다. 당시 이탈리아는 알프스 빙하에 의해 유럽 내륙으로부터는 완전히 고립되었다. 그러다가 그라베띠아 시기에 이르러서야 비로소 인간이 남긴 유물이 다시 나타나기 시작한다.

지금으로부터 약 BC 21,000년 (탄소측정 연대로는 ~24,000년)에 아마도 프랑스 남부의 깡따브리아Kantabrien 지역에서 발생하여 BC 19,000년 (탄소측정 연대로는 ~22,000년)까지 지속된 솔루뜨레아Solutréen 문화가 이 시기에 나타났다. 이 문화권에서 나타나는 평면 부분을 가진 표면을 잘 다듬어서 손질한 넓적찍개Blattspitze라는 아주 특이한 형태의 도구가 나타난다. 얇은 두께에 표면을 손질한 이 찍개는 석기시대의 석기가공의 기술에서 보면 아주 획기적인 발전이었다. 단지 짧은 기간에 걸쳐 나타나는 뼈와 뿔과 상아를 소재로 한 여러 특이한 도구형태들은 이 시기를 확실히 알려주는 대표적인 유물들이다. 그중에서도 유럽의 신석기시기에 나타난 유물들의 전반에서 이 솔루뜨레아 문화의 이런 도구들은 아주 특이하다.

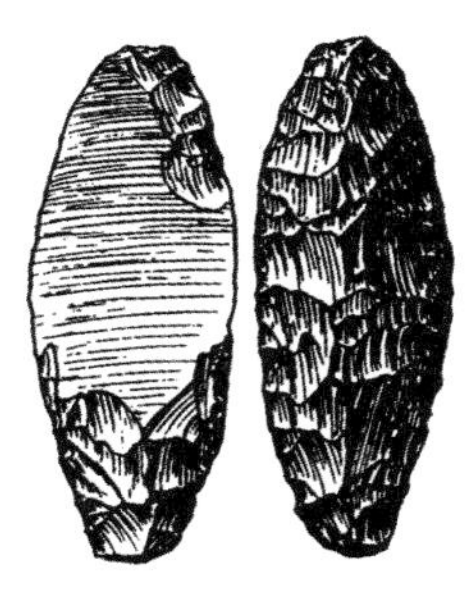

2-23_ 넓적찍개. 전형적인 평면 찍개 형태를 보이는 솔루뜨레아 문화의 주먹형 넓적찍개

유럽에서의 후기 구석기와 같은 시기에 동남아시아에서는 신석기까지 자갈돌을 강하게 내려쳐서 깨뜨려 만든 끌개와 더불어 여러 가지 형태의 잘라내는 도구들이 발견된다. 주구단의 상부 동굴에서 발견된 유물들은 구멍을 뚫거나 깨뜨려 내는 용도로 사용되는 아주 원시적인 도구이다. 그런데 이곳 사람들은 동시대의 유럽에 살던 사람들과 마찬가지로 적철광이나 이빨과 뼈를 재료로 하여 구멍을 뚫고 표면을 갈아 만든 목걸이 등과 같은 여러 장식품을 만들었다. 이 중 많은 것은 붉은 색의 진흙으로 색깔이 입혀졌다. 당시 동남아시아에 살던 현생인류는 유럽의 동료들과 똑같은 수준에 있는 가공기술을 가질 정도로 높은 문화적 수준에 도달해 있었다.

약 40,000년 전부터 15,000년 전의 (탄소측정연대로는 ~43,000에서 ~18,000년 전) 시기에 있었던 북아프리카의 다반 문화Dabban-Kultur는 그라베띠아 문화와 유사하다. 이는 이베리아 반도와 북아프리카 지역 사이에서 문화적인 교류가 있었음을 보여준다. 많은 유물이 해변지역에서 발견되었다. 이는 바다가 더 많은 먹거리를 제공했기에, 빙하기의 사람들이 이런 곳에 끌려 들어왔기 때문이다. 해수면이 높아지면서, 이런 곳의 대부분은 바다 물에 잠겨버렸다. 이에 따라 귀중한 문화유적지가 상실되어 대륙 간의 문화 교류를 밝혀 줄 많은 열쇠가 지금은 사라졌다.

뷔름 빙하기의 후반부에 이르러서는 아프리카의 북서쪽에 있는 마그레브Maghreb 지역에서는 다반 문화를 바로 뒤따라 아떼리아Atérien 문화가 생겨났는데, 이는 일정 부분 솔루뜨레아 문화와의 유사성을 보여준다. 아떼리아 문화는 다시금 이베리아-마우루시아Iberomaurusien 문화에 의해 뒤덮이는데, 이 문화는 처음에는 단지 일부 해변지역에서만 나타나고 있다. 이 문화는 바다를 건너 북아프리카 지역에 도달한 것으로 보인다. 특히 이탈리아를 경유한 루트도 제시되고 있다.

그라베띠아 문화와 마찬가지로, 오리냑크 문화는 약 18,000년 전에 빙하기가 고조기에 달했던 시기에는 서부 유럽지역에서 사라진다. 그러나 중부 유럽지역과 이베리아 반도에서는 이들 두 문화가 지속된다. 뵈멘 지역에서는 빙하기가 아

2-24_ 겨울 밀

주 최고조에 달한 혹독한 시기에도 그라베띠아 문화가 존재하였는데, 이는 그곳의 온난한 피한지에서 인간들이 웅크리며 살았음을 입증한다.

기온이 달라지면서 나무들이 분포한 지역은 줄어든다. 덩치가 큰 식물들은 후손을 퍼뜨리기보다는 생존하여 버티는 데에 더욱 큰 노력을 하였다. 따라서 급격한 기후변화에 적응할 능력이 거의 없었다. 반면에 작은 덩치의 식물들은 짧은 생존기간에 후손을 퍼뜨리는 데에는 유리했다. 이런 규칙에 따라서 이들은 추워진 기후에 상대적으로 훨씬 더 잘 적응했다. 이렇게 살아남은 식물들은 겨울을 잘 견뎌냈다. 이들 중의 많은 것은 추위에 아주 잘 적응하여, 영하의 온도에서나 그보다 조금은 더 낮은 찬 기온에서도 열매를 맺었다. 이를 잘 보여주는 것으로 겨울밀이 있다 (이에 대하여는 다음을 참조하라. Klaus-Ulrich Heyland, *Allgemeiner Pflanzenbau, Landwirtschaftliches Lehrbuch*, Stuttgart, Ulmer, 1996, p. 187).

키가 작은 식물들이 크게 번성함에 따라서 숲보다는 훨씬 늘어난 넓은 지역에서 방목되어 사육되는 가축의 수가 크게 늘어났다. 영양가가 없는 식물이 자라는 툰드라 지역은 이들 이른 시기의 인간이 생존하는 데에는 충분한 생활조건을 제공하지 못하였다. 따라서 이 추운 시기에 인간은 식물을 먹어 치우는 초식동물이 제공하는 동물성 단백질로만 겨우 버텨낼 수가 있었다. 예전 사냥꾼들은 오직 사냥을 통해 얻은 육류의 형태로서 이러한 단백질을 섭취할 수가 있었다.

마지막 빙하시기의 추웠던 기간 동안에 유럽 대륙에는 크고 다양한 여러 형태의 발전단계가 나타났다. 이러한 발전단계들은 인간들이 외부와는 완전히 단절되어 각자의 피한지대에 웅크려 있는 상태에서 생겨났다. 이런 지역들에서 이 시기에 각자 독자적인 기술이 발전되어 나왔다.

지구 온난화와 인류의 문화적 진화

마지막 빙하기가 절정에 달하면서 만년설의 경계하한선이 오늘날보다 700m 내지 900m 더 낮아졌다. 따라서 코카사스 지대에서는 강력한 빙하가 크게 확대되었다. 그러나 이때의 빙하시기에도 이 지역의 따뜻한 남쪽사면은 많은 종류의 식물과 동물에게 좋은 피난처를 제공했다. 이리하여 이곳을 위시하여 카르파티아 산맥과 이탈리아 반도와 피레네 계곡 등 다른 피난처 지역에서는 인간들이 몰려들어 살면서 이 어려운 빙하기를 잘 견디어냈다.

유적지를 통해 살펴보면, 이때의 빙하기에는 남부 프랑스와 이베리아반도의 지역도 인간의 피난처 거주지였음을 보여준다. 사람들은 빙하기를 견뎌내려고 추운 지역을 떠나서는 이러한 지역에 몰려 살았다. 이 지역에서는 테오 페네만Theo Vennemann이 바스콘인Vaskonen이라 명명한 인간집단이 형성되었다. 이에 대해서는 차후 언급하기로 한다.

지구가 다시 따뜻해지면서 빙하가 물러나자, 생명이 여러 다양한 형태로 다시 꽃 피우기 시작했다. 추위에 적응하여 살아남은 식물들은 이러한 온화한 기후를 이용하면서 크기나 다양성에서 크게 증가했다. 이때에 자력에 의해서는 아니지만 코카사스의 프뤼겔 호두나무가 유럽지역으로 귀환했다. 그리고 툰드라를 대신하여 나무들이 자라는 지역이 확산되기 시작했다. 처음에는 자작나무가, 그리고 소나무들이 개암나무의 관목을 뒤따랐고, 마침내 참나무들이 그 자리를 차지했다.

기온이 점차 따뜻해짐에 따라서 약 16,500년 전에 - 측정연대로는 19,600년 전까지 거슬러 올라가기도 한다 - 프랑스 남서부 지역에서 마그달레니아Magdalénien 문화가 생겨났다. 여기에서는 주로 흑요석Feuerstein을 재료로 하면서 등 부분에

날을 세운 칼과 함께 찍개, 긁개, 송곳, 톱과 같은 여러 도구들이 나타난다. 뿔과 뼈를 재료로 한 화살촉과 창촉 등도 만들어졌는데, 이중의 많은 것은 자르거나 찔러 넣기 쉽도록 표면에 기다란 홈이 파여진 것도 있다. 또 흑요석으로 만든 낚시 바늘도 있다. 이밖에도 끌과 가죽을 뚫는 송곳과 귀가 달린, 꿰매는 목적으로 만들어진 바늘 등이 있다.

다듬어진 돌칼의 숫자는 급격히 줄어들었다. 그리고 돌날에서 보이는 가공기술의 측면에서 보면, 마그달레니아 문화는 솔루뜨레아 문화에 비교하여 기술상에서는 후퇴하였음을 보여준다. 뼈와 순록의 뿔과 상아 등을 갖고 동물상의 조각, 가느다란 바늘, 낚시 바늘 등을 섬세하게 만드는 일은 숙련된 솜씨와 더불어 여러 기술적 발전이 전제되어야만 가능했다. 이제 사람들은 정교한 타격을 통해 석영에서 아주 다양한 기능을 가진 여러 칼날을 만들어내는 방법을 찾아냈다.

지구의 온난화와 더불어 사람들은 프랑스 남부지역에 위치했던 피한지로부터 쏟아져 나와서는 얼음이 물러가 버린 여러 유럽지역을 향해 이주를 시작했는데, 이는 인구의 증가를 가능케 하였다. 이들은 중서부 유럽 지역으로부터 동쪽 방향으로 스위스와 라인강 중부를 거쳐서는 잘레Saale 강과 엘스터Elster 강을 아우르는 지역과 메렌 지역까지 도달하면서 마그달레니아 문화를 퍼트렸다. 그리고 마그달레나 문화가 가

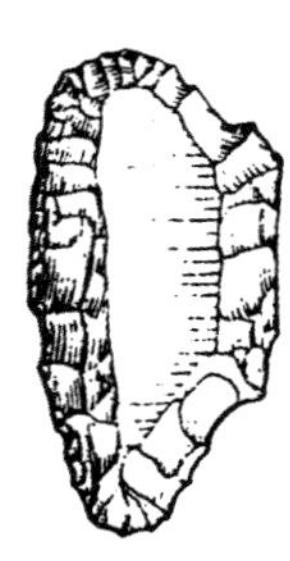
날이 선 끌개

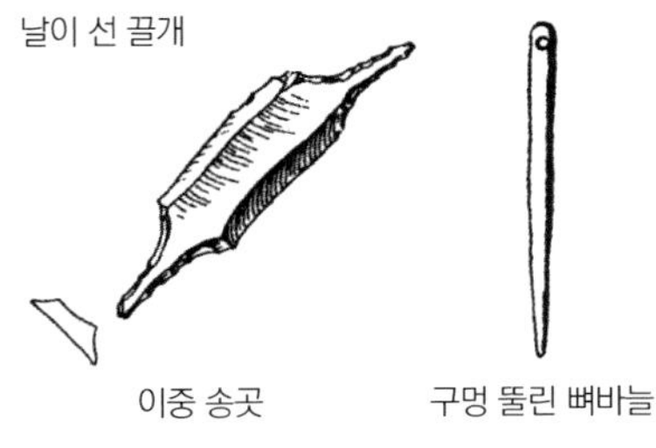
이중 송곳

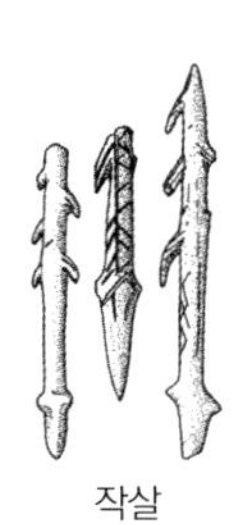
구멍 뚫린 뼈바늘

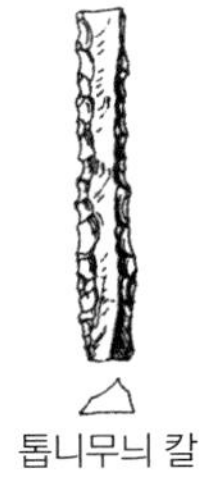
작살

톱니무늬 칼

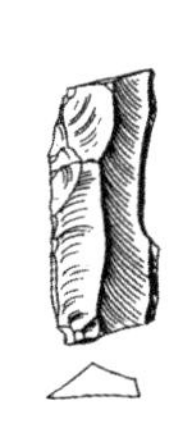
조각용 칼

2-25_ 마그달레니아 문화시기의 대표적인 도구들

장 동쪽으로 파급된 이 경계지역에서 그라베띠아 문화가 발생했는데, 그 시기는 약 12,000년 전이었다. 일부 시기 측정기법 상으로는 그 시기가 14,000년 전까지 거슬러 올라가기도 한다. 독일에서는 이 시기에 에씽Essing 지역에서 암각화가, 엥엔Engen 지역에서 상아와 화석화된 목재에 새겨진 추상화 형태의 인간상이 발견되었다. 그동안 남부 프랑스의 피한지 바깥의 지역에서 발견된 최초의 장기간의 거주지로는 기후가 온화한 프라이부르크Freiburg 지역이 알려지고 있다. 이런 사실은 탄소측정 방법을 통해 알게 되었다.

마그달레니아 문화는 도처에서 지역적인 특성을 보이는 수많은 아류 문화를 만들어냈다. 이렇게 사방으로 파급되어 간 이 문화권의 북쪽지역에서 함부르기아Hamburgien라는 독특한 문화가 형성되었다. 이는 튀링엔 및 독일 북부의 저지 지역으로 퍼져 나간 후에, 작센과 브란덴부르크 지역을 위시하여 폼머른과 홀쉬타인 지역에서까지 그 자리를 잡았다. 이 문화권의 사람들은 이 지역의 초지지대에서의 생활에 적응하였다. 이들은 특별히 순록사냥에 전념했다.

이 문화권의 사람들은 브리타니아 섬까지 진출하여 크레스웰리아Creswellien 문화를 일궈냈다. 나름대로 독특한 형태의 문화를 가졌던 이곳 사람들은 동남부 지역에서 밀려들어 오는 마그달레니아 문화권의 다른 사람들과는 특별한 접촉이 없이 상당기간 독자적인 삶을 영위했다. 드라기 후기시기에 있었던 마지막 한냉기에 아렌부르기아Ahrenburgien란 명칭을 가진 문화권에 속했던 순록 사냥꾼들이 다시금 남쪽방향을 향해 진출했다. 이 시기에 마그달레니아 문화권의 북동쪽에 위치한 중부유럽의 동쪽지역에서는 넓적한 날을 가진 찍개를 더욱 발전시킨 것을 대표적인 유물로 내보이는 스위데리아Swiderien 문화가 생겨났다.

기온이 계속 올라감에 따라 빙하가 녹으면서 점차 숲 지대가 늘어났다. 그러나 아렌부르기아 문화권의 사람들은 사라지는 빙하의 주변지역을 계속 맴돌면서 자신들의 전통적인 기술을 버리려고 하지 않았다. 높아진 기온으로 숲지대가 점차 복원되면서 산양은 높은 산악지대로 올라가 버렸고, 순록은 북쪽의 고위도 지대로 옮겨갔다. 따라서 이런 짐승을 전문적으로 사냥하면서 살았던 이들 사냥꾼의 무리들은 이러한 짐승들과 함께 삶의 터전을 옮겨야만 해서, 마침내 스칸디나비아 반도 가장 북쪽 지역에까지 도달했다. 오늘날 이들의 후손들이 핀-우그로 계통의 고대 사미족과 핀족으로, 그리고 이들의 극히 일부가 시베리아의 야쿠트족Jakuten이 되어버린 것으로 보인다. 이에 대해서는 장차 유전학이 더욱 상세히 알려줄 것이다.

14,700년 전에서 12,600년 전 사이에 걸쳐 뵐링Bölling/알뢰드Alleröd의 온난기가 진행되면서 마그달레니아 문화는 종말을 고한다. 이와 더불어 맘모스와 털복숭이 코뿔소도 사라졌다. 그리고 아칠리아Azilien 문화가 뒤따른다. 마그달레니아 문화가 갑자기 사라진 것은 급격히 바뀐 기후환경에서 찾을 수가 있다. 그동안에 사냥하는 방법이 달라져 버린 것은 이들 사람들이 사용한 무기에 나타난 변화를 통해 알 수 있다. 낚시 바늘에는 낚시 끈을 연결하기 위한 구멍이 뚫려 있는데, 이는 예전의 스페인 지역에서는 이미 알려져 있었던 기술이다. 사용하는 도구들은 점점 더 작아졌다. 그리고 형태도 단순화되었고 장식은 줄어들었다. 작은 조각상을 만드는 기술도 역시 사라져버렸다. 단지 표면에다가 동물의 형상을 새겨 넣는 것만이 아직도 남았다. 그리고 붉게 칠해진 조약돌에 일부 기하학적인 도형이 그려졌다. 인구 밀도는 점차 낮아졌고 집단의 규모도 줄어들었다. 부족끼

2-26_ 빙하기의 동물들

리 서로 뒤섞인 흔적은 보이지 않는다. 아칠리아 문화를 일군 사람들은 마그달레니아 문화권 사람보다 더 늦은 시기에 살았음이 확실하다.

마그달레니아 문화와 아칠리아 문화 간에 있던 교류의 단절과 더불어 동물계도 급격히 변화했다. 처음에는 맘모스와 털복숭이 코뿔소와 동굴 곰과 들소 등이 주요한 사냥감이었지만, 이들 동물들이 멸종한 이후로는 순록이 주된 사냥감이 되었다. 그런데 이 동물이 북쪽으로 옮겨 가자, 이 시점부터 이들이 사용하던 도구들의 유물의 수가 격감한다. 이제 사람들은 나무를 소재로 한 도구들을 만들어 사용하기 시작했는데, 이러한 목재도구들은 오늘날 대부분 쉽게 썩어 없어졌다.

8,000년 전에서 5,000년 전 사이의 중석기 시대에는 유럽은 기본적으로는 아직도 사냥과 채집경제의 단계에 있었다. 약 5,000년 전과 2,000년 전 사이의 신석기 시대에 이르러서야 사람들은 점차 정주하여 모여살기 시작했다. 이제 농경이 시작되었고, 가축의 사육이 점차 중요해졌다. 그리고 토기를 굽는 일과 천을 짜는 일이 생겨나기 시작했다.

도자기의 시작

오늘날에도 많은 원시 민족 사이에서 관찰되는 바와 같이, 토기의 생성은 음식물을 조리하는 과정에서 이루어진 것으로 보인다. 즉 음식물을 진흙으로 둘러싼 후에, 사람들은 이를 불 위에 올려놓거나 뜨거운 돌 위에 놓고 구워내는 방식을 사용했다. 또 돌을 아주 뜨겁게 달군 이후에, 이것들을 안쪽을 진흙으로 바른 구덩이 안에 넣어서는 익혀낸 흔적도 보인다. 우연히 아주 잘 배합되어 만들어진 진흙덩이로 발라진 구덩이의 내부로부터 하나의 커다란 덩어리 조각이 떨어져 나오는 일이 생겼다. 이때 이 덩어리 조각을 버리지 않고 재사용하는 일이 생졌는데, 이러한 조각들이 여러 번 가열을 받는 과정에서 토기를 형성할 때에 나타나는 특별한 현상이 생겨났다. 즉 이것들이 아주 견고하게 단단해져서, 물속에서도 더 이상 풀어지거나 녹아버리지 않게 되었다. 이에 이를 알아차린 인간들은 따로 여러 종류의 토기를 특별히 생산하기 시작했다.

일본에서는 이미 약 만 년 전의 초기 조몬Jomon 시기에 이러한 방법을 알아냈다. 메소포타미아 지역에서는 이미 기원전 4,300년경에 녹로가 나타나고 있다. 즉 수메르의 도시국가인 우르크Uruk에서이다. 이곳에서는 최초의 문자가 발견되고 있기도 하다. 가장 오래된 토기 파편들은 아무런 장식을 보이지 않았다. 그러다가 최초의 문양으로 추상적인 모티브들을 새겨 넣거나, 금을 그려 넣는 형태가 나타난다.

농경이 도입된 바로 직후에 유럽의 여러 지역에서 토기의 사용이 증가한다. 도나우강이나 유럽 평원의 여러 강변을 따라서 특별한 특징을 보여주는 한 토기문화가 퍼져 나갔다. 즉 선형토기線形土器 Bandkeramik 문화이다. 이 토기의 겉면에는 선의 형태를 가진 장식이 새겨 그려져 있는데, 이것이 중부유럽의 황토지대에서 기원전 5,000년대에서 기원전 4,000년대 사이에 걸친 초기 신석기시대의 농경문화를 특징짓는 하나의 지표가 되고 있다.

2-27_ 선형토기Bandkeramik

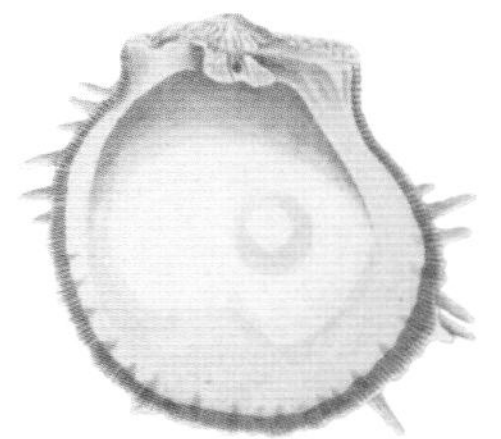
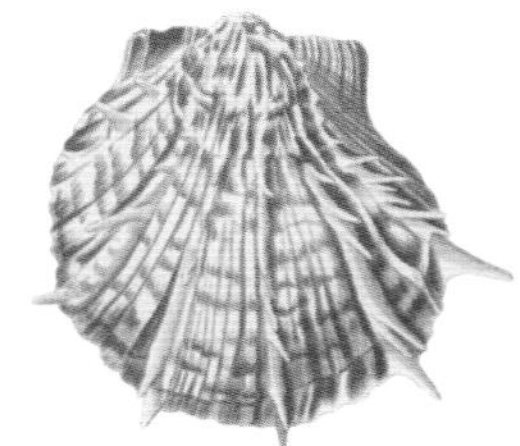
2-28_ 스폰뒬루스 조개

추측건대 선형토기는 헝가리 서부지역에서 생겨난 이후에 북서쪽 방향으로 퍼져 나가서 그곳에 있던 중석기시대의 사냥채집문화를 대체한 것으로 보인다. 초기 선형토기의 형태는 광범위한 지역에 걸쳐서 통일된 모습을 보인다.

이 시기에 곡식, 콩, 아마 등의 재배가 시작되었다. 그리고 이와 더불어 행해진 가축에 대한 사육은 사냥문화를 완전히 밀어내었다. 세로로 길게 뻗은 연립주택의 형태로 이루어진 거주지역과 시체를 웅크려 매장하거나 화장하여 묻은 공동묘지는 예전보다 인구밀도가 더욱 높아졌음을 보여준다. 지중해 지역에서 산출된 스폰될루스Spondylus 조개는 아주 멀리 떨어진 유럽의 내륙지역에서도 교역되었다. 단 이 조개로 만들어진 장식품들은 중부유럽과 서부유럽에서는 오직 선형토기 문화권의 지역에서만 발굴된다. 후기 선형문형토기 문화시기에 들어서면서 교역로가 폐쇄되자, 이 문화권은 지역에 따라 독자적으로 발전해나가기 시작한다.

2-29_ 선형문형 토기Linearbandkeramik

남동부유럽-도나우 문화권의 특징으로는 선형문양토기Linerarbandkeramik, 전신선형문양토기全身線形紋樣土器 Füllbandkeramik, 깊은침형선형문양토기針形線形紋樣土器 Tiefstichkeramik가 나타난다. 북동부 유럽지역에서는 핀-발트Finn-Balt 문화권의 특징인 빗살무늬토기Kammkeramik, 보조개문형토기Grübchenkeramik가 서부시베리아의 지역까지 걸쳐 나타나고 있다. 북부유럽 문화권은 깔대기토기Trichterkeramik, 깊은침형토기 문화권으로도 불리고 있는데, 이에는 북부독일과 폴란드와 뵈멘 지역이 해당된다. 이들보다 늦은 시기에, 즉 기원전 2,000년의 시기에 작센-튀링엔Sachsen-Thüringen 지역에서 꽃 피운 하나의 특이한 문화가 코카사스 지역에까지 걸쳐 나타난다. 즉 서부유럽에서 거석묘를 조

2-30_ 튜립형 토기

성한 주민들에 의해 조성되었는데, 이들의 문화는 주요 특징으로 튤립 모양을 한 토기를 보여준다. 이 튤립형토기Tulpenbecher와 거석건축물의 기원지를 찾아가 보면, 이는 근동과 에게해와 이베리아 지역으로서 나타난다.

또 종모형잔 문화를 대표하는 특성으로는 무엇보다도 섬세한 토기로 만든 종 모양을 한 술잔을 들 수 있다. 이 토기의 몸통의 일정 부분 영역에는 눌려 새겨진 섬세한 문양이 나타난다. 이 문화는 기원전 3,500년에 이베리아 반도의 중앙부에서 처음 나타나기 시작하여, 중부유럽, 북서부유럽, 서부유럽, 남서부유럽 등에 전파된다. 이 문화는 기원전 2,300년경까지 지속되었다.

토기 형태만이 아니라 장례의 형태도 달라졌다. 특히 서부유럽 지역에서 단독 무덤 형태가 붐을 이루었는데, 여기에는 손도끼가 부장되어 있다. 이 도끼에는

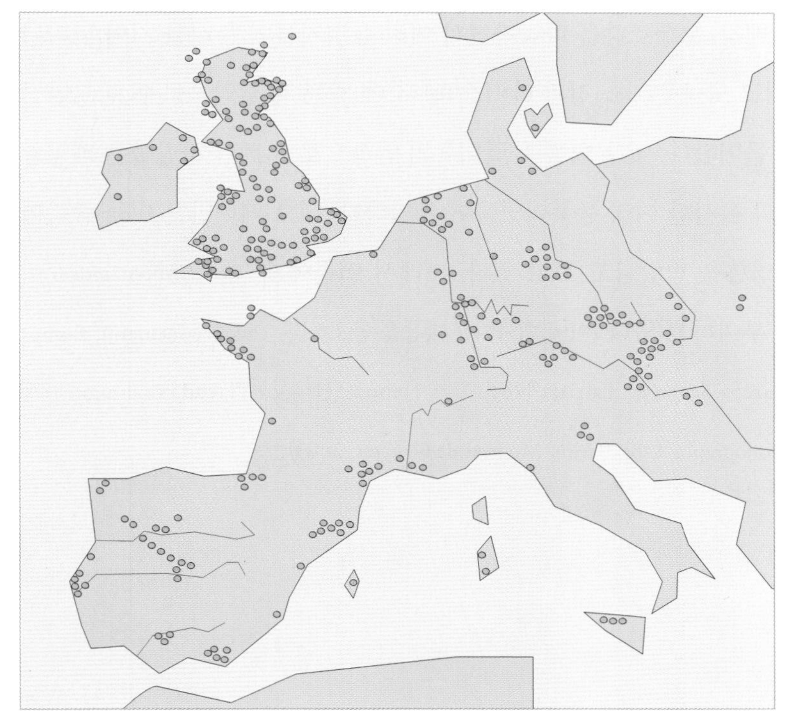

2-31_ 종모형잔 토기 문화의 유물 발굴지역

전투용 도끼Streitaxit란 명칭이 또한 부여되었다. 망자 곁에는 특이한 술잔과 돌로 만든 화살촉과 더불어 때로는 활을 쏠 때에 손목을 보호하기 위한 것으로 보이는 구멍이 숭숭 뚫린 돌로 만든 도구들도 발견된다.

이 문화는 유럽의 지중해 연안 도처에서 단편적으로 나타나고 있다. 대서양 쪽으로부터는 도우로Douro 강변과 과달퀴비르Guadalquivir 강변을 따라서 이베리아 반도의 내부를 향하면서 이런 흔적들을 보인다. 브레타뉴 반도 남쪽 해변 지역에서도 많은 유적이 발견된다. 그러나 무엇보다도 브리타니아 섬 연안에서 이 문화권 유적들이 집중적으로 분포되어 있다. 거석문화 시기 이후에 이 지역에서 한때 이 문화가 한창 꽃 피었음이 분명하다.

발견된 유적지의 분포로 보아서는 이 문화는 해변으로부터 뱃길을 따라 내륙 안쪽으로 퍼져 들어간 것으로 추정된다. 북해 해변으로부터는 라인강, 마인강, 비츨라강, 엘베강, 오데르강을 따라가면서 여러 유적지들이 무리를 지어 나타나고 있다. 그리고 도나우Donau강과 타이스Theis강에 있는 계곡 안으로 이 종모양잔 문화가 퍼져 들어갔다. 이 문화를 유럽내륙의 안쪽으로 퍼트린 사람들은 해양종족이거나 이와 유사한 여러 종족이었음이 분명하다. 테오 페네만은 이들 종족이 섬켈트어의 영향을 받았다고 보고 있다. 그래서 이들에게 '대서양족Atlantiker'이라는 명칭을 부여하고 있다 (이에 대하여는 다음을 참조하라. Theo Vennemann, *Europa Vasconica - Europa Semitica*, Patrizia Noel Aziz Hanna 〈Hrsgg.〉 (Trends in Linguistics, Studies und Monographs 138), Berlin, Mouton de Gruyter, 2003).

금속의 가공

금속은 형태를 자유롭게 변형시킬 수가 있다. 따라서 다양한 용도로 사용할 수 있는 소재이다. 또 이는 목재나 뼈처럼 내부에 조직이 있지 않아서, 이에 신경을 쓸 필요도 없다. 가공된 금속이 가장 이르게 만들어진 시기는 석기시대가 이미 정점을 지난 때였다.

사람들은 때때로 목재와 돌을 가공하는 과정에서, 이를 불에 가열하는 경우가 있었다. 이때 이 열로 인하여 돌 속에 포함된 광물질이 화학적인 변형과정을 겪으면서 뜨거운 금속물질로 바뀌어 흘러나오는 경우가 있었다. 오늘날의 제련과정은 오랜 기간에 또 많은 시행착오를 거쳐 이루어졌다. 그러다가 우연히 또는 발명가적인 기질을 발휘하며 실험하는 과정에서 성공에 이르는 경우가 있었다. 이미 아주 이른 시기에 사람들이 금속가공에 대해 갖고 있던 지식은 매우 놀라울 정도이다. 석기시대 말기에 살았던 인간들은 고도의 정신적 성숙도를 확실히 갖고 있었다. 따라서 이제 새로운 시기가 도래했다.

금

금은 원래부터 장신구와 제례의식을 위해 모두가 갈망하던 금속소재였다. 이 금속이 보여주는 따듯한 노란 색조는 마치 태양의 빛에 비견할 수가 있었다. 또 산성 물질에 대해 보이는 견고한 내성은 이를 피부 위에 걸치는 것을 가능하게 하였다. 따라서 당시에는 대단히 인기 있는 금속이었다.

금은 흔히 다른 광석에 함유된 상태로 나타난다. 그러나 물에 씻기어서 내나 하천을 통해 운반되어, 비교적 순수한 형태로서 발견되기도 한다. 그리하여 사람들은 아주 이른 시기부터 강에서 이를 씻어내어 얻어내기도 하였다. 금은 아주

2-32_ 강의 모래에서 채굴된 금 덩어리들

단단한 금속임에도 불구하고 유연성이 매우 높은 물질이다. 이러한 유연성 때문에 낮은 기온에서도 단련할 수가 있었다. 그리고 햄머로 두들겨서 강화시키면 상당한 견고함도 얻어낼 수가 있었다.

구리

구리는 금보다 단단한 금속이어서 날을 세워 베어내는 도구로는 물론이고 무기를 만드는 데에도 적합하다. 이 금속은 공기와 접촉하면 산화되는 성질이 있다. 그래서 항상 새로이 닦아내 주지 않으면, 표면에서 독성을 가진 푸른색의 녹을 형성한다.

구리는 기원전 4,000년경에 고대 오리엔트 문명권 지역에서 이미 가공되어 사용되었다. 구리의 제련기술은 유럽에서는 처음에 동남부 지역에서 시작되어, 나중에는 이베리아 반도에서도 나타났다. 그리고 이는 농경과 더불어 진척되었다. 서부 유럽지역에서는 구리를 녹이는데 사용된 토기 그릇의 파편이 스페인의 알메리아Almería 지역에 있는 쎄로 비르투드Cerro Virtud에서 발견되었다. 이 유물의 년도는 기원전 5,000년경으로 추정된다 (이에 대하여는 다음을 참조하라. Arturo Ruiz-Taboada/Ignacio Montero-Ruiz, The oldest metallurgy in western Europe, in: *Antiquity*, 73권 (1999), 897~903). 아메리카 대륙에서는 기원전 400년경쯤부터 구리로 만든 손도구들이 만들어졌다. 이곳의 도끼가 가진 형태는 이집트의 그것과 흡사한 형태를 보인다.

처음에는 교역을 통해 구리 제품들이 이 광물자원이 생산되지 않는 곳으로 운반되었다. 그런데 이 금속이 일정한 집산지에 축적되어 보관되면서, 이 새로운 중심지에서 구리를 갖고 여러 형태의 새로운 물건들을 만들어내기 시작했다.

청동

구리 광산에서 다른 금속에 의해 구리가 오염된 것이 청동이 생기게 된 계기가 되었다. 청동은 구리와 주석을 융합하여 만든다. 이 합금 금속은 처음에는 금과 유사한 모습을 보여주는 장점이 있어서 즐겨 사용되었다. 그리하여 청동은 그 가공의 초기시기에는 장신구를 만드는 데에 가장 많이 사용되었다. 장신구의 가공과정에서 청동은 어느 시기에는 귀한 금에 대한 대용물이었으며, 이는 오늘날에도 그 기능을 발휘하고 있다 (333가價의 금은 1/3의 금의 성분이 포함되어 있는 청동이다).

구리의 출토 지역에 따라서 다양하게 포함된 극소수의 비소 성분은 순수한 구리보다 그 강도를 훨씬 높게 만든다. 이 비소는 적은 성분이라면 인체에는 거의 해가 없다. 비소가 포함된 구리는 은백색의 광채를 보인다. 선사시기에 가장 주요한 주석의 산지는 영국의 콘월 지역이었다. 오리엔트 지역에서 온 알려지지 않은 문화의 전수자들이 이곳은 물론이고 이보다 더 북쪽에 있는 지역까지 항해하

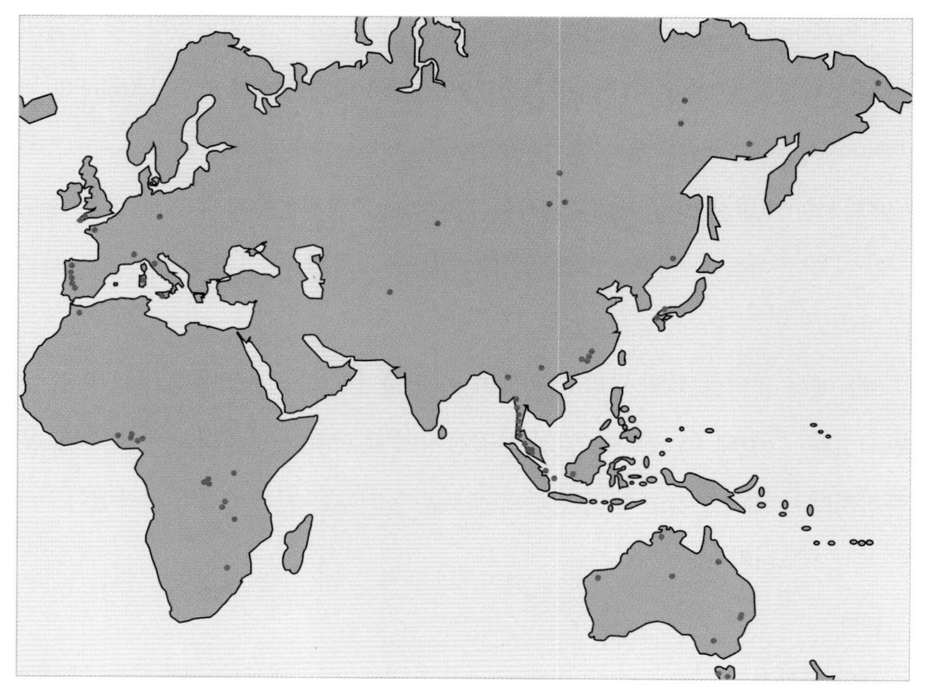

2-33_ 청동기시기의 주석 산지

여 왔다. 이 구리 산지와 그곳에 이르는 길은 아주 엄격한 비밀에 부쳐졌다.

주석은 청동기 훨씬 이전 시기부터 이미 알려졌다. 비소구리에 비해 6~7%의 주석이 이상적으로 섞인 구리는 훨씬 더 큰 이점이 있었다. 이렇게 만들어진 합금은 융합되는 과정에서 적은 공기 방울들을 배출한다. 이는 주석이 산소비활성화 물체이기에 공기를, 더 정확히 말하면 산소를 꽉 잡아두는 성질을 갖고 있음을 뜻한다. 따라서 식은 후에 부스러지는 성향이 훨씬 적다. 구리에 주석을 첨가하면 비소구리만큼 단단한 합금이 생성된다.

청동의 사용은 순수한 구리만을 사용하는 것에 비해 기술상에서의 획기적인 진전이었다. 이 합금은 순수 구리만의 것보다 강도는 훨씬 높으면서도 동시에 쉽게 녹여낼 수가 있다. 이 합금은 강철과는 달리 상대적으로 낮은 기온의 상태에서 냉각시켜 쉽게 조형할 수 있다. 강도가 높으면 도구나 무기의 측면에서 유리하다. 그러나 구리의 함량을 높여주면, 이는 역시 독소를 지닌 푸른 녹을 형성하게 만든다. 청동에 대한 기술을 가장 먼저 내보인 곳은 메소포타미아 지역으로서 기원전 3,000년경에 이미 나타난다. 왜 이 기술이 주석 산지와 가까운 곳에서는 나타나지 않았는가에 대한 원인은 아직도 밝혀지지 않고 있다. 이란의 서부지역에서는 기원전 2,000년경에 처음으로 청동제 물품이 있었음이 입증되고 있다. 중국에서 청동기술이 언제부터 시작되었는지는 아직도 모른다. 그러나 상商 왕조시기에, 즉 기원전 1,600년에서 기원전 1,500년 사이에 청동으로 만든 무기와 제기가 제작되어 사용되었다. 인도에서는 예수 탄생의 시기에 청동이 만들어지기 시작했던 것으로 보인다. 아프리카 남부에서 청동제품이 가장 이르게 선보이는 시기는 기원후 9세기이다. 아메리카에서, 즉 북아메리카 지역에서 청동제품이 처음으로 나타나는 시기는 기원후 1,000년경이다.

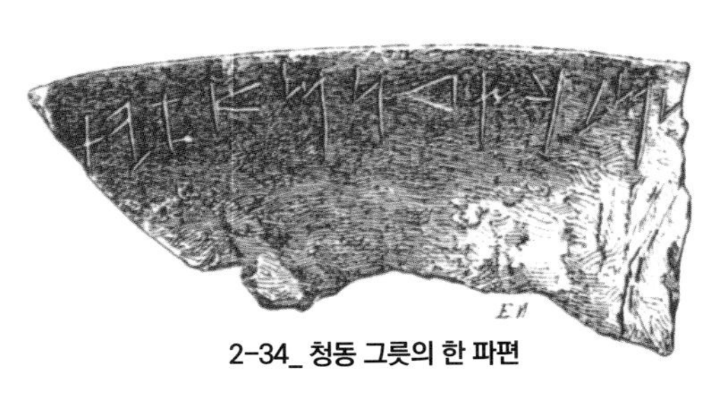

2-34_ 청동 그릇의 한 파편

2-35_ 위로부터
머리가 여럿 달린 바늘Mehrkopfnadel (BC 7세기)
구형 머리가 달린 바늘Kugelkopfnadel (BC 12,000~BC 11,000)
둥근 머리형태 바늘 (청동기시기에서 초기철기시대)

고대 오리엔트 문화에서 청동기시기는 역사 구분에서 이용되고 있지 않다. 세계의 기타 지역에서 청동기시기는 기원전 1,800년에서 기원전 800년으로 지칭되고 있다. 이 시기의 특징으로는 각종 도구와 무기와 장신구를 만드는 데 있어서 주로 청동이 사용되고 있다는 점이다. 이의 주요 전파지역으로서는 유럽으로부터 아시아에 걸쳐, 그리고 북아프리카 일부 지역에 걸쳐 있다. 그러나 이 시기의 시작과 지속 기간은 지역마다 각기 다르다.

2-35a_ 왼쪽은 원형바늘Scheibennadel, 오른쪽은 노형바늘Rudernadel

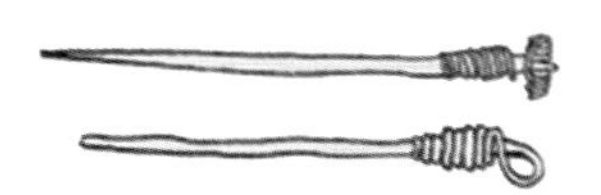

2-35b_ 위쪽은 매듭형바늘Schleifennadel, 아래쪽은 키프러스형 매듭형바늘 zyprische Schleifennadel

이베리아 반도와 카르파티아 분지와 발칸 산악지대에서는 구리가 채굴되는 지역을 중심으로 하여 구리문화와 청동기문화가 발전해 나왔다. 그리고 이는 시기상에서 뚜렷한 차이를 두면서 점차 서쪽방향으로 퍼져 나가서는 곧 유럽의 중심권 전역이 그 영향 하에 들어갔다. 현재의 금속분석 기법에 따르면, 그 진출의 축은 카르파티아 산맥의 북서쪽으로부터 북부독일의 평야지대까지로, 또 발틱해에 도달한 후에는 스칸디나비아 반도까지로 향하고 있다 (이에 대하여는 다음을 참조하라. Rüdiger Krause, *Studien zur kupfer-und frühzeitlichen Metallurgie zwischen Karpatenbecken und Ostsee* (Freie Universität Berlin 교수취득논문, 2000), Vorgeschichtliche Forschungen 24, Rahden/Westfalen, Leidorf, 2003). 또 외지에서 온 상인들은 발틱해를 출발하여서는 남쪽을 향하면서 에게해와 북부 아프리카 지역으로 호박을 실어 날랐다.

이 시기는 바늘에 나타난 여러 다양한 형태에 따라서 적절한 시대구분이 가능하다. 청동기시기에는 뼈로 만든 바늘로부터 '원판형바늘Scheibennadel'과 '노弩형바늘Rudernadel'로 바뀌어 간 시기였다. 이를 곧 뒤따라서 키프로스형의 '매듭형바늘*zyprische Schleifennadel*'이 나타났다. 그리고 이보다 나중 시기에 머리 쪽에 납작한 판자형태를 가진 매듭형바늘이 나타났다. 그리고 결국은 구멍이 뚫린 '원형머리바늘*Kugelkopfnadel*'이 사용되기 시작했다.

주석이 채굴되는 곳은 흔히 수백 킬로미터 떨어진 곳에 위치했다. 따라서 초기에는 그 수급이 원활하지 못했다. 발굴된 여러 유적지를 살펴보면, 지중해 지역과 유럽을 포함한 근동지역 사이를 연결하는 광범위한 교역로가 존재하였음을 알 수 있다. 고도의 문화를 향유하던 메소포타미아와 시리아와 북아프리카 해변 지역 등에서 금속에 능통한 지식을 가진 상인들이 해상을 통해 왔다. 그리고 그들의 영향력은 유럽의 초기문화에 지속적으로 영향을 끼쳤다.

기원전 14세기에 이르면 청동은 유럽 전역에서 사용되었다. 당시 유럽에서 나타난 주물기법은 놀라울 정도로 서로 간에 일치한다.

청동제조의 기법은 아주 복잡했다. 따라서 특정 지역을 지배하는 군주만이 대장장이를 양성하고, 또 이들에게 활동장소를 제공할 수가 있었다. 이 시기에 대장장이는 상당히 높은 신분을 누렸다. 이들이 생산한 물품은 많은 생활분야에서 큰 변혁을 일으켰다. 농업분야에서 이들은 쟁기를 개선하여 농경의 효율화를 이뤄냈다. 광물을 채굴하는 장소가 거주 지역으로부터는 상당히 멀리 떨어진 곳에 위치해 있었기에 채굴 능력을 극대화하는 조직이 필요했다. 여기에다가 금속을 얻고 가공하는 기술을 가진 사람들에게 식량과 의복을 적절히 공급해 주어야만 했다. 금속을 얻고 이를 가공하는 다양한 기술능력은 작업상에서의 효율적인 분배방식을 요구했다. 이에 따라 광물탐사자, 광물채굴자, 제련기술자, 주물전문가와 같은 여러 다양한 새로운 직업이 생겨났다. 이에 청동기시기에는 상업이 활성화되고, 또 광범위한 문화권이 형성되는 계기가 되었다.

청동기시기와 더불어 에게해의 전 지역에서 이와는 별도로 새로운 문화가 전개되었다. 기원전 3,000년경에 크레타 섬에서는 아주 조직화된 사회를 가진 미노이 궁정문화가 생겨났다. 이 문화는 기원전 2,000년에서 기원전 1,500년까지 높은 문화적인 전성기를 구가한다.

크레타의 도자기는 외부로부터의 자극에 의해 만들어지기 시작하였지만, 그 후에는 완전히 독자적으로 발전해 나갔다. 미노이의 궁정문화가 외부에서 온 종족들의 특정 양식을 받아들였다는 확증은 없지만, 이 문화가 여러 측면에서 오리엔트로부터의 영향을 받은 것으로 보인다. 이 미노이 문명은 수천 년간 그리스 언어와 그리스 농경문화에 지속적인 영향을 미쳤다.

2-36_ 크레타 섬의 크노소스 궁전

미노이의 행정과 경제체계는 매우 잘 조직화되었다. 이는 이들이 해상권을 완전히 장악하고 지배한 배경으로 볼 때에 충분히 확인된다. 미노이인은 시칠리아의 북쪽에 위치한 여러 섬들에다가 많은 흔적을 남겼다. 이곳은 당시 인기가 높았던 흑요석의 생산지였다. 그리스 전설 속에서 최초의 영웅시기를 구축한 사람들은 시리아나 이집트에서 도래한 자들임을 추론해 낼 수가 있다. 이곳의 기념주 비석을 가진 무덤들에서 출토된 장검을 보면, 미노이의 요소와 더불어 레반트 지역의 요소도 함께 엿보인다. 그 유명한 금으로 만든 망자를 위한 가면들에 나타난 수염이나 턱수염의 형태는 당시 미노이인에게서는 낯선 것이었다. 따라서 이러한 수염의 형태는 외부 세계로부터 온 것이 틀림없다. 왜냐하면 당시 미노이의 세계에서는 수염을 말끔히 깎았기 때문이다. 이 미노이 문명은 기원전 1,400년경에 그리스인의 내침으로 파괴된다.

그리스 내륙의 헬라드Hellade[5]문화와 크레타의 미노이 문화가 융합되고 나서 한참이 지난 후인 기원전 16세기에 미케네 문명이 생겨났다. 이 미케네 문명은 그리스 전역과 에게해의 섬들은 물론이고 히타이트인의 지배를 받던 소아시아

5) 헬라드 문화는 인도유럽인의 2차와 3차 침입 시기에 그리스 북부지역에 진출한 인도유럽인이 그곳의 선주민인 펠라스그인Pelasger과 융합하여 이루어낸 문화로서 아직은 그리스 민족이 성립되기 이전의 시기이다. 우리에게 잘 알려진 헬라나Hellene 시기는 이보다 훨씬 후인 그리스의 고전시기에 이루어졌다.

2-37_ 토기에 그려진 그림

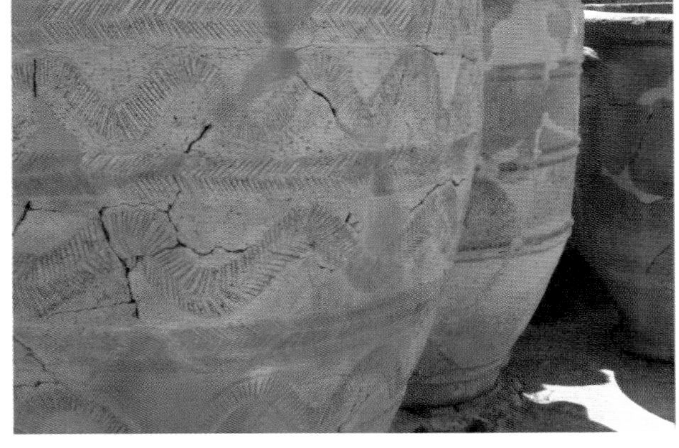
2-38_ 크레타의 보수된 토기 그릇

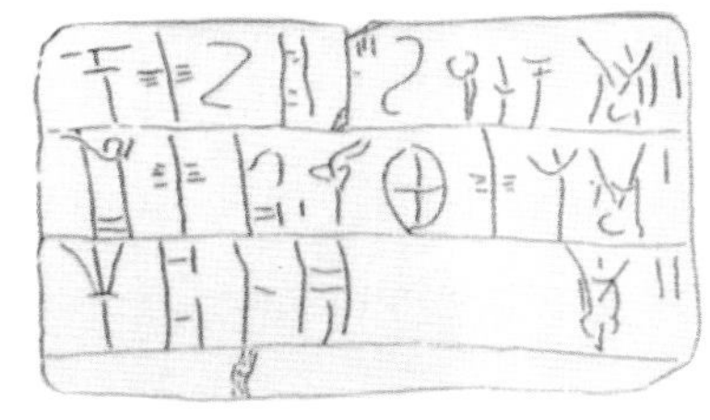
2-39_ 토기에 그려진 그림

의 서부 해안지역에까지 파급되었다. 미케네 문명은 수메르의 도시국가 체제 다음으로 유럽에서는 도시문화와 문자를 가진 최초의 고도문화였다. 이 문화는 외부로부터, 즉 오리엔트로부터 영향을 받아 만들어져서는, 그 이후에 그리스 문화와 언어에 지대한 영향을 끼쳤다. 미케네 문명의 흔적은 유럽의 여러 청동기문화에서 엿보인다. 즉 미케네의 요소는 기원전 16세기와 기원전 13세기 사이에 걸쳐 지중해의 여러 지역은 물론이고, 브리타니아 지역에서도 발견된다. 또 미케네와 페니키아와의 관계 역시 상상할 수가 없을 정도로 밀접하게 관련되어 있다. 사르디나아 섬에서 발견된 유물들은 페니키아의 유물들과 거의 구분이 되고 있지 않다. 미케네의 기념주 비석을 가진 무덤들에서 옛날 청동기시기의 헬라드 요소와 더불어 낯선 오리엔트의 요소도 나타난다. 그런데 고대를 연구하는 역사가들은 이러한 미케네인에 대해서 전혀 기록하지 않고 있다.

우리가 당시 유럽의 여러 민족과 그들의 거주지를 알게 된 것은 호머, 헤시오드, 헤로도트, 투키디데스, 플루타크 등 고대 그리스 기록자들의 덕분이다. 높은 문화를 누렸던 그리스인들은 스스로를 다른 종족들과 차별화하면서 자신들 이외의 모든 사람들은 야만인이라 칭하였다. 이들이 실제 일어난 사건들을 문자로 기록하기까지는 이미 수 세대가 지난 후였기 때문에, 이들 외부 종족들에 대한 사실은 부분적으로 왜곡되면서 모호하게 묘사되었을 수도 있다.

전쟁행위와 노동 작업과 의복 등과 관련해서 청동을 가공하여 만든 장신구와 무기와 도구 등에서는 끊임없이 다양한 형태의 것들이 생산되어 쏟아져 나왔다. 이때 단도, 단도형태를 가진 막대, 전투용 도끼, 장검 등의 청동제 제품은 지배계급을 나타내는 상징물이 되기도 하였다.

청동기시기에서 사회는 큰 변혁을 겪었다. 즉 청동기시기와 더불어 지배계층이 생겨났다. 계급적인 특성을 강하게 내보이는 기관들을 가진 상당한 규모의 국가형태가 생겨났다. 이러한 사실은 과도하게 장식된 무덤의 형태에서 엿볼 수 있다. 이 당시에 예전보다 훨씬 더 나은 기술상에서의 발전이 이루어졌다. 이에 따라 당시 우위를 다투는 쟁탈에 휩쓸린 엘리트 계층사이에서는 더 나은 도구를 소유한 자들이 더 많은 명성과 부러움을 얻게 되었다. 청동기시기의 거주지에서 보이는 많은 불탄 흔적들은 이 시기에 서로 간에 있은 파괴행위가 극심하였음을 보여준다. 이 금속을 통한 무역은 막대한 부를 이끌어냈다. 그때까지 손으로 만든 작업을 통해서는 이런 정도의 부를 얻어낸 일이 전혀 없었다. 이렇게 모인 부를 가지고, 시기하는 상대세력으로부터 스스로를 지키자면 사람들은 견고한 요새를 축조해야만 했다.

에트루리아인

이미 선사시기부터 베투로니아Vetulonia와 포퓰로니아Populonia에서 나오는 금속 광산자원이 에투루리아의 경제발전에 큰 기여를 하였다. 포퓰로니아에서는 기원전 7세기의 제련과정에서 나온 광물 찌꺼기가 쌓인 한 언덕을 보여주고 있는데, 이는 이곳이 구리와 청동의 주요 산지였음을 말해준다. 이를 위한 광물 자원은 부분적으로 엘베강 지역에서 들여왔다. 청동기시기에 이미 이곳에 하나의 인구밀집지대가 나타났는데, 이는 당시 이곳이 부유한 지역이었음을 말해 준다. 에트루리아인은 일찍부터 오리엔트의 영향을 받았다. 즉 페니키아인의 영향을 받아 높은 문화수준에 도달했다.

2-40_ 페니키아의 그라눌라 기법을 보여주는 에트루리아의 옷핀

추측건대 기원전 1,000년 전에 이미 이셈 계통의 항해종족이 에트루리아인과 교류를 가졌다. 당시 페니키아인은 아시리아 왕국의 핍박을 피해야만 했다. 페니키아 기술자들은 에트루리아인이 사는 지역에 들어와서는, 이들에게 수공업 기술은 물론이고 배를 만드는 일과 장사하는 법을 가르쳤다. 이에 기원전 700년에 항해에 능숙해진 에트루리아인은 페니키인과 그리스인에게는 강력한 경쟁자가 되었다.

에트루리아의 복음종교도 페니키아 세계로부터 받은 문화적인 영향을 보인다. 이에 따르면 신과 신에 의해 선택된 자들 간에 끊임없는 교류가 있다는 주장을 내세우는 이들의 이런 종교는 그들의 예술작품에서도 그대로 표출되고 있다. 이들이 번개에 대해 독특하게 해석한 '번개이론Blitzlehre'이나 희생 동물에서 추출한 간과 같은 내장이 보여주는 상태에서 신이 제시하는 점괘를 폭 넓게 찾으려는 '내장 상태로 점을 보는 방법Eingeweideschau[6]'과 같은 것이 이러한 예에 속한다. 금

---

6) 에트루리아인은 희생 제물로 바쳐진 양 같은 동물의 간을 꺼내서는 여기에서 나타난 상태에서 신이 제시하는 점괘

속장신구의 가공에서 보여주는 공과 같은 모양의 구슬들을 표면에 배치하는 그라눌라Granulation[7] 기법 역시 확실히 오리엔트로부터 온 것이다.

2-40a_ 에트루리아 그라눌라 기법의 금제귀걸이

처음에는 페니키아인, 그리고 나중에는 그리스인과 해상무역을 통해 접촉하는 과정에서 에트루리아 문화는 오리엔트와 그리스로부터 많은 자극을 받아들였다. 당시 지중해의 여러 지역에서도 유행했던 것과 똑같이 에트루리아인의 장신구에서 보이는 여러 장식 기법에서는 오리엔트에서 기원한 것으로 보이는 여러 특징이 나타나고 있다. 오리엔트의 영향을 받은 거대한 석조 건축물이 그리스 지역보다 앞서 에트루리아에서 나타나고 있다. 오리엔트의 영향은 생활방식이나 몸을 치장하는 데에서도 뚜렷이 나타난다. 타조의 알이 신분상에서의 과시용품이 되는 것이라든지, 누워서 식사하는 습관 역시 오리엔트에 기원을 두고 있다.

에트루리아의 건축기법의 상당 부분은 그리스에서 기원했다. 따라서 도시 건축기법에서 당시 그리스와 같은 양상을 보인다. 에트루리아인은 이집트, 시리아, 키프로스, 로도스에서 생산된 물품들을 수입했다. 그리고 메소포타미아와 아르메니아의 우라르트Urartu 왕국의 것도 수입했다. 오늘날 그리스에서 생산된 것으로 알려진 도자기들 중의 많은 것이 그리스 밖에서의 지역에서도 발견되고 있다. 특히 에트루리아인의 무덤에서 그러하다. 그럼에도 불구하고 에트루리아인이 사는 지역에 그리스인의 식민지가 있었다는 증거는 전혀 없다. 에트루리아인은 수입된 그리스의 도자기를 흉내 내어 만들기 시작했다. 이때에 만들어진 이러한 형태는 이들 고유의 것이었으며, 단지 장식만이 그리스의 것이었다. 기원전 6세

를 찾아내려고 하였다.

7) 고대 금속 세공 기술의 하나로서 장식을 목적으로 아주 작은 금제 공들을 박아 넣는 기법이다.

기에서 기원전 5세기에는 그리스의 종교와 관습도 영향을 주었다. 그리스의 신들이 자신의 신들과 동일한 관장 영역을 가졌을 경우에는 에트루리아인은 주저 없이 이를 그대로 받아들였다. 에트루리아의 여인들이, 특히 상류계층의 여인들이 사회에서 남자와 동등한 지위를 누리는 일은 그리스인과 로마인에게는 상상도 할 수 없는 일이었다. 이는 오리엔트의 영향을 받은 예전의 모계중심사회의 잔존으로 보인다.

2-41_ 에트루리아의 한 관의 뚜껑에 있는 부부의 조각상

기원전 8세기가 되어서야 비로소 아버지의 이름을 가족의 이름으로 세습하는 일이 생겨났다. 이와 더불어 가족에 속한 사유재산이 상속되고 동시에 귀족계층이 생겨났다. 에트루리아의 귀족층은 기원전 7세기에 전성기를 누렸다. 이들은 사치를 즐겼고, 또 이를 거리낌 없이 과시했다. 이들의 호화로운 생활이 극에 달했음은 오늘날 그들의 무덤에서 발견되는 부장품을 통해 알 수 있다. 이런 부유함은 이들이 광물자원을 잘 이용한 덕분이었다.

페니키아의 영향을 받은 그리스 문화의 요소가 뒤섞인 지중해 동부지역의 청동기 문화가 에트루리아인을 통해 이탈리아에까지 도달하였다. 이렇게 생겨난 에트루리아 문화는 할슈타트 문화에도 커다란 영향을 주었다.

그러나 이런 여러 외부적 요소들에도 불구하고 에트루리아 문화의 근본형태는 이들만의 독자적인 지역기반에서 나왔다. 이렇게 오리엔트와 그리스의 영향은 받았지만, 에트루리아인의 민족성 형성은 지역적인 전통에 뿌리를 두고 발전해 나왔다. 기원전 1세기 전반에 있었던 이런 과정의 마지막 단계가 풍부한 고고학적 증거를 통해 여실히 증명되고 있다. 그 후에 에트루리아인은 로마화되어 자신들의 언어와 정체성을 잃어버린다.

에트루리아인이 역사의 무대에 공식적으로 등장하였을 때에는 모든 역량이 집중화되고 안정화되어 발전화의 길로 접어드는 시기였다. 즉 소위 '빌라노바 문화 Villa-nova-Kultur'가 융성했던 시기였다. 이 문화는 오리엔트와 그리스와의 경제적이고 문화적인 접촉을 통해 들어 온 자신들의 것보다 우위에 있던 문화에는 개방적이었다. 그리하여 에트루리아를 연구한 학자인 마시모 팔로트티노Massimo Pallottino (1909~1995)의 말에 따르면, 우리가 오늘날 에트루리아에 알고 있는 여러 사실은 결국은 모두 외부 이민자의 도래와 새로운 기술과 관습, 그리고 사상과 어휘들의 유입이다 (이에 대하여는 다음을 참조하라. Massimo Pallottino, *Die Etrusker und Europa*, Gütersloh u. München, Bertelsmann Lexikon-Verlag, 1993).

청동기의 후반시기에 이르게 되면, 유럽 전반에 걸쳐 화장의 관습이 관찰된다. 죽은 자를 화장해서 남겨진 유골들은 특별히 제작된 용기에 따로 담겨져 매장되었다. 이러한 '유골단지문화*Urnenfelderkultur*'의 여러 지역적 형태의 하나로서 '할슈타트*Hallstatt*' 문화가 생겨났다. 이 문화의 명칭은 소금 광산이 위치한 할슈타트의 위쪽에 소재한 오스트리아의 잘쯔함머궂Salzhammergut에서 발견된 하나의 공동묘지 때문에 붙여진 이름이다.

철

할슈타트 문화는 철의 제련과 가공이 맞 물리고 있는 시기이다. 철기시대는 기원전 800년부터 오늘까지에 이르고 있다. 이는 그리스와 서부유럽에서 동일한 시기에 나타나서 곧 유럽 전역으로 파급되었다. 할슈타트 문화가 처음 전파된 과정은 해상을 통해서였다.

'검은 목재'라고도 불린 철은 처음에는 운석으로부터 얻었다. 니켈과 철이 융합된 이것은 아주 단단한 물체이지만 상온에서도 단련할 수가 있었다. 캐나다의 북극 지역과 그린란드 지역에서 툴레-에스키모인Thule-Inuit이 약 10,000년 전에 케이프 욕Cape York에 떨어진 운석을 주워서는 이를 갖고 활발히 교역했던 흔적이 보인다. 즉 이곳에서는 기원후 450년 전후에 속한 유물이 발견된다. 철은 한때 금보다도 더 가치가 있어서 철을 금판에 상감해 넣어서 장식하는 일까지 있었다.

땅 속에서 완두콩알 만한 크기로 편마암에 틀어박힌 상태에서 얻어지는 철 역시 당시로서는 모두가 갈망하던 금속이었다. 원래의 발굴지로부터 600km나 떨어진 곳에서도 여기에서 얻어진 광물로 만든 여러 물건들이 발견되고 있다. 제철기술이 개발되고 난 후에도 철은 처음에는 매우 귀한 존재였다. 그래서 처음에는 금에다가 철을 장식하여 만든 장신구도 나왔다.

철의 사용은 아주 주요한 변혁을 이끌어냈다. 철은 오늘날까지 인류 역사의 발전과정을 좌지우지 하고 있다. 철은 무엇보다도 유용한 금속으로서, 특히 무기의 용도로 사용되었다. 철을 사용하지 않던 종족은 자신들의 적에게 비참하게 굴복당했다. 이들이 사용한 청동제 장검은 적이 사용하던 철제 장검에 의해 쉽게 부러졌다.

어떤 민족을 고고학상의 문화와 결부시키는 일은 무모한 행동이다. 그러나 많은 점에서 켈트족의 무리가 할슈타트 문화를 일으킨 사람이었음이 암시되고 있다. 로마인과 그리스의 역사가이자 지리학자였던 스트라본Strabon (~기원전 65년~기원후 24년)이 기록한 바에 따르면, 할슈타트 문화는 원래 호전적인 농민들로서 여러 부족 단위를 이루면서 살았던 종족이었다. 여기에서 새로이 대두된 지배계층이 자신들이 다스리는 영역을 프랑스, 스페인, 이탈리아 북부, 유럽 동남부, 아나톨리아의 중앙부 지역은 물론이고 브리타니아 섬 지역까지로 넓혔다.

켈트족

알려진 바로는 켈트계의 여러 부족은 호전적인 농민들로서 독자적인 국가를 만들지는 못했다. 스트라본은 이들을 호전적이고 용감무쌍한 자들로 묘사하고 있다. 그리스의 역사가 디오도르Diodor는 이들이 공포의 대상이었다고 한다. 이들이 내지르는 목쉰 소리는 모두에게 두려움을 불러 일으켰다.

할슈타트 문화와 라-텐느 문화의 주체인 켈트족은 정복한 지역을 주로 농토로 이용하였다. 이들은 단단한 요새를 구축하고, 우수한 기술자들을 동원하면서 전쟁을 수행했다. 이들은 무리를 지어 약탈하면서 카르파티아 분지지대까지 진출했다. 기원전 5세기에 이들은 포Po강 유역으로 진출하였고, 기원전 387년에는 로마에 이르러서는 그 도시를 수개월간 점령했다. 용병으로 즐겨 고용된 켈트족 병사들은 통제하기가 어려웠다. 기원전 279년에 소아시아의 니코메데스Nikomedes지역의 지배자는 결국은 앙카라 주변의 한 지역을 이들에게 할양하였다. 이 지역은 오늘날 갈라티아Galatia 왕국이란 이름을 갖고 전혀 내려온다. 이 왕국은 기독교시기에까지 존속하였다.

수많은 전투를 겪은 이후에 이탈리아에 거주했던 켈트족은 기원전 3세기와 기원전 2세기에 로마인에게 패해 정복당하면서 로마화 된다. 그리하여 예수가 탄생한 시기 즈음에 이들은 자신의 독자성을 완전히 잃어버렸다. 이 시기 이후에 켈트족의 영향력은 끊임없이 감소하여 결국은 타 종족들 속에서 와해되었다.

브리타니아 섬 지역에서는 켈트족의 지배가 상당히 오랜 기간 지속되었다. 기원후 1세기에 시저는 브리타니아를 두 번이나 건너왔지만 곧 바로 다시 철수해 버렸다. 그러다가 기원후 43년에 브리타니아는 결국은 클라우디아 황제 치하의 로마제국에 의해 정복당했다. 로마인은 이 섬 지역에 사는 켈트족에게 도시의 생활방식을 알려주고, 또 돌집을 만드는 법을 가르쳤다. 개개 부족의 상류 계층에게는 로마의 호사스런 생활에 참여할 기회를 제공하여 이들을 안무시켰다. 권력자는 공적인 사안에는 많은 돈을 기부하는 것이 당시 켈트족의 관습이었다. 이리하여 켈트족 제후들은 도시, 교회, 시장, 목욕탕, 상수도 등의 건설에 많은 기부금을 내면서 스스로는 로마화되었다.

로마인이 브리타니아에서 물러나자, 이곳에서의 로마의 지배는 종말을 고한다. 그 후에 켈트어를 사용하는 일부 브리타니아인이 앵글로색슨족을 피해 도망쳐서는 프랑스의 브레타뉴 반도에 정착한 것으로 오늘날 추측되고 있다. 그러나 기원전 16세기와 기원전 13세기의 미케네시기에 이미 브리타니아 섬이 오늘날의 브레타뉴 반도와 밀접한 관계가 있었음이 고고학적인 유물을 통해 입증되고 있다.

대륙 켈트족의 가옥형태와 거주형태에서는 일관성이 결여된 듯이 보이지만, 그래도 여기에서는 알프스 북부의 전통방식이 이어져가고 있다. 건물구조상에서는 장사각형의 평면도에다가 수직으로 세운 기둥들로 1개 또는 2개의 회랑이 있다. 벽은 얼기설기 엮은 목재에다가 진흙을 덧발라서 만들었고, 지붕은 하나의 용마루에다가 서까래를 얹은 구조를 보여준다. 외양간과 헛간은 대개 경우에는 거실 건물과 분리되어 있다. 브리타니아와 또 갈리아 일부 지역에서는 둥근 형태를 가진 건물도 보인다. 오늘날의 프랑스로부터 헝가리에 걸친 알프스 북쪽의 유럽지역에서는 로마의 영향으로 기원전 2세기 전반에 걸쳐 지중해 연안의 도시 형태를 본 따서 만든 소위 오피다Oppida라 불린 일종의 도시 성격을 갖춘 요새화된 거주지가 생겨났다고 시저는 기록하고 있다. 뵈멘Böhmen지역에 있는 흐라차니Hrazany의 예에서 보이듯이, 이들의 일부는 수공업과 상업의 중

2-42_독일 만칭Manching에 소재한 오피다

심지를 이루면서 외부로부터 농산물을 공급받는 사회 형태를 보인다. 그리고 6세기부터 이들에게는 계층별 구분이 있는 계급사회가 존재하였음을 뚜렷이 보여준다.

아일랜드 원주민

고고학을 통한 조사에 따르면 아일랜드는 9,000년 이상 전부터 사람이 살았다. 이의 북동부 지역에서는 적지 않은 수의 중석기시대 건축물의 흔적이 발견된다. 음식물의 찌꺼기로 살펴 볼 때에 이곳에서는 8명에서 12명까지로 구성된 그룹의 사람들이 일 년 내내 살았다. 이곳의 석기문화는 일부의 경우에는 아일랜드 외의 어떤 지역에서는 전혀 발견되지 않는 독특한 측면을 보여준다. 따라서 이곳의 문화는 아주 일찍이 독자적으로 발전된 것이다.

선사시대에 구리광산이 소재했던 코르크Cork와 케리Kerry 지역에서는 총 370톤의 구리가 채굴되었다. 고고학자 피터 하르비손Peter Harbison에 따르면, 이는 그

2-43_ 아일랜드의 석조 기념비

곳에 정주했던 주민이 필요로 했던 수요를 훨씬 넘어서는 양이라고 한다. 아일랜드에서 초기 청동기시기인 기원전 1,400년까지 발견된 구리와 청동제의 물품은 750킬로그램이 넘을 것으로 추정되고 있다 (이에 대하여는 다음을 참조하라. Peter Harbison, *Pre-Christian Ireland*, London, Thames & Hudson, 1988, p. 114). 모두가 탐내던 이 귀한 금속의 태반을 선사시대 선원들과 상인들이 배로 실어 날랐다. 따라서 이들이 사용하던 언어가 섬켈트어에 상당한 흔적을 남겼을 가능성이 충분히 있다. 이에 대해서는 후에 다시 서술토록 하겠다. 따라서 당시 대양을 통한 상업 활동이 있었음이 입증된다. 오늘날에도 구리는 아일랜드의 경제에 주요한 역할을 하고 있다.

켈트족이 아일랜드에 오기 훨씬 이전에 스페인과의 교류가 있었음은 철기시대 이전에 이곳에 이미 존재했던 언덕요새Hillfort들이 입증한다. 아일랜드의 한 언덕요새에서는 원숭이의 머리 해골이 발견되었는데, 이는 북아프리카에서 스페인을 거쳐 이곳에 도달한 것이다.

지리적인 여건 때문에 아일랜드는 유럽의 직접적인 영향권 안에 들어가지는 않았다. 그러나 금속을 통한 무역에서 살펴보면, 아일랜드에서 살던 사람들은 유럽대륙의 사람들처럼 이 문화적 개발품을 이미 접했으리라고 추측된다. 다만 다소 늦은 시기였거나, 부분적으로만 이의 영향을 받았다. 이곳의 대장장이들이 7세기까지 여전히 청동제의 장검을 만들어내고 있는 동안에 유럽 대륙에서는 이미 철제 물건들이 만들어져 사용되고 있었다. 물건의 형태로 보아서는 이들은 할슈타트의 철제 장검들을 본떠서 만든 것이 분명하다. 할슈타트 문화의 영향이 어떤 경로를 통해 아일랜드에 들어왔는지는 아직까지 알려져 있지 않다. 그러나 아일랜드의 철기 가공기술은 아주 독자적인 측면을 보이고 있고, 또 이곳에서 모든 시기의 할슈타트의 형태들이 나타나고 있지는 않다.

아일랜드의 인도유럽화는 빨라야 기원전 1,000년쯤에 켈트족을 통해 이루어졌다. 켈트족은 항해가 빈번하던 이 경제권역 안으로 밀치며 들어왔다. 이들은 처음에는 아주 힘들게 자리를 잡을 수 있었는데, 이는 추측건대 척박한 땅과 나쁜 기후조건 때문으로 보인다. 이 시기의 유물은 극히 드물게 발견되고 있는데, 이로써 당시 주민들의 수가 줄어들었음을 추정할 수 있다.

라-뗀느La-Tène 문화도 기원전 2세기와 기원전 1세기 초반에 북쪽으로부터 섬 안으로 들어왔다. 그러나 이는 단지 부분적으로만 일부 분야에서 왕성했을 뿐이고, 남쪽 지역으로는 전혀 도달하지 못했다. 그런데 형태상에서 보면 이곳에서 아일랜드의 독자적인 양식이 나타나고 있다. 북쪽 지역에서는 아마도 켈트족의 새로운 엘리트 계층이 형성되었는데, 이들은 장벽을 만들어 남쪽으로부터의 침입에 대비했다. 또 이들은 거대한 요새를 구축하였는데, 이곳은 예식을 행하던 중심지의 역할을 한 흔적을 엿보인다.

좁은 의미의 할슈타트 문화가 왕성했던 시기는 기원전 700년에서 기원전 600년 사이였다. 할슈타트 문화는 소금의 채굴과 밀접한 연관이 있다.[8] 할슈타트 문화권의 제후들은 소금과 철과 농산물을 갖고서는 그리스 상인과 활발한 교역을 하면서 부유해졌다. 이는 이들의 화려한 무덤을 통해 알 수 있다. 특히 이 문화의 후반시기의 무덤에 있는 화려한 부장품과 견고하게 지어진 제후의 거주지를 통해서 이들에게 전사계통의 귀족층이 형성되었음이 입증되고 있다. 제후의 무덤 속에서는 당시 그리스인과 에트루리인과의 교역을 통해 들여온 여러 종류의 사치품들이 발견되고 있다.

---

8) 켈트어로 할Hall은 '소금'을 뜻한다. 그리고 Statt는 게르만어로 '장소'를 뜻한다. 즉, 이 명칭은 소금이 있는 장소를 뜻한다.

새겨진 그림들을 통해 예식을 위한 마차 퍼레이드가 있었음을 알 수가 있다. 청동제 조각상을 통해 여자가 여신 내지 여사제로서 상당한 지위를 누리고 있었음을 알 수 있다. 그리스인이 기원전 540년 페니키아계의 카르타고 왕국과 지중해의 지배를 두고 다투다가 패배하게 되자, 해상에서의 교역관계가 갑자기 끊겨진다. 이렇게 외부와의 접촉이 끊겨버리자, 켈트인의 문화는 독자적으로 발전하기 시작했다. 이것이 라-뗀느 문화이다. 이에 대해서는 나중에 다시 서술하기로 한다. 당시에 두 번째 주요 산업은 할슈타트Hallstatt와 할라인Hallein 근교에 위치한 뒤른베르크Dürnberg에서의 소금 채굴이었다. 이곳은 경제적 중심지로서 급격히 부상한다.

이미 청동기시기에 동쪽의 스텝지역에서 온 기마민족들이 서쪽과 남쪽 방향을 향해 진출한다. 킴머족Kimmerier이라 불리는 이들은 아마도 스키타이인Skythen에 의해 자신들의 본거지였던 흑해 북안에서 쫓겨나게 되자, 크림반도로부터 코카사스 산맥을 넘어 우라르트 왕국을 급습했다. 이들은 근동 아시아의 문화적 요소들을 유럽으로 전파하면서 타우리스Tauris[9] 문화권역을 접수한 후에, 초기 할슈타트 문화에 지대한 영향을 끼쳤다. 그리고 이들을 뒤따라서 스키타이인이 밀려들어왔다.

스키타이인

중앙아시아의 투르케스탄 지역에서 기원한 스키타이인은 드니에스트르Dnjestr 강을 건너서 도나우 강의 하류 지역에 들어선 이후에, 판노니아 평원지역과 카르파티아 산맥의 남부 지역에 진출한다. 이들은 계속 진격하여 마르크 브란덴부르크와 이탈리아 북부지역에까지 침입한다.

9) 고대 그리스인이 흑해 북단의 크림Krim 반도 지역을 일컫는 곳이다.

스키타이인은 그들만의 독특한 문화를 갖고 있었다. 이들은 세 개의 날이 달린 화살촉을 유럽에 가져왔다. 킴머족과 마찬가지로 이들은 아시아와 오리엔트의 특성을 갖고 있었다. 여자는 남자와 동등한 지위를 갖고 있어서, 사회문화적 영역에서 지배적인 위치에도 도달했다. 이들이 여전사로서 한 역할을 하였음은 기록으로 전해 내려오고 있다. 소위 쿠르간이라 불린 언덕 무덤을 조성한 이들의 장례 풍습은 '쿠르간인의 침입'이란 용어를 만들어냈다. 이 종족이 스텝지대에서 귀족들을 위한 무덤으로 조성한 거대한 피라미드형태의 무덤은 그 내부가 여러 지하납골의 방으로 득시글대고 있다. 이곳에서는 여러 사냥 도구 및 전쟁 도구들과 더불어 금, 은, 청동, 엘렉트론[10] 등으로 만들어진 독특한 형태의 주물과 판형 물품들이 발견되었다. 가장 화려한 형태의 쿠르간들은 러시아의 남부지역에 소재해 있다. 지배자의 무덤에는 살해된 그의 부인과 시종, 말들이 함께 묻혀있다. 스키타이인은 여신 타비티Tabiti와 하늘의 신 파페스Papes를 믿었다.

철기시대가 최고조로 달한 시기는 라-뗀느 문화의 시기이다. 이 문화는 기원전 500년에서 기원전 450년 사이에서 곧바로 할슈타트 문화를 계승하여, 기원전 2세기와 기원전 1세기 초반에는 브리타니아 섬들에까지 파급되었다.

이 문화는 할슈타트 문화와 마찬가지로 켈트인이 일궈내서는 이들과 인접해 살고 있던 다른 종족들, 즉 게르만인과 리구르인과 일라리아인에게도 큰 영향을 주었다. 라-뗀느 문화는 그리스와 에트루리아의 영향을 받았다. 그리고 스키타이인이

2-44_ 라-뗀느의 장식품

10) 자연 상태로 나타나는 금과 은의 융합물. 이때 은은 15~20%의 비율로 포함되어 있다.

만든 동물 형상에서 영감을 받았다. 그럼에도 불구하고 켈트족 예술가들은 자신들만의 독특한 예술 형식을 만들어냈다.

농경의 진출 경로

오늘날로부터 8,000년 전에서 6,000년 전 중반까지의 중석기시대에는 인간은 기본적으로 사냥과 채집의 단계에 있었다. 기온이 높아지는 시기에 이르자, 참나무, 너도밤나무, 개암나무 및 기타 관목류 등에서 나오는 칼로리가 많은 열매들이 이들에게 훌륭한 식량을 제공했다. 이 영양가 많은 것에게서는 먼저 독성물질이 제거되어야만 했는데, 이에는 많은 수공이 들었다. 이와 더불어 추운 계절을 위해 잉여물을 보관하고 가공할 필요가 있었다. 농경은 인간의 생활양식을 근본적으로 바꾸면서 이들의 생활을 훨씬 편하게 만들었다.

농경문화는 처음에는 유럽 밖의 지역에서 전개되었다. 오늘날 재배되는 곡식 종류의 조상은 아나톨리아와 이란 고원지대의 건조한 지역과 시리아의 겨울에는 습한 지대 및 사나이 반도에 고향을 두고 있다. 이미 신생대 초기에, 추측건대

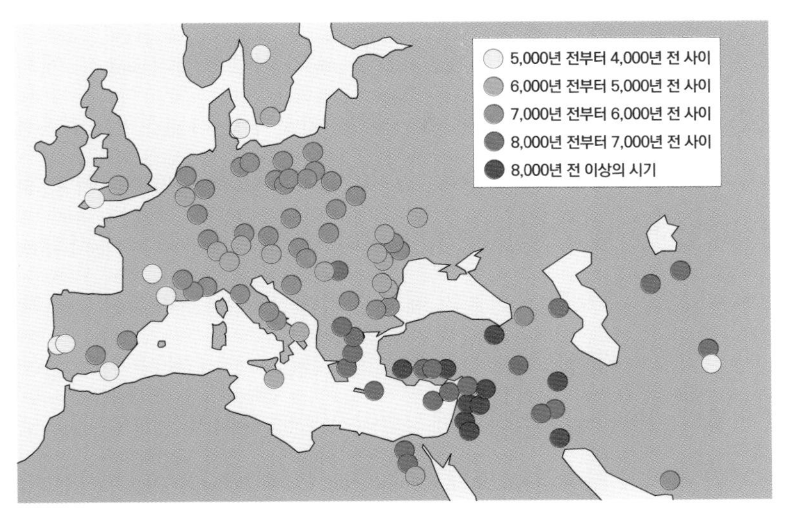

2-45_ 곡식의 파급 경로

지금으로부터 12,000년 전에 인간은 이런 종류의 낟알을 수집하여 먹었다. 그로부터 수천 년 후에 이러한 곡식들이 이들의 원래 자생지가 아닌 곳에서도 나타난다. 예를 들면 시리아의 유프라테스 강의 계곡 같은 곳에서인데, 이는 인간들이 이들 씨앗을 뿌리기 시작했음을 말해준다.

일반적으로 재배종은 야생종과 확실히 구분된다. 재배종이란 낟알이 인간의 관여 없이는 더 이상 싹을 틔워 퍼져 나가지 못하고, 오직 타작 과정을 통해서만 씨앗을 얻을 수 있는 것을 말한다. 이들은 오직 인간의 손길에 의해서만 자손을 퍼뜨릴 수가 있다. 야생종은 외견상으로도 재배종과 확실히 구분되기 때문에, 우리는 초기 농경인의 이동 경로를 쉽게 찾아낼 수가 있다. 그리고 특정 곡식 종류의 파급경로도 단계별로 그 시기를 알아낼 수가 있다.

최초의 재배종은 약 10,000년 전에 이스라엘의 제리코Jericho에서 경작되었다. 농경문화는 처음에는 이 레반트 지역 (오늘날의 이스라엘, 요르단 서안, 레바논, 시리아의 지중해 연안을 따라 뻗어가는 50km에서 100km 폭의 좁은 지역임)에서 시작하여 이라크와 이란의 차그로스Zagros 산맥의 지역에까지 진출했다.

코카사스 지역은 기원전 8,000년경부터 이미 농경을 시작했다. 서부 조지아의 쿠라Kura 산맥 연안에 있는 치위 므기위메Ziwi Mgiwime와 다르크웨티Darkweti에서 발견된 낫과 맷돌과 더불어 곡식을 빻던 절구 등은 이곳에서 기원전 8,000년경에 역시 농경이 행해졌음을 보여준다. 동부 조지아에서는 이런 생활방식이 기원전 6,000년에 시작되었다. 밀 종류, 보리, 기장, 귀리, 린스콩, 완두콩 외에 사람들은 근동 지방에는 없으면서 오직 자신들의 해당 지역에만 있는 토착식물들을 재배했다. 이는 이 지역이 독자적으로 농경을 발전시켰음을 보여준다. 특이한 점은 이미 6,000년 전부터 이곳에 인공적인 관개시설이 있었던 흔적이 엿보인다.

유전학자인 루카 루이기 카발리-스포르차Luca Luigi Cavalli-Sforza는 1973년 알버트 암머만Albert J. Ammermann과 함께 농경이 25년의 간격을 두고 파급되어 나갔음을 살펴보는 하나의 모델을 개발했다. 이 모델에 따르면 농민의 자식은 자신의 농가를 구축하기 위해서 부모의 거주지로부터 임의의 방향으로 약 35km씩 전진해 나갔다는 것이 밝혀졌다. 또 이 모델은 농경이 일 년에 약 1km씩의 속도로 물결처럼 퍼져 나갔음을 보여준다. 이리하여 농경은 1,500년 후에는 북부유럽에까지 진출한다.

일련의 학자들은 빙하기 이후에 언어와 더불어 농경과 목축을 연결한 이 새로운 생활방식을 유럽에 가져다 준 자들은 인도유럽인이라고 추측하고 있다. 이 인도유럽인 종족이 어떠한 외모를 갖고 있었고, 또 어디에서 기원했는가에 대해서는 학계에서 지난 수십 년간 수많은 추측이 난무했다.

오스트레일리아의 고古언어학자이자 고고학자인 고르돈 차일드Gordon Childe는 1920년대에 도나우 강을 따라서 정주하였던 이러한 원인도 유럽인이 아리아인이었을 것이라고 추측하였다. 이곳으로부터 이들은 자신들의 문화를 인도에까지 가져왔다는 것이다. 마리아 짐버터스Marija Gimbutas는 1973년 인상적인 쿠르간 무덤과 더불어 농경문화를 유럽으로 가져다 준 자들은 호전적인 스키타이인일 것이라는 가정을 내세웠다. 이들의 최초 침략물결은 기원전 3,500년경에는 그리스에 도달했고, 이후 천 년간 기타 여러 지역에 진출했다. 여러 정복전쟁을 통해 인도유럽인은 다른 종족들에게 자신들의 생활방식을 자신들의 언어와 함께 강요했다.

그러나 장례형태나 도구상에서의 형태를 살펴 볼 때에 이러한 동쪽으로부터의 침입에 대해서는 아무런 고고학적인 근거가 나타나지 않고 있다. 이런 사실은 독일의 고고학자 알레산더 호이슬러Alexander Häusler가 지적하고 있다. 이러한 침입은 갑작스런 변혁을 동반하게 마련인데, 어디에서도 이러한 흔적이 보이지 않는다는 것이다. 그리고 동부유럽과 중부유럽의 문화권 사이에서 근본적인 차이점이 발견되지 않고 있다고 호이슬러는 말한다. 그리고 쿠르간 문화에 대한 일반적인 개념도 틀렸다고 말한다. 왜냐하면 쿠르간들 사이에서는 각기 커다란 차이점이 존재하기 때문에, 구축된 무덤 형태만으로 이를 특정지우는 것은 잘못이라고 그는 보고 있다. 이에 호이슬러는 유럽인의 무리 속에서 자신들의 거주지에 앞서 줄곧 살아왔던 원주민의 존재를 살펴보아야 한다고 주장한다.

영국의 고고학자 콜린 렌프류Colin Renfrew경도 마리아 짐버터스의 주장에 의심의 눈길을 보내고 있다. 왜냐하면 청동기시기가 시작될 때에는 아직 어떠한 엘리트 계층도 형성되어 있지 않았기 때문이라는 것이다. 따라서 이들의 진출은 평화롭게 진행되었을 것으로 보고 있다. 렌프류의 견해에 따르면 유럽 선사시대의 생활방식에서 광범위하게 급진적 변화를 가져온 단 하나의 현상은 있다고 한다. 즉 방목하며 사냥 채집하던 단계에서 정주로의 단계로 바뀌면서 생활조건이 크게 개선된 것이다. 이는 커다란 변혁을 가져와서 차후에 나타난 정상적인 상황보다는 그 영향이 훨씬 더 오래 지속되었다. 이에 인도유럽인은 정복자로서가 아니라 평화로운 농민으로서 유럽대륙에 진출한 것으로 보인다.

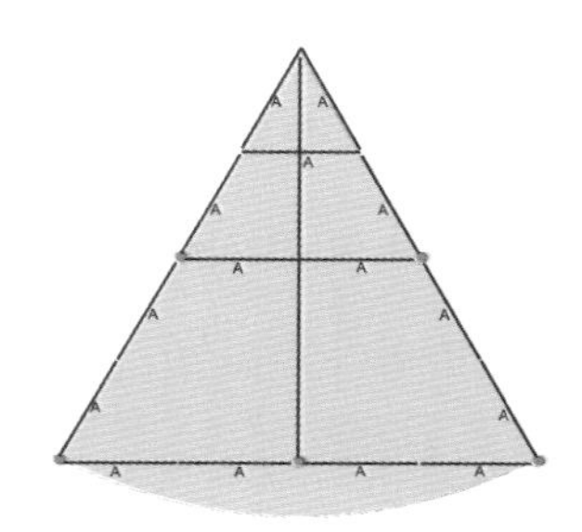

1983년 로빈 덴넬Robin Dennel에 의해 개발

2-46_ 사냥채집자의 거주지를 복원한 모습과 그 직면도

된 모델은 신석기시대에 문화적 측면에서 바라본 농경의 전파 관점에서 출발하고 있는데, 이에 따르면 유럽 원주민과 평화롭게 이주해 들어온 농부들 사이에서는 서로 간에 접촉이 거의 없었다. 식민행위 대신에 서로 간에 아이디어를 주고받으면서, 또 농산물의 상거래를 통해 교환하는 과정에서 유럽의 원주민은 점차 정주하는 생활방식으로 옮겨갔다. 그리고 이 과정에서 인도유럽인의 언어를 받아들였다. 인도유럽인은 수적으로 우월한 위치에 있지 않았고, 또 식민주의자나 정복자가 아니었다. 렌프류와 페네만이 추측한 바와 같이, 이들은 평화로운 농부로서 처음에는 단지 농사에 특별히 적합한 특정지역을, 예를 들면 황토지대를 자신들의 거주지로 선택했다.

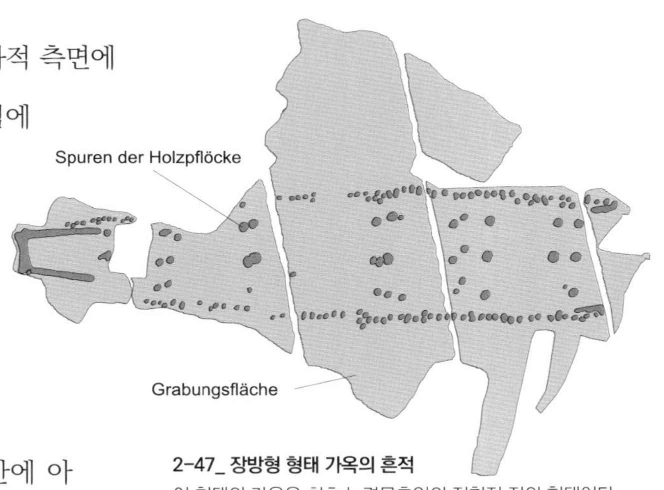

2-47_ 장방형 형태 가옥의 흔적
이 형태의 가옥은 최초 농경목축인의 전형적 집의 형태이다.

서로 혼합된 생활 방식이 나타나고 있음은 원주민이 강제적으로 자신들의 생활방식을 갑작스레 바꾸도록 강제를 당하지 않았고, 단지 더 나은 생활방식을 모방하였음을 보여준다. 이점은 뮌헨의 여류 고고학자 아마이 랑Amei Lang이 지적하고 있다(이는 아이마 랑이 2004년 여름 학기에 구두로 알려준 사항이다). 농경의 지속적인 확산에서 대규모의 민족이동이 동반된 것은 아니었다. 그러나 빙하기 이후의 유럽 원주민이 농경과 목축의 새로운 생활방식을 얼마나 받아들였고, 또 이들이 이주해오던 농경민에 의해 밀려났거나 심지어는 사멸 당했는가에 대해서는 아직도 논란이 분분하다.

고고학적으로 밝혀진 바에 따르면, 농경의 발전은 여러 과정이 복합되면서 지

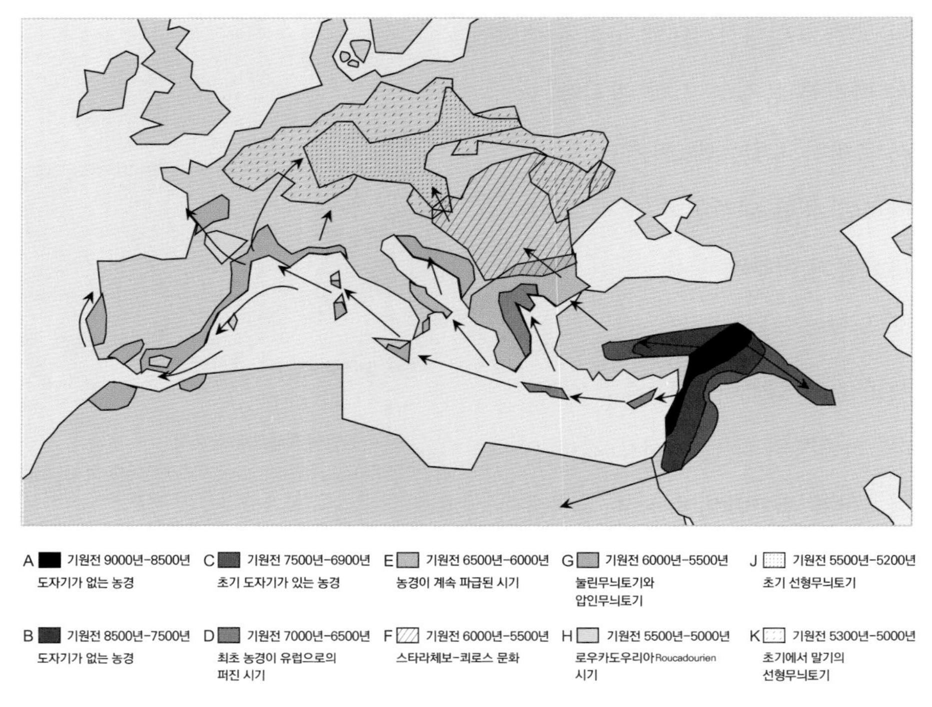

2-48_ 토기유물로 살펴본 농경의 진출과정

역마다 각기 다르게 진행되었던 것으로 보인다. 세르비아의 유적지인 레펜스키 비르Lepenski Vir와 블라스크Vlasc에서는 생활방식이 사냥채집에서 농경으로 다양하게 바뀌었고, 또 이 과정에서 여러 현상이 복합되어 진행되었음을 보여준다. 같은 생태계의 동일한 작은 공간과 서로 가까이 이웃한 거주지 사이에서, 또 동일한 기후적 환경과 경제적인 조건 하에서 그러했다.

농경의 도입형태는 몇 개의 모델만으로서는 설명할 수가 없다. 그 과정에는 여러 다양한 발전형태가 뒤섞여 나타난다. 상인들이 이 새로운 생활방식을 알려주었을 수도 있다. 그 다음에 원주민이 새로이 도래한 사람들에게로 가서 배웠을 수도 있다. 외부로부터 온 이주자 그룹이 원주민에게 모범이 되는 과정에서 원주민의 일부는 자신들의 전통을 계속 유지하였고, 다른 일부는 이 새로운 생활방식을 받아들였을 수도 있다. 농경은 가축의 사육보다 앞서 시작되었다. 이와 더불어 거주의 형태가 바뀌었다. 기존의 땅속에 반쯤 묻힌 거주공간이 장방형의 거주공간으로 바뀌었다.

농경이 근동에서 시작되어 들어온 사실은 오늘날 확실히 밝혀지고 있다. 이때 이곳으로부터 특정의 곡식 종류가 여러 잡초와 함께 묻어 들어왔다. 드라우Drau강과 무르Mur강과 도나우Donau강의 연안 지역에는 근동으로부터 이주해 온 최초 거주자의 흔적이 나타나고 있다.

기원전 8,000년에 근동에서 토기가 생겨났다. 그리고 기원전 7,000년대 후반에 처음으로 염소와 양 그리고 돼지도 사육되었다. 이 새로운 생활 방식은 기원전 7,000년에 그리스 북부에 있는 테살리아 지역으로부터 이탈리아 남부와 그리스 전역과 발칸반도 남부지역에 도달했다. 그리고 기원전 6,000년에는 도나우 강의 넓은 유역에 도달했으며, 기원전 6,000년대 후반에는 중부유럽에까지 도달했다. 이 루트를 동쪽 루트라고 부른다. 이 루트를 따라서 선형무늬토기 Linearbandkeramik가 함께 했다. 농경과 더불어 들어선 이것 역시 근동에서 기원했다. 인도유럽인 계통의 선형토기인은 유럽에 최초로 진출한 농경민으로 추측되고 있다. 고고학적 발굴에 따른 지도에서는 농경의 각 단계와 궤를 같이하여 나타난 여러 문화권이 나타난다. 선형문화의 전신은 '스타르체보Starčevo' 문화이다.

내륙을 통한 루트와 더불어 해변을 따라가는 두 번째 루트가 있었다. 고고학은 이 루트를 서쪽 루트라고 부르고 있다. 이 서쪽 루트로는 '눌린 무늬 토기Impresso_Keramik문화'가 따라가고 있다. 이는 레반트 지역을 넘어서 지중해변을 따라 중부유럽의 서부지역인 이탈리아와 프랑스와 스페인으로 진출한 후에, 더 나아가서는 대서양 해변을 따라가면서 브리타니아와 아일랜드에 도달한다. 이 눌러 찍힌

무늬를 가진 도자기는 독특한 문양을 보이는데, 이는 사람들이 하트 형태의 조개의 껍데기를 아직도 젖은 상태의 토기 표면에 눌러 문양을 넣은 것이다.

선형무늬토기 문화와 눌린무늬토기 문화는 라인강과 마인강과 넥카강 사이에서 서로 만난다. 특이한 사실은 이 두 루트에 각기 다른 식물들이 동반하여왔다는 사실이다. 예를 들면 야생 양귀비Mohn는 오직 지중해변 루트만을 따라오고 있다 (야생 양귀비의 전파 경로에 대하여는 다음을 비교하라. Udelgard Körber-Grohne, *Nutzpflanzen in Deutschland, Kulturgeschichte und Biologie*, Stuttgart, Theis, 1988). 이에 유럽에는 두 개의 서로 다른 종족이 내도했음을 추측케 한다. 동쪽 루트를 통해 인도유럽인이 진출해 왔고, 서쪽 루트를 통해서는 아마도 아주 이른 시기에 해양계통의 민족이 들어온 것 같다.

지중해 지역에서는 페니키아인이 자신들의 농경기술로 널리 알려졌다. 기원전 264년에서 기원전 146년간에 있었던 페니키아 전쟁기간에 살았던 한니발의 동생인 마곤Magon은 페니키아의 농경기술에 관한 28권 분량의 책을 저술했는데, 로마의 농경학자들이 이를 단편적으로 인용한 것이 후세에 전해 내려오고 있다. 처음 미노아인이, 그 다음에는 미케네인과 페니키아인이 일찍이 지중해에서 항해했다. 이중 어느 해상민족이 농경이란 새로운 생활방식을 서쪽 루트를 통해서 유럽에 전파하였는지는 알려져 있지 않다. 만일 이들이 셈계의 언어를 사용하던 민족이었다면, 많은 언어적인 특이 현상이 이로서 규명될 수 있을 것이다.

여러 지역에서 농경이 외부의 영향을 받지 않고 독자적으로 생겼다는 가설은 농경이 새로이 시작된 어느 곳에서도 시험적인 단계가 없었다는 점에서 오늘날에는 설득력을 잃고 있다. 그러니까 대체적으로 아주 평화로운 방식으로 사냥채집의 생활방식을 영위하던 사람들이 점차 자발적으로 정주하는 생활방식으로 옮겨갔을 가능성이 아주 높다.

교역을 통한 접촉

빙하기시기를 제외하고는 유럽의 사람들은 결코 고립된 상태로 살지 않았다. 이런 사실은 현생인류가 유럽에 진출한 이후에 서로 교역을 하였음을 보여준다. 석기시기에도 광범위한 교역이 있었다. 예를 들면 바다조개 껍질로 만든 물건들이 바다에서 멀리 떨어진 내륙 지역에서도 발견되고 있기 때문이다. 사람들은 석기도구를 만드는데 적합한 돌들을 원산지인 채석장으로부터 수백 킬로미터나 떨어진 곳에서부터 가져왔다.

문화적 산물이 여행을 유발하고, 또 모두가 탐내는 물건들이 넓은 지역에 걸쳐 오가면서 상업이 활성화되었다. 동시에 종족 간에 교역이 이루어졌다. 바다를 통한 탐사여행을 통해 새로운 시장이 개척되었고, 이 과정에서 흔히 정복전쟁을 위한 출정이 있었다.

발견된 유물을 통해 이베리아인과 이집트의 햄인 사이에는 이미 기원전 4,000년에 교류가 있었음이 밝혀졌다. 안달루시아Andalusien는 서유럽지역에서의 청동기의 산실이었는데, 이는 오리엔트의 영향으로 생겨났다. 유럽 서쪽에서의 금속문화는 이곳에 사는 이베리아 민족에게서 처음 시작되었다.

이베르인

(아래의 서술 내용은 특히 다음 책에 근거를 하고 있다. Carl Benedeck: Das iberische Erbe Spaniens, Gernsbach, Katz, 1990)

스페인의 원주민으로 간주되고 있는 이베르인은 자연 조건이 만든 경계선 때문에 사람이 접근하기 어려운 북쪽 지역의 피레네 산맥이나 또는 바다로 인해 외부의 영향이 거의 미칠 수 없는 지역에서 살았다. 이밖에 에브로Ebro강도 예로부터 사람들이 건너가기에는 어려운 경계선을 형성하고 있었다. 즉 이 강의 북쪽지역에는 현생 인류가, 그 남쪽지역에는 약 30,000년 전에는 이미 멸종된 네안데르탈인이 살았다.

기원전 4,000년대에 오늘날의 알제리 남부지역과 튀니지 남부지역 출신의 종족들이 아틀라스Atlas 산맥과 바다를 건넌 후, 스페인 남부의 알메리아Almería 해변을 따라 진출해 들어와서는 하나의 단일 종족을 형성했다. 이들은 어떠한 국가형태나 왕도 갖고 있지 않았다. 프랑스 남부의 아주 오래된 동굴에서 발견된 유물들처럼 이곳 선사시대 동굴에서 발견된 것들도 서부 아프리카와 중부 아프리카에서의 카프시아Capsien 문화의 것과 유사한 측면이 있다[11]. 가프사Capsa와 투그루트Tuggurt에 있는 아주 오래된 동굴벽화는 알메리아 암벽의 원시인이 그린 그림들과 다른 면이 전혀 없다.

인간들은 지하 동굴을 위시하여 인공적으로 넓혀지고 서로 연결된 여러 바위동굴 안에서 살았다. 이런 곳에서 이들은 스페인 남부 지역에서 극성을 떠는 더위를 피할 수가 있었다. 또한 이들이 살던 장방형의 집은 대개의 경우 1개 이상의 방을 갖고 있었다. 햇볕에 말린 벽에다가 바닥은 진흙을 다져서 만들었는데, 여기에는 일반적으로 아무런 장식이 보이지 않는다.

청동기 초기에는 이곳에서 에게해에서 만들어진 유물들이 발견된다. 요새화된 마을이 생겨나고, 집단으로 매장한 방식이 나타난다. 청동기 후기에는 페니키아인의 영향을 받아 타르테스Tartess 문화가 생겨나는데, 이는 유럽에서 아주 오랜된 문화 중의 하나이다.

이베르인은 고원지대에서 싸우는 것을 선호했다. 이곳에서 이들은 가축을 방

11) 카프시아 문화는 북아프리카의 튀니지아 고원지대의 카프사 지역에서 구석기와 신석기를 넘어가는 시기의 유물들이 발견되었다. 이에는 화살촉과 작은 칼날들과 더불어 타조의 알에 그림이 그려진 장식품도 있다.

2-48a_ 에스파르토 풀

목하고 부족 간의 다툼을 해결했으며, 밧줄을 던져 작은 야생동물들을 포획했다. 말의 신이 존재했던 것으로 보아, 이들에게 말은 주요한 역할을 했다. 남매간에도 혼인을 하였는데, 이는 당시 지중해변의 세계에서는 흔한 일이었다. 에스파르토Esparto란 풀에서 뽑아낸 섬유질을 가지고 이베리아의 여인들은 신발뿐만 아니라 옷도 만들어 입었다. 특히 무릎높이까지에 이르는 삼각형의 형태를 가진 치마와 주름 잡힌 블라우스는 신석기 시기의 동굴벽화에 그려져 나타나고 있다. 4,000년 된 무덤에서는 아마포로 만든 붉은 색의 치마가 발견되었다. 악기로는 피리와 색소폰 형태의 긴 호른이 알려져 있다.

기원전 900년에서 기원전 800년쯤에 켈트인이 최초로 피레네 협곡을 통해 카탈로니아 지역으로 진출했다. 당시 켈트인은 개화되지 않은 반야만인 상태의 목축인이었다. 이들은 이베르인에 의해 다소 불모지의 지역으로 밀려났다. 그러나 일부 켈트계 종족은 이베르인과 결합하여 켈트이베르족을 형성했다.

이베르 반도에는 많은 금속이 매장되어 있어서 바다의 사람들에게는 항해의 목적지로 아주 선호된 곳이었다. 많은 외래종족이 이베리아의 금과 은을 두고서는 서로 죽이면서 싸웠다. 이곳의 강들을 통해 산등성이와 하천바닥에 드러나 있던 순금 알갱이들이 쓸려 내려왔다. 은과 주석이 개천에 묻혀 있었고, 산속의 광산에서는 은, 주석, 구리, 납 등이 채굴되었다. 이 반도에는 귀금속이 무진장으로 매장되어 있어서, 하밀카르Hamilkar[12]의 시기에는 이베리아인이 술통과 무게 추

12) 카르티고 왕국의 정치가. 한니발의 아버지이다.

를 은으로 만들어 사용했을 정도였다.

헤로도트가 서술한 바에 따르면, 사모스 출신의 뱃사람들이 기원전 630년과 기원전 620년 사이에 그리스인 선주 콜라이오스가 여행에 나설 때에 함께 따라 나섰는데, 이때 이들은 상업도시인 타르테소스Tartessos에 있던 부유한 여러 시장에 들렀다고 한다. 타르테소스는 기원전 800년경에 에트루리아인과 관련된 투르데탄인Turdetanen이 세운 도시이다. 페니키아인은 교역 파트너로서 배를 타고 이 도시에 들락날락 하였다. 이곳에서 페니키아인과 타르테소스인은 오랜 기간 평화롭게 공존하면서 살았다. 타르테소스는 노르웨이까지에 이르는 교역로 상에 있던 주요 상업중심지였다.

그러나 이는 이베르인과는 별 관련이 없었다. 이들은 먼 바다에서 일어나는 일에는 전혀 관심을 보이지 않고, 내륙 깊숙한 곳에서 자신들만의 삶을 이어갔다. 훨씬 나중에서야 이들도 역시 항해에 관심을 보이기 시작했다. 이 호전적인 이베리아 종족들에 대한 두려움으로 타르테소스의 상인들은 내륙 깊숙한 곳에는 들어설 엄두를 내지 못하였다.

이 지역에 풍부하게 매장된 주석, 은, 구리 등에 이끌려서 처음에는 페니키아인이, 그 다음에는 이들과 함께 그리스인이 이곳에 와서 청동의 주조에 필요한 주석을 구해갔다. 기원전 2,000년경에 이미 일찍이 이곳과 접촉이 있었던 사실이 그리스 신화 및 전설과 이야기 속에 숨어 있다. 이에 따르면 로도스의 뱃사람들이 발레아르Balearen로 노를 저어 가서는 피레네 산맥 남쪽 지역에 로데Rhode라는 도시를 건설하였다고 한다. 기원전 600년경에는 그리스인이 마르세이유를 건설하여, 이곳을 자신들의 무역 집산지이자 중계지로 활용했다. 그리고 이곳으로부터 스페인에 있는 요새화된 시장들과 교역하였다.

이러한 수많은 이베리아 종족의 일부를 굴복시키고, 또 이들 종족 간의 분쟁에 관여하면서, 로마인은 이들을 자신들을 위해 이용하는 데에 성공했다. 이리하여 이베리아인은 로마의 편에 서서 자신들의 종족과 피나는 혈투를 벌였다. 이에 시간이 지나면서 로마인은 이베리아인의 2/3를 몰살시켰다. 로마인의 포로가 된 많은 이베리아인이 노예로 전락하지 않으려고 스스로 목숨을 끊었다. 여러 회담에서 대표자들이 무기를 전혀 소지하기 않고 있다는 표시로 자신의 오른 팔을 들고 흔들어 인사하는 소위 '로마식 인사법'은 스키피오의 군단이 이베리아인에게서 배운 것이라고 한다.

로마인이 물러간 후에 게르만인 계통의 스웨비족과 알란족이 이곳으로 왔다. 그 다음에 프랑켄족과 반달족도 이곳으로 몰려왔다.

크레타인, 아나톨리아인, 레반트인, 이집트인 등이 지중해에서 청동기시기의 지배자로 군림하였다. 그 이후에는 미노아인이, 그리고 이를 뒤따라서 미케네인이 지중해의 새로운 지배자로서의 위치를 굳혔다. 기원전 16세기와 기원전 13세기 사이에 지중해의 여러 지역에서 미케네인의 존재가 확인되고 있다. 그러다가 이들이 멸망한 후에는 소위 '암흑시기'가 도래한다.

2-49_ 허이네부르크Heuneburg에서 발굴된 화물 운반용 항아리

구리의 안정적인 수급을 확보하려고 많은 사람이 새로운 광산을 찾아 나섰다. 당시에까지 일반적인 무역로서는 중앙아시아에서 도나우 강 하류 평원을 거쳐 트란실바니아와 덴마크에 이르는 경로였다. 또 지중해 북안에서 알프스의 협곡을 거쳐 덴마크에 도달하는

경로도 있었다. 또 다른 루트는 라인강을 따라 스위스를 거쳐 론느강에 도달하는 길이었다. 이들 여러 무역로를 통해 에게해 지역의 물건들이 중부유럽으로, 또 중부유럽의 호박이 에게해 지역으로 운반되었다.

이집트에서는 소위 '*두개의 기둥을 가진 베틀*two beam loom'이란 수평으로 옷감을 짜는 베틀이 있었다. 사람들은 이를 가지고 이음매 없이 기다란 천을 직조해 낼 수가 있었다. 이러한 직조기술은 당시 유럽내륙에서는 어느 곳에서도 있지 않았다. 그럼에도 불구하고 기원전 2,000년대 후반에 이러한 베틀로 짠 옷감으로 만든 의류들이 덴마크에서 발견되었다 (이에 대하여는 다음을 참고하라. E. Y. W. Barbner, *Prehistoric Textiles. The Development of Cloth in the Neolithic and Bronze Age with Special Reference to the Aegean*, Princeton, University Press).

물은 육지간의 교류를 막는다고 말하지만, 섬들의 경우에는 이와는 반대이다. 배로 항해가 가능한 곳에서는 물이 해변에 있는 국가들 간을 연결시켜준다. 따라서 북아프리카와 브리튼섬들 간의 교역이 가능했던 것이다.

선사시대를 들여다보면, 예수 탄생 이전의 수천 년 동안의 시기에 페니키아인이 지중해와 대서양은 물론이고 북해까지 자신들의 영향력을 넓혔음을 우리에게 알려준다.

페니키아인

(페니키아인에 대하여는 다음을 참고하라. M. Gras/P. Rouillard/J. Teixidor, *L'Univers Phénicien*, Paris, Hachette, 1995)

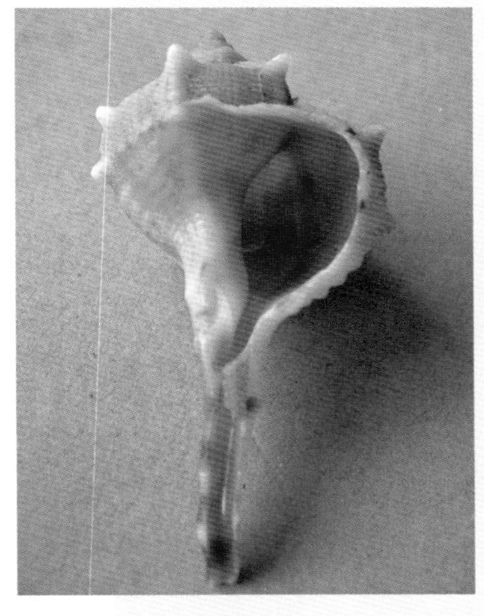

2-49a_ 보라조개Purpurschnecke

기원전 3,000년경부터 페니키아인은 이미 장사에 능한 민족으로서 널리 알려졌다. 이들은 당시 보라조개Purpurschnecke의 껍질로부터 고가의 적색 염료를 뽑아내어 팔았다. 이 염료의 그리스어 명칭인 포니케*πονικε* poniké에서 페니키아란 명칭이 이끌어내어진 것으로 보인다.[13] 페니키아인은 스스로를 카나니터Kannaniter라고 불렀는데, 성경에서는 이 이름으로 전해진다. 이들은 고도의 문화에다가 안정적인 사회질서와 강한 중앙집권 체제를 갖고 있었다.

레바논에서 기원한 이 셈계의 해양민족은 기원전 2,000년경에 지중해에서 두각을 나타내기 시작했다. 그리스 역사가 스트라보Strabo에 따르면, 페니키아인은 기원전 1,200년에서 기원전 1,180년에 망명한 시돈Sidon인으로서 오늘날의 시리아 해변에 튀로스Tyros란 요새를 구축했다. 기원전 11세기에 기록된 오우나몬Ounamon의 파피루스에 따르면, 아시리아의 군대가 지중해 해변까지 진출하여 이들을 정복할 때까지, 페니키아인은 일찍이 이집트인과 소아시아의 히타이트인과 상업적인 접촉을 하고 있었다. 이 페르시아의 대제국에 페니키아인은 고가의 물품으로 막대한 조공을 바쳐야만 했다. 그리하여 아시리아의 압제를 벗어나기 위해서 페니키아인은 다른 지역으로 피신할 수밖에 없었다. 이 과정에서 이들은

13) 나중에 저자는 한 독자의 지적에 따라 이 페니키아의 명칭에 따른 어원에 대한 자신의 주장의 잘못을 인정하면서 이와 관련하여 http://de.wikipedia.org/wiki/Ph%C3%B6nizier란 사이트를 대신 소개하고 있다.

유럽의 도처에서 활발한 교역을 전개했다.

기원전 9세기 말에 페니키아인은 베르베르족의 누미딘Numidien 왕국 안에 카르타고란 도시를 새로이 건설했다. 페니키아어로 qrthdašt라고 불린 이 도시 명칭에는 '새로운 도시'란 뜻이 들어가 있다. 튀니스 만 가까이에 위치한 자신들이 마련한 이 거점도시의 명칭을 따라서, 이들은 스스로를 카르타고라고 불렀다. 무역중심지로 크게 번성한 이 도시의 사람들은 당시로서는 가장 화려한 삶을 영위했다. 이곳에서 6층 높이의 건물이 드물지 않았다. 이 도시는 막강한 함대의 보호하에 있었다. 이들은 자신들의 지배하에 있던 수많은 상업상의 거점도시에서 물건을 팔아 자신들의 부와 영향력을 끊임없이 키워 나갔다. 페니키아인들의 거주지는 바다와 산악 사이에 있는 좁은 해안지대였다. 따라서 이곳은 머물러 살기에는 매력적인 곳이 아니어서, 이들은 다시 바다로 밀려 나갈 수밖에 없었다. 이에 이들은 항상 육지와 바다 사이에서 자신들의 거주지를 찾았다.

2-50_ 페니키아인의 수송선(위쪽)과 전투함(아래쪽)

원래의 근거지였던 오늘날의 레바논 지역에서는 이들은 항상 자신들의 지배자들의 비위를 적절히 맞추면서 살았다. 이들 지배자는 이집트인, 바빌로니아인, 아시리아인, 히타이트인, 페르시아인을 거쳐서 그리스인과 로마인에까지 이르렀다. 바다의 항해자로서 이들은 선사시기와 초기 역사시기에 있은 유럽의 여러 종족들에게 경제적으로, 문화적으로, 언어적으로 큰 영향을 주었다. 이들이 유럽의 여러 종족들에게 끼친 영향은 이제까지 추측한 것보다는 훨씬 더 컸던 것으로 보인다.

페니키아인의 항해술은 뛰어났다. 이들은 작은 곰 별자리를 항해의 지표로 삼았다. 그리고 항해에 유리한 바람을 잘 간파해냈다. 이들은 당시의 다른 민족들과는 달리 대양에서도 항해가 가능한 선박을 건조해 내는 뛰어난 능력과 지식을 갖고 있었다. 선박의 건조에 필요한 목재는 레바논에서 자라는 삼나무를 이용했다. 이들은 항해를 통해 지중해와 대서양을 지배하면서, 해상무역의 범위를 지중해의 바깥 지역까지로 넓혔다. 이는 이들에게 권력과 막대한 부를 가져다주었다.

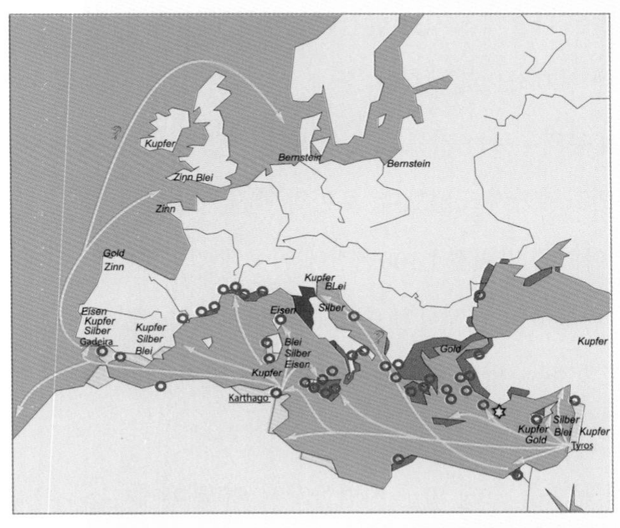

2-51_ 페니키아인의 무역로

- ■ 에트루리아인 지역
- ○ 에트루리아인의 유물이 발견된 곳
- ■ 그리스인 지역과 식민지
- □ 페니키아인의 무역교두보
- 페니키아인의 교역로
- ✡ 페니키아 선박의 잔해가 발견된 울루 부룬

이들은 거친 대양이나 어떠한 시기에도 가리지 않고 항해에 나섰다. 성경에서도 등장하는 도시 타리스Taris (타르테소스Tartessos)로부터 이들의 선박은 3년을 주기로 하여 출항했다 (Jesaja 30; Jeremia 10,9). 이들은 아프리카를 도는 항해를 해야 할 때에는 먼저 리비아에 곡식의 종자를 뿌려서는 이를 수확한 후에야 비로소 항해에 나섰다.

그리스인에 앞서서 페니키아인은 미케네가 멸망한 이후에 도래한 소위 '암흑의 시기dunkle Jahrhunderte'에는 지중해를 따라 항해하면서 무역을 했다. 스트라본에 따르면 이들은 호머 시기 이전에 이베리아와 리비아의 풍요한 지역을 지배했다. 이들은 호머에게 많은 정보를 알려준 자들이었으며, 트로야 전쟁이 끝난 직후에는 헤라클레스의 기둥, 즉 지브롤터 해협을 거쳐 아프리카 해안을 따라서 여러 도시들을 세웠다.

해안을 따라서 여러 식민지를 건설하여 배후지를 마련한 그리스인들과는 달리, 페니키아인은 일차적으로 자신들의 상품을 환적할 만한 곳을 마련했을 뿐이지 거주지는 아주 드물게 건설했다. 이들은 닻을 내리기에 좋은 곳을 우선적으로 찾았다. 해안에 가까운 섬들, 파도를 막기에 유리한 섬 안의 만, 육지의 곶, 강에서의 하구와 만이 이때에 이들이 선택한 곳이었다. 이들은 이런 곳에 자신들의 무역 근거지를 마련하였고, 이것들은 나중에 도시로 발전하였다. 선박을 통한 항해에 있어서 이들은 이런 교두보에 정기적으로 들렀다.

지중해를 관통하는 동서 방향의 무역루트는 키프로스, 크레타, 시칠리아, 사르디니아 등을 거쳐서는 이베리아 반도에까지 도달했다. 로마의 역사 저술가인 벨레이우스Velleius에 따르면, 페니키아인은 기원전 1,100년경에 이곳에 가디르Gadir(오늘날의 카디츠Cadíz)를 건설하여, 자신들이 숭배하던 주신 멜카르트Melkart를 위한 신전을 하나 세웠다. 많은 고고학자는 이 도시를 세계에서 가장 먼저 생긴 도시로 간주하고 있다.

페니키아인은 농경과 작물재배 문화를 크게 일군 사람들로서 이 분야에서는 후대 민족들에게 모범이 되었다. 이들이 아주 기름진 땅이 있던 사르디니아 섬에서 농업을 운용하였다는 것이 입증되고 있다. 이곳은 또한 기원전 9세기에 이미 무역의 근거지였다. 페니키아인은 자신들의 독점권을 유지하기 위하여, 추측건대 사르디니아의 원주민에게는 올리브 나무로 보이는 과수나무의 재배를 금지했다. 이를 어길 경우에는 사형에 처한다고까지 위협했다.

말타 섬에도 기원전 8세기에 페니키아인의 무역근거지가 있었다. 이들은 이곳에 자신들의 여신인 아스타르테Astarte를 위한 거석으로 만든 건축물의 신전을 세웠다. 또 이들은 올리브의 재배기술을 이베리아 반도로 전한 것으로도 보인다.

적어도 이 분야의 경제는 그들의 활동시기부터 번성했다.

2-52_ 울루부룬에서 발굴된 카르타고 동전

서유럽권 지역을 살펴보면, 지금까지 영국과 노르웨이와 스웨덴 지역에서 이들의 무역 근거지가 있었다는 고고학적 증거는 발견되지 않고 있다. 그러나 스트라본은 페니키아인이 유일하게 카시테리덴Kassiteriden 군도(콘월 지구 앞의 여러 섬들)로 가서, 방목하는 종족들과 그곳의 광산에서 얻어진 주석과 납 및 가축의 새끼들을 토기와 소금과 구리제품들을 갖고 교환하였다고 적고 있다.

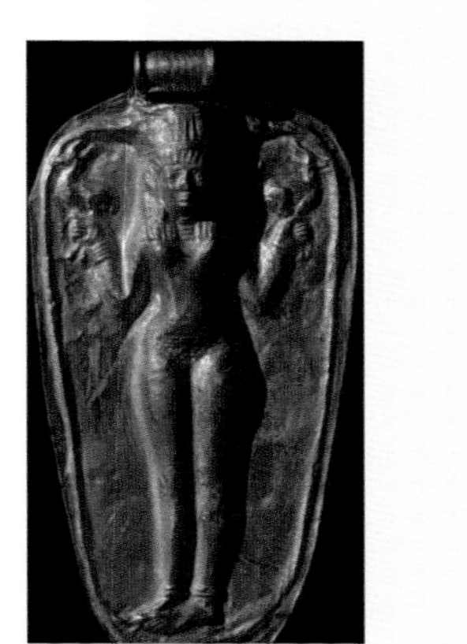
2-53_ 아스타르테 여신상

모두들 탐내던 '하얀 납'이라 불린 주석이 있는 카시테리덴 섬들의 집산지와 무역 근거지로 가는 뱃길은 극도로 숨겨졌다. 스트라본에 따르면 이는 페니키아인만이 아는 극비사항이었다고 한다. 그리하여 페니키아 상선의 한 선장은 로마인의 배에게 끈질기게 추적당함을 눈치채자, 자신의 배를 고의로 소용돌이 안으로 몰아넣어 모든 화물과 함께 침몰시켰다. 이때 로마의 추적자들도 함께 이 소용돌이에 휘말려들었다. 후에 이 페니키아 선장은 이에 대한 손해를 배상받았다고 한다 (이에 대하여는 다음을 참고하라. Strabon, *Geographica* 3.5.10~11/C176).

2-54_ 남신인 발의 상

페니키아인이 항해한 흔적은 육지에서보다는 오히려 바다 속의 밑바닥에서 발견되고 있다. 침몰당한 배는 이들이 다니던 항로를 알려주고 있다.

바다 속에서 발견된 보물

1982년 한 잠수사가 터키의 남쪽 해안 앞에 있는 울루부룬Ulubrun 곶 근처에서 3,400년 전에 있었던 페니키아인의 선박을 하나 발견하였는데, 이를 통해 여러 새로운 사실이 알려졌다. 이 배에는 아프리카 해안지역에서부터 유럽의 북쪽 대양지역에서 나온 여러 산물들이 다량으로 실려 있었다.

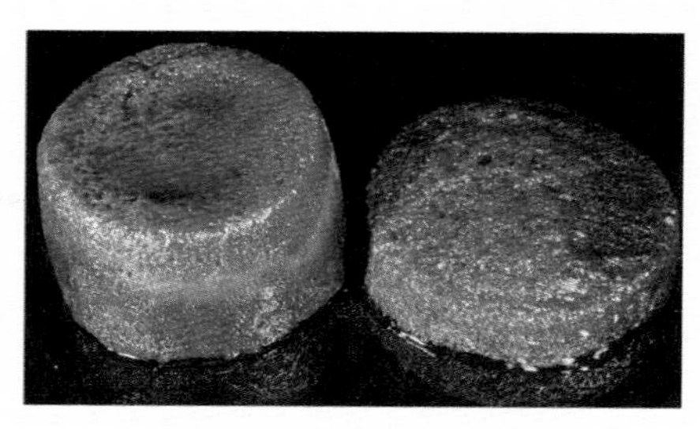

2-55_ 울루부룬에서 발굴된 유리 괴塊

특이한 것은 원반 형태의 푸른색 유리를 소재로 한 유물인데, 이것은 동일한 시기에 있었던 이집트의 병 유리와 미케네의 메달과 똑같은 성분을 갖고 있다. 1972년 오리엔트학의 연구자인 레오 오펜하임Leo Oppenheim이 텔 알-아마라나Tell Al'-'Armana에서 발견된 판대기에 적혀 있는 메투mekku와 에흘리파쿠ehlipakku란 단어를 '유리 덩어리'로 해석한 것에 대해서는 그동안 논란이 분분했다. 그런데 이제 이러한 그의 해석이 맞는 것으로 확인되었다. 모두 200개의 구리 괴塊가 이 선박의 잔해에서 발견되었는데, 이들의 대부분은 이집트 무덤의 벽화에 그려진 것과 동일한 형태를 보였다. 즉 4개의 다리를 가진 동물 가죽을 펼친 것에 비견되는 형태였다 (학계에서는 이를 '황소가죽 구리괴Ochsenhautform-Barre'라고 부른다). 이 선박이 인양되기 전까지는 이런 형태의 구리 괴가

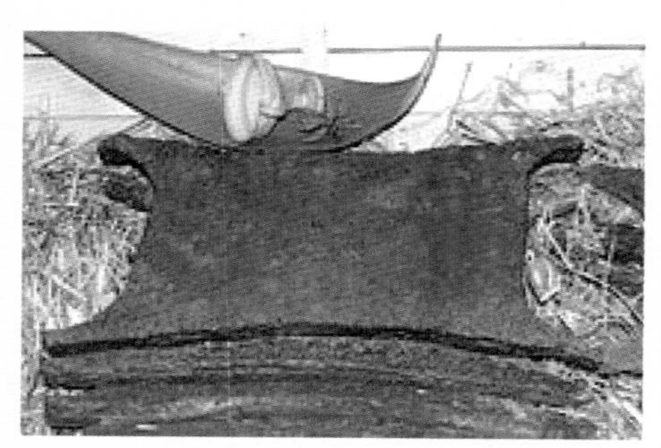

2-55a_ 울루부룬에서 발굴된 전형적인 황소가죽의 형태를 보이는 구리 괴

픽트인

마지막 빙하기에는 브리타니아 섬들은 아직도 유럽대륙과 연결되어 있었다. 13,000년 전에 오늘날의 스코틀랜드에서 빙하가 녹기 시작했다. 지금으로부터 약 12,500년 전의 이곳의 기후는 오늘날과 비슷했다. 추측건대 8,500년 전에야 비로소 도거 뱅크가 바닷물에 가라앉으면서 영국과 유럽 대륙은 분리되었다. 그 전에 이곳은 순록이 돌아다녀 사람들은 이를 좇아 사냥했다. 북유럽의 '아렌부르기아Ahrenburgien 문화'와 관련되어질 수 있는 석기제품이 오크니Orkney 섬들과 헤브리드Hebriden 섬들에서 발견되는데, 이 시기는 대략 11,000년 전으로 거슬러 올라간다.

약 10,000년 전에 노르웨이의 해안이 상당히 빠른 속도로 거주지역으로 바뀌는 과정에서 항해자들 역시 스코틀랜드의 해변에 상륙했다. 대략 9,000년 전까지는 육지의 깊숙한 안쪽에서 신석기시기의 사냥꾼과 어부들이 드문드문 살았다. 오늘날 스코틀랜드 해변을 따라서 음식의 흔적과 흑요석으로 만든 도구가 발견되고 있다. 비록 고단한 삶이기는 하였지만, 그곳에는 여름과 겨울을 막론하고 먹을 것과 더불어 바람과 추위를 막아주는 지역이 있었다. 물론 이곳의 생활은 여자와 아이들이나 노인들에게 보다는 아주 단련된 남자들에게나 적합한 곳이었다.

기원전 4,000년경에 최초의 토기그릇이 이를 사용한 농민들과 함께 나타났다. 특히 남서부의 평야지대가 거주지로서 선호되었다. 처음에 이들 용기들에는 별다른 장식이 거의 없었다. 그러다가 청동기시기가 시작되면서 종모형을 한 잔 형태의 토기가 나타났다. 이와 더불어 섬세하게 가공된 금속 도구들이 나오고, 집단 매장관습으로부터 단독무덤의 매장방식으로 바뀌는 과정이 보인다. 외부로부터 들어온 종모양잔 문화는 곧 토착화되는 형태를 보이면서 독자적으로 발전해 나가기 시작했다.

기원전 2,000년경에 스코틀랜드에서 구리로 만든 초기유물들이 발견되기 시작한다. 이 청동기는 곧 브리타니아 지역에 도달하는데, 이때의 완숙한 기술은 대륙과의 관계가 있었음을 보여준다.

수수께끼 문양의 아주 독특한 문형이 그려진 '상징문형의 돌Symbolstein'과 더불어, 픽크인의 땅에서는 독특한 건축물도 보이기 시작한다. 돌로 만들어진 거대한 예식장소 내지 무덤으로 보이는 건축물이 있는데, 이 건축물의 입구는 정확히 동지 때에 떠오르는 태양의 방향을 가리키고 있다. 오크니 섬의 매쉬 평원에 있는 이의 한 건축물을 위해서는 약 39,000시간의 건설기간이 소요되었을 것으로 추정되고 있다. 기원전 3,000년경에 만든 석재 원형의 형태에다가 땅을 돋은 부분이 보이는데, 이곳의 아직까지 보전된 구멍들에는 오래 전에 사라진 건물의 기둥들에 대한 흔적이 보인다. 이 건물을 세우기 위해서는 적어도 약 8,000시간의 작업이 필요했을 것으로 추측되고 있는데, 이는 잘 조직된 노동연대가 없었으면 불가능한 일이다.

2-56_ 던천Dunchen에서 발견된 상징문형이 그려진 돌

픽트 왕국은 빙하시기 이후의 종족들이 세웠다. 이는 약 4세기와 9세기 사이에 북쪽의 동부지역에서 번성하다가 후에 스코트족에 병합되었다. 청동기시기로부터 기원후 17세기까지 이들은 섬 위에서나 또는 돌과 나무 목재로 만든 인공 섬인 소위 크라노그Crannog란 곳에서 살았다. 이 크라노그는 댐이나 보트를 통해서만 도달할 수가 있었다. 스코틀랜드 남부나 동부에는 둥근 형태의 목조건물이 가장 흔히 분포되어 있다. 이들 집은 갈대나 가죽으로 만든 지붕을 갖고 있다. 반쯤은 지하에 묻힌 이런 집들은 북쪽에 있는 섬들이나 아일랜드와 콘월은 물론이고

슈타트 문화와 라-뗀느 문화를 켈트족의 것이라고 간주하는 것이 그러한 예의 하나이다. 그러나 이렇게 단순한 결말을 내리는 것에는 문제가 있다. 이런 실체들이 정말로 민족의 이동을 밝혀주는 것인지는 각 경우마다 세세히 살펴봐야 한다. 무덤의 유적지에서 보이는 매장방식과 매장물의 경우는 아주 주요한 평가기준이 된다. 왜냐하면 이것들은 각 종족의 내세관과 밀접하게 관련되어 있어서 유행이나 장사와는 별 관련이 없기 때문이다.

이러한 동산動產으로 된 유물과 더불어 주요한 자료로는 예전 저술가들이 남긴 기록물이다. 그러나 이러한 자료들은 이들 저자들이 직접 눈으로 보고 적은 것은 아니다. 이들은 다른 사람들이 말한 바를 단순히 적었거나, 역사적 사건들을 당시의 이런저런 지배자에게 유리하게 해석하여 기록했을 수도 있다. 때때로 이들이 완전히 상상의 나래를 펴고 기록한 것일 수도 있다. 특히 언급된 지명이 대충의 위치를 나타낸 것일 수도 있다. 왜냐하면 중세시기까지 축척에 따라 정확히 그려진 지도가 아직은 존재하지 않았기 때문이다.

아주 먼 옛날의 과거를 재구성하려면 고고학 외에도 다른 학문들도 함께 운용하려는 원칙을 지켜야 한다. 즉 오늘날 특정법칙에 의해 개발되고 있는 방식들을 예전 것의 경우에서도 똑같은 원칙에 따라 원용해서 발전시켜야 한다. 학문은 항상 가정 속에서 움직인다. 학문은 예전 추측들을 반박하고 달리 추측된 것에 대한 근거를 더욱 공고히 하기도 한다. 그러나 결코 단정적인 결과를 내어보이지는 못한다. 새로운 것이 학문의 기준에 근본적으로 맞지 않더라도, 학문은 이 새로운 것에 흔히 포용적인 태도를 취하고 있다. 더 넓은 지평에 도달하기 위해서는 모든 학문은 다른 여러 학문들이 각기 다른 방식을 통해 일궈낸 결과들에 대해 개방적인 태도를 취해야만 한다. 그리하여 고고학 자체만으로는 풀 수 없는 것들은 학제 간의 협력을 통해 밝혀내야만 한다.

Das Werden der Völker in Europa

3-1

언어학의 기여 - 재구성의 방법

언어학의 기여 - 재구성의 방법

사람들은 언어학이 도대체 선사시대와 초기 역사시대의 연구와 무슨 관련이 있을까하고 물을 것이다. 빙하기시대 사람들의 언어는 이미 오래 전에 지상에서 사라졌다. 그리고 가장 이른 시기의 기록물은 지금으로부터 5,000년 전이나 되어서야 유럽이나 메소포타미아의 우륵Uruk 지역에서 비로소 나타났다. 문서로 기록되지 않은 언어에서는 물론이고, 구어로만 사용되었던 빙하시기 사람들의 언어에 대해서는 우리가 아는 바는 전혀 없다. 그런데 정말로 그러할까? 자신들이 사용한 도구나 벽화에 그려진 그림들 외에는 이들이 남긴 비물질적인 흔적이 전혀 없다고 말할 수가 있을까?

그러나 빙하시기 사람들 역시 서로 간에 확실히 의사소통은 하였을 것이다. 현생인류의 신체구조는 네안데르탈인의 그것보다는 발음을 만들어내기에 훨씬 더 적합한 구조를 갖고 있었다.

> 네안데르탈인 역시 언어를 개발하여 사용한 흔적을 보여주는 여러 정황이 있다. 그러나 이들이 오늘날 인간들이 사용하는 모든 음운을 만들어 냈을 능력은 갖추진 못하였을 개연성이 아주 높다. 많은 학자는 그들의

두개골을 조사한 바를 근거로 하여, 네안데르탈인이 미약하지만 콧소리를 낼 능력은 갖추었다고 추측하고 있다.

현대 인간에 이르기까지 두개골의 형태는 송곳니와 척추가 시작되는 부분 사이의 간격이 똑같이 짧아지는 방식으로 발전되어 왔다. 목젖이 가라앉으면서 혀의 뿌리가 더 이상 입 안에 있지 않고 목구멍에 위치하게 된다. 그런데 현생인류는 이러한 유리한 점을 얻은 대신에 잘못 삼키게 되면 질식하여 죽을 위험에 처하게 되었다.

그러나 생리적으로 이런 발음을 내기 위한 기관들이 갖춰졌다 하더라도, 이것이 바로 언어로까지는 이르지 못하였다. 언어가 있게 할 두 번째 조건은 뇌에 있다. 그리고 이 언어기능은 뇌의 왼쪽 반구가 담당한다. 칼 베르니케Karl Wernicke (1848~1905)와 파울 브로카Paul Broca (1824~1880)는 19세기 후반에 불의의 사고나 중풍이나 암 등으로 언어능력에 장애가 생긴 환자들을 조사하였다. 뇌의 브로카Broca 영역은 턱과 혀와 후두의 뿌리구조를 조절함으로써 언어를 만들어내는 동력을 작동시킨다. 이 영역은 그밖에 문장 전체와 문법에 대한 해독을 담당한다. 이 뇌의 두개 영역은 대뇌의 신피질新皮質 Neocortex에 있는 왼쪽 편면扁面 Planum과 항상 끊임없이 연관을 맺으면서 반응한다 (이에 대하여는 다음을 참조하라. Carl Wernicke, *Der aphasische Symptomenkomplex, Eine psychologische Studie auf anatomischer Basis*, Breslau, Köln und Weigert 1874; Paul Broca, Remarques sur le siège de la faculté du language articulé,

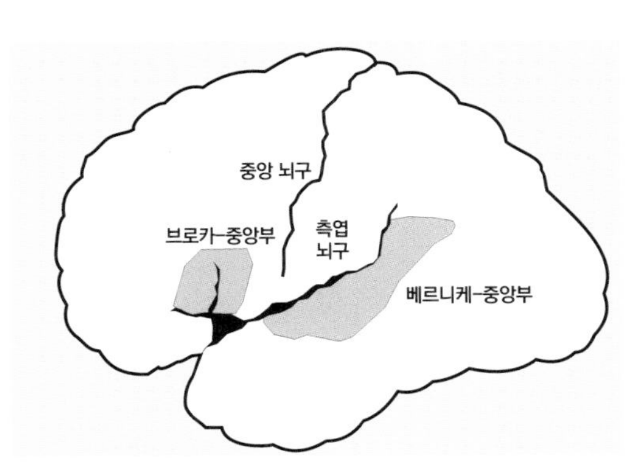

3-01_ 인간 대뇌의 왼쪽 부분

suives d'une observation d'aphémie (perte de la parole), in: *Bulletin de la Société Anatomique*, 2e série, VI권 (1861), p. 330~357).

한 영역에만 국한하지 않고 뇌 전체에 걸쳐 그물망처럼 작동하는 이러한 동력이 말하고 이해하는 과정을 함께 작동시킨다는 사실이 처음 알려졌다. 그리고 계속해서 뇌의 다른 영역들이 기억과 더불어 추상적인 사고와는 서로 관련이 있다는 사실이 밝혀졌다. 최근 조사 결과에서 한 문장으로 말해진 것을 듣게 되면, 우선 그 문장의 단어들이 어떻게 연결되었는지 분석하고 (=문장론), 그리고는 약간의 시차를 두고 그 단어들의 의미를 분석한다는 (=의미론) 사실이 알려졌다. 이렇게 인간의 정신적인 진화는 언어의 발전과 궤를 같이 한다.

또 도구를 제작하면서 추상적인 사고가 생겨났다. 엄지손가락과 손을 움직이게 하는 뇌의 영역이 언어를 관장하는 영역에 아주 가까이 위치하고 있다는 점에서 이런 추측이 옳다는 점이 확인된다. 즉 동작의 연결 상황은 언어상에서의 문법에 비유할 만하다. 뇌가 손상된 사람들에 대한 연구결과를 통해, 이 두 가지를 뇌의 같은 부분이 관장한다는 사실이 알려졌다. 즉 물건들을 의미 있는 순서대로 배열하는 능력이 사라지면, 내용상에서 전달이 가능하도록 단어들을 배열하는 능력도 함께 사라진다. 인류학자 고든 휴스Gorden Hewes의 견해에 따르면, 행위와 어휘의 순서를 일정한 규칙에 따라 적절히 배열하는 것은 인간이 가진 근본적인 능력이라고 한다. 그리고 이러한 심층구조는 행동과 언어에 대한 정신적인 진화과정에서 생겨났다고 한다. 이렇게 행동과 언어는 신경체계상에서 서로 밀접한 연관이 있다. 따라서 도구 제작과 언어는 서로 영향을 주고 있다는 사실이 오늘날 밝혀졌다 (이에 대하여는 다음을 참조하라. Ordon W. Hewes, An explicit formulation of the relationship between tollusing, tool-making and the emergence of language, in: *Visible Language* 72 (1973), p. 101~127).

직접 눈앞에 놓여있지 않거나, 보이지 않는 물건들과 그것들 간의 관계를 우리는 언어라는 수단을 통해 묘사하게 된다. 언어는 복잡한 내용들을 전해주고, 또 지식을 전수해 준다. 왜냐하면 언어를 통해서만이 공간과 시간의 벽을 넘어서 얻어낸 경험과 지식을 후세에 계속 전달할 수 있기 때문이다.

언어가 문자로 기록되어 있지 않으면 이는 일시적인 것에 불과하다. 따라서 더 이상 사유가 불가능하고, 이해를 위한 전달수단으로서의 기능을 발휘할 수가 없다. 다음 마다가스카르어의 예를 통해 언어학의 설명 능력이 어느 정도인지를 알게 된다.

마다가스카르어가 오스트로네시아Austronesisch계의 언어들과 친척관계에 있음을 처음으로 밝혀낸 이들은 언어학자였다. 이들 언어들은 하와이에서 뉴질랜드에 이르기까지, 그리고 수마트라에서 오스터 군도에 이르기까지 태평양의 여러 섬에서 사용되고 있다. 그런데 아주 놀라운 일은 마다가스카르 섬이 이들 언어들의 분포지역으로부터 거의 8,000km에 달할 정도로 멀리 떨어져 있다는 사실이다. 노르웨이의 언어학자인 오토 크리스티안 달Otto Christian Dahl(1993~1995)은 마다가스카르어가 보르네오 섬의 남동쪽 지역에서 사용되는 바리토Barito계의 언어들과 여러 측면에서 일치함을 발견했다. 그래서 그는 마다가스카르어는 바리토계 언어의 일종이라는 결론에 도달했다. 그리고 차용어들을 비교하여서 보르네오 출신 사람들이 언제 마다가스카르로 이주한 시기까지를 비교적 상세히 밝혀냈다. 그의 조사에 따르면 이는 대략 기원후 500년이다 (이에 대하여는 다음을 참조하라. Otto Christian Dahl, Malgache et Maanjan, *Une comparaison linguistique*, Osolo, Egede-Insitituttet, 1951).

고고학자들은 대체로 이 시기에 마다가스카르 섬에서 사람들이 처음

살기 시작했음을 확인했다. 이때 또 다른 놀라운 사실은 이 섬이 현생인류가 기원한 아프리카의 동부지역으로부터 아주 가까이 위치해 있었다는 점이다. 인종학자들도 동남아시아 종족과 마다가스카르 종족 사이에는 문화적인 유사성이 있음을 밝혀냈다. 그리하여 인종유전학자인 달의 주장이 옳다는 것이 입증되었다. 즉 태평양에 있는 모든 섬에 사는 주민들과 마다가스카르 섬에 사는 주민들 간에는 유전학적으로 보아서는 아주 똑같다. 반면에 이쪽 주민들과 아프리카 동부지역 주민들 간에는 일치되는 유전적 요소가 극히 적다 (이에 대하여는 다음을 참조하라. Mathew E. Hurles et al., The Dual Origin of Malagasy in Island Southeast Asia and East Africa, Evidence from Maternal and Paternal Linages, in: *American Journal of Human Genetics* 76 (2005), p. 894~901; Berndard Comrie, Sprachen, Gene und Vorgeschichte mit besonderer Berücksichtigung Europas, in: *Gene, Sprachen und ihre Revolution*, (Schriftreihe der Universität Regensburg, Günther Hauska 〈Hrsgg.〉, Bd. 29), Regensburg, Universitätsverlag, 2005, p. 141~161).

이렇게 언어학은 고고학이나 유전학보다 훨씬 앞서 마다가스카르인이 이주한 역사를 밝혀내는 성과를 얻어냈다.

기록물이 나오기 이전시기와 초기 역사시기의 수천 년 동안에 인간이 어떠한 언어를 사용했는가에 대해 알려진 바는 거의 없다. 이에 대해서는 아직도 고고학과 유전학은 별로 상세히 밝혀내지 못하고 있다. 따라서 이 분야에서 언어학의 활동 여지가 아직은 남아 있다.

그동안 알려지지 않았던 하나의 학문이 걸어온 길

외견상으로 보이는 유사성

프랑스의 위대한 언어학자인 앙뜨안느 메이예Antwoine Meillet (1866~1936)는 그리스인들이 자신들의 주위에서 살던 '야만인 민족들'의 언어를 기록할 필요성을 전혀 느끼지 못한 점에 큰 유감을 표명하고 있다. 그리스인은 자기중심적인 패권사상에 빠져서 자신들과 다른 것들은 별로 중요하게 보지 않았다. 따라서 이들을 서술할 가치가 전혀 없다고 생각했다.

그런데 언어비교의 연구는 플라톤Plato에게서 이미 시도되었다. 그는 프리기아인이 '불'에 대한 단어에서 그리스인과는 약간만 달라진 형태를 사용하고 있는 데에 주목했다. 이러한 현상은 '물', '개' 그리고 그밖에 다른 여러 단어들에서도 보였다 (이에 덧붙여서는 다음을 또한 참조하라. Les Indo-Européens des französischen Historikers Bernard Sergent, Paris, Éditions Payotp Rivages 1995, p. 20). 플루타르크Plutarch와 폼페이우스 페스투스Pompeius Festus는 로마에 살던 그리스인 선생들이 그리스어와 라틴어 사이에는 친척관계에 있는 여러 단어들과 수사들이 있다고 말한 바를 인용하고 있다. 그리고 단테가 언어학적 측면에서 제대로 관찰한 것도 전해 내려오고 있다. 즉 그는 여러 로만계통의 언어들은 라틴어에서 파생되었다고 추측했다. 같은 시대에 그와 함께 살았던 로저 베이콘Roger Bacon은 여러 그리스어 방언들의 기원을 고대그리스어에서 찾고 있다. 그리고 13세기 초의 지로 드 깜브리Giraud de Cambri는 브레타뉴어Bretanisch, 골어Gaulisch, 코른어Kornisch가 브리타니아 지역의 한 옛날 언어에서 나온 것으로 추측했다. 유대인 학자와 아랍인 학자들은 구약성경의 언어인 히브리어는 아랍어와 친척관계에 있음을 일찍이 간파했다.

고대시기와 중세시기로부터 근대초기시기에 이르기까지 이들의 유사점들을 수집하고 조직화하려는 노력은 아직은 미처 생겨나지 않았다. 비록 이에 대한 일종의 확신은 갖고 있었지만, 이 시기에는 아직도 언어의 발전과정에 대한 생각이 미처 자리를 잡고 있지는 못하였다. 단지 바로 목전의 현상이 예전부터 있어왔고, 또 이것이 계속하여 변하지 않고 그대로 유지될 것이라는 생각만을 하고 있었다. 다만 이런 현상이 어떻게 생겨나고, 어떻게 진행되며, 어디에 기원을 두고 있고, 또 각 언어들이 어떤 친척관계에 있을까에 대한 질문은 아직은 제기되지 않았다.

바로 이런 질문들에 대한 답을 찾는 연구분야의 토대를 마련하는 계기를 만든 것은 고대인도어인이 사용한 산스크리트어를 접하면서부터였다.

인도유럽어의 기원

인도유럽어란 명칭은 토마스 영Thomas Young에 의해 1813년 처음으로 만들어졌다. 언어학에서의 이 명칭은 그 유명한 지리학자인 콘라드 말테-브룬Konrad Malte-Brun이 이보다 3년 앞서 제시한 인도게르만어란 명칭과는 오랜 기간 경쟁관계를 보였다. 그런데 이 어족에는 게르만인의 것뿐만 아니라 여러 다른 종족의 언어들도 속하여 있기 때문이다. 그럼에도 불구하고 독일어 사용 지역에서는 아직도 '인도게르만어' 학자와 '인도게르만어학'이란 명칭이 사용되고 있다.

캘커타에 근무하던 영국인 법률가인 윌리엄 존스William Jones경은 당시로서는 아주 뛰어난 지식인이었다. 그는 모두 28개의 언어를 구사하였고, 유라시아에 있는 여러 종족의 관습과 종교에 대한 조예도 깊었다. 1786년 이보다 1년 전에 자신이 직접 설립한 벵갈

3-02_ 윌리엄 존스 (1746~1794)

아시아 학회의 회원들 앞에서 행한 힌두어와 산스크리트어에 대한 강연을 통하여 그는 일약 유명해졌다 (이에 대하여는 다음을 참조하라. William Jones, *On the Hindus*, The Third Anniversary Discourse, delivered on 2nd February, 1786, p. 343, XXV).

산스크리트어는 고대 인도에서 약 3,500년의 역사를 가진 문학어이자 학문어였다. 존스는 이 언어가 그리스어보다 더 완벽하면서도 라틴어보다 더 풍부한 문법구조를 가진 놀라운 언어이고, 또 지난 과거시기에 있은 여러 번의 정복전쟁의 와중에서 인도로 들어온 언어라는 견해를 피력했다. 이 언어가 라틴어, 고트어, 켈트어, 페르시아어 등과 보이는 유사성에 착안하여, 그는 이들 종족들의 언어들이 모두 아마도 더 이상 존재하지 않는 하나의 조상어에서 기원했으리라고 추측했다. 이제 사람들은 오늘날 산스크리트어가 이 종족이 사용한 구어에서 기원하였다고 보고 있다. 그리고 이 언어는 학문어와 법률어 및 종교어로서 오늘날까지도 살아남았다.

> 그러나 자세히 깊게 파고 들어가면, 존스가 이들 언어들 간의 친척 관계를 최초로 추측해 낸 사람이라는 이야기는 그동안 학계, 특히 영문학계에서 만들어 낸 하나의 신화에 불과한 것으로 밝혀졌다. 베르너르 세르강 Bernard Sergent은 자신의 저서 '인도유럽인'에서 존스보다 훨씬 이전에 인도유럽어상에서의 친척관계에 대한 토론을 유발시켰던 여러 학자를 나열하고 있다.

누구보다도 낯선 언어들과 밀접하게 접하게 된 선교사들에게 이러한 언어들 간에 있는 친척관계가 관심을 끌었다. 세르강은 1519년부터 1619년까지 인도에 머물렀던 영국인 예수이트파 선교사 토마스 스테판스Thomas Stephens가 라틴어와 그리스어의 문법구조가 인도에서 사용되는 언어들의 그것과 유사함을 언급했다고 말하고 있다. 또 1583년부터 1589년까지 인도에 살았던 이탈리아의 상인 필리포 사세티Filippo Sasetti도 산스크리트어와 이탈리아어의 어휘들 간에 유사성이 존재함을 말했다고 한다.

존스의 획기적인 강연이 있기 8년 전인 1778년에 나타니엘 브래시 할헤드Nathaniel Brassy Halhed는 자신이 쓴 벵갈어 문법책의 서문에서 산스크리트어가 그리스어와 라틴어와는 친척관계에 있음은 의심할 여지가 없다고 적고 있다. 당시 할헤드는 존스와 교분이 있었다.

비록 윌리암 존스경이 1786년 인도유럽어의 친척관계를 최초로 발견한 사람은 아니지만, 그는 오늘날 현대 언어학의 창시자로서 간주되고 있다. 왜냐하면 그는 언어학의 확립에 결정적인 영향을 준 사람이었고, 또 그와 더불어 본격적인 언어연구의 시대가 열렸기 때문이다.

17세기 중반에 개인 가정교사였다가 나중에 라이덴 대학의 교수가 된 클로드 드 소메즈Claude de Saumaise (1588~1653)는 그리스어, 라틴어, 페르시아어, 게르만어, 인도어 사이에는 유사성이 있음을 찾아냈다. 그래서 그는 이들 언어들에게 공통의 조상어가 있었을 것이라는 생각을 하게 되었다. 그는 이 사라진 조상어에다가 스키타이어Skythisch란 명칭을 붙였다. 소메즈는 자신의 젊은 동료인 마르쿠스 주에리우스 복스호른Marcus Zuerius Boxhorn (1612~1653)의 연구성과를 바탕으로 하여 이를 발전시켰다. 복스호른은 한때 소메즈에게 보낸 편지에서 페르시아어, 그리스어, 라틴어, 게르만어 및 그 외 여러 유럽 언어들에게 공통의 조상어가 있었으리라는 가설을 최초로 내세우면서, 이를 인도-스키타이어Indo-Skythisch라고 명명했다.

이제 이 새로이 태어난 아이에게 특정의 이름은 주어졌지만, 이 이름은 많은 혼란을 야기시켰다. 왜냐하면 스키타이 종족은 고전 그리스인과 같은 시기에 살았기는 하였지만, 그들의 언어는 이 역할을 감당할만한 위치에 있지 않았기 때문이다. 그리하여 이 조상어를 찾는 작업은 계속되었다.

스웨덴인 안드레아스 예거Andreas Jäger가 이의 흔적을 찾는 일을 계속했다. 그는 1686년에 자신의 교수 취득을 위한 논문에서 페르시아어, 그리스어, 이탈리아어, 슬라브어, 켈트어, 고트어 및 그 외 모든 게르만어가 한 어머니 언어에서 나온 딸과 같은 언어들이라고 말하였다. 그리고 이 어머니 언어는 코카사스 지방에 고향을 두고 있다고 말하였다. 그러나 그의 의견에 따르면, 이 언어는 이 지역에서는 이에 따른 어떠한 언어 흔적도 남기지 않았다.

3-03_ 곳트리트 빌헬름 라이프니츠 (1646~1716)

철학자인 곳프리트 빌헬름 라이프니츠Gottfried Wilhelm Leibnitz는 켈트인, 그리스인, 로마인, 게르만인, 슬라브인, 페르시아인이 공통으로 기원한 지역을 흑해의 연안으로 추정했다. 그가 다음처럼 한 말은 아주 유명해져서 아직도 흔히 인용되고 있다. "언어는 모든 종족의 가장 오래된 기념물로서 각 종족 사이의 친척관계와 이주경로를 가장 잘 보여주는 자료이다." (Gottfried Leibniz, Brevis designatio meditationum de Originibus Gentium, ductis potissimum ex indicio linguarum, in: Miscellanea Berolinensia ad incrementum scientiarum, II. Berolini, Papan 1710. 이의 독일어 번역은 다음에서의 인용이다. www.eurasischesmagazin.de/artikel/?artikelID=20040312 (2006. 3. 7.)

아주 상세히 그리고 항상 새로이 발견된 사실들에 입각하여, 그는 이 언어들이 보여주는 비슷한 점들과 다른 점들을 생겨나게 한 원인들이 무엇이었는가에 대한 언급을 자주 했다. 그는 선사시대에서 강대세력의 정복전쟁을 위한 출정도 이러한 언어의 친척관계가 형성된 원인의 하나로 보았다. 그러면서 아르메니아어, 아랍어, 게르만어, 슬라브어 등 서로 아주 가까이 인접한 언어들 간에도 큰 차이가 있는 것에 대해 의아하게 생각했다. 그는 각 민족의 언어에는 오래 전에 사라진 제국들의 흥망과 성쇠에 대한 정보가 들어있다고 생각했다.

라이프니츠는 선사시대 언어들의 흔적을 찾아내는 주요한 지침 하나를 또 하나 제시했다. 즉 지명에 이러한 흔적이 내포되어 있다고 말하였다. 산과 숲과 강의 명칭은 그곳에 살던 주민들이 바뀌면서 달라지기도 하지만, 새로운 이주자들은 예전부터 내려온 그 지역의 명칭을 그대로 답습하기도 한다. 이러한 증거로서 이 철학자는 스칸디나비아 지역에서 비인도유럽어, 즉 핀-랍계의 언어에서 기원한 것으로 간주될 수 있는 지명에 대한 많은 명칭을 찾아냈다. 그의 생각이 얼마나 현대적이고, 또 이제 그 생각이 우리가 예전 선조들을 찾아내는 데 얼마나 도움을 주었는가를 우리는 이번 장에서 보게 될 것이다.

언어의 친척관계와 언어변화에 대한 체계적인 연구

이제 일부 학자들은 여러 상이한 언어에서 나타나는 단어와 그 의미에서뿐만 아니라, 문장구조상에서도 서로 비교하는 작업을 행하였다. 이 분야에서는 당시 식민세력의 일원이었던 네덜란드인이 특히 두각을 나타냈다. 언어발생의 형식을 이끌어내는 작업은 18세기에 이미 시도되었다. 네덜란드 학자 람베르트 텐 카테Lambert ten Kate는 1723년에 소위 야벳Japhet계 유럽인의 족보를 만들었는데, 그의 학설은 당시 상당한 지지를 얻었다. 1773년 스코틀랜드의 판사로서 인류학자 및 철학자였던 몬보도Monboddo경은 게르만어, 페르시아어, 그리스어 간에 존재하는 언어상에서의 친척관계에 대해 언급했다.

19세기 초에 프리드리히 쉴레겔Friedrich Schlegel (1772~1829)은 자신의 저서인 '*인도인의 언어와 지혜*'에서 단어들 간의 단순한 비교를 넘어서서 인도유럽어들 간의 내적구조와 문법을 비교했다. 이로써 그는 학계에다가는 언어를 역사적으로 관찰하게 만드는 계기를 만들었다.

프란츠 보프Franz Bopp는 쉴레겔이 발표한 것들을 깊이 탐구한 후에, 언어상에 나타난 문법체계를 조직적으로 비교하는 데 전력투구를 했다. 1816년에 그가 발표한 논문 '산스크리트어의 곡용Konjugation 현상을 그리스어와 라틴어와 페르시아어와 게르만어의 곡용현상들과 비교하여'에서 모든 인도유럽어의 동사들이 동일한 방식으로 곡용변화를 하고 있음을 입증했다. 그로부터 20여년이 지난 후에 보프는 켈트어를 깊이 연구하여 켈트어가 인도유럽어의 일원임을 증명했다. 6권으로 된 자신의 저서 '산스크리트어, 첸드어, 아르메니아어, 그리스어, 라틴어, 리타우어, 고대슬라브어, 고트어, 독일어의 문법에 대한 비교'를 통해서 그는 비교언어학의 토대를 마련했다. 1825년에 베를린 대학의 오리엔탈 문학과 일반 언어학 교수가 된 보프는 여러 논문을 통해 유럽 지역과 오리엔트 지역의 많은 언어 간에 친척관계가 있음을 밝혀내어, 마침내 인도유럽인의 조상어의 존재를 입증해 냈다. 그러나 문장구조와 단어사용 및 어휘에 관한 연구는 자신의 후계자들의 몫으로 남겨놓았다.

같은 시기에 덴마크의 학자 라스무스 라스크Rasmus Rask와 빌헬름 그림과 야곱 그림 형제는 시간이 지남에 따라 언어가 바뀌는 현상에 주목하였다. 그림 형제는 언어의 옛날 형태를 잘 보존하고 있는 독일어 방언들에 대해 집중적으로 연구했다. 이들 형제는 언어변화상에서 일어난 몇 개의 규칙을 발견했다. 우리가 앞서 언어사를 간략하게 언급하였을 때에 이미 소개한 프랑스의 저명한 언어학자 앙뜨와느 메이예Antoine Meillet를 이제 마지막으로 거론하면서 언어사에 대한 우리의 설명을 이제 끝내기로 한다. 그는 1906년에 문법 그 자체를 단지 서술하는 데 그치지 말고 특정한 목표를 갖고 접근할 것을 요구했다. 즉 인도유럽어의 조상어를 발견하는 데에 목적을 두어야 한다고 했다. 그리고 언어학은 이 어족의 발전 과정과 친척관계를 연구하는 데에 집중해야 한다고 강조했다.

어족이란 공통의 기원, 즉 소위 근본어 또는 조상어라 불리는 한 언어에서 출발하여 언어 세대별로 끊이지 않고 지속적으로 발전해 내려온 한 무리의 언어 내지 방언이다. 일부의 경우에는 이 기원이 실제로 입증된 하나의 언어일 수도 있다. 그러나 대부분의 경우에는 이에서 나온 여러 언어들을 서로 비교하면서, 역사와의 비교 관점을 통해 간접적으로 추론해 내야만 한다. 즉 현재 입증되고 있는 언어들로 어떻게 발전해 내려왔는지를 역사적으로 거슬러 올라가게 되면, 이러한 조상어는 자연스레 재구성된다.

이것은 아직도 현대 언어학의 여러 목표 중의 하나이다. 단어의 기원을 규정하는 어원사전과 문법은 오늘날에도 이러한 원칙에 입각하여 서술되고 있다.

오늘날의 비교언어학

비교언어학은 여러 언어들의 공통점과 차이점을 분석하는 학문이다. 이 인문학은 언어에 관련된 모든 것들을 가지고 한 종족의 기원과 그 전파과정을 찾아낸다.

언어학은 한 언어의 예전 형태를 찾아내서, 오늘날의 언어에 기반을 둔 옛 언어에서의 어휘 일부를 재구성해 낸다. 또 언어학은 언어비교를 통해 언어들의 생성과정에서 생겨난 서로 간의 친척관계를 증명해 보이려고 한다. 이때 외견상 우연히 같게 보이는 사항과 언어 접촉을 통해 생겨난 유사점은 배제된다.

동일한 단어들이 원천적으로 친척관계를 통해 생겨난 것이 아니라, 언어접촉의 과정에서 한 언어로부터 다른 언어로 유입되었을 경우에는, 언어학자들에게 커다란 어려움을 준다. 이러한 차용어는 언어의 친척관계를 조사하는 과정에서 당연히 배제되어야만 한다. 그리하여 라스무스 라스크Rasmus Rask는 일상생활에서 자주 사용되기는 하지만, 다른 언어로부터 차용어로 유입되었을 것으로 보이는 단어들은 조사 대상에서 배제했다 (이에 대하여는 다음을 참조하라. Rasmus Kristian Rask, *Undersøgesle om det gamle Nordiske eller Islandske Sprogs Oprindelse*. Kopenhagen 1818. 이 텍스트를 최초로 독일어로 번역한 것이 다음에 수록되어 있다. Untersuchung über den Ursprung der alten nordischen oder isländischen Sprache, in: Rasmus Rask, *Ausgewählte Abhandlungen*. 3 Bde. Kopenhagen, Edition von Louis Hjelmselv, 1932~1937, Bd. 1, p. 1~328).

언어의 역사를 찾는 작업의 태반은 오늘날 살아 있는 언어들이 가졌던 예전의 발전단계와 이미 사어가 된 언어들의 특성을 재구성하는 데에 있다. 이때 그 목표의 하나로서는 한 어족의 조상어를 찾아내는 것이다. 이를 위해 사람들은 한 어족에 속하는 현존의 언어들을 대상으로 하여, 이들 언어들이 예전 단계에서 쓰인 기록물을 서로 비교하여 본다. 그리고 이 과정에서 이들 언어들의 옛 형태들에서 보이는 상호관계를 찾아내려고 한다. 이때에서의 변화된 정도를 근거로 하여, 이런 언어들이 상대적으로 분리된 시기와 그 발전 과정을 밝혀내게 된다.

인류학은 비교언어학을 통해 큰 암시를 받는다. 사람들은 비교언어학의 도움으로 옛날 민족들에 대한 새로운 정보를 얻어낼 수가 있다. 그리고 언어학 내부에서도 한 언어와 그 언어 사용자가 지리적으로 거쳐 왔던 길을 조사해 내려는 이 학문의 연구방향에 커다란 흥미를 보이고 있다. 이점에서 곳프리트 빌헬름 라이프니츠의 다음 말에 주목할 필요가 있다. "여러 민족들이 남긴 아주 오래된 기록물인 언어는 그 민족들의 친척관계와 변화를 일으킨 근원을 아주 잘 보여준다."

근본적인 측면에서 볼 때에 한 민족을 그들의 언어나 문화와 동일시해서는 안 된다. 비교언어학이 어느 정도 민족 간의 친척관계를 밝혀내고, 또 민족이동과 정복루트와 통상관계에 대한 많은 사항을 알려주기는 한다. 그러나 이것들은 각기 사안에 따라 각자 다르게 밝혀내어져야만 한다. 언어학은 이제는 자신이 가지고 있는 세밀한 연구방법을 통해 기록물이 존재하지 않았던 소위 '*침묵의 시기*'의 것까지도 어느 정도 밝혀줄 단계까지 도달되어 있다.

연구방법

언어들 간의 접촉현상과 친족관계를 입증하기 위해, 언어학은 음운적인 특징, 지명이나 수가 가진 어휘적 특성, 문장구조 등을 비교 연구한다. 나아가 사라진 옛 언어들을 재구성하는 과정에서 언어학은 그 분지分枝 상에서 일어난 이들 언어들과의 관계를 알아내어, 그 상황을 대개의 경우 족보의 형태로서 그려내고자 한다. 이들이 가지고 있는 특질들의 분포상황이 언어상의 족보로 파악되면, 이 언어들이 퍼져 나갔으리라 가상되는 경로는 어느 정도 지도로 그려낼 수가 있다. 그러나 각 시대별로 기록물의 증거가 남아있지 않다면, 언어학은 이러한 족보수를 단지 개략적으로만 그려낼 수밖에 없다.

음운변화 법칙의 실증

언어의 친척관계를 알아내려면, 해당 언어들을 비교하면서 그 안에 있는 음운법칙을 먼저 알아내야만 한다.

각 언어는 나름대로의 특별한 음운체계를 구성하고 있다. 로만어 내에서 라틴어의 음운 o는 이탈리아어의 uo 및 프랑스어의 eu에 상응한다. 그래서 독일어의 단어 neu에는 라틴어의 novum, 이탈리아어의 nuovo, 스페인어의 nuevo, 프랑스어의 neuf가 상응되어 나타난다. 자음의 경우에서는, 예를 들어 라틴어의 ct는 이탈리아어의 tt, 스페인어의 ch, 프랑스어의 it 등과 상응한다. 그래서 독일어의 단어 Tat의 경우에는 라틴어에서의 factum, 이탈리아어에서의 fatto, 스페인어에서의 hecho, 프랑스어에서의 fait가 상응한다. 게르만어 내에서는 독일어의 ei가 위치한 곳에서는 영어에서 o를, 스웨덴어에서 e를 다음처럼 내보이고 있다. Eiche - oak - ek; Stein - stone - sten.

이미 18세기 말에 사무엘 기아르마티Sámuel Gyarmathi[14)]는 인도유럽어를 서로 비교하는 과정에서 이들 언어들의 음운변화를 이용하는 방법을 개발하였는데, 이런 방법은 오늘날까지도 이용되고 있다. 즉 여러 언어로부터 동일한 어간과 의미를 가진 단어들을 발췌한 후에, 이를 서로 비교하면서 이들 언어들의 음운상에서 특별히 나타나는 규칙적인 변화를 살펴보는 것이다. 이리하여 한 어족의 특별한 단어가 같은 어족에 속한 다른 언어들에게서 어떻게 발음될지를 미리 알아내게 된다.

수백 년 또는 수천 년이 지나는 과정에서 각 언어는 수많은 변화를 겪었다. 이때 여러 측면에서 단순화되기도 하지만, 또 다른 측면에서는 더욱 복잡해지기도 한다. 이와 더불어 소위 음운규칙이라 불리는 특정한 변화가 생긴다. 음운규칙은 각 언어마다 각기 다른 방식으로 이루어진다. 이때 다른 언어로부터의 영향을 받는 일이 없이, 자체 내에서 생기는 내적 변화와 언어접촉을 통해 이루어지는 외적 변화도 있다. 그러나 이에 대해서는 차후 다시 언급하기로 하자.

이제 아주 먼 과거에까지 이르는 음운변화의 한 예를 들어보기로 한다. '어머니'라는 단어는 여러 언어에서 다음과 같이 다양한 형태로 나타난다.

고대인도어	mata
고대페르시아어	matar
고대아일랜드어	mathir
레트어	mate
고대그리스어	*μητηρ* (meter)
라틴어	mater

고대불가리아어	mati; 소유격: matere
고대영어	mođor
고대독어	muoter
영어	mother
프랑스어	mère
현대독어	Mutter

도표 3-01_ Mutter(어머니)

14) 사무엘 기아르마티Sámuel Gyarmathi (1751~1830)는 헝가리의 언어학자이다. 그는 헝가리어와 핀란드어의 공통점을 끄집어내면서 헝가리어를 위한 문법책을 만들어냈다 (저자 주).

이렇게 개별 언어의 음운규칙을 알아내면, 예전 언어들에서의 단어형태를 재구성할 수 있다. 이리하여 언어학자들은 특정의 한 시기에 존재하였을 한 단어의 예전 형태를 이제는 만들어낼 수 있게 되었다. 이렇게 여러 언어를 통해 가상의 조상어에서 일치된 단어형태에 도달하게 되면, 그 얻어낸 결과를 통해 이들 언어들이 생태적으로 친척관계에 있음을 입증할 수가 있다. 이리되면 혹 언어 간에 친척관계가 있을 것이라고 단순히 추측하기보다는 방법론에 충실한 언어학자들이 요구하는 입증자료를 제시해 보일 수 있게 된다.

어휘상에서의 비교

이미 보아온 바와 같이 어휘의 비교를 통해 언어학이 처음 시작되었다. 그리고 이를 통해 언어들 간에 친척관계가 있을 것임을 추측해 내게 되었다.

어휘가 비슷하게 발음된다는 것이 언어들 간에 꼭 친척관계가 있음을 의미하지는 않는다. 서로 친척관계에 있지도 않으면서도 비슷하거나 유사하게 발음되는 단어들을 내보일 경우도 있다. 즉 상이한 기원을 가진 단어들이 시간이 지나면서 여러 다른 경로로서 우연히 비슷한 형태를 갖게 될 때도 있다. 이때 서로 간에 아주 상이한 의미를 보일 경우에는, 이들 단어들 간에 친척관계가 전혀 없음을 어느 정도는 눈치 챌 수가 있다.

그러나 역사적으로 생성된 관점에서 볼 때에 친척관계가 전혀 없을 수도 있다. 따라서 언어유형이나 어휘적 측면으로 보아 완전히 다른 언어임에도 불구하고 서로 간에 아주 똑같은 형태를 보이는 경우가 있다. 오늘날 사어가 된 오스트렐리아의 퀸스랜드주 북부지역에 있던 므바바람Mbabaram어의 단어인 dɔg는 영어의 dog와 똑같은 형태를 보이고 있다. 그러나 그렇다고 이 두 언어가 친척관계에 있다고는 볼 수 없다. 또 다른 예로 스페인어의 *mucho*와 영어의 *much*의 경우를 들 수 있다. 이 두 단어는 똑같이 '많다'라는 뜻을 갖고 있다. 그러나 오늘날 문자 형태나 발음상에서 비슷한 면을 보이는 이들 두 단어는 원래는 그 기원을 완전히 달리하여 각기 발전해 나왔다.[15] 오늘날 문자상이나 발음상에서 비슷한 면을 보이더라도, 두 개의 단어가 완전히 다른 데에서 기원한 후에 각기 달리 발전해 왔을 경우도 있다. 이러한 우연의 경우는 언제든 있을 수가 있다. 상이한 두 언어의 단어들이 우연히 서로 비슷하게 발음됨과 동시에 같은 의미를 보이는 경우도 있다. 이런 일이 가능한 것은 많은 어휘 형성과정에서 소리를 흉내 내어 단어를 만들어 낸 경우도 있기 때문이다.

언어비교과정에서 각 언어의 음운변화의 규칙을 고려하지 않을 경우에는 조직적으로 이러한 오류가 발생할 수 있다. 외형상 비슷하게 나타나고 있는 것만을 피상적으로 보게 되면, 친척관계가 전혀 없음에도 불구하고 이것들 간에 어떠한 관계가 있는 것으로 간주될 위험성이 커진다.

이밖에 여러 다양한 언어에서 비슷하게 발음되지만, 서로 간에 의미상에서는 공통점이 거의 없거나 전혀 없는 단어들로 다음의 예가 있다.

피필어(우토-아츠텍어)	**핀어**	**의미**
teki	*teki*	schneiden (자르다) : gemacht (행했다)
ten	*teen*	und (그리고) : vom Tee (차(茶)에 대해)
tukat	*tukat*	Spinne (거미) : Haare (머리카락)
tila:n	*tilaan*	gezogen (끌었다) : in den Raum (공간 안으로)
tu:lin	*tuulin*	Schil (갈대) : mit dem Wind (바람과 함께)

도표 3-02

15) 스페인어의 mucho는 라틴어의 multus (많은 다양한)에서 나왔다. 이것이 스페인어에서 자음 l은 이음異音화로 j가 되었다가 탈락하고 자음 t는 ch[č]로 바뀌어 mucho의 형태를 갖게 되었다. 반면에 영어의 much는 고대독어 mihhil, 고대영어 michel 등에서 나왔다. -il과 이의 약화형태인 -el은 축소명사를 가리키는 접미사였다가 나중에 탈락한다. 이 단어는 그리스어와 라틴어의 magnus에 상응한 것으로서, 원뜻은 '거대한'에 상응한 것으로서 원래는 영어의 small에 반대된 것이었다. 이것이 중세영어에서 muche 등의 형태를 가졌다가 오늘날 much가 되었다.

어휘의 비교를 위해서는 흔히 성경과 기도문이 이용된다. 이는 많은 언어의 경우에서 성경이 작성된 시기가 대체로 자세히 알려져 있고, 또 그 텍스트의 대부분에게서는 그 내용이 서로 일치하고 있기 때문이다. 이러한 자료들을 가지고 독일의 사서 요한 크리스토프 아델룽Johann Christoph Adelung (1732~1806)은 1806년 '미트리다테스Mithridates 또는 약 500개의 언어와 방언에 나타난 주기도문에서 뽑은 언어시범용의 자료를 가지고 살펴본 일반 언어학'이란 책을 출판했다.

이때 그가 즐겨 사용한 기초 자료로는 각 언어의 기본단어Grundwortschatz들이다. 각 언어마다에는 아주 빈번하게 사용되는 단어들이 있다. 즉 신체부분을 나타내는 단어들이나 물이나 불과 같이 자연 현상을 나타내는 단어들이 그러한 예들이다. 인칭대명사도 이런 부류에 속한다. 이들 단어들은 다른 분야의 덜 사용되는 단어들에 비해 그 형태나 의미를 수천 년 이상 계속 유지해 왔다.

인도유럽어 내에서의 친척관계를 찾는 방법에서 흔히 '아버지', '어머니', '형제' 등과 같은 단어들이 이런 방식을 위한 예로서 제시된다. 이들 단어들은 아주 안정적인 단어들로서 거의 변화되지 않았으면서도 오늘날까지 모든 언어 내에서

	아버지	어머니	형제
산스크리트어	*pitár*	*mātár*	*bhrādar*
라틴어	*pater*	*māter*	*frāter*
그리스어	*πατὴρ* (*patér*)	*μάτηρ* (*māter*)	*φράτηρ* (*fráter*)
고대아일랜드어	*athir*	*māthir*	*brāthir*
고트어	*fadar*	*moðir*	*brāþar*
아르메니아어	*hayr*	*mayr*	*elbayr*
토카리어 A	*pācar*	*mācar*	*pacar*
토카리어 B	*pātar*	*mātar*	*procer*
고대 교회슬라브어	*atĭcŭ**	*mati*	*bratrŭ*

* 고트어의 atta에서 차용된 단어임.

도표 3-03

서로 비슷한 형태와 의미를 유지하고 있다. 그럼에도 불구하고 이들 단어들은 인도유럽어 내에서 변화된 언어현상을 도표 3-03처럼 잘 보여준다.

최근 미국의 언어학자 죠셉 해롤드 그린버그Joseph Harold Greenberg (1915~2001)는 언어의 친척관계를 찾아가는 새로운 방법을 개발하여 많은 논란을 일으키고 있다 (이에 대하여는 다음을 참조하라. Joseph Greenberg, *Language in the Americas*, Stanford (California), University Press. 1987; Joseph Greenberg/C. G. Turner/I. Z. Zegura, the settlement of the Americas, A comparison of the linguistic, dental and genetic evidence, in: *Current Anthropology* 27 (1986), p. 477~497). 그린버그 역시 일상에서 자주 쓰이면서도 같은 의미를 가진 단어들을 서로 비교하였는데, 이때 두 개씩의 쌍으로서가 아니라 많은 언어의 것을 동시에 비교하는 방식을 사용했다. 즉 다중 방법이다. 그런데 이때 그린버그는 음운변화의 규칙성은 도외시하였다. 방법론을 엄격히 따르는 언어학자들이 필수적이라고 생각한 조상언어들을 재구성하는 것도 그는 역시 생략했다. 많은 언어학자는 연구 입증과정에서 단지 음운의 일치와 그 발전과정만을 인정하려고 한다. 그러나 언어학자 메릿 룰렌Merrit Ruhlen은 이는 잘못된 태도라고 말하고 있다. 즉 인도유럽어의 친척관계는 처음에는 단지 어휘를 통해 알아내게 됐으며, 나중에서야 비로소 그 음운의 일치를 찾아내는 과정을 통해서 이런 연구가 심화되었다는 것이 그가 내세우는 반박의 요지이다 (이에 대하여는 다음을 참조하라. Merrit Ruhlen, *On the Origin of Languages, Studies in Linguistic Taxonomy*, Stanford (California), Stanford University Press, 1994).

어쨌든 그린버그의 연구는 아프리카의 언어들을 분류한 다른 학자들의 연구 등을 통해서 부분적으로는 옳다는 사실이 입증되었다. 인디언의 언어 경우에도 그러하다. 가장 최근에 이들 인디언 주민들에 대한 유전자 조사를 통해 본 바에 따르면, 크게 보아 이들 언어그룹의 사용자들이 생태적으로 공통의 뿌리에서 나왔다는 그린버그의 연구결과가 옳았음이 입증되었다. 그렇다고 해서 이것이 바로 이들 언어들이 서로 친척관계에 있음을 말해주는 것은 아니다. 이 단순한 비교행위를 통해 그린버그는 아프리카의 언어들과 아메리카의 식민지시대 이전 시기의 주민들이 사용한 언어들 사이에는 원래는 친척관계가 있었음을 강하게 암시하고는 있지만, 그 이상의 것은 내보이지 못하고 있다. 어쨌든 비록 예전 시기의 기록물이 존재하지는 않더라도, 이러한 그린버그의 방법이 통용될 수 있다는 점은 보여준다. 그래서 이 방법은 조사 대상의 언어들 간에 있을 수 있는 생태적 관계에 대한 자료를 처음으로 보여주었다. 그러나 이를 통해 얻어낸 결과를 언어접촉을 통해 생겨난 유사성과 차별되는 점을 구분해 내는 것은 매우 어렵거나 거의 불가능하다.

곳프리트 빌헬름 라이프니츠는 독일어의 어휘 중 3분의 1이 인도유럽어로부터 나오지 않았다고 주장한다. 테오 페네만Theo Vennemann은 이러한 단어의 비중이 절반은 넘는다고까지 말하고 있다. 그리하여 안뜨왼느 메이예는 한 단어가 인도유럽어에서 나온 것으로 간주하려면, 적어도 인도유럽어에 속한 3개의 언어에서 동시에 나타나야 하고, 또 가장 이상적인 것은 이들 언어들의 경우에도 동쪽과 서쪽의 언어 군에서도 동시에 나타나야 한다고 말하고 있다. 만일 한 단어가 비록 소수의 몇 개 인도유럽어의 언어에서 나타난다고 하더라도, 이 단어가 산스크리트어에서는 나타나지 않을 수가 있다. 이런 경우에는 이 단어가 인도유럽어에서 나왔다는 것을 일단은 의심해야 한다. 그러나 만일 그 단어가 인도유럽어의 모든 언어에서 존재한다면, 일반적으로 이는 인도유럽어의 것이라 간주할 수가 있다.

그러나 이러한 규칙에도 아주 유명한 예외가 있다. 즉 일곱의 수를 위한 단어는 차용어로서 많은 인도유럽어와 비인도유럽어의 문화권에 도달했다. 이것이 예전에 무엇을 뜻하였고, 또 어디에서 기원하였는지는 나중에 다시 언급하기로 한다.

언어구조상의 비교

언어는 단어로만 구성된 것이 아니다. 언어에는 단어들의 조합을 지배하는 일정한 체계가 있어, 이를 통해 문장이 만들어진다. 한 언어 구조에서의 내적 구성은 문법을 의미하며, 각 언어의 규칙체계는 이 문법을 통해 나타난다.

외국어를 배우는 사람은 각 언어들이 얼마나 서로 다른지를 문법을 통해 알 수 있다. 우리에게 낯선 언어들은 사전의 도움을 받아 자신의 언어 어휘들을 외국어의 어휘들과 비교해 대체하여 봄으로써 이 낯선 언어들을 배울 수가 있다.

언어란 무엇보다도 사람들이 경험을 통해 얻은 사고와 깨달음을 음운을 통해 표출하면서 전달하는 과정을 통해 획득된 정보체계이다. 이 정보체계는 단어에 내포되어 있는 각 개념을 서로 연결한다. 즉 문장이 만들어지는 것이다. 이 관련 체계를 일반적으로 문법이라고 부른다. 이 체계는 각 언어 체계의 특징을 여러 다양한 현상을 통해 나타낸다. 언어에서의 문법은 가끔 어휘들보다 더 오래 지속되기도 한다. 독일문법의 특징으로서 아주 오랜 언어시기부터 명사변화와 형용사변화, 그리고 동사변화가 있다. 전자는 명사어미변화와 형용사의 등급별 변화이고, 후자는 동사의 시제구분을 위한 변화이다.

문법상에서의 비교를 처음으로 시도한 사람은 프리드리히 쉴레겔Friedrich Schlegel이었다. 프란츠 보프Franz Bopp는 쉴레겔의 연구에 기반을 두고, 모든 인도유럽어가 동일한 방식으로 동사를 변화시키고 있음을 입증했다.

이의 대표적 예로 동사 'tragen (나르다, 운반하다)'를 통해 제시한다.

	tragen 동사의 어간	현재형 어미	복수 1인칭 어미
산스크리트어	*bhar*	*a-*	*mas*
고대그리스어/도리아어	*(pher)-*	*(o)-*	*(mes)*
라틴어	*fer-*	*i-*	*mus*
고트어	*ber-*	*a-*	*m*
고대슬라브어	*ber-*	*e-*	*mŭ*
고대독일어	*ber-*	*e-*	*mes*

도표 3-04

모든 언어를 설명할 때에 자신이 사용하는 언어의 문법체계로만 해석하려는 우를 범해서는 안 된다. 주어와 술어와 목적어로 구분하는 방법이 인도유럽어 이외의 언어에서 항상 통용되는 것은 아니다. 이에 제대로 대응하기 위해서, 즉 예를 들어 바스크어의 특이한 점을 제대로 나타내 보이려고 언어학은 최근 여러 다양한 방법을 개발하였다. 그리고 이를 모든 언어에 통용될 수 있는 하나의 틀을 만들어 보려고 시도했다.

이리하여 오늘날 자동사의 문장, 예를 들면 독일어에서의 ich gehe in die Stadt와 영어의 *I go in the city* "나는 도시 안으로 들어간다"와 같은 형태의 문장과 타동사의 문장, 예를 들면 독일어에서의 ich streichle den Hund와 영어의 *I stroke the dog* "나는 그 개를 쓰다듬고 있다"와 같은 형태의 문장 구분은 더 이상 바스크어에서의 문법체계의 기반이 되지 못한다. 이보다는 거의 대부분의 경우처럼 주어를 통해 표출되는 사고 영역이나 행위자Aktant가 동사를 통해 그 행위나 상황이 어떤 관계를 보이면서 표출되느냐가 관심의 초점이 된다. 즉 행위자가 어떠한 역할을 하고 있느냐에 따라서 다음의 둘로 나뉜다. 첫째로는 행위자가 장소와 같은 공간을 인지하고 있느냐의 여부이다. 여기에서는 행위자가 주어의 역할을 하고,

동사는 장소격과 함께 묶여져 나타난다. 그러니까 주어인 나(=ich)는 장소격인 도시 안으로 (=in die Stadt) 들어가는 (=gehen) 것이다 . 두 번째로는 주어로 나타나는 한 행위자가 어떤 형태로든 또 다른 행위자에게, 즉 목적어에게 영향을 주고 있다. 즉 주어인 나(= ich)는 목적어인 개(=Hund)를 쓰다듬고 있다. 주어는 앞선 독일어 문장에서의 나(=ich)에게서 보이는 바와 같이, 원칙적으로는 행동주어Agentive의 성격을 가지면서도 목적격적인 행위를 수행한다. 이때 기본적으로 이러한 상황에서 때로는 흔히 독자적인 목적격을 가진 장소격이 나타난다. 그런데 가끔 주어가 목적어와 같은 형태를 보이지만, 여기에서의 행동주어가 나름대로 독자적인 어미를 위한 표지Marker, 즉 능격能格 Ergativ의 어미표지를 보인다. 여기에서 '능격의 방식'이란 개념이 생겨난다. 후자의 방식은 부분적으로 바스크어를 위시하여 많은 코카사스 언어와 오스트레일리아 언어에서 그 예가 발견된다. 여기 아래에 동부코카사스 언어의 하나인 체첸어를 예로 하여 제시해보기로 한다.

stag	*āraxula*	*wöduš*	*xilla*
Mann: 능격	*Feld=über*	*gehend*	*war*
주어	장소격		
'Der Mann ging über ein Feld.'			

staga	*baga*	*yillina*
Mann: 능격(Ergativ)	*Mund: 절대격(Absolutiv)*	*öffnete*
행위자	목적어	
'Der Mann öffnete (seinen) Mund'		

도표 3-05

독일어에서는 주어와 행위자인 'der Mann'은 모두 주격이라는 동일한 격을 보인다. 반면에 목적어인 'den Mann'은 목적격의 어미표지를 보인다. 체첸어에서는 첫 번째 문장에서의 '남자(Mann)'와 두 번째 문장에서의 '입(Mund)'은 문법적으로 일치된 형태를 보인다. 즉 이 두 개는 소위 절대격Absolutiv으로서 아무런 격어미를 내보이지 않는다. 반면에 두 번째 문장에서의 행위자인 '남자(Mann)'는 이제 독특한 어미를 내보이면서 특별한 역할을 수행하고 있다 (이는 Wolfgang Schulze가 2006년 8월 10일 뮌헨대학에서 구두로 발표한 내용이다).

어순

어순에 관한 연구는, 즉 주어와 동사와 목적어와 같은 문장 요소들이 어떠한 순서로 배열되느냐의 문제는 언어학이 20세기에 들어서면서 비로소 다루기 시작했다. 이때 어순의 형태에 따른 유형의 구분이 인도유럽어에서 나타난 양상에 따라 처음 시작되었다.

우리는 가장 흔히 나타나는 형태로 문장의 첫머리에 주어가 위치하고, 그 다음에 동사와 목적어의 순서로 위치하는 언어를 가장 논리적인 언어로 간주하고 있다. 예를 들면 *ich sehe dich*와 같은 형태이다. 그러나 이는 자신을 가장 높이 치켜세우는 자기중심적인 사고방식에 기인한 태도이다. 세계의 많은 언어에서는 주어(S)가 목적어(O)에 앞서 나타나고 있기도 하다. 그러나 동사(V)의 위치에 있어서는 다양한 모습을 보이면서, 다음의 여러 유형들을 내보인다. 즉 VOS, OVS, OSV 등의 형태이다. 모든 언어들에서 단지 5%만이 OS의 기본 형태를 보이고 있다.

다음 표는 서로 아주 다른 여러 언어들에게서 나타나는 다양한 어순을 제시하고 있다 (Christian Strömsdörfer/Theo Vennemann, Ziele der syntaktischen Typologie, in: *Syntax: Ein internationales Handbuch zeitgenössischer Forschung*, 2. Halbände (Handbücher zur Sprach-und Kommunikationswissenschaft, 9.1, 9.2), Joachim Jacobs/Arnim Stechow/

언어	어순	어순에 따른 직역	독일어로의 번역
아이누어Ainu (일본의 원주민어)	SOV	kannuy umma rayke 'Bär Pferd tötet'	'ein Bär tötet ein Pferd'
영어Englisch	SVO	the man kissed his wife	'der Mann küsste seine Frau'
골어Gälisch	VSO	dh'fhosgail Calum an doras 'öffnete Calum die Tür'	'Calum öffnete die Tür'
마데가스카르어 Madegassisch	VOS	manasa lamba ny zazavavy 'wäscht Kleider das Mädchen'	'das Mädchen wäscht Kleider'
힉스카리아나어 Hyskaruna (아마존 지역의 인디언어)	OVS	kana yanimno biryekom 'Fisch er fing ihn Junge'	'der Junge fing den Fisch'
하이다어Haida(북아메리카의 인디언어	OSV	laa l tiigan 'sie er tötete'	'er tötete sie'

도표 3-06

Wolfgang Sternefeld/Theo Vennemann 〈Hrsgg.〉, Berlin, Walter de Gruyter, 1993, 1995, II. p. 1031~1043, 여기에서는 p. 1040이 해당된다).

언어와 사고와의 관계를 살펴볼 때에, 유럽인의 이해능력 측면에서는 SVO-어순이 일정 부분 유리할 수가 있다. 예를 들면 주어를 맨 앞에 위치시킴으로써 이를 곧장 인식시킬 수 있기 때문이다. VSO-언어들은 주어를 강조하려면, 다른 특별한 방식을 이용해야만 한다. 영어는 독일어보다는 자주, 그리고 프랑스어와 이탈리아어도 주어를 강조하는 특별한 문장형태를 자주 사용한다. 프랑스어의 C'**est lui qui** a gagné le prix와 독일어의 'Es **ist er, der** den ersten Preis gewonnen hat'처럼 주어를 강조하는 방식이다.[16] 이러한 형태는 VSO-어순이 표준 형태였을 시기에 이미 기원했을 수가 있다.

16) 이들 두 문장을 영어로 직역하면 'It is he, who won the first price.'이다.

어순 상에서는 인도유럽어권의 내부에서도 커다란 차이를 보인다. 그리고 많은 언어에게서 어순이 상당히 가변적인 모습을 보인다. 그러나 특정의 경우에는 영어에서 어순 상의 변화가 의미상의 차이를 일으킬 수가 있다. 따라서 표준화된 어순을 사용한다. 영어에서는 격어미가 없다. 따라서 의미상에서의 오해를 피하기 위해서는 어순의 배열은 엄격히 지켜져야만 한다. *The girl sees the dog* 'das Mädchen sieht den Hund'의 경우에 이의 어순을 바꾸면 의미상에서의 왜곡 현상이 생길 수가 있다. 즉 *the dog sees the girl*은 '개가 소녀를 보다'라는 의미를 갖게 되기 때문이다.

주어와 동사와 목적어가 어떤 순서로 배열되고 있는 가에 따라, 각 언어의 특성이 보여진다. 그림 3-04의 지도는 동사와 목적어에서의 어순 간의 지리적 분포 사항을 보여준다.

이와 마찬가지로 문장의 다른 요소들의 위치에 있어서도 다양한 모습이 보인다. 이때에 어순에서의 문장요소 간의 관계는 조어상의 요소와의 관계와 전반적으로 서로 연관된다. 따라서 이들 간의 관계에 대한 예측이 가능하다. 그러한 예

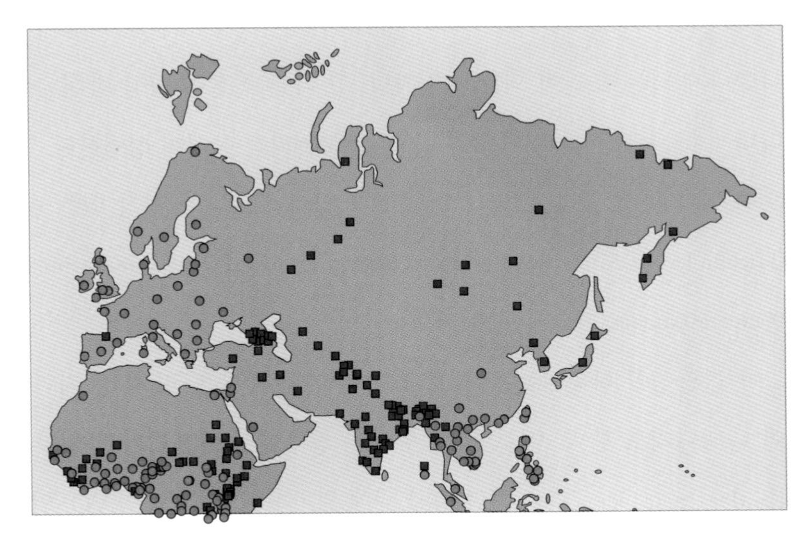

3-04_ 세계 언어에서 동사와 목적어의 어순이 보이는 지리적 분포도

● VO-어순
■ OV-어순

문장 측면에서 오른쪽이 머리기반인 것	조어 측면에서 오른쪽이 머리기반인 것
das hohe Haus	*Hochhaus*
die sofortige Wirkung	*Sofortwirkung*
zu seiner Zeit	*seinerzeit*
vorher warnung	*vorwarnen*
aus sich selbst versändlich	*selbstverständlich*
mehrer Seiten lang	*seitenlang*

도표 3-07

를 들어보기로 하자.

죠셉 그린버그Joseph Greenberg는 자신의 연구과정에서 각 언어의 내부에서는 일종의 연관성Implikation이 작동함을 밝혀냈다. 이 연관성이란 언어의 한 특질이 다른 여러 특질들과 동조하면서 함께 움직이는 것을 뜻한다. 이리하여 목적어와 동사의 어순 상에서의 위치는 자주 소유격이 위치하는 곳을 미리 예측하게 만든다. 즉 소유격은 대개의 OV-언어들에게서는 앞에 위치하는 반면에, VO-언어들에게서는 뒤에 위치한다. 게다가 OV-언어들에게서는 후치사가 나타나고, VO-언어들에게서는 전치사가 나타난다. 예를 들면 den Fluss entlang(the river along)과 entlang des Flusses(along the river)의 대비와 같은 것이다. 많은 특질이 다른 특질을 나타나게 하는 조건이 되고는 있지만, 그 다른 특질이 항상 반대되는 특질을 나타나게 하는 것은 아니다. 즉 다음과 같은 논리적 공식이 성립한다. "만일 A가 있으면, B가 항상 있다. 그러나 만일 B가 있더라도, A가 항상 있는 것은 아니다." (Joachim Jacobs, Arnim von Stechow. Wolfgang Sternfeld / Theo Vennemann, *Syntax*, Berlin, Walter de Gruyter, 1995, p. 1050~1054)

이 연관성이 나타나는 현상에 있어서 어떤 것은 단지 특정 지역에만 국한되어 나타나기도 한다. 예를 들면 수사의 경우에서 아프리카의 일부 언어에서는 Kinder drei(children three)처럼 명사 뒤에 위치하지만, 그 밖의 VO-언어에서는 이와 반대로 drei Kinder(three children)의 모습으로 나타나고 있다.

언어에서의 또 다른 구분상의 특성으로는 명사에 대한 형용사의 위치 문제이다. 일부 언어에서는 형용사가 명사 뒤에 나타나지만 (=후치 언어), 또 다른 언어에서는 명사 앞에 나타난다 (=전치 언어). 이를 각기 '왼쪽머리기반어순linksköpfig' 내지 '오른쪽머리기반어순rechtsköpfig'이라고 부른다.

언어	명사 뒤에 형용사가 오는 왼쪽머리기반	명사 앞에 형용사가 오는 오른쪽머리기반
독일어	–	das **rote** Auto (여기에서 das Auto가 핵심이고 **rote**는 수식어임)
영어	–	the **red** car
프랑스어	la voiture **ancienne(**고물 차)	l'**ancienne** voiture(예전시기의 차)
이탈리아어	la machinna **rossa**	–
스페인어	el auto **rojo**	–
바스크어	auto **gorria**	–

도표 3-08

이 밖의 예로 das rote Kreuz (적십자)를 들 수 있다. 이것은 프랑스어에서는 Croix Rouge로 나타나는데, 이는 독어에서의 Kreuz rot에 해당한다. 3-05의 지도는 어느 언어에서 형용사가 명사의 왼쪽 또는 오른쪽에 위치하는가를 보여준다.

얼핏 보면 이를 통해 언어군Sprachbund을 적절히 분류할 수 있을 것처럼 보인다. 그러나 상황이 그렇게 단순하지는 않다. 즉 형용사의 위치가 항상 한 특정한 언어군에 귀속시켜야 할 기반은 되지 못한다. 왜냐하면 많은 언어에서는 형용사의 위치가 그 밖의 다른 언어규칙과 조화를 이루지 않는 예외적 경우가 많기 때문이다. 바스크어가 이러한 예의 하나이다. 그리하여 개개 언어가 한 특정 언어군에 귀속된다고 말하기 전에, 문장상의 머리형 어순을 넘어서서 언어상에서 나타나는 다른 여러 특질들을 함께 고려해야만 할 것이다.

터키어에서 일본어까지, 또 인도 남부지역에서 시베리아 지역 언어에까지 이르는 OV-언어들에서는 형용사가 명사 앞에 위치한다. 그러나 이 지역 외의 OV-언어들에서는 대부분의 형용사가 명사 뒤에 위치한다.

테오 페네만은 언어들에 나타나는 왼쪽머리형어순 내지 오른쪽머리형어순의 특성이 모든 다른 언어요소들의 위치를 결정하는 데에 있어서도, 즉 단어가 만들어지는 조어의 과정에서도 역시 적용된다고 보고 있다. 그러니까 이들 간에 서로 연관성이 있다고 본다. 그렇다고 이것이 한 특정언어가 어떤 특정시점부터 더 이상 전혀 바뀌지 않았음을 뜻하는 것은 아니다. 한 특정체계가 만들어진 이후에, 이것이 언어변화를 통해 다르게 바뀔 수도 있다. 이러한 현상은 여러 로만어를 라틴어와 비교하여 보면 발견할 수 있다. 즉 라틴어에서 보였던 자유로운 어순이 이의 후속 언어들인 여러 로만어들에서는 특정의 어순으로 고정되고 있다.

이때에 어휘에서의 머리형어순은 문장상의 머리형어순에 비해 역사적인 변천과정에서 덜 변화하고 있다. 독일어에서 der Sonnen *Schein*의 배열순서는 오늘날의 복합어인 Sonnen*schein*에서 그대로 유지되고 있다. 이 배열순서는 석기시대로부터 중세시기에 이르기까지의 오래된 예전 시기에 어미 -en을 가진 소유격 명사를 앞세우던 현상 때문이다. 독일어에서는 그 후에 der Schein der Sonne의 경우에서 보듯이 소유격을 뒤로 놓는 형태로 바뀌었다. 그리하여 현대독어에서 der Sonne *Schein*의 위치순서는 더 이상 사용되지 않는다. 그러나 복합어인 Sonnenschein에서는 이런 '화석화된 소유격'의 위치순서가 아직도 유지되고 있다. 이리하여 티미 지본Timy Givón은 다음과 같이 정의내리고 있다. "오늘날에 보이는 형태론적 특성은 옛날의 문장구조를 그대로 보여준다." (Talmy Givón, Historical Syntax and synchronic morphlogy: An archaeologist's fieldtrip, in: *papers from the*

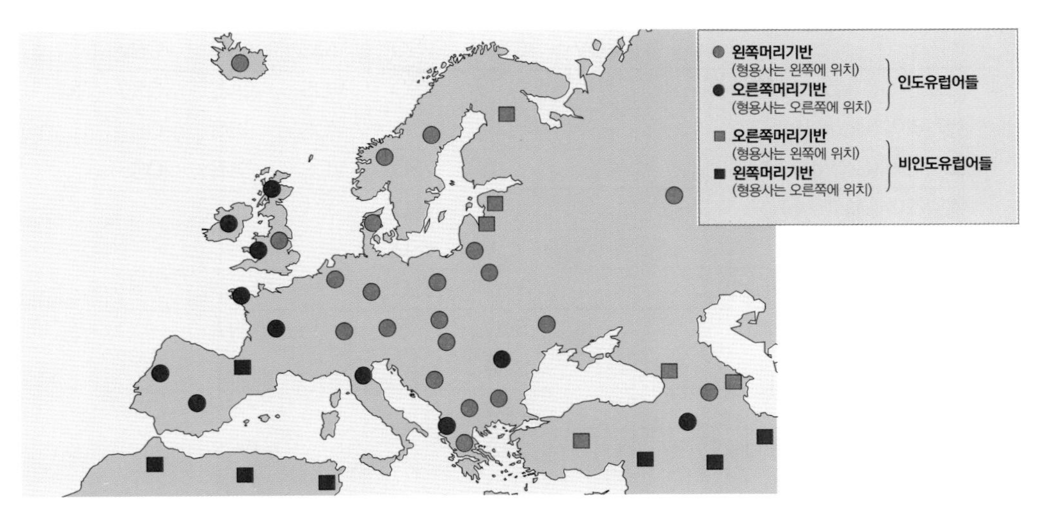

3-05_ 단어 Rotes Kreuz를 예로 본 유럽 언어에서의 명사에 대한 형용사의 위치

seventh regional meeting of the Chicago Linguistic society, Chicago, 1971, p. 394~415, 여기에서는 p. 413이 해당된다)

이밖에 언어구분에 이용되는 또 다른 언어상의 특성이 있다. 일반적으로 수많은 언어에게서 특정 어순만이 일관되게 나타나지는 않는다. 다시 말하면 흔히 여러 형태가 함께 나타난다. 이는 독일어에도 이미 보이는 현상이다. SVO-언어의 78%가 다른 변이형태를 함께 갖고 있다 (이런 언어 중에서 85%는 인도유럽어이다). 그리고 SOV-언어에서 64%의 경우에서는 서로 다른 형태가 함께 나타난다 (이런 언어 중에서 68%는 비인도유럽어이다). 반면에 웨일즈어나 아일랜드어나 브레타니아어와 같은 VSO-언어에서는 일관되게 하나의 어순형태만을 보여준다. 프랑스어나 말타어와 같은 SVO-언어에서도 역시 일관성이 보인다. 아프리카와 동남아시아와 오세아니아 지역의 언어들에게서도 변이형태는 극히 드물게 나타난다.

	SOV	SVO	VSO	VOS	OVS	OSV
소르벤어 (Sorbisch)			VSO	VOS	OVS	OSV
헝가리어 (Ungarisch)			VSO	VOS	OVS	OSV
조지아어 (Georgisch)			VSO	VOS	OVS	OSV
웨일즈어 (Wallisch)			VSO			
아일랜드어 (Irisch)			VSO			
브리타니아어 (Bretonisch)			VSO			
프랑스어 (Französisch)		SVO				
말타어 (Maltesisch)		SVO				
영어 (Englisch)		SVO				OSV
네덜란드어 (Niederländisch)		SVO			OVS	
독일어 (Deutsch)		SVO			OVS	
스웨덴어 (Schwedisch)		SVO			OVS	
이탈리아어 (Italiensich)		SVO			OVS	
사르디니아어 (Sardinisch)		SVO			OVS	
스페인어 (Spanisch)		SVO	VSO			
아이슬랜드어 (Isländisch)		SVO	VSO	VOS	OVS	
알바니아어 (Albanesisch)	SOV	SVO	VSO			OSV
폴란드어 (Polnisch)	SOV	SVO	VSO		OVS	OSV
러시아어 (Russisch)	SOV	SVO	VSO	VOS	OVS	OSV
그리스어 (Griechisch)	SOV	SVO	VSO	VOS	OVS	OSV
루마니아어 (Rumänisch)	SOV	SVO	VSO	VOS	OVS	OSV
슬로베니아어 (Slowenisch)	SOV	SVO	VSO	VOS	OVS	OSV
리타우어 (Litauisch)	SOV	SVO	VSO	VOS	OVS	OSV
불가리아어 Bulgarisch	SOV	SVO	VSO	VOS	OVS	OSV
볼가핀어 (Wolgafinnisch)	SOV	SVO	VSO	VOS	OVS	OSV
로마 및 신티어 (Sprache der Roma und Sinti)	SOV	SVO	VSO	VOS	OVS	OSV
핀랜드어 (Finnisch)	SOV	SVO	VSO	VOS	OVS	OSV
쿠뮈크어(Qumüq)(서부몽골지역)	SOV					OSV
추바쉬어(Tschuwaschisch) 투르크어의 하나 (Turksprache)	SOV					OSV
노가이어 (Nogyay)	SOV					OSV

	SOV	SVO	VSO	VOS	OVS	OSV
네네츠어/사모이어 (Nenets/Samojedisch)	SOV					OSV
라츠어(Laz) (코카사스 지역 카벨리아어)	SOV					OSV
케르만샤히어(Kermanschahi) (쿠르드 방언)	SOV	SVO				OSV
레츠기어(Lezgi)	SOV	SVO				OSV
터키어(Türkisch)	SOV	SVO				OSV
타티어(Ta:ti)	SOV	SVO				OSV
오세티어(ossetisch)	SOV	SVO				OSV
크림타타르어(Krimtatarisch)	SOV	SVO				OSV
카라차이어(Quartschay) (코카사스 북서부지역의 터키어)	SOV	SVO			OVS	OSV
체첸어(Tschetschen)	SOV	SVO	VSO		OVS	OSV
아브샤츠어(Abschaz)	SOV	SVO	VSO	VOS		OSV
카바르다어(Quabarda)/ 아디게이어(Adyghey)	SOV	SVO	VSO	VOS	OVS	OSV
아바르어(Awar)	SOV	SVO	VSO	VOS	OVS	OSV
라틴어(Lateinsich)	SOV	SVO	VSO	VOS	OVS	OSV
우드무르트어(Udmirtisch)/ 핀우그르어(Finnugrisch)	SOV	SVO	VSO	VOS	OVS	OSV
고트어(Gotisch)	SOV	SVO	VSO	VOS	OVS	OSV
아르메니아어(Armenisch)	SOV	SVO	VSO	VOS	OVS	OSV
다르그와어(Dargwa)	SOV	SVO	VSO	VOS	OVS	OSV
바스크어(Baskisch)	SOV	SVO	VSO	VOS	OVS	OSV

도표 3-09_ 유럽과 유럽 주변의 언어들에 나타난 주어, 동사, 목적어의 어순

도표 3-09는 여러 그룹의 언어들에게서 나타나는 어순상에서의 변이 가능성을 각기 보여준다. 여기에서 소르벤어와 헝가리어와 조지아어는 여러 개의 어순을 보여주는 특별한 양상을 보이고 있다. 유럽 지역에서는 VOS, OVS, OSV의 어느 어순도 특별한 우위를 점하지는 않고 있다. 이 도표를 통해 어순상에서 언

어들이 지역적으로 무리지어 나타남을 알 수 있다.

OSV와 OVS 어순을 가진 언어는 전 세계적으로 아주 드물게 나타난다. 유럽 내의 어떤 언어에서도 주어 앞에 목적어가 위치하는 언어는 결코 없다. 동사가 맨 앞에 위치하는 경우도 유럽과 유라시아 지역의 언어들에서는 아주 드물게 나타난다.

언어 유형 Typisierung

언어유형론이란 나름대로 의미가 있다고 생각되는 여러 다양한 관점에서 보아서 여러 언어들을 무리지어 나누어보려는 학문이다. 이때 사람들은 언어들 간에 있는 보편성, 차이점, 비슷한 점, 공통점 등을 찾으려 하고 있다. 어순, 단어 형태, 액센트 - 여기에서는 강세와 음의 고저가 포함된다 - 에 따른 구분 등은 유형상에서의 구분을 넘어서 언어군을 알아내고 또 유전적으로 언어 간에서의 친척관계가 있는가의 여부를 밝혀내는 데에 함께 이용될 수 있다.

어떠한 언어도 전적으로 한 유형에 속하지만은 않는다. 또 이상적이라 생각되는 하나의 유형에 집어넣을 수도 없다. 왜냐하면 언어에는 일반적으로 여러 개의 유형이 혼합되어 나타나고 있기 때문이다. 그러나 유형화를 통해 각 언어가 가진 성격을 충분히 특징화시킬 수는 있다.

모두 다루기에는 너무나도 많은 특성이 있기에, 비교대상의 언어들이 가진 모든 특성을 조사할 수는 없다. 따라서 이런 과제들을 모두 해결하는 것은 실질적으로 불가능하다. 그리하여 조사 대상으로는 서로 연관성을 보이거나 또는 차이점을 보이는 특정의 것만을 적절히 선별해야만 한다. 그리고 이러한 특성들을 통해 언어유형을 규정해야 한다.

고전적인 언어유형에 대한 분류는 쉴레겔과 훔볼트가 한 것에 기반을 두고 있다. 이들은 4개의 주요 언어유형으로 구분하고 있다. 즉 고립어, 교착어, 굴절어, 포합어이다. 이 유형 분류는 오늘날 언어학사적인 측면에서 나름대로의 가치가 있다. 따라서 세계의 언어 전반을 대략적으로 이해하는 데에 있어서는 아직도 도움이 된다.

고립孤立어 isolierender Typ

고립어에서는 모든 단어들이 단지 하나의 형태만을 내보일 뿐이지, 어떠한 형태소도 첨가되어 나타나지는 않는다. 의미를 바꾸는 데 있어서는 오직 단어의 어순만이 이용된다.

고립어에의 대표적인 유형은 중국어이다. 중국어에서는 거의 모든 단어가 하나의 음절로 구성되어 있다. 한 중국인 여자는 나에게 "나는 내일 뮌헨으로 간다."라는 문장을 다음처럼 적어 보내왔다.

wa	Ming	Tian	zhuò	chè	qù	Mònthē
'ich	morgen	Tag	sitzen	Fahrzeug	nach	München'
(나	내일	날	앉다	자동차	향해	뮌헨)

교착膠着어 agglutinierender Typ

교착어란 언어유형은 문장 내에 있는 각 성분들의 어간 요소에다가 여러 접미어를 덧붙이는 방법을 통해서 각 성분을 명확히 구분하여 드러내어 보인다.

전형적인 교착어로는 터키어를 그 예로 들 수가 있다. 여기에서는 한 단어에다가 여러 다른 음절이 붙여져 생긴 문장의 각 성분이 나열되고 있다.

ev	das Haus (집)
ev-im	mein Haus (나의 집)
ev-ler	die Häuser (집들)
ev-ler-im	meine Häuser (나의 집들)

교착어의 많은 언어에서는 일정한 형태로 모음이 바뀌는 모음조화 현상이 일어난다. 모음조화란 발음상에서의 편이를 위해 한 모음이 이웃한 모음과 비슷해지는 현상이다.

교착어에는 터키어와 더불어 우랄-알타이어계에 속한 모든 언어들이 이에 속한다. 반투어, 일본어, 바스크어도 이에 속한다. 인도네시아어도 다음처럼 교착어의 일부 성격은 갖고 있으나, 우랄-알타이어에서 보이는 모음조화와 같은 현상은 보여주고 있지는 않다.

tangkap	'fangen'
pe**nangkap**an	'fangend' (접두어 pe와 접미어 -an이 합쳐져 과거분사를 나타낸다)

굴절屈折어 flektierender Typ

굴절어의 유형에서는 문장 내에서 때로는 굴절Flexion과 더불어 특정 의미를 내포한 요소들이 덧붙여진 단어들이 나열된다. 인도유럽어에서 나온 여러 언어들, 특히 게르만어와 - 독일어는 여기에 포함된다 - 로만어가 이런 언어의 유형에 속한다.

각 언어 요소는 여러 다양한 기능을 갖고 있다. 예를 들면 라틴어의 단어 amicus 'Freund(친구)'의 어미 -us에는 성性 Genus, 수數 Numerus, 격格 Kasus의 요소가 함께 내포되어 있다. 즉 남성 단수 1격이다. 이와 더불어 어간모음Stammvokal이 바뀌는 것도 하나의 문법적인 기능을 담당한다. 예를 들면 독일어 동사 geben - gib - gab의 경우와 같은 예이다 (=모음교체Ablaut).

고립어와 굴절어의 경계를 명확히 구분하기는 어렵다. 왜냐하면 내적 언어변화의 진행과정에서 과도기의 과정에 머물고 있는 경우가 때로는 있기 때문이다. 언어변화는 여러 다양한 방식으로 진행된다. 한 언어가 고립어의 형태를 가진 단계에 도달하면, 이에 뒤따라서 곧바로 첨가어의 형태가 나타난다. 그런 후에 또한 곧바로 굴절형이 뒤따른다. 그러다가 마침내 특정어순으로 고정화되면, 이 어순에는 바로 특정한 의미가 부여된다. 그리고 이것이 굴절 요소들의 퇴조를 이끌어내기도 한다. 마찬가지로 이와의 반대 현상이 일어나기도 한다. 즉 처음에 굴절요소가 퇴조하면, 나중에 어순이 고정화된다.

오늘날 지금의 영어에서 굴절의 요소는 거의 사라졌다. 예전에는 어미나 여러 다양한 관사의 형태로 격을 나타냈었는데, 이제는 소유격 어미인 -s를 제외하고는 격을 나타내는 어떠한 것도 남아있지 않다. 이제는 어순이 의미를 나타내는 주요요소가 되었기에, 오늘날 영어에서의 어순은 반드시 지켜져야만 하는 사항이 되었다. 이러한 현상이 일정한 조건하에서는 독일어에서도 나타난다. 예를 들면 한 문장 내에서의 목적어가 남성인 경우에는, 이 목적어는 의미상에서의 혼동을 일으키지 않으면서도 문장의 첫 머리에 위치할 수가 있다.[17)]

17) 이는 독일어에서 오직 남성명사의 경우에만 주어와 목적어가 어미상에서 다른 형태를 보이기 때문이다. 여성명사와 중성명사의 경우에는 그렇지 않다. 복수형의 경우에도 그러하다.

Das Mädchen sieht den Hund - Den Hund (und nichts anders) sieht das Mädchen.

(소녀가 개를 본다) - (다른 것이 아닌 바로 그 개를 소녀가 본다)

포합抱合어 inkorpierender Typ

포합어의 유형에서는 일련의 여러 표현 요소들이, 특히 명사구의 형태가 원래의 동사부분에 포합되어 버린다. 이에 대한 좋은 예로서 사할린 지역과 아무르 강변에서 사용되는 고아시아 계통 언어의 하나인 니브크Nivkh어를 들 수 있다.

t'igr-park-əvr-r^h aru-gu-ve

'Holz-endlich-möglich-zerbrechen-lassen-du!' (명령형)

'Wenn du nur endlich Holz schlagen würdest!' (네가 이 목재를 드디어 잘라버리면!)

이 언어에서 문장을 만들 때의 특이한 점은 복합화 된 융합형태이다. 이 과정에서는 동사에다가 여러 인칭을 위한 요소가 덧붙여져서 융합된 형태로 나타난다. 이러한 예로 코카사스 서부 지역에서 사용되는 아바차Abaza 언어를 들 수가 있다.

yə-l-sə-r-sat'

'es-sie-ich-lassen-schneiden (과거형)-es=passiert'

(행위가 일어나다 - 그들 - 나는 - 하게 하다 - (과거형의) 자르다)

'Ich ließ sie es schneiden' (나는 그들이 그것을 자르도록 하였다)

문장의 의미를 고정시키려면, 문장 내에 포함된 요소의 어떤 것도 그 순서상에서 바꾸어서는 안 된다.

다른 예로 고아시아어계에 속한 추크치어Tschuktschisch를 들 수 있다. 이 언어는 오늘날 동부시베리아 지역에서 사용되고 있다.

g-aća-qaa-nmi-len

이 문장에서 접두어 g-는 과거에서의 종결된 행위를 나타내며, aća는 '뚱뚱한, 기름진'을, qaa는 '순록'을, nmi는 '죽이다'를 뜻한다. 그리고 접미어 len은 과거단수 3인칭을 나타낸다.

많은 인디언의 언어나 고古시베리아 언어와 함께, 그린란드어도 역시 이 포합어의 유형에 근접한 언어이다. 지리적 연관성에서 본다면, 이들 언어들 간에 친족성이 있을 것으로 생각할 수가 있다. 세계의 모든 언어들 간에는 이런 종류의 유사성이 단편적으로 엿보이기는 한다. 그러나 이를 언어 친족관계의 측면에서 보다는 언어 구조상에서의 선택대상의 하나로서 보아야만 한다. 이런 점에서 독일어에서도 일부 포괄적인 요소가 존재한다. 예를 들면 radfahren (자전거를 타다) 이나 - 이제 이 단어는 새로운 정서법에 따라 Rad fahren으로 쓰이고 있다 - 이미 언급했던 staubsagen (진공청소기를 사용하다)와 같은 단어에게서도 이러한 경우를 본다.[18]

18) radfahren은 Rad (바퀴) + fahren (타고 가다), staubsaugen은 Staub (먼지) + saugen (빨아들이다)의 합성어이다.

분석적 언어와 통합적 언어

분석적 언어형태로는 중국어와 같은 고립어의 언어들이 우선적으로 제시될 수 있다. 고립어에서는 조동사가 시제를 명시하는데 사용된다.

통합적 언어에서는 단어들이 문법적 영역을 나타내는 상당히 많은 여러 요소를 이용하고 있다. 라틴어 단어 lauda-ba-m 'ich lobte'에서 '칭찬하다'라는 기본어간인 lauda-에 비완료성 과거형을 위한 -ba-란 접사와 단수 1인칭을 위한 어미 -m이 덧붙여져 나타남을 볼 수 있다. 통합적 언어유형을 극단적인 형태로 보여주는 것이 포합어이다. 그러나 이 두 개의 언어유형은 흔히 혼재되어 나타나기도 한다. 즉 통합적 언어구조의 특징과 분석적 언어구조의 특징이 같은 언어 내에서도 함께 나타날 수가 있다. 분석적인 언어들은 언어변천의 과정에서 통합적인 언어가 될 수도 있다. 이점에서는 남부시베리아 지역의 터키어계에 속하는 튀라 Tyra어에서 그러한 예를 보게 된다.

süt izipturmen 'ich bin dabei, Milch zu trinken'
(나는 우유를 마시는 상황에 있다)

이를 어순별 구조로 직역하면 다음과 같다. 'Milch trinken-und stehend ich (우유를 마시다 -그러면서 서 있다 나는)'

능격能格언어들Ergativsprachen

능격 언어가 구체적으로 어떤 언어인가를 간단히 설명하기는 어렵다. 왜냐하면 설명하는 과정에서 이 언어들이 가진 특성의 본질을 제대로 전달되지 못할 위험성이 크기 때문이다. 그러나 이에 대해 좀 더 자세히 알고자 하는 사람들에게 다음 설명이 이런 언어를 이해하는 데에 약간의 도움은 줄 것이다.

능격이라는 개념을 간단히 정의 내린다면 다음과 같이 말할 수가 있다. "능격의 언어에서는 자동사 문장에서의 주어가 타동사 문장에서의 목적어와 동일한 어미상의 지표를 보인다. 반면에 타동사 문장에서의 주어는 행동주어로서 독자적인 어미지표語尾指標를 보인다." 그러니까 형태상 다음 공식이 성립된다. "S=O; A" (여기에서 S는 Satz (문장), O는 Objekt (목적어), A는 Agent (행위자)를 가리킨다), 즉 형태론 상에서 주어는 목적어와 동일한 형태를 보인다. 그런데 목적격 언어에서는 이와는 반대되는 현상을 보인다. 즉 여기에서는 주어와 행위자가 동일한 형태를 보인다. 반면에 목적어는 독자적인 어미 지표를 보인다. 이렇게 형태론적 측면에서 보이는 방식이 다양하게 나타난다.

이렇게 표출된 형태의 하나가 격어미에서의 지표이다. 목적격 언어 방식에서는 주어 S와 행위자 A는 주격의 형태로 나타나지만, O는 목적격으로 나타난다. 그러나 능격 언어 방식에서는 주어 S와 목적격 O는 소위 절대격Absolutiv의 형태를 갖고 나타나지만, 행위자 A는 능격의 어미지표를 보이면서 나타난다. 물론 이밖에 목적격 내지 능격의 지표를 나타내는 다양한 여러 방식이 있다. 즉 형태론 상에서 행위자를 동사를 통해 나타내거나, 동사를 만들어내는 방식을 통해서, 또는 동사의 어순을 통해서 나타내는 방식이다. 그리고 이런 방식들이 흔히 함께 나타나기도 한다. 왜냐하면 능격 언어 내지 목적격 언어를 말할 때에는, 이것은 흔히 단순한 명칭에 불과하다고 보고 있기 때문이다. 실제로 순수한 능격언어나 목적격언어는 존재하지 않는다.

능격의 성향을 가진 언어로는 바스크어를 위시하여 코카사스 지역의 몇 개 언어 및 서부그린란드의 언어들이 있다. 또 오스트레일리아 원주민인 오보리진의 언어나 옛날 근동의 언어였던 수메르어와 우라르트어도 이런 부류에 속한다.

그리고 인도유럽어의 이른 시기에서의 언어 형태에서도 약한 수준이지만 능격의 흔적을 보인다. 즉 라틴어의 중성명사에서 피동자인 '당하는 자'가 나타나는 목적격과 행동주어가 나타나는 주격 사이에서 형태론상에서 아무런 차이를 보이지 않는 점이다 (이는 2006년 8월 10일에 볼프강 슐체Wolfgang Schulze가 뮌헨München 대학에서 강연한 내용을 따른 것이다).

독일어에서도 능격의 성격을 보이는 예가 있다. 즉 이는 명사화된 동사의 형태에서 덧붙여져 나타나는 행동주行動主 Aktant의 모습에서 발견된다.

das Spielen **der Kinder** (주어) im Garten

(그러나 다음 형태는 나타나지 않는다: das Spielen **durch** die Kinder);

das Loben **der** Kinder (목적어) **durch** die Mutter (행동주)

(그러나 다음 형태는 나타나지 않고 있다: das Loben der Kinder **von der Mutter**)

타동사 문장에서의 행동주는 특별히 *durch* 전치사를 통하여 능격에 대한 표지의 성격임을 명시해 보여준다 (이는 Wolfgang Schulze가 2006년 8월 10일에 München 대학에서 강연한 내용이다).

그러나 동일한 타입을 보이는 언어들이라 할지라도 이들 사이에 꼭 친척관계가 있다고 볼 수만은 없음을 유의해야만 한다.

조상어Protsprache의 재구성

(이에 대하여는 다음을 참조하라. Maren Steinberg, *Sprachwandelmodelle in der historischen Sprachwissenschaft von den Junggrammatikern bis zu den Generativisten*, Universität Konstanz, Fachbereich Sprachwissenschaft, October 2003; 이의 PDF 파일은 인터넷상의 www.ub.unikonstanz.de/kops/volltexte/2004/1245/pdf/Steinberg.pdf (7 August 2006)의 사이트에서 얻을 수가 있다).

19세기 이래로 언어학자들은 학문적으로 언어들 간의 친척관계를 제대로 서술하고자 노력했다. 이에 이들은 모든 해당 언더들에게서 공통적인 출발 기간이 되리라고 생각되는 하나의 조상어를 재구성해 내고자 했다.

> 이에 1870년부터 소위 소장학파Junggrammatiker에 속한 학자들이 이를 위한 여러 가지 방법을 고안해 냈다. 이들은 당시 라이프치히 지역에서 활동하던 아주 비판적 견해를 가지면서 게르만어와 인도게르만어를 연구한 일련의 젊은 학자들이었다. 어휘와 그 형태를 비교하여 언어변화에 대한 엄격한 규칙을 찾고자 한 이들의 연구방식은 후에 비교언어학이라고 명명되었다. 이 방식을 적용하는 데 있어서, 이들은 우선 최대한 엄청나게 많은 자료를 모았다. 그리고 이를 바탕으로 하여 다음 4가지 조건에 맞는 단어들을 추려내어서 연구대상으로 삼았다. 즉 의미상에서, 기능상에서, 구조상에서, 음운상에서 이들 단어들은 아주 높은 유사성을 보여주어야만 했다. 이 조건들이 충족되면, 이를 바탕으로 하여 조상어의 형태를 재구성해 낼 수가 있었다.

이러한 결과로서 일치된 음운변화의 현상을 찾아내어 일정한 음운규칙을 만들어낼 수가 있었다. 이 방식에서 내세워진 주요 원칙은 가능한 간결하면서도 규칙성이 있어야 한다는 것이었다. 또 이 음운규칙들은 항상 시간과 공간상에서 확실히 적용될 수가 있어야만 했다.

이런 방식은 단어에 붙는 형태론적인 요소들에게도 역시 똑같은 방식으로 적용되면서 문법체계도 재구성되었다. 그러나 문장론적 측면에서 어느 정도까지 재구성할 수 있는가에 대하여는 학자들 간에 논란이 분분했다.

이렇게 재구성된 형태의 조상어가 실제로 존재했는가를 입증할 방도는 없다. 따라서 이의 완벽한 재구성은 사실상 거의 불가능하다. 그렇지만 사라진 예전의 형태들에 대해서는 어느 정도 겨우 근접할 수가 있었다. 이는 어떠한 후속 언어들에도 남아서 유지되어 있는 단어들이 아주 드물었기 때문이었다. 그럼에도 불구하고 출처에 대한 오류를 최소화할 수만 있다면, 이런 비교 방식은 상당히 신뢰할 만한 결과를 만들어낼 수가 있었다. 비교언어학을 통해 근본적으로 모든 언어들이 분석될 수는 있었다. 이 과정에서 친척관계에 있는 언어들이 많을수록 그만큼 좀 더 풍성한 결과를 얻어낼 수가 있다. 이때 문서로 남은 기록물이 매우 주요한 역할을 한다.

약 40년의 시간이 흐른 후에 구조주의 학자들이 '내적 재구성interne Rekonstruktion'이란 명칭이 붙은 새로이 개선된 방법을 개발해냈다. 이 방법은 언제나 단지 한 언어만을 타킷으로 하여, 이 언어가 가진 예전의 단계를 재구성해 내는 방식이었다.

이 내적 재구성의 과정에서 사람들은 언어변화상에서의 정상적인 변화규칙에서 벗어나 불규칙적인 요소를 보이는 여러 흔적들을 찾아내려고 했다. 이렇게 새로운 음운규칙을 다시 만들어 언어의 변화과정을 새로이 설명함으로써, 이들은 단어와 문장 형태들을 재구성해 내었다. 즉 예전 단계에 있었던 언어들의 문법과 문장 상에서 시기에 따라 일어난 변화의 연대기에 바탕을 두고서이다. 지난 과거에 일어난 언어발전 과정을 잘 이해하면, 이를 통해 앞으로 어찌 변화될 것인가를 미리 예측해 낼 수가 있다.

일부 학자들은 이렇게 재구성된 단어를 갖고서는 당시의 물질적인 생활 조건, 사회 구조형태, 종교관 등 당시 사람들이 가졌던 생활상을 또한 알아내려 하고 있다 (이에 대하여는 다음을 참조하라. Thomas V. Gamkrelidze/Vjatceslav V. Ivanov, Die Frühgeschichte der indoeuropäischen Sprachen, in: Die Evolution der Sprache, *Spektrum der Wissenschaft*, Dossier 1 (2000), p. 50~57).

이미 앞서 암시한 바와 같이, 한 언어의 발전과정을 재구성하는 일은 언제나 겨우 이에 근접하는 수준에만 그칠 뿐이다. 언어학자들의 이러한 작업에는 항상 상당한 수준의 불확실성이 따라다닌다. 이에 유르겐 운터만Jürgen Untermann은 다음과 같이 말하고 있다. "만일 스페인어가 잘 알려진 언어인 반면에 독일어가 그렇지 않다고 가정해 보자. 이때 스페인어의 madre에 독일어의 Mutter가 상응됨을 알아챘다면, 스페인어의 padre에 상응된 독일어 단어는 틀림없이 Futter[19]로 나타날 것이다." (Jürgen Untermann, *Die vorrömischen Sprachen der iberischen Halbinsel*, Westdeutscher Verlag, Nordrhien-Westfälische Akademie der Wissenschaften, Vorträge, 6375, 2001, p. 10)

이러한 재구성의 작업을 아무리 꼼꼼히 하더라도, 이때에 흔히 간과되는 측면이 있다. 즉 언어접촉을 통한 언어의 외적 요인에 따라 생긴 언어변화이다. 왜냐하면 재구성 작업에서는 단지 내적인 언어변화만을 연구대상으로 삼고 있기 때문이다. 여기에 이러한 재구성 작업의 약점이 있다.

언어계통도

이미 플라톤의 시기부터 언어 간의 친척관계를 그려내려는 시도가 있었다. 그리

19) 인도유럽어에서 두음 p는 게르만어에서 f로 바뀐다 (=1차 자음추이1. Lautverschiebung).

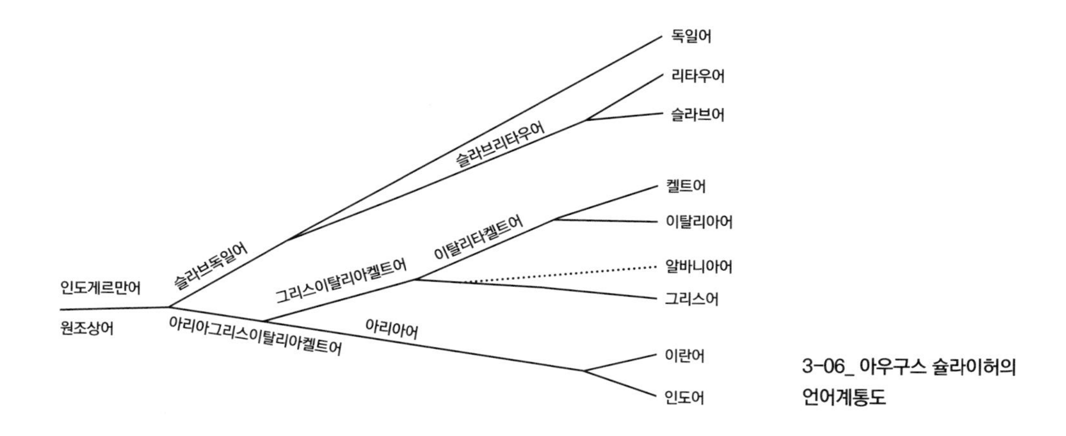

3-06_ 아우구스 슐라이허의 언어계통도

고 근대시기에서는 자연과학 분야의 생물학에 있는 계통도가 이용되었다.

독일의 언어학자 아우구스트 슐라이허August Schleicher (1821~1868)는 다윈의 진화이론에서 영감을 받아, 유전학에서 사용하는 방식을 언어학에도 접목했다. 그리하여 1861년에 인도유럽어가 갈려나가고 고립화되어간 현황을 보여주는 한 계통도 이론을 개발했다. 그리고 이를 통해 인도유럽어가 어떻게 갈려나가고 고립화된 상황을 설명했다. 그러나 이때에 여러 후속 언어들을 사용하는 사람들이 나중에 서로 접촉했던 측면은 전혀 고려하지 않았다. 처음에 생긴 차이점이 점차 커져가면서 최종적으로는 독자적인 방언이 되었다고 슐라이허는 말하고 있다. 그리고 이 방언들이 더욱 고립화되면서 각자 독자적인 언어로 발전되었다고 말하고 있다. 동일한 뿌리에서 나온 언어들은 하나의 어족을 형성한다. 쉴라이허는 이밖에 인도유럽인이 선주민인 타 종족을 몰아내는 과정에서 후자의 언어가 전자의 언어 내에 일부 유입되었다고 믿고 있다 (August Schleicher, *Compendium der vergleichenden Grammatik der indogermanischen Sprachen*, Weimar, Böhlau, 1861, p. 3~6, 여기에서는 p. 6이 해당됨). 그는 이렇게 적어도 기저층의 언어도 영향을 주었다고 보

고 있다.

쉴라이허는 어족이란 다소 먼 지난 시기에 있었던 하나의 근원에서 출발한 공통의 한 선행언어로부터 한 특정 시점에서 여러 언어들이 갈려나와 각기 독자적으로 발전해나갔다고 보고 있다.

3-07_ 언어의 다양한 분지 과정
한 언어 특성이 어떤 분지된 가지에서는 잃어버려지는 반면에, 다른 가지에서는 유지된다. 위의 그림에서 다양하게 채색된 화살표들을 통해 이러한 상황을 뚜렷이 엿볼 수가 있다.

언제 어떤 언어가 하나의 공통언어로부터 나와서는 그 발전 과정에서 일정한 노선을 벗어나면서 독자적인 길로 들어섰는가를 알려고 하면, 여러 많은 언어에게서 독자적으로는 거의 생기지 않았던 어떠한 공통적인 변화가 있었는지를 우선 알아내야만 한다. 새로운 변화를 겪지 않은 언어들은 이미 이른 시기부터 분리되어 나온 언어들이다. 이러한 변화를 겪은 언어들은 나중에 독자적인 언어로 발전하였지만, 서로 간에 밀접한 친척관계는 아직도 엿보여준다.

시간이 지나면서 같은 뿌리에서 분리되어 나온 언어들이 이후 독자적으로 발전해 나가는 현상이 늘어난다. 두 개의 언어로 분리되어 독자적인 발전을 해온지가 2,000년이 흘렀더라도, 이들간에 친척관계에 있었음은 여전히 알아낼 수가 있다. 이러한 예로 로만어, 폴리네시아어, 에스키모어 등을 들 수 있다. 약 4,000년 후에도 대개 경우에 문법과 어휘상에서의 유사성은 확실히 존재하여, 언어학자들은 반투어, 마야어, 오세아니아어, 카르트벨시어, 에스키모-알레우트어 등이 어떤 어족에 속하는지를 알아낸다. 6,000년이 지났으면 언어학자들은 옛날 형태들을 아주 세세히 재구성해 내야만 한다. 그래야만 인도유럽어, 아우스트로네시아어, 우랄어 등이 어느 어족과 친척관계에 있는지를 증명해 낼 수가 있다.

8,000년이 지나면, 분리된 각 언어들은 크게 달리 발전한다. 이에 이들에게서

서로 간에 있는 공통점을 찾아내기는 아주 어렵다. 이리하여 아프로아시아 어족의 경우에는 이들 간에서 공통성을 찾아낼 가능성은 극히 제한적이다. 따라서 다만 이들 언어들 간에 어느 정도의 관련성이 있다는 것만을 겨우 알아낼 정도이다. 10,000년이 지나면 이들 간에 어떠한 관련성이 있는 것조차 알아내기가 어렵다. 이러한 예는 인도유럽어가 유라시아 대륙의 북부지역에 있는 언어들과 갖고 있는 관계와 같은 것이다. 즉 전자가 우랄어와 갖고 있는 관계와 같은 것이다. 우랄어족에는 헝가리어, 에스트니아어, 핀어, 시베리아 서부의 사모예드어Samojedisch, 코카사스 지역의 카르트벨어Kartwelisch와 같은 언어들이 속해 있다. 이런 어족에 속한 일부 언어들 간에 선사시기에 어떤 친척관계가 존재해 있었다면, 이는 확실히 규명해낼 수가 있다. 이렇게 장구한 시간 이전에 이미 분지分枝되었다면, 이것이 발전된 진척과정은 상당한 정도로 이루어져 있을 것이다. 따라서 이들 간의 친척관계는 거의 알아낼 수가 없을 정도가 된다. 그러나 앞서 제시된 시간을 위한 숫자들이 꼭 확실히 규정된 기준만은 아니다. 수천 년의 기간이 지나도 거의 변화하지 않은 언어들도 있다. 유럽지역에서 바스크어는 아직도 옛날의 흔적을 잘 간직한 언어로 간주되고 있다.

언어계통도는 오늘날 흔히 이용되는 서술방법의 하나이지만, 여기에 이것은 언어파급의 현황을 너무나도 단순히 그려내고 있다. 모든 언어의 재구성 방법처럼 언어계통도는 언어의 외적 변화과정만을 아주 단순하게 그려내고 있다. 그럼에도 불구하고 언어계통도는 그 명확성이나 조견성에 있어서 아주 뛰어난 장점을 갖고 있다.

언어가 파급된 과정의 재구성

이제 한 언어와 그 사용자가 지나온 지리적인 행로를 밝혀내어 주었던 앞서의

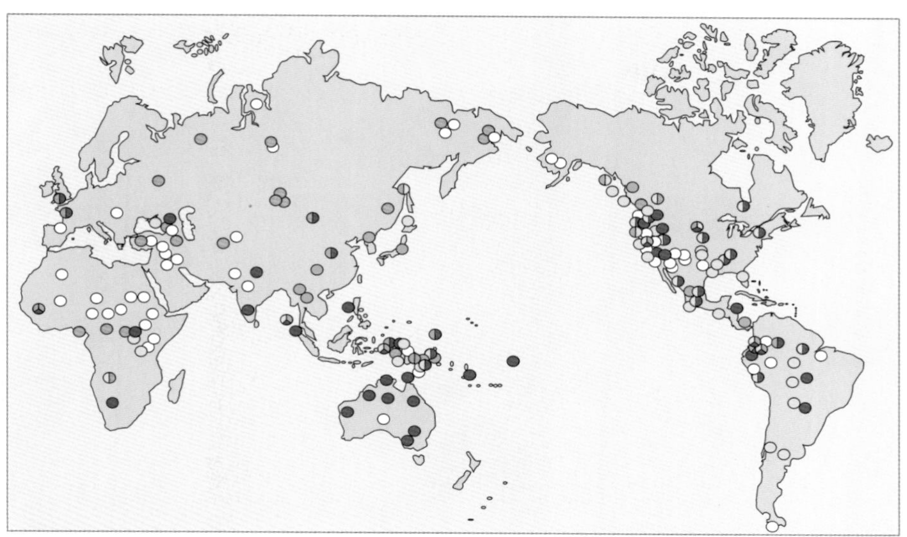

- 1인칭 안의 m을 보이는 언어들
- 대명사들 내부 안에서 변형시켜 나타내는 언어들
- 어순형태를 지표로 하여 보이는 언어들
- 수를 구분하는 언어들
- 기타 언어그룹 내지 언어군들

3-08_ 전 세계 여러 어족들에 나타나는 비슷한 특성들
여기 이 지도에서는 여러 언어적 특질들의 개별 사항을 색조를 달리 하는 방법을 사용하여 종합적으로 제시한다. 같은 특질을 나타내는 조그마한 원형들을 각기 색깔을 달리하여 나타냄으로써, 다른 원형들이 부분적으로 서로 겹치더라도 이들 특질들을 한 눈에 잘 구분하여 살펴볼 수가 있다.

흥미로운 연구방향을 자세히 살펴보기로 하자.

언어적 특질이 지리적으로 어떻게 분포되어 나타나는가를 알아내려면, 먼저 그 언어의 특질을 나타내는 여러 지표들을 찾아내야만 한다. 예를 들면 언어의 전형적 특성을 보여주는 음운과 같은 것이다. 즉 일인칭 대명사인 mein, mich, mir 등에서의 m이라든가, 어순에서 왼쪽 또는 오른쪽 단어가 머리기반의 주축이 된다든가, 또 수의 진법과 문장 구성상의 특성과 같은 것들이다. 이는 언어상에 보이는 현재 현황에 근거한 언어분석의 기반이 된다.

이러한 언어가 전형적으로 보이는 특정 지표를 서로 비교하여 요한나 니콜스 Johanna Nichols는 전 세계의 언어를 3-08의 지도처럼 분류했다.

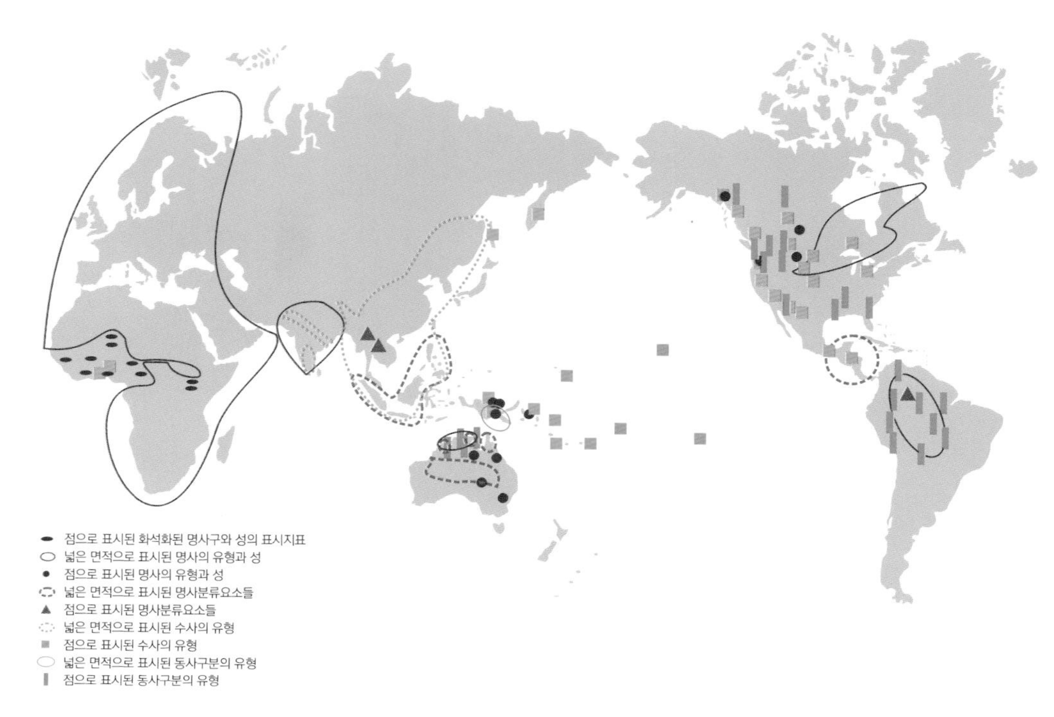

3-09_ 어족에 따른 여러 다양한 언어상 특질의 분포 현황

지명학

지명학은 언어를 규명하는데 있어서 특별한 자료를 제공한다. 지명이 보여주는 명칭이 아주 오래된 언어를 위한 자료가 될 수가 있음은 빌헬름 라이프니츠Wilhelm Leibnitz가 이미 간파했다. 그는 스칸디나비아 언어와 스칸디나비아의 산과 강에 대한 지식을 통해, 이러한 지명이 가진 명칭들이 인도유럽어에서 나온 것은 아니라고 생각했다. 즉 이 명칭들은 인도유럽어를 사용하지 않았던 예전 선주민에게서 나온 것이었다. 산, 숲, 지역, 강, 호수의 명칭은 비록 주민이 바뀌더라도 거의 달라지지 않는다. 라이프니츠는 다음의 기본원칙을 내세웠다. "모든 고유명사는 원래 보통 명사에서 기인한다. 그러나 이 명칭이 오래된 것 일수록 그 어원을 찾아내기가 어려워진다." (이에 대하여는 다음을 참조하라. Sigrid von der Schulenburg, *Leibniz als Sprachforscher*, Frankfurt am Main, Klostermann, 1973, p. 99 이하)

지명학은 강과 호수의 명칭, 마을의 명칭, 지역의 명칭을 연구하는 학문이다. 지금 여기에서 간단히 지명학에서 사용하는 연구방법을 소개하기로 한다.

이 분야의 연구에는 언어학에 대한 기본적인 소양이 없는 많은 향토학자와 역사가가 덤벼들고 있다. 이들은 많은 지명의 해석에 있어서 민중어원을 단순하게 작동시키고 있다. 한 도시의 기원을 설명하는 과정에서 화려한 이야기를 꾸며대는 방식은 이미 고대 그리스 시기에도 있었다. 도시 명칭의 기원을 멋대로 해석하려는 양태는 어느 역사시기에서든지 있었으며, 이때 거의 우화의 경지에까지 이르고 있다. 따라서 이것이 역사적 진실에 부합하는 경우는 극히 드물다. 도시를 위한 문장을 만들어 내는 사람들은 문맹자들을 위해 푸스Fuß (발)나 묀히Mönch (승려)와 같은 단어 등을 골라서, 각기 이를 나타내는 일종의 형상문자를 그려냈다. 이러한 상징물들은 언어마다 차이를 보이는데, 이는 이러한 단어들이 갖는 내용을 단순히 음운에 맞춰 만들었기 때문이다.

> 여기에서 그 단적인 예를 미리 들어보기로 한다. 독일에는 에버Eber (수퇘지)란 단어가 붙은 수많은 지명이 있다. 또 유럽 전체에서도 이와 비슷한 명칭을 가진 지명들이 많이 있다. 독일어의 이 에버에 상응하는 것으로서 프랑스에서는 이브르ivr 또는 위브르라yvr가 있다. 독일어에는 수컷의 돼지를 나타내는 에버Eber란 독립된 의미를 가진 단어가 있다. 그리하여 이 단어가 붙어진 도시의 문장에서는 때로 송곳니를 가진 이런 짐승이 그려져 나타난다. 프랑스에서 에버에 상응하는 단어는 상글리에sanglier로서 이것도 많은 지명에서 나타난다. 이렇게 각 언어마다 민중어원이 달리 해석되어 나타나고 있다.

이러한 지명에서의 역사적인 음운변화와 그 발전과정을 정확이 인식하고 해석하려면, 언어학과 연관하여 살펴보아야만 한다. 지명 연구가 올바른 학문으로 정착하려면, 여러 전문분야의 영역을 아우르는 진지한 학문으로 올라서야만 한다. 또 여기에는 언어학, 역사학, 지리학, 지질학 등도 포함되어야 한다.

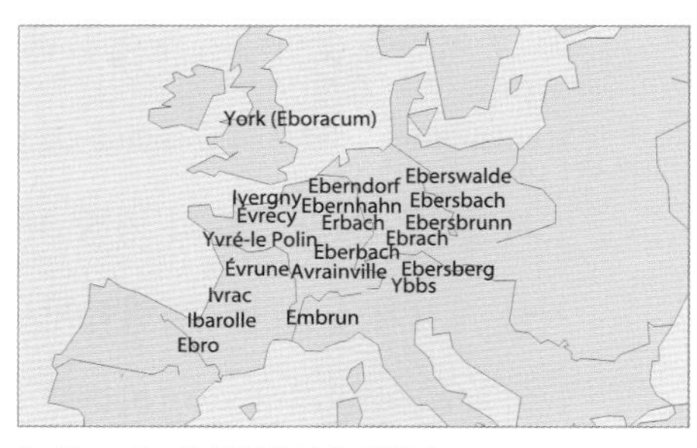

3-10_ -eber의 단어가 붙은 지명들

지명과 강에 대한 명칭을 학문적으로 연구하기 위한 첫 걸음은 먼저 이들 여러 학문들을 조직적으로 결합시키는 일이다. 에른스트 푀르스터만Ernst Förstermann은 야곱 그림Jakob Grimm의 요청에 부응하여 1859년 최초로 독일의 지명을 수록한 자료를 내놓았다. 그리하여 이를 '지명과 그 지리적 명칭'이란 제목을 붙여 출간하였다. 여기에는 민족, 지역, 거주지, 강과 호수, 산맥, 산, 숲 등을 나타내는 많은 명칭이 수록되었다. 이 책은 이후 여러 차례에 걸쳐 중간되면서 보완되었다. 두 번째 걸음으로는 이러한 명칭에 포함된 요소들에 대한 언어학적인 조사이다.

3-11_ 바이에른 주 에버스베르크Ebersberg 시의 문장

3-12_ 에른스트 푀르스터만 (1822~1906)

독일의 지명에서의 명칭을 구성하는 일련의 요소들은 켈트어, 레트어, 라틴-로만어, 슬라브어에 있는 여러 어휘에서 나왔다. 즉 이들은 인도유럽어의 것이 아니다. -잉ing/-웅ung, -마르mar, -아하aha 등의 요소를 갖는 지명들은 이미 기원 이전의 시기에 생겨난 명칭이다. 켈트어의 어휘요소로는 -브리가briga, -마구스magus, -두눔dunum 등을 들 수가 있다. 중세시기에는 -레벤leben, -하겐hagen, -샤이드scheid, -그륀grün과 같은 접미사와 -하임heim, -쉬

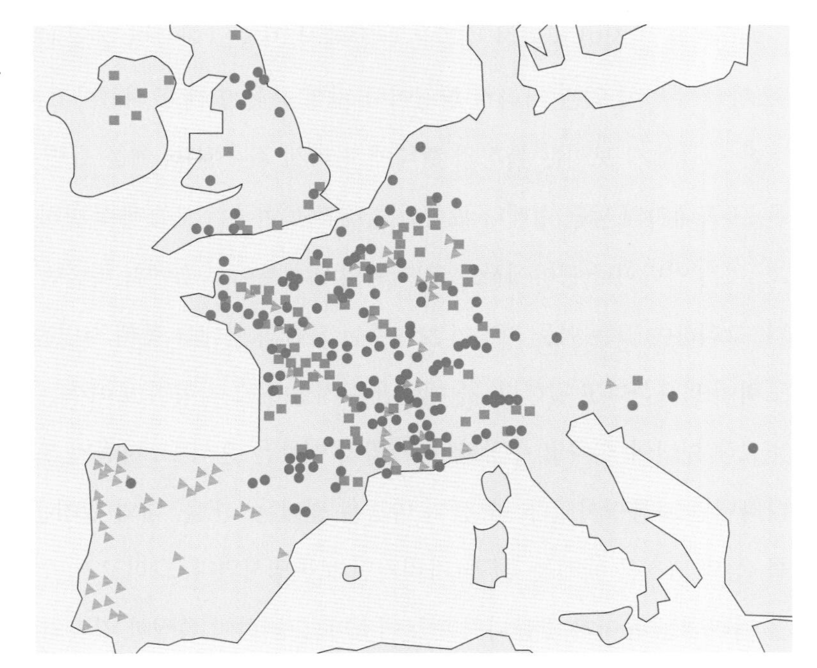

3-13_ 켈트어 요소가 포함된 지명들의 분포도

아래 단어를 가진 지명들
▶ -briga
■ -magu
● -dunum

데트stedt, -하펜hafen, -도르프dorf, -하우젠hausen이 붙은 마을의 이름들이 생겨났다. 이런 지명들에 포함된 어간 부분은 흔히 그 어원이 밝혀져 있지 않다. 나중의 늦은 시기에 만들어진 명칭들에서는 하나의 특별한 경향이 있다. 즉 두 개의 군이 하나로 합쳐질 경우에 흔히 이중으로 중복된 명칭을 갖게 된다. 예를 들면 1929년에 생긴 도시인 바르멘-엘버펠트Barmen-Elberfeld 내지 엘버펠트-바르멘Elberfeld-Barmen과 같은 경우이다.[20] 아주 최근 만들어진 명칭에서 흔히 -탈tal(계곡)이란 단어가 붙여진 명칭이 인기를 끌고 있다. 1930년에 생겨난 부퍼-탈Wuppertal과 같은 것이 이러한 예의 하나이다.

---

20) 우리나라의 경우에도 경춘선의 '평내-호평'과 같은 역명이 있다.

페네만은 자신이 발표한 수많은 논문에서 지명을 만들어 붙일 때에는 사람들이 항상 주변에 있는 지리적 환경이나 지형 등을 함께 고려했다고 주장한다. 지형은 이들에게 보이는 특정의 형태에 따라서 좌우된다. 예를 들면 산의 경우에는 그 꼭대기의 둥근 형태나 뾰족한 형태가 보여주는 모습에 특별히 관심을 가졌고, 이는 언덕이나 평야에서도 그 지형의 명칭부여 과정에서 특별한 영향을 주었다. 그리하여 그는 이들 지형이 보여주는 모습의 형태를 통해 지명을 분석하려는 노력이 필요하다고 말한다. 즉 페네만은 지명을 그 지형이 보여주는 외적 형태와 비교해 보아야 한다고 주장한다. 지명의 이름은 흔히 그 지형의 모습을 그대로 나타내던 보통명사였다. 즉 산의 명칭은 원래는 '산'을, 내의 명칭은 원래는 '내'를, 샘의 명칭은 원래는 '샘'을 가리키던 보통명사였다. 그리고 여기에 특정 성격을 나타내는 용어가 덧붙여져 만들어졌다. 그리하여 특정한 지역의 지리적 명칭이 생긴 과정을 알고자 한다면, 그곳을 실제로 꼭 답사해야만 한다고 그는 말하고 있다.

기원후 600년이나 1,000년경에 처음 기록되기 시작한 지명의 경우에는 이것이 수록되기 훨씬 이전에 이미 존재하였을 가능성도 있다. 만일 이 지역에 여러 시기의 문화적 유물들이 발견되고 있다면, 그곳은 줄곧 거주지로서 오랜 기간 존속했던 장소였을 수가 있다. 나중에 이곳에 새로이 들어와 정착한 민족은 선주민의 저항을 억누르면서, 자신들의 거주지를 이들의 바로 근처 지역이나 선주민이 살던 바로 그 폐허지역에다가 다시 건설했을 수도 있다. 이리하여 그 장소는 근원적으로 옛 거주지의 명칭을 그대로 유지했을 것이다. 이와 비슷한 경우로서 그리스도화의 과정에서 교회가 예전 이교도의 성지 위에다가 새로이 건립되고는 하였다.

바스크어가 이런 언어들의 한 예이다.

바스크어는 아주 오랜 기간 자신만의 문법체계를 유지해 왔다. 이 언어는 한적한 귀퉁이의 한 지역에 소재하였기에, 나중에 밀려들어오는 다른 많은 언어들로부터의 영향력에서 벗어날 수가 있었다. 유럽에서 이베리아어, 픽트어, 에트루리아어, 레트어와 같은 많은 언어가 그동안에 사어가 되었다. 여기 언급된 이들 언어들은 비록 인도유럽어족에 속하기는 하였지만, 이 어족의 다른 언어들에게 완전히 흡수되어 사라졌다. 그러나 이들 언어들도 예전에 비인도유럽어의 흔적을 보였을 가능성도 있다. 한 언어가 오랜 기간 완전히 고립된 상태로 있었다면, 오늘날 언어들에게서 어떠한 친척관계도 발견되지 않을 수 있다. 바스크어가 그런 예이다.

언어군 Sprachbünde

지구상에서의 생활공간은 그 영역이 제한되어 있다. 인간이 사방으로 퍼져 나가면, 이에 따라 여러 다양한 인종이 새로이 생겨난다. 그리고 동시에 다양한 언어도 새로이 만들어진다.

언어군은 서로 다른 어족에 속했던 언어들이 오랜 기간 서로 접촉하는 과정에서 생겨난다. 이에 속한 언어들은 언어사용자들이 특정한 지역에 모여 살면서 언어적으로 상호간에 영향을 주는 과정에서 발전해 나왔다. 이는 지리적으로 제한된 영역에서만 나타나는 현상이다.

지역상 서로 가깝게 위치하면서 서로 간에 특별한 경계선을 이루지 않는다면, 이 지역 안에 있는 언어들은 서로 가까워지게 된다. 즉 각 언어들은 서로 간에 가까워진다. 처음에는 개별 단어들을, 그리고 시간이 지남에 따라 관용어와 문장구조상의 특성들을 서로 받아들인다. 그러나 의사소통에서 서로 이해하려는 의지가 있어야만, 이들 언어사용자들은 상대방의 언어를 배우게 된다. 이런 과정에서 문화적 교류가 일어나면서 차용어가 받아들여져 정착하게 된다. 언어 개념뿐만 아니라 그 문법적인 특성마저 받아들이게 되면서, 언어군이 형성되었다고 볼 수가 있다.

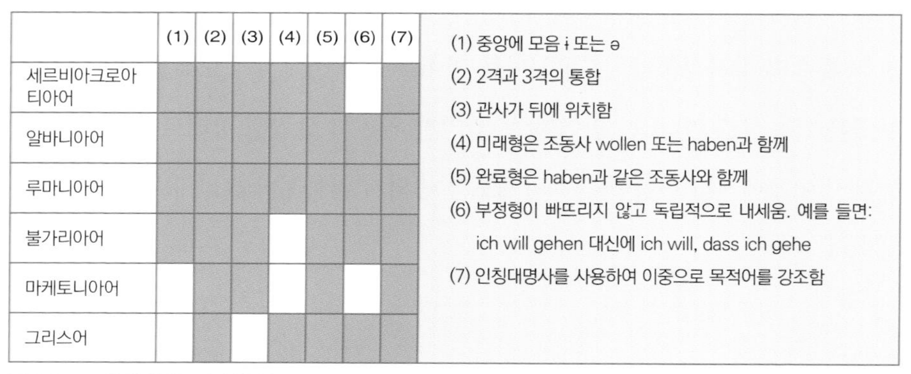

	(1)	(2)	(3)	(4)	(5)	(6)	(7)
세르비아크로아티아어	■	■	■	■	■		■
알바니아어	■	■	■	■	■	■	■
루마니아어	■	■	■	■	■	■	■
불가리아어	■	■	■		■	■	■
마케토니아어		■	■		■		■
그리스어		■		■	■	■	■

(1) 중앙에 모음 ɨ 또는 ə
(2) 2격과 3격의 통합
(3) 관사가 뒤에 위치함
(4) 미래형은 조동사 wollen 또는 haben과 함께
(5) 완료형은 haben과 같은 조동사와 함께
(6) 부정형이 빠뜨리지 않고 독립적으로 내세움. 예를 들면: ich will gehen 대신에 ich will, dass ich gehe
(7) 인칭대명사를 사용하여 이중으로 목적어를 강조함

도표 3-11_ 발칸 언어군에 속한 언어들과 그 개별 특질들

언어학자 니콜라이 트루베츠코이Nikolai S. Trubetzkoy (1890~1938)는 1930년대에 각 언어가 가진 특질Merkmal들의 차이를 비교하면서 발칸언어군에 접하게 되었다. 여기에는 알바니아어, 불가리아어, 그리스어, 마케도니아어, 루마니아어, 세르비아어 등이 속한다. 이들 언어들은 여러 측면에서 서로 연관성을 보인다 (Nikolai Trubetzkoj, Vavilonskaja bsnjai smensenie jazykov, in: *Evrazijskij vremennik* 3 (1923), p. 107~124). 이들 언어들 내지 이들의 방언은 3-11에서 보듯 7개의 언어적인 특질을 보인다.

벤자민 워프Benjamin Whorf는 '유럽평균기준언어군europäischer Sprachbund'이란 개념을 새로이 만들어내면서, 이를 'SAE, 즉 유럽평균기준언어군Standard Average

European'이라 명명했다. 라이프치히의 막스 프랑크 연구소Max Franck Institut에 재직하는 언어학자인 마르틴 하스펠마트Martin Haspelmath와 베를린 대학의 에케하르트 쾨니히Ekkehard König가 이 언어군이란 용어를 다시 끄집어내면서, 이에 대한 새로운 정의를 내렸다 (이에 대하여는 다음을 참조하라. Martin Haspelmath, How young is Standard Average European?, in: *Language Sciences* 20 (1998), p. 271~287; Martin Haspelmath, External Possession I a European Areal Perspective, in: *External Possession, Typological studies in Language* 39, Doris L. Payne/Immanuel Barshi 〈Hrsgg.〉, Amsterdam, John Benjamins, 1999). 이들은 3격의 형태로 나타나는 '외형 소유격externer Possessor'을 보여주는 언어들을 찾았다. 즉 a) 대신에 b) 의 문장구조를 보이는 언어들이다.

a) Die Mutter wäscht die Haare des Kindes. (목적어+소유격)
b) Die Mutter wäscht dem Kind die Haare. (3격+목적어)

이런 문장상에서의 특이한 현상이 유럽대륙의 서게르만어, 로만어, 발트-슬라브어, 헝가리어, 그리스어, 알바니아어 등에서 나타난다. 헝가리어는 독일어의 영향을 받아서 이런 문장구조들을 받아들였다. 그러나 영어, 스코트-골어Schottisch-Gälisch, 고대아일랜드어, 웨일즈어, 브레타니아어Bretonisch, 코른어Kornisch, 맹크스어Manx[21]에서는 이런 특이한 현상이 나타나지 않는다. 이에 대하여는 나중에 다시 다루겠다.

해변홀랜드어Küstenholländisch (이 언어에서는 이러한 소유의 3격이 전혀 나타나지 않는다), 영어, 해변노르웨이어Küstennorwegisch, 프리젠어에서는 모음 ü와 ö가 기원

21) 브리타니아 섬과 아일랜드 섬 사이의 중간 위치에 있는 자그마한 섬에서 사용되는 언어이다. 코른어는 브리타니아 남서부 끝 지역에 있는 콘월 지방에서 사용되는 언어이다.

(Altirisch)

3-14_ 유럽과 인근의 외적 소유명사eP(소유의 3격)가 나타나는 지역

● 외적 소유명사eP가 없는 언어들
■ 외적 소유명사eP가 있는 언어들
▲ 목적격(3격) 변이형태를 가진 언어들
⬟ 장소격 변이형태를 가진 언어들

전 700년경에야 비로소 생겨났다. 이 모음들은 곧 게르만어 전반에 파급되었다. 이 모음들의 파급은 섬켈트어에서 처음 시작되었다. 프랑스어를 제외한 대부분의 로만어들과 슬라브어들은 이러한 새로운 음운변화의 영향을 받지 않았다 (그러나 슬라브어의 경우에는 때때로 ü가 일부 출처에서 단편적으로 나타나고 있다). 네덜란드의 우트레히트 대학에 재직하는 페터 쉬라이버Peter Schrijver는 이런 언어들을 모두 '북해-게르만어-언어군NSGm(Nordsee-Germanisch)'에 집어넣고 있다 (Peter Schrijver, The Celtic contribution to the development of the early North Sea Germanic vowel system. with special reference to Coastal Dutch, in: *NOWELE* 35 (1999), p. 3~47).

섬켈트어가 보이는 여러 특성들은 테오 페네만이 '대서양 언어군atlantischer Sprachbund'이라 명명한 언어군을 떠올리게 한다. 페네만은 이 언어군에 고대아일랜드어, 웨일즈어, 골어, 브레타니아어, 영어 및 북아프리카의 여러 언어들을 편

입시키고 있다. 그러나 페네만은 이들을 좁은 의미에서의 언어군이라고는 말할 수는 없다고 하고 있다. 왜냐하면 그는 언어군이란 장구한 시간에 여러 단계에 걸쳐 발전되어 나온 것이라고 보기 때문이다 (이에 대하여는 아래 3-15를 보라) (이상의 내용은 테오 페네만이 2006년 8월 10일에 강연한 내용이다).

3-15_ 유럽의 언어군들

발음

서로 인접한 지역에 있으면서 발음상으로 공통적인 특성을 갖고 있지만, 전혀 다른 뿌리를 가진 언어들이 있다. 이를 '음운상에서의 언어군phonologischer Sprachbund'이라고 지칭할 수 있다. 이의 대표적인 예로는 남아프리카의 코이산Koisan어와 반투Bantu어에 속하는 줄루Zulu어와 이시호사IsiXhosa어를 들 수 있다.

영국 북부의 아주 제한된 지역에서 특이한 발음현상이 나타난다. 스코틀랜드-골어와 영국북부의 일부 방언 및 페로어Färoisch에서는 k와 t의 바로 앞에 h가 위치하여 발음되는 경우가 있다. 언어학에서는 이 h를 전유기음前有氣音 Präaspiration이라 부르고 있다. 즉 파열음 바로 앞에 위치하는 유기음이다. 이러한 음은 여러 단계에 걸쳐 생겨났는데, 이를 통해 언어학에게 아주 먼 과거까지 거슬러 밝혀낼 수 있는 기반을 마련해 주고 있다. 이 현상은 켈트어 고유의 것은 아니다. 왜냐하면 스코틀랜드-골어가 나온 아일랜드어에서는 이러한 특성이 없기 때문이다. 페터 쉬라이버는 이 대기음Aspiration이 바이킹의 영향으로 생긴 것으로서, 아직도 여기에서 그 흔적의 일부가 남은 것으로 보고 있다. 노르웨이의 히브리드Hebrieden 군도[22]에서는 16세기까지 이 음의 흔적이 뚜렷이 보였다. 이 대기음이 스칸디나비아의 언어들에게서 나타나는 것은 특이하다. 따라서 이 음이 생긴 이유는 이들 언어가 어떠한 특정 언어와의 접촉에서 생긴 것으로 보아야만 한다. 이 음이 핀란드어에는 없지만, 사미족의 우랄계 언어에서는 아직도 나타난다 (Peter Schrijver, Early Development of the Vowel Systems of North-West Germanic and Saami, in: *Languages in Prehistoric Europe*, Alfred Bammesberger/Theo Vennemann 〈Hrsgg.〉, Heidelberg, Winter 2003, p. 195~225). 사미어에는 우랄어에 어원을 둔 것이라고는 볼 수 없는 많은 단어가 포함되어 있다. 따라서 이 음을 위시하여 또 아직 어원이 밝혀지지 않은 여러 단어에게 아직까지는 알려지지 않은 어떤 기저어가 그 기반을 제공한 것으로 보인다.

22) 노르웨이와 스코틀랜드 사이에 위치한 섬의 무리들이다. 이곳의 언어는 소위 북게르만어에 속한다.

문화적인 전통

어휘를 통해서 우리는 어느 정도 한 종족의 문화전통과 그들의 신념 및 생에 대한 종교적인 기본관념과 사고를 알아낼 수가 있다.

예를 들어 여러 다양한 문화권의 언어에 나타나는 무지개란 단어를 살펴보면, 우리는 이들이 어떠한 종교적 관념을 갖고 있는가를 알아 낼 수가 있다. 하늘에서 나타나는 이 자연현상을 동물에 연관시켜 표현하는 데에서, 이들이 자연종교에서 갖고 있는 측면을 연관시켜 볼 수가 있다.

언어	무지개를 나타내는 단어	어휘상 직역한 것
리타우어 Litauisch	*straublys*	주둥이
보티야크어 Wotjakisch	*vuju'is*	물을 빨아들이는 놈
이탈리아어 Italaienisch	*drago*	용
슬로베니아어 Slowenisch	*mavrica*	검은 암소

도표 3-12

이 어휘는 신과 인간과의 관계를 다음처럼 상징화시켜 나타나고 있다.

언어	무지개를 나타내는 단어	어휘상 직역한 것
스페인어	*arco iris*	처녀의 활
그리스어	*k'irasel'ini*	여신 이리스의 활
터키어	*ehekuşaği*	산파의 허리띠
알바니아어	*ylbér*	우리의 여신의 허리띠

도표 3-13

추측건대 다음에서는 그리스도교가 전파되기 이전의 어휘가 그리스도교에서 사용하는 어휘로 대체된 것으로 보인다.

언어	무지개를 나타내는 단어	어휘상 직역한 것
이탈리아어	*arco vergine*	처녀의 활
프랑스어	*couronne* *arc en ciel*	성스러운 화환 하늘의 활
이탈리아어 Italaienisch	*arco di Noè*	노아의 활

도표 3-14

이들 단어들이 갖고 있는 개념들에는 이들 종족들의 신화에서 기인한 나름대로의 역사가 숨어 있다.

악마, 신, 곰, 늑대와 같은 존재들은 자주 은유적으로 표현된다. 왜냐하면 인간들은 이러한 존재들에 대해 항상 두려움과 경외심을 갖고 있어서, 이를 직설적으로 입에 담으려 하지 않기 때문이다. 이리하여 곰은 슬라브어에서는 오늘날 '*꿀을 먹어치우는 놈*' (러시아로 miedviel)으로, 게르만어에서는 '*갈색 녀석*' (인도유럽어의 어근語根은 *bher[n]-이다)으로 표현되고 있다. 에스토니아어에서는 곰에 대한 여러 명칭이 있다. 즉 '*흰개미를 잡아먹는 놈*', '*털복숭이 놈*', '*늙은 놈*' 등이다.

이러한 현상을 설명하는 데 있어서, 언어학은 방법론상에서 한계에 부딪히고 있다. 단어들이 갖고 있는 의미를 알아내려면, 이를 사용하는 종족의 역사와 신화를 알아내서 함께 참조해야만 한다. "*우리의 언어는 우리의 역사다*"라고 한때 야곱 그림은 말했다 (Jacob Grimm, *Über den Ursprung der Sprache, Reden und Abhandlungen, Kleinere Schriften 1*, Karl Müllenhoff/Eduard Ippel 1879의 판본에 따라서 Otfried Ehrismann가 새로이 출간한 곳에서의 p. 291).

가까운 과거로 잠시 들어가 보자. 20세기의 70년대에 세계적으로 유명한 공론가인 앙드레 꼬스똘라니André Kostolany는 한 텔레비전의 대화프로그램에서 모든 언어에서 '*돈을 벌다*'라는 개념이 각기 달리 표현된다는 점을 지적했다. 독일어에서만 돈을 버는 것을 '*일을 하여 얻어 낸다*'인 verdienen으로, 프랑스어에서는 '얻어 낸다'인 gagner로, 영어에서는 '수확한다'는 earn으로, 미국에서는 '만들어내다'란 make로, 헝가리어에서는 '찾다'라는 keres로 표현한다. 이렇게 언어들 간에서는 어휘에서뿐만 아니라 관찰 방식에서도 커다란 차이가 있다.

최근에 생겨나는 언어들

다른 언어들의 영향을 받아서 새로운 언어가 생겨나는 과정은 교통어Lingua franca, 피진어Pidgin, 크레올어Kreo 등에서의 오늘날 사용되는 여러 언어 종류들을 통해 살펴볼 수도 있다.

만일 동등한 위치에 있는 사람들이나 그룹이 서로 접촉하게 되면, 이들은 교통어라고 불리는 하나의 언어를 선택하게 된다. 오늘날 교통어로서 가장 알려진 언어는 영어이다. 그리고 여기에는 프랑스어, 러시아어, 스페인어가 그 뒤를 따르고 있다. 고대 시기의 지중해 지역에서는 그리스어와 민중 라틴어Vulgärlateinisch가 그 위치를 점했다.

교통어 사용자들은 때로는 교역활동에 꼭 필요한 필수적인 단어들만 사용하는데, 그 어휘의 수는 수백에서 천개 정도이다.

언어가 단지 기본적인 의사소통을 위해서만 사용되는 경우에는, 이를 '피진어'라고 부른다. 두 개 또는 그 이상의 언어집합체가 서로 의사소통을 해야만 하거나, 또는 하려고 하는 과정에서 상대방의 언어 특성을 이용은 하되, 이를 단지 상대방을 이해시키는데 꼭 필요한 정도로 제한하여 사용할 경우에는 피진어가 생겨난다 (Metzler Lexion Sprche, Hrsg. Helmut Glück, Stuttgart, Metzler, 2000, p. 531). 이러한 언어 사용자들은 아주 극소수의 어휘만을 적절히 조합하여 사용하면서 의사소통을 이루어낸다.

피진어는 새로운 어휘를 만들어내는 과정에서 문법구조를 바꿔버린다. 특히 아이들은 모든 생활분야와 사물을 표현하는 데 있어, 여러 문법요소들을 조합하여 재빨리 새로운 단어들을 만들어낸다 (이에 대하여는 다음을 참조하라. Derek Bickerton, Creole Languages, in: *Scientific American* (Juli 1983), p. 196 이하; 이의 독일어 번역 텍스트 및 이외 크레올어에 대한 사항은 다음에서 또한 찾을 수 있다. *Spektrum der Wissenschaft* (1983년 11월호), p. 110~118). 이에 시간이 지나면서 세밀한 언어소통에 필요한 모든 요구에 부응할 수 있는 새로운 언어가 생긴다. 파푸아 뉴기니아의 교통어인 토크 피신어 Tok Pisin에 나타난 다음 문장을 영어로 번역하면 아래와 같다.

Mi no kam long skul bikos mi sik "I did not come to school because I was sick".

이 토크어에서 '소년'은 '*pikinimi man* '*Kind männlich* (남자 아이)' 이고 소녀는 '*pikinimi meri* '*Kind weiblich* (여자 아이)' 이다. 똑같은 방식으로 '수컷 개'는 *dok man* '*Hund männlich* (남자 개)' 이고, '암컷 개'는 *dok meri* '*Hund weiblich* (여자 개)' 이다. Meri란 단어는 여자 아이의 이름인 영어 Mary에서 나왔다. 이러한 언어의 하나가 한 그룹의 모국어로 되면 우리는 이를 크레올어Kreolisch라고 부른다.

이러한 임시방편의 언어들은 일반적으로 아주 불안정하다. 이에 따라 다른 종류의 언어들에 비해서 아주 빠르게 달라진다. 그리고 아주 없어지는 일도 흔하고, 또 좀 더 권위가 있는 다른 언어에 의해 대체되기도 한다. 이러한 변화가 얼마나 빨리 진척되는가는 사회적 조건이나 언어사용자의 연령계층에 달려 있다.

전 세계적으로 6백만 내지 천 이백만의 사람들이 자신의 모국어 외에 하나의 크레올어를 모국어로서 함께 사용하고 있다.

언어학은 처음에는 이러한 크레올어에 대해 거부감을 가졌다. 그러나 이제는 이들 언어들에 대해 진지하게 연구하고 있다. 왜냐하면 이들 언어들은 아주 특이하여 전통적인 비교언어학이나 역사언어학에서 사용하는 방법으로는 쉽게 파악될 수가 없기 때문이다. 또 '혼합어Mischsprache'란 개념도 그동안 언어학자들에게는 생소했다. 이제 많은 그레올어 사전들이 만들어져 있다. 예를 들면 자마이카에서 살던 옛날 아프리카 출신 노예들이 만들어낸 '자그와 말*Jagwa Talk*'과 같은 것이다. 오늘날 언어학은 이 임시방편의 언어에 특별히 주목하고 있다. 크레올어와 피진어를 통해 우리는 이들 혼합어가 어찌 생겨났고, 이를 통해 이들이 과거에 만들어진 과정을 뒤돌아볼 수가 있다. 오늘날 존재하는 모든 언어들이 다소간 정도상에서의 차이는 있지만 하나의 혼합어였다고 말할 수도 있다.

피진어와 크레올어의 생성과정을 살펴보면 하나의 사실이 확연히 드러난다. 즉 한 언어의 사용자 모두가 동일한 민족에 속하지는 않는다는 점이다. 이들은 여러 국적으로 구성된 그룹일 수도 있다. 그래서 한 민족이 사용하는 언어의 역사는 생리적으로 동일한 유전적 특질을 가진 사람들과 동일시될 수는 없다. 간단히 요약하면 유전자와 언어는 일치하지 않을 수가 있다. 즉 유전자와 언어는 동일한 수준으로 물려가면서 전달되지는 않는다. 같은 언어를 사용하는 민족이라고 무조건 생리 유전학상에서 가까운 친척관계에 있는 것은 아니다. 유전자는 생리학적으로 후손에게 전해진다. 그러나 언어의 습득은 이와는 완전히 다른 방식으로 진행되는 하나의 문화적인 현상이다.

어휘에서의 변화

한 언어를 변화시키는 근원적인 방법은 한 단어를 다른 단어로 대치하는 것이다. 이러한 과정에서 일정한 시간이 지난 후에는 한 사물에 대한 원래의 명칭에다가 두 번째의 것이 부여되면서, 유행어나 새로운 숙어가 만들어진다. 그러면서 기존 어휘는 새로운 뜻을 갖게 된다. 역사적으로 주요한 사건과 함께 새로운 개념이 도입된다. 예를 들면 '철의 장막Eiserener Vorhang'이나 '장벽의 와해Fall der Mauer'와 같은 것이다. 모든 살아있는 언어는 새로운 발전과정을 거치며 새로운 변화를 겪는 과정에서 기존의 표현방식을 버리게 된다. 특히 청소년들과 미디어가 주기적으로 새로운 단어를 만들면서 옛날 단어에는 새로운 의미를 부여하여, 기성세대를 놀라자빠지게 만든다. 이는 독일어 단어 *geil*의 경우에서 일어난 것과 같은 예이다. 이 단어의 의미는 '끓고 있는'과 '거품을 일으키는'에서 지금은 '섹스를 밝히는' 것으로 바뀌었다. 이때 하나의 규칙이 있음이 확인된다. 자주 사용되는 단어들에게서는 드물게 사용되는 단어들에게서보다 그 의미가 더욱 심하게 바뀐다. 그러나 수천 년이 지나더라도 그 형태와 의미를 유지하는 것도 있다. 많은 언어학자가 단어를 비교하는 데에 있어서 이러한 규칙을 고려하고 있다.

언어의 의미가 변하는 것은 기술이나 그 밖에 표현대상이 새롭게 달라지면서 일어나기도 한다. 특히 표현 대상이 되는 사물이 부정적인 의미를 갖게 되면, 새로운 단어들이 옛 단어들을 대체한다. 이리하여 장애인 학생을 위한 '도움학교Hilfsschule'가 '특수학교Sonderschule'로 바뀌고 '학업부진 학생을 위해 개인별로 특별수업을 실시하는 학교Schule zur individuellen Lernhilfe'가 '(학업)증진 센터Förderzentrum'로 바뀌었다.

언어구조가 단순화되는 경향

기술 분야와 경제 분야에서 나타난 새로운 성과에 따라, 오늘날 사용되는 언어에서의 어휘의 양은 급속히 증가한다. 한 편으로는 각 전문 분야에서 자신들만이 표현해 사용하는 특수한 어휘들을 만들어냈는데, 이들 중 상당수는 영어로부터 받아들인 것이다. 또 다른 한 편으로는 언어를 단순화하려는 노력이 오래 전부터 있었음이 확인된다. 이를 어떻게 받아들여야 할지에 대해서는 오늘날 뜨거운 논쟁이 벌어지고 있다.

명사와 형용사와 대명사의 문법변화Deklination

"소유격Genitiv (일명: 2격)을 구하라!"라는 외침은 소유격이 점차 퇴조하면서 여격Dativ (일명: 3격)으로 바뀌어 가는 현상을 적나라하게 보여준다. 이와 같은 현상이 다음처럼 전치사구 *wegen Vatyer(s), wegen Umlaut(s), laut Befehl(s)*에서도 일어나고 있다. 소유격을 구태여 사용할 필요가 없는 곳에서는 대개 경우에는 이에 부수되는 격어미를 사용하지 않는다. 즉 오늘날 '*des alten Goethes*' 대신에 '*des alten Goethe*'가, '*des neuen Berlins*' 대신에 '*des neuen Berlin*'이, '*des Januars*' 대신에 '*des Januar*'가, '*des Islams*' 대신에 '*des Islam*'이 사용된다.

만일 여격이 소유격을 대치하는 현상이 있다면, 여격은 아직 위기에 처해 있지는 않을 것이다. 그러나 "여격을 구하라!"라는 외침도 이미 들리고 있다. 다음과 같은 문법 규칙상에서의 문법적 위반은 더 이상 거부반응을 불러일으키지 않고 있다. *ab 18 Jahre(n), bis zu drei Tage(n), Eis mit Früchte(n), Schweinebraten mit Knödel(n)*. 이렇게 여격의 어미를 던져버림으로써, 이런 단어들은 주격Nominativ (일명: 1격)의 형태로도 나타난다.

> 이렇게 문법이 단순화되는 현상은 영어에서는 이미 아주 빠르게 진척되었다. 그리하여 소유격 어미 -s를 제외하고 모든 격어미가 사라졌다. 곡용Konjugation의 분야에서 고대영어에서는 고대독어에서와 거의 마찬가지로 다양한 격어미들이 나타났지만, 이제는 3인칭 단수에서의 -s만이 남았

을 뿐이다. 그리고 다른 격어미들은 시간이 지남에 따라 모두 사라졌다. 영국의 교회언어와 세익스피어 언어에서는 아직도 *thou willst* 'du wirst'의 형태를 볼 수 있었지만, 오늘날에는 '*you will*'의 형태가 대신 사용된다.

언어는 그 사용자와 마찬가지로 항상 진화의 과정을 거친다. 인도유럽어 내에서 고대그리스어나 산스크리트어에서는 아직도 언어습득자를 괴롭히던 복잡한 문법형태와 그 규칙이 이제는 단순화되었다. 그러나 이것이 언어가 더 나빠지거나 더 좋아지는 것을 뜻하는 것은 결코 아니다. 단지 바뀌는 것일 뿐이다. 형태론적으로 표출되는 것이 사라지거나 달라지기는 한다. 그러나 그 기능은 대개 경우에는 사라지지 않고 달리 표출되고 있을 뿐이다. 경우에 따라서는 이것이 구두로 사용하는 경우에는 나타나지 않을 수도 있다. 이 말은 언어변화가 타락하는 방향으로 진행되고 있다고 한탄하는 사람들에게 꼭 말해주고 싶다.

다음처럼 독일어는 이미 4개의 격을 없애버렸다.

인도유럽어에서의 8개의 격		**독일어에서의 4개의 격**	
주격 Nominativ	**ekwos*	주격 Nominativ	*das Pferd*
소유격 Genitiv	**ekwosyo*	소유격 Genitiv	*des Pferdes*
여격 Dativ	**ekwōy*	여격 Dativ	*dem Pferd*
목적격 Akkusativ	**ekwom*	목적격 Akkusativ	*das Pferd*
탈격 Ablativ	**ekwōd*		'vom Pferd her'
도구격 Instrumentalis	**ekwō*		'mittels des Pferdes'
장소격 Lokativ	**ekwoy*		'bei dem Pferd'
호격 Vokativ	**ekwe*		'oh, Pferd'

도표 3-15

독일어에서 중성 복수에서는 4개의 격 대신에 이제는 단지 3개의 격만이 문법상에서 나타난다. 즉 주격/목적격에서는 die Leute, 소유격에서는 der Leute, 여격에서는 den Leuten이 나타난다. 여성 단수에서는 주격과 목적격은 die Frau가, 소유격과 여격은 똑같이 der Frau이다. 따라서 이곳에서는 단지 2개의 형태만이 구분되어 나타난다.

복수형의 어미

독일어에서 단수형과 복수형이 똑같은 단어들이 있다. 즉 제로 어미를 가진 명사들이다. 이러한 명사들 중의 일부가 새로운 복수형의 어미형태를 얻어가고 있다. *die Mädel* 〉 *die Mädeln*, *der Onkel* 〉 *die Onkeln*, *die Ziegel* 〉 *die Ziegeln*. 표준어에서도 많은 명사가 단수형과 복수형 사이에서 변화를 겪고 있는데, 이는 단수형과 복수형을 명확히 구분하려는 시도에서이다. 예를 들면 중세독어에서 단수형에서는 der Boge (주격), des Bogens (소유격)이, 복수형에서는 die Bogen이었는데, 오늘날에는 복수형에서 *die Bogen*과 더불어 어간모음이 움라우트된 *die Bögen*이 함께 사용되기도 한다. 이러한 변화는 지금도 계속되고 있다. 예전의 단수형에서의 der Haufe, des Haufens과 복수형에서의 die Haufen이 오늘날 단수형에서의 der Haufen (주격), des Haufens (소유격)과 더불어, 일상어에서는 복수형에서 die Häufen도 사용된다. 표준독어에서는 아직도 die Haufen을 사용하고 있다. 복수형 die Wägen도 비슷한 경우이다. 특히 Funke/Funken, Friede/Frieden, Wille/Willen의 경우에는 복수형에서의 사용 양상이 아직도 유동적이다. 생명체를 나타내는 명사의 경우에는 단수형에서는 der Bote, des Botens이, 복수형에서는 die Boten이 아직도 사용되고 있다. 이에 따라 최근에 외부로부터 들어와 생긴 차용어도 이에 맞게 변형되어 가고 있다. 예를 들면 der Assistent, des Assistenen, die Assistensen; der Laborant, des Laboranten, die Laboranten과 같은 것이다. 그러나 이와는 달리 der Untertan의 경우에는 독자적으로 다른 길을 걸었다. 이에 예전의 des/dem/den/die Untertanen이 오늘날에는 des Untertans, dem/den Untertan으로 되었다. 따라서 이 단어에서는 복수형의 구분이 더욱 뚜렷해진 형태로 나타나게 되었다 (이에 대하여는 다음을 참조하라. Ulllrich Wurzel/Bärbel Techtmeier, *Theoretische und parktische Fragen der Sprachkultur*, in: Linguistische Studien, Reihe A, Arbeitsberichte 170 (1987), p. 145~160).

그런데 *Wir Deutsche/Wir Deutschen*에서 나타나는 두 개의 변이형태는 아직도 이러한 변화의 와중 한가운데에 그대로 서 있다. 독일어를 정확히 구사했던 비스마르크는 자신을 일약 유명하게 만든 1888년 2월 6일 제국의회에서 행한 연설에서 "Wir Deutsche fürchten Gott, aber sonst nichts in der Welt (우리 독일인은 오직 신만 두려워할 뿐이지, 그 외 이 세상의 아무 것도 두려워하지 않는다)"로 말하여, wir *Deutsche* 쪽을 편들었다. 그런데 괴테의 파우스트에서는 다음 문장이 보인다. "Nach Golde drängt, am Golde hängt doch alles! Ach, wir Armen! (금을 갈망하고 있다. 모든 것이 금에 좌우되고 있다. 오 우리 불쌍한 자들이여!)" 여기에서는 wir Arme도 역시 사용될 수가 있다. 괴테에게서의 이러한 형태는 약변화 명사 변화에서의 경우인 wir *Matrosen*이 wir *Menschen*과의 혼동과정에서 생겨난 것이다. 이로 인해 나중에 후자의 형태가 우위를 점하게 되었다 (Otto Lyon/Rudolf Hildebrand, Grammatik und Stilistik, Eingegangene Anfragen, beantwortet von der Leitung des Blattes, In: *Zeitschrift für den deutschen Unterricht*, 2. H. D. Dresden §354).

동사변화 곡용 Konjugation

오늘날 동사변화에서 미래형태가 점차 사라지고 있다. 물론 오늘날의 독일어에서 도대체 미래형이 있기나 하는지는 의문이다. 이러한 소위 미래형태는 중세독어시기에 생겨나서, 15세기에 널리 파급되었다. 예전의 *ich werde morgen gehen*

에서 지금은 일반적으로 *ich gehe morgen*이 사용되고 있다. 또 중세독어에서 이미 약변화동사가 강변화동사에 대해 점차 우위를 점하면서 사용되었다. 'Melken - molk - gemolken'의 형태가 바뀌어서 'melken - melkte - gemelkt'로 되었다. 그리고 많은 경우에는 강변화 형태가 새로이 생겨난 약변화 형태와 함께 유지되기는 하였으나, 이제는 이들 간에 새로운 의미변화를 갖게 되었다. 그리하여 '나무를 쪼개다'에서는 과거분사 gespaltet가, '의견이 갈라지다'에서는 gespalten이 사용된다. 마찬가지로 '외투를 뒤집다'에서는 gewendet가, '그녀가 그를 향해 몸을 돌이켰다'에서는 gewandt가 사용된다. '라디오가 방송을 내보냈다'에서는 gesendet가, '편지가 발송되었다'에서는 gesandt가 사용된다.

문장론

문장의 구조 역시 변화의 물결에 휩쓸리고 있다. 예전에는 흔히 부문장이 많이 사용되었지만, 최근에 우리는 점점 더 많은 병렬문장을 만나고 있다. *Er wußte Bescheid, weil er das Buch gelesen hatte*와 같은 문장구조가 오늘날 일상 독일어에서는 흔히 *Er wußte Bescheid, weil er hat das Buch gelesen*으로 되고 있다. 즉 후치문장이 정치문장으로 바뀌어 사용되고 있다. *Er soll sich nicht wie ein Idiot benehemen* 대신에 오늘날 *Er soll sich nicht benehmen wie ein Idiot*의 문장구조가 흔히 사용된다. 이렇게 어순이 점차 바뀌가고 있다. 즉 하인리히 폰 클라이스트 Heinrich von Kleist나 장 파울Jean Paul과 같은 작가들이 한때 흔히 사용했던 전자와 같은 관식구의 문장은 오늘날 일반 독일인에게서는 그 사용이 기피되고 있다.

사람들은 여전히 이와 같은 것들을 언어의 타락 내지 파괴라고 탄식하면서, 예전 과거의 형태를 옳고 더 고상한 것으로 간주하고 있다. 야곱 그림과 빌헬름 그림은 1854년 자신들의 '독일어 사전'의 1권에서 다음처럼 쓰고 있다.

> 우리의 예전 언어를 탐구하고 관찰하는 과정에서, 오늘날의 언어에 비해 옛날 것들이 가진 뛰어난 점들을 깨닫게 된다. 그리고 처음에는 예전 시기의 이 모든 기록물들에게 자신도 모르게 끌려들어가서, 현재의 것에는 등을 돌리게 된다. 시기를 거슬러 올라갈수록, 이들 언어의 형체들은 훨씬 더 아름답고 완벽하게 보인다. 반면에 지금의 것이 갖고 있는 형태에 좀 더 가까이 살펴보며 다가갈수록, 그 형태상에서의 모습들이 가진 능력들이 점차 줄어들고 타락하고 있다. 이에 우리는 유감을 느끼게 된다 (Jacob und Wilhelm Grimm, *Deutsches Wörterbuch*, Erster Band, Leipzig, Hirzel, 1854, p. III).

그러나 언어학자 라일 캠벨Lyle Campbell은 이를 반박하면서, 언어의 변화를 돌이킬 수 없다고 한탄하는 것은 무의미한 일이라고 말하고 있다. "언어변화에는 좋고 나쁨이 있을 수가 없다. 오직 그 변화 자체를 있는 것을 그대로 받아들여야만 한다." (Lyle Campbell, *Historical Linguistics, an Introduction*, Edinburgh, University Press, 1998, p. 4)

언어변화는 기분전환과 경제적인 이익 때문에 항상 새로운 것을 추구하는 유행과는 동일시 할 수는 없다. 특히 음운변화는 멋대로 바뀌는 것이 아니라, 어떤 필연성에 기인하여 생긴다. 이는 일차적으로 쉽게 발음하고, 이해에 도움이 되게 하려는 데에 목표를 둔 보편적 원칙에 입각해서 이루어진다. 만일 언어변화를 통해 적은 수고를 들이고도 예전보다 더 짧은 시간 내에 동일한 정보를 전달할 수 있으면, 이러한 언어변화는 언어에서 생긴 개선이라고 볼 수 있다.

언어	원래의 단어형태	이에서 생겨난 형태	독일어 번역
고대이탈리아어	*capestro*	*capresto*	'Seil (밧줄)'
칼라브리아어	*capestro*	*caprestu*	'Seil (밧줄)'
마르켄 지역 방언	*capra*	*crapa*	'Ziege (염소)'
로비고 지역 방언	*copula*	*clopa 〉 ciopa*	'Band (끈)'
칼라브리아 지역 방언	*publicus*	*plubbica 〉 prubbicu*	'öffentlich (공공연히)'
시칠리아어	*triatu*	*teatro*	'Theater (극장)'
영어	*brid*	*bird*	'Vogel (새)'

라틴어 단어형태	포르투갈어 단어형태	독일어 번역
flamna	*chama*	'Flamme (불꽃)'
planus	*chao*	'flach (평평한)'
implere	*encher*	'füllen (채우다)'
pluvia	*chuva*	'Regen (비)'

도표 3-17_ 여러 언어들에 나타난 단어 형태의 변화

모음조화 Vokalharmonie

모음조화 현상은 빨리 말하려고 할 때에 좀 더 쉽게 발음하려는 노력에서 생겨난다. 즉 한 단어를 말하려 할 때 입의 형태를 여러 번 바꾸지 않게 하고자, 똑같거나 조음상에서 비슷한 위치에서 발음되는 모음으로 바꾸려는 노력이다. 혀가 낮은 위치에서 조음되는 모음 a, o, u가 앞에 위치하고 있을 경우에는, 이에 맞추어 뒤따르는 모음도 역시 낮은 위치의 모음이 뒤따라오게 된다. 이러한 메커니즘은 높은 위치에서 발음되는 모음인 e, i, ü의 경우에도 역시 그러하다.

여기에 모음조화 현상을 갖고 있는 핀란드어와 터키어의 경우를 살펴보기로 하자.

라틴어 단어형태	포르투갈어 단어형태	독일어 번역
낮은 위치의 모음	*Turu-ssa* 'in Tirku'	*at-larf-im-dan* 'von meinen Pferden'
높은 위치의 모음	*Helsaingi-ssä* 'in Helsinki'	*ev-ler-im-den* 'von meinen Häusern'

도표 3-18

모음조화는 우랄어, 알타이어, 고古시베리아어에서 공통적으로 나타나는 특이한 현상이다. 이는 예전에 이들 언어들 간에 접촉이 있었음을 보여주는 것이기도 하지만, 그렇다고 이들의 서로 간에 유전적인 친척관계가 있었음을 뜻하지는 않는다. 특히 이 현상은 기능상의 세밀한 부분에 있어서는 상당한 차이를 보인다. 에스토니아Estonisch, 추와시어Tschuwaschisch[24], 예니세니아어Jenissejisch[25] 등에서는 이 현상이 전혀 나타나지 않는다.

자음조화Konsonantenharmonie

아랍어의 일부 방언에서는 한 단어 내에서 항상 단지 모든 자음이나 또는 아무런 자음도 경구개硬口蓋하지 않는 현상이, 즉 인후咽喉 Rachen에서 조음되지 않는 현상이 있다. 추측건대 고대터키어에서도 이러한 현상이 있었던 것으로 보인다.

의미론

한 단어의 의미 역시 시간이 지남에 따라서 역사적으로 달라질 수가 있다. 거의 모든 단어에서 사용되는 와중에서, 상대적으로 명확한 기반을 이루었던 의미에다가 새롭게 다른 의미들을 더불어 갖게 되면서 의미상에서의 변화가 생긴다.

---

24) 러시아의 볼가강 유역에 사는 터키계 주민이 사용하는 언어

25) 시베리아에서 북극해로 흘러들어가는 예니세이강 유역에서 사용되는 언어

만일 한 단어가 특정관계 내에서, 즉 특정 콘텍스트 내에서 자주 사용되는 경우에는 의미상에서의 변화가 생긴다. 이리 되면 예전에 중심적인 역할을 하지 못했던 특정 의미가 사용상에서 전면으로 등장하게 된다.

고대독어에서 *wīb* 'Frau (여인)'은 일반적으로 여자라는 의미를 가졌다. 오늘날 영어에서는 이 단어가 의미축소Bedeuterungsbeschränkung를 일으켜 '*결혼한 여자*'라는 뜻을 가진 *wife*가 되었다. 나중에 독일어에서는 Weib와 이의 복수형태인 Weiber는 경멸조의 욕설로 사용되었다. 특히 대부분의 남성 언어사용자에게서 그러했다. 즉 여기에서는 비하하는 방향 쪽으로 그 의미가 바뀌었다. 그러나 영어에서는 이와는 달랐다. 즉 고대영어에서는 *wife*란 단어는 원래 '낮은 *계급*에 있는 *여자*'란 뜻이었다. 그러나 *Vollweib* 'fullwife'란 단어를 통해서는 긍정적이고 에로틱한 의미를 갖게 되면서, 이는 예전 시기의 것에 더 가깝게 되었을 뿐 아니라 심지어는 존중의 의미도 내포되었다.

Tier (짐승)이란 단어에서는 의미확대Bedeutungserweiterung가 일어났다. 게르만어의 +*deuza* 'Tier'는 독일어에서는 *Tier*로, 영어에서는 *deer*로 되었다. 루터는 이 단어에서는 아직도 공중이나 물속에서 사는 동물과는 차별화된 육지에서 사는 모든 동물에게만 적용하여 사용했다. 오늘날 *Tier*는 모든 동물들에 대한 상위개념으로 사용되고 있다. 그러나 이 단어는 영어에서는 의미축소를 겪어 오늘날에는 단지 사슴과 노루에게만 한정되어 사용된다.

많은 복합어가 상당 기간 사용되는 동안에 융합되었다. 그러면서 이 단어의 개별 구성부분들의 의미들이 합쳐져서는 새로운 의미를 만들어내었다. 이러한 복합된 단어가 하나의 단위로 간주되면서 이를 구성했던 개개 구성요소가 실제 언어 사용상에서 더 이상 독립적으로 사용되지 못하면, 일정시기부터는 그 개개의 요소들을 더 이상 알아낼 길이 없게 된다. 그리되면 이 단어의 본래 의미를 더 이상 파악할 수가 없게 된다. 예를 들면 *Himbeere*의 경우에서는 -beere는 나중에 덧붙여진 형태이고, *Him*-은 오늘날에는 더 이상 독립된 단어로는 사용되지 않는다.[26] 이에 이제는 Himbeere란 단어에서는 예전처럼 개별적으로 그 구성요소들을 더 이상 구분해 낼 수가 없게 되었다.

Bräutigam (신랑)의 경우에는 '*신부의 남자*'라는 의미가 어느 정도 파악될 정도로 남아는 있다. -gam은 남자란 뜻을 가진 고트어의 guma와 라틴어의 homo와 연관된다. 이런 사실은 문외한이더라도 관심만 갖고 어원사전을 뒤져보면 즉시 알아낼 수 있다.

Messer (식기용 칼)의 경우에서는 언어사적인 발전과정이 뚜렷이 드러나 보이지는 않지만, 역시 이와 비슷한 경로를 거쳤다. 이 단어는 Speiseschwert (식탁용 칼)이란 뜻을 가진 서게르만어의 +matiz-sahsa에서 나왔다. 이 단어의 두 번째 요소인 *sahsa*-는 고대독어의 *sahs*와 고대영어의 *seax*와 연관된다. 이 단어는 라틴어의 *saxum* (돌, 짜르는 것)과도 연관 된다 (이에 대하여는 라틴어의 *secāre* (잘라내다. 베어내다)와 비교하여 보라). 이러한 측면에서 보면, 최초로 자르는 도구가 돌로 만들어졌음을 암시한다. 따라서 이 단어는 석기시대까지로 거슬러 올라간다. 복합어 matiz-sahsa가 음운변화를 일으켜 오늘날 독자적인 단어인 Messer가 되었다.

*sehr*란 단어는 원래 '*고통스러운, (창과 칼 등에 의해) 부상을 입은*'이란 뜻을 가졌다는 사실은 오늘날의 언어사용자들이 거의 알지 못할 것이다. 이 단어는 중세독어시기에 이미 강조를 나타내는 부사가 되어서는 원래의 의미를 이미 벗어나 일반화되어 사용되었다. 이의 파생어인 unversehrt 'unverletzt (찔려 다치지 않은)이란 형용사에서는 아직도 이의 옛 의미가 남아 있다. 이와 같은 방식으로 오늘날

---

26) 여기에서의 Him-은 원래는 고대독어의 hinta 'Hinde'(암노루)를 뜻하는 독립된 단어에서 나왔다. 말음이 -n 〉 -m이 된 것은 뒤다르는 Beere의 b-에 의해 부분역행 되었기 때문이다.

unheimlich schön, wahnsinnig gut, schrecklich reich와 같은 경우처럼, 부정적인 상태를 나타내던 단어가 새로이 강조하는 부사로 바뀌어 사용되고 있다. 이러한 새로운 단어들이 아마도 언젠가는 sehr (대단히)를 대체하게 될 것이다. 이리 되면 상당한 시간이 흐른 후에는, 이러한 단어들의 원래 의미도 얼른 알아채지 못하는 상황에 이를 것이다.

민중어원 Volksetymologie

한 단어의 구성요소를 알아내려하거나 이해하려는 욕구과정에서 언어사용자들이 그 단어들을 변형시키는 경우가 자주 생긴다. 이러한 변화는 그 원래의 뜻이 더 이상 이해되지 않게 되어버린 단어나 단어구조에다가 다시 새로운 의미를 부여하려는 데에 목표로 두고 있다. 고대독어의 āmaht는 후에 Ohnmacht (기절)가 되었는데, 이는 'fort, weg (떠나 버린, 사라진)'이란 뜻을 가진 ā를 – 이는 나중에 ō로 음운변화를 일으킨다 – 사람들이 더 이상 본래의 의미를 모르게 되면서, 전치사 ohne (없이)와 혼동하였기 때문이다. Ohnmacht의 경우에서 ohne가 weg, fort의 의미와는 어느 정도 상응한다고 볼 수도 있어서, 소위 민중어원이 일어난 이런 과정에서 심각한 오류가 발생했다고는 볼 수 없다.

이런 오류에 기인한 유사한 경우로서 *Einöde*가 또한 있다. 오늘날 더 이상 남아 전해지고 있지 않은 게르만어 단어인 +ōdja는 원래는 allein (홀로)란 뜻을 가진 단어였는데, 이것이 중세독어 이후에 게르만어의 +auja (황량한)에서 나온 Öde (황야)와 혼동되었다.

중세독어 단어인 gevügel(e)는 원래 Vögel (=Vogel의 복수형)과 연관되어 생긴 것이었다. 그러나 이 단어는 나중에 *Flügel* (날개)와 연관되어 *Geflügel* (가금류)이 되었다. 어원상으로 보면 Vogel (새)는 Flügel과 관련이 없다. 그러나 새들은 날개를 갖고 있어서, 이러한 단어의 변화가 논리상에서 전적으로 부적합하다고는 볼 수 없다.

민중어원이 뚜렷이 작용한 경우로서 mausetot란 단어도 또한 들 수 있다. 이 단어는 Maus (쥐)와는 아무런 관련이 없다. 이는 저지독어의 mursdot (완전히 죽은)에서 기인한 단어이다. 이때 murs, mors는 '완전히'란 의미를 갖고 있다.

하이케 올샤스키Heike Olschasky는 레크람Reclam 출판사에서 '우리를 기만欺滿하는 단어들'이란 제목을 가진 책을 출간하였는데, 여기에는 아주 재미난 많은 단어가 나열되어 있다. 민중어원은 더 이상 그 뜻을 알 수 없게 된 단어에다가 새로운 의미를 부여하려는 목적을 충족하면서, 언어변화에 새로운 기운을 불어넣고 있다. 이리하여 이러한 모든 단어들은 자신들만의 역사를 갖고 있어서 이를 탐구할 만한 가치가 있다.

3-16_ 위로부터 각기 Ebersberg, München, Fücssen, Ochsenfurt 도시들의 문장들

민중어원은 많은 도시의 명칭에서도 나타난다. 최근 연구를 통해 알아낸 바에 따르면, 수컷 멧돼지를 연상케 하는 Ebersberg란 지명은 Eber (수컷 멧돼지)와는 아무런 관련이 없다. 또 Füssen도 Fuß (발)의 복수형인 Füßen과는 아무런 관련이 없다 - Füssen이란 지명의 기원은 아직은 밝혀져 있지 않다. München은 Mönch (승려)와, Ochsenfurt는 Ochs (황소)와 아무런 관련이 없다 - 지명 Ochsenfurt의 기원은 아직도 밝혀져 있지 않다. 그런데 이들 도시들은 자신들의 문장에다가 이러한 상징물들을 그려 넣고 있다 (다음에서 이와 관련된 더 많은 예는 찾을 수 있다. Theo Vennemann, *Europa Vasconia - Europa Semitica*, Patrizia Noel Aziz Hanna 〈Hrsg.〉 (Trends in Linguistics, Studies and Monographs 138) Berlin, Mouto de Gruyter, 2003, p. 70~71).

재해석 Re-Interpretation

언어사용자가 외부로부터 들어온 차용어의 원래 의미나 이것이 어떻게 생겨났는지를 모르게 되면, 모국어에서 음운상과 의미상에서 비슷하면서도 잘 알려진 하나의 단어에다가 이를 연관시키려는 움직임이 생긴다. 민중어원을 통해 생긴 이러한 변이형태를 재해석이라고 부른다.

단지 음운상에서 비슷한 측면만을 근거로 하여 연결시킨 경우의 한 예로 Kichererbsen (이집트 콩)가 있다. 이 단어는 라틴어의 *cicer* (이집트 콩)에다가 비슷한 형태를 가진 동사인 *kichern* (킥킥대다)과 연관시켜 만들었다. 여기에다가 이 콩의 열매에 적절한 명칭을 부여하려는 과정에서, 이 콩과 똑같이 나비형태를 가진 꽃모양의 모습을 보이는 Erbse (완두콩)란 명칭이 덧붙여졌다. 따라서 Kichererbse는 *kichern*과는 아무런 관련이 없다. Windhund (그레이 하운드) 역시 Wind (바람)와는 아무런 연관이 없다. 이 단어는 Wendisch에서 기원하였는데, 이 단어는 der Wendische (벤덴인)에서 나왔다. 지금은 소르벤인Sorbenen이라고도 불리는 이 벤딘인은 슬라브 계통에 속하는 한 종족이다.

발음과 정서법

로만어에 속한 언어들에게서 fünf (다섯)에 해당하는 단어들을 다시 살펴보기로 하자. 여기에서 우리는 낡아빠진 정서법에 매달린 경우를 보게 된다. 이는 '역사적 표기방식historisch Schreibweise'이라고도 부르기도 한다. 우리는 다음 단어들 간에 서로 친척관계가 있음을 쉽게 알아챌 수 있다.

역사상에서 보이는 표기방식은 한 단어의 기원과 발전과정의 흔적을 내포하고 있다. 여기의 예에서 보듯이 이런 단어들은 발음상에서는 큰 변화를 겪었지만, 표기방식은 이를 뒤따르지 못하였음을 우리는 눈치 챌 수가 있다. 이에 따라 이

언어	표기 형태	발음 형태
라틴어	*quinque*	[kwinkwe]
프랑스어	*cing*	[sɛ̄k]
이탈리아어	*cingue*	[ʧiŋkwe]
스페인어	*cinco*	[θiŋɔo]
포르투갈어	*cinco*	[sĩku]
루마니아어	*cinci*	[ʧĩʧ]

도표 3-19

들 단어들은 오늘날 명확히 로만어 계열에 포함시킬 수가 있다. 우리 서구문화의 문자는 음절문자나 레고Lego문자로도 불리는 상징문자와는 달리 음운문자이다. 상징문자의 전형적인 예로서는 중국의 한자를 들 수가 있다. 음절문자에서는 하나의 문자가 하나의 음절 전체를 표기한다. 대개 경우에는 *la, da, sa* 와 같이 모음이 포함된 자음을 표기하는 복합 형태를 가지면서 문장을 구성한다. 그러나 라틴어 문자가 도입되면서, 이들도 대부분 음운문자가 되었다. 음운문자의 경우에는 하나의 음운이 하나의 알파벳으로 표기된다. 이때에 양자 사이에서 생겨날 수도 있는 약간의 차이는 흔히 무시된다. 예전에 한 곳에 모여 있던 필사자라도 원래는 자신이 태어난 지역의 방언을 각기 사용했다. 이렇게 필사자들이 지역적인 방언과 개인적인 판단을 통해 자의적으로 필사하여 기록하는 과정에서 생겨난 음운표기상에서 생긴 다양한 차이는 후대에 이르러 개별적으로 독립된 표기방식으로 정착되어 전해 내려왔다.

발음은 시간이 지나면서 바뀌지만, 단어의 표기 형태나 정서법은 흔히 이를 따라가지 못한다. 이리하여 발음과 표기상에서의 차이가 점점 더 벌어지게 된다. 이리되면 지나간 시기의 표기방식은 역사적 유물이 된다. 이탈리아어와 스페인어에서 문자는 대체로 음운문자여서, 하나의 특정 음운에는 하나의 문자만이 이용된다. 그러나 프랑스어와 또 이보다 더 심하게 영어에서는 정서법과 발음 사이에서 큰 차이가 생겼다. 그리고 그 차이가 오랜 기간 바뀌지 않았다. 즉 발음상에서 생긴 변화가 표기상에서는 그대로 적용되지 못하였다.

영국에서는 르네상스 이전에 정서법을 확정하였는데, 그 이후로 영어의 발음이 크게 바뀌었다. 그러나 정서법은 일반적으로 예전 것을 잘 지켜와서, 오늘날에 이르러서는 실제로 발음되는 것과는 더 이상 일치하지 않고 있다. 이러는 과정에서 영어에서는 하나의 음운에 여러 표기가 가능하게 되었다.

죠지 버나드 쇼Goerge Bernard Show는 이러한 상황에 한탄하면서, 이에 따른 모순점을 제시했다. 그는 fish (물고기)란 단어를 현재의 영어 정서법에 맞추어서 표기한다면, 아래처럼 될 수도 있음을 보여주었다.

f →	enou **gh**	(이 단어에서 gh는 f로 발음되고 있다)
i →	w **o** men	(이 단어에서 o는 i로 발음되고 있다)
sh →	na **ti** on	(이 단어에서 ti는 sh로 발음되고 있다)

이렇게 진하게 인쇄된 부분을 위로부터 아래로 읽어 내려가면, 오늘날 전혀 존재하지 않는 ghoti란 단어가 생겨날 수도 있다. 그러니까 영어의 표기법은 이미 오래 전부터 실제 음운과는 아주 거리가 멀어졌다. 특정 음운을 표기하는 데에 있어서 너무나도 많은 가능성이 존재하여, 오늘날의 초등학생들은 따라가지 못할 정도이다. 이리하여 오늘날에 발음되는 것에 맞추어 과감하게 고쳐 표기하는 것이 바람직하지만, 이리되면 일종의 작은 혁명이 일어나야만 한다. 즉 모든 성인들은 새로이 쓰는 법을 배워야 할 것이며, 더 심각한 일은 읽는 법도 새로이 배워야 하는 것이다. 왜

냐하면 한 단어를 완전히 이해하고 인식하는 것이 더 이상 가능하지 않게 되기 때문이다. 성인에게 학교에서 이제 막 배우기 시작하는 어린 아이들처럼 단어를 일일이 다시 힘들게 익히도록 강요할 수는 없는 일이다. 게다가 모든 책들은 다시 인쇄되어야만 한다. 6살이 된 아이는 부모가 갖고 있는 책들 중에서 어느 한 권도 읽어낼 수가 없게 된다. 이리되면 전통이 완전히 단절된다.

쓰는 기술은 예전에는 대개 경우에는 수도원만이 독점했던 영역이었다. 그런데 유럽에서는 수백 년 동안 통일된 정서법이 없었기에, 한 나라의 한 지역에서도 완전히 기록자 멋대로 기록되었다. 1450년에는 인쇄술의 발명으로 점차 통일된 표기법이 관철되기 시작하였다. 이러한 방식과 이런 정도의 정서법 개혁은 오늘날에는 더 이상 가능하지 않다. 옛날에는 주민의 극히 일부만이 읽고 쓸 수가 있었다. 그리하여 단지 아주 적은 사람들만이 입장을 바꾸기만 하면 정서법을 바꾸는 것이 가능했다. 따라서 이제는 일시에 새로운 정서법을 도입하는 것보다는 이를 점진적으로 도입하는 것이 훨씬 낫다.

핸드폰으로 SMS를 보내는 와중에 새로운 방식의 정서법이 생겨나고 있다. 영어에서 숫자 2는 전치사 *to*를 대신하여 사용되고 있다. *you*를 위해서는 *u*가 역시 사용되고도 있다. 왜냐하면 이것들이 동일한 발음을 내고 있기 때문이다. 여기에 또 다른 말의 유희가 생겨나고 있다. '*2인분의 tea(차)*' 대신에 '**t 4 2**'가, '*for you*' 대신에 '**4 u**'가 사용되고 있다. 이와 비슷한 현상이 프랑스어에서도 생겨나고 있다. 예를 들면 '**K 7** (K-sept)'이다. K와 7이 합쳐지면 cassette와 똑같이 발음된다. 상징의 표시도 또한 사용되고 있다. '**I ♥ you**' 내지 '**I ♥ u**'는 *I love you*를 대용하고 있다.

외적 언어변화

내적 언어변화와 외적 언어변화를 구분하는 데 있어서는 하나의 원칙이 있다. 즉 내적 언어변화가 아닌 것은 외적 변화일 수밖에 없다.

외적 언어변화는 외부로부터 온 종족에 의한 흔적을 보여준다. 외적 언어의 영향을 연구하면, 우리는 언어접촉이 있던 곳에서 종족이동과 정복과 상업적인 교류가 있었다고 추측할 수가 있다. 단어는 물론이고 언어구조도 한 언어에서 다른 언어로 전이될 수가 있다.

한 종족이 완전히 고립되어 살고 있지 않은 한, 외부로부터 들어온 다른 언어가 한 언어에 영향을 주는 일은 어느 시기에도 있었다. 예전에는 언어의 발전 현상은 언어 상호간의 교류나 언어의 내적인 상황이 단지 좁은 지역에 국한된 상태에서 천천히 진행되어 퍼져 나갔다. 정보의 전달은 단지 도보로서 또는 기껏해야 말을 타고 이루어졌다. 따라서 지역적 차이가 크게 나타났고, 또 이런 상태는 오랜 기간 지속되었다. 오늘날의 최신 정보전달 기술로 특이한 언어 현상을 받아들이는 속도를 훨씬 빠르게 만들고 있다. 현대의 미디어들은 정보 및 이에 따른 명칭과 개념들이 순식간에 전 세계로 퍼져 나가게 하고, 또 상당수의 인간들이 이에 동참하도록 만들고 있다.

다음에 나열된 여러 일련의 차용 가능성에서 우리는 모든 언어들이 아주 다양한 형태로 여러 군데에서 기인하였으며, 또 다양한 경로로 들어온 많은 다른 언어들의 영향을 받은 사실을 알 수가 있다.

한 나라가 특별한 명성을 누리거나 경제적이나 정치적이나 문화적인 분야에서 얼마나 활발한 교류가 있느냐에 따라 그 영향력의 정도와 방식이 결정된다. 그러면서 언어는 결국 정보교환의 수단으로서 국경을 넘어서서 민족 간을 연결시켜

주는 역할을 한다.

외부로부터의 영향은 항상 쌍방향으로 진행된다. 언어접촉을 통한 변화는 언어사용자의 사회적 위치와 그 언어의 특성에 따라 좌우된다. 각 시기마다 특별한 경향이 있다. 그 결과들을 보면, 항상 그리고 언제나 여러 다양한 나라와 문화권에 속한 인간들 간에 접촉이 있었음을 보여준다.

차용어 Lehnwörter

(이에 대하여는 다음을 참조하면서, 그곳에 나오는 예들을 보도록 하라. Werner Betz, *Deutsch und Lateinisch, die Lehnbildungen der Althochdeutschen Benediktinerregel*, Bonn, Bouvier 1949; Johannes Bechert/Wolfgang Wildgren, *Einführung in die Sprachkontaktforschung*, Darmstadt, Wissenschaftliche Buchgesellschaft, 1991).

다민족 국가였던 오스트리아-헝가리 제국에서는 크로아티아인, 폴란드인, 세르비아인, 슬로바키아인, 루마니아인, 체코인, 헝가리인, 그리고 독일어를 사용하던 도나우쉬바벤인Donauschwaben이 공존하면서 살았다. 어릴 적에 나의 어머니는 나에게 다음과 같이 말하고는 했다. "같은 거리에서 여러 언어들이 들려오고, 아이들이 이웃과의 접촉하는 과정에서 일찍부터 제2 언어와 제3 언어를 쉽게 습득했다." 그곳에서는 언어접촉을 통해 서로 다양한 영향을 주면서, 곳곳에서 여러 흔적을 남겼다. *Onkel* (아저씨)란 단어는 헝가리어의 bácsi ⟨batschi⟩로 대체되었고, 바나트Banat[27] 지역에 사는 독일인들은 긴 내복바지를 Gadschahose라고 불렀다. 이는 이중적으로 사용된 명칭이다. 왜냐하면 헝가리의 gatya는 이미 Hose (바지)란 뜻을 갖고 있는 단어이기 때문이다. 비록 이 지역에서 제2차 세계대전

27) 예전 중부유럽의 발칸반도 내에 있던 한 공국, 오늘날 헝가리, 루마니아, 세르비아 지역에 걸쳐 있었다.

이후에는 독일인이 단지 소수민족으로서 살고 있지만, 일부 독일어 단어들은 크로아티아어와 세르비아어 내에서의 어휘로서 확고한 위치를 점하고 있다. 예를 들면 *farbe* (〈 Farbe)와 *šrafciger* (〈 Schraubenzieher (드라이버))와 같은 것을 들 수 있다. 후자의 단어는 오늘날 독일어에서의 전문용어로서는 Schraubendreher가 사용되고 있다.

코드교체Codewechsel

코드교체는 적어도 두 개의 언어를 할 수 있는 사람이 이들 언어들 사이를 자주 오가면서 사용할 때에 생긴다.

여러 언어들이 사용되는 지역에서는 상인들은 자신의 모국어와 더불어 적어도 하나의 제2의 언어를 또한 사용한다. 독일어의 한 방언을 모국어로 하면서 프랑스어를 관청어로 사용하는 엘자스 지역에서는 동일한 문장 내에서 이 두 개의 언어가 흔히 뒤섞이면서 사용된다. 즉 어떤 단어를 사용하려고 했을 때에, 그 한 단어가 갑자기 함께 떠오르지 않을 때에 그러하다. 이와 비슷한 현상이 다른 종족의 사람과 결혼하여 이루어진 부부 사이에서도 일어난다.

직업상 여러 언어들이 사용되는 경우에도 이러한 언어들이 뒤섞여 사용되는 일이 역시 부수적인 현상으로 나타난다. 프랑스어나 라틴어의 단어와 코드교체의 방식으로 만들어진 단어들이 여러 기능적인 측면에서 사용되고 있다. 즉 *per Einschreiben* (등기 우편), *zehn Stück à zwei Mark* (2마르크에 10개)와 같은 것이다.

특히 특정 분야에서는 앵글로아메리카어의 단어들이 일상생활에서 흔히 들어와 사용된다. 질 샌더Jil Sander는 이제는 전설이 된 자신의 한 인터뷰에서 너무나도 많은 영어 단어들을 섞어 사용하여, 1997년에 독일어 협회로부터 '언어를 혼탁하게 만드는 자 (원래는 '언어 수선공'이란 명칭이었다)'란 명칭을 얻었다. 이에 그는 자신의 인터뷰는 국제적인 상황에서 이루어진 것이어서, 많은 영어 단어를 사용할 수밖에 없다고 변명하고 있다. 여기에 그가 직접 말한 인터뷰를 살펴보기로 하자.

> "내 생애는 하나의 *giving-story* (생생한 이야기)이다. 나는 사람들이 *contemporary* (현대적)이어야만 하고, *future* (미래)에 대한 감각이 있어야 함을 알았다. 내 아이디어에는 *hand-tailored* (수제 양복)식의 이야기에다가 새로운 기술이 접목시켜져 있다. 성공하려면 사람들은 *collection* (모아 놓은) 것을 잘 *combinen* (조합)시켜야 한다. 이렇게 적절히 *coordinated concept* (조합된 구성)이 내가 성공하는 데에 결정적인 역할을 했다. 그러나 또한 *audience* (청중)이 모든 면에서 나를 *support* (도와주었다). 오늘날 문제의식이 있는 사람은 *spirit* (영혼)이 있는 이 *refined* (정제된) 순도의 여러 사안들을 잘 *appreciaten* (파악해 내야 한다). 물론 우리의 *voice* (목소리)는 특정 그룹에만 전달된다. *Ladisches* (숙녀답고자)하고자 하려는 사람은 이를 나 질 샌더에게서 *searcht* (찾으려)하지 말아야 한다. 사람들은 *effortless* (노력하지 않고도) 이뤄낼 수 있는 감각을 갖고 있어야 한다. 이것이 내가 가진 *magic* (마술적)한 측면이다." (Frankfurter Allgemeine Zeitung 14/1996, Magazin, Hohlspiegel; 여기에 다음을 참조하라. Margret Altleitner, *Der Wellness-Effekt* (PhD-Diss. München 2006), Frankfurt am Main, Peter Lang, 2007)

이를 코미디언 오토 월키스Otto Walkes가 했던 풍자적인 번역과 혼동해서는 안 된다. 그는 RTL 텔레비전 방송국에서의 자신의 영어강좌에 대한 풍자에서 'what a fucking car (이 망할 놈의 차)'를 "이 얼마나 번쩍이는 차인가?"로 번역하였는데, 그는 이러한 말장난을 통해 하나의 재미있는 농담을 만들어 내면서, 자신만이 가진 재기발랄함을 유감없이 발휘했다.

새로이 생긴 사물을 표시하려거나, 상황을 좀 더 정확하고 적절히 표현하려는 목적으로 외래 단어들을 사용하는 것은 자연스런 현상이다. 터부시되거나 부정적인 의미를 갖는 사안에서 외래어는 은밀한 단어로서 적절히 표현하기에 적합하다. 까다로운 내용을 가진 개념은 그 용도가 매우 빨리 폐기처분되기 때문에, 항상 이에 대체할 새로운 단어가 필요하다. 차용어는 처음에 언어사용자에게 새롭고 특이한 존재로서 다가와 새로운 느낌을 준다. 이러한 단어는 아직은 잘 알려져 있지 않기 때문에, 언젠가 그 효능이 다 할 때까지 별 부담 없이 자유롭게 사용할 수가 있다.

이렇게 새로이 도입된 단어들이 갖는 의미가 갖는 영역은 흥미롭다. 이들은 원출발지의 언어에서보다 더 일반적이고 폭 넓은 의미로 사용되기도 한다. 영어 단어인 *job*은 영어에서는 확고한 직업 활동을 나타내는 말이지만, 독일어에서는 오랜 기간 동안 단지 임시적으로 일하는 직업 활동의 의미로서 사용되었다. 그런데 그동안 이러한 의미영역 상에서의 차이는 상당한 접근을 이루었다. 그래서 *job*이란 단어는 독일어에서도 역시 '임무, 직업, 업무' 등의 뜻으로도 사용되고 있다. 1999년에 처음으로 한 공영 라디오 방송국에서 *ohne job*이란 용어를 '실직'의 의미로 사용하는 것을 발견했을 때에, 나는 이때 내심 낯선 느낌을 받았다.

차용어는 공공연히 나타나는 언어현상으로서 언어접촉을 반증한다. 이것들은 외래어로서 자국의 언어 것보다도 더 적절한 표현이 가능하거나, 또 그 표현 대상이 아직은 알려져 있지 않은 경우에 받아들여진다. 이 단어를 제공하는 언어사용자들이 더 나은 명성을 누리는 사람이라면, 이러한 외래어 단어들이 받아들여질 확률은 더욱 높아진다. 이때 차용어는 자신이 갖고 있는 논리적 형태로 인해 목적 언어의 특성에 더 잘 적응하게 되면서, 수용 언어 내에서 매우 확고한 위치를 점하게 된다.

어원사전에서 우리는 각 단어의 기원을 찾아낼 수가 있다. 독일어 단어들이 얼마나 많은 차용어로서 점철되어 있는가를 알게 되면 매우 놀라게 될 것이다. 한스 요하임 쉬퇴리히Hans Joachim Störig는 이러한 이주해 들어온 단어들의 기원지를 모두 찾으려면, 우리가 세계 여행에 나서야 할 정도라고 말하고 있다 (Hans Joachim Störig, Duzen, Siezen, Ihrzen und Erzen - mit Weh und Ach. Wörter haben ihre Geschichte, Von der vielfältigten Zwei, ihrer Schwester Zwo - und andere Wortklaubereien, in: *Süddeutsche Zeitung*, 30. März 2002, Nr. 75). *Boje*는 네덜란드어의 *boye*에서 만들어졌다. 또 포르투갈어의 varanda는 영어에서의 veranda로 되어서, 우리에게는 Veranda란 형태로 들어왔다. 미국인은 얼마 전까지만 해도 *rucksack*이란 단어 대신에 이제는 *back-pack*을 좀 더 널리 사용하고 있다. *Divan* (안락의자)은 페르시아어의 diwan이 터키어에서 divan으로 된 후에 우리에게로 들어왔다. Gamasche (각반), *Sofa* (소파), Razzia (난동), *Tarif* (협정 임금)은 아랍어에서 기원하여 들어왔다. Kaviar (철갑상어의 알), *Joghurt* (요구르트)는 터키어에서 기원하였고, *Zigarre* (여송연), *Kautschuk* (씹는 껌), *Schokolade* (초코렛)은 인디언의 언어였다. Anorak (아노락)은 그린란드어에서 차용되어 들어온 것이다. Coca-Cola는 인디언의 kuka가 서아프리카어의 kola와 결합되어 생겼다. 차용어의 여행은 일본에까지 미치고 있는데, 여기에서 Bonze (두목)이란 단어가 기원했다.

차용어임을 입증하는 것들

Pfund, *Pforte*, *Pfote*처럼 오늘날 독일어에서 pf로 시작되는 단어나 Hopfen에서

처럼 pf가 중간음으로 나타나는 단어들은 인도유럽어에서 기원한 것이 아니다. 왜냐하면 게르만어에서는 나중에 pf가 만들어질 수 있는 음운인 b가 존재하지 않았기 때문이다. 마찬가지로 예전에는 중간음에서도 b가 존재하지 않았다. 이 음운은 우선 p로 되었다가 최종적으로 ff가 되었다. hope 〉 hoffen이 이러한 예이다. 따라서 이러한 단어들은 모두 외부에서 들어온 차용어이다.

비록 Armbrust (석궁)이란 단어는 아주 순수한 독일어 단어로 들리지만, 실은 사이비 어원으로 생겨난 단어이다. 즉 이 단어는 이탈리아어의 arcuballista (석궁)가 차용되어 들어와서 변형된 형태이다. 독일어 단어 *Muckefuck* (대용 커피)의 기원에 대하여는 두 개의 학설이 있다. 즉 프랑스어의 mocca faux (가짜 모카커피)에서 나온 것이라는 학설과 독일어의 방언에 있던 *Mucke* (썩은 나무 등걸 안에서 부식된 나무 성분)과 *fuck* (썩은)이 합쳐진 것이라는 학설이다. 또 여기에서도 실제 의미가 알려지지 않은 어떤 것에 연관시켜 새로이 생성된 단어일 수도 있다. 스페인어의 vagabundo에서 나온 Vagabund도 주목할 만하다. 즉 이 스페인 단어의 한 부분인 -bundo가 mundo (세계)와 연결되면서 만들어진 것이다. 따라서 이를 라틴어의 vagari (돌아다니다)와 연관시켜서 Weltgeher (세상을 돌아다니는 사람)이라고 잘못 해석하는 것이 아주 황당하다고만은 할 수 없다.

중복차용 Mehrfachentlehnung

동일한 단어가 두 개의 다른 시점에서 각기 두 개의 다른 의미를 갖고 한 언어에 들어왔을 경우에 이를 중복차용이라고 말한다. 라틴어의 dictare는 15세기에 vorsprechen (앞에 서서 말하다), aufsetzen (위에 놓다), vorschreiben (앞에서 적어 보이다)의 의미를 갖고 독일어에서 받아들여졌다. 그리하여 오늘날의 *Dikat* (구술하기)란 단어가 생겼다. 그러나 이 단어는 고대독어 시기에도 이미 들어왔다. 즉

*dihtōn, thihtōn*의 형태로서 '문서로 기록하다, 작성하다, 고안하다'라는 의미를 갖고서이다. 여기에서 *dichten* (시를 짓다)이라는 의미를 가진 단어가 생겼다. 이 밖에 같은 어근에서 각기 다른 시기에 독자적으로 들어 온 단어들의 쌍을 이루면서 나타나는 것으로서는 또한 *Etikett* (쪽지)/*Etikette* (전통적 규범), *Klausur* (결말, 시험)/*Klavier* (피아노), *Partei* (정당)/*Partie* (부분)/*Party* (파티). *Paffe* (땡중)/*Papst* (교황), *Pfahl* (말뚝)/*Palisade* (목책), *Pferch* (울타리)/*Park* (공원), *Pflanze*(식물)/*Plantage* (농원), *Pfosten* (말뚝)/*Posten* (직책), *Pforte* (문)/*Porte* (항구), *Pförtner* (수위, 간수)/*Portier* (문지기), *Pfründe* (성직자의 녹봉)/*Proviant* (휴대 식량), *Münze* (동전)/*Moneten* (금전), *planieren* (평탄화하다)/*Piano* (피아노), *Ruine* (잔재)/*Ruin* (폐허) 등이 있다.

이렇게 쌍으로 나타나는 예로서 *sanft* (부드러운)란 단어를 역시 들 수 있다. 이에 상응한 북서부 독일어의 형태인 *sacht* (완만한, 조심스러운)란 단어도 함께 사전에 수록되어 있는데, 여기에서의 *sacht*에서는 비음인 n이 탈락되고, ft가 cht로 바뀌어 생겨났다. 시차 상의 차이를 두고 생긴 이러한 발전 형태는 추측건대 영불해협의 양쪽 해안지역에서 사용되었던 섬켈트어와의 접촉과정에서 생긴 것으로 보인다. 시저는 이 두 종족을 함께 *Belgae* (벨기에족)이라고 언급하고 있는데, 이는 이 두 지역의 언어가 아주 비슷한 데에서 나온 것이라고 본다. 15세기 이후에 네덜란드어에서 *sacht*란 형태가 남쪽으로 밀쳐 내려와서 마침내 표준독일어에 정착했다. 이에 원래는 동일한 단어에서 나왔던 이 두 개의 단어가 오늘날에는 다른 의미를 가진 별개의 단어로 되었다.

하나의 차용어가 동일한 시기에 다른 두 개의 형태를 갖고 수용언어에 받아들여진 경우가 있는데, 이는 이 외래어의 음에 제대로 맞는 음운이 있지 않아서 생긴 현상이다.

외래어 Fremdwörter

"이미 로마인들도 그러했다.

거창한 것을 말하려 할 때에, 그들은 그리스어를 사용하여 말했다.

그러니 왜 우리가 프랑스어를 사용하지 않겠는가?

우리가 좀 특별한 느낌을 표현하려 할 때에 외국어를 사용하게

되는 것은 어째서일까?"

(요한 볼프강 폰 괴테)

(Johann Wolfgang von Goethe, aus "Maxim und Reflexionen", in: Johann Wolfgang von Goethe)

외래어란 아직까지 적응과정을 완전히 끝내지 못하였거나, 단지 부분적으로만 적응이 된 단어를 말한다. 대개의 경우 이들은 기원한 외국어에서 가진 특정의 흔적을 아직도 그대로 보여준다.

로마인의 라틴어는 중세시기까지 여러 유럽언어들에게 많은 영향을 주었다. 이 언어는 로마제국이 멸망한 이후에도 18세기까지 학문어로서, 그리고 가톨릭 교회에서는 수십 년 전까지도 미사와 예배 언어로서 오늘날까지도 공공 문서상에서 사용되었다. 오늘날 서방 언어들의 대부분 학술 전문용어가 이 시기의 라틴어에 기원을 두고 있다.

르네상스시기에 그리스어에 대한 관심은 아주 높아졌다. 그리스인은 고전시기에서의 자신들의 문화 전성기에 철학과 수학과 예술 등 여러 학문 분야에서 많은 개념에 대한 용어를 만들어냈다. 현대 학문과 예술은 이러한 단어들 내지 그 요소들을 받아들였다. 이리하여 의학계 전문용어의 다수가 그리스어에서 나왔다. 마찬가지로 생물학과 천문학과 법학도 그리스어와 라틴어에서의 단어요소를 다

수 이용하고 있다.

르네상스 이후에 프랑스어가 유럽에서 큰 역할을 했다. 수많은 라틴어와 그리스어와 더불어 프랑스어에서 나온 다수의 외래어가 독일어로 되었다. 요리 전문용어에서 몇몇 용어들을 언급하자면 마요네즈Mayonnaise 퐁드Fond, 수플레Soufflé 등과 같은 것은 우리 모두가 아는 단어들이다. 바이에른 방언에서는 상당히 이른 시기에 프랑스어에서 받아들여져, 오늘날 전형적인 바이에른어 단어가 된 것으로는 Mersse (〈 Merci) (단 여기에서는 강세가 첫음절에 놓여 있다), *Böflamot* (꼬챙이에 꽂은 소고기) (〈 bœf à la mode), *Trottoir* (행인을 위한 보도) 등 다수가 있다.

차용화로의 경로

많은 차용어가 여러 경로를 통해 생겨났다. angst, blitz, blitzkrieg, doppelgänger, ersatz, fest, flak, gasthaus, gesundheit, glockenspiel, hinterland, kindergarten, leitmotiv, rucksack, schadenfreude, strafe, meister, realpolitik, wienerschnitzel, zeitgeist와 같은 독일어 단어들이 영어권에 진입했다. 프랑스어 사전에서도 독일어로부터 차용되어 들어간 많은 단어가 있다. anschluss, aurochs, blitzkrieg, diesel, edelweiss, feldspath, führer, gneiss, hamster, krach, leitmotiv, hinterland, loustic (익살꾼) (이 단어는 원래 독일어 lustig에서 나온 것이다), nickel, quartz, realpolitik, waldsterben. 이런 단어들을 통해 사람들이 어떠한 환경에서 어떻게 접촉하여 차용이 일어났는지를 알아낼 수가 있다. 즉 이것들이 어떻게 상업과 기술과 학문 분야에서 영향력을 발휘하였고, 또 어떠한 문화적 발전과정이 동반하였는가를 말이다.

외래어는 가끔 중개역할을 한 또 다른 언어를 경유하여 들어오기도 한다. 다수의 아랍어 단어들이 로만어를 경유하여 들어왔다. 즉 스페인어를 경유하여 *Alkohol*이, 이탈리아어를 경유하여 *Lack*가, 프랑스어를 경유하여 *Matratze, Karussel*이 독일어에 들어왔다. *Kaffee*는 아랍어의 qahwah가 터키어에서의 kahveh를 거쳐 여러 다른 언어 안으로 들어갔다. 영국 식민지였던 곳으로부터 들어온 차용어로서 *Punsch*와 *Pyjama*가 인도로부터 들어왔다. *Zucker* (설탕)는 아랍어에서 들어온 것이지만, 아랍인들은 이를 고대인도어로부터 차용한 것이다. 쿡Cook 선장이 폴리네시아어에서 가져온 tapu란 단어는 프랑스어에서의 tabou를 거쳐 독일어에서는 Tabu로 정착했다. Ketschup은 많은 사람이 그 기원지를 잘 알고 있지 못하다. 이는 네덜란드인이 말레이시아에서 이를 *ketjap*으로 가져왔는데, 말레이인은 이를 중국의 아모이Amoy 방언에서 받아들였다. 그곳에서는 이것이 *kôe-chiap, kè-tsiap*의 형태로 사용되고 있는데, 이는 영어로는 brine of pickled fish (소금에 절인 물고기) 또는 shellfish (조개류)를 뜻한다.

신주조어新鑄造語 Neuprägungen

다음 영역에서의 단어들에서는 정작 이를 제공했던 언어에서는 그 존재가 전혀 남아 있지 않다. 따라서 마치 '낡은 것에서 새로운 것'을 만든 것이라고 말할 수가 있다. 독일어에서 지난 수백 년의 기간 동안에 라틴어와 그리스어의 단어요소들을 조합한 이런 부류의 단어들이 만들어져 왔는데, 언어학에서는 이것들을 신주조어라고 부른다. 학문 분야와 기술 분야에서 새로운 대상물을 지칭하기 위하여, 이러한 단어들이 특유한 단어 조합의 원칙에 맞춰 만들어졌다. 오늘날 우리에게 단어구성요소에서 큰 작용을 하는 그리스인과 로마인이 사용하는 어휘에서는 원래는 이러한 단어들이 없었다. 왜냐하면 당시 옛날에는 그 표기의 대상이 된 물건들이 전혀 없었기 때문이다. *Tempomat* (자동차 속도계)나 *Termostat* (온도 조절기) 같은 도구는 당시에는 존재하지 않았다.

두 개의 다른 언어, 즉 제공어와 수용어의 단어를 함께 사용하여 만든 신주조어는 일종의 코드교체라고도 할 수 있다. 이에 해당하는 예로 *Minirock* (미니 스커트), *Exmann* (전前남편), *Exgatte* (전前배우자), *superklug* (특별히 영리한), *Vizekönig* (부副왕), *Bioladen* (바이오 가게), *Mikrowelle* (전자레인지), *Toplage* (최고점)와 같은 단어들이 있다. 오늘날 외래어의 소재로는 최근에 영어와 관련된 것들이 홍수처럼 아주 흔하게 복합어의 구성요소를 제공하고 있다. *Joginghose*가 그러한 예의 하나이다. 특히 광고 분야에서 이러한 차용의 가능성을 즐겨 이용하고 있다. 한 천연색 프린터 회사가 'Ihr selbstdesigntes T-Shirt (당신이 직접 디자인하는 티-셔츠)'와 같은 광고로 자신이 만든 제품의 광고를 하고 있다. 독일 철도회사는 고객들에서 BahnCard (철도 정기 통학권)을 구입하면, 가격할인의 혜택이 있다고 선전하고 있다. 아주 이탈리아어처럼 들리는 *picobello* (완전무결한)은 *pico*와 *bello*로의 복합어이다. 첫 번째 단어요소는 piekfein (아주 고상한)에서 이끌어져 나온 단어로서 이탈리아어와는 상관없다. *Bello*는 '아름다운'이라는 뜻을 가진 이탈리아어의 한 형용사의 남성형태이다.

Oldtimer (veteran car!), *Dressmann* (model!), *Handy* (mobile phone), *Smoking* (dinner jacket), *Friseur* (coiffeur)와 같은 단어들은 영어 내지 프랑스어로부터의 단어를 기반으로 하여, 한때는 독일어 사용자의 입에 오르내렸던 단어였다. 그러나 지금은 더 이상 사용되지 않고 있다. 영어 사용권에 속하는 외국에서 사용되는 *local call, long distance call, international call*과 같은 단어에 각기 상응시켜, Telekom-Marketing 회사가 *CityCall, GermanCall, Globalcall*과 같은 단어들을 만들어냈다. 이것들이 세상에서 흔히 말하는 소위 '유사 차용어 *Scheinentlehnung*'이다.

차용번역Lehnübersetzung

다른 언어의 단어요소들을 각기 따로 번역하여, 이를 하나의 복합어로 만드는 경우를 차용번역이라고 한다. com-passio을 기반으로 하여 *Mit-leid* (동정심)가 만들어지고, demi-monde에서 *Halb-welt* (화류계)가 만들어진 것이 이러한 예이다. Vor-urteil (편견)과 Un-ab-hängig-keit (독립성)는 각기 라틴어의 단어 prae-judicium과 in-dependt-ent-ia에서 나왔다. Weltweit란 단어가 생겨난 것은 앵글로아메리카어의 worldwide란 단어 덕택이다. *Heimwerker*도 이와 마찬가지의 방식으로 생겨났다. 독일어에 대한 미국의 영향력이 아직까지는 어느 정도 미치고 있었을 때에 다음 단어가 생겨났다. 즉 *fire* (즉각 해고하다)에서 독일어 단어 '해고하다, 쫓아내다'라는 뜻을 가진 *feuern*이다.

이러한 단어들이 어떻게 형성되는가에 대해 상세히 살펴보기로 하자. 아프리카 가나에서 사용되는 한 언어인 아산티어Ashanti에서 오보표ɔbɔfo (천사)란 단어가 있는데, 이는 직역하자면 원래 'Botschafter (통보자, 복음 전달자)'란 뜻이다. 천사를 복음의 전달자로 묘사한 선교사를 통해 이러한 단어가 만들어진 것이다. 왜냐하면 현지 아프리카 원주민이 날개를 가진 천사 그림을 보게 된다면, 복음전달자와는 다른 개념을 갖게 될 것이기 때문이었다. 비슷한 이유로 그리스어의 *ευανγ ελιον* (evangelion)에서 나온 라틴어 단어인 Ev-angel-ium이 고대영어로 번역되는 과정에서 frohe Botschaft (기쁜 소식)을 알려주는 'gōd-spel (좋은 말씀)'이 되어, 아직까지도 그 형태를 유지한 채 전해 내려온다.

미국의 마천루skyskraper (하늘을 찢는 것)는 프랑스어에서 gratte-ciel (하늘을 긁는 것)로 차용번역 되었다. 독일어에서는 Wolkenkratzer (구름을 찢는 것)의 형태로 나타나는데, 만일 이 단어의 구성요소를 그대로 번역하였다면 *Himmelkratzer*로 되어야만 했을 것이다. 이런 경우의 예를 차용의역Lehnübertragung이라 부른다. 반도란 뜻을 가진 프랑스어의 *paeninsula* (거의 섬이 된 곳)란 단어에서 나온 *Halbinsel* (절반쯤 섬이 된 곳)도 이런 경우에 해당된다.

모든 언어는 자신만의 방식으로 차용번역 내지 차용의역을 만들어낸다. 이의 좋은 예로서 서구문화권에 철도가 처음 발명되었을 때와 거의 같은 시기에 만들어진 *Eisenbahn* (쇠로 된 선로)을 들 수가 있다. 서로 친척관계에 있는 두 개의 언어인 영어와 독일어는 철도를 나타내기 위해 각기 *railway* (선로)와 *Eisenbahn*이란 단어를 각기 만들었다. 여기에 스웨덴어의 *järnväg* (철길), 핀란드어의 *rautatie* (철길), 스페인어의 *ferrocarril* (철길)이란 단어들이 동참했다. 프랑스어에서는 이를 위해 전치사가 필요했다. 즉 *chemin de fer* (철의 길)이다. 러시아어에서는 형용사와 명사로 이루어진 단어가 필요했다. 즉 *železnaja doroga* (철로 된 길)이다. 이들 모든 언어에서는 '철'과 '길' 내지 '노선'이 포함되어 있다. 여기에다가 각 언어는 자신만이 갖고 있는 언어변화의 법칙을 적용했다.

차용창조 Lehnschöpfung

차용창조란 자유로운 방식으로 외래어를 번역하는 것을 말한다. 예를 들면 자동차를 위해 *Automobil* (자동으로 움직이는 것)을 *Kraftwagen* (동력으로 움직이는 것)으로, *Billet* (표)를 *Eintrittskarte* (진입을 위한 표)로, *Passagier* (승객)을 *Fahrgast* (차를 탄 손님)로 번역하는 방식이다. 물론 여기에서 *Passagier*는 배나 비행기로 여행하는 사람들도 뜻한다. 외래어가 자신이 갖게 된 형태로 언어사용자에게 낯선 느낌을 주게 되어 관철되지 못하면, 이때에 곧바로 독일어화가 생겨날 수가 있다. 이 과정에서 자칭 언어의 순수성을 다시 회복하려거나 유지하려는 노력이 경주된다. 'worldwide (세상에 두루 걸쳐)'란 단어가 'bundesweit (연방 전체로)'로 바뀌어 번역되었는데, 이는 소위 유사차용창조라 할 수 있다.

여기에서 미국에서 유입되어 온 *Seifenoper* (비누 오페라)[28]란 단어에서는 특별히 연구할 만한 가치가 있다. 이런 작품들은 연속물로 제작되어, 곧바로 다른 언어들로 번역되어 배포되었다. 이때에는 동시녹음의 질이 이런 시리즈 연속극의 질을 좌우했다. 이때 적절한 재정적인 보상이 주어지지 않는 경우에는, 번역을 직업으로 하는 사람들은 건성으로 대충 작업할 수밖에 없었다. 이리하여 꼼꼼히 검토되지 못하게 되면서 많은 오류가 범해지게 되고, 이는 각 언어마다 갖는 독특한 언어감각을 제대로 살려내지 못하는 계기가 되었다. 그 결과로 번역상에서 많은 오류가 생겨나면서, 언어를 변화시키는 동인이 되었다. 예를 들면 앵글로아메리카어의 "*I knew who he was* (나는 그가 누구인지를 알았다)"를 번역하는 과정에서 독일어에서는 "*ich wußte, wer er ist* (나는 그가 누구인지를 알았다)"와 "*ich wußte, wer er war* (나는 그가 누구였는지를 알았다)"는 엄연히 구분되어 사용되고 있음에도 불구하고, 앞선 영어 문장의 경우에는 이것이 어느 것을 뜻하는지가 명확히 구분되지가 않는다. 만일 비누 오페라에서 이러한 번역상의 오류가 자주 나타난다 하더라도, 독일어에서는 아마도 이러한 의미상의 미묘한 차이점을 세밀히 구분하여 표현하지는 못했을 것이다.

앵글로아메리카어의 영향으로 원래의 '*es ergibt keinen Sinn*'의 문장에서 '*es macht keinen Sinn*'과 같은 차용숙어Lehnwendnung의 현상도 나타났다. 동독 사람들은 독일이 통일된 이후에는 이러한 문장 형식을 새로이 배워야만 했다. 이밖에 이런 방식으로 상당히 오래 전에 만들어져 들어온 숙어들로서는 다음이 있다. 즉 프랑스어의 '*faire la cour à quelqu'un*'에서 '*jemandem den Hof machen* (누구에게 구애하다)'이 만들어진 경우와, 프랑스어의 '*encourir danger*'에서 '*Gefahr*

---

28) 직역하면 '비누 오페라'라 불리는 이것은 시청자의 감성을 자극하는 질 낮은 텔레비전 연속극이나 방송국 연속극을 지칭한다.

laufen (위험에 빠지다)'가 나온 경우이다. 이탈리아어의 '*posito caso*'는 '*gesetzt den Fall* (특정한 경우에는)'이란 관용어를 나오게 만들었다. 이밖에 독일어에 의미확대 Sinnerweiterung나 의미왜곡Sinnverschiebung과 같은 현상이 또한 스며드는 경우가 있다. 이렇게 한 단어가 새로운 의미로 자주 사용하다 보면, 독일인의 언어감각 상에서 변화를 일으킬 수도 있다.

차용의미 Lehnumdeutung

다른 언어에서 들어온 단어들이 차용의미의 과정을 거치면서 새로운 의미를 갖게 되는 경우가 있다.

Geist (정신)이란 단어는 독일어에서 원래 *Gespenst* (유령)이란 의미를 갖고 있었다. 그런데 esprit란 영어 단어를 통해 '*의식과 사고에 따른 인간의 정신*'을 갖는 방향으로 의미가 확대되었다.

이의 또 다른 예로 *heilig*를 들 수 있다. 이 단어는 예전에는 *heilag*의 형태로서 '상처 입지 않은, 다치지 않은'이란 의미로 사용되었다. '상처받을 수 없는, 범접할 수 없는, 신성한, 신적인'이란 새로운 의미는 라틴어 단어인 sanctus (성스러운)로부터 차용되어 얻어졌다. 그리스도교 이전 종교의 단어들이 그리스도교의 개념에 맞춰 바뀌어 기도교화에 이용되면서, 장기적으로는 옛날 종교를 억압하는 효과를 갖게 되었다. 옛날 신화에서 '*Hölle* (지옥)'의 원래 의미가 무엇이었는지가 많은 사람들에게 잘 알려져 있지 않다.[29] 다만 이 단어가 오늘날 기독교화한 의미만을 갖고 사용되고 있을 뿐이다.

29) 이의 원래 형태인 hel은 '죽은 사람들이 머무는 곳'이란 뜻을 갖고 있다.

조어상에서 단어 구성요소의 차용

가끔 차용의 과정에서 조어의 요소들이 제공언어에서 수용언어의 안으로 들어설 수도 있다. 이런 경우에는 나중에는 어떠한 차용 과정이 있었는지를 거의 눈치 챌 수가 없게 된다.

중세 라틴어의 단어 *molīnārius*에서 마지막 음절에 있는 접미사가 약화되면서, 고대독어에서 *mulināri*로 되었다. 그리고 이는 오늘날 *Müller*의 형태로 나타난다. 이와 비슷한 경로로서 프랑스어에서 나온 또 다른 접미사가 있다. 중세독어의 *jegerîe*는 나중에 *Jägerei*가 되었고, *Gärtnerei*의 경우도 그러하다. 여기에서의 장모음 -ī(e)가 복모음화 되어 나타나게 된 접미사 -ei는 후에 조어를 위한 전문적인 접미사로서 독일어에 들어선다. buchstabieren, hausieren 등의 동사에서 보이는 -ieren이나 명사 *Stellage*에서의 -age도 프랑스어에서 차용되어 들어 온 접미사이다. 이는 *Hornist*의 경우에도 해당된다. 이 단어에서 어간은 게르만어의 것이지만, 접미사 -ist는 프랑스어에서 들어온 것이다.

이 차용조어가 어느 정도로 큰 영향을 미치고 있는지는 다음과 같이 영어에서 들어온 명사를 위한 복수형 어미 -s가 어떠한 방식으로 덧붙이지고 있는지를 통해 알 수 있다. 'skate-board - skate-board**s**'. 20세기 전반에 들어서면서 영어의 영향으로 대학생들이 프랑스어의 경우를 본 따서 die Müller**s**와 같은 형태를 만드는 잘못된 언어습관이 기승을 부렸다. 즉 복수형 어미 -s가 점점 더 인기를 끌었던 것이다. *Kumpel*은 고대프랑스어에서 들어온 차용어이다. 그런데 여기에서 어미 -s가 단수형과 복수형을 구분하는 수단으로서 이용되면서, *Kumpel***s** 란 복수형태가 만들어질 정도였다. Kerle의 경우 어미 -e로 복수형의 기능을 충분히 나타낼 수 있음에도 불구하고, 여기에서도 프랑스어 내지 영어의 영향으로 *Kerl***s**의 형태가 득세하게 되었다. 이와 비슷한 경우로 Regatten 〉 Regattas,

Skalen 〉 Skalas, Aromen 〉 Aromas, Risiken 〉 Risikos, Klimate/Klimata 〉 Klimas 로 바뀌는 현상이 생겼다.

여기에서 16세기에 이탈리아에서 차용된 단어인 *Saldo*의 변천과정도 주목할 만하다. 이 단어의 복수형태는 이탈리아어에서처럼 원래는 *Saldi*이어야만 했다. 그러나 이의 복수형은 우선적으로 Salden이 되었다가, 최근에는 Saldos란 형태가 나왔다. 그러나 *Konto/Konten*의 경우처럼 이탈리아어에서의 단수와 복수 형태 그대로가 유지된 것도 사용된다.

영어는 우리에게 복합명사를 만드는데 있어서 아주 바람직한 변화를 일으켰다. 즉 명사들 사이에 하이폰를 집어넣어줌으로써, 여러 개의 단어들을 일목요연하게 연결시킬 수가 있게 되었다. 예를 들면 **Urinstikt**의 경우에는 *Ur-Instinkt* (원래 가진 본능) 또는 *Urin-stinkt* (오줌의 역겨운 냄새)일 수가 있다. *Reinnhartd's Bistro*의 경우처럼 소유격 어미 -s를 단어로부터 분리하고 난 후에, 생략부호인 '를 넣어줌으로써 역시 훨씬 개선된 효과를 나타낸다. 왜냐하면 이름의 끝에 위치하는 -s가 이름의 한 부분인지 또는 소유격 어미를 나타내는지를 확실하게 해 줄 수가 있기 때문이다. 예를 들면 *Herr Engel - Engel's Buch*와 *Herr Engels - Engels' Buch*의 경우에서이다. 이런 현상은 정서법 차용Orthographie-Entlehnung이라고도 부를 수 있겠다.

차용과정에서 일어난 음운 변화

만일 언어사용자가 한 차용어를 사용하는 과정에서 음운상의 문제 때문에 발음하는 데에 불편함을 느낀다면, 이러한 차용어에서는 바꾸어 발음하게 되는 일은 필연적이다. 이는 대체로 편하게 발음하게 만들면서 목적언어의 음운체계에 적응시키려는 목적에서 생긴다.

멕시코에서 사는 사율라 포폴루카Sayula Popoluca인의 언어는 l과 r의 어떠한 음운도 갖고 있지 않다. 따라서 스페인어의 cruz (십자가)는 *kúnu:f*로 발음할 수밖에 없다. 마야 언어의 하나인 촐Cho어에서는 단어가 복합자음으로서는 시작할 수가 없다. 그리하여 Kreuz (십자가)란 단어가 이 언어에서는 rus로 발음된다. 일본인은 영어 단어인 private를 자신들의 음운규칙에 맞추려고 puraibēto로 만들었다 (여기에서는 아이우에오Aiueo 표기방식에 따랐다). 타이티어에서는 영어에서 차용된 각 월의 명칭을 음운상에서 적응시키는 과정에서 크게 변형되었다. 그러나 이들 중 일부 단어들은 음운상에서 크게 달라지지 않아서, 여러분의 귀에 그리 낯설게는 들리지 않을 것이다.

영어	타이티어	영어	타이티어
January	*Tenuare*	*July*	*Tiurai*
February	*Febuare*	*August*	*Atete*
March	*Māti*	*September*	*Tepeta*
April	*Eperera*	*October*	*Atopa*
May	*Mē*	*November*	*Novema*
June	*Tiunu*	*December*	*Titema*

도표 3-20

*Skandal*과 같은 단어에서의 자음 s와 k의 결합형도 원래는 독일어의 발음체계와 맞지 않다. 그럼에도 불구하고 많은 사람에게서 이제는 *Skandal*과 *skurril*과 같은 단어를 원래 그대로 발음하는 것이 가능해졌다. 그러나 많은 사람들이 th[θ]를 발음하는 데에서 아직도 곤욕을 치루고 있어서, father를 [faser][30]로 발음한다. 이 음운은 독일인에게만 어려움을 주지 않는다. 영어권 아이들도 역시 자신들의

30) 저자는 여기에서 〈faser〉로 표기하고 있다. 그러나 언어학에서 〈 〉는 문자소를 나타내는 기호이다. 따라서 여기에서는 올바른 음성 기호인 [ ]를 대체했다.

모국어를 습득하는 과정에서 이 음운을 발음하는 데에 어려움을 겪고 있다. 영국의 많은 지역은 물론이고 미국에서도 이 th[θ]의 대용으로 d 또는 f가 사용되고 있는데, 이때에 유성음과 무성음의 차이는 무시되고 있다.

유사 언어변화 imitativer Sprachwandel

유사언어변화는 대개의 경우 짧은 기간 동안 존속하지만, 때로는 장기간에 걸쳐 그 영향이 지속될 수도 있다. 다음처럼 북부 독일인이 바이에른의 언어에 적응하려는 데에서, 그 노력이 단지 일시적인 결과에 머물 수가 있다. 만일 북부 독일인이 Wein 대신에 Woan이라고 말하고자 하면, 이를 잘못 발음하기 쉽다. 이것이 지금은 실소의 웃음을 짓게 만드는 정도에 불과하지만, 예전에는 심각한 결과를 가져왔을 수도 있다.[31] 어느 경우에서든지 언어가 특정 사회 전반에 걸쳐 관철되지는 못한다. 이리하여 가끔은 유사언어변화의 단계 그대로 머물러있게 된다.

외래어 단어들을 완벽하게 발음하려는 노력이 항상 성공하진 못한다. 어린 아이들을 위한 용품과 관련된 한 이탈리아제 상품명인 *Chicco*는 독일인 어머니들에게서 일반적으로 *[thchikko]*로 발음된다. 그러나 한 독일 어머니가 이탈리아에서 이 회사의 상품을 찾고자 하면, 그녀는 이탈리아인들이 자신들의 정서 규칙에 맞춰 일관되게 *[kikko]*라고 발음해야 한다는 사실을 알게 될 것이다.

독일어의 r는 원래 설측음Zugenspitze의 r이었다. 구개음Gaumen의 r은 나중에 새로이 들어와서, 특히 독일의 북부지역에서 사용되었다. 이 음은 프랑스어에서 들어와서는 베를린 지역의 살롱에서 처음 사용되었다. 남부독일 지역과 기타 유럽

31) 이는 총을 쏘는 흉내를 내면서 내는 소리인 “빵”으로 잘못 들릴 수 있기 때문이다.

지역에서는 설측음 r이 우세하다.

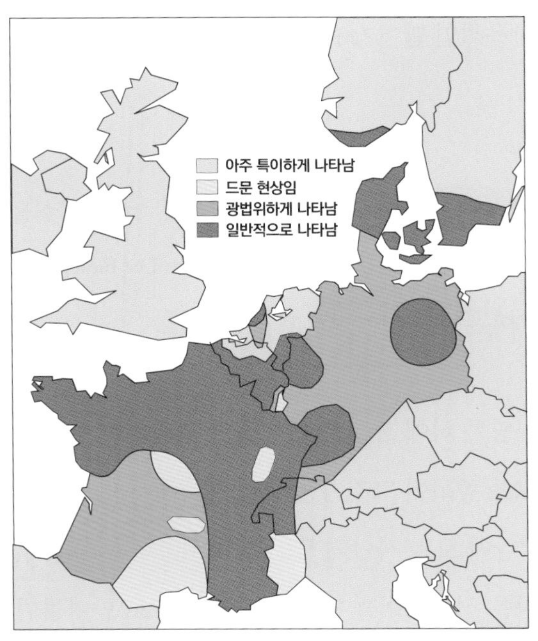

3-17_ 구개음 r의 분포 상황

게르만어 방언들은 고대독어시기에는 강세가 단어의 첫음절에 주어졌다. 그런데 라틴어와 프랑스어의 영향으로 강세의 위치가 더러 바뀌게 된 경우가 생겼다. 이 '강세차용Akzententlehnung'의 현상은 각 단어마다 각기 달리 일어났다. 'Holunder의 경우에는 Ho'lunder로, 'lebendig의 경우에는 le'bendig로, 'forhel의 경우에는 Fo'relle로 바뀌었다.

그러나 강세가 바뀌기 이전에는 이를 받지 않았던 마지막 음절이 계속 약화되어서 결국은 사라졌다. 동사 geben의 경우에서 보면 공통게르만어의 +gebanan에서 고대독어 geban의 과정을 거친 후에, 중세독어에서는 geben이 되면서 음절 하나를 잃게 된다. 그러나 가장 현대어이자 일상어에로 사용되는 표준독일어에서 조차도 오늘날에 [ge:bm] 또는 [ge:m]으로 발음되고 있다. 이와 비슷한 현상이 Türe 〉 Tür 에서도 보인다. 또 Butter처럼 -er로 끝나는 음절을 가진 단어들은 이제는 완전히 [Buttea], [Butta] 또는 e와 a 사이에 위치하는 음운을 가리키는 발음으로 규칙화되었다. 이 음은 특별히 [ɐ]로 표기된다.

영어에서는 이러한 발전과정이 이미 상당히 진척되어, 많은 경우에서는 이 과정의 마지막 단계인 단어의 단음절화에까지 이르고 있다. 영어가 매력적인 언어로 된 것에는 무엇보다도 이렇게 단음절인 단어가 많다는 점이 작용했다.

국제화 Interanationalismen

사람들이 장소를 옮기지 않아도, 문서, 전화, 라디오, 텔레비전을 통해서 오늘날 단어들은 달라지고 있다 (Luigi Luca Cavalli-Sforza, *Gene, Völker, und Sprachen, Die biologische Grundlangen unserer Zivilisation*, München, Carl Hanser, 1999, p. 221).

많은 서방 언어에서는 국제화란 명목 하에 새로운 단어들이 귀화하여 들어오고 있다. *Surfen*과 같은 새로운 스포츠 종목이 그것이 발생한 지역에서 명명된 그대로의 명칭으로 들어와서는, 순식간에 모든 사람의 입안에서 오르내리고 있다. 지금 *Talkshow, Slogan, Hardware*같은 신주조어들이 아주 빠른 속도로 받아들여져 국제화되고 있다.[32]

단어가 기원한 곳	
아프리칸어	*Apartheid*
중국어	*Kung Fu*
프랑스어	*Avantgarde, Boutique, Chassis, Garage*
히브리어	*Kibbutz*
이탈리아어	*Faschismus, Partisan, Pasta, Pizza*
일본어	*Bonsai, Kamikaze, Karaoke, Karate, Origami*
러시아어	*Sputnik, Glasnost, Perestroika*
스페인어	*Macho, Marijuana, Paelle, Tango*
스칸디나비아어	*Moped, Slalom*

도표 3-21

32) 남아프리카에 거주하던 네덜란드인이 사용하던 언어에서 나온 독일어계통의 언어이다.

그러나 우리에게 'faux amis (거짓 친구들)'란 아주 조심해야 할 언어현상이 있다. 독일인이 Provision (수수료)이라고 말할 때에 프랑스인은 commission이란 단어를 사용하고 있다. 그런데 동시에 이 두 국민 사이에서는 그 역방향으로도 사용되고 있다. 프랑스어에서의 rende-vous가 독일의 치과의사에게서는 *Termin* (진료 예약)으로도 사용된다. 이는 *rende-vous galant* (데이트 약속)의 경우처럼 기분 좋은 경우를 말하는 것이 아니다. 프랑스어의 réacteur는 비행기의 한 추진 장치이다. 우리의 Atomreaktor (원자로)는 프랑스어에서는 *central atomique*이다. 영어 단어들의 경우에서 우리는 이미 오래 전부터 독일어에서와 비슷하게 들리는 단어들이 약간은 다른 의미를 갖고 있다는 사실을 잘 알고 있다. 영어에서의 small (작은)의 의미를 나타내려면, 사람들은 독어에서는 schmal (좁고 가느다란)이 아닌 *klein* (작은)을 사용해야 한다. 영어의 notice가 가진 뜻을 위해서는 Notiz (메모지)가 아닌 *Schild* (간판)나 *Hinweis* (지시 사항)가 사용된다.

기저어Substrat와 상층어Superstrat

예전에는 외래어나 차용어의 기원과 이것이 받아들여진 시점이 언어학에서의 주요 관심사였다. 그러나 최근에는 점점 더 외국어가 목적어에 전반적으로 어떠한 영향을 끼쳤는가를 조사하려 하고 있다.

정복자는 피정복자에게 지배방식과 더불어 흔히 자신들의 언어를 사용하도록 강요한다. 이렇게 한 언어가 다른 언어를 대신하게 되는 현상을 'Substitution (대체)'라고 부른다.

강제로 정복당한 경우에는 새로운 세력에 대항했던 자들은 최악의 경우에 죽임을 당하였다. 현지인이 모두 침입자들에 의해 몰살된 경우에는 언어상에서 완벽한 대체가 일어난다. 그러나 역사를 살펴보면 전체 원주민 주민이 몰살되었다는 기록은 극히 드물다. 이보다는 정복당하면 가끔 강제로 이주되는 경우는 있었어도, 대체로 새로운 지배자에게 생필품과 병사를 제공하기 위하여 살려두는 일이 흔했다. 원래 주민의 극히 일부라도 살아남게 되면, 새로운 언어 안에서 옛날 언어에 있었던 언어구조와 단어와 발음들이 그 흔적을 남기게 마련이다. 이런 경우를 '중첩*Überlagerung*'이라고 하며, 이때에 하층의 언어계급이 있었음을 나중에 알아낼 정도로는 남아있게 된다. 북아메리카 인디언의 언어들처럼 한 종족의 언어가 정복자의 언어에 의해 완전히 대체된 경우와 같은 일은 오히려 예외적인 현상이다. 새로운 언어가 흔히 옛 언어를 뒤덮는 경우가 있다. 그러나 이때에 흔히 하층에 깔린 언어가 이러한 뒤덮임에 항거하려는 현상이 생긴다. 이는 마치 물의 색깔이 바뀌는 과정과 같다. 처음 색깔에 새로운 색깔을 덧씌우면, 처음 색깔이 아직 완전히 마르지 않은 상태일 경우에는 새롭게 혼합된 색깔이 나오게 마련이다. 또는 아래층의 색깔이 여러 장소에서 솟구쳐 나오기는 하여도 완전히 없어지지는 않는다.

한 언어에서 옛날에 피지배 계층이 사용하던 언어를 '*기저어Substrat*'라 부르고, 새로이 들어선 지배계층의 언어를 '상층어*Superstat*'라고 부른다. 여러 겹으로 덧쓰인 양피지의 경우에서와 같이 여러 계층의 이전 언어들이 차례로 뒤덮인 상태로 있을 수도 있다. 이때에 개개 단어들이나 단어구조들과 문장구조 안에는 옛날 언어의 요소가 숨겨져 있다가, 겉으로 드러나면서 비추어 내보일 수가 있다.

우선 로만 언어들에게 눈길을 주어보자. 라틴어는 각 지역마다 다른 계통의 하층 언어들과 만나게 되었다. 포르투갈어, 스페인어, 프랑스어, 루마니아어는 이들 하층 언어들이 로마인의 언어를 수용하는 과정에서 내부적으로 큰 영향을 받았다.

이 과정에서 브리튼 군도는 아주 다양한 시나리오를 제공하고 있다. 유럽 원주민을 뒤따라서 픽트인, 켈트인, 로마인, 앵글로인, 색슨인, 유트인, 바이킹인이 이곳에 들어왔다. 그리고 마지막으로는 노르만인이 들어왔다. 이 모든 사람들이 사용한 언어들이 오늘날 영어에 흔적을 남겼다. 이때에 유럽 원주민의 유산도 기저어로서 나타나고 있다.

새로운 지배자의 어휘는 어순에 비해 피지배계층의 언어에 더 많은 영향을 주었다. 정복당한 민족그룹이 새로운 지배자의 언어에 적응하려는 과정에서는 새로운 언어의 어순을 그대로 받아들이기는 매우 어려웠다. 정복당한 주민은 정복자와 적극적으로 소통하기 위하여, 새로운 언어를 가능한 빨리 습득하려고 노력하였다. 그러나 주민의 대다수에게는 다른 방식의 언어에 익숙해지기가 쉽지 않았다. 왜냐하면 이 낯선 언어의 문법구조를 그대로 받아들이는 것이 매우 어려웠기 때문이었다. 그리하여 이들은 침입자의 어휘들은 사용하였지만, 모국어의 문법규칙에다가 자신들이 사용하여야 할 낯선 언어의 것을 집어넣으려고 애썼다.

전쟁 행위가 항상 새로운 언어계층을 형성하도록 만들지는 않는다. 정복자가 지배력을 제대로 발휘하려면, 수적으로 우세한 피지배 계층의 도움이 필요했다. 몇몇 언어들은 엘리트 계층이 갖는 영향력을 통해서 자신의 영향력을 키울 수도 있었다. 새로이 들어 온 소수의 다른 언어 사용자들은 자신들의 언어에 높은 권위와 명망을 갖게 만들어서, 지배계층으로서 피지배계층의 위에 올라 설 수가 있었다. 이때에 원주민들은 새로이 들어온 이 언어의 우위를 인정할 수밖에 없었다.

낯선 땅에 정주하여 살게 된 손님의 언어가 상층어로서 영향력을 발휘하는 경우도 있다. 외부로부터의 압력이 작용하지 않고서도 이러한 방식의 언어 발전과정이 생겨난다. 그러나 이는 이 새로운 언어의 나라가 문화적인 측면에서 우위를 점하고, 또 선도적인 역할을 할 정도의 기능은 갖고 있어야만 했다.

일본에서 감사의 말로 사용하는 '아리가또arigadō'라는 인사말은 포르투갈인이 옛날 일본에서 큰 영향력을 발휘할 당시에 일본인에 의해 받아들여진 것으로 추측된다. 즉 이 말은 포르투갈어의 'obrigado (나는 복종합니다)'에서 나왔다. 이 말은 시간이 지나면서 원래의 일본어 단어인 '도모dōmo'를 몰아냈다. 오늘날의 일본인은 감사를 표시할 적에 '아리가또 고자이마스arigadō gozaimas'를 사용한다. 물론 이 단어의 생성원인에 대해서는 또 다른 설명도 있다.

독일에서 살고 있는 외국인계 주민들에게서 상층어가 끼친 영향력을 실제로 적나라하게 보여주는 예가 자주 발견된다. 이들은 자신들의 나라 사람들끼리 대화할 때에는 자신들의 모국어를 사용한다. 그러나 이들 간의 대화에서 *U-Bahn* (지하철), *Rathaus* (시청), *Landratsamt* (군청) 등과 같은 독일어 단어들이 가끔 흘러나온다. 비록 자신들의 언어에 이에 상응하는 단어들이 있음에도 불구하고, 이들은 손님의 나라의 언어를 갖고 현지 관청의 명칭을 언급하고 있는 것이다.

페네만은 학생들에게 매주 한 번씩 쥐드도이체 차이퉁 신문이 마지막 페이지에서 독자를 즐겁게 해 주고자 게재하던 필저Filser편지를 낭독해 주었다. 그리고 이를 근거로 하여 상층어가 어떠한 역할을 하는지를 설명해 주고는 했다. 이 기사는 한 바이에른인이 자신의 영국인 친구에게 영어로 써서 보낸 내용을 담은 편지이다. 이 텍스트는 완전히 영어 단어로만 구성되어 있지만, 문법과 숙어 등은 말 그대로 바이에른어에서 사용하는 방식 그대로였다. 따라서 영국 사람들 자신은 거의 이해하지 못할 정도로 아주 엉뚱한 문구가 나타나고는 한다. 예를 들면 "*I was out of the little house*"와 같은 것인데, 이런 문장을 나오게 만든 문구는 바이에른어 방언의 "*aus dem Häuschen sei* (자제력을 잃을 정도로 흥분하다)"이다. 영어를 가르치는 독일인 선생들은 자신이 가르치는 학생들에게서 이러한 필저-영어

어떤 다른 표현으로 하던지 간에 이는 단지 용어상의 문제일 뿐이다. "모든 언어들은 필연적인 인간의 욕구와 인간의 일상의 용무, 그리고 일반적으로 인간이 느끼는 감정에 따른 생각에서 생겨난다."라고 괴테는 말했다 (Johann Wolfgang von Goethe im Gespräch mit Eckermann (1831. 07. 20), in: *Lexikon der Goethe Zitate*, Richard Dobel 〈Hrsgg〉, Zürich, Artemis, 1968, p. 858).

비록 '단수'와 '복수', '나'와 '너'를 구분하지 못하는 언어들이 있기는 하지만, 구스타브 이나이헨Gustav Ineichen이 다음처럼 말한 사항이 틀린다고는 보지 않는다.

> "세상에 있는 그 상태나, 또 그리 받아지고 있는 것에 따라서 문법이란 카테고리가 생기기 마련이다. '단수'와 '복수'의 구분이나 '나'와 '너'를 구분하는 대명사와 같은 경우를 생각하면 이를 알 수 있다." (Gustav Ineichen, *Allgemeine Sprachtypolgie*, Erträge der Forschung 118, Darmstadt 1991, p. 5)

언어의 보편성을 찾는 일은 언어의 획득과정에서의 유전적인 규칙을 찾는 것과 같다. 모든 갓난아기들은 말을 배우는 능력을 가진 상태로서 태어난다. 이러한 능력은 선천적이다. 따라서 보편적인 지각 능력과 더불어 의사소통을 위한 조음에 필요한 기본적인 언어구성능력 및 이를 간접적으로 연결시키는 능력을 갖고 태어난다. 그러나 언어보편성 이론의 반대자들은 가설로 제시되는 이런 선천적인 문법체계나, 이에 기반을 둔 어린 아이의 언어습득 능력은 믿지 않고 있다. 그렇지만 모든 아이들이 부모가 사용하는 언어가 어떤 언어 환경에 있던지 간에, 자신이 살고 있는 곳의 언어를 습득할 수 있다는 사실만은 부정할 수가 없다.

인간의 아이가 자신이 갖고 있는 기본 성향들을 이용하지 않으면, 아이의 언어능력은 퇴화된다. 일찍이 신생아 시절에 버려져 인간의 손길이 닿지 않는 곳에서 늑대무리와 함께 자란 소위 늑대소년은 인간사회로 귀환한 후에도 인간의 언어를 거의 습득하지 못했다. 이 늑대소년은 나이가 많을수록, 그는 언어를 습득하기가 더욱 어려워진다. 언어습득 과정에서도 절대 놓쳐 흘려버리지 말아야 할 특별히 민감한 부분이 있다.

4세부터 우리의 두뇌는 점점 더 지금까지 배운 음과 음색에 고정화되어, 이를 명확히 구분해 낸다. 그래서 4살이 되기 전에 외국어를 배우기 시작해야만 이를 완벽히 구사할 수 있다.

> 외국어 발음을 정확히 해내는 것이 얼마나 어려운지는 성경에서도 그 예를 분명히 보여준다. 에프라이미트인Efraimiter의 언어에는 치음인 sh[ʃ]가 있지 않았다. 질레아드Gilead 사람들과의 전투에서 패배한 에프라이미트인은 질레아드인이 점령하고 있던 요르단 강을 건너 도망치려고 했다. 그때에 이곳 여울목을 건너려는 모든 에프라이미트인은 〈쉬브볼레트Shibbolet〉란 단어를 발음하도록 강요받았다. 이때에 이를 제대로 발음하지 못하고 〈시브볼레트Sibboliet〉로 발음한 사람은 이프라이미트인의 신분이 발각되어 죽임을 당하였다 (사세기 12,4~6).

언어가 독자적으로 변화함에 따라 같은 언어유형이라도 다양한 형태의 변이형이 생겨난다. 그리되면 이제는 다른 변이형의 언어를 사용하는 사람들은 이를 거의 이해할 수 없을 정도가 된다. 이에 따라서 오늘날 알려진 언어들이 걸어온 길에는 커다란 역사적인 차이가 있었음을 보여준다.

지구상에 있는 어족語族 Sprachfamilie

오늘날 언어학자들은 생물학에서 사용하는 용어들과 이를 서술하는 표현들을 사용하고 있다. 또 모든 입증 과정에서도 자연과학자들이 하는 방식과 비슷한 정도로 엄격한 잣대를 적용한다. 연구방법을 다루는 이번 장에서는 우리는 언어의 유전적 친척 관계를 학문적으로 증명하는 것이 얼마나 복잡한지를 보게 될 것이다. 이때 언어들 간에 나타나는 공통점과 더불어 그 차이점도 우리에게는 큰 관심사이다.

지금까지 세계의 어족에 관한 분포를 조사한 결과를 살펴보면, 항상 동일한 그림이 그려지고는 있지 않다. 일반적으로 오늘날 전 세계적으로 180개 이상의 어족이 알려져 있는데, 이중에서 단지 13개의 어족만이 전 세계에 있는 모든 언어의 거의 99%를 점하고 있다. 언어학자 요한나 니콜스Johanna Noicols가 조사한 바에 따르면, 언어의 유전적 다양성은 열대지역이나 해변지역에서 특별히 강하게 나타나고 있다. 이 지역들은 단일한 통치세력이 장기적으로 지속되지 못했던 곳이다. 반면에 건조지역이나 연중 변화가 거의 없는 지역과 높은 고지대 등은 그

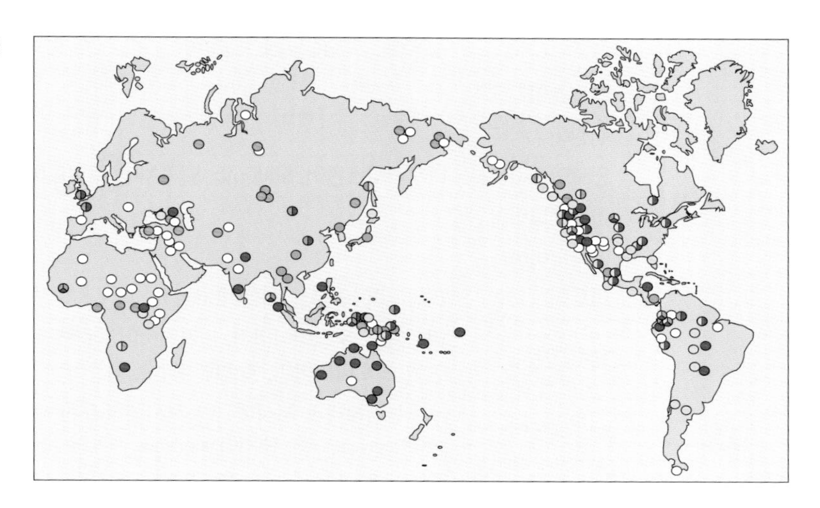

3-18_ 세계의 어족들

러하지 않다. 이들 지역은 국가 통치세력이나 제국이 장기간에 걸쳐 존재하였던 곳이다 (지도 3-18을 보라).

아래 도표는 유전적인 친척관계와 지역적인 친소관계에 따라서 오늘날 살아있는 언어들이 속한 세계의 어족들의 분포상황을 개괄적으로 나타내어 본 것이다 (세계의 언어에 대한 상세한 지도는 Raymond G. Gordon Jr. 〈Hrsgg.〉 *Ethnologue: Languages of the World*. 15. ed. Dallas (Tex.), SIL International, 2005; 인터넷상에서는 http://www.ethnologue.com/ (2006. 08. 07.)에서 이에 대한 다양한 여러 자료들은 찾아볼 수가 있다). 여기에서 지역적으로 보이는 친소관계는 특별히 별표를 붙여 표시했다. 예를 들면 고古시베리아 언어들은 서로 간에 아무런 친척관계가 없다.

단어가 기원한 곳		
인도유럽어	게르만어	독일어, 이디시어, 네덜란드어, 프리젠어, 영어, 스웨덴어, 덴마크어, 노르웨이어, 아이슬란드어
	로만어	포르투칼어, 스페인어, 프랑스어, 레토로만어, 이탈리아어, 루마니아어
	인도어	힌두어, 벵갈어, 싱할어, 로만어Romanes* (로마어Roma와 신티어Sinti)
	켈트어	아일랜드어, 스코틀랜드어, 골어, 맹크스어Manx, 웨일즈어, 코른어Kornisch, 브레타니아어
	그리스어	
	이란어	
	인도아리아어	아프카니스탄어, 오세티어, 벨루치어, 쿠르드어, 페르시아어
	아르메니아어	
	알바니아어	
	발트어	리타우어Litauisch, 레트어Lettisch
	슬라브어	러시아어, 우크라니아어, 불가리아어, 마케도니아어, 세르비아어, 크로아티아어, 슬로베니아어, 체코어
우랄어	사모예드어 Samojedisch	우랄산맥지역과 서시베리아 저지대의 모든 방언들: 느가나산어Nganasanisch, 넨치어Nenzisch, 엔츠어Enzisch, 셀쿠프어 Selkupisch

* 일명 집시어라고도 한다.

단어가 기원한 곳

우랄어	핀우그리어	동부핀란드어: 핀란드어Finnisch, 카렐어Karelisch, 잉그르어Ingrisch, 웨스프어Wespisch, 에스토니아어Estonisch, 보트어Wotisch, 리브어Livisch, 모르드빈어Mordwinisch, 체레미스어Tschermissisch; 페르미어Permisch: 시리엔어Syriänisch, 보티아크어Wotjakisch; 오부그르어Obugrisch: 보굴어Wogulisch, 동부야크트어Ostjaktisch; 랍어Lappisch(노르웨이, 스웨덴, 핀란드, 러시아어 지역에 분포): 헝가리어(마잘어)
아프로아시아어 Afroasiatisch	셈어Semitisch	히브리어Hebräisch, 아람어Aramäisch, 아랍어Arabisch, 암하르어Amharisch, 티그레어Tigré
	이집트어	콥트어Koptisch(신이집트어)
	베르베르어	ex. 투아레크어Tuareg
	쿠시트어 Kuschitisch	ex. 소말리아어Somali
	차트어	ex. 하우사어Hausa
	오모트어 Omotisch	
*코카사스 지역 언어들		아브샤스-아디그어Abschaisch-Adygisch, 카르트벨어Karwelisch, 낙스-다케스탄어Naxisch-Dagestanisch
터키어	오구스어	터키어/오스만어
	남동터키어	위그르어, 우즈베크어
	킵착어 Kiptschaskisch	바쉬키르어Baschikirsch, 타타르어Tatarisch, 카자크어Kasachisch, 키르기스어Kirghisch
	북시베리아어	돌간어Dolganisch, 야쿠트어Jaikutisch
	남시베리아어	차카스어Chakasisch, 투윈어Tuwinisch, 알타이-터키어Altaitürkisch
	츄바쉬어 Tschuwaschisch	
몽골어		차카-몽골어Chacha-Mongolisch, 칼뮈크어Kamlmückisch, 부리아트어Burjatisch
만주-퉁구스어		퉁구스어, 만주어, 에벤크어Ewenkisch, 라무트어Lamutisch

단어가 기원한 곳		
*고시베리아어	추쿠치시-코리야키시어Tschuktisch Tschktschisch - Korjakisch	추쿠치어Tschktschisch, 코리야크어Korjakisch, 이텔멘Itelmenisch(캄차달어Kamtschadalsich)
	케티시어Ketisch	
	주카키르어 Jukagirisch	
	아이누어Ainu(일본의 원주민어)	
	길야크어Giljakisch	
부루샤스크어Buruschaski		(파키스탄의 북부)
시노티베트어 Sinotibetisch	중국어	
	티베트-버마어	
타이어		타이어(샴어), 라오스어 등
한국어		
일본어		일본어, 유구어Ryukyu-Sprachen
드라비다어	북부	브라후어Brahui, 쿠루크어Kurkh, 말토어Malto
	중부	콜라미어Kolami
	남중부	텔루구어Telugu, 카나레스어Kanaresisch
	남부	말레이야알람어Malayalam, 타밀어Tamilsich
안다만어 (안다만 제도의 일부 소수민족)		
아우스트로 아시아어	문다어Munda	산탈어Santali 등
	몽-크메르어 Mon-Kmer	크메르어(캄보디아), 베트남어 등
아우스로 네스어 Austronesisch	포르모사어 Formosa-Sprachen	
	서부 말레이시아-폴리네시아어	말레이시아어, 쟈바어, 마데가스카르어, 타갈로그어(필리핀어) 등

단어가 기원한 곳		
	동부 말레이시아-폴리네시아어	솔로몬군도 언어들, 피지군도 언어들, 통가어Tonganisch, 사모아어Samoanisch, 타이티어, 마오리어, 하와이어
*파푸아어 (뉴기니아와 인근 제도의 여러 많은 언어들)		
타스만어 (최근에 사어가 됨)		
인디언어	북아메리카	에스키모-알레우트어Eskimo-Aleutisch, 나-덴네어Na-Dené, 호카-시욱스어Hoka-Sioux, 페누트어Penuti, 알곤킨-바카취어Algonkin-Wakasch, 타노-우토-아츠텍어Tano-Uto-Aztekisch
	중부아메리카	아카테코어Akateko, 가리푸나어Garipuna, 피필어Pipil, 미스키토오Misikto, 브리브르어Bribri, 느게베르어Ngäbere
	남아메리카	아라바크어Arawakisch, 파노어Pano, 투카노어Tukano, 카리브어Karibisch, 치브차어Chibcha, 케추아어Quechua, 트콘어Tchon, 게어Gê, 아라우칸어Araukanisch, 구아이쿠루어Guaikuru, 아이마루어Aimaru, 마타코-마카어Matako-Maka
*아프리카어계 언어들	니케르-콩고어	대서양-콩고어Atlantik-Kongo, 고르도판어Kordofan, 만데어Mande, 반투어Bantu (ex. 줄루어Zulu)
	나일-사하라어	베르타어Berta, 수단어Sudanisch, 사하라어Saharanisch, 코무즈어Komuz, 쿠만어Kuman, 마반어Maban, 송가이어Songhai, 푸르어Fur 등 여러 언어
	코이산어Khoisan	하드자어Hadza, 산다베어Sandawe(!북코이산어Nordkoisan로서 쿵어Kung)

도표 3-22

원原조상어Ursprache

언어학의 주요 연구목표 중의 하나는 인도유럽어족의 조상어를 알아내는 일이었다. 프란츠 보프Franz Bopp는 이미 9세기에 전력을 다해 인도유럽어의 기반이 되는 조상어를 완벽히 재구성하려고 했다. 이러한 목적으로 한 어족에 속하는 언어들을 대상으로 하여, 오늘날 실제로 사용되는 언어들과 이 언어들의 예전 단계의 기록물들과 비교하는 작업을 한다. 마찬가지로 이 언어들의 옛날 형태들을 서로 비교하기도 한다.

일부 언어학자들은 이에서 더 나아가고 있다. 즉 이들은 세계에서 사용되고 있는 모든 언어들의 조상어까지를 재구성하려하고 있다. 이러한 연구자들은 자신들을 노스트라티커Nostratiker란 부르고 있다. 노스트라트어Nostratisch는 하나의 마크로Makro (거대)어족인데, 이는 여러 대륙을 아우르는 가상의 큰 어족을 총칭하여 부르는 명칭이다.

3-19_ 노스트라트어의 족보수

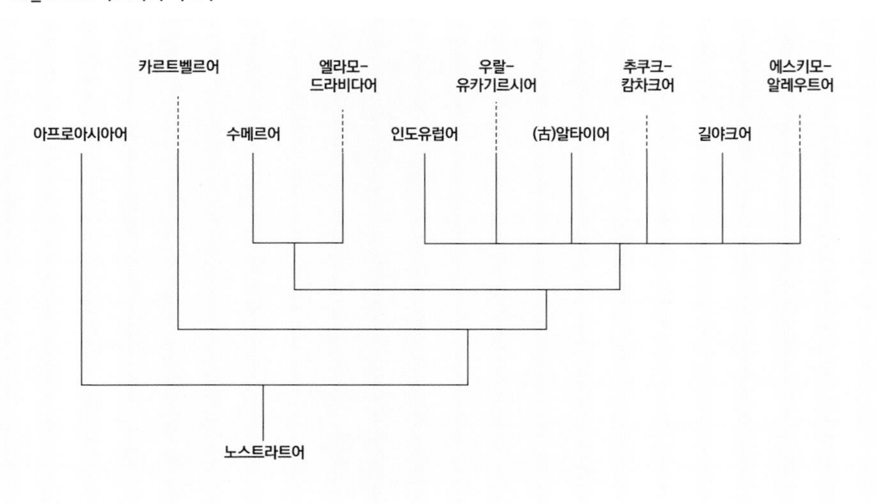

많은 언어학자들은 인간에게는 하나의 원原조상어가 있었다고 확신한다. 따라서 모든 언어들의 원천을 밝히려는 이러한 노력이 새삼스러운 것은 아니다. 18세기 말까지는 히브리어가 인간의 조상어로 간주되어 왔다. 성경의 영향을 받은 이러한 견해는 그동안 언어학의 발전에 많은 장애를 주었다. 따라서 이제는 사고를 전환하여 언어학을 더욱 발전시켜야 할 것이다.

블라디슬라프 마르코비치 일리치-스비티츠Wladislaw Markowitsch Ilič-Svityč와 아론 돌고폴스키Aaron Dolgopolsky는 모든 인간에게 공통적인 원조상어가 있다는 생각을 갖고서는 이를 찾아내려는 연구에 파고들었다. '모스코바 학파'라고 불리는 이들은 인도유럽어, 카르트벨어, 아프로아시아어, 우랄어, 드라비다어, 알타이어 등을 모두 이들의 상위에 있는 한 어족에다가 묶을 수 있다고 믿고 있다.

소위 노스트라트어의 존재를 믿는 이들 학자들의 생각에 어울리는 이상적이면서도 유일한 근거로는 '불'을 나타내는 어휘를 들 수 있다. 인도유럽어 어근인 +*pihw*[33]로 귀결되는 이 단어는 다음처럼 우랄어에서도 상응된 의미를 보이고 있다.

'불'을 위한 단어	언어	의미
**p'iwe; *p'iĺwe*	우랄어	'불'; '따뜻한'
**päjwä*	인도유럽어	'태양, 따뜻함'

도표 3-23

그러나 이것만으로 이들 언어들이 인도유럽어족과 친척관계가 있다는 증명을 하지는 못한다.

미국의 언어학자인 앨런 봄하르드Allan R. Bomhard의 견해에 따르면, 언어상에서

33) 이 단어의 맨 앞의 상단에 놓인 기호 +는 재구성된 단어라는 것을 나타낸다. 언어학에서는 일반적으로 이를 위한 기호로는 *를 사용하고 있지만 테오 페네만은 +의 사용을 고집하고 있다. 페네만의 제자인 이 책의 저자도 따라서 재구성된 단어에서는 항상 이 기호를 사용하고 있다.

유전적인 친척관계를 발견하는 가장 좋은 방법은 대명사의 어근에서 나타나는 공통점을 살펴보는 것이라고 한다. 왜냐하면 이것들은 모든 언어 내에서 가장 안정적인 요소에 속하기에, 유전적인 친척관계를 보여주는 좋은 지표가 되는 때문이라고 한다. 이밖에 단어형태와 이에서의 예외적인 모습을 비교하여 볼 수도 있다. 단어구성상에서의 규칙성을 비교하여 보는 것도 또 다른 방법 중의 하나이다. 물론 시간이 오래 지났으면, 그 지나간 정도에 비례하여 이를 찾아내기가 더욱 어렵게 된다 (이에 대하여는 다음을 참조하라. Allan R. Bomhard u. John C. Kerns, *The Nostratic Macrofamily. A Study in Distant Linguistic Relationship*, Berlin, New York (NY), Amsterdam, Mouton de Gruyter 1994, p. 2~8).

대부분의 언어학자들은 하나의 조상어를 정확하고 완벽히 재구성하는 일은 불가능하다고 보고 있다. 언어학자 라일 캠벨Lyle Campbell이 여기에서 절대로 극복할 수 없는 장애물로 드는 것이 하나 있다. 즉 어떠한 사람도 평생 동안 여러 어족의 언어들을 그 역사적 변천과정과 더불어 충분히 습득할 수가 없다는 사실이다. 그런데 언어 간에 있는 진짜 친척관계를, 예를 들면 음운 상에서의 차이와 같은 외형적인 유사성을 통해 구분해 내자면, 아주 광범위한 분야에서의 지식이 필요하다 (이에 대하여는 다음을 참조하라. Kyle Campbell, Nostratic. A personal assessment, in: Nostratic, *Stiftung the evidence*, Brian Jeseph/Joe Salmons (Hersgg.), Amsterdam, Benjamins, 1998, p. 107~152).

호모 에렉투스Homo erectus를 위시하여 네안데르탈인이나 현생인류와 같은 인간Homo sapiens의 여러 후손은 약 400,000년 전에 이미 일종의 언어형태를 개발하였다 (네안데르탈인과 현생 인류는 약 260,000년 전에 분리되었다). 이리하여 노스트라트어를 주장하는 한 언어학자는 정말로 원조상어가 있다고 해도, 오늘날 사용되는 모든 언어에게서 이의 공통점을 찾기에는 너무나 많은 시간이 흘렀다고 한탄하고 있다. 노스트라트어의 존재를 주장하는 학자들이 많은 경우에서 나타나는 차용어의 존재를 고려하지 않는 점도 이런 이론의 또 다른 약점이다. 여러 민족이 수천 년간 접촉하는 과정에서 언어연합체들이 만들어졌을 수도 있다. 그러나 지금까지 노스트라트어를 주장하는 학자들은 이러한 언어연합체의 존재를 인정하지 않고 있다.

비록 노스트라트어 신봉자들이 원어를 찾는 과정이 진지하고 정당한 길을 걸어왔다고는 해도, 이들이 다년간의 작업을 통해 수집한 자료들은 그동안 많은 학자들이 일반적으로 음운법칙과 문법사항을 다루면서 확실히 검증해 낸 연구방법에는 적절한 대응이 되고 있지 않다.

언어의 파급형태

우리는 현재 사용되는 언어들에 대해서는 대체로는 알고 있다. 그러나 역사 기록상에서 한때 나타났던 언어들에 대해서는 거의 모르고 있다. 역사비교언어학은 옛날 단계의 언어를 재구성하고 비교하는 일을 하고 있다. 이로서 이 분야의 학문은 민족들의 거주지역과 그 이동과정에 대한 귀중한 정보를 제공하고 있다.

최초의 현생인류는 수천 년간에 걸쳐 작은 무리를 이루면서 동아프리카의 제한된 지역에서만 거주하였다. 이에 이들이 오직 하나의 공통언어를 말했을 것이라는 것은 미루어 짐작할 수 있다 (이에 대하여는 4장의 그림 4-35를 보라). 이들 인류 중의 일부가 다른 지역으로 옮겨가면서 그룹들 간의 교류가 점점 드물어지거나 아주 단절되어 새로운 언어가 발전되어 나올 토대가 만들어졌다.

한 언어를 파급시키는 가장 기본적인 형태는 식민화이다. 언어사용자가 지금까지 사람이 살지 않던 지역에 새로이 거주하면서 이러한 식민화는 이루어진다. 민족이동의 원인이 되는 것은 대개의 경우 식량의 결핍과 인구과밀화와 기후변동 때문이다.

사냥채집자들은 다른 대륙으로 진출하기 이전에는 처음에 아프리카 대륙 안에서만 퍼져 나갔다. 새로운 주거지가 이전 고향지역과 아주 멀리 떨어져 있지만 않았다면, 두 지역 간의 언어가 따로 변화될 정도까지에 다다르도록 이들 간의 연락관계는 단절되지 않았다. 그러나 이렇게 함께 발전해 나가는 일은 이 그룹들 간에 아직도 밀접한 관계가 유지되고 있을 때에만 가능한 일이었다.

한 언어에서 다른 언어로 점차 바뀌어가는 현상은 서로 간의 떨어진 거리에 따라 좌우되는데, 이런 언어연속성의 특이한 현상은 오늘날에도 발견된다. 이때에 지리적으로 얼마나 멀리 떨어져 있느냐가 결정적 역할을 한다. 이의 전형적인 예로 아프리카의 반투어를 들 수 있다. 이들 언어들은 아프리카의 북동쪽에서 저 멀리 남쪽 지역에까지 분포되어 있다. 전체적으로 볼 때에 이들은 동일한 어족에 속하기는 한다. 그러나 이들 간에 족보상에서 어떠한 계통이 존재하는지는 아직도 확인되지 않고 있다. 무지개에서 하나의 색이 다른 색으로 점차 바뀌어 가는 것처럼, 한 언어가 다른 언어로 바뀌어가는 모습은 물의 흐름처럼 명확히 구분되지 않는다. 그러다가 일정한 거리로 떨어지게 되면, 그 구분이 명확히 드러난다. 거리가 멀어질수록 언어의 차이는 커지면서, 이들 언어사용자가 자신의 원래 고향지역의 언어사용자와 소통하기가 점점 더 어렵게 된다 (이에 대하여는 그림 3-20을 보라). 반면에 이웃 지역에 사는 언어사용자들과의 소통은 쉬워진다. 왜냐하면 이들 간에 문화적인 교류가 강화되는 현상이 생겨나기 때문이다. 언어연속성에서의 빈번한 접촉은 새로운 발전과정에서 동화를 일으키게 하는데, 이런 현상은 먼 거리로 떨어져 있는 경우에는 일어나기가 어렵다.

3-20_ 언어 연속성에서는 무지개처럼 언어 들 간의 경계가 모호하다.

고립과 그 지속된 시간의 요소가 언어공동체의 해체로 이끌 수 있다. 그리고 이는 곧 언어가 분리되는 길로 들어서게 한다. 넓은 폭을 가진 강, 높은 산, 빙하 또는 다른 극복하기 어려운 지리적 장애물이 공통적인 언어로의 발전에 장애를 줄 수도 있다. 이제 분리된 언어그룹들은 각자 독자적으로 발전하여, 처음에는 방언으로 머물던 형태가 나중에는 개별 언어로까지 발전되어 나간다.

아우구스트 쉴라이허August Schleicher가 언어학에 도입한 언어족보수는 순수하게 분리되어 가는 형태만을 보여준다. 이때 그는 외부로부터의 영향은 완전히 배제했다. 그러나 실제로는 순수한 분리현상은 결코 존재할 수가 없다. 왜냐하면 고립된 섬에서의 언어와 같은 특별한 경우가 아니라면, 외부로부터의 영향 없이 언어가 발전할 수는 없기 때문이다.

> 언어가 분리되어 발전하여가는 원인도 역시 다양하다. 한 민족이 다른 지역에 파고들어가게 되면, 언어공동체 상에서의 분리를 일으킬 수가 있다. 이러한 과정의 한 예로서 서슬라브어와 남슬라브어의 경우를 생각하여 볼 수 있다. 즉 여기에서의 언어 분리현상은 헝가리인이 발칸지역에 침입하면서 생겨난 것일 수가 있다.
>
> 다양한 문화적 및 경제적 중심지로의 지향이 언어변화의 원인이 될 수도 있다. 이탈리아 방언들은 토스카나 지역의 언어에 유리한 방향으로 움직이면서, 자신들이 갖고 있던 독자적인 위치를 잃었다. 그리하여 토스카나의 한 지역 언어가 이탈리아에서의 표준어가 되었다.

특별한 외적 상황에 따라 여러 다양한 언어들이 하나의 공통언어로 합치게 만들 수 있다. 이를 '혼합 언어mixed languages'라고 부른다. 마지막 빙하시기에 북쪽 지대에 사는 사람들은 온난한 지역으로 물러나서 몰려 살았다. 이곳에서 아마도 여러 다양한 문화와 언어가 서로 맞부딪쳤을 가능성이 있다. 이 공간이 제한되어 있었을수록 이들 언어들은 강하게 뒤섞였을 것이다. 이때 이의 지속 기간과 그 지역의 크기 및 언어사용자의 수는 이러한 발전에 큰 영향을 주었을 것이다. 그 지역이 작고 또 언어사용자의 그룹이 제한적이었을 경우에는 새로운 단일 언어가 빠른 속도로 생겨났을 것이다.

빙하시기의 기간 동안에 동일한 언어의 사용자들이 빙하나 그 밖의 여러 황량한 지역 환경 때문에 분리되어 살게 되었다. 이때 이들이 한때 상당한 지역에 함께 살면서 동일한 언어를 사용하던 사람들의 언어가 서로 분리되는 경우가 생겨났을 것이다. 수천 년간 고립된 생활이 지속되면서 결국은 다른 언어로 발전하게 되면서, 오늘날 빙하기 이전 시기의 언어공동체는 더 이상 확인할 수가 없게 만들었다. 나중에 다른 언어권의 사람들, 특히 유럽의 경우에는 인도유럽인이 이주해 들어오면서, 여러 언어들로 나뉘는 현상이 생기게 되었다.

유전학에서도 역시 관찰되는 바와 같이, 고립되어 살게 된 소그룹들은 외부 그룹의 사람들과 끊임없이 언어적인, 문화적인, 생물학적인 교류를 가진 무리보다는 상당 기간 더 오래 예전의 특성들을 유지하였다. 언어학 분야에서의 이러한 예로서는 아주 보수적인 아이슬란드어를 들 수 있다. 생물계의 유전학 분야에서의 예로는 오스트레일리아의 유대류에 속하는 동물들을 들 수 있다.

오늘날 가장 널리 분포된 대부분의 어족들은 식민화와 다양화에 이어 곧바로 들어선 통합화의 결과로서 생겨났다. 앞서 언급된 바와 같이, 사람들이 아프리카 밖의 대륙으로 처음 이주한 이후 수만 년의 시간이 흐르는 동안에 같은 지역에서라도 여러 다양한 형태의 언어 확산과 발전에 따른 결과로 여러 어족들이 생겨났다. 어떠한 경우에도 하나의 현상만이 오늘날에 보이는 언어분포지도에 대한 책임이 있는 것이 아니라, 이에는 여러 다양한 사건들이 결합되어 만들어졌다. 언어체계는 외적 영향과 내적 발전을 통해 여러 많은 변화를 받게 되기 때문에, 어떠한 언어도 더 이상 원래의 형태를 유지하지는 못하게 된다.

인도유럽어가 파급된 경위에 따른 여러 이론들

인도유럽어는 유럽으로부터 인도대륙에 이르기까지 기다란 형태로 분포되어 있다. 그리고 이의 아주 좁은 폭은 마치 뱀과 같은 형상의 모습을 보여주면서 블라디보스토크 지역에까지 뻗어 있다. 남아프리카와 오스트레일리아와 아메리카에는 역사시기에 식민화를 통해 인도유럽어가 전파되었다.

1861년에 쉴라이허가 내세운 언어족보론은 고립화된 조건 하에서 인도유럽어의 여러 방언들이 독자적인 언어로 발전해 나갔다고 서술하고 있다. 그러나 이러한 언어족보론에 곧바로 후고 슈하르트Hugo Schuchardt (1842~1927)가 비판을 가했

3-21_ 세계의 언어들

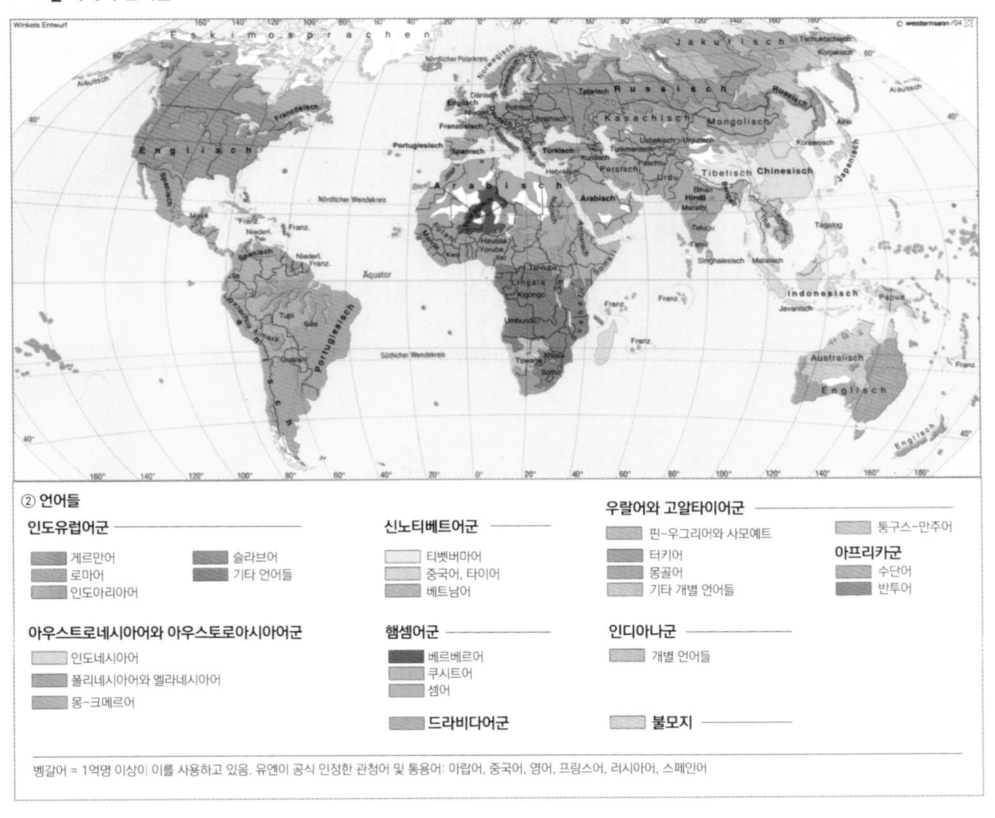

다. 언어의 분지와 이질화가 일어난 이후에, 특정의 중심지역으로부터 새로운 변화가 마치 물결처럼 일어나면서 도처로 파급되었다. 라틴어에서 오늘날 여러 로만어가 생긴 것은 이를 입증하는 좋은 예이다.

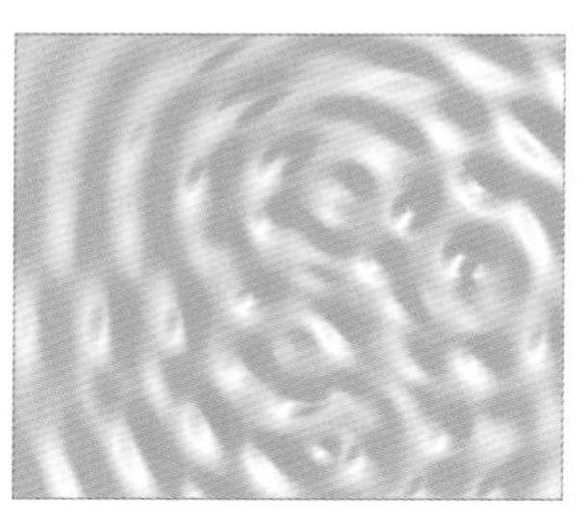
3-22_ 언어물결이론

쉴라이허의 제자인 독일의 언어학자인 요한네스 쉬미트 Johannes Schmidt (1843~1901)는 여러 개의 돌을 물속에 던질 경우에 생겨나는 물결이 파동하면서 퍼져 나가는 모습을 인도 유럽어의 파급과정에서의 이론에 적용했다. 각 물결이 끊임없이 퍼져 나가는 모습은 언어변화 과정의 형태와 똑같다. 각 물결들이 서로 충돌하여 부딪치면, 이것들은 서로 뒤섞이면서 합쳐진다. 그리고 시간이 지남에 따라 여러 작은 무늬들이 생겨난다. 이는 여러 방언들이 생성되는 과정에 비유할 수 있다. 물결이 형상을 이루면서 끊임없이 퍼져 나가는 과정에서 원래는 완전히 달랐던 언어들이 서로 융합되게 된다. 이렇게 여러 번의 언어접촉은 언어족보론 만으로는 도저히 돌이켜 추적해 낼 수 없는 아주 복잡한 양상을 만들어낸다.

니콜라이 트루베츠코이Nikolaj S. Trubetzkoy 역시 언어족보론에 이의를 제기하면서, 1939년에 ЯЗЫКОВЫХЪ. СIОЗОВЪ(jasikowoj sojus)란 - 이를 직역하면 언어연합Sprachunion이 된다 - 자신의 언어공동체Sprachbund 이론을 제시했다. 이에 의하면 발칸 반도의 언어들은 빈번히 접촉하는 과정을 통해서 서로 간에 많은 영향을 주고받으며 하나의 언어공동체를 형성시켰다. 이후 이 언어공동체란 용어는 언어학에서 국제적으로 인정받아 사용되고 있다. 유전학적으로도 서로 간에 친척관계에 있지 않은 언어들도 상호간에 동화를 일으킨다 (이에 대하여는 다음을 참조하라. Nikolai Sergejewitsch Trubetzkoj, *Vavilonskaja basnja i smesenie jazykov*, 'Der europäische Zeitgenosse', in: *Evrazijskij vremennik* 3 (1923), p. 107~124; Nikolai Sergejewitsch Trubetzkoj,

Gedanken über das Indogermanenproblem, in: Acta Linguistica (1939), 1권, p. 81~89).

이렇게 여러 이론들이 서로 경쟁하면서 언어생성에 관한 다양한 가능성을 제시하였다. 오늘날에 보여주는 인도유럽어의 양상은 틀림없이 극단적인 여러 다양한 과정을 거치는 과정에서 서로가 혼합되어 생겨난 결과이다. 어족의 발전과정을 그려 제시하는 데에 있어서, 유전학과 같은 자연과학의 모델을 직접 적용하는 것은 조금은 무리가 있다. 베라 빈더Vera Binder는 이러한 비유 방식이 절대로 성공할 수 없음을 아주 명쾌하게 보여주고 있다 (Vera Binder, Wörter aus der Steinzeit - Völker aus dem Nichts, in: *Die Evolution der Sprachen*, Spektrum der Wissenschaft, Dossier 1/2000, p. 35~39). 1945년 한스 크라에Hans Krahe는 "민족이나 국가의 역사는 특정한 규칙에 따라 전개되지는 않는다."라고 단언하였다 (Hans Krahe, Sprache und Vorzeit, Heidelberg, Heidelberg, Quelle & Meyer, 1954, p. 29).

인도유럽인의 기원과 파급에 대한 이론을 살피는 지금 상황과 관련하여, 우리는 이미 고고학을 다룬 앞서의 장에서 이에 관한 여러 기발한 이론들을 접했다. 전설적인 스키타이족은 인도유럽인이었다. 동쪽에서 진출한 이 외래 종족은 폭압적으로 유럽의 원주민 종족들의 생활방식과 언어를 말살시켰을 가능성이 있기는 하지만, 이를 확인할 증거는 전혀 없다. 아직도 하나의 가정이기는 하지만, 농경인과 목축인이 평화로운 방법으로 퍼져 나갔으며, 이때에 인도유럽어가 동시에 함께 파급되었다는 것에 대해서는 오늘날의 언어학자들 간에 광범위한 의견일치를 보고 있다. 마찬가지로 청동기시대도 관심을 가져야 할 주요한 시기이다. 아니 아마도 훨씬 더 주요한 시기일 수도 있다. 인류역사상 청동기의 제련기술을 이끌어 낸 대장장이들은 높은 사회적 위치를 점하였고, 이들이 자신들이 가진 기술로써 새로운 언어를 파급시켰을 가능성이 있다.

그러나 인도유럽어는 정말 어떻게 파급되었을까? 독일의 고고학자인 알렉산더 허이슬러Alexander Heusler는 다른 민족들이 이 새로운 언어를 기꺼이 받아들인 경우는 아주 드물었을 것이라는 유보적인 생각을 갖고 있다. 그래서 반달인이 북아프리카에서 흔적도 없이 사라지지 않았던가? 훈족과 사르마트족의 경우도 마찬가지이다. 단지 마잘족은 비교적 상당히 많은 수의 인구를 가졌던 덕분에, 자신들의 언어를 오늘날의 헝가리 지역에 접목시킬 수가 있었으리라고 본다.

마레크 츠벨레빌Marek Zvelevil과 카밀 츠벨레빌Kamil V. Zvelevil은 인도유럽어가 유럽에서 파급되던 시기에 하나의 통일된 교통어로서 존재했을 가능성에는 회의적인 태도를 보이고 있다. 이들은 당시의 인도유럽어는 이미 여러 방언들로 분리되어 있었을 것으로 보고 있다. 여러 차례에 걸쳐 소규모의 그룹들이 동쪽으로부터 남동부유럽과 중부유럽에 이주하기 시작하면서, 그 지역에서 채집사냥을 위주로 살아가던 민족들에게 자신들의 생활방식을 전파했다. 인도유럽인이 처음 살기 시작한 지역은 아주 좁은 지역이었다. 이곳에서 여러 다양한 언어들의 변이형태가 생겨났다. 이 어족이 나중에 파급된 지역은 처음 농경문화가 밀쳐 들어간 지역보다도 더 넓었다. 신석기 말기와 청동기시기에 양측의 접촉지대에서 문화교류와 부분적인 혼혈이 있었다. 그리고 인도유럽인의 엘리트 집단의 지배는 나중에 이렇게 생겨난 언어를 원주민들이 수용하도록 만들었다. 그리고 여러 세대가 지난 후에 인도유럽어는 인도유럽인에 의해서 현지 선주민의 모국어가 되었다 (이에 대하여는 다음을 참조하라. Marek Zwelevil/Kamil V. Zwelevil, Agricultural Transition and Indo-European disposals, in: *Antiquity* 62 (1988), p. 573~583; Marek Zwelevil, On the transition to farming in Europe, or what was spreading with the Neolithic. A reply to Ammermann, in: *Antiquity* 69 (1989), p. 379~383).

원인도유럽어 – 알려지지 않은 문화의 전달자

러시아의 인도유럽어 학자인 토마스 감크레리체Thomas V. Gamkrelidze와 비아체슬라브 이바노프Vjaceslav V. Ivanov는 다수의 원인도유럽어 단어들을 제시했다. 이 중에는 마차, 바퀴, 곡식, 암소 등에 관한 것이 있다. 이에 이들은 원原인도유럽인이 이러한 물건들이나 동물들과 친숙한 관계에 있었다는 결론을 내렸다. 이때 말이 커다란 역할을 하였는데, 이는 짐을 나르는 동물로서가 아니라 전투마차를 이끄는 동물로서였다. 이들은 무엇보다도 목축인이었다. 양과 돼지 역시 인도유럽인이 사육하던 가축이었다. 눈, 얼음, 늑대, 곰, 비버들을 나타내는 단어 등이 나타나는 것에서 연구자들은 인도유럽인의 고향이 따뜻한 지역은 아니라는 결론을 내렸다 (이에 대하여는 다음을 참조하라. Tamaz V. Gamkredize/Vjaceslav V. Ivanov, *Indo-European and the Indo-europeans*, in: *Trends in Linguistics, Studies and Monographs*, 80권. Berlin, Mouton de Gruyter, 1995).

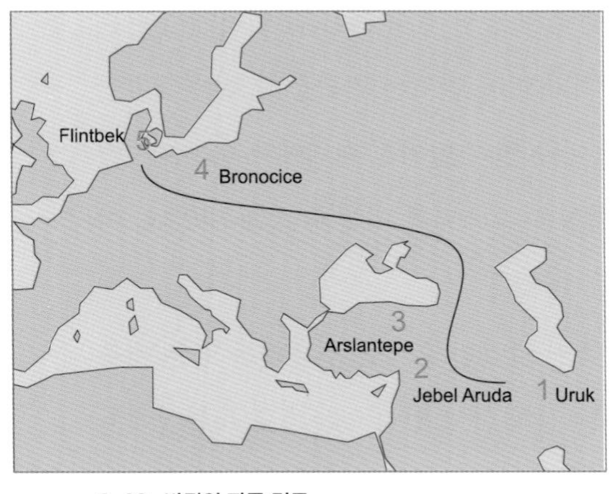

3-23_ 바퀴의 파급 경로

그러나 다른 언어학자들은 감크레리체와 이바노프의 이런 이론에 의문을 제기했다. 이들은 7,000년 전에 인도유럽어가 실제로 이미 분화되기 시작했다는 사실을 근거로 내세웠다. 이 시기에 마차와 바퀴는 아직 알려지지 않았다. 기원전 약 3,500년에서 기원전 3,350년 사이에 우룩-에안나Uruk-Eanna 지역에서 가장 일찍 바퀴의 흔적을 보이는 유물이 발견되었다. 그런데 기원전 4,000년대에야 비로소 생겨난 이러한 물건의 명칭을 나타내는 단어들이 어떻게 인도유럽어의 언어상 발전과정을 보여줄 수가 있단 말인가?

학자들이 제시한 인도유럽어의 어원으로 제시된 많은 단어들에 대하여는 특히 테오 페네만Theo Vennemann이 많은 이의를 제기했다. 새로이 도입된 물건이나 기술을 나타내는 개념들이 도처에서 밀쳐 들어와서는 인도유럽어의 전체 지역에 퍼졌을 것이다. 이의 한 예가 7이란 숫자를 위한 명칭이다. 이는 셈어로부터 하나의 문화유물로서 받아들여진 것이다. 광물의 명칭 역시 흔히 한 언어에서 다른 언어로 전파되었다. 한 광물을 발견하였거나 이를 만드는 기술을 새로이 개발한 민족은 이 새로운 물건과 함께 그 명칭도 아주 멀리 떨어진 지역에까지 유포시켰을 것이다. 이리하여 우리는 광물이란 명칭을 수메르인 덕분에 갖게 되었다. 이에 대한 예로 수메르어의 urud (구리)를 들 수 있다.

단지 재구성된 언어만을 가지고 한 민족이 살았던 흔적을 추론하는 일은 매우 무모하다. 예를 들면 독일지역에 캥거루는 전혀 살고 있지 않는데도 독일어에는 캥거루란 단어가 있다. 또 다른 한편으로 비록 한 단어에 대한 인도유럽어의 어원이 발견되지 않더라도, 인도유럽인이 이러한 대상물을 갖고 있지 않았다거나 또는 그러한 상황을 전혀 접하지 않았다고는 볼 수 없다. 손이란 단어에서 인도유럽어에서는 통일된 어근은 발견되지 않고 있다. 그렇다고 인도유럽인에게 손이 없었던 것은 아니다. *schneiden* (자르다), *fließen* (흐르다), *helfen* (돕다), *stehlen* (훔치다), *messen* (재다), *backen* (빵을 굽다), *laufen* (달리다)와 같이 독일어에서 흔히 사용되는 단어들에서도 인도유럽어의 어원이 확실히 규명되지 않고 있다. 학계는 이러한 단어들에게서 작금의 재구성 작업의 한계를 절감하고 있다. 그러나 인내를 갖고 끊임없이 연구한다면, 이러한 단어들의 한두 군데에서 인도유럽어의 기원을 발견하리라는 기대는 여전히 갖게 한다 (1999년 겨울에 Vennemann의 제자인 Robert Mailhammer는 이상과 같은 내용을 구두로 자신의 견해를 표명하여 보내왔다).

지금까지 이러한 무리한 관점과 노력이 생기고 있는 것은 장차 아직도 밝혀지지 않은 인도유럽어의 어원을 알아내려는 바람과도 연결되어 있다. 인도유럽어 어족이 발견된 데에 도취되어, 그동안 대부분의 언어학자는 자신의 주요 과업을 이 어족과 그 기원을 찾아내는 데에만 주력했다. 이들은 어휘상에서 '국외자Außenseiter'로 보이는 특이한 형태들에는 별로 유의하지 않았다. 어원이 불확실한 단어들에게는 일반적으로 여러 어원이 제안되었다. 이것은 이들 어원들이 아직도 불확실함을 입증한다. 이에 테오 페네만은 다음과 같이 특이한 견해를 제시하였다. "여러 가능성 증에서 하나라도 틀린 것이 있다면, 어원을 찾으려는 지금까지의 모든 시도는 잘못 된 것이다."(Theo Vennemann, 1999년 구두로 알려준 것이다)

인도유럽어가 진출하기 이전에 유럽에 있었던 언어들

유럽에서는 어휘, 단어구조, 문장구성, 수의 체계, 명칭 등에서 오늘날에도 예전 언어들의 흔적을 찾아낼 수가 있다. 특히 어휘 부분의 여러 명칭에서 가장 오래된 흔적을 찾아 낼 수가 있다. 사람들은 이것들의 대체적인 뜻은 이해 못하더라도 주어진 형태 그대로는 받아들이려 한다.

명칭에서는 인명이 가장 흔하게 유행에 대한 민감한 변화를 보인다. 이러한 사실은 오늘날 사람이 가진 성 앞에 놓인 이름의 명칭에서 흔히 발견된다. 예를 들면 스웨덴어에서 스벤Sven, 히브리아어에서의 요한네스Johannes와 레베카Rebekka, 러시아에서의 탄야Tanja와 같은 것이다. 사람을 위한 이러한 명칭들은 해당 사람의 이주와는 상관없이 여러 다양한 지역에서 이용되고 있다. 많은 경우에 종족의 명칭도 역시 이와 관련된 종족과는 아무 상관이 없는 경우도 있다. 왜냐하면 이들의 명칭은 흔히 이웃의 다른 언어를 사용하는 종족들에게서도 이용되고 있기 때문이다. 이리하여 앵글로색슨족은 자신들의 이웃인 켈트족을 '웨일즈Wales'라 불렀는데, 이는 '발하Walha (켈트족, 노예)'에서 나온 것이다. 그러나 이 켈트족 주민들은 스스로를 '킴리Cymry'라 불렀는데, 이는 '함께 사는 사람들'이란 뜻이다.

지명

지명의 경우에는 이와는 다른 규칙이 적용된다. 지명은 지역에 얽매인 것이기에, 즉 토착성이 강한 것이기에 오랜 기간 지속된다. 심지어 이 지역을 점령한 정복자들도 이 명칭을 그대로 답습할 정도였다. 그리고 대개의 경우 침입자도 기존의 지역명칭을 바꿀 생각을 별로 하지 않는다. 왜냐하면 이들은 고향지역과 그 명칭을 잘 아는 원주민과 좋은 교류를 맺으면서 살려고 하기 때문이다. 비록 때때로 주거지를 파괴하여, 이로 인해 그 지역의 명칭이 사라지거나 또는 의도적으로 그 지명을 바꾸려는 경우가 있기는 했다. 그러나 지역의 명칭, 특히 강을 나타내는 이름은 끈질기게 살아 남는다 (이에 대하여는 다음을 참조하라. Hans Krahe, *Sprache und Vorzeit*, Heidelberg, Quelle & Meyer 1954, p. 38).

인도게르만어 학자인 한스 크라에Hans Krahe (1898~1965)는 지명을 예전 또는 이미 오랜 전에 사라진 시기의 화석물이라고 지칭하면서, 지명을 통해 나중에 멸망했던 종족이 예전에 살았던 거주 지역을 알아낼 수 있다고 주장했다 (Hans Krahe, *Ortsnamen als Geschichtsquell*, Heidelberg, Karl Winter 1949, p. 9).

로마인과 마찬가지로 게르만인도 지명에 있어서는 대개의 경우 단지 자신들의 고유 발음방식에 맞게 바꾸면서 수용했다. 이와 마찬가지로 아메리카인이나 오스트레일리아와 뉴질랜드의 이주민도 미주리Missouri, 미시시피Mississipi, 나이아가라Niagara와 같은 인디언의 어휘를, 머럼브리지Murrumbridgee, 무라불Moorabool, 온카파링아Onkapararinga, 워로노라Woronora와 같은 아보리진의 어휘를, 또 웨이

탕이Waitangi와 같은 마오리족의 어휘로 표시된 지명을 그대로 받아들였다. 2차 세계대전 직후에 미군 주둔군 사령부가 바이에른에 주둔하던 미군 병사들을 위해 미군을 위한 휴양지로 만들었던 히엠제Chiemsee로 가는 고속도로 팻말에 호수 히엠제Lake Chiemsee란 명칭을 적어 넣어 이와 똑같은 행동을 했다.[34)]

앞서 우리가 이중화二重化라고 불렀던 이러한 어휘 중복현상은 전 세계에 걸쳐 나타난다. 북아메리카의 *레이크 타호에*Lake Tahoe가 이러한 전형적인 예이다. 영국의 랭커셔에 있는 펜들 힐*Pendle Hill*은 원래 '언덕 + 언덕 + 언덕'으로 삼중의 똑같은 의미가 겹친 형태를 갖고 있다. 즉 웨일즈어의 *pen* (언덕)에 고대영어의 *hyll* (언덕)이 합쳐진 형태가 이후에 Penhul 〉 Pennul 〉 Pendle의 변화과정을 거쳤다.

이와 똑같이 인도유럽인도 자신들의 선주민을 만났을 적에, 이렇게 로마인이나 미국인과 오스트레일리아인과 비슷한 행동을 보였을 것이다.

이와는 다른 예외적인 현상으로는 이데올로기에 따라 지명이 바뀐 경우가 있다. 공산주의 권력자들은 *켐니츠*Chemnitz를 *칼-맑스-도시*Karl-Marx Stadt로, *성 페터스베르크*St. Petersberg를 *레닌그라드*Leningrad로 바꾸었다. 이 새로운 명칭들은 물론 단지 독일통일의 전환기까지 내지 페레이스토레이카 시기까지에만 존속했다. 옛날 시기에 있었던 이와 비근한 예로는 켈트계의 보이어인이 에트루리아인의 도시였던 *펠시나*Felsina를 본노니아Bonnonia로 바꾼 것을 들 수가 있다. 이 도시가 이탈리아의 오늘날 볼로냐이다.

언어학자들은 지명에는 아주 오래된 역사가 숨어있음을 인정하고 있다. 지명이 어떤 언어 계층에서 나왔는지에 대해서는 얼마 전부터 전문가들 사이에 격렬

---

34) 바스콘어에서 Chiem은 '(호수의) 진흙'을 뜻했다. 여기에 '호수'란 뜻을 가진 인도유럽어의 See가 합성되어 Chiemsee의 명칭이 생겼다. 미군 주둔군은 여기에 또한 '호수'란 뜻을 가진 Lake를 앞에 덧붙였다. 이 Lake는 그리스어의 *λακκοσ*(lakkos) 'hollow, hole'에서 나온 단어이다.

한 논쟁이 일고 있다.

유럽에서의 물과 관련된 지명을 그 어휘 요소에 따라 구분하려 했던 크라에는 알프스 산맥 북부 지역에서 피레네산맥으로부터 발칸반도까지, 또 스칸디나비아 남부지역과 영국에 걸친 지명들에서 놀라울 정도로 똑같은 특성이 있음을 의아하게 생각했다 (이에 대하여는 다음을 참조하라. Hans Krahe, *Sprache und Vorzeit*, Heidelberg, Quelle & Meyer, 1954; Hans Krahe, *Die Struktur der alteuropäischen Hydronomie*, in: Akademie der Wissenschaften und der Literatur, Jg. 1963, Nr. 5, Wiesbaden, Harrassowitz, 1964). 그의 제자인 볼프강 슈미트Wolfgang Schmidt는 관찰 대상지역을 러시아 서부지역으로까지 넓혔다 (이에 대하여는 다음을 참조하라. Wolfgang Schmidt,

3-24_ Alt-, Alm, Sal-, Salm-, Var-, Ver-, Ur-, Is-의 어근을 가진 지명의 분포도

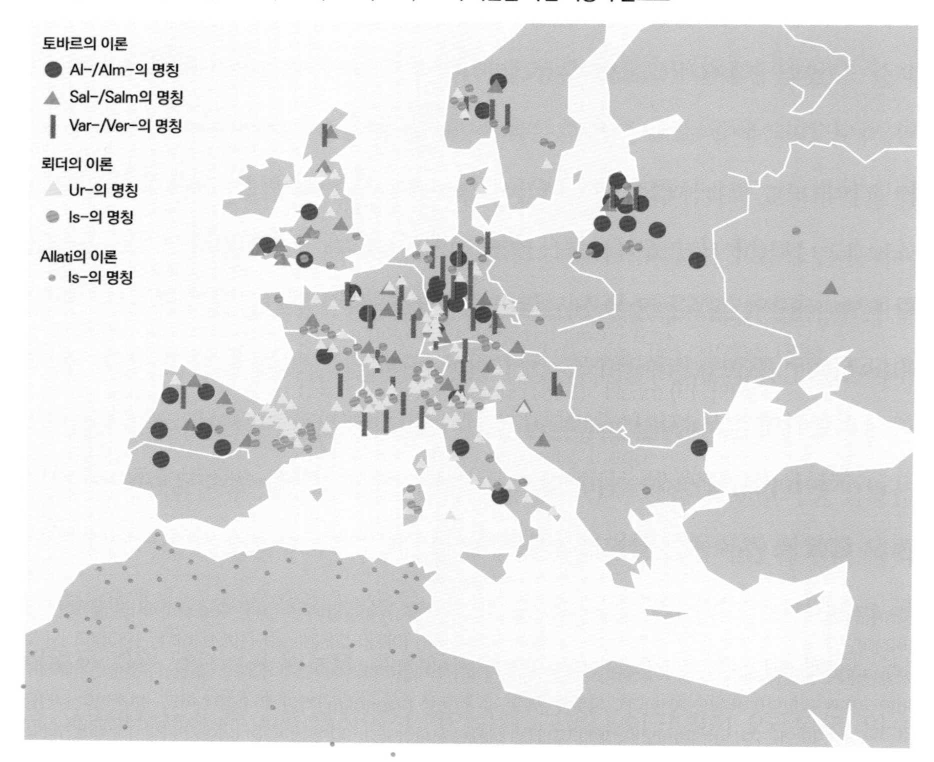

Alteuropäisch und Indogermanisch, in: Abhandlungen der geistes- und sozialwissenschatlichen Klasse, 6 (1968), Mainz, Akademie der Wissenschaften und der Literatur, p. 243~258). 그리고 블라디미르 게오르기에프Wladimir Georgiev는 이를 발칸반도 지역까지로 넓혔다 (이에 대하여는 다음을 참조하라. Vladimir I. Georgiev, *Introduction to the History of the Indo-European Languages*, Sofia, Bulgarian Academy of Sciences, 1981). 안토니오 토바르Antonio Tovar는 유럽에 있는 강의 명칭에서 나타나는 이런 단어 구성 요소들이 실제로 유럽지도에 어떻게 분포되어 나오는가를 그려내어 보였다 (이에 대하여는 다음을 참조하라. Antonio Tovar, *Krahes alteuropäische Hzdronynomie und die westindogermanischen Sprachen*, in: *Sitzungsberichte der Heidelberger Akademie der Wissenschaften, Philologisch-linguistische Klasse 2*, Heidelberg, Carl Winter, 1977, Karte 2, p. 36; Karte 4, p. 38; Karte 5, p. 39). 카린 뢰더Karin Röder는 유럽에서 나타나는 -ur와 -is의 어근을 가진 지명을 조사하여, 이를 마찬가지 방식으로 지도상에다가 그려냈다 (이에 대하여는 다음을 참조하라. Kartin Röder, *Struktur und Verbreitung der alteuropäischen Toponymie* (München, Diss. 2000), Berlin, Logos-Verlag).

크라에 자신도 이렇게 인도유럽어의 어근에서 단어구조의 요소들을 이끌어내면서, 예전 유럽 원주민의 언어를 '고유럽어Alteuropäisch'라고 명명했다. 그러나 그는 유럽의 가장 오래된 언어 화석물은 초기 인도유럽어시기에 생겨났기에, 옛 언어계층에 대한 증거를 찾을 수는 없다고 하였다. 반면에 테오 페네만은 이런 고유럽어를 비인도유럽어로 보고 있다. 뮌헨에 있는 그의 동료인 엘마르 제볼드Elmar Seebold 역시 크라에의 분류에 동조하지 않고 있다. 이베리아 반도에는 기원전 1,000년대에야 비로소 인도유럽인이 들어섰다. 그렇다면 이베리아 반도의 지명과 물에 대한 명칭이 유럽의 다른 지역의 그것들과 어떻게 동일한 성격을 보일 수가 있단 말인가?

이와 비슷한 반박을 최근에 스페인의 알리칸트 대학에 재직하고 있는 언어학자인 로만 델 세로Román del Cerro와 모로코의 테토운 대학에 재직하고 있는 아브델라지즈 알라티Abdellzis Allati도 제기하고 있다 (이에 대하여는 다음을 참조하라. Abdelaziz Allati, *Toponomie et reconstruction linguistique en Afrique du Nord et aux Iles Canaries*, in: *Langues et Linguistique*, Université Laval, Quebec, 25권 (1999), p. 11~53; Abdelaziz Allati, Toponymes anciennes de l'Afrique du nord et l'Europe, in: Revue Awal, *Cahiers d'Etudes berbères*, Nr. 16 (1997), p. 62~72). 즉 그들에 따르면 모로코에도 유럽의 지명과 같은 특이한 형태들이 발견되고 있다는 것이다. 그곳에 인도유럽인 계통의 로마인과 반달인이 아주 늦은 시기에 이곳에 들어왔을 때에, 그 지역에서 사용되던 대부분의 명칭은 이미 존재하고 있었다.

물론 인도유럽어인이 넓은 지역에 퍼져 파급되었기는 했다. 그럼에도 불구하고 테오 페네만은 지명의 기본단어들은 인도유럽어에서 나온 것이 아니라, 인도유럽어 이전 시기의 언어에서 나온 것이라 확신하고 있다. 그는 해당 언어들을 깊숙이 파고들어가면서 연구했다. 그리고 그 발전과정을 알아낸 것을 바탕으로 하여 페네만은 앞서의 결론을 내렸다.

수많은 지명을 인도유럽어 어근에서 이끌어내는 것은 언어학적인 관점에서 많은 문제점을 제기한다. 게오르기에프Georgiev 역시 서유럽에 있는 많은 강들의 명칭에서 인도유럽어의 기원을 찾을 수가 없음을 지적하고 있다 (이에 대하여는 다음을 참조하라. Vladimir I. Georgiev, *Introduction to the History of The Indo-European languages*, Sofia, Bulgarian Academy of Sciences, 1981, p. 333). 그러나 크라에의 이론보다 더 나은 가설을 제시할 수가 없다면, 우리는 해당 지명들이 단지 원인도유럽의 특성에 맞지 않아 단지 아직도 규명되지 않고 있을 뿐이라고 설명할 수밖에 없다. 여기에 유럽에서 물을 나타내는 지명의 명칭이 자주 모음 a로 시작되고 있고, 또 유럽 지명들의 거의 절반이 모음으로 시작되고 있는 사실이 자주 지적되고 있다. 이 두 개의 특성은 인도유럽어에서는 낯선 것이다. 따라서 이점에서 이들 지명들이 비인도유럽어에서 기인하였음을 강력히 시사한다.

예를 들면 노르웨이의 *Ala*과 *Alma*, 리타우엔의 *Alanta*, 니더작센주의 *Aller* (이의 예전 명칭은 Alara였다), 베스트팔렌주의 *Alme* (이의 예전 명칭은 Almana였다), 스페인 북부의 *Almaza*, 프랑스의 *Aumance* (이의 옛 명칭은 Alamatia였다), 아이펠 산맥의 *Elz* (이의 옛 명칭은 Alantia였다)에서는 첫음절이 모두 *Al*-로 시작된다. 또 지명에서 널리 나타나는 다른 음절로서 *Sal*-을 또한 들 수 있다. 예를 들면 강 이름으로 노르웨이의 *Sala*, 중부독일의 *Saale*, 아이펠 산록의 *Salm* (이의 예전 명칭은 Salmana였다)와 *Selz* (이의 예전 명칭은 Salusia였다), 프랑스의 *Saudre* (이의 예전 명칭은 Salara였다), 리타우엔의 *Salantas*가 있다. 이러한 강에 대한 명칭은 어근 *Al*-이나 *Sal*-에게만 있는 것이 아니라, 소위 여러 접미사의 음절에서도 비슷한 예들이 함께 나타남을 볼 수 있다. 이곳에서 동일한 단어구성요소들이 흔히 발견된다. 즉 -*amana*, -*matia*, -*ara*, -*antia*와 같은 것들이다.

서유럽과 중부유럽의 물을 나타내는 오래된 지명들의 상당수가 일치된 양상을 보이고 있다면, 이는 이 지역공간에서 동일한 언어를 사용하던 민족이 살았음이 확실하다.

수와 수의 체계 – 선사시대의 언어구조

이제 아주 완전히 다른 언어영역을 살펴보기로 하자. 즉 수에 관한 것이다. 세어보고 또 사고하도록 만드는 수의 체계는 오랜 시간이 지나가도 그대로 기억된다.

비록 여러 언어를 구사하는 사람이더라도 머리 속에서 무엇인가를 계산할 때에는 항상 자신이 계산법을 처음 배웠던 시기의 언어를 사용하면서 큰 소리를 내어 말한다. 이런 사실은 외국에서 온 식당종업원의 경우에서 확실히 보게 된다. 언어중추는 계산을 담당하고 있으면서, 이를 숫자의 상징물로 바꾸는 뇌의 영역과 직접적으로 연결되어 있다. 따라서 나중에 배운 수의 개념이 계산을 담당하는 중추에 직접적으로 전달된다.

이러한 현상에서 보이는 특성은 수의 형상화이다. 이를 위해서는 오늘날 거의 전 세계에 걸쳐 아라비아 숫자가 이용되고 있다. 단어의 경우와는 달리 이 아라비아 숫자는 간결하여 쉽게 이해된다. 그리하여 언어의 경계를 넘어서면서 기록되어, 제시되자마자 모든 언어사용자들에 의해 곧바로 이해된다.

표기상에서는 이렇게 전 세계적으로 통일되어 있지만, 수의 가치에 대한 사고방식에서는 극단적인 차이가 있다. 이는 동일한 언어 내에서도 그러하다. 독일어에서 1900이란 수는 두 개의 방식으로 표현되고 있다. 즉 '*19 × 100 + 90*'과 '*1 × 1,000 + 9 × 100 + 8 × 1 + 9 × 10*'의 방식이다. 핀우그리어Finnougrisch와 마야Maya의 언어 및 오스티야크ostyjak어에서는 18을 '20에 도달하려면, 8을 더 가야 하는 (수)'로서 표시된다. 에스토니아인Esten은 18을 '*10단위의 8번째*' 수로 표시한다. 우랄 산맥 북부지역에 살면서 헝가리어에 가까운 언어를 사용하고, 또 예전에는 목축민족이었던 보굴족Vogul은 23의 수를 '*30을 목표로 하여 가는 3번째의 수*'라고 말한다. 우토-아츠텍Uto-Atztek 언어의 하나인 타라후마라어Tarahumara에서는 9의 수를 '*10에서 1을 뺀 수*'라고 말하면서 역방향으로 세고 있다. 니제르-콩고어의 하나인 에픽Efik어에서는 9란 수를 나타낼 때에는 10이 전혀 나타나지도 않는다. 즉 단지 '*1이 아직도 남아 있는 수*'라고만 말한다.

수를 세는 가장 흔한 방법은 10을 기반으로 한다. 이런 셈을 위한 방식의 계산법을 우리는 십진법이라고 부른다. 이외에 2진법이 있는데, 이는 무엇보다도 정보학에서 이용하고 있다. 그 외에 5진법, 12진법, 20진법, 60진법 등이 있다. 시간과 각도를 재는 방법에서는 전 세계적으로 12진법 내지 60진법에 기반을 두고 있다. 여기에서는 예전 오리엔트 지역에 있었던 고도의 문명이 반영되어 있다.

프랑스어를 배우는 사람들은 70, 80, 90의 수에서 특이한 점을 발견한다. 즉 70은 '*60 +10*', 80은 '*4* x *20*', 90은 '*4* x *20* + *10*'의 방식으로 표기된다. 여기에서 주축이 되는 수는 20이다. 10이란 수는 단지 이의 중간 단위이다. 이런 방식을 20진법이라 부른다.

프랑스어			독일어	
숫자	**표기형태**	**수 가치의 변환방식**	**표기형태**	**수 가치의 변환방식**
70	soixante-dix	70 + 10	siebzig	7 x 10
80	quatre-vingt	4 x 20	achtzig	8 x 10
90	quatre-vingt-dix	4 x 20 +10	neunzig	9 x 10

도표 3-24

고대프랑스어에서 이 수의 체계는 다음처럼 훨씬 더 20진법에 따른 방향으로 나아간다.

프랑스어					
숫자	**표기형태**	**수 가치의 변환방식**	**숫자**	**표기형태**	**수 가치의 변환방식**
30	vint e dis	20 + 10	180	neuf vins	19 x 20
40	deus vins	2 x 20	220	onze vins	11 x 20
60	trois vins	3 x 20	240	douze vins	12 x 20
70	trois vins e dis	3 x 20 +10	280	quatroze vins	14 x 20
80	quatre vins	4 x 20	300	quinze vins	15 x 20
90	quatre vins e dix	4 x 20 +10	320	seize vins	16 x 20
120	sis vins	6 x 20	340	dis set vins	17 x 20
140	set vins	7 x 20	360	dis huit vins	18 x 20
160	huit vins	8 x 20	-		

도표 3-25_1

프랑스의 고지高地 사보이 지역에서는 20세기 초반에도 아직까지 'deux-vingts (2 x 20 = 40)'에 상응하는 'dou ven'을, 'trois-vingts (3 x 20 = 60)'에 상응하는 'trè ven'을, 그리고 'trois-vingts-dix (3 x 20 + 10)'에 상응하는 'trè ven di'로 표기한 것이 전해 내려온다 (Marc Bron, *Dialektpfleger*, Habere-Poche (Frankreich). 이는 그가 2006년 5월에 구두로 알려준 사항이다). 랑도크Languedoc 지역의 한 언어인 옥시탄어Okzitanisch에서는 100을 위한 숫자에서 'cinq bints (5 x 20)'의 경우를 제외하고는 10진법이 완전히 자리 잡았다. 그러나 오트-마른Haute Marne (고지高地 마른) 지역에서는 40을 위한 'deux-vingts (2 x 20)'가 아직도 남아 있다.

프랑스의 이웃 지역을 살펴보아도 20진법을 사용하는 언어들이 나타난다. 즉 스코틀랜드, 아일랜드, 웨일즈, 콘월, 브레타뉴, 덴마크 등에서이다. 유럽 국가에는 단편적으로 20진법을 보여주는 다른 많은 방언이 있다. 단 때로는 이 20진법이 특수한 영역의 계량 단위로만 이용된다. 시칠리아의 많은 방언들도 이 20진법을 보인다. 즉 40을 위해서는 'du vintini (2 x 20)', 50을 위해서는 'du vintini dèci (2 x 20 + 10)' 등과 더불어 100을 위한 'cincu vintini (5 x 20)'에까지 20진법이 계속되고 있다. 마찬가지로 이탈리아 북부와 밀라노 남부 지역, 그리고 아브루젠Abruzzen 지역에서도 20진법의 흔적을 보여준다. 스위스도 이 대열에 동참하고 있다. 즉 바뉘Bagnes 지역의 농부들은 자신들이 키우는 암소를 20진법에 따른 수 체계를 이용하여 세고 있다. 즉 160마리의 암소는 프랑스어 'huit vingts vaches (8 x 20)'에 상응한 형태인 wi ve vàste로, sà ve vàste e demyï는 프랑스어 'sept vingts vaches (8 x 20)'에 상응한 방식으로, 150마리의 암소는 'sept vingts vaches et demi (7 x 20 + 20:2 = 10)'라고 말하고 있다.

이제 영어를 살펴보기로 하자. 이곳에서는 score란 단위가 있는데, 이는 20을 위한 수이다. 이 단어는 스칸디나비아에서의 skerna (쪼개다)에서 기원한 것이다.

이 언어가 2,000년 전에는 지금보다 훨씬 더 넓은 지역에 분포되어 사용되었다는 사실은 널리 알려져 있다. 추측하건대 바스크어를 사용하던 사람들은 오늘날보다 훨씬 더 동서남북의 방향을 향해 널리 퍼져서 살고 있었다. 페네만의 견해에 따르면, 우리가 오늘날 바스크인의 땅으로 알고 있는 지역은 인도유럽인의 이주 이후부터 줄곧 시작된 축소화된 과정에 따른 결과라고 말한다. 바스크인의 조상들은 지금까지 알려진 것보다 훨씬 더 넓은 지역에 걸쳐 살았다. 그들의 언어는 로마제국 시기에도 아직 대서양과 가론느강 사이의 지역에서, 그러니까 아키타니아의 전역에서 사용되었다.

유럽 지명에서의 전형적인 특징이 a-모음으로 시작됨을 상기해보자. 이는 인도유럽어의 원어에서는 나타나지 않는 현상이다. 유럽의 다른 언어들과는 달리 이렇게 바스크어의 단어들의 경우에서 a-모음이나 a-알파벳으로 시작되는 경우가 아주 흔히 나타나고 있음을 페네만은 아주 특이하게 보았다. 마찬가지로 바스크어에서 모음 i나 u로 시작되는 경우도 자주 보인다. 인도유럽어에 속한 언어들의 경우에는 바스크어와는 달리 흔히 모음 e와 o로 시작된다. 그리고 약 90%의 경우에는 자음으로 시작된다.

인도유럽어에서는 원래 강세가 자유롭게 놓여졌다. 즉 가장 강한 강세가 같은 단어이더라도 여러 음절에 위치할 수 있었다. 이와 반대로 서부유럽과 중부유럽의 대부분의 언어들과 역사적으로 이들에 앞선 여러 언어들에서는 강세가 단어의 첫음절에 위치한다. 켈트어 계통에 속한 언어들도 원래는 모두 공통적으로 첫음절에 강세가 있었음이 틀림없다. 아일랜드어와 아이슬란드어는 아직도 이를 유지하고 있다. 한때 서로 이웃하여 있었던 게르만어와 이탈릭어Italiker[35]도 역시 첫음절에 강세가 있었다. 전자는 오늘날 독일어의 선행 언어이고, 후자는 오늘날 라틴어의 선행 언어이다. 이들 언어들은 인도유럽어의 일원이기는 하나, 추측건대 이러한 특성을 인도유럽어가 들어오기 이전의 유럽에 있었던 언어로부터 이어받았다. 즉 이는 유럽의 원주민들이 인도유럽인의 이주 시기나 인도유럽어의 영향이 있기 전에 갖고 있었던 것으로 오늘날 추측된다. 유럽의 원주민이 인도유럽어를 접하게 되면서, 자신들이 갖고 있던 강세의 위치를 새로운 언어인 인도유럽어에게도 넘겨준 것이다.

첫음절에 강세가 주어지는 현상은 오늘날 독일어에서도 아직까지 부분적으로 보여준다. 즉 *Urlaub* (휴가), *Aufzug* (행렬, 승강기), *Freude* (기쁨), *Morgen* (내일), *Aufenthalt* (체류) 등의 단어들은 모두 첫음절에 강세를 갖고 있다. 강세의 위치를 통해 우리는 어떤 차용어가 한 언어에 편입된 상황을 어느 정도는 알아볼 수가 있다. 라틴어에서 차용된 Fenestra에서는 강세가 원래 두 번째 음절에 위치했다. 이것이 독일어 Fenster (창문)에서는 강세가 첫음절로 이동했다. 두 번째 음절에 있는 모음 e는 시간이 지나면서 점차 약화되어 완전히 사라졌다. 이는 독일어에서의 강세 이동에 따라 생겨난 부수적인 현상이다. 이에 따라 선사시기에 이미 음절 하나가 사라졌다. 이러한 경향은 이후에도 지속되었다. 이는 독일어의 Tür(-e)의 경우에서도 보인다. 이리하여 영어의 많은 단어들이 이미 단음절을 가진 단어로 되었다.

독일어에서는 고대독어시기에 라틴어로부터 들어온 단어들에게서는 마지막 음절에 강세가 위치하는 현상이 유지되었다. 그러나 나중에 주변 언어들로부터

---

35) 언어학에서 흔히 사용되는 이탈릭어Italisch는 우리가 일반적으로 로만어Romanisch라 불리는 것이다. 즉 이탈리아어Italienisch는 프랑스어, 스페인어, 포르투갈어, 루마니아어 등과 더불어 이탈릭어의 하위 언어 중 하나이다.

의 영향에 따라 오늘날 우리는 더 이상 강세가 마지막 음절에 위치하는 것은 보게 되지 않는다.

우랄어 계통의 언어들도 역시 첫음절에 강세가 위치하는 언어들이긴 하지만, 페네만은 인도유럽어의 강세가 첫음절로 바뀐 현상이 우랄어의 영향이라고는 전혀 보고 있지 않다. 왜냐하면 선사시대에 있었던 인도유럽어와 우랄어의 언어 접촉은 아주 미미했기 때문이다.

강세가 첫음절에 고착된 이유로서, 페네만은 오늘날의 바스크인의 언어가 이들의 조상어일 때에도 역시 그러하였듯이 교착어에 속했기 때문이라고 주장한다. 이런 유형의 언어에서의 문장 구성요소들은 어간의 형태에다가 여러 형태소들이 차례대로 첨가되는 방식으로 이루어진다. 이때에 형태소들은 뚜렷하게 온전한 형태로 나타나게 되지만, 굴절어의 경우에서처럼 개개 요소들이 서로 융합되는 일은 없다. 문장구조에 따라 어간에 다소간의 음절들이 덧붙여지면서, 강세는 대개 경우에는 어근이 있는 첫음절에 놓이게 된다. 그러나 터키어의 경우에는 교착어임에도 불구하고 첫음절에로의 강세 현상은 보이지 않는다. 비록 오늘날 바스크인이 사는 거의 모든 계곡마다 각기 다른 강세를 보이면서 발음되고는 하지만, 원바스크어에서는 강세가 첫음절에 놓였던 것으로 생각된다. 강세가 달리 놓이게 된 현상은 나중에서의 발전과정에서 생긴 것이라고 페네만은 추측하고 있다.

페네만의 견해에 따르면, 인도유럽인이나 베르베르인과 아랍인의 진출하기 이전에 이미 유럽을 위시한 일부 북아프리카 지역에서는 오늘날의 바스크어와 친척관계에 있는 언어들을 사용하는 사람들이 살고 있었다. 이에 따라 오늘날의 바스크인이 사용하는 언어는 이 선사시대 언어가 발전된 형태이다. 옛날 로마인들이 바스크인에 대해 부르던 바스콘인이란 명칭에 근거하여, 페네만은 이 바스크어의 조상격인 언어에다가 바스콘어Vaskonisch라는 명칭을 부여했다.

고고학자 펠릭스 폰 루샨Felix von Luschan은 1922년 자신의 저서인 '민족, 종족, 언어'에서 바스크인에 대해 다음처럼 서술하고 있다.

> "나는 바스크인의 특성을 단지 하나로만 말할 수는 없다고 생각한다. 이들의 언어와 역사, 그리고 모든 외부로부터의 영향에 끈질기게 버티어 낸 점은 아주 독특해서, 오늘날 이들이 오늘날 갖고 있는 특이한 위치가 주어졌다고 본다. 특히 로마인을 위시하여 나중에 들어온 모든 이주자들의 온갖 노력에도 불구하고, 이들은 자신의 언어를 아주 성공적으로 지켜냈다. 이 점이 오늘날 우리에게 매우 중요하고 흥미로운 일이다. 이 덕택으로 우리는 이들의 아주 오래된 옛 언어가 선사시기의 어둠 속으로부터 오늘날에게까지 전해지고 있어서, 우리가 학문적으로 이 언어에 접근할 수 있게 된 점은 참 다행이다." (Felix von Luschan, *Völker, Rassen, Sprachen*, Berlin, Weltverlag, 1922, p. 161)

페네만의 견해에 따르면 바스콘인은 인도유럽화가 되기 이전까지는 사냥꾼이자 채집경제인이었다. 동시에 어부이자 목축인이었다. 아마도 이 시기에 이들은 스스로를 한 공동체로 보았으며, 또 틀림없이 자신들을 지금과는 다른 이름으로 불렀을 것이다. 오늘날 바스크인은 스스로를 에우스칼두나크Euskaldunak로 부르고 있다. 즉 '바스크의 소유자'란 뜻이고, 에우스카라Euskara는 바스크어란 뜻이다.[36] 거의 모든 강이 물론 각 언어에 따라 다소 다르게 발음되고는 있지만, 지금 언어적인 측면에서 전반적으로 단지 하나의 이름만으로 불리는 것은 바스콘인이 광범위한 지역을 돌아다녔음을 입증한다고 볼 수 있다. 그리하여 라인

36) 바스크어에서는 한국어와 마찬가지로 음운상 /l/과 /r/이 구분되고 있지 않다.

Rhein이 프랑스에서는 린Rhin으로, 네덜란드에서는 레인Rijn으로 불리면서 나타나고 있다.

페네만은 유럽의 지명들에서 바스콘어의 유산을 찾을 수가 있다고 보고 있다. 그리하여 이들 중 일부를 바스크어의 단어구조와 연결시키면서 바스콘어의 원래 형태를 이끌어내고 있다. 이중 몇몇의 예를 들어보면, 아른탈Ahrntal, 입스Ybbs, 이자르Isar/이젠Isen, 아우어Auer/우어아흐Urach 등은 인도유럽인이 유럽내륙에 진출하기 이전 시기에 붙여진 명칭이다. 페네만은 빙하시기 이후에 바스콘어가 끼친 영향을 언어학적인 측면에서 연구하면서, 집중적으로 오늘날의 지리적 지명들을 바스크어의 단어구조와 비교하였다. 예를 들면 바스크어의 어근인 문mun (경사면, 언덕)은 뮌히Münch-, 묀히Mönch-, 만히Manch-와 같은 지명에서 발견되고 있고, 또 영국의 소포크Suffolk 근처에 있는 모네덴Monewden에서도 우리는 발견할 수 있다.

페네만은 자신의 지명에 따른 이러한 분석이 합당하다고 생각하자, 그는 오늘날 유럽에서 사용되는 언어들에 바스콘 시기의 잔재가 남아있지 않을까 하고 생각하게 되었다. 이에 인도유럽어 어원이 확실히 밝혀지지 않은 단어들을 집중적으로 조사하였다. 이러한 조사는 성공적이었다. 많은 유럽의 언어들에게서 바스콘어의 어휘 흔적이 남아있었다. 페네만은 일련의 단어들에게서 바스콘어의 어원을 발견하여 이를 설득력 있게 설명했다. 이미 예전의 견해에서도 독일어의 Land (땅)은 바스크어의 landa (개간된 땅)에서 나온 것으로 보고 있었다. 따라서 프랑스어의 les landes (광야, 황야)도 역시 그러한 것이다. 마찬가지로 Anger (초원, 풀밭), Eidam (사위), Eisvogel (물총새)[37], Garbe (볏단), Gämse (영양), Haken (갈고리),

37) 바스크어의 is/īs는 물이란 뜻을 갖고 있다. 바스크어의 장음 ī/i:/는 독일어를 위시한 게르만어에서는 복모음 ei/ai/로 바뀐다. 바스크어에서는 모음의 장단음이 구분되지 않고 있다.

Harn (오줌), Krapfen (둥근 밀가루 반죽), Latte/Laden (긴 각목, 사다리), Mure (진흙 덩이), Schenkel (넓적다리), Senne (고지대의 초원), 라틴어에서는 cāesus (치즈), grandis (거대한), mons (산)이 그러하다. 그리고 Silber (은), Eisen (철)과 같은 일부 금속 명칭이나 영어의 key (열쇠)와 같은 도구의 명칭에서도 바스콘어가 유럽지역에서 사용되었을 시기까지로 거슬러 올라가게 해 준다. 이 책의 부록에 수록된 바스콘어에서 나온 독일어, 영어, 프랑스어, 라틴어, 그리스어의 여러 많은 단어는 독자의 흥미를 끌게 할 것이다.

이러한 바스콘인에 대한 가설은 그럴듯하게는 보이지만, 아직은 입증되지 않은 여러 일련의 추측에 바탕을 두고 있다. 그리하여 많은 사람이 페네만의 가설에 대해 반박하고 있다. 페네만을 비판하는 사람들은 무엇보다도 오늘날의 바스크어가 시기적으로 빙하시기에 살던 사람들의 원어와는 너무나도 먼 시기의 것이어서, 페네만이 제시하는 어휘들의 본래 의미가 그리하였는가에 대해서는 회의적인 태도를 보이고 있다. 대신에 이들은 오늘날 바스콘어로서는 더 이상 재구성될 수 없는 단어의 어근들을 내세워 반박하고 있다. 그러나 이러한 것들은 페네만의 바스콘어 가설을 흔들 정도는 되지 못하고 있다. 즉 그러한 지명들의 단어구조에 상응되는 바가 오늘날 바스크어에서 발견되지는 않더라도, 아주 오랜 시간이 지난 지금에도 이것들이 정말로 사실일 가능성은 아주 높다.

다음에 제시되는 단어들의 어근은 그 기원에 있어서 확실히 인도유럽어의 것도 아니고, 또 바스콘어의 유산도 아니다. 그러나 이들의 어원이 인도유럽어에 있지 않은 것은 확실하기에, 적어도 이들이 바스콘어에 어원을 두고 있을 가능성은 충분히 함께 고려해 볼 만 하다.

이바 벨셔Iva Welscher는 또한 페네만의 바스콘 가설을 뒷받침하는데 큰 기여를 하였다. 그녀는 유럽 동남부의 지명들을 조사하여, 그곳에서 중부유럽보다는 바스콘의 명칭이 훨씬 적게 나타남을 발견했다. 이는 크라에가 주장했던 유럽에서

바스콘어를 기원으로 할 가능성이 큰 어근들	지명
+al-/+alm-	Aller, Alme, Alba (스페인), Almantes (스페인)
+-apa-	Vápnenice (체코), Wapniarska (폴란드), Apnenk (슬로베니아)
+atil-	Esslingen, Etteln, Etzlingsweiler (독일)
+bak(i)	Bach, Bachem, Backemoor, Bechtal, Pegnitz, Bača (슬로베니아)
+bad-	Badel, Badekhütte, Badbury (영국), Badens (프랑스), Badaroux (프랑스), Badalona (스페인), Badica (슬로베니아), Badrinovac (크로아티아)
+bat-/+pat-	Passau, Po (이탈리아), Padua (이탈리아), Batava (슬로베니아)
+kast-	Badgastein (오스트리아), Kosteljina (크로아티아), Castella (스페인)
+mat-	Moder (프랑스의 엘자스), Marne (프랑스), Matera (남부이탈리아), Matena (슬로베니아)
+par (습지)	parnach, Parthe, zur Pleiße (라이프치히), Portunna (아일랜드), Perche/Perticus saltus (프랑스의 노르망디), Partene (영국)
+reg-/+rek- *sal-/salm-	Saale, Sale, Selz, Selke (독일)
var-/ver-	Warne, Werre, Warmenau, Warme Aue (독일)

도표 3-26

의 관련된 명칭이 인도유럽어에서 나왔다는 주장이 잘못되었음을 더욱 입증한다. 유럽 동쪽지역에서는 인도유럽어의 비중이 틀림없이 조금은 더 컸을 것이다. 벨셔는 발칸반도의 많은 물에 관련된 지명이 슬라브어에 기원을 두고 있다는 결론에 도달했다. 이는 중부유럽지역의 물에 관련된 지명들과는 달리, 이곳의 것은 인도유럽어의 계통임을 말해 준다. 고대기록물들이 전해 주는 아드리아 해변의 지명들에서는 산과 관련된 지명들과 더불어 인도유럽어나 바스콘어의 어근들과는 직접 연결되지 않고 있다. 이에 전반적으로 볼 때에 발칸 지역은 크라에가 말

한 고유럽어[38]의 변두리 지역에 속한다고 할 수 있다. 이 역시 페네만의 가설을 뒷받침해 준다 (이에 대하여는 다음을 참조하라. Iva Welscher, *Mitteleuropa und Südeuropa im Kontext der Alteuropäischen Toponymie* (LMU München, Diss. 2005, p. 158).

선사시대에 세미티드Semitide 언어가 서유럽 언어들에게 끼친 영향

이미 고고학과 관련된 장에서 우리는 선사시대에 지중해로부터의 해상무역이 브리타니아 섬까지, 심지어는 스칸디나비아 반도에까지 미쳤음을 살펴보았다. 이집트에서 만들어진 직조물이 덴마크에서 발견되고 있음을 유의하자. 헬고란드 섬이나 발틱 해변에서 수집된 호박이 페니키아인의 선박 물품에서 발견되고 있다. 여러분은 유럽에서의 거석 건축물이 분포된 상태를 잊지 말기를 바란다. 지중해를 거쳐 브리타니아 섬에 진출한 사람들이 미노아인인가 또는 페니키아인인가에 대하여는 어떠한 역사 기록물도 이를 알려주지 않고 있다. 미노아인의 고고학적 흔적은 선사시기에까지 이르고 있다. 페니키아인들은 초기 역사시기에 고도의 문화를 전파한 민족이었다. 그러나 이들은 자신들의 역사에 대해서는 후대에 별다른 역사기록물을 남겨놓지 않았다. 그러나 이들은 고대 역사저술가들에 의해 자주 언급되고 있고, 또 고고학적 유물들은 이러한 기록물과 일치되고 있다. 이들은 기술과 학문과 상업 분야에서 처음에는 서방세계의 모든 민족보다도 우위에 있던 문화민족이었다.

---

38) 여기에서의 고유럽Alteuropa은 미국의 고고학자 마리아 짐버터스Marija Gimbutas가 내세운 고유럽과는 완전히 다르다. 그녀는 인도유럽인이 들어오기 이전에 발칸반도 지역에 고도의 문명이 존재하였다고 주장하면서, 이를 고유럽 문명이라 명명하고 있다. 반면에 크라에는 고유럽을 인도유럽인이 진출하기 이전의 유럽 전체의 지역으로 보고 있다.

푼어Punisch[39]에서 들어온 차용어

언어학 역시 우리를 셈 계통의 언어를 사용하는 민족에게로 이끄는 차용어와 언어구조의 특성을 보이는 여러 요소들을 제시하고 있다. 이러한 차용어들은 지중해의 해변지역에서 쉽게 찾아볼 수가 있다. 우선 그리스어에 있는 세미티드어로부터의 차용어들에게서 시작해보자. 이곳에서는 확실히 세미티드어에 어원을 두고 있는 일련의 단어들이 있다. 이들 중 일부는 라틴어에도 존재하여, 이런 단어들이 이들 두 언어를 통해 독일어에도 들어왔다 (이에 대하여는 다음을 참조하라. Emilia Masson, *Recherches sur les plus anciens emprunts sémitiques en grec*, Paris, Klincksieck).

세미티드어의 언어 구조상에서의 특징

세미티드어의 언어구조상에서의 특징을 알려주는 증거를 찾아내기는 매우 어렵다. 이 분야의 연구에서 선구적인 역할을 한 사람으로 존 모리스John Morris를 들 수 있다. 그는 1900년에 인도유럽어 계통의 섬켈트어가 다른 인도유럽어와는 언어 구조적 측면에서 차이를 보이면서, 아프로아시아어Afroasiatisch와는 일치되는 점을 갖고 있음을 밝혀냈다 (이에 대하여는 다음을 참조하라. John Morris, Pre-Aryan syntax in Insular Celtic, in: *The Welsch people: Chapters on their origin, history laws, language, literature and characteristics*, John Rhys and Davis Brynmor-Jones 〈Hrsgg.〉, London, T. Fisher Urwin, 1900, Appendix p. 617~641).

---

39) 페니키아인이 사용하던 언어.

독일어 단어	그리스 단어	의미	셈어에서의 출처
		직조 분야에 속한 단어들	
Kanon (표준)	*κανών (kanón)*	'Rohrstab (둥근 기준 막대기)'	히브리어 kaneh
	βύσσος (bussos)	'Stoff (옷감)'	페니키아어 b-s 히브리어 bus
	κασας (kasâs)	'Pferdedecke (거친 양모로 만든 덮개)'	셈어 k-s-y
Sack (부대)	*σάκκας (sák(k)os)*	'grobes Gewebe aus Ziegenhaar (염소의 털로 만든 거친 옷감)'	아카드어 šaqqu 히브리어 saq
	σινδών (sindon)	'feines Gewebe aus Leinen (아마로 만든 섬세한 옷감)'	아카드어 satt(/dd)inu 히브리어 sadīn
Chitin (껍질) englisch cotton (솜)	*χιτών (chitōn)*	'Kleidung, Tunika (옷, 투니카)'	아카드어 kitûn
	ὄθόνη (othóne)	'feines Tuch (섬세한 옷감)'	히브리어 *'eṭūn*
	σής (sés)	'Motte (좀벌레)'	아카드어 sāsu
		상업에 관련된 단어	
	ἄρραβών (arrabón)	'Anzahlung (선수금), Pfand (보증금)'	고시리아어 erubātu 히브리어 érâbôn
Moneten (동전, 돈) 라틴어 moneta (동전) 프랑스어 monnaie (동전) 영어 money (돈)	*μνᾶ (mna)*	'Gewichtsma (계량 단위), Mine (광산 갱도)'	히브리어 mānē
	σίγλος (síglos)	'Gewichtseinheit (계량 단위)'	아카드어 šeglu 히브리어 šeqel
	χρυσός (chrysos)*	'Gold (금)'	아카드어 urāu 히브리어 hārus
	δέλτος (deltos)	'Schreibtafel (기록을 위한 판대기)'	셈어 d-l-t (문, 침대)
	γαυλός (gaulós)	'Behälter (저장용기)'	아카드어 gullu 히브리어 gūllā
	γαῦλος (gaũlos)	'Schiff (배)'	아카드어 gullu 히브리어 gūllā

도 불구하고, 인도유럽어에서는 그 어원을 찾을 수 없는 단어들이 세미트디어에 어원을 두고 있을 가능성이 농후한 단어들을 찾기 시작했다. 이러한 그의 시도는 상당히 성공적이었다. 이에 따라 유럽 북쪽 지역에서 활동하던 해양민족이나 상업 활동을 하던 민족들이 자신들의 활동영역을 섬 지역뿐만이 아니라, 이에 마주하고 있는 해변지역에서도 행했을 가능성을 보여준다. 이는 오늘날에도 여전히 계속 말해지는 식민화가 당시에도 있었음을 보여준다.

섬켈트어에서 세미티드어는 기저어였다. 즉 이것은 인도유럽어화된 켈트인이 진출하기 이전에 이미 이 섬에서 사용되고 있었다. 이 때문에 이 지역에서 켈트어가 영어에 영향을 끼쳤고, 게르만어에서 대해서는 상층어의 역할을 하였다는 것이 페네만의 견해이다. 문화적으로 상대적 우위에 있던 이 식민자가 사용했던 언어로부터 게르만어가 차용한 단어들은 사회생활 전반에서 전형적인 상층어로서의 영향을 주었다.

이제 우선적으로 세미티드어가 어휘 분야에서 끼친 전형적인 영향을 살펴보도록 하자. 강변화의 모음교체Ablaut 현상은 게르만어가 보이는 특이한 현상이다. 인도유럽어 학자인 한스 크라에의 정의에 따르면, 모음교체란 동일한 어원에서 나온 단어에게서 특정 모음이 규칙적으로 바뀌는 현상이다. 그는 이를 원인도유럽어에서 나온 유산의 하나로 보았다. 독일어에서 이런 예를 들어보자면 singen - sang - gesungen - Geang; trinken - trank - getrunken - Trunk - Trank 등이 있다. 라틴어에서는 tego (나는 덮다) - toga (신체를 덮는 토가 옷)이 있고, 그리스어에서는 *leípo* 'ich lasse (=단수 현재 1인칭형), - *lé-loip-a* 'ich habe gelassen (=현재완료형) - *é-loip-on* 'ich ließ (=과거형) 등이 있다. 모음교체는 후기인도유럽어에서는 더 이상 생산적이지 못했다. 그러나 오직 게르만어만이 이를 조직적으로 기능화 하여 사용하면서, 동사에서의 시제형성을 만드는 주요 수단이 되었다. 이 방법은 다른 언어로부터 차용되어 들어온 새로운 동사들에게도 적용되면서, 원게르만어 시기에 소위 강변화동사란 특이한 문법 방식을 만들어내었다. 여기에 나중에 과거형의 시제 어간이나 과거분사 어간에 접미사 *-d*를 첨가하는 소위 약변화동사의 방식이 새로이 생겨났고, 이 또한 계속 발전되어 나갔다. 이 *-d*는 후에 고대독어에서는 *-t*로 바뀐다. '*sagen - sagte - gesagt*', '*salben - sabte - gesalbt*'. 그러나 고대독어시기에도 라틴어에서 차용되어 들어온 scrībere와 같은 동사도 강변화동사로 만들어져 오늘날에도 사용되고 있다. '*schreiben - schrieb - geschrieben*'. 그리고 이에 덧붙여져 이의 명사인 *Schrift*도 있다. 중세독어 시기에도 우리는 새로운 강변화동사로 프랑스어에서 차용된 '*preisen - pries - gepriesen*'(프랑스어 priser: 평가하다, 그 가치를 알다)를 얻게 된다. 나중에 독일어에서는 이들 강변화동사 외에 시제를 나타내는 접미사 *-t*를 보이는 소위 약변화동사가 대규모로 만들어진다.

게르만어 강변화동사들은 여러 측면에서 특이한 현상을 보인다. 로베르트 마일함머Robert Mailhammer가 조사한 통계자료에 따르면, 많은 강변화동사가 어원상 인도유럽어의 여러 언어들에게서는 전혀 상응되지 않거나, 적절히 상응된 형태로서는 발견되지 않고 있다. 이리하여 많은 강변화동사가 게르만어나 그와 관련된 이웃 언어들에게서 차용어의 형태로 들어 온 것으로 추측되고 있다 (Robert Mailhammer, *On the Origin of the Germanic Strong Verb System*, in: *Sprachwissenschaft*, Heidelberg, Universitätsverlag Carl Winter, 2006, Band 31, Heft 1, p. 1~52). 게르만어에서 해당된 492개의 강변화동사들은 다음의 분포를 보인다.

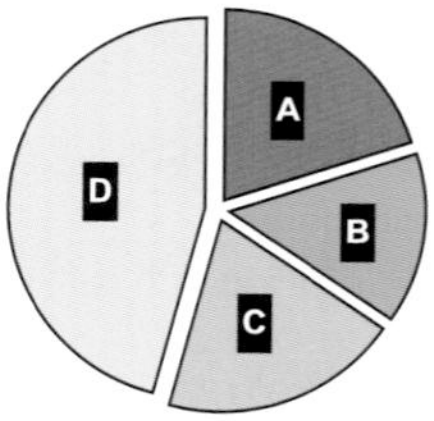

A: 인도유럽어의 어원이 확실한 것: 19.9%

B: 확실히 규명되지 않은 인도유럽 어원의 것: 14.6%

C: 인도유럽어 어원이 불확실 한 것: 18.9%

A
B
C
D

3-27_ 마일함머에 따른 강변화동사의 어원별 분포도

D: 전혀 인도유럽어 어원이 아닌 것: 46.5%

이에 따라서 강변화동사의 거의 절반 이상이, 그리고 아마도 이보다 훨씬 더 많은 수가 외부로부터 들어온 차용어였음이 분명하다. 아직 어원이 밝혀지지 않은 몇몇 강변화동사들 중에서도 페네만은 세미티드어에서 기원되었을 것으로 추측되는 여러 예를 찾아내고 있다. 게르만어에서 모음교체가 특히 조직화된 이유로서는 비게르만어 계통에 속한 민족이 게르만어를 외국어로서 배우는 과정에서 이의 문법체계를 단순화한 것으로 볼 수가 있다. 이런 현상은 외국어를 습득하는 과정에서 흔히 나타나는 현상이다. 세미디트어의 문법에서는 모음교체 현상이 특별히 강하게 조직적으로 나타난다. 이에 예전 게르만족 사이에 있던 비게르만어 민족이 세미티드어를 사용했다는 주장이 설득력을 얻고 있다.

페네만에 따르면 모음교체의 조직화 및 기능화는 다음처럼 이루어졌다고 말한다. 즉 세미티드인의 식민자들이 현재형에서 어간모음 e를 기반으로 한 것과, 그 다음으로 현재형에서 어간모음 a를 기반으로 한 것에서의 모음체계를 일반화시켜서는, 이를 자신들의 것과는 완전히 다른 게르만어의 동사체계에 적용하여 사용했다. 이를 통해 자신들의 혀에는 익숙하지 않은 엉터리 방식의 독특한 게르만어를 만들어냈다. 그러나 이것은 상류계층으로서 문화적이나 경제적으로 우위에 있던 식민자들이 사용하던 언어였다. 이에 게르만어 동사체계에서 점차 일반화되어 관철되면서, 이는 새로운 기준이 되어 작동하게 되었다. 동시에 이 상류계층의 언어사용자는 자신들이 사용하던 단어들을 게르만어에 이식하게 만들었다. 이는 중세영어시기에 영국에서 상류지배계층에서 사용하던 프랑스어의 영향을 받아서 중세영어가 점차 로만어화 된 것에 비유된다. 어쨌든 페네만은 강변화동사가 게르만어 동사체계와 동사 단어들이 셈어화 됨에 따라 만들어진 것이라고 설명한다.

모음교체는 독일어에서 놀라울 정도로 끈질긴 생명력을 갖고 장기간에 걸쳐 유지되었다. 원래는 두 개의 모음교체 방식을 기반으로 하여 만들어진 이 강변화동사의 체계는 이후에 생긴 음운변화로 인하여 미리 예측이 가능한 7개의 급 Klasse을 갖게 되었다. 그리고 오늘날 고대독어와 중세독어를 배우는 독일 대학생들은 이를 무조건 외어야만 하게 되었다. 오늘날 모음교체는 새로이 만들어지는 동사들에게는 더 이상 적용되지 않아서 비생산적이다. 다만 단지 가끔 소위 중복형태로 새로이 만들어지는 단어형태에서는 아직도 그 존재가치를 보여준다. 즉 *Tingeltangel, Singsang, Hickhack, zickezacke*와 같은 단어들이다.

이 분야에서의 또 다른 특징은 독일어의 경우에서는 어순에서도 나타난다. 이에는 두 개의 어순 형태가 있다.

1) 동사가 뒤 부분에 위치하는 현상은 인도유럽어에서 계승되어 나온 유산이다. 이 부분에서 심지어는 동사가 모든 다른 요소들을 제치고 문장의 맨 끝에 위치하기도 한다. 이러한 현상은 특히 접속사로 이끌어지는 부문장에서 나타난다. 예를 들면 wenn Peter mit dem Zug nach Hamburg fährt (만일 페터가 기차를 타고 함부르크에 간다면)와 같은 경우이다. 그리고 mit dem Zug nach Hamburg fahren이나 mit dem Zug nach Hamburg gefahren과 같은 부정형 구조에서도 이런 어순 형태가 보인다.

2) 게르만어에 들어서면서야 비로소 나타나는 현상으로 동사가 문장의 앞부분에 나타나는 경우가 있다. 즉 Fährt Peter mit dem Zug nach Hamburg? (페터가 기차로 함부르크에 가니?)와 같은 의문문에서 동사가 맨 앞에 나타나는 어순 형태와 더불어, Peter fährt mit dem Zug nach Hamburg/Mit dem Zug fährt Peter nach

Hamburg/Nach Hamburg fährt Peter mit dem Zug와 같은 여러 평서문에서 동사가 두 번째 위치에 놓이는 어순 형태가 있다.

동사가 문장에서 두 번째 위치와 마지막 위치에 놓이는 차이가 주문장과 부문장을 구분하는 유일한 방법일 수도 있다. 예를 들면 이를 trotzdem ging er와 trotzdem er ging의 경우에서 본다. 이러한 차이는 obgleich, obwohl, obschon, obzwar와 같은 단어 등의 경우에도 마찬가지로 나타난다. 이러한 어순상의 차이는 이들 단어들이 의미상에서의 차이를 보이더라도 그대로 나타난다. 즉 다음처럼 시제를 나타내는 경우에도 (da kam er = dann kam er), 또 원인을 나타내는 경우에도 (da er kam = weil er kam) 이러한 어순상의 차이는 그대로 나타난다. 이는 '왼쪽머리기반Linksköpfigkeit'과 '오른쪽머리기반Rechtsköpfigkeit'이란 개념과 연관시킬 수 있다. 이제 여러분은 Rotes **Kreuz** (적십자)란 문구를 기억할 것이다. 이의 또 다른 예로는 rote **Mühle** (붉은 물방아간)를 들 수 있는데, 이는 프랑스어에서는 **moulin** rouge, 즉 **Mühle** rot이다. 이런 구에서는 구조상에서 명사인 Mühle 내지 moulin이 핵심적인 머리 역할을 한다.

독일어		프랑스어	
왼쪽	오른쪽	왼쪽	오른쪽
rote ↑ 수식어	Mühle ↑ 핵심머리	moulin ↑ 핵심머리	rouge ↑ 수식어

도표 3-28

독일어에서는 핵심머리부분이 오른쪽에 위치하는 반면에, 프랑스어에서는 이것이 왼쪽에 위치한다. 예전 독일어에서 핵심부분이 왼쪽에 위치했던 변이형태를 괴테의 시와 이를 가사로 하여 슈베르트가 작곡한 들장미 노래인 **Röslein** rot에서 본다. 그리고 그 노래가 시작되는 'Sah ein Knab ein Röslein stehn'을 통해서도 이를 잘 보고 있다. 그러나 이러한 어순은 계속 관철되지는 못 하였다. 바이에른 방언에서 이러한 왼쪽 핵심머리형태를 우리는 '**Madl** saubers du 'Mädchen schönes du (처녀 - 아름다운 - 너)'나 **Hund** verreckter와 'Mitmensch schlauer/**Mitmensch** widerwärtiger (교활한/비열한 녀석) 등의 문구에서 본다. 옛날 인도유럽어에 속했던 언어들에서는 동쪽에서 서쪽 방향으로 갈수록 왼쪽 핵심머리의 어순형태가 점차 늘어나서, 이런 현상은 가장 서쪽에 위치한 섬켈트어에서 최고조에 달함을 본다. 페네만은 이렇게 이의 강도가 서쪽에서는 가장 강하다가, 동쪽으로 갈수록 점차 약화되는 것이 세미티드어의 영향으로 보고 있다. 전치사의 경우에 있어서도 오늘날 일반적으로 선호되는 어순의 형태 (in/mit/nach/für **Hamburg**)에 반해서, 핵심머리부분인 명사가 왼쪽에 위치하는 **Hamburgs** wegen과 같은 경우도 이러한 왼쪽 핵심머리의 어순화의 경향을 특별히 보여주는 것이다 - 오늘날 현대 독어에서는 이 전치사가 wegen **Hamburgs**처럼 일반적으로 2격 명사와 함께 사용되나, 때로는 wegen **Hamburg**처럼 3격 명사와 함께 사용되기고 한다. 왜냐하면 여기에서는 전치사가 이 문구에서의 핵심머리 요소이기 때문이다.

이제 다시 동사에서의 어순으로 돌아가 보기로 하자. 인도유럽어에서 동사가 뒷부분에 위치하는 것은 이 어족이 일반적으로 원래 오른쪽 핵심머리의 어순을 갖고 있었기 때문이었다. 그런데 의문문과 명령문과 강세 문장의 경우에서는 원게르만어에서 이미 생겨나 점차 왼쪽 핵심머리의 어순으로 발전하여, 이것이 절대적인 어순형태가 된 이유는 어디에 있었을까? 이에 대해서는 여러 다양한 추측이 난무한다. 그러나 선사시대에 페니키아어가 게르만어에 준 커다란 영향을 집중적으로 조사해 온 페네만은 이에 대해 더 이상의 추측이 필요 없다고 단언하고 있다. 모든 원세미티드어와 똑같은 어순 구조를 가진 페니키아어와의 접촉은 게르만어의 모든 문장 형태에서 동사를 문장의 맨 처음에, 형용사는 항상 명사나 전치사의 뒤에 위치하게 만들었다. 그러니까 게르만어는 페니키아어의 영향으로 오직 왼쪽핵심머리 어순의 형태를 받아들이게 되었다.

문장구조상에서 세미티드어의 영향을 가장 크게 받은 언어가 섬켈트어이다. 즉 오늘날의 아일랜드와 스코틀랜드-골어와 웨일즈어이다. 백여 년 전에 존 모리스가 처음 주장한 후에 율리우스 포코로니Julius Pokorney를 위시한 여러 학자들에 의해 계승된 이론에 따르면, 이 섬켈트어가 대륙으로부터 브리타니아 섬 주변의 군도에 이식된 이후에, 아프로아시아계의 기저어를 바탕으로 하여 이러한 특이한 어순구조가 계속 발전해 나왔다. 유럽 대륙에서 사용된 켈트어는 전형적인 인도유럽어에 상응한 오른쪽 핵심머리의 어순을 가졌다. 그러나 섬켈트어는 고대셈어와 똑같이 왼쪽 핵심머리의 어순을 가졌다. 이는 인도유럽어에서 파생된 언어 중에서는 유일하다. 그러니까 페네만의 이론에 따른다면, 섬켈트어는 세미티드어와의 언어접촉 과정을 통해 왼쪽핵심머리의 어순을 갖게 된 것이다.

셈어와 섬켈트어에서 나타나는 이런 극단적인 왼쪽핵심머리의 어순은 당연히 다음 세대의 언어들에게도 영향을 주었다. 그리고 이는 앵글로색슨어, 즉 고대영어에도 그대로 이식되었다. 고대영어에서는 오늘날의 독일어에서처럼 아직도 전형적인 게르만어의 어순형태를 보이는 반면에, 나중에 앵글로색슨어를 계승한 현대영어는 계속해서 왼쪽핵심머리의 어순을 유지했다. 그리하여 동사는 항상 문장의 앞부분에, 그리고 전치사도 항상 앞부분에 위치하게 되었다. 그러나 형용사의 위치에서는 Real Cross, red mill의 경우에서 보듯이 이와는 달랐다. 그리고 이의 잔재로서 다음의 예들을 더 들 수 있다. love**ly**,[41] child**hood**,[42] eyebrow, university student. 등과 같은 것들이다. 여기에서는 인도유럽어의 오른쪽핵심머리의 어순이 계속 유지됨을 본다. 따라서 영어는 모든 게르만어 중에서 가장 왼쪽핵심머리의 어순을 갖고 있는 언어이다.

왼쪽핵심머리의 어순은 물품을 분류하는 데 있어서는 실질적인 이점을 갖고 있다. 그리하여 문법적인 측면에서는 맞지 않음에도 불구하고, 창고에서 물품을 분류하는 과정에서는 이러한 어순이 흔히 사용되고 있다. 예를 들면 독일 연방군에서 보관물품의 이름을 부르는 데에서 상위 개념부터 언급되어서 이것이 맨 처음에 호명된다. 예를 들면 신병에게 지급되는 의복 보관창고에서 여러 다양한 물품들이 '바지 - 방한용 - 올리브색'의 방식으로 호명된다 (이는 독일연방군대의 피복창고에서 근무하던 Renate Lindinger이 2006년 8월 28일에 구두로 알려준 정보이다). 이 왼쪽핵심머리의 어순이 페니키아인들이 상업 활동을 하는 과정에서 물품을 분류하던 방식에서 나온 잔재는 아닐까? 어쨌든 독일어에서의 이 특이한 어순형태는 예전에 다른 어순형태를 가졌던 언어나 언어군과 접촉한 과정에서 나왔다는 확실한 증거일 수가 있다. 서유럽의 언어들이 세미티드어의 영향을 받았다는 페네만의 이론은 아마도 비록 간접적이나마 이런 현상에 대한 결정적인 설명이 될 수 있다. 왜냐하면 유럽의 상업 활동에서 주요 역할을 한 이탈리아어와 프랑스어와 영어 등의 많은 언어가 독일어에 비해 더 많은 왼쪽핵심머리의 어순을 보이고 있

41) 영어의 접미사 -ly는 고대영어의 liġ (< līk)에서 나온 형태이다. 즉 ġ가 y[i]로 음운 변화를 일으키고, 간모음 i는 탈락되어 -ly의 형태가 생겼다. 따라서 이 -ly는 독일어의 -lich에 상응한다. 즉 독일어의 -lich의 고대독어 형태는 -līk이다. 이는 원래는 Körper (몸, 신체)란 뜻을 가진 독립적인 명사였는데, 나중에 단순한 접미어로 전락해 버렸다. 오늘날 독일어에서는 그 뜻은 바뀌었지만, 아직도 독립된 명사로의 위치를 계속 유지하여 내려오는 단어가 있다. 즉 Leiche (시체)이다. 이 명사는 형태는 유지되었지만, 의미상에서는 큰 변화를 겪어 원래는 산 사람의 몸을 가리켰던 것이 오늘날에는 오직 죽은 사람의 몸을 가리키게 되었다. 접미사 -ly와 -lich는 원래 앞서 위치한 '명사의 몸을 가진 것'에서 '명사와 같은'것으로 의미변화를 일으키면서 형용사 내지 부사가 되었다.

42) -hood (= 영어의 -heit)도 원래는 Person (사람), Wesen (존재), Art (방식)의 뜻을 가졌던 독립적인 명사였다.

기 때문이다.

이렇게 우리 언어 지역에서는 오른쪽핵심머리의 어순에서 왼쪽핵심머리의 어순으로 발전하는 과정을 확실히 보여주고 있지만, 이점이 후자를 가진 언어들이 전자를 가진 언어들에 비해 더 나은 언어라고 말할 수는 없다. 이를 반박할 수 있는 것이 전 세계에 있는 약 6,000개의 언어 중에서 왼쪽핵심머리의 어순이 더 우위에 있지는 않기 때문이다. 오히려 이 두 종류의 어순 중에서 오른쪽핵심머리의 어순이 왼쪽핵심머리의 어순을 가진 언어들보다도 수적인 측면에서는 훨씬 더 우위에 있다.

7이란 수

아틀란틱인의 문화가 끼친 큰 영향은 7이란 수를 나타내는 어휘를 통해서도 알 수가 있다. 옛날 시기의 여러 다양한 언어들에 나타나는 수의 명칭을 비교해 보면, 이 일곱을 위한 명칭이 가진 음운형태에는 특이하게도 모든 인도유럽어에서뿐만 아니라, 비인도유럽어에서도 아주 유사함이 보임을 발견한다. 비록 언급된 모든 언어들에서 각기 일어난 음운변화 때문에 일곱을 위한 단어들은 그 형태가 달라져서 여러 변이형태를 보이고 있다. 그러나 이들을 재구성하여 보면, 이들 언어들 간에 많은 유사성이 발견된다.

옛날 항해자들에게 달이 바뀌는 형태는 매우 중요했다. 왜냐하면 이것이 조수의 차이를 결정하고, 또 그믐달과 보름달에 나타나는 만조와 사리의 시기를 예측할 수 있었기 때문이다. 이때에 7일의 주기는 이를 좌우하는 결정적인 역할을 한다. 수학적으로 7이란 수는 단지 자신만의 수 외에는 오직 1의 수로만 나뉘는 소위 정수에 속한다. 신화나 동화에서 보여주는 여러 마력적인 의미 외에도, 매달 하나의 주기를 이루게 하는 28일은 '4 x 7'로 나뉘게 된다. 즉 기록되는 달력이 없

인도유럽어		기타 어족의 언어들		
산스크리트어	*sapán*	핀우그르어	핀어	*seitsemän*
싱할어	*hata*		헝가리어	*hét*
그리스어	*εφτα* (efta)	터키어		*yedi*
독일어	*sieben*	티베트-중국어	티베트어	*tüün*
영어	*seven*		일본어	*shichi, nana*
네덜란드어	*zeven, ziften*		몽골어	*dologhan* (gh 〈 ch)
덴마크어	*syv*		중국어	*qī*
스웨덴어	*siu*		바스크어	*sazpi*
노르웨이어	*siju*	아우스트로네시아어	인도네시아어	*thjuh*
이탈리아어	*sette*		하와이어	*(e)hiku*
스페인어	*siete*	아프로아시아어	암하르어	*sabat*
포르투갈어	*sete*		아랍어	*sab'a*
페르시아어	*haft*		히브리어	*sheba*
쿠르드어	*heft*		베르베르어	*+sa(b)*
러시아어	*СЄМЪ* (sém)		관첸어	*sa-tti*
폴란드어	*siedem*		이집트어	*sfh*
알바니아어	*tetë*	스와헬리어		*saba*
브리타니아어	*seiz*			
아일랜드어	*seacht*	아이누어		*arwann*
코른어	*seith*			
웨일즈어	*saith*	조지아어		*švidi*
스코틀란드어	*seith*	동쿠치티어		*tsb*
체코어	*sedem*			
크로아티아어	*sèdem*			
아르메니아어	*jotte*			

도표 3-29_ 인도유럽어에 나타난 7의 수. 관심 있는 독자들을 위하여 인도유럽어와 아주 다른 계통의 언어들에 나타난 것도 적었다. 그러나 이들 언어에 나타나는 단어의 어원은 검증하지 못하였다.

더라도, 달이 바뀌면서 보여주는 형태를 보면서 우리는 7일의 간격을 계산해 낼 수가 있다. 그믐달, 상현달, 보름달, 하현달에 사람들은 상대방이 오해하지 않게 하면서 약속을 위한 기한을 잡을 수가 있었다. 왜냐하면 달이 변하는 이러한 형

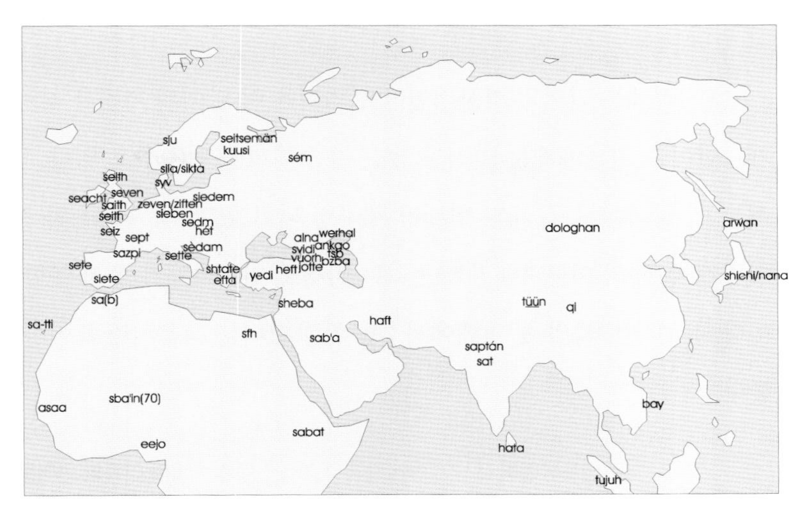

3-28_ 7의 수가 나타내는 형태들

태를 가지고 사람들은 모두가 쉽게 알 수 있는 도식화된 월력을 만들어 낼 수 있었기 때문이다.

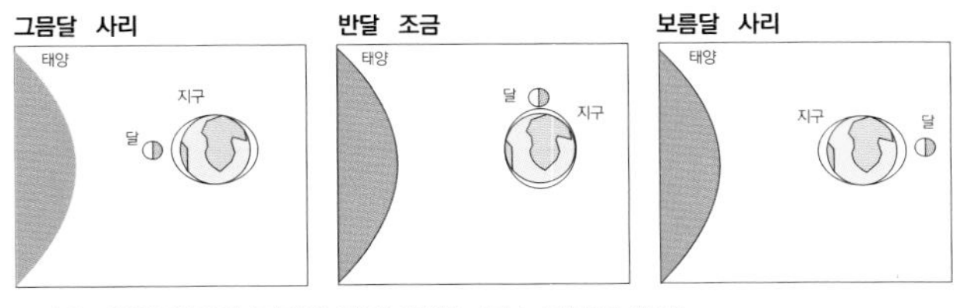

3-29_ 태양과 달의 중력에 따라 생기는 조수 간만의 차이

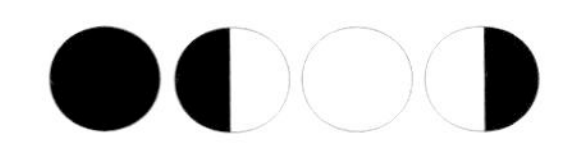
3-30_ 7일의 주기로 변하는 달의 형태

성경에서의 '7개의 성체', '7개의 죽음의 시기', '신이 7일째에는 휴식을 취했다' 등에서 보이듯이, 세미티드인의 문화권에서는 이 7이란 숫자가 유별나게 강조되고 있다. 이들은 최초로 일주일을 7일로 나눈 사람들이다. 안식일 Sabat은 7번째의 날로서, 흔히 그믐달과 함께 언급된다. 추측건대 이는 기원전 17세기에 바빌로니아에서의 단어 schabattu처럼 보름달을 위한 축제를 나타내던 단어이다. 7이란 수는 이스라엘인이 숭배하는 신의 존재와도 밀접한 관계를 갖

고 있다.

7을 나타내는 단어의 역사적인 발전과정은 이 단어의 기원을 찾아내려는 인도게르만어 학자들에게는 아직도 많은 수수께끼를 던져주고 있다. 인도유럽어에서는 이 단어에서 두 개의 형태가 재구성 되고 있다. 즉 *+sept-*와 *+sep-*이다. 왜 이렇게 두 개의 어근형태가 있는가는 아직도 언어학계가 풀지 못한 커다란 문제이다. 유럽 언어들의 옛 형태에서 7을 위한 단어는 다음처럼 특이한 양상을 보여준다.

인도유럽어		기타 어족의 언어들	
고대독어	*sibun*	고대아일랜드어	saptá
고대작센어	*sibbun*	토카르어 A	ṣpät
고대영어	*sefon*	토카르어 B	ṣuk(t)
고대동프리젠어	*siugun*	그리스어	*έπτα* (heptá)
고트어	*sibun*	라틴어	septem
고대북구어	*sjau*	웨일즈어	saith
에트루리아어	*semf (semφ)*	리투아니아어	septyni
		고대교회슬라브어	sedmĭ

도표 3-30

그림 3-31에서는 *t*가 없는 단어의 형태가 무리를 지어 나타나는 모습이 특이하다. 페네만의 견해에 따르면, 이 두 개의 단어 형태가 구분되어 분포된 것은 언어접촉과 차용에 따른 때문이라고 한다. 동일한 한 어족에서 음운적으로 연결되지 않는 두 개의 형태가 함께 나타나는 것은 두 개의 형태가 각기 달리 차용된 때문이라고 볼 수 있다. 이 경우에 그 단어는 다양한 형태로서 차용될 수가 있다. 7이란 단어에서 두 개의 형태를 동시에 보여주는 어족은 세미티트어 뿐이다. 페네만은 세미티트어를 사용하는 사람들이 고대 유럽에서 큰 영향력을 발휘하였다고 보고 있다. 그런데 7을 위한 단어를 차용한 사람들은 여기에서의 문법적 차

이를 제대로 알지 못하였다. 따라서 경우에 따라서는 남성형을, 또 다른 경우에는 여성형을 차용하여 받아들였다. 아카드어에서는 남성형인 *sibûm*과 여성형인 *sebettum*이 전거로서 함께 나타나고 있다. 세미티드어에서도 마찬가지이다. 그리하여 문법의 이해 정도의 차이에 따른 결과로서 일부 지역에서는 남성형이,

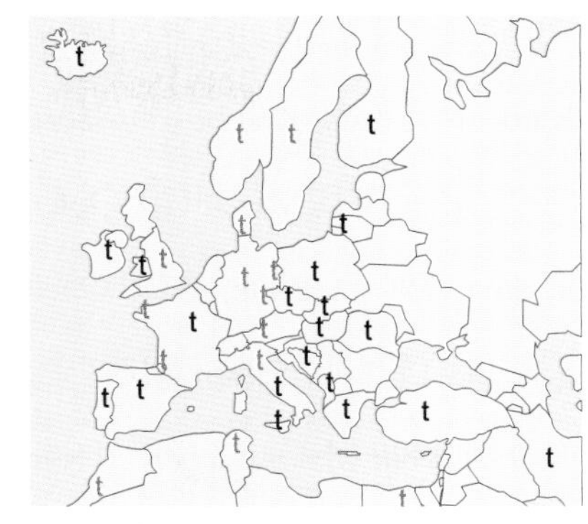

■ t가 없는 형태
■ t가 있는 형태

3-31_ 7 (Sieben)

또 다른 지역에서는 여성형이 관철되었다. 7이란 수와 함께 세미티드어권과 다른 문화권에서는 이의 정신적 유산도 함께 받아들여졌다. 많은 언어가 세미티트어에서의 이 7을 위한 어휘와 더불어서 오늘날 우리의 일상생활을 좌우하는 '7일은 1주'라는 개념이 받아들여졌다. 그러나 7이라는 숫자보다는 이와 관련된 내용과 문화상에서의 지식이 더욱 주요한 역할을 했을 것이다. 그렇지 않았다면 다른 숫자들도 또한 차용되었을 것인데, 이러한 일은 실제로는 일어나지 않았다.

그러나 7이란 숫자를 둘러싼 이런 현상으로 세미티드어가 유럽 언어의 전반에 어떠한 영향을 끼쳤을까 하는 호기심이 또한 생긴다. 페네만은 게르만어의 강변화동사에서 모음교체가 주요 위치를 점하는 것은 세미티드에 속한 어떤 언어사용자들과의 접촉 때문이라고 추측하고 있다. 이들이 아마도 푼어를 사용하던 사람들이었다고 보았다. 페네만은 수년간의 집중적인 연구를 통해, 셈어에 상응하는 다음과 같은 독일어 단어들을 찾아냈다. 즉 Adler (독수리), Abend (저녁), Adel (귀족), *Apfel* (사과), *Amsel* (메추리), *Biene* (벌)/*Imme* (양봉되는 벌의 무리), *Dauer* (지속 기간), *Eber* (야생 암퇘지), *Erde* (지상), *Europa* (유럽), *Felge* (휴경지), *Ferkel* (새끼 돼지), *Furche* (고랑), *Furcht* (두려움), *Garten* (정원), *Geiß* (암염소), *Harfe* (하프), *Hass* (증

오)/*Hader* (분쟁), *Haus* (집), *Herbst* (가을), *Horn* (뿔), *Kalb* (송아지), *Welpe* (강아지), *Kerbe* (새긴 눈금), *Krabbe* (게)/*Skorpion* (전갈), *Magd* (하녀)/*Mädchen* (소녀), *messen* (재다), *Mond* (달)/*Monat* (월), *Opfer* (희생물)/*Ungeziefer* (해충), *Ohr* (귀), *Pfad* (보도), *pflegen* (돌보다), *Pflug* (쟁기), *Quelle* (샘), *Ruß* (검댕이), *Säule* (기둥), *sharf* (예리한), *Schenkel* (허벅지), *Sieben* (일곱의 수), *Stern* (별), *Stier* (황소), *Strunk* (그루터기), *stur* (완고한), *Volk* (종족), *wachen* (감시하다), *warten* (기다리다), *Zaun* (울타리) 등이다. 골어에서는 **Mc**Donald에서 보이는 *Maqq*란 단어와 라틴어를 통해 들어온 *money* (돈)이란 단어가 발견된다. 그리고 페네만은 *Pit*, *Soent*, *Tay*, *Taw*와 같은 지명의 명칭도 찾아냈다. 이러한 것들에 대한 상세한 사항은 이 책의 부록에 수록되어 있다.

루넨 문자

페네만은 루넨 문자의 기원에 대해 새로운 가설을 제시했다 (Theo Vennemann, Germanische Runen und phönizisches Alphabet, in: *Sprachwissenschaft* Bd. 1.4 (2006), p. 367~429). 게르만인의 루넨 문자는 지금까지 로마의 알파벳으로부터 나왔다는 것이 주된 견해였다. 그러나 페네만은 이에 의문을 가졌다. 그는 알파벳의 첫 문자가 이의 기원을 알려주는 열쇠로 보고 있다. 루넨 문자는 A란 알파벳으로부터가 아니라 F로부터 시작되고 있다. 카르타고의 문자에서는 첫 알파벳이 후두부에서 나오는 음운이 A로 시작되는데, 이 형태가 F와 비슷하다. 게르만어에서는 이 첫 알파벳이 형태에서뿐만 아니라, 음가에서도 역시 F의 것을 갖고 있다. 더불어 페니키아에서와 비슷한 의미를 내포하고 있다.

3-32_ Alpha인 a와 F로의 표기 변화과정에서 생긴 차이점은 단지 수직으로 그어진 선이 조금 더 길어진 데에 있다.

알파벳으로서 알레프Aleph는 페니키아에서는 모든 셈어의 경우와 마찬가지로

'Vieh (가축)'이란 의미를 갖고 있다. 이 의미와 그 음가가 루넨문자에서도 차용되었다. 그러나 이때 음가의 경우에는 그리스어와는 달라졌다. 페니키아어로 āleph 'Rind (암소)는 게르만어의 +*fehu* 'Vieh (가축)'에 상응한다.

사람들은 지금까지 페니키아 알파벳의 기원을 시나이Sinai-알파벳과 같은 초기 알파벳 문자에서 찾으려 하고 있었다. 이 과정에서 페니키아의 알파벳은 이집트의 상형문자에서 영감을 받았으리라 추측되고 있다. 이때 세미티드인은 이들 문자의 형태를 받아들이는 하였지만, 그 형태마다 각기 다른 음가를 부여했다. 그리고 각 알파벳은 하나의 상징물을 나타내는 단어의 첫 번째 문자였다.

그리스인은 오늘날까지 페니키아어의 음운을 모범으로 삼아 자신들의 알파벳에서 α를 Alpha라 불러 왔다. 그리하여 이들은 이 알파벳 뒤에 숨은 Vieh(가축)이란 의미는 전혀 알아채지 못하였다. 지금 페네만은 자신의 주장에 대한 근거로 다음을 말하고 있다. 즉 게르만인이 루넨문자를 그리스어에서 받아들여 발전시켰다면, Vieh(가축)이란 의미를 나타내지는 않았다. 그 대신에 Alef의 경우처럼 이와 비슷하게 발음되는 사물을 상징하여 내보냈다. 그런데 그렇지 않고 이를 의미상에서 받아들이면서, 그 단어가 가진 의미를 자신들의 언어가 갖고 있는 다른 형태의 단어로 바꾸어 놓았다. 소위 차용번역Lehnübersetzung을 한 것이다. 즉 루넨문자의 알파벳은 페니키아인의 것을 직접적으로 받아들이면서 바꾼 것이다.

이는 초기 루넨 문자가 북해와 발틱해 사이에서와 로마제국과 가까운 지역에서는 발견되지 않는 이유를 설명해 준다. 즉 이 게르만인의 루넨문자는 페니키아인과의 직접적인 해상교역을 통해 이 루넨문자가 생겨났다.

나중 시기에 세미티트어에서 들어온 차용어들

물론 나중 시기에 언어접촉을 통해 세미티트어로부터 차용된 단어들도 있다. 이제 이것들을 언급하면서 이번 장을 마치려고 한다. 아랍어와 히브리어의 두 개의 세미티트어가 역사시기에서 언어상에 끼친 영향은 잘 알려져 있다. 또 이에 대해서도 상세히 연구되어 있다. 예전에는 그리스어와 라틴어가 중간 매체의 언어 역할을 하여, 많은 단어가 독일어에 들어왔다. 또 중세 전성기의 시기에는 로만어를 통해, 그리고 나중에 드물지만 영어와 네덜란드어와 슬라브어를 통해 들어왔다. 이때 슬라브어는 다시금 터키어를 매개로 하여 많은 아랍어 단어를 받아들였다. 시간이 지나면서 많은 아랍어 단어들이 독일어에 들어왔지만, 이들은 더 이상 차용어나 외래어였음을 알아차리지 못할 정도가 되었다. 그리하여 많은 경우에서 이들 단어들을 대체할 단어들을 구태여 내세우지 않았다. 즉 Algebra (대수), Alkali (알카리), Alkohol (알콜), Arsenal (무기고), Atlas (지도), Balsam (향유), (Al-) Chemie (연금술, 화학), Damast (다마스트 직물), Gamasche (각반), Havarie (해난 사고), Intarsien (상감), Jacke (재킷), Joppe (덧저고리), Kaffee (커피), Karat (캐럿), Kaliber (총구), Magazin (저장고), Mokka (모카 커피), Natrium (나트륨), Natron (나트륨) , Safran (사프란), Satin (공단 직물), Scharlach (진홍색), Sirup (시럽), Sorbet (소르베), Tamburin (탬버린), Tara (타라), Tarif (협정 임금), Ziffer (숫자) 등이 그것들이다. Algebra, Alkali, Alokohl 등의 단어들에게서는 관사인 al이 명사와 완전히 융합되어, 더 이상 이의 문법적 성격을 간파하지 못할 정도가 되었다. 여기에서 선발되어 언급된 단어들은 아랍인이 외래의 새로운 물품을 갖고 상업 활동을 한 민족이며, 또 자연과학 분야에서 고도로 발전된 문화를 갖고 있었던 민족이었음을 보여준다.

이디시어Jiddisch

유대인이 사용한 언어로서 독일어에 많은 단어를 진입시킨 이디시어는 완전히 다른 성격의 언어이다. 역사적 배경에서 보면, 이디시어는 여러 언어들이 혼합되어 만들어진 언어이다. 히브리어는 오래 전에 더 이상 유대인이 일상어로는 사용하지는 않았지만, 이 언어는 오늘날까지 종교적인 활동에서는 사용되어 왔다. 이를 통해 이 언어는 일상생활에서 완전히 사라지지 않고 이디시어를 통해서 살아남았다. 이 이디시어의 단어들의 전파에는 메뚜기 상인들, 방랑자들, 무법자들, 도둑들이 상당히 기여했다. 이들은 오늘날 신티인Sinti과 로마Roma인으로 불리는 집시들과 어울려 몰려다니면서, 그리고 유대인과도 접촉하는 과정에서 자신들만의 고유한 언어인 로트벨시어Rotwelsch를 만들어냈다. 그리고 이를 특히 자신들의 의도를 은밀하게 드러내 보이지 않게 하는 수단으로서 이용했다. 독일어에서 이들이 사용한 어휘들은 결코 고상한 수준이 아니었다. 그럼에도 불구하고 이들 단어들은 표준어가 나타내 보일 수 없는 상황이나 감정표현을 적절히 나타내는 한 방법이 되었다. 특히 일반 독일어에서는 베를린의 은어를 비롯하여 이들 단어들이 사용되지 않는다면, 우리로서는 생활에서의 활력이 적지 않게 떨어질 것이다. 이리하여 독일어처럼 보이는 것 중에서 적지 않은 수가 히브리어에 기원을 두고 있다 (다음 도표는 Andreas Nachama, *Jiddisch im Berliner Jargon oder Hebräische Sprachelemente im deutschen Wortschatz*, Berlin, Stapp, 1994에서 발췌하여 수록한 것이다).

독일어 단어	기원된 히브리어 단어
(aus-)baldowern 'herausbekommen (빼어 내오다)'	*ba'al-dabar* 'Herr des Wortes, der Sache (말이나 사건의 주도자)'
Bize(e) 'Kneipe (술집)'	*bajit* 'Haus (집)'
betucht 'begütert (많은 자산을 가진)'	*bāṭu^{u}ḥ* 'sicher sein (안전한 상태인), vertrauensvoll (신뢰할 만한)'
dufte 'unerwartet gut (기대한 것보다 좋은), großartig (훌륭한)'	*tōw* 'gut (좋은)'
flöten gehen 'verloren gehen (잃어버리다)'	*bleide* sieh *pleite* 'kaputtgehen (망가지다)'
Kaff 'elendes Nest (초라한 둥지)'	*kāfār* 'Dorf (마을)'
kapores 'kaputt (망가진)'	*kappārā(h)* 'Schlachten von Hühnern als Versöhnungsopfer (화해를 위하여 죽이는 닭)'
Knast 'Gefängnis (감옥)'	*q^{e}nās* 'Geldstrafe (벌금)'
Kluft 'Kleidung (옷)'	*g^{e}līppā(h)* 'Schale (껍데기)'
Macke 'Fehler (오류), Trick (간계)'	*makkāh* 'Schlag (타격), Plage (괴롭힘)'
meschugge 'verrückt (미친)'	*šagā* 'irren (잘못하다), sich vergehen (길을 잘 못 들어서다)'
mies 'schäbig (천박한)'	*me'īs* 'widerlich (역겨운), verachtet (경멸스러운)'
Moos, Mäuse 'Geld (돈)'	*mā'ōth* 'Kleidergeld (옷을 위해 지불한 돈)'
Pleite 'bankrott (파산한)'	*p^{e}lētā(h)* 'Rest (찌꺼기), Überleibsel (남은 것), Rettung (남겨진 것)'
Reibach 'unverhältnismäßig großer Gewinn (뜻밖에 얻은 큰 이익)'	*räwaḥ* 'Verdienst (수익금), Gewinn (이익)'
ein guter **Rutsch** ins Neue Jahr (새해로의 안착)	*rosch* 'der erste Tag (첫날)'
schachern 'feilschen (값을 깎고자 흥정하다), handeln (장사하다)'	*sḥr* 'Handel treiben (상업 활동을 하다)'
Schlamassel 'schwierige, unangenehme Situation (난처한 상황)'	*masal* 'Glück (행운)' (schlimm masal)
Schmiere stehen 'bei Einbruch Wache stehen (새벽에 보초를 서다)'	*s^{e}mira(h)* 'Wache (보초)'
schmussen, Schmus, Schmu 'kosen (알랑대다), Gerede (소문), Unkorrektes (불확실한 것)'	*š^{e}mū'ōt* 'Gerüchte (소문)'
Stuss 'dummes Zeug (어리석은 일)'	*š^{e}ṭūt* 'Unsinn (넌센스)'
zocken 'Glückspiele machen (도박하다)'	*ś^{e}ḥōq* 'Spiel (놀이)'
Zores 'Durcheinander (엉망), Ärger (불쾌한 일)'	*sārōt* 'Drangsal (곤란함), Not (곤경)'

도표 3-31

언어학의 한계

언어학은 비물질적 문화유산인 언어를 기반으로 하여, 유물과 관련된 고고학보다는 더 추상적인 방법으로 민족이동의 경로를 추론한다. 언어의 획득과 그 보편성에 따른 규칙적인 언어변화의 법칙에 따라 생기는 언어변화에 대한 연구를 통해 많은 연구성과를 얻어냈다. 이리하여 최근에는 원래의 조상어에 더욱 가까운 형태로서의 재구성이 가능할 정도가 되었다.

이러한 방식으로 역사비교언어학은 언어상의 족보와 언어결합과 언어중첩 등에 대한 이해를 넓혀가고 있다. 그러나 이 비교언어학은 정확한 연대기를 내세워야하는 과제에 직면해서는 지금은 전적으로 포기한 상태이다.

언어학자들이 과감히 추론하여 얻은 결과들은 근본적으로는 항상 반박을 받을 소지에 빠져 있다. 선사시대 언어의 발전과 그 형태들에 대한 여러 주제들에 대해 언어학자들은 아직도 엄격한 의미에서 아무러한 것도 제시하지 못하고 있다. 단지 항상 주어진 현상만을 적절히 설명하면서, 다른 인문학 분야에서 얻어낸 인식사항에 조화를 이루면서 설명하려는 시도에 머물고만 있을 뿐이다. 언어학은 단편적인 시나리오를 내세워서, 이를 잘 정리해야만 한다. 그래야만 논리적인 공격을 받을 소지를 절대적으로 없앨 수가 있다.

Das Werden der Völker in Europa

3-2

유럽 언어들의 생성과정에 대한 역사적 사실

유럽 언어들의 생성과정에 대한 역사적 사실

어느 시대에나 언어는 상당한 규모의 사람들을 민족그룹으로 나누는 주요한 기준이 된다. 그러나 언어의 경계가 꼭 국가의 경계와는 일치하지 않는다. 즉 언어의 분포지도와 정치 현실을 나타내는 지도는 서로 간에 특별한 관계가 없다. 그러나 언어상의 경계는 시간이 지나면서 정치상에서의 경계선에 맞추어지고는 있다.

선사시대의 이른 시기에 있었던 역사를 다루면서, 우리는 이미 어느 정도 유럽에서 살았던 옛날 민족들에 대해 알게 되었다. 이제 유럽의 언어들과 이의 집단화와 이를 사용하는 사람들에 대해 알아보기로 하자. 우리의 관심을 특히 끄는 사항은 오늘과 예전에 한 특정지역에서 살았거나 지금도 살고 있는 사람들이다. 이제 언어를 통해 이들을 알아내어 보기로 하자.

언어변화를 통해 기층어와 상층어의 계층화가 이루어지는 과정에서 들어오고 나간 민족들에 대해서 명확하게 도식적으로 설명하여 줄 수 있는 언어로서는 영어를 주요한 예로 들 수 있다. 그리하여 영어의 생성과정에서 우리가 지금까지 알아 낸 바를 이번 장이 시작되는 첫 부분에 배치했다.

영어

영어는 기층어와 상층어의 교류에 따라 생겨난 언어상에서의 역사적 변화과정을 극적으로 보여주는 대표적인 언어이다. 이의 발전과정은 바로 계층화의 역사이다. 언어학자 테오 페네만Theo Vennemann은 다음과 같이 주장한다. 정복해 들어온 상류계층의 지배자들은 매번 자신들이 사용하던 새로운 언어를 이 섬 안에 들여왔다. 이때 정복당한 원주민 종족들은 대개 경우에는 자신들끼리 모여 살면서 새로운 권력지배계층의 언어에 나름대로 적응하려고 노력했다. 그리하여 이들은 무엇보다도 새로운 언어의 문장구조와 발음을 받아들이기는 했지만, 자신들의 언어구조는 지켜냈다. 이리하여 옛날 언어계층의 흔적이 오늘날까지 유지되어 내려온다.

페네만의 견해에 따르면 유럽에서 마지막 빙하기가 끝나면서 브리타니아 섬들이 얼음 층을 벗어나게 되자, 이곳에 최초로 이주해 들어 온 사람은 바스콘인이었다. 이들은 빙하가 풀린 이후에는 인도유럽인이 들어오기 훨씬 이전부터 이미 유럽대륙의 대부분 지역에서 광범위하게 퍼져 살았다. 이 섬 지역에 인도유럽어가 들어오기 이전에 사용한 언어의, 좀 더 정확히 말하자면 바스콘어Vaskonisch의 유산으로는 무엇보다도 첫음절에 강세가 고정되는 현상이었다. 바로 첫음절 강세Initialakzent이다. 이는 게르만어에 속한 모든 옛날 언어에서 보이는 현상이다. 이 현상으로 인해 단어의 끝음절은 점차 명확히 말하게 되지 못하여 결국은 없어지는 결과에 이르렀다. 이는 또한 영어에서는 단어 내 음절의 수를 줄어들게 만들어, 단음절로만 구성된 많은 단어가 생겨나게 하였다.

물론 이와는 반대 방향으로 발전된 경우도 있다. 표준 핀란드어 및 핀란드어의 대부분 방언들에서는 절대적으로 첫음절에 강세가 놓임에도 불구하고 끝음절은 잘 유지되고 있다. 그러나 남서부 핀란드 방언들에서는 이러한 끝음절의 약화현상이 실제로 일어나고 있다. 특히 최근에 일어나고 있는 이러한 현상은 에스토니아어를 사용하는 사람들의 이주와도 관련이 있다.[43]

단어들이 짧아지는 현상은 영어에서의 전형적 특징의 하나였다. 그런데 이는 나름대로의 이점이 있다. 왜냐하면 무엇보다도 다른 언어 사용자들이 자신들의 모국어에다가 영어를 외래어로서 받아들일 때에는 이를 선호했기 때문이다.

바스콘어 시기로부터 내려 온 또 다른 유물로는 20진법이 있다. 섬켈트어의 시기에 이미 영어는 이를 부분적으로 받아들여서 오늘날까지 이를 부분적으로 유지하여 사용하고 있다. 영어에서는 아직도 20을 뜻하는 score란 단어가 사용된다. 이에 영국에서는 예전에 65세의 노인이 자신의 나이를 '*three score five* (3스코어에 더하기 다섯)'이라고 말하는 것이 드물지 않았다.

픽트인Pikten[44]은 선사시기에 여러 민족이 융합되면서 나온 것일 수도 있다. 페네만은 한때 페니키아인 상인들과 항해가들이 브리타니아 섬의 원주민과 밀접한 관계를 맺고 있었다고 보고 있다. 이는 그리스의 역사가인 스트라본Strabon이 기록으로 남긴 바와 일치한다. '*픽트인의 은*'이라고 불린 주석은 페니키아인과 미케네인들을 이 지역으로 끌어 들였다. 이들이 정말로 페니키아인이었는지 또는 다른 사람들이었는지는 확실하지 않다. 그러나 세미티드어가 오늘날의

43) 에스토니아인은 아시아계 민족으로서 오늘날 러시아의 성 페테스부르그의 남쪽에 면한 발틱해 북부지역에 자신들의 공화국을 갖고 있다. 이들 일부 주민들은 2차 세계대전 와중에 핀란드 지역으로 피난해 이주했다.

44) 픽트인은 오늘날의 스코틀랜드 서부 지역에 살았던 종족으로 추측되고 있다. 페네만은 이들을 아틀란틱커인Atlantiker의 하나로서 보고 있다. 즉 세미티드어를 사용하던 한 종족으로 보고 있다.

영어에 영향을 준 것은 사실로 보인다. 영어와 세미티드어 간에 특별히 일치되는 점이 있다. 즉 영어에는 유럽의 다른 지역에서는 흔히 나타나는 관심의 3격 sympathischer Dativ이 없고, 또 외적 소유격externer Possessor이 광범위하게 나타나지 않는다는 점이다. 또 영어 지명들에서 세미티드어의 어근이 흔히 발견되고 있다.

20세기의 80년대에 브리튼의 언어학자인 리차드 코우트Richard Coates는 영국의 특정 지역의 여러 지명들에서 세미티드어의 어근을 발견할 수 있다면서, 이를 논증하고자 노력했다 (Richard Coates, *Toponymic topics, Essayes on the early toponymy of the British Isles*, Brighton, Zounsmere Press, 1988). 그는 이러한 결론을 과감히 내린 최초의 사람이었다. 그러나 명백한 증거가 있음에도 불구하고, 그는 자신의 이러한 주장에 대해 가끔은 사과해야만 했다. 그는 스코틀랜드 북부에 위치한 '외곽 히브리드Äußere Hebriden 군도'의 한 섬인 위스트Uist란 명칭이 페니키아인이 언급했던 이비차Ibiza와 연관된다고 주장했다. 즉 이 섬의 명칭은 *y* (섬)와 *bš* (발잠 향료)와의 복합어라는 것이다. 따라서 *Uist*란 명칭은 이 *Ibiza*에서 이끌어낼 수 있다고 하였다.[45)]

브리타니아Britanien란 명칭을 가지고 페네만은 특이하지만 아주 설득력 있게 설명하고 있다. 이 지명에 대한 가장 오래된 기록은 기원전 1세기 초엽에 고대 이집트어의 하나인 데모트어Demotisch로 쓰인 한 파피루스에서 발견된다. 여기에서 프레탄Pretan이란 - 이는 자음으로만 표기되어 나타나는 세미티드어에서는 아마도 *prtn*이었을 것이다 - 단어가 나타나고 있는데, 이는 주석이란 뜻이다. 이 광물

45) 이에 대한 자세한 사항은 Vennemann, Theo: *Etymologische Beziehungen im alten Europa*, 7.5.2: Uist, in: *Europa Vaconia - Europa Semitica*, hrsg. von Patrizia Boel Aziz Hanna, Mouton de Gruyter, 2003, p. 222을 참조할 것 (역자 주).

은 당시에 영국의 콘월 지역으로부터 이집트로 많이 유입되었다. 그리스인은 이 단어를 *πρεττανία* (Prettania)의 형태로서 받아들였다. 이에서 나중에 *πρεττανιχ* (Prettanich)와 *βρεττανιχαι* (Brettanichai)이 나왔고, 또 웨일즈어서의 Prydein과 이의 나중 형태인 Prydain도 나왔다. 이러한 옛날 형태로부터 그리스어에서는 *χασσιτερος* (chassiteros) (주석)의 차용번역인 *κασσιτερίδες νῆσοι* (kassiterides naesoi) (주석 섬)이란 명칭이 만들어지기도 했다.

켈트인이 들어오기 이전에 브리타니아섬에서 그밖에 어떤 다른 언어들이 사용되었는지는 알려져 있지 않다. 켈트인과 그리고 나중에 들어온 로마인은 그곳에 사는 사람들을 굴복시키고, 이들이 자신들의 새로운 언어들을 받아들이게 만들었다.

브리타니아 섬에 언제부터 켈트인이 살았는지에 대해서는 아직도 논란이 많다. 그러나 빨라야 기원전 2,000년부터 대륙켈트인이 브리타니아를 정복하기 시작한 것으로 추측되고 있다. 기원전 6세기 중반에야 비로소, 즉 초기 철기시대에 언덕요새Hillfort를 만든 자들이 브리타니아 섬으로 왔다. 이는 켈트인의 침입시기와 일치한다. 그러나 렌프류Renfrew는 이보다 훨씬 앞선 시기인 기원전 4,000년경에 외래인이 이곳에 이미 들어왔다고 보고 있다. 그리고 이때의 정복자로 인도유럽인을 상정하고 있다. 이들은 새로운 생활방식인 농경과 목축을 유럽으로 가져왔다 (이에 대해서는 다음을 참조하라. Colin Renfrew, Archaeology and language, London, Pomliko, 1998). 그러나 많은 언어학자는 켈트인이 그렇게 이른 시기에 들어왔다고 보지 않고 있다. 왜냐하면 수천 년 이상의 아주 오랜 기간 동안에 켈트어가 그렇게 거의 아무런 변화를 하지 않았다고 보기가 어렵기 때문이다. 페터 쉬라이버Peter Schrijver는 농경과 함께 유럽 안으로 또 다른 하나의 어족이 들어왔다고 보고 있다. 그는 이 어족이 게르만어, 켈트어, 이탈릭커어, 그리고 그리스어 등에 대한 어떤 기층어가 있었다고 믿고 있다. 그는 이 기층어에 미노이어와 하티어를 포함시키고 있다.[46]

브리타니아는 로마제국의 클라우디우스Claudius 황제가 갈리아를 정복하는 과정의 일환으로 복속되었다. 기원후 43년인 이때에 아울루스 플라우티우스Aulus Plautius는 로마제국의 4개 연대를 지휘한 장군으로서 활약했다. 기원후 6세기에 켈트인이 오늘날의 스코틀랜드 지역에 이주했다. 이들의 언어는 점점 더 북쪽으로 퍼져 나가서 영국의 북쪽 지역에 있던 픽트어와 뒤섞였다. 추측건대 예수 탄생 시기 무렵에 아일랜드어의 전 단계에 해당하는 어떤 언어를 사용하던 주민들이 오늘날의 아일랜드 지역으로 이주했다. 그러나 이보다 이른 시기에 그곳에는 켈트어를 사용하던 사람들이 이미 살았던 것 같다. 이후 켈트계의 아일랜드인이 웨일즈와 스코틀랜드로 이주해 들어갔다. 브리타니아의 여러 섬들에서는 아직도 섬켈트어가 사용되고 있다. 프랑스의 브레타뉴 지역에서는 또 다른 계통의 켈트어가 사용되고 있는데, 이것이 브레타뉴어Bretonisch이다. 이 언어는 웨일즈Walisisch어 및 코른어Kornisch와는 더욱 밀접한 친척관계를 갖고 있는데, 이들 두 언어는 기원후 1세기에 브리타니아의 남서쪽 지역으로부터 들어온 것으로 보인다.

아일랜드계의 켈트인은 자신들의 거주지를 더욱 확대하여 나갔다. 4세기와 5세기에 이들은 북아일랜드로부터 스코틀랜드의 섬들을 경유해서 잉글랜드 안으로 들어갔다. 이들은 오늘날의 웨일즈 지역에도 역시 이주해 들어갔다. 서로 간에 떨어져 있는 거리가 점차 늘어남에 따라, 이들이 사용하는 방언들 간의 차

46) 미노이는 크레타 왕국의 수도였다. 하티어는 소아시아에서 한때 강력한 힘을 갖고 있던 히타이트 왕국에서 살던 선주민의 언어이다. 이 두 왕국은 지중해 동안 지역에서 한동안 막강한 세력을 구축했었다. 페더 쉬라이버는 이들이 무역을 목적으로 대서양 서안까지 진출했다고 주장한다.

이는 더욱 커졌다. 이리하여 오늘날 아일랜드인은 스코틀랜드-골어를 이해하는 데에 커다란 어려움을 느낀다. 그리고 아일랜드인이나 스코틀랜드인은 웨일즈인과는 의사소통이 전혀 되지 않는다.

켈트어는 인도유럽어에 속하는 한 언어이다. 그러나 섬켈트어는 문법구조의 측면에서 보면, 다른 모든 인도유럽어와는 큰 차이를 보이고 있다. 이는 기층어의 영향에 따른 것으로 추측된다. 섬켈트어에 나타나는 여러 다른 특이한 문법구조들이 있다. 이는 이 언어가 생성되는 과정에서 그 이전에 있었던 언어들의 것이 들어와 존속된 것으로 보인다. 즉 아직도 오늘날의 영어에서 세미티드어의 흔적이 남아있는 것이다.

브리타니아섬 주변의 여러 섬들에는 켈트어가 소수언어의 형태로서 아직도 사용된다. 여기에는 아일랜드의 아일랜드어, 스코틀랜드의 스코틀랜드-골어, 웨일즈의 웨일즈어, 콘월 지역의 코른어 등이 있다. 이들 언어들은 모두 20진법의 흔적을 보이고 있다. 이 20진법은 틀림없이 기층어였던 바스콘어어에서 나와 인도유럽어의 10진법에 대항해 버텨냈을 것이다.

기원후 43년에 브리타니카Britanica는 로마의 식민지가 되었다. 그러나 로마의 지배는 단지 기원후 410년까지만 지속되었다. 이 기간에 라틴어는 오직 지배계급에서만 사용되었다. 따라서 영어에는 단지 일부의 흔적만을 남겼다 (Peter Schrijver, *The rise and fall of British Latin, Evidence from English and Brittonic*, in: Studies in Languaes, *The Celtic Roots of English*, Markku Filppula, Juhani Klemola and Heli Piktänen 〈Hrsgg.〉, University of Joenssu 2002, p. 87~100). 당시 로마인이 살았던 핵심지역은 잉글랜드의 동남부 지역이었다. 이곳에서는 로마제국이 존속하던 시기는 물론이고, 그 이후 약간의 시기에도 라틴어가 집중적으로 사용되었다. 그곳에 살던 켈트인은 이런 엘리트 지배계층에 적응하려는 방식으로 버텨나갔다. 이들은 켈트어의 강세를 유지한 상태로서 라틴어를 말하려고 했다.

라틴어가 영어 어휘에 끼진 영향은 기원후 7세기에 기독교화가 진척되면서 더욱 두드러졌다. 당시 오직 용병으로만 구성되어 있던 로마연대에 소속된 군인들은 제한된 사회계층에만 영향을 주었다. 왜냐하면 농민들은 더 이상 병사로서의 공훈을 얻어, 상위의 사회계층에 도달할 기회가 주어지지 않았기 때문이었다. 그리하여 시골에 살던 하위계층의 사람들은 자기들끼리만 모여 살면서 상위계층과는 거의 아무런 접촉을 하지 않았다. 이런 사실은 농가에 로마의 영향을 받은 건축물이 전혀 없음을 통해 알 수 있다.

로마인이 브리타니카를 떠나면서 이곳에서의 로마인의 지배가 종말을 고했다. 이에 켈트어가 다시 득세했다. 그러나 그동안에 켈트어의 음운체계는 완전히 바뀌어 있었다. 켈트인의 후예와 브리타니아에 잔존한 로마인의 후예들에게는 이제 영어의 사용이 강요되었지만, 이 언어는 이미 표면적으로만 켈트어의 성격을 띠고 있었다. 그리하여 고대독어에서 slāfan으로 말해졌던 단어가 고대영어에서는 *slæpan*이 되었다. 그리고 여기에서 현대영어의 *to sleep*가 나오게 되었다. 마찬가지로 고대독어의 *scāf*에 상응하는 앞선 단계의 언어인 고대영어로부터 현대영어의 *sheep*가 나오게 되었다.

브리타니아 섬에서 영어는 상대적으로 늦은 시기에 사용되기 시작했다. 이를 사용하던 사람들은 앙엘족/앵글로족, 유트족/쥬트족, 작센족/색슨족으로 기원후 5세기와 6세기에 로마제국에 용병으로 고용되어 한 때 이 지역을 점거했던 사람들이었다. 이들 중에는 약탈을 자행하던 무리도 끼어 있었다. 여기에서의 작센족은 오늘날의 독일연방공화국의 작센주와 연관된 사람들이 아니라, 대체로 오늘날의 니더작센주Niedersachsen라 불리는 지역에 거주하던 사람이었다. 이들은 지배계층의 전횡에 대항하여 라틴어를 사용했던 상류계층을 몰아내었다. 이들의 세력이 확대되면서 화장의 풍습이 증가한 것도 눈에 띈다.[47] 켈트인은 앙엘작센족/앵글로색슨족의 관습에 적응하게 되면서 이들의 언어도 받아들인다. 7세기에서 12세기까지 기간 동안 이들이 기록상에서 사용한 언어를 고대영어라고 부른다. 이에 고대영어는 고대독어와 밀접한 친척관계에 있다.

앵글로색슨인은 전형적인 인도유럽어를 브리타니아 섬에 이식했다. 그러나 중세영어시기에 섬켈트어는 기층어로서 큰 영향력을 발휘하면서 영어의 문법체계에 큰 변혁을 일으켰다. 상위계층의 앵글로색슨어는 문서어로서 사용되던 언어였다. 이점에서 민중의 언어와 지배계층의 언어 사이에 큰 간극이 생긴 이유가 설명된다. 지배계층이 피지배계층의 어떤 개념도 구태여 받아들일 필요가 전혀 없었기에, 고대영어의 텍스트는 물론이고 현대영어에서도 켈트화의 흔적은 단지 단편적으로만 남아 있다. 그래도 켈트어의 명칭은 어느 정도 남아있다. 이는 동일한 기후 조건하에서는 여러 종류의 동식물이 함께 살아남는 것과 같은 상황이다.

영어의 켈트화는 문법구조와 어휘를 넘어서서도 진행되었다. 켈트어를 사용하던 원주민과의 접촉은 무엇보다도 머슴과 종자가 귀족에 대해 맺는 관계로 이루어졌다. 이와 관련하여 생긴 특이한 것은 wealth 'Brite (브리타니아인 여자)'란 여성명사에는 '노예 여자'란 뜻 외에도 Amme (유모)란 뜻을 내포하고 있는 점이다. 이는 켈트인 보모의 역할과 하층 계층의 언어가 상당한 영향력을 갖고 있었음을 보여준다. 켈트인 보모가 앵글로색슨인 지배계층의 가정 안에서 생활하는 과정에

47) 게르만인에게서 화장하는 풍습이 성행하게 된 것은 도굴에 대비하기 위한 방책 때문이었다. 신분이 높은 자를 매장할 때에 내세에서도 안락한 생활을 하기를 바라는 마음에서 많은 부장품을 넣어주었다. 그러나 이 값비싼 매장품을 노린 도굴꾼이 극성을 부리자, 이를 탈취당하지 않고 내세에서 계속 갖고 살게 하려는 염원에서 매장된 자를 매장물품과 함께 태우는 화장의 관습이 도입되었다.

서 일반 민중은 점차 새로운 지배자들이 사용하던 어휘를 배우게 되었다. 그러나 문법과 발음은 로마 시기의 음운 변화의 영향을 받았던 켈트어의 잔재를 아직도 유지했다. 이에 귀족계층의 아이들이 이들 하층 계급의 언어를 갖고 말하는 법을 습득했을 것으로 추측된다.

8세기의 데인인의 영향과 9세기의 바이킹인의 지배는 무엇보다도 영어의 어휘 부분에서 큰 영향을 주었다. law (법), wrong (잘못), egg (달걀), give (주다), take (취하다), *sky* (하늘) 등과 heaven (천국), *skirt* (치마), *die* (죽다) - 고대영어에서 이의 원래 단어는 starve였다 - 등이 이때에 들어온 단어들이다. 그리고 be-동사의 are도 서게르만어에서 나오지는 않았다. 이밖에 바이킹인의 언어 유산으로는 히브리드 군도의 스코틀랜드-골인의 방언에서의 p, t, k 바로 앞에 위치하는 기음Hauchlaut의 존재를 또한 들 수 있다. 이 지역에서는 16세기에도 아직은 노르웨이어가 사용되었다. 북쪽지대의 영어를 사용하는 방언지역에서도 역시 그러했다.

1066년 하스팅스Hastings에서의 전투가 있은 직후에 노르만인은 영국을 본격적으로 정복하기 시작했다. 이에 그동안 브레타뉴 지역에 살면서 프랑스어에 동화되었던 노르만인을 통해 프랑스어가 영국 안에서 득세하게 되면서, 어휘 분야에서 영어에 강한 흔적을 남겼다. 앵글로색슨족의 지배계층은 정복자로부터 당하는 전형적인 운명을 겪게 되었다. 이들은 노르만인 지배자들에 의해 죽임을 당하거나 복종을 강요당했다. 이후 노르만인이 지배계층으로서의 지위를 확고히 했다. 노르만인의 정복은 로마인의 정복과는 비교가 될 수 없을 정도로 크고 끈질긴 영향을 주었다. 이에 12세기 중엽과 말기에 시작되어 15세기에 끝난 것으로 간주되고 있는 중세영어는 커다란 변혁을 겪게 되었다. 이때에 2격어미인 -s를 제외하고는 모든 격들이 어미를 잃어버리게 되었다. 14세기부터는 서게르만어의 어휘들이 문서기록상에서 북北게르만어의 어휘들에 의해 교체되었다.

프랑스어를 사용한 노르만인이 영어 안에 들여온 차용어 단어들	
전쟁과 무기에 관련된 어휘	*army, navy, peace, enemy, arms, siege, defence, ambush, retreat, soldier, guard, spy, sergeant, brandish, vanquish* 등
법에 관한 어휘	*court, judge, crime, arrest, defence, guard, sergeant, treaty, treason, sovereign, penitence* 등
국가제도와 공동생활에 관한 어휘	*state, govern, court, crown, council, sovereign, treaty, tax, treason, public, office, nobel, duke, peasant, servant, sermon, prayer, saint, pity, virtue, penitence* 등
가정과 농업경제, 건축, 거주 등에 관한 어휘	*roast, boil, supper, taste, beef, veal, pork, sausage, cream, dress, coat, button, boot, chair, blanket, lamp, towel, bucket, chamber, tower, cellar* 등
상위 문화에 관한 기타의 표현들	*art, paint, music, colour, paper, pen, story, poet, chapter*
일상생활의 여러 분야에 관한 표현들	*air, cost, country, hour, people, face, point, noise, use, easy, change, large, able, wait, travel, blue* 등

도표 3-32_ 영어에 들어온 노르만인이 사용하던 프랑스어 단어들

다시금 상류사회계층과 하류사회계층의 사이에 언어상에서의 간극이 생겼다. 민중은 자신들끼리만 어울려 살면서 이들 간에서 앵글로색슨어는 퇴색했다. 그리고 민중의 언어로 켈트화한 앵글로색슨어가 자연스럽게 생겨나게 되었다. 북쪽의 스코틀랜드와 남서쪽의 웨일즈와 콘월에서 켈트어가 라틴어의 영향에 대항하여 지켜낸 문법적인 여러 특성들이 이제는 영어 안에도 들어 왔다. 이중의 하나가 do-조동사의 사용이다.

민중과의 이해를 추구했던 노르만인들은 이 켈트화 된 앵글로색슨어를 제2외국어로 습득해야만 했다. 이 언어는 문법구조상에서 그동안의 원래 작센어와는 큰 차이가 생겼다. 노르만인이 프랑스에서 갖고 있던 자신들의 지배력을 상실하면서 프랑스와의 교류는 끊기었다. 왜냐하면 프랑스에서 영토를 상실 후에, 이들 귀족계층은 프랑스로 돌아가지 않고 영국에 그대로 머물렀기 때문이다. 이에 따라 현대영어가 생겨났다. 이때 노르만-프랑스어의 성격을 띤 어휘들이 오늘날에까지 살아남았다.

만프레드 셸러Manfred Scheler는 영어 어휘에서의 외래어가 차지하는 비중을 조사하여 다음과 같은 결과를 얻었다 (Manfred Scheler, *Der englische Wortschatz* (Grundlagen der Anglistik und Amerikanistik, Bd. 9), Berlin, Erich Schmidt, 1977). 이러한 작업은 유감스럽게도 독일어에서는 아직도 이루어지지 않고 있다 (Manfred Scheler, Der englische Wortschatz, (Grundlagen der Anglistikunde Amerikanistik, Bd. 9), Berlin, Erich Schmidt, 1977).

영어에 차용어를 들여와 영향을 끼친 언어들	퍼센트별 비율	카테고리별 점유비율
1. 앵글로색슨어		22.96%
2. 다른 게르만계 언어들 a) 스칸디나비아어 b) 저지독일어(프리젠어, 홀랜드어, 플레밍어) c) 이디시어를 포함한 고지독어	2.23% 1.46% 0.52%	4.21%
3. 로만어 a) 프랑스어 b) 이탈리아어, 스페인어, 포르투갈어, 프로방스어	29.36% 1.92%	31.28%
4. 라틴어		29.25%
5. 그리스어		5.50%
6. 켈트어		0.44%
7. 유럽의 다른 인도유럽어		0.13%
8. 비인도유럽어		2.07%
9. 알려지지 않은 다른 언어들		4.17%
		100.01%

도표 3-33_ 영어와 접촉한 언어들이 영어에 끼친 영향

	영어 단어에서 차지하는 비율		
	늘어난 형태의 어휘	기본어휘	줄어든 형태의 어휘
접촉한 언어			
관련된 어휘의 수	80,096	27,241	3,984
1. 앵글로색슨어	22.96%	27.90%	47.08%
2. 스칸디나비아어	2.23%	2.55%	3.11%
3. 프랑스어	29.34%	36.50%	38.00%
4. 라틴어	29.25%	22.43%	9.59%
5. 그리스어	5.50%	1.62%	1.96%
6. 기타 언어들	10.72%	9.03%	1.96%
	100%	100.03%	99.99%

도표 3-34_ 영어 단어에서 차지하는 비율 현황

위의 도표에서 보듯이 영어에서 프랑스어가 차지하는 비율이 가장 높다. 짧게 줄어든 어휘의 형태에서조차 이는 38%로 가장 높게 나타난다. 라틴어에서 들어온 외래어는 다른 언어들과 마찬가지로 늘어난 형태의 어휘들에서 주요한 비중을 차지한다. 어휘측면에서 보면, 앵글로색슨어는 영어의 기반을 이루고 있다. 특히 기본단어에서 주요한 비율을 점한다. 독일어보다 수적으로 7배나 될 정도로 더 많은 차용어를 갖고 있음에도 불구하고, 영어는 독자적인 고유 언어로서 유지되고 있다. 오늘날의 표준영어에서 일상생활에서 사용되는 대부분의 표현들은 프랑스어에서 들어온 것이며, 켈트어 시기부터의 것은 5개의 단어를 넘지 않고 있다. 즉 골어의 uisge beatha (생명수)에서 생겨난 Whisky (위스키), *sluagh* (종족)과 gairm (외치는 소리)의 합성어인 *sluagh-ghairm* (전투 구호)에서 나온 골어의 slogan과 같은 것이다. 물론 민중의 언어인 영어 내의 방언으로부터 유입된 것은 더욱 많다. down이 켈트어의 +duno (언덕)에서 발전되어 나온 사실은 어떠한 영국인들도 미처 생각하지 못할 것이다.

14세기에 상류계층은 아직도 오랜 기간 공식적인 법정언어였던 프랑스어를 사용했다. 이런 점은 영어의 법률용어가 거의 예외 없이 프랑스어 단어로 구성되어 있음을 통해 알 수 있다.

그러나 노르만인의 지배가 사라지는 시점에서 상대적으로 짧은 기간 동안에 획기적인 전환이 일어났다. 오래된 옛날 텍스트에서 영어의 어순형태가 완전히 바뀌고 있다. 이제 현대영어의 어순은 프랑스어의 그것과는 더 이상 상관이 없어진다. 앵글로색슨어와도 마찬가지이다. 문법구조는 켈트어에 의해 광범위한 영향을 받았다.

이후 800년 후에 앵글로색슨인에 의해 정복된 이후에, 켈트인이 사용하는 언어구조로 인하여 영어에는 큰 변혁이 일어났다. 오늘날 영어는 켈트어의 특성을 지닌 게르만어라 할 수 있다.

앵글로아메리카어의 승승장구

세계적으로 주요한 교역어로서의 역할을 넘어서서 영어는 국제적인 교신언어이다. 모든 비행사와 선장은 주요한 교신용어를 영어로 할 수 있어야만 한다. 특히 IBM과 마이크로소프트 같은 업체의 컴퓨터 기술 분야는 영어에서 나온 많은 용어를 전 세계에 파급시키고 있다.

19세기에 독일어에서 *Sport, Training, Start, Gentleman, flirt*와 같은 영어 단어들로부터 시작되어, 20세기에는 Pullover와 같은 단어가 별다른 저항 없이 지속적으로 받아들여졌다. 이런 현상에서 보듯이 여러 언어에서 아메리카화는 광범위하게 진척되고 있다. 미국은 군사강국으로서, 새로운 첨병 기술의 개발의 선구자로서, 또 학문과 연구분야에서 세계에서 랭킹 1위의 지위를 차지하고 있다. 또 전 세계적으로 생활방식과 경제구조에 큰 영향을 주고 있다. 예를 들면 *okay,* o.k.와 같은 단어는 거의 모든 분야에서 이해되면서 사용되고 있다.

이들 수용어의 경우에는 일부 영역에서 상응된 표현이 전혀 없지는 않다. 따라서 구태여 앵글로아메리카어의 표현을 받아들일 필요는 없다. 그럼에도 불구하고 이런 곳에서도 앵글로아메리카의 표현이 들어와서는 관철되고 있다. 그러니까 앵글로아메리카의 표현은 언어생활 개선의 차원에서만 이루어지고 있는 것이 아니다. 예를 들면 *Zeitlupe* (고속 촬영)란 독일어 단어 대신에 구태여 영어의 *slow motion*을 사용할 필요는 없다. 이의 경우에는 음절의 수도 똑같다. 이 분야에서는 적절한 독일어 형태가 만들어져서 사용되고 있고, 또 의미상에서도 아주 적절하면서도 원래의 뜻을 오히려 더 잘 살리고 있다. 즉 *Lupe* (확대경)을 가지고 *Zeit* (시간)을 확대하거나 늘인다는 뜻이어서 *Zeitlupe*란 단어는 아주 적절한 표현이기도 하다. 반면에 이에 대응하는 영어 단어는 발음상에서도 독일인에게는 낯설다. 그럼에도 불구하고 이런 관점에서 앵글로아메리카의 표현이 확실히 일반적으로 무조건 선망되어 사용되고 있다. 영어는 앵글로아메리카니즘에 의해 세계적인 통용어가 되었다. 이는 한 국가의 위세가 다른 나라들의 언어에 어떠한 영향을 주는지를 보여주는 생생한 실례이다. 이러한 경로로 영어는 17세기 말까지 유럽에서 학문어로서 군림하게 되었다. 그리하여 영어가 이제는 예전에 라틴어가 각국의 언어들에 대해 누렸던 역할을 점차 떠맡게 되었다. 전 세계적으로 영어는 상업과 기술과 연구분야에서 주도적인 역할을 하면서, 학문어와 교역어 및 교통어의 역할을 하고 있다.

그리하여 영어교육은 이미 초등학교에서부터 시작되고 있다. 국제적인 전문서적을 읽고자하거나, 외국산 물품의 사용 설명서를 이해하려면 영어의 습득이 모든 시민들에게 절대적으로 필요하게 되었다. 국제적으로 전문서적에서 영어가 점차 더 사용되면서, 이는 기술자와 학자들 간의 이해에 큰 도움을 주고 있다. 왜냐하면 영어는 게르만어권 언어사용자들에게는 라틴어보다도 훨씬 더 쉽게 이해될 수 있기 때문이다. 세계에서 새로이 발간되는 책자들의 태반이 영어로 출판된다. 물론 라틴어를 알면 학문과 기술 분야 책자를 읽는 데 있어서 여전히 큰 도움이 된다. 왜냐하면 대부분의 전문용어가 라틴어에서 기원하였기 때문이다. 이로서 이 학문언어는 오늘날까지 아직도 어느 정도는 엘리트적인 측면을 갖고 있다.

영연방은 전 세계에 걸쳐 한때 영어를 관청어로서 사용했던 많은 식민지를 갖고 있었다. 그러나 다른 시기에는 스페인어와 프랑스어, 그리고 독일어도 한때 세계어가 될 기회가 있었다. 그럼에도 불구하고 영어가 이러한 경쟁에서 최종적으로 승리한 이유는 미국이 2차 세계대전에서 연합군의 승리에 결정적인 역할을 했기 때문이다. 미국이 가진 막강한 힘의 과시는 연합군 측이나 패배한 측 모두에게 깊은 인상을 주었다. 전후시기의 청소년에게 모든 미국산 제품은 매력적이었다. 미국이 군사와 학문과 기술 분야에서 보인 우위는 성공과 연결되는 분위기를 연출하면서 신화적인 존재로까지 되었다. 그리하여 미국적인 것이 도처에서 규범적인 역할을 하였다.

할리우드에서 꿈의 산업과 더불어 프랭크 시나트라나 엘비스 프레슬리와 같은 가수들이 영어로 부른 노래들이 큰 인기몰이를 하면서, 영어의 득세에 큰 기여를 했다. 20세기의 60년대 말에 비틀즈는 폭풍우처럼 수많은 히트곡을 내어, 누구보다도 젊은 층이 영어를 배우도록 하는 촉진제가 되었다. 그 이후 많은 팝송이 어느 나라의 것이든지 가사는 거의 절대적으로 영어로 만들어졌다. 취학 이전의 아동들도 그 내용은 이해하지 못하면서도 영어로 된 후렴구를 흥얼거리며 따라 부를 정도가 되었다.

영어의 이러한 득세에는 언제나 부정적인 측면이 따르기 마련이다. 영어가 전 세계적으로 많은 분야에서 소통의 교량역할을 하면서, 어느 나라에서든지 특별한 '아류 영어Filser Englisch'를 만들어내고 있다. 그리하여 영어를 모국어로 사용하는 사람들은 자신들이 전혀 알지 못하는 어법과 표현에 맞닥뜨리고 있다. 예를 들면 *Handy*와 같은 어휘이다. 교회 라틴어의 경우와 비슷하게 의도적으로 이러한 어색한 어휘들이 만들어지면서, 단적으로 말해 여러 엉터리 영어 단어가 만들어졌다. 언어학자들은 이러한 영어에는 해당 지역의 모국어가 기층어로서 깔려있다고 말할 것이다. 독일어에서 앵글로화로 인해 나온 단어가 뜻하는 것이 다른 유럽 언어들에서 보이는 의미와 꼭 똑같지는 않다. 예를 들면 프랑스에서 19세의 아이들이 *cool*로 표현하려는 바는 독일 청소년의 경우에는 *easy*의 것에 상응한다.

한 언어가 단독으로 이러한 동력을 제어하기는 이제는 거의 불가능하다. 아메리카화는 딱히 긍정적이라고 또는 부정적이라고 말할 수는 없지만, 지금 확실히 도처에서 진행되고 있다. 지금 법에 의해 이를 제어하려는 것은 불가능하다. 프랑스의 대통령이었던 샤를르 드골은 프랑스가 영어에 오염되는 것에 대해 전쟁을 선포하였다. 프랑스의 문화부 장관이었던 쟈크 뚜봉Jacques Toubon은 1994년 8월 4일에 하나의 법을 선포하여, 상표명의 경우를 제외하고는 모든 공적인 텍스트에서 의무적으로 프랑스어를 사용하도록 만들었다. 이 때문에 그는 청소년으로부터 Allgood이란 별명을 얻었는데, 이는 그의 이름인 *Tou(t) bon* (모든 것이 좋은)을 영어로 직역한 것이다. 프랑스인은 영어 단어의 1/3이 노르만족의 지배시기에 영어에 침투했던 프랑스어로부터 차용된 어휘라는 사실을 잘 알고 있다. 오늘날 단지 이 차용화의 방향이 거꾸로 되어, 이 차용어 단어들이 약간은 변형된 형태로서 다시 프랑스로 밀려들어오고 있을 뿐이다.

언어의 규칙화와 표준화는 일반적으로 표준어의 일정한 틀 안에서 일어난다. 새로이 생겨나 일반적인 언어규범에 어긋나는 언어관습을 두덴Duden과 같은 언어기관은 무시하고 있다. 이는 언어의 미적 가치와 문법형태를 유지시키려는 노력의 일환이다. 그러나 이런 기관이 미치는 영향력은 그다지 크지 않다. 이들 언어 지킴이들은 모든 규칙에 반하는 새로운 문법형태가 생겨나게 되면, 이를 하나의 예외라고 선언하면서 받아들이는 수밖에 별다른 뾰족한 방법이 없다. 독일어의 *des Autoren에서 새로이 나타난 2격 어미 형태인 -*en*에 대하여는 지금까지 성공적으로 방어하여 왔지만, 예전부터 있어온 *des Typus* 대신에 새로이 나타난 *des Typen*의 형태는 어쩔 수 없이 받아들이고 있는 형편이다. 어쨌든 이는 der Mensch - *des Menschen*의 문법변화의 형태와 더 잘 조화를 이루고 있기 때문이다. 언어 이론가들이나 언어 실무자에게는 유감스러운 일이지만, 지금 *des Untertans*의 형태가 예전의 *des Untertanen*의 형태보다도 더 큰 위력을 발휘하고 있다. 이는 원래의 문법규칙에 위배되는 형태이다. 그러니까 언어의 표준화는 단지 하나의 방향으로 가도록 제시하고 있을 뿐이다. 언어사용자가 실제로 이를 지키게 하기에는 논리나 법보다는 사회 분위기가 더 강하게 작용하여 그 흐름을 결정한다. 생물학자들은 Bakteri**um**이 Bakter**ie**로 바뀌는 현상을 유감스러워하면서도 이를 속수무책으로 바라보고만 있다. 원래 라틴어였던 이 단어가 독일화 되는 과정에서, 라틴어에서의 복수 형태인 Bakter**ien**에 대응하여 이 형태가 새로이 생겨났다. 그런데 이 단어의 원래 라틴어 복수 형태는 Bakteria이지만, 라틴어를 아는 언어사용자가 이 단어의 단수 형태를 독일어화 시켜 Bakterie를 만들었다. Mitochondrium (복수형: Mitochondrien)의 경우에도 이와 똑같다. 뮌헨의 생물학자 게르하르트 반너Gerhard Wanner는 Mitochondrie라고 말하는 자신의 학생들에게 Mitochondr**ium**이라고 끊임없이 고쳐주고 있다고 실토하고 있다. 두덴 외국어 사전에서는 아직도 Mitochondr**ium**이라고 수록되고는 있다. 나중에 이 책을 계속 보면 알게 되겠지만, 미토콘드리아는 인종유전학에서 아주 특별한 역할을 한다. 만일 언젠가 모든 사람이 Mitochondr**ien**이라고 말하게 된다면, 이는 *Bakterie*에 대한 유추현상에서 생겨난 것이라고 말할 수 있다.

한 언어의 힘은 낯선 것을 밀쳐내는 것에서가 아니라,

이를 포용하는 데에서 보여 진다.

요한 볼프강 괴테 (aus: "Maximen Reflexionen" 979 (9,625), *Lexion der Goethe-Zitate*, Richard Dobel, Zürich, Artemis Verlag, 1968, p. 859)

그러나 오늘날 독일어는 점점 더 앵글로화 되고 있다. 이는 영어를 잘 구사하지 못하는 나이 든 세대에게는 받아들이기 어려운 현상이다. 이들 세대는 농담조로 이를 '새로운 독일어'라고 지칭하고 있다. 텔레비전 방송국 Sat. 1의 한 방송 프로그램인 '행운의 수레바퀴'에서 선박에 싣는 짐이 무엇이냐는 질문에 독일어 단어인 *Fracht*란 답이 나오자, 이의 진행자는 이를 틀렸다고 하면서 Cargo가 옳은 답이라고 정정해 주는 해프닝까지 있었다.[48] 이에 앞선 괴테의 말은 다음처럼 바뀌어야만 할 것이다. "외래적인 것이 이미 존재한 것을 집어삼키기 시

48) Fracht는 북쪽의 저지독어 vracht (운송료, 선박화물)에서 나중에 표준독일어의 주축이 된 고지독어에 들어온 단어이다. 이는 '분리'를 뜻하는 접두어 fra → ver- 'weg (떨어진)'에다가 이제는 사라진 고대독어 eht- (소유물)가 결합되어 만들어진 단어로서, 원래는 화물운송료를 뜻했다. cargo는 스페인어어의 cargo (적재 화물)가 차용어로 들어온 것으로서, 라틴어의 carrus (네 바퀴를 가진 마차)에 기원을 두고 있다. 영어의 carry 역시 이와 같은 어원에서 나온 단어이다.

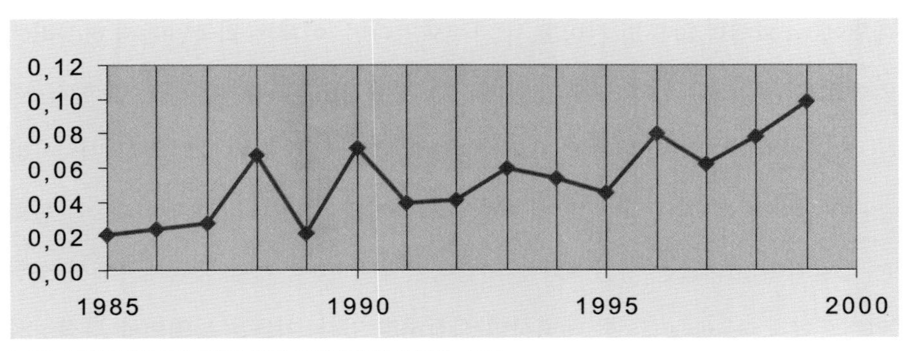

3-33_ 안부를 위한 인사말에서 앵글로화의 비율이 증가하는 추세

작하고 있다." 마틴 마테스Martin Mathes는 에센 대학에서 수학하던 시절에서 제출한 한 세미나의 과제물에서 1985년부터 1999년의 기간 동안에 베스트도이체 알게마이네 차이퉁Westdeutsche Allgemeine Zeitung신문에 나타난 '즐거운 안부를 묻는 광고'의 난에 게재되었던 안부의 인사말에서 나타난 앵글로화를 조사하여 보았다. 그 결과로 언어의 앵글로화가 뚜렷이 증가하고 있음을 확인했다 (3-33을 보라). (Martin Mathes, Seminararbeit im Wintersemester 1998/99, Seminar: *English as a Global Language*, Dozent: D. Stevenson, Universität Essen; 이에 대하여는 또한 http:www-stud.uni-essen.de/~sl1506&files/uni&WAZ.pdf (2006. 07. 25.)를 보라). 이러한 결과는 확실히 일반적인 사회성향을 반영한다. 소위 뎅글리쉬Denglisch (오스트리아에서는 이를 엥글어이취Engleutsch라 부르고 있다)로 가는 경향은 도르문트 대학교에서 재직하고 있는 경제학자이자 통계학자인 발터 크레머Walter Krämer로 하여금 '독일어 협회Verein Deutscher Sprache'를 설립하게 만드는 계기가 되었다.

크레머는 특히 이제는 독일 청소년들이 나치즘과 관련된 모든 것으로부터 벗어나야 한다고 생각하고 있다. 그리고 영어 단어들을 거리낌 없이 받아들임으로써 언젠가는 세계시민이 되는 것을 목표로 삼아야 한다고 말하고 있다. 독일어가 예전에는 '*괴테와 학문의 언어*'로서 간주되었다면, 이제는 외국인에게 히틀러의 언어로서 간주되고 있다. 독일인은 이러한 정체성으로부터 벗어나야만 한다. 이제 독일인은 과거 나치즘의 멍에를 벗어던지고 '*절대 권력적인 나치보다는 사랑스러운 상대방의 친구*'란 모토에 따라 행동해야만 한다고 그는 말한다. 이 협회는 독일어에 스며드는 앵글로화에 대항하여 싸우면서, 매년 공직세계에서 소위 '언어혼탁자Sprachpanscher'를 선별하여 시상하고 있다. 이들은 독일어를 부적절하게 사용하면서 독일의 표현력과 아름다움에 대한 감각이 결여된, 따라서 독일어를 앵글로화의 길을 향해 질주시키는 사람들에게 수여된다.

앞으로 작금의 이러한 경향은 다소 억제될 것이기는 하나, 이는 아마도 프랑스어의 경우와 똑같은 결과를 낳을 것이다. 모든 세계가 언젠가는 아메리카화 되리라는 기우는 할 필요가 없다. 왜냐하면 모든 것이 항상 영원히 변화한다는 법칙이 이 새로운 경향에서도 역시 적용될 것이기 때문이다. 1650년에 프랑스의 한 방문객이 헤센주의 카셀에 있는 란트그라프 궁정의 언어 상황에 대해서 다음처럼 쓰고 있다. "나는 지금 독일에 있다는 것을 거의 실감하지 못하고 있다. 왜냐하면 내 주위에서는 오직 프랑스어만을 사용하고 있기 때문이다." 그 이후로 시대는 다시 변했다. *chagrins* (근심), *fatigant* (귀찮은), *passe-temps* (소일거리)와 같이 프랑스어에서 들어온 차용어는 18세기의 독일어 사전에서는 볼 수가 있었겠지만, 지금은 다시 모두 사라지고 없다.

얼핏 보기에는 현재는 그러한 듯이 보이지만, 영어가 아직은 예전에 프랑스에서 들어온 외래어가 가졌던 광대한 영역을 점유하지는 못하고 있다. 영어에서 들어온 차용어는 독일어의 영역에서 예전 시기에 들어와 토착화된 프랑스어들과는 지금은 경쟁하고 있다. *Mannequin*이 *Model*과, *Double*이 *Stuntman*과, *Chef*가 *Boss*와 지금 경쟁관계에 있다. 짧음과 간결함은 영어가 가진 특별한 강점이다. 프랑스어 어휘도 그 간결함을 가지고 독일어 어휘보다는 더 강한 인상을 주고 있다. 사람들은 이미 Geschäftszweig (사업 분야) 대신에 Branche를, Papierlaterne (종이로 만든 등) 대신에 Lampion을, Anstecknadel (옷핀) 대신에 Brosche를, Vergrößerungslinse (확대경) 대신에 Lupe를 말하고 있다. 이리하여 복잡하고 긴 단어들은 영어에서의 짧고 간결한 단어로 대체하려는 유혹을 강하게 받는다. 옛날 단어들은 유행이 지나면 고루한 표현으로 간주되는 정도가 아니라 완전히 축출되고 있다.

어쨌든 지금 Arbeitsplatz (일자리) 대신에 Job이, Arbeitsamt (고용 센터) 대신에 Jobcenter가, arbeitslos (실직 상태에 있는) 대신에 ohne Job 등이 오랜 기간 사용되어 오던 Arbeitsbeschaffungsmaßnahmen (일자리 창출 조치)과 Arbeitslosengeld (실직 수당) 같은 단어들과 잠정적인 대립관계를 이루면서 함께 사용되고 있다. 이로써 앵글로아메리카니즘에 대한 언급은 마치기로 한다.

아프로아시아어계의 언어들

유럽 내에서 오늘날 세미티드어가 사용되는 지역은 지중해의 한 섬인 말타뿐이다. 이리하여 세미티드어가 가진 근본적인 언어규칙에 파고들어가기 이전에, 우선 이 특이한 언어부터 설명해야겠다.

기원전 8세기에 말타는 이미 페니키아 상인의 무역 근거지였다. 이 섬은 나중에 아랍인의 영향권에 들어갔다. 수백 년 전부터 단지 그리스도교인만이 사는 이곳에서는 오직 아프로아시아어계의 한 언어가 사용되었다. 즉 말타어Maltesisch이다. 이 언어는 세미티드어로서는 유일하게 유럽의 표기방식을 받아들였다. 말타어는 마그레브계Maghrebisch의 아랍어에서 생겨나서, 오늘날 독자적인 음운과 문장법을 가진 독자적인 언어로 발전해 나왔다. 어휘 측면에서는 노르만디-프랑스어로부터 받아들인 차용어와 더불어 시칠리아어의 영향을 많이 받았다. 지명에서는 아직도 페니키아-푼어로부터 들어 온 어근들의 흔적도 발견된다. 그러나 9세기와 10세기에 걸친 약 180년의 기간 동안에는 이곳에는 사람들이 살지 않아서, 페니키아-푼어를 말타어가 지속적으로 받아들였다고는 말할 수 없다.

노스트라트어Nostrastisch의 이론은 인도유럽어와 아프로아시아어가 공동 조상어에서 나왔다는 가정 하에서 출발한다. 러시아의 두 언어학자인 토마스 감크레디체Thomas V. Gamkredidze와 비아첼슬라브 이바노프Vjaceslav V. Ivanov는 세미티드어를 원인도유럽어보다도 앞선 시기의 언어로 보고 있다. 반면에 알란 봄하르드Allan R. Bomhard는 언어적인 측면에서 인도유럽어와 아프로아시아어는 유전적인 친척관계에 있다고 추측하고 있다 (이에 대하여는 다음을 참조하라. Allan R. Bomhard/John C. Kerns, *The Nostratic Macrofamily*, (Trends in Linguistics, Studies and Monographs, 74), Berlin, Winter & Mouton de Gruyter 1944). 그러나 아프로아시아 계통 언어들의 정확한 생성과 그 발전과정에 대하여는 아직도 알려진 바가 거의 없다. 즉 이들 언어그룹이 언제 분리되어 나왔고, 또 어떠한 언어접촉을 가졌는가에 대해서는 아직은 전혀 밝혀져 있지 않다.

거대한 아프로아시아계 어족 내에서의 친척관계와 이의 조상어에 대한 문제는 단지 원인도유럽어와 원아프로아시아어 자체만으로 밝혀내야 할 사항이다. 그러나 이에 대한 자료가 너무나도 빈약해서,이 점에 있어서는 아직까지 별다른 진척이 없다. 그리하여 학자들은 아프로아시아어와 인도유럽어가 친척관계에 있다는 결론을 내리는 것은 시기상조이며, 또한 적절치도 않다고 보고 있다.

페네만의 견해에 따르면 유럽의 서부지역에는 일찍부터 세미티드어의 영향이 있었다고 한다. 그는 이러한 언어적 특질이 언어유전적인 친척관계에서 나온 것이 아니라, 언어접촉을 통해 생긴 것으로 보고 있다. 그는 이 과정에서 아틀란틱 Atlantik 언어군이 형성되었다고 주장한다.

세미티드어계의 언어들은 여러 측면에서 서로 많은 차이가 있지만, 인도유럽어보다 서로 간에 더욱 가깝다. 이의 특성으로는 후두음과 인두음, 그리고 3개의 자음이 연속해 나오는 현상을 들 수가 있다. 이 사이에 있어야 할 모음들은 개개 자음들과 마찬가지로 문법변화에 따라 수시로 바뀐다. 인도유럽어처럼 세미티드어는 단수형Singular, 쌍수형Dual, 복수형Plural을 갖고 있다. 또 주격Nominativ, 소유격Genetiv, 목적격Akkusativ의 3개의 격이 있다. 그러나 남성형과 여성형은 있으나 중성형은 없다.

언어학자들은 오늘날까지 세미티드어를 분류하는 데 있어서 의견의 일치를 보지 못하고 있다. 수많은 기록물이 남아 전해오고 있음에도 불구하고 세미티드어의 역사적 발전과정은 아직까지도 완전히 알아내지 못하고 있다. 그러나 세미티드어가 아프로아시아에서 갈려나온 하나의 가지임은 분명하다. 여기에는 베르베르어Berberisch, 차트어Tschadisch, 고대이집트어, 오모트어Omotisch, 쿠쉬트어Kuschitisch 등이 속하고 있는데, 맨 마지막에 언급된 두 개의 언어들은 오늘날 에티오피아와 수단에서 각기 사용되고 있다. 오모트어계의 언어는 에리트리아어Erythräisch어라 불리는 언어군에서 분리되어 나온 것으로 추측되고 있고, 여기에서 다시 쿠쉬트어Kuschitisch와 북에리트리아어가 갈려 나왔다. 북에리트리아어는 다시금 차드어Tschadisch와 보레프라스어Boreafrasisch로 분리되었다. 이 보레프라스어에서 베르베르어와 고대이집트어와 세미트어의 3개 언어그룹이 생겨났다.

세미티드인은 기원전 6,000년과 기원전 5,000년 사이에 홍해나 시나이 반도 지역을 거쳐서 근동의 여러 넓은 지역으로 이주했다. 가장 동쪽으로 진출한 그룹들이 아카드인으로서, 이들은 메소포타미아 지역에 정착했다. 다른 (서)세미티드 종족들은 북쪽계열과 남쪽계열로 나뉘었다. (북서)세미티드어에서 기원전 3,000년부터 아람어, 히브리어와 페니키아어와 우가리트어Ugaritisch, 그리고 예수의 탄생시기에는 아랍어와 시리아어 - 여기에서 나중에 아람어가 나온다 - 등을 위시한 수많은 여러 고대시기의 지역 언어들이 파생되어 나왔다. 서(남)세미티트어는 아라비아 남부 지역에서 비명에 새겨진 형태로서만 나타난다. 그러나 에티오피아의 여러 후기 세미티드어들의 비명들도 오늘날 역시 전해 내려오고 있다. 이들 언어들로는 에티오피아어와 게에츠어Géez, 그리고 티그리니아어Tigrinya와 암하르어Amharisch가 있다. 예멘과 소코트리 섬에서 사용되고 있는 신(서)남세미티드어는 특이한 존재의 언어들로서, 이들은 아마도 또 다른 (서)남세미트트어의 한 갈래인 것으로 보인다.

세미티드어에서 문서로서 가장 오래된 기록물을 보이는 언어가 아카드어이다.

이 언어에서 나중에 바빌로니아와 아시리아의 여러 방언들이 나오면서 설형문자로 기록된 텍스트를 전해주고 있다. 아카드어는 고대시기에 일부 지역에 나타나면서 넓은 지역에 걸쳐 새로이 변형되었다. 또 메소포타미아 지역에서는 이 아카드어는 이에 앞서 나타난 언어인 수메르어에 의해 크게 바뀌면서 동세미티드어를 구현하게 된다. 그리고 무엇보다도 나중에 나타나는 아시리아어에서 새로이 이주해 들어온 서세미티드어의 사용하는 유목민을 통해 이는 또 다시 크게 변형되는 과정을 거친다.

설형문자는 상형문자와 음절문자의 혼합 형태이다. 수메르어, 아카드어, 바빌로니아어, 아시리아어의 음운에 관한 사항을 살펴보면, 설형문자는 자음과 더불어 모음도 표기했다. 물론 설형문자는 이미 수메르어에서부터 명확하지 않은 많은 점을 보여, 이 언어의 단어들이 모든 음가를 정확히 표기하고 있었다고는 단정할 수 없다. 이 때문에 설형문자는 수메르 이전의 주민계층이 만든 것으로 추측되고 있다.

모음과 자음을 모두 나타내는 설형문자의 표기전통과는 달리 이집트의 상형문자는 모음을 표기하는 것을 거의 완전히 포기하고 있다. 이러한 표기전통은 페니키아어와 히브리어, 그리고 나중의 아랍어와 같은 비非메소포타미아 지역에서 사용된 대부분의 문자들에게서도 그 기반이 되었다. 그러니까 고대이집트 문자는 거의 순수하게 자음만 연결하여 표기한 문자였다. 그러나 기원전 300년부터 모음도 표기하는 그리스 알파벳의 영향을 받아서, 후기 고대이집트의 한 변이형태인 데모트어Demotisch는 모음도 표기하게 된다.

자음만 표기하는 고대이집트어나 세미티드어에서 기록물을 읽어내는 데에는 별다른 어려움이 없다. 왜냐하면 모음들은 대체로 문법상에서의 규칙을 따르고 있기 때문에, 대개 경우에는 이를 다시 복원할 수 있기 때문이다. 특별한 경우에는, 특히 인명의 경우에는 설형문자로 함께 적혀 나오는 경우가 많아서 큰 도움을 주고 있다. 서西세미티드어와 남南세미티드어의 자음만을 표기하는 문자에서는 기원전 200년부터 모음을 집어넣는 시도가 이루어졌는데, 이는 그리스어의 표기방식에 따른 영향이다. 이리하여 오늘날 히브리어와 시리아어와 아랍어와 같은 주요 세미티드어 문자들은 보조적으로 모음을 역시 넣어 표기한다. 서세미티드어 중에서 기원전 2,000년 후반에 북부 시리아 지역에서 사용되던 우가리트어는 특수한 위치를 점하고 있다. 자음만을 표기하는 문자들 중에서 이 언어는 독특하게 변이된 형태의 설형문자를 사용했다.

인도유럽어

인도유럽어는 오늘날 전 세계적으로 가장 널리 사용되고 있다. 왜냐하면 근대의 식민주의자들이 유럽에서 사용되는 주요 인도유럽어를 지구의 모든 대륙에 전파했기 때문이다. 그러나 그 이전에도 이 어족은 아주 광범위한 지역에 걸쳐 퍼져 있었다.

이렇게 넓게 퍼져 있는 상태로는 인도유럽어가 생겨날 수가 없었다고 본다. 아마도 이 언어는 극히 제한된 지역에서 발전해 나올 때에 이미 온전히 형성된 방언의 형태로서 다른 지역에 전파되었을 것이다. 추측건대 인도유럽어는 마지막 빙하시기에 생겨났다. 그러니까 바스콘어가 생겨난 시기와 일치한다.

이 시기의 인도유럽인이 어떠하였는가를 확실히 말하기 어렵다. 왜냐하면 기록이 나타나기 이전의 고고학적 유

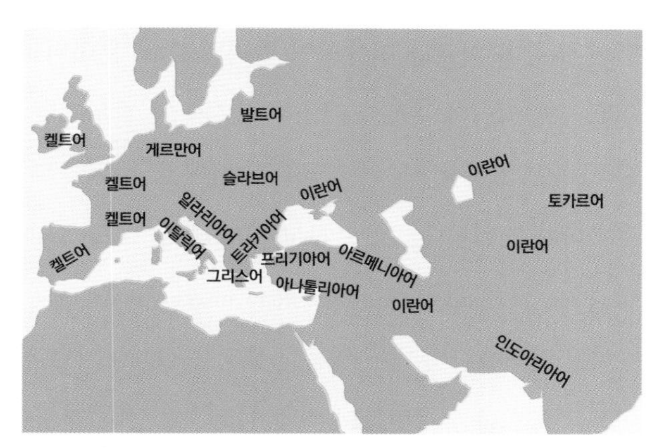

3-34_ 기원전 500~1,000년 사이의 인도유럽어 언어들의 분포도

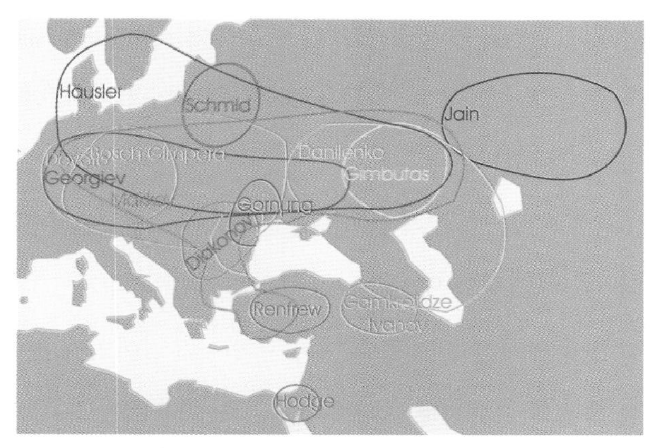

3-35_ 인도유럽인의 기원지에 대한 여러 학설들

물들은 이에 속한 사람들의 언어가 어떠하였는가에 대해 아무런 정보를 제공하고 있지 않기 때문이다. 이러한 점 때문에 많은 연구자가 인도유럽인의 종족에 대한 여러 가설들을 내놓게 되었다.

오늘날까지 이들의 기원지, 즉 인도유럽어가 발원한 정확한 지점에 대하여는 학자들 간에 많은 논란이 있어서, 아직까지 완전한 의견일치는 보지 못하고 있다. 그리고 이에 대해서는 지금도 항상 새로운 지역들이 제안되고 있다. 많은 언어학자는 자신들의 출신 지역을 즐겨 인도유럽인의 발원지로 내세운다. 그러나 언어 유형별 비교와 전통적인 언어비교 및 문화비교의 방법을 통해서, 이들의 원래 고향지역이 북해와 카스피해 사이와 핀우그로 언어그룹과 지중해 언어그룹 사이에 위치하였음이 지금은 명백해지고 있다. 페네만은 이들의 기원지를 카르파티아 고원지대로 추측하고 있다 (Luigi Luca Cavalli-Sforza et al., *The History and Geography of Human Genes*, Princeton University Press, 1994, p. 264, Fig. 5.3.2).

이제 인도유럽어 내에 있는 공통점을 살펴보기로 하자. 이에 속한 대부분의 언어들은 동일한 동사변화의 체계를 보이고 있다. 문장구조는 서로 간에 상당히 비슷하다. 따라서 이 어족에 속한 다른 언어들을 배우는 데 있어서는 완전히 다른 유형의 언어들을 배울 때보다 어려움이 적다. 무엇보다도 특이한 것의 하나는 자음군에 그 단어의 의미가 내포되어 있다는 점이다. 반면에 모음들은 문법적인 기능만 담당한다.

전통적으로 인도유럽어는 켄툼어Kentum와 사템어Satem의 두 그룹으로 나뉘었다. 이 두 그룹의 명칭은 100을 위한 라틴어 내지 고대이란어의 단어를 기준으로 삼아 주어졌다. 이것들은 모두 원인도유럽어의 *+dk'mtóm*에서 나왔다. 이에 대한 음운의 기반형태를 한쪽에서는 첫 자음이 k로, 다른 쪽에서는 s, š로의 음운변화가 일어나고 있음을 통해 알아낼 수가 있다. 사템어의 분포지역은 동쪽 지역

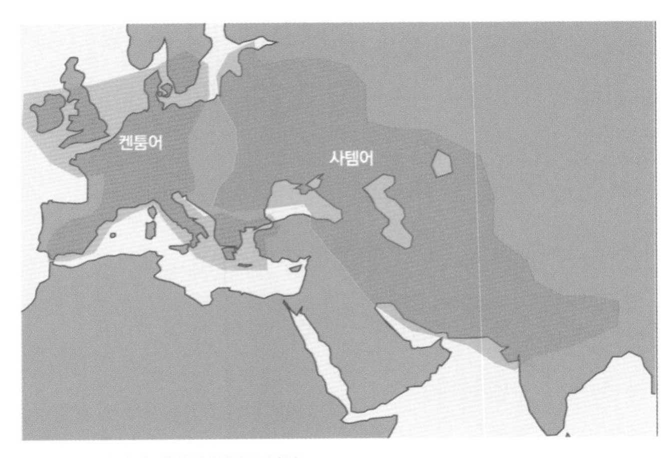

3-36_ 사템어와 켄툼어의 분포 지역

에, 켄툼어의 분포지역은 서쪽지역에 치중되어서 분포되어 있음을 보게 된다. 그러나 히타이트어와 루비어와 토카리어 및 기타 여러 언어들의 특성을 살펴보면, 실상은 이보다 훨씬 더 복잡한 양상을 보인다. 라틴어 자체는 켄툼어이다. 그러나 이에서 나온 후속 언어들인 여러 로만어는 사템어의 많은 특성을 보인다. 물론 이들 로만어의 모두가 이러한 모습을 보이는 것은 아니다.

인도유럽어가 상호간에 분리되어 나오기 이전에는 능동태Aktiv, 중간수동태Medionpassiv, 수동태Passiv의 문법상에서의 3개의 태態Genus verbi가 있었다. 그리고 다섯 개의 문법적 화법이 있었다. 즉 직설법Indikativ, 접속법Konjuktiv, 명령법Imperativ, 원망법Optativ, 요구법Injuktiv이다. 시제로는 현재형Präsens, 과거형Imperfekt, 완료형Perfekt, 대과거형Plusquamperfekt, 미래형Futur, 그리고 종결된 행위와 시간적으로 제한된 범위 내에서 일어난 상황을 나타내기 위해 사용되는 일종의 완료형인 부정과거형Aorist이 있었다.[49)]

2인만을 위한 복수형인 소수 쌍수Dual라 불리는 것은 오늘날 표준 독일어에는 남아있지 않다. 단지 고트어의 경우에서 1인칭과 2인칭에 일부 남아 있었다. 바이에른 방언에서도 이의 일부 흔적이 아직도 발견된다. 즉 enk (2인칭 복수 3격과 4

49) 이 형태는 오늘날 프랑스어의 반과거pasé imperfect와 유사한 사용형태를 보인다.

격)와 es (2인칭 복수 1격)는 옛날 쌍수의 형태가 복수형의 자리에로 밀치고 들어왔다. 이 두 단어는 오늘날 더 이상 원래의 쌍수의 의미가 아닌 복수의 의미로 사용되고 있다. Paar (쌍)과 beide (쌍방)의 단어를 통해서 우리는 아직도 쌍수의 사고개념이 남아 있음을 본다.

모든 인도유럽어에서 독일어의 경우처럼 3개의 문법상 성性 Genus인 남성형 Maskulin, 여성형Feminin, 중성형Neutrum이 모두 남아있지는 않다. 예를 들면 이탈리아와 프랑스어에서는 중성형이 존재하지 않는다.

원인도유럽어에는 8개의 격이 있었다. 즉 주격Nominativ, 소유격Genitiv, 여격 Dativ, 목적격Akkusativ, 탈격Ablativ, 도구격Instrumental, 장소격Lokativ, 호격Vokativ이다. 러시아어는 라틴어와 마찬가지로 6개의 격을 갖고 있다. 독일어에는 4개의 격만이 남아있는데, 이는 옛날 게르만어에서 이미 나타났던 현상이다. 인도유럽어 중에서 그리스어와 리타우어가 옛날 인도유럽의 다양한 문법형태를 가장 잘 유지하고 있다. 이는 산스크리트의 경우에도 마찬가지이다. 이 때문에 이들 언어들은 외국어로서 습득하는 데에 있어서 어려움이 크다. 게르만어와 발토슬라브어, 토카리어Tocharisch에서는 부정과거형Aorist이 사라졌다.

이탈릭어와 켈트어와 게르만어는 아주 이른 옛날에 발트-슬라브와 이웃한 지역에 위치한 북해변의 근처에서 서로 밀착해 살면서 사용되었다. 게르만어는 아주 이른 시기에 이들 여러 언어로부터 분리되었다. 즉 원망법이 존재하기는 하였지만 과거형은 아직 존재하지 않았던 시기이다. 이때에는 동사변화 체계가 아직 완전하게 만들어져 있지 않았다. 지역상으로 서로 멀리 떨어져 있게 되면서, 이탈릭어와 켈트어와 게르만어는 우선 발토슬라브에게서 떨어져 나와서는 이후 서로 간에도 다시 분리되어 발전하기 시작했다. 같은 시기에 그리스어가 생성되었다. 켈트어는 대략 기원전 1500년경에 이탈릭어로부터 분리되어 나왔다. 발토

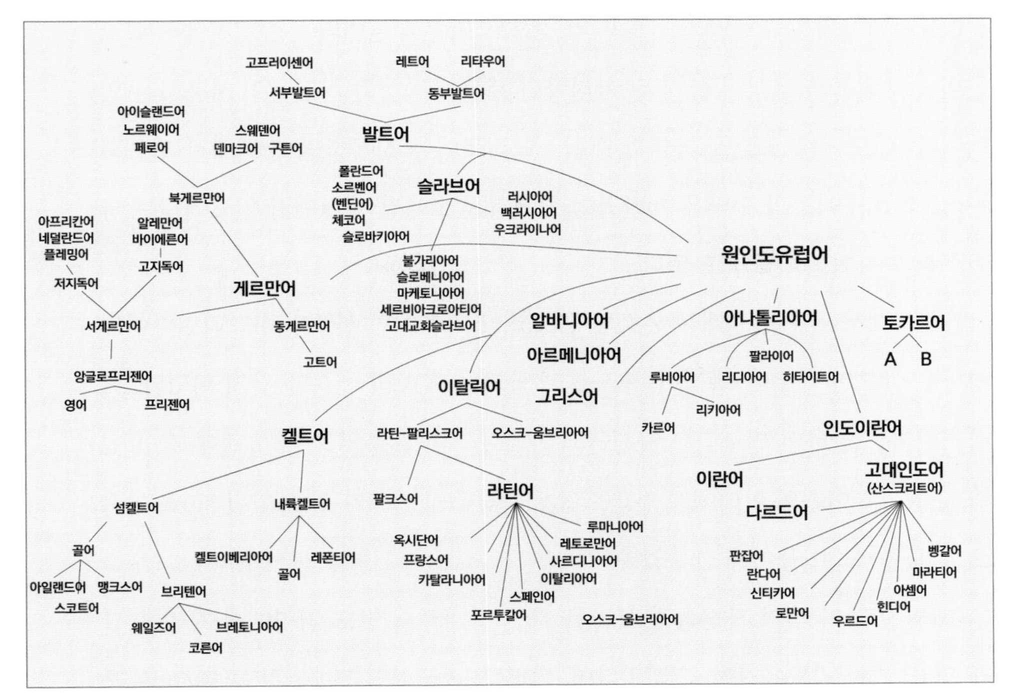

3-37_ 인도유럽어의 족보도

슬라브어는 상대적으로 늦은 시기에 분리되었다. 여기에 알바니아어가 합류하였는데, 이 언어의 기원은 아직도 확실히 규명되어 있지 않다.

아직도 살아있는 인도유럽어 계통의 언어들

인도아리아어

유럽에는 있지 않지만 인도유럽어로서 아직도 살아있는 것으로서 인도아리아어를 제일 먼저 언급하기로 한다. 왜냐하면 이 언어는 지역적으로 유럽에서 아주 멀리 떨어져 있기는 하지만, 이곳에서 언어적으로 서로 밀접한 관계가 있는 여러 낯선 민족들이 발견되고 있기 때문이다.

인도아리아어는 오늘날의 인도 지역 안으로 이주해 들어와서는 그곳에서 살고 있던 선주민들과 뒤섞여 살게 된 아리아인 계통에 속하는 사람들이 사용하는 언어이다. 인도어는 오늘날 근대까지 산스크리트어를 사용하던 지역에서 사용되는 언어이다. 이곳의 수많은 개별언어 중에서는 오늘날 힌디어가 인도에서는 국어로서의 지위를 확보하고 있다.

힌디어에서 어순은 원래 자유로웠다. 그러나 기층어인 선주민의 드리비다어의 영향을 받으면서 주어-목적어-동사로 배열되는 SOV의 어순을 갖게 되었다. 드라비다어를 말하던 원주민은 자신들의 새로운 지배계층의 언어가 원래 갖고 있던 자유로운 어순의 형태에서 자연스럽게 자신들의 언어가 갖고 있던 SOV-어순으로 바꾸어 받아들이게 만들었다.

4개의 어족이 각기 자신들의 문자를 가진 상태로서 인도 지역에서 자리를 잡게 되었다. 즉 인도유럽어, 드리비다어, 티베토-중국어 (최근에는 시노티베트어로 불린다), 아우스트로아시아어이다. 그런데 언어상에서의 이런 다양성은 카스트의 계급구조를 반영한 것이기도 하다. 오늘날까지 아직도 사냥과 채집으로 살아가고 있는 안다만제도의 종족들에게 있는 선사시대의 문화와 더불어 (이들의 언어는 두 그룹의 어족으로 나뉜다), 인도 내륙 중앙지역에는 지금도 매우 원시적인 농경이 이루어지고 있다. 이와는 극명한 대조로서 방갈로레에는 하이테크 산업의 밀집지대가 있다. 자신이 직접 본 경험을 통해 후베르트 발터Hubert Walter는 인도에 대해 다음처럼 말하고 있다. “인도는 유럽의 사고방식으로는 이해되지 않는 아주 다양한 나라이다. 그러나 이를 접하면서 그 나라와 사람들을 알게 되면, 이 독특한 나라에게 큰 매력을 느끼게 될 것이다.” (Hubert Walter, Hamburg, 2002년에 개인적으로 구두를 통해 얻은 정보이다)

로마Roma, 신티Sinti, 카알레Kaale, 칼레Cale인의 언어 및 기타 유럽의 다른 그룹 언어들

이들 그룹에 속한 민족들의 역사는 유랑과 이에 관련된 사항으로 점철되어 있다. 로마는 '인간'이란 뜻을 갖고 있다. 신티는 이들이 기원한 지역인 신드에서 나온 말이다. 이 지역은 인도 북서부에 가까운 파키스탄 남쪽의 인더스강 하구에 위치해 있다.

이들이 이주를 시작한 출발지는 인도 중앙부인 것이 역사비교언어학을 통해 확인되고 있다. 그 시점은 기원전 4세기로 추정된다. 로마인과 신티인의 언어는 인도아리아어 속한 언어들로서 여러 많은 격을 갖고 또 자유로운 어순을 가진 굴절어이다. 동사가 문장의 두 번째 자리에 위치하는 것은 독일어의 어순과 같다.

특히 이들의 언어에 있는 차용어를 통해서 이들이 이주과정에서 머물었던 장소와 시간 및 그 기간을 알아낼 수가 있다. 아랍어로부터의 차용어가 없다는 것은 이들이 이슬람인의 정복이 있기 바로 직전인 7세기에 페르시아를 이미 떠났음을 말해준다. 이들의 모든 방언에서 나타나는 페르시아어의 어휘들은 이들이 한때 인도로부터 동시에 출발하였음을 보여준다. 차용어를 근거로 하여 보면, 이들이 아르메니아와 그리스와 남슬라브 지역을 거쳐 방랑한 흔적을 엿볼 수 있다. 이들이 소아시아 지역으로 계속해 이주해 들어간 것은 11세기에 셀주크인이 그리스 지역 안으로 들어서기 이전이었음이 틀림없다. 왜냐하면 로마인과 신티 인의 언어에서 터키계의 차용어가 전혀 발견되지 않기 때문이다. 이들이 세르비아에서 문서상으로 처음 언급된 것은 1348년이다. 독일에서 집시라는 단어가 처음 문서상 기록되어 나타나는 것은 1407년 독일 힐데스하임에서이다.

당시 이들은 많은 수공업자 및 상인과 마찬가지로 금세공사, 광주리 제작자, 체를 만드는 사람, 악사 등으로서 여러 나라를 떠돌았다. 이들이 1498년에 제국의회의 결정으로 법의 보호를 받지 못할 자로서 선언되었는데, 그 이유로서 이들이 그리스도교에 대한 불구대천의 원수이고 터키인의 스파이라는 점을 들었다. 그러나 실은 이에는 또 다른 이유가 숨어 있었다. 이들은 능숙한 수공업자로서 특히 금속세공과 도구제작과 칼갈이와 광주리제작 분야에서 아주 뛰어난 기술을 갖고 있었다. 따라서 가격 경쟁력이나 주문에 대처하는 능력에 있어서 아주 우위에 있었기에 당시 길드 업자들에게는 매우 두려운 경쟁자였다.

이로서 집시에 대한 과격한 반대 감정은 반유대인에 대한 감정보다 더 오랜 역사를 갖고 있다. 19세기에 언어학자들은 이들의 언어가 산스크리트 언어와 갖고 있는 친척관계를 조사하기 시작했다. 그럼에도 불구하고 신티인과 로마인에 대한 차별 대우는 히틀러의 민족학살로 절정에 달했다. 나치스 시기의 박해와 말살정책으로 이들의 사회구조와 문화적 특성은 상실되었다. 그러나 다른 한편으로는 이 때문에 이들이 결속력이 더욱 강해진 측면도 있다.

수많은 방언을 갖고 있는 이 종족그룹의 언어에는 로만어를 위한 여러 사전과 문법책들이 존재한다 (이에 대하여는 다음을 참조하라. Daniel Holzinger, *Das Romanés* (Klagenfurt, Diss. 1989); Innsbrucker Beiträge zur Sprachwissenschaft, Wolfgang Meid 〈Hrsgg.〉, Sonderheft 85, Innsbruck, Institut für Sprachwissenschaft, 1993). 그러나 이 종족그룹의 많은 대표자의 뜻에 따라서, 이 언어와 그들의 문화는 외부인들에게는 거의 알려지지 않고 있다. 신티인은 로마인에 속한 종족그룹의 하나이다. 이들은 이미 중세시대 말기부터 서유럽지역에 머물러 살면서, 로마인과는 분리된 독자적인 종족으로 알려져 있다. 이들의 언어는 로마네스Romanés라고 불린다. 스페인과 포르투갈에는 칼레인Calé이, 핀란드에는 카알레인Kaale이 살고 있다. 로마인은 중부유럽과 동부유럽에 고향을 두고 있으면서 19세기와 20세기에 서부유럽과 바다 건너 지역까지 진출했다.

오늘날 500만 명의 로마인, 신티인, 카알레인, 칼레인과 그 외 이 종족의 여러 다른 그룹이 유럽 전역에 퍼져 살고 있다. 그 수는 전 세계적으로 천만 명에 달한다. 일반적으로 로마인과 신티인은 자신들이 선택해 거주한 지역의 신앙공동체에 속해 살고 있다. 이는 이들이 해당 지역에 적응하여 살려고 노력했음을 보여준다. 자신들의 풍습을 지키면서도 이들은 자신들이 사는 지역의 풍습도 또한 지키고 있다. 집시란 용어는 이들을 차별화해 멸시하여 생긴 용어이다. 독일에 사는 신티인과 로마인은 자신들을 독일인으로 생각하고 있다. 600년간 공동생활을 한 역사를 갖고 있는 이들의 의견에 이제 우리는 귀를 기울여야 한다 (이에 대하여는 다음을 참조하라. http://www.zigeuner.de/sinti_und_roma_seit_600_jahren.htm (2007. 08. 08) http://romani_uni_graz.at/romani/download/files/r_ab9.pdf).

이란어

그리스의 역사기록자들은 메디아인Meder, 페르시아인Perser, 마사게트인Massageten, 사르마트인Sarmaten, 스키타이인Skythen과 같은 여러 종족의 명칭을 언급하고 있다. 그런데 이들에게 아리아인이란 명칭을 부여할 수도 있다. 왜냐하면 인도와 이란의 예전 언어사용자들은 스스로를 '아리아인Arier'이라고 칭했기 때문이다. 나치스의 제3제국 시기에 사용된 아리아인은 역사적으로 정당한 명칭이 아니다. 인도어와 이란어의 두 개 언어로 나뉜 것은 지리적인 여건에 따른 것이다. 이들 언어사용자들은 기원전 1,500년경에 이란 고원으로부터 중국과 남부러시아에 이르기까지의 광대한 지역에 퍼져 살았다. 이란인은 나중에 아르케메니드Archämeniden 왕조가 세웠던 페르시아 제국을 형성한 아리아인의 한 일파로서 생겨났다. 오늘날 이들의 분포지역은 이란과 더불어 오만, 이스라엘, 중국, 터키, 이락, 시리아, 파키스탄, 아프카니스탄, 타지스탄, 러시아-다게스탄, 아제르바이잔, 우즈벡, 인도, 바레인, 오세티아 등이다.

인도이란어는 오늘날 가장 연구가 잘 되어 있는 어족의 하나이다. 산스크리트어Sanskrit를 통해 얻은 지식의 도움으로 우리는 가장 오래된 형태의 아베스트어Avestisch로 적힌 자라투스트라에 관한 기록물을 번역할 수가 있었다. 이에 베다어Vedisch는 산스크리트어보다 아베스트어에 더 가깝다는 사실이 알려졌다. 아베스트어는 아주 오래된 언어이다. 오랜 기간 이 언어로 자라투스트라의 교리가 구전으로 전해 내려왔다가 로마시대 때에 비로소 문서로 기록되었다. 이 교리는 시와 송가와 예식을 위한 규정집 등을 포함하고 있다. 기원전 520년에서 기원전 350년의 시기에 설형문자를 사용했던 고대페르시아어는 오늘날 신新페르시아어와 아프가니스탄-페르시아어와 타지스트-페르시아어를 탄생시켰다. 여기에서의 나중의 두 언어는 중앙아시아의 투르크멘과 우즈벡의 일부 지역에서 사용되고 있다. 이곳은 고대 문화도시였던 사마르칸드와 부하라가 있는 지역이다.

추측건대 스키타인이 들어오기 이전에 이란어 사용자들은 그리스 기록물에서 킴메리아인 *κιμμεϱιοι* (kimmeriori)이라고 언급되었다. 이들은 한때 우크라이나 지역에서 살았다. 그리하여 아마도 아리아족으로서는 최초로 유럽에 진출하여 아주 오랜 기간 머물러 살았다.

게르만어

시저가 게르만인에 대한 언급에서 사용한 최초의 게르만어 단어로는 *uri* (urus(들소)의 복수형태)와 *alces* (엘히 사슴)가 있다. *gleusm* (호박, 유리)란 단어는 타키투스의 게르마니아에서 발견된다. 플리니우스Plinius는 *gantae* (ganta (거위)의 복수형태)를 언급하고 있다. 또 베난티우스 포르투나투스Venantius Fortunatus[50]는 *harpa*

50) 그리스도 교인으로 라틴어를 사용한 시인 (536~610).

11세기 중엽부터 14세기 중엽까지의 중세독어 시기에는 프랑스에서 들어온 기사도의 영향으로 Abenteuer (〈 aventure) (모험), Lanze (〈 lance) (창), Banner (〈 bannière) (군기)와 같은 단어들이 독일어에 들어왔다. 칼 대제와 기독교는 고지독일어 Hochdeutsch가 독일 내에서 통일된 언어의 위치를 점하는 데에 큰 기여를 했다. '동방식민화Ostkolonisation'[54] 시기에는 폴란드어에서 *Grenze*와 같은 단어가, 체코어에서 *Zeisig* (검은 방울새)와 *Stieglitz* (도요새)와 같은 단어가 독일어 안으로 들어왔다.

처음 라틴어로부터 번역하는 과정에서 직역하는 방식이 선호되었다. 이 과정에서 새로운 음절과 단어들이 많이 만들어지면서, 라틴어는 독일어의 문장구조에 커다란 영향을 끼치게 되었다. 라틴어로 쓰인 철학분야의 텍스트가 독일어로 번역되는 과정에서 많은 용어가 독일어화 되었다. 라틴어에서 접미사 -(t)io로 끝나는 단어들이 -ung(e)으로, 라틴어에서 -*tas*로 끝나는 것들이 -*heit*나 -*keit*로, 라틴어에서 -*ilis*와 -*alis*로 끝나는 것이 -*lich*로 대체되었다. conscientia와 spiritualis와 같은 라틴어 단어가 의미차용Lehnbedeutung을 통해 각기 Gewissen과 geistlich와 같은 단어를 만들어냈다.

근대독어Neuhochdeutsch는 누구보다도 상인이나 교양을 가진 계층이 만들어서 가꾸었다. 이 시기의 언어는 신비주의자Mysteriker들이 쓴 글을 퍼뜨리는 과정에서 확립되었다. 13세기를 거치면서 라틴어 대신에 독일어로 쓴 문서들이 점점 더 많이 생겨났다. 처음에는 법률문서들이, 나중에는 신학과 의학과 생물학 분야의 전문서들이 이에 참여했다. 여러 명칭과 전문 용어를 사람들이 자의적으로 만들어야만 했기에, 이 과정에서 새로운 단어가 많이 생겨났다. 독일어를 지키려는

---

54) 그리스도교 교단에 속한 일단의 무장한 기사들이 포교를 명분으로 동쪽에 사는 슬라브족에 대한 정복전쟁을 시행하여, 필란드만에까지 이르는 발틱해 연안의 넓은 지역을 점령하여 식민지로 만들었다. 독일 기사단이 불린 이들은 독일 황제의 직접적인 지배를 받지 않는 하나의 온전한 독립 국가를 만들어 15세기까지 존속했다.

목적으로 인문주의자들이 라틴어 단어들을 독일어 단어들로 대체했다. *stella fixa*에서 *Fixstern* (항성)이, *horizon*에서 *Gesichtskreis* (지평선, 시야)가, *synchronus*에서 *Zeitgenosse* (동시대 사람)이 만들어졌다.

1450년 구텐베르크가 활판인쇄술을 발명하자 인쇄술을 통한 출판이 상업화되었다. 이 과정에서 라틴어의 많은 용어가 오늘날의 인쇄분야에서 일반화되어 사용되었다. *Format* (판형), *Kopie* (복사물), *Kolumne* (단, 란), *Manuskript* (초고), *Makulatur* (파지, 인쇄상의 과정에서 버려지는 종이), *Faksmilie* (복사), *Kapitel* (장) 등이 일반적으로 사용되었다. 문서어Schriftsprache는 아직도 지역마다 차이가 심하여 그 지역 방언을 제대로 반영하지 못했다.

이제 인쇄업자들은 모든 사람이 읽고 이해할 수가 있는 통일된 언어에 관심을 갖게 되었다. 모든 지역을 관통하는 표준어가 이제는 만들어져야만 했는데, 이는 규범어Normsparche 내지 문서어Schriftsprache로 불리기도 했다. 이에 여러 방언을 취합하여 인공적으로 기교를 부리면서 만들어진 일종의 혼합형 표기Mischgebilde가 생겨났다.

방언이 순수한 형태 그대로 기록되는 일은 결코 없었다. 이리하여 그동안 전해 내려온 것은 아무런 표준 형태를 갖추고 있지 않아서, 각 방언들은 제 멋대로 자유롭게 발전되어 내려왔다. 이들 방언들은 외부로부터 어떠한 계획 없이 아무런 관여를 받지 않고 자연스럽게 형성되어나갔기에, 언어학에서는 이를 특별히 연구할 필요성을 느끼게 하고 있다.

루터가 1500년에 성경을 라틴어에서 독일어로 번역하였을 때에, 그는 이의 번역을 위한 목적언어로서 자신이 출생한 지역의 방언을 택했다. 그의 관심사는 상부독일어Oberdeutsch 사용자나 저지독일어Niederdeutsch 사용자 모두가 자신이 번역한 것을 이해하게 만드는 데에 있었다.[55] 그리하여 그는 스스로가 말한 바와 같이 민중이 말할 때의 입 모양을 관찰했다. 친구들에게 보낸 편지에서 적은 바와 같이, 그는 여러 다양한 방언들에서 사용되는 단어 중에서 가장 적절하다고 생각한 것을 찾아내려고 무척 애를 썼다. 또한 이를 넘어서서 논리적이고 명확한 이해가 가능하도록, 라틴어에 기대어 새로운 단어를 많이 만들어내었다. 예전 주해집과 당시 루터의 번역을 통해 지금까지 생각한 것보다 훨씬 더 많은 번역된 단어들이 오늘날에도 남아 있음이 확인되고 있다. *Zufall* (우연) (〈 accidens), barmherzig (〈 misericors) (연민하는), Gewissen (〈 conscientia) (양심), Wohltat (〈 beneficium) (선행) 등은 모두 라틴어의 단어를 가반으로 하여 만들어졌다. 다음 단어들도 라틴어에서 차용된 것이거나, 이의 틀 안에서 만들어진 것이다. 예를 들면 co(n)scius 〉 keusch (순결한), tractare 〉 trachten (지향하다), *lavare* 〉 laben (즐겁게 하다) 등이 있다. 다른 차용번역의 예로는 다음이 있다. forasago (Prophet 예언자), ebanwirken (kooperiern 함께 활동하다), ebandolen (라틴어의 *compati*를 번역한 Mitleiden (동정하다)의 대용 단어이다). 이런 단어들은 원래는 독일어에는 있지 않았던 것들이다.

루터가 사용한 언어의 성경 텍스트를 무조건 외우고 또 의무교육 제도가 도입되면서, 학교 수업에서 이의 사용이 광범위하게 이루어졌다. 그 이후에 비로소 루터의 영향을 받은 표준고지독어Hochdeutsch가 널리 사용되기 시작했다. 어휘 선택에 있어서는 상당 부분 저지독어의 것이 사용되었다. 반면에 발음의 경우에는 처음부터 상부독일어Oberdeutsch의 것에 가까웠다. 그러나 오늘날의 표준 독일어

---

55) 여기에서 독일어는 지역적인 측면을 감안하여, 저지독어Niederdeutsch, 중부독어Mitteldeutsch, 상부독어Oberdeutsch로 나뉜다. 이들은 북쪽으로부터 남쪽 방향으로 향하면서 위치한다. 루터는 중동부독어Ostmitteldeutsch 지역 출신이다. 즉 작센선제후가 다스리던 마이센 공국 출신이다. 당시 각 지역 제후들은 동방식민주의Ostkolonisation의 일환으로 경쟁적으로 독일 전역에서 농민, 수공업자 등 다양한 계층의 사람들을 끌어들였다. 마이센 지역은 이런 동방정책의 주요한 출발지였다. 이렇게 다양한 방언을 사용하던 여러 지역 출신의 민중들이 모여 살면서 이들 간에 자연스럽게 언어 통합이 이루어져서, 이는 나중에 표준독일어Hochdeutsch의 형성에 크게 기여했다.

에서는 결국은 저지독어의 발음이 관철되었다. 이러한 역사적인 변천에도 불구하고 루터의 독일어는 오늘날까지도 아직도 잘 이해되고 있다.

작센, 프리젠, 알레만, 바이에른, 프랑켄, 튀링엔의 여러 방언들의 영향과 라틴어에서의 차용의역Lehnbedeutung을 통해 마침내 표준독일어가 형성되었다. 그리하여 문체어가 사용될 수 없는 부분에까지도 통용될 수 있는 가능성을 넓혀 놓았다. 여러 다양한 방언들에게서 의미의 폭을 넓히거나 좁히는 많은 단어가 더불어 사용되었다. 예를 들면 *schaffen*이란 단어는 쉬바벤 방언에서는 원래 '일하다'라는 뜻을 갖고 있었다. 여기에서 '*창조하다, 형성하다, 하다, 설치하다, 정리하다, 배열하다*'라는 뜻을 가진 의미를 역시 갖게 되면서, 중세독어의 입장에서 보면 의미축소가 일어나게 되었다. 그리고 표준독일어에서는 이 단어의 의미는 또 다시 한번 크게 달라져서 '*수행하다*'라는 의미를 또한 갖게 된다. 라이프니츠, 레싱, 괴테와 같은 위대한 사람들이 나중에 독일어 어휘들을 더욱 세련되게 만들었다. 요한 크리스토프 아델룽Johann Christoph Adelung이 1781년 '*독일어 언어이론*'을 저술하여, 괴테가 이를 즐겨 이용했다.

야곱 그림Jakob Grimm이 1819년에서 1837년에 걸쳐 저술한 '독일어 문법Detusche Grammatik'은 이 시기에 가장 알려진 것으로서 모든 이에게 커다란 지침서가 되었다. 또 영향력이 막강한 중점 관청기관들이 학문과 상업과 언론 분야에서 위력을 발휘하여, 결국은 현대 독일어로 나아가는 발판을 마련했다. 유럽의 거의 모든 언어들이 이와 비슷한 과정을 밟았는데, 이때에는 언제나 라틴어가 큰 역할을 했다. 다만 동유럽 지역에서는 그 영향이 덜 하였다. 그리고 이곳에서 신그리스어 역시 거의 아무런 영향력을 발휘하지 못하였다.

표준 독일어의 탄생과정에서 사람들은 문법형태를 규정하는 여러 규칙들을 만들고자 했다. 작금의 언어 발전과정은 높은 권위기관에 의해 조정되기보다는 일반적으로 자유롭게 진행되는 편이다. 오늘날 언어학자들은 대부분의 언어 표현과정에서 국한된 측면에서만 활약하고 있다. 정서법은 표준화되었다. 그리고 1800년 이래 작가, 교육자, 저널리스트, 출판업자 등으로 구성된 팀이 이를 손질하여, 독일어의 발전과정에 맞추어 적절히 대응하였다. 1996년에 마지막 정서법의 개혁이 이루어진 이후에는 이에 대한 열띤 토론이 이루어졌다.

독일어는 독일 외에도 오스트리아, 스위스의 독일어 사용지역, 리히텐슈타인, 룩셈부르크 (이곳에서는 모젤프랑켄어를 기반으로 하여 나온 룩셈부르크어 외에 프랑스어도 함께 사용되고 있다), 벨기에 (이곳에서는 프랑스어와 프라멩어가 함께 사용되고 있다), 덴마크의 유틀란드 반도의 남부 지역 (이곳에서는 덴마르크어와 페레어가 함께 사용되고 있다), 남부티롤 (이곳에서는 이탈리아어와 더불어 사용되고 있다)에서도 사용되고 있다. 그리고 유럽연합에서도 공용어로 사용되고 있다.

이디시어Jiddisch

이디시어는 중세시대에 유대인들이 일상 언어로 사용하던 독일어의 한 방언에 기반을 두고 있다. 이때 원래 영어의 단어였던 이디시Jiddish가 독일어화 되어 Jiddisch로 되었다. 13세기에, 특히 1348년에 흑사병이 크게 유행한 후에 생겨난 유대인에 대한 박해를 피하여, 이들은 독일어 사용지역에서 동유럽으로 대거 이주해 갔다. 이중에서 특히 폴란드와 리타우엔이 이들의 주요 이주 목적 지역이었다. 그리고 그곳에서 언어적으로 분리되어 독자적인 발전과정을 밟게 되었다.

동쪽의 이디시어는 중세시기 독일의 이디시어의 상태를 잘 보존하고 있다. 또 차용어 분야에서 슬라브어로부터 강한 영향을 받으면서, 슬라브어의 문법요소를 많이 받아들였다. 동東이디시어는 표준독어의 한 방언이었던 튀링엔-상부작센 지역의 방언과 아주 흡사하지만, 바이에른 방언과도 비슷한 측면이 또한 있다.

서西이디시어는 예전에 중부유럽 전반에 퍼져 있으면서, 다른 지역의 독일어 방언의 특징을 보여주는 측면이 있다. 예를 들면 슈트라스부르크의 저지알레만 방언과 같은 것이다. 여기에서는 주로 어휘 측면에서 히브리어와 아람어와 로만어의 영향을 엿보이고 있다. 이디시어는 전 세계적으로 약 300만이 사용하고 있는데 이들의 대부분이 유대인이다. 홀로코스트 이전에는 약 1,200만의 사람들이 사용하였는데, 이들 중 대부분은 동중부의 유럽과 동부유럽지역에 살고 있었다. 오늘날 유대교를 믿는 모든 사람 중에서 나이든 계층의 사람들과 더불어 특히 샤시드Schassidisch계의 유대인들이 이디시어를 일상 언어로 사용하고 있다. 독일어는 이디시어로부터 적지 않은 차용어를 받아들였는데, 이들의 다수는 히브리어에서 기원한 것들이다 (이에 대하여는 1945년 Max Weinrich (1893/94~1969)가 이디시어Jiddsich에 대해 "A Shprakhj iz a dialekt mit an armey un flot (이 언어는 군대와 벼룩이 함께 하고 있는 방언이다)"라고 농담조로 한 말을 상기하라, in: Yivo-bleter, 1945, Bd. 25, Nr. 1, p. 13).

네덜란드어

네덜란드어는 프리젠어, 고대작센어, 갈로로만어, 고지독어의 영향을 받아 고대저지프랑켄어에서 생겨났다. 1648년 베스트팔렌 조약에 의해 국가의 통용어로서 되기 전까지는, 이 언어는 저지독어의 한 방언으로 간주될 정도로 네덜란드어는 원래 독일어의 한 방언에 불과했다. 그러나 네덜란드가 독자적인 국가로 되고 또 독자적인 군대와 함대를 소유하게 되면서, 네덜란드어는 특별히 주목받는 언어가 되었다.

반면에 플레밍어Flämisch는 (이 언어는 브람제 탈Vlaamse tall 또는 약칭으로 브람제로 불렸다) 주로 벨기에 지역에서 사용된 방언 내지 방언그룹을 총칭하는 명칭이었다. 이는 특히 프랑다스Flander 지역과 브뤼셀Brüssel 지역에서 사용되었다. 이러한 의미에서 플레밍어는 독자적인 언어로서는 존재하지 않았다. 프랑다스 지역에서는 관청어와 문체어로서의 기능을 갖고 네덜란드에서의 네덜란드어Niederländisch 처럼 표준어로 사용되고 있다.

남아프리카의 아프리칸스Afrikaans어는 원래는 남부홀란드와 북부홀란드 지역에 있는 네덜란드어의 한 방언에서 나왔다. 이 언어는 얀 반 리벡 Jan van Riebeeck이 1652년 이후에 남아프리카 공화국의 케이프랜드 지역에 이식했다. 이 언어는 원래의 출발언어를 단순화시키고 간결화 시킨 문법 형태에다가 영어, 독일어, 프랑스어, 포르투갈어, 말레이시아어, 마다카스카르어, 인도어로부터 받아들인 많은 차용어를 갖고 있다. 그밖에 코이산어와 반투어와 같이 가까운 곳에 소재한 아프리카의 언어지역에서 받아들인 일부 차용어들도 있다. 그리고 inyanga (의료 치유사), sangoma (마녀 색출자)와 같은 어휘는 남아프리카의 줄루족에서 받아들인 것이다. 아프리칸스어는 1925년에야 비로소 공식적인 문체어가 되었다.

스칸디나비아 반도의 언어들

루넨 문자로 새겨진 최초의 기록물은 스칸디나비아 지역에서 발견되었다. 이들 중 몇몇은 기원후 200년에서 600년 사이의 것으로서 대부분 덴마크에서 발견되었다. 루넨문자는 아주 오래전의 시기에는 예식을 위한 용도로만 사용되었다가, 나중에 일상생활의 내용을 담는 데에도 사용되었다. 스웨덴의 달라르나Dalarna 지역에서는 광범위한 계층의 주민들이 루넨 문자를 칼로 새기기도 하고, 또 읽어낼 수도 있다. 양치기들은 다른 양치기들에게 이를 갖고 소식을 전달하여, 심지어는 네 발 달린 동물들도 서로 간에 루넨문자로 소식을 주고받는다고 말할 정도이다. 이 루넨문자가 어디에서 기원하였는지는 얼마 전까지만 해도 확실히 알 수가 없었다. 그동안 그리스어와 이탈리아어의 알파벳과 보이는 커다란 유사성 때문에, 지금까지 루넨문자는 알프스 지대의 고대이탈리아 지역에 있던 북에트루리아 알파벳으로부터 차용되었다가, 이것이 라-뗀느 문화권의 켈트족을 통해 게르만족에게 전달된 것으로 추측되어 왔다. 북이탈리아-에트루리아 알파벳은 그리스어의 알파벳에서 기원하였으며, 또 이를 통해 약 3,000년 전의 지중해 동부에 있던 페니키아의 기록체계에까지 거슬러 올라간다고 생각했다. 그러나 페네만은 이것이 페니키아인으로부터 직접적인 영향을 받았다고 주장하고 있다.

기원후 8세기와 11세기 사이에 여러 방언들에게서 다양한 북구의 언어들이 생겨났다. 이 시기에는 바이킹이 스칸디나비아로부터 아일랜드, 페로우제도, 세틀란드 군도, 오트니 군도, 헤브리드 군도, 그린란드, 스코틀랜드와 아일랜드 및 영국의 일부 지역을 정복하여 그곳에 정주하기 시작하던 시기였다. 노르만디 반도와 러시아에서는 이들의 언어가 영구히 지속되지는 못하였지만, 영어에서는 아직도 이들의 언어 흔적을 뚜렷이 내보이고 있다. 아이슬란드어에서는 바이킹의 원정시기 이후에도 거의 변하지 않았다.

3-41_ 16세기 한 목판화에 나타난 한자동맹 관청의 모습

3-42_ 15세기 한자동맹 내의 교역로
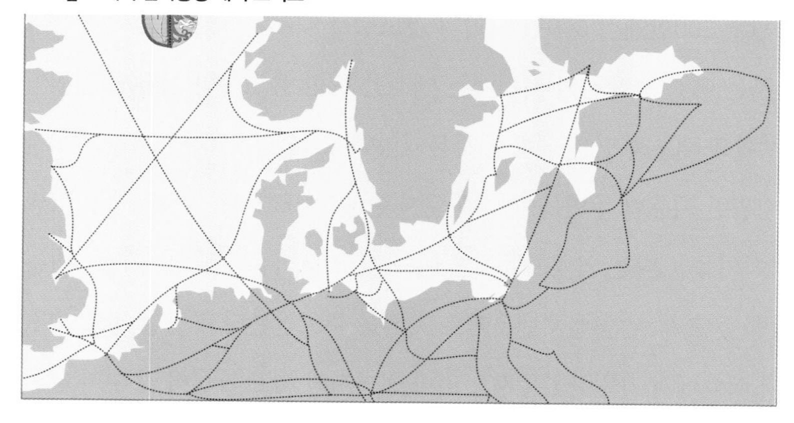

스웨덴어는 스칸디나비아에서 가장 많이 사용되는 언어이다. 이 언어는 원래 덴마크어와 유사했다. 그러나 1814년에서 1905년 사이 91년간 지속된 노르웨이와 스웨덴의 개별적인 동맹기간 동안에 스웨덴어와 노르웨이어가 서로 가까워졌다. 알파벳에 있어서는 독일어에서 사용되는 움라우트를 위한 ä와 ö의 표기 외에 (덴마크어와 노르웨이어에서는 이를 위한 표기로 각기 æ와 ø가 사용된다), 이밖에 å의 또 다른 표기도 있다. 한자Hanse동맹의 사람들은 스칸디나비아의 국가들과 교역

한자동맹의 문화적 우위 때문에 중세저지독어 스칸디나비아 언어에 들어간 차용어 (여기에서 제시된 것은 스웨덴어의 것이다)	
전쟁과 무기에 관련된 어휘	*krig* 'Krieg (전쟁)', *knekt* 'Soldat (병사)", *pīl* 'Pfeil (화살)', *byssa* 'Gewehr, Büchse (소총)', krūt 'Schießpulver (화약)'
바다와 항해에 관련된 어휘	*barlast/ballast* 'Ballast (선박의 바닥짐)', *kajuta* 'Kajüte (선실)'
법과 관련된 어휘	*fri* 'frei (자유로운)', *straff* 'Strafe (처벌)', *rättighet* 'Recht(법)', *burskap* 'Bürgerrecht (시민권)'
국가 체제와 공동생활 관련된 어휘	*hertug* 'Herzog (공작)', *greve* 'Graf (백작)', *furste* 'Fürst (제후)', *høvlighet* 'Höflichkeit (공손함)', *len* 'Lehen (봉토)', *ståthåktare* 'Statthalter (총독)', *fru* 'Frau (부인)', *frøken* 'Fräulein (처녀)', *borgare* 'Bütger (시민)', *borgmästare* 'Bürgermeister (시장)', *rådhus* 'Rathaus (시청)', *dop* 'Taufe (세례)', *nåd* 'Gnade (자비)', *fadder* 'Pater (신부)', *trefaldighet* 'Dreifaltigkeit (삼위일체)', *kloster* 'Kloster (수도원)'
상업, 수공업, 직업과 관련된 어휘	*handel* 'Handel (상업)', *hantverk* 'Handwerk (수공업)', *køpenskap* 'Kaufhandel (상행위)', *vara* 'Ware (상품)', *skomakare* 'Schuster (신발 만드는 사람)', *snickare* 'Schneider (재봉사)', *krøgare* 'Gastwirt (여관집 주인)'
일상생활과 관련된 어휘	*språk* 'Sprache (언어)', *släkt* 'Geschlecht (성별)', *kort* 'kurz (짧은)', klein ← *klein* '(schwach) (연약한)', *arbeta* 'arbeiten (일하다)', *kragt* 'Kraft (힘)', *kragt* 'Kraft (동력)', *fråga* 'fragen (질문하다), *Frage* (질문)', *frukost Frühstück* 'Frühstück (아침 식사)', *medwurst* 'Mettwurst (소시지)', *føster* 'Fenster (창문)' 등등

도표 3-35

하면서 이 지역을 조직적으로 식민화했다. 이때 많은 중세저지독어의 단어들이 차용어로서 스칸디나비아의 언어들 안으로 들어갔다. 이에 스웨덴 어휘의 50%가 저지독어에 기원을 두고 있다. 독일인들에게는 이들 언어들이 아주 친숙하게 들린다. 왜냐하면 스웨덴어의 fru 'Frau (부인)', rättiget 'Rechtigkeit, Recht (정의, 법)', fri 'frei (자유로운)', språk 'Sprache (언어)', frukost 'Frühstück (아침 식사)' 등이 모두 중세저지독어에서 들어온 차용어이기 때문이다. 19세기부터 이곳에서 영어에서 들어온 차용어의 영향력이 특히 강하게 나타난다.

노르웨이와 덴마크는 4세기 동안 하나의 통치세력권 안에 속해 있었기에, 처음에는 덴마크어가 노르웨이에서 문체어로서의 지위를 확립하였다. 특히 대도시의 경우에 그러했다. 그러나 1814년부터 스웨덴어의 영향력이 커졌다. 이에 소위 다노-노르웨이Dano-Norwegisch어가 생겨나면서 1899년에 공식적으로 리크스말Riksmål (왕국노르웨이어)가 민족어의 위치를 점하게 된다. 그리고 이는 1929년 복크말Bokmål (서적 언어)로 명칭이 바뀌면서 오늘날 대부분의 신문들과 텔레비전이 사용하는 언어가 되어 있다. 1905년 10월에 노르웨이는 독립하게 된다. 15세기로부터의 오래된 노르웨이 전통을 지키기 위하여, 19세기에 이바르 아젠Ivar Aasen은 서노르웨이 방언에 기반을 둔 새로운 문체어를 고안하였다. 그리고 이것이 Landsmål 'Nationalsprache (민족언어)'로 새로이 도입되었는데, 지금 이것은 Nynorsk 'Neunorwegisch (신노르웨이어)'라 불리고 있다. 현재 실제로 말해지고 있는 방언들은 모두 고대노르웨이어에서 생겨난 것이기에, 이들 모두는 서西북구어에 속한다 할 수 있다. 물론 이들은 덴마크어와 스웨덴어가 속했던 동북구어의 영향을 다소 받기는 했다. 노르웨이어에서 독일어에 들어온 차용어로서는 Fjord (피오르드 만), Slalom (슬리롬 스키경주), Lemming (레밍 쥐) 등이 있다.

노르웨이에서 덴마크어는 유일한 문체어였다. 물론 노르웨이인이 사용하던 발음은 노르웨이의 각 지역 방언의 특성을 그대로 고수했다. 덴마크어는 덴마크 영토 외에도 페로이 섬과 그린란드지역에서도 사용된다. 쉴레스비히-홀스타인 지역에서도 덴마크어는 소수언어로서 보호를 받고 있다. 아이슬란드어에서는 덴마크어도 교통어로 사용된다.

구트니쉬어Gutnisch는 고트란드Gotland 섬의 전 지역에서 사용되고 있다. 이는 북게르만어의 하나로서 동東북구어에 속하지만, 스웨덴어와는 확연히 구분될 정도로 아주 보수적인 언어이다.

북극권에 위치한 아이슬란드섬에는 9세기 이후에 바이킹인이 이주하기 시작했다. 이들은 이곳으로부터 그린란드를 거쳐 아메리카 대륙에 도달했다. 스웨덴어와 덴마크어가 아이슬란드어와 페로이어에 속하는 서북구어 방언과 차이를 보이는 것과 비슷하게, 노르웨이의 방언들은 중세저지독어와 고지독어의 강력한 영향 하에서 발전해 나왔다. 아이슬란드어는 고대북구어의 특성을 가장 잘 보존한 언어이다. 따라서 오늘날의 아이슬란드 사람들은 특별한 어려움 없이도 옛날의 영웅서사시를 잘 읽어낼 수 있다. 아이슬란드어를 보존한 사람들은 다른 어느 나라에서는 볼 수 없을 정도로 외래어에 항거했다. 특히 아이슬란드어로 번안하여 새로이 만든 단어들을 갖고서는 앵글로화의 홍수에 적절히 대처하여, 자신들의 언어를 성공적으로 지켜냈다. 전화통화를 하고자 하는 관광객은 simi 'Draht (공중전화)'가 위치한 곳이 어딘지를 찾아야만 한다. 영어의 th에 상응하는 음은 ð 또는 þ로 표기되고 있다. 이밖에 이 언어는 덴마크어의 æ를 표기에 이용하고 있다. 1944년 6월에 아이슬란드는 덴마크로부터 독립을 얻어냈다.

발트어

발트어에는 리타우어Litauisch, 레트어Lettisch, 고대프러이센어Altpreußisch, 쿠르어Kurisch 등이 속해 있다. 이들 언어들은 모두 슬라브어와 친척관계에 있다.

발트어에서 핀우그리어가 명백한 기층어였음은 레트어와 리타우어를 통해 확인할 수가 있다. 리타우어로 쓰인 최초의 텍스트가 나타난 시기는 16세기이다. 1547년에 루터의 교리문답서가 이 언어로 처음 번역되었다. 고대프러이센어와 리타우어는 늦은 시기에 기록되었음에도 불구하고, 산스크리트어처럼 아주 오래된 언어상의 특징을 아직도 보인다. 그리하여 언어 연구에 있어서 다른 인도유럽어와 비교하는 경우에 자주 그 참고대상이 되고 있다. 레트어는 텍스트 상으로는 16세기에 비로소 나타난다.

고대프러이센어는 상대적으로 잘 알려져 있지 않다. 이 언어는 두 개의 완전히 다른 방언으로 나뉘는데, 그중의 하나는 14세기에도 그 존재를 내보이고 있다. 16세기에 루터의 교리문답서를 번역한 것 중에서 아주 적은 양의 일부가 오늘날까지 전해 내려온다. 그러나 17세기 말에 동프러이센어는 자취를 감춘다. 쿠르란드에서 사용된 구르어Kurisch로서는 이로 적힌 텍스트는 전혀 없다. 단지 인명만이 16세기에 사어가 된 이 언어의 흔적을 보여주고 있다. 셀론어Selonisch, 셈갈어Semgallisch, 동갈린드어Ostgallindisch, 서갈린드어Westgallindisch, 야빙어Jatwingisch와 같은 기타 발트계 언어들은 인명이나 차용어를 통해서 아주 드물게 입증될 정도로 오늘날에는 모두 사어가 되었다.

슬라브어

슬라브인이 독자적인 민족으로 처음 역사상에 나타난 시기는 서기의 기원이 막 시작될 무렵이었다. 이 시기에 이들은 발틱해와 흑해 북안의 스텝지대 사이에 있는 숲 지대를 떠나서는 남쪽 방향을 향해 이주하기 시작했다. 이들은 그리스 고전시기에는 아무런 움직임을 보이지 않았다. 따라서 미켈 카잔스키Michel

Kazanski는 이들이 로마시기 초기에는 아직 하나의 민족그룹으로까지는 형성되지 못했다고 보고 있다 (이에 대하여는 다음을 참조하라. Michel Kaznaski, *Les slaves, Les origines*, Paris, Editions Errance, 1999). 타키투스는 기원후 1세기와 2세기까지에 적은 자신의 저서인 '*게르마니아*'에서 이들이 게르만인과 사르마트인Sarmaten의 근거지 사이에서 정주와 방랑의 경계를 이루는 사회를 이루면서 살던 하나의 종족이 있었는데, 그는 이들을 베네트족Venethi이라고 부르고 있다. 6세기의 요르다네스Jordanens[56]는 이들을 명백히 슬라브족에 소속시키고 있다. 프톨로마이오스는 자신의 '*지리안내서 Geographike Hyphegesis*'에서 이들을 스타반인Stavanes이라고 부르고 있는데, 그 거주 지역은 타키투스가 제시한 지역에서의 분포와 일치한다. 또 안테스Antes와 스클라베네스Sclavens라는 명칭도 역시 전해 내려오고 있다. 오직 스클라벤인만이 중세시기에 슬라브족 전체 민족을 총칭했다. 당시 독일인은 슬라브인을 벤덴인Wenden이라고 불렀다.

슬라브어에는 오늘날의 러시아 남부에 있는 스텝지역의 유목민이었던 스키타이인, 사르마트인, 알란족이 사용하던 이란계의 언어 내지 그 방언에서 나온 개별 단어들이 간간이 발견된다. 이에 슬라브인의 기원지역은 오늘날의 발틱해 남안의 발트 국가와 흑해 북안의 스텝지역의 사이에서 찾아야만 할 것으로 보인다. 다른 종족들의 문헌에서 인용되어 개별적으로 나타나는 단어들 외에는 초기 슬라브어의 텍스트는 글라골리트Glagotisch 내지 키릴Kyrillisch 문자라 불리는 알파벳으로 쓰여 나타난다. 슬라브 종족들은 기원후 500년까지 비츨라강과 드니에프르강 사이의 지역에 흩어져 살았다. 그 이후 이들은 서쪽 방향으로는 엘베강까지, 남쪽 방향으로는 아드리아해와 발칸반도에까지 도달했다. 이들은 나중에 루마

---

56) 6세기의 역사서술가. 고트인의 역사라는 책을 서술했다.

니아인, 그리스인, 알바니아인, 헝가리인들에게 또 중부유럽에서는 독일인에게 동화되었다.

이들 사람들에 대해 알려진 것은 이들이 장기적인 정착생활을 하면서 유럽 방식의 전쟁을 했다는 사실이다. 즉 방패를 가진 보병으로서 이들의 대다수는 오직 바지만을 입었다. 사람들은 이들이 키가 크고 붉은 색을 띤 머리카락을 가진 자로 묘사하고 있다. 추위와 굶주림에 단련된 이들은 교활한 공격자로서 알려져, 당시 사람들에게는 두려움의 대상이 되었다. 이들은 미망인이 되면 스스로 자살한다고 전해 내려오고 있다. 특히 로마군대에 포로가 된 자들은 노예가 되었다가, 일정 기간이 지나면 다시 자유를 획득했다. 포로는 당시 로마인에게 주요 수입원이었다.

사람들은 이들이 고전 시기에는 통일된 단일 언어를 갖고 있었다고 보고 있다. 이러한 사실은 명사변화, 형용사의 긴 형태, 슬라브 언어 내에서 보이는 서로 간에 유사한 많은 단어 등이 이를 증명해 준다. 이 서로 연관한 단일 그룹은 기원전 500년과 기원후 500년 사이에 우크라니아 북부 지역에서 형성되었다. 원原슬라브어는 기원후 1000년대의 중반에 와해되었지만, 이후에도 대부분의 방언들은 계속 접촉관계를 유지했다. 모든 슬라브어권의 언어사용자들이 오늘날에도 서로 간의 소통에서 어려움을 보이지 않는 것이 이를 입증한다.

미헬 카잔스키Michel Kazanski에 의하면 슬라브 민족은 여러 문화권과 종족이 뒤섞여져 생겨났다고 한다. 기원후 1세기에 '차루빈시 문화Zarubincy-Kultur'가 생겨났다. 그리고 이는 남서쪽 방향으로 퍼져 나갔는데, 이때에 외부의 영향을 받은 흔적이 보인다. 즉 반달족의 '프르체보르스크Przeworsk'문화의 영향을 받았던 토기, 프로이센의 옷핀, 지중해의 항아리, 이집트의 파이엔스 구슬Fayenceperle[57] 등

57) 석영모래를 주로 하여 여기에 점토, 금속 산화물, 석회 및 알카리가 혼합된 물질을 소재로 하여 여러 값진 장신구나 장식용 물건을 만들어, 여기에 푸른 색 유약을 발랐다. 이 기술은 후에 유럽 및 중근동 지역에서도 전파되었다.

에서 보이는 것을 보면, 차루빈시 문화 이후에 슬라브족이 여러 종족들과 잇달아 접촉하면서 자신만의 독특한 문화를 만들어 냈음을 추론케 한다. 즉 이것이 '키에프 문화Kiew-Kultur'와 '프라하 문화Prag-Kultur'이다.

이 슬라브족 그룹들은 수장으로서 왕을 절대로 내세우지 않으면서, 서로 간에 동등한 위치에 있는 씨족관계를 형성하였다. 전쟁 수행 시에도 계급적인 관계를 보이는 조직체계는 이루지 않았다. 그러던 이들 그룹들은 침입해 들어온 고트족에 의해 큰 변혁을 겪게 된다. 이리하여 자신들을 굴복시킨 고트족에 대해 이들은 대립적 관계보다는 협력적 관계를 발전시켜나갔다. 문화적 영향과 차용어들이 이를 증명한다. 그러다가 슬라브인은 고트족에 대해 군사적으로 대항하게 되면서, 이들은 고트족과 본격적인 전쟁을 치르게 된다.

훈족은 슬라브인에게는 항상 위협적인 존재였다. 그러나 초기 슬라브 종족들은 결국은 고트족에 대항하는 훈족과 동맹을 맺게 되었다. 이들은 훈족으로부터 강력한 반발력을 가진 훈족의 활을 넘겨받았다. 454년에서 455년 사이에 훈족이 와해되고, 고트족도 그 일부가 슬라브인의 지역에서 물러났다. 이에 슬라브인은 이제 다소 독립적인 지위를 갖게 되었다. 5세기 후반과 6세기 전반에 유목민족들과의 혼혈이 두드러지게 나타났다.

키에프 문화로부터 '펜코프카Penkowka 문화'와 '콜로친Kolotschin 문화'가 생겨났다. 이와 병행하여 '브라크-커르차크-문화Prag-Kortschak-Kultur'가 생겨나서 발전하였다. 이 세 문화는 뚜렷한 공통점을 보인다. 특히 고대시기에서 그러한데, 이는 고전시기 문화와는 크게 차별화된 모습이다. 역사언어학에서 살펴보면 이 시기에 공통적인 변혁이 있었는데, 이는 이들의 결속력을 보여주는 증거이다. 이들 문화권의 사람들은 우두머리로 제후는 갖고 있었으나, 자신들만을 위한 요새는 구축하지 않았다. 가옥의 건축 방식도 동일하였고, 토기는 아직 손으로 직접 빚어 만들었다. 이들은 방패를 사용하였고 몸에 두르는 장식물은 거의 없었다. 혹 장식물을 가졌다 하더라도 이는 도나우지역이나 지중해지역에서 들어온 외래 물품이었다. 5세기 말과 6세기 초엽에 슬라브인은 카르파티아 산맥의 동쪽과 북쪽 지역에서 살았다. 도나우강을 건너온 이후에야 비로소 이들은 문명화된 세계와 접하게 된다. 6세기 전반에 들어서면서 비잔틴의 저술가들에 의해 이들이 처음 언급되기 시작한다. 원시적 형태의 농경을 하였지만, 항상 거주지를 다시 바꾸면서 살아가던 슬라브인은 주변의 외부 지역을 점령하거나 복속시켰다. 6세기 전반에 슬라브인은 비잔틴 제국과 전쟁을 해야만 했다. 이때에 승리하여 발칸반도를 점령했다. 이들의 후손은 오늘날에도 그곳에서 계속 살고 있다. 이들이 불가리아인, 크로아티아인, 마케토니아인, 세르비아인, 슬로베니아인 등이다.

8세기 이후에는 기록물에서 슬라브인이 비교적 자주 언급되고 있다. 특히 이들은 발칸지역과 도나우강의 하류 지역에 거주하였다. 발칸반도에는 크로아티아인과 세르비아인이 이미 7세기에 진출했다. 9세기에 발칸의 슬라브인과 터키어를 사용하는 상류계층이 합쳐졌다. 이들이 나중에 슬라브어를 사용하게 되면서 그리스도교를 믿는 불가리아인이 형성되었다. 비록 슬라브인은 688년에 오늘날의 그리스 지역에서 쫓겨났지만, 이들의 일부는 끈질기게 그곳에 남아 살았다. 13세기와 15세기에 이들은 세례를 받고 동화되었다.

863년 선교활동이 시작된 후에는 고대교회슬라브어가 중요한 위치를 점하게 된다 (이에 대하여는 Ulrich Schweier, Die Geburt einer Sakral- und Literatursprache: Das Alt-Kirchslawische, in: *Sprachgeburt und Sprachtod*, Peter Schrijver u. Peter Arnold Mumm ⟨Hrsgg.⟩, (Münchner Forschungen zur historiischen Sprachwissenschaft, Bd. 2, Bremen, Hempen 2004, p. 171~186을 비교하라). 이 언어는 슬라브어의 한 방언에 기반을 두고 만들어져 교회예식을 위한 언어로 사용되었다. 이 방언은 테살로니카 근교에서

사용된 것으로서 동東발칸슬라브어의 하나에 속한다. 오늘날의 불가리어와 마케토니아어가 이 동발칸슬라브어에 속하는 언어들이다. 이 언어는 세례명으로 키릴이라 불린 콘스탄틴과 메토드의 두 형제 선교사에 의해 만들어졌다. 이들은 대大메렌지역의 제후인 라스티슬라브Rastislaw의 요청을 받아들여, 동로마제국의 황제 미카엘 3세가 메렌지역의 선교를 위해 파견된 자들이었다. 이 주교 형제는 슬라브인을 그리스도교인으로 개종시켰다. 키릴은 종교텍스트들을 번역하기 위하여 모든 사람들이 이해할 수 있는 하나의 언어를 창제하고자 했다. 이를 위해 이들은 '글라골리트Glagolitisch'라 불리는 하나의 알파벳을 독자적으로 고안했다. 라틴어 내지 그리스어 알파벳들이 슬라브어의 일부 음운들은 표기할 수가 없었기에, 이는 필연적인 일이었다. 이 알파벳 기호들은 그리스도 교회의 상징적 기본가치에 기대어 만들어진 것으로 추측되고 있다. 그리하여 십자가 +, 원형 O, 삼각형 Δ이 조합되어 함께 나타난다. 그리스 문자와 세미티드 문자도 견본으로 이용되었을 것이다.

키릴이 죽자 메토드와 그의 제자들은 추방되었다. 이에 이들 제자들은 불가리아로 도망쳤다. 여기에서 개발되었던 소위 키릴 문자는 883년 이후쯤부터 오늘날까지 그리스 정교회를 믿는 모든 지역에서 사용되었다. 이 글라고리차Glagoliza 문자는 은밀한 암호로서, 또 개별적으로는 수도원에서 상당기간 유지되어 사용되었다.

새로이 그리스도교인이 된 사람들은 성스러운 단어와 문자로 간주되던 메토드와 키릴의 이 언어를 가지고 신을 찬양했다. 이것이 왜 수백 년 동안이 지나도록 고대교회슬라브어가 거의 변하지 않은 이유이다. 사람들은 신神적인 말로 간주된 이것을 공공연하게 변형시키면 처벌을 받을 것이라는 위협을 받았다. 그리하여 이것으로 쓰인 텍스트들은 민중의 언어로서는 기능을 발휘하지 못했다. 지금

이의 원본 텍스트는 전해 내려오고 있지는 않지만, 10세기와 12세기에 베낀 이의 사본들은 아직도 남아있다. 이때 번역의 기반이 된 것이 그리스어로 쓰인 것이었기에, 이 텍스트에는 그리스어에서 들어온 많은 차용어들이 보인다. 그러나 라틴어와 고대독어에서 들어 온 차용어들도 또한 있다. 여기에서는 의미차용된 (=Lehnumdeutung) 단어들도 보인다. 그리하여 Hauch (입김)이 Geist (정신)로 그 의미가 바뀌어 나타난다. 교회슬라브어 문법은 아주 복잡하여, 나중에 필사자들이 제대로 이해하지 못하는 경우가 흔했다. 이것이 필사과정에서 많은 오류를 유발시켰다.

교회슬라브어는 러시아어, 세르비아어, 슬로베니아어에 큰 영향을 주었다. 반면에 폴란드어, 체코어, 슬로바키아어에게 준 영향력은 덜했다. 그러나 러시아어가 고대교회슬라브어에 역방향으로 준 영향도 엿보인다. 지상의 것은 러시아어로, 천상의 것은 고대교회슬라브어로 서술하는 소위 혼종의 텍스트도 생겨났다. 시간이 지나면서 민중어의 영향력이 강해지면서 고대교회슬라브어는 밀려났다. 그러나 고대교회슬라브어의 흔적은 오늘날까지도 슬라브어의 곳곳에 남아있다.

오늘날 슬라브어는 동東슬라브어, 서西슬라브어, 남南슬라브어의 3개 큰 그룹으로 나뉜다. 동슬라브어 그룹은 대大러시아어, 민스크에 중심을 둔 백러시아어, 키에프에 중심을 둔 우크라이나어를 포괄하고 있다. 러시아로 쓰인 기록물은 10세기 이후에야 비로소 나타난다. 그러나 러시아어는 세계에서 가장 주요한 언어 중의 하나로서 많은 위대한 문학작품을 내놓았다.

체코어는 서슬라브어 그룹에 속한다. 오스트리아와의 역사적 연관 때문에 체코어로부터 많은 차용어가 독일어로 들어왔다. 그러나 이의 역방향으로의 유입은 더욱 강하게 나타났다. 남쪽의 체코어와 동쪽의 폴란드어 사이에는 소르본어 Sorbonisch가 위치해 있다. 이 언어는 게르만어의 영향을 강하게 받으면서 점차 독일어에 의해 밀려났다. 상부소르비아어는 상부라우지츠와 작센에 걸쳐있는 바우첸 지역에서, 저지소르비아어는 코트부스를 중심지로 하는 저지라우지츠와 브란덴부르크 지역에서 오늘날까지도 사용되고 있다. 그렇지만 소르본어를 사용하는 소수민족은 자신들의 전통을 자랑스럽게 지키고 있다. 이 두 소르본어의 문법은 쌍수Dual를 가지고 있다. 함부르크 남동쪽의 엘베강 하류 계곡에 있는 단넨베르크 지역에서는 18세기 중엽까지 폴라브어Polabisch가 사용되었는데, 17세기와 18세기에 나온 이 언어로 쓰인 텍스트가 오늘날에까지 전해 내려온다. 폴라브어Polabisch는 15세기에 사라져버린 뤼겐Rügen 지역의 슬라브어 방언과 함께 라니쉬Ranisch어라고 불리었는데, 이는 기타 다른 사라진 폼머른 방언들과 함께 엘베슬라브어 및 발틱해-슬라브어권에 포함된다. 또한 기층어 역할을 한 고대프러이센어와 연관된 언어들도 있다. 오늘날의 폴란드 지역에는 카츄브어Katschubisch와 슬로빈츠어Slowinzisch가 역사상에 나타나는 포메렐렌Pomerellen 지방에 있었다. 비츨라 강변 하구에서는 흔히 이 카츄브어의 방언으로도 알려진 슬로빈츠어Slowinzisch가 있는데, 이는 20세기 중반까지 발틱해 연안에 있는 오늘날의 슈톨프Stolp지역에서 사용되었다.

리우블리아나를 수도로 하는 슬로베니아 공화국에서 사용되고 있는 슬로베니아어는 이들 언어들 간의 중간 위치에 있는 언어로 간주되고 있다. 쌍수를 갖고 있는 것으로 보아서는 이 언어는 아주 오래된 슬라브어임이 입증된다. 정치적으로 새로이 국경이 정해지기 이전까지 유고슬라비아에서는 통일된 언어로서 세르보-크로아티아어가 통용되었다. 오늘날 크로아티아인이 일반적으로 가톨릭을 믿게 되면서 라틴어 문자를 이용하는 크로아티아어는 세르비아어와 분리된 상태이다. 세르비아어는 그리스 정교회를 믿으면서 키릴 문자를 사용하고 있다. 이밖에 보스니아에서는 보스니아어와 크로아티아어 및 세르비아어가, 슬로베니아에서는 슬로베니아어가, 몬테네그로에서는 몬테네그로어가 관청어로 사용되고 있다. 슬로베니아어를 제외하고는 이 언어들 간의 차이점은 거의 없다. 문체어의 측면으로 볼 때에, 이점은 이 언어들 모두에게서 뚜렷이 나타난다.

오늘날의 불가리아어는 소피아를 수도로 하는 불가리아에서, 또 마케토니아어는 스코피예를 수도로 하는 마케토니아 공화국에서 사용되고 있다. 이 두 언어는 서로 아주 가까운 관계에 있다. 다른 슬라브 언어들과는 달리 이 언어들은 명사 변화를 거의 갖고 있지 않다. 관사는 접미사로서 단어의 끝에 위치하고 있고, 부정형은 존재하지 않는다. 미래형은 동사 wollen을 갖고 만든다. 이와 비슷한 형태가 루마니아어와 그리스어와 알바니아어 등 이웃 언어들에서도 발견된다.

알바니아어

슬라브 언어권과 지리적으로 이웃한 알바니아어는 독특한 위치를 점하고 있다. 알바니아어는 역사의 흐름 속에서 그리스어, 라틴어, 슬라브어, 이탈리아어, 터키어로부터 수많은 단어를 받아들였다. 루마니아어와는 약 100개의 단어를 공유하고 있다. 이는 인도유럽어 이전 시기의 기층어의 것으로 보이기는 하지만, 이에 대한 상세한 사항은 아직은 알려져 있지 않다. 고전시기에 발칸반도 지역에 있던 언어들에 대하여는 알려진 바가 거의 없다. 단지 지명과 인명 그리고 몇몇 단어들만이 예전에 이곳에 있던 언어들의 존재를 알려줄 뿐이다. 알바니아와 마케토니아의 지명은 동일한 음운 변화를 보여준다. 이들 어휘의 절반 이상이 다른 언어들로부터 들어왔다. 주로 로만어와 슬라브어로부터인데, 이는 알바니아인이 이웃 종족들과 활발히 교류하는 과정에서 여러 다양한 민족이 뒤섞였음을 보여준다. 알바니아어의 기원에 대하여는 설명하기가 어렵다. 오늘날 일리리아어 Illyrisch와 트라키아Thrakisch어와 더불어 다코-미스어Dako-Mysisch가 알바니아어의 기반을 만든 것이 아닌가 생각되고 있다. 다키아어Dakisch의 역사적 음운변화는 초기 알바니아어의 그것과 아주 가까운 친척관계를 보여준다. 어쨌든 확실한 것은 알바니아어가 인도유럽어에는 속하지 않는다는 점이다.

눈에 띌 정도로 수많은 계층의 라틴어 차용어들이 불가리아, 마케도니아어, 세르비아어, 중세 및 근대 그리스어, 이탈리아어, 터키어로부터 들어온 수많은 차용어와 함께 뒤섞여 있다. 언어의 문법구조에 있어서도 불가리아어, 마케도니아어, 세르비아어의 여러 방언들의 것과 더불어 루마니아어와 그리스어에서 나타나는 여러 특성들이 보인다. 그리하여 알바니아어는 미래형을 만드는 데 있어서나 관사가 접미사로서 명사 뒤에 붙여지는 점 등에서는 발칸어의 그것들과 방식을 같이 한다.

오늘날의 알바니아어를 사용하는 사람들이 어느 정도로 선사시대에서 언급된 알바니아인과 직접적으로 관련되는지는 확실히 말하기가 어렵다. 알바니아어를 사용하는 사람들은 스스로를 쉬키프타레트Shquiptaret라 부르고 있다. 프톨로메이우스는 알바노이Albanoi 종족이 오늘날 마케도니아의 남쪽 경계지역에 살았다고 서술하고 있다. 그 지역은 일리리아족이 사는 지역으로 간주되는 곳의 남쪽에 있는 한 작은 지역이다. 수를 세는 방식에 있어서 dyzet '40 = 2 x 20 (nyëzet '20')의 표기 방식이 나타나고 있는 것으로 보아서는 바스콘어 내지 적어도 이와 관련한 아주 오래된 기층어의 역할이 있었다고 추측된다.

이 언어는 15세기에 이르러서야 비로소 기록되기 시작했다. 그러나 아직 공개는 되지 않았지만 12세기에 적힌 텍스트도 있다고 한다. 종교적인 텍스트 외에 영웅을 찬양하는 수많은 노래와 동화 등은 귀중한 보고이다. 1945년 이후 토스카지역의 방언에 기반을 둔 표준화의 노력이 있었다. 이에 오늘날의 표준 알바니아어가 생겨났다. 그리고 이는 1972년의 정서법이 지정되면서 이것은 알바니아와 코소보에서 알바니아의 민족문학어로서 통용되고 있다. 1908년 모나스티르Monastir (오늘날의 비톨라Bitola)에서 개최된 학회 이후에는 이 언어가 라틴어로 표기되기 시작했다.

오늘날 알바니아어는 주로 알바니아와 더불어 코소보, 마케토니아, 알브루첸, 아풀리아, 칼라브리아, 시칠리아, 그리스, 루마니아, 불가리아, 몰다비아의 일부 지역에서 사용된다.

알바니아어는 크게 게기어Gegisch와 토스크어Toskisch의 두 개로 나뉜다. 북부지역의 게기어는 일반적으로 고대로부터의 특징을 두드러지게 나타내면서 여러 방언으로 나뉘고 있다. 근원적으로 문체어에 대한 방언적 기반을 제공한 남부지역의 토스크어는 좀 더 혁신적이면서도 내부적으로는 좀 더 강한 통일성을 보인다. 또 발칸화의 특성도 상당히 보인다. 아마도 알바니아어는 중세시기에 북쪽으로부터 들어와 퍼지면서, 오늘날 남부 알바니아에서 사용되는 그리스어와 아로문어 (마케도니아-루마니아) 방언들을 점차 몰아낸 것으로 보인다. 그리고 슬라브어도 역시 함께 밀쳐낸 것으로 보인다. 그러나 오늘날까지도 이들 언어들을 완전히 몰아내지는 못하였다.

아르메니아어

아르메니아란 명칭은 고대시기 말기인 기원전 5세기에 베히스툰 비문Behistun-Inschrift[58]에서 다리우스를 통해 처음으로 언급되고 있다. 그리고 기원전 6세기에 아르미미야이Armimiyaiy '아르미니아 안에서'란 구절이 페르시아의 비문에 나타나고 있다. 그 직후에 헤르도트의 '역사'에서 *αρμενίοι* (armeníoi) '아르메니아인'

58) 베히스툰 비문은 이란의 케르만샤 주의 베히스툰 산에 위치한 비문이다. 이 비문에는 페르시아 왕국의 다리우스 1세 대왕이 전쟁에서 승리한 내용이 고대 페르시아어, 엘람어, 바빌로니아어의 세 개의 설형 문자로 기록되어 있다.

으로, 또 밀레의 헤카타이오스에서도 이들이 언급되고 있다. 이 언어사용자는 스스로를 하이Hay (복수형 Hayk[c])라 불렀다. 사람들은 오늘날 아르메니아어를 그리스어와 인도이란어의 연결고리로 보고 있다. 그리고 후리트어Hurritisch와 친척관계에 있는 우라르타어Urartäisch로부터 영향을 받은 것으로 사람들은 보고 있다.

유럽 동남부에서 기원한 아르메니아인은 기원전 1200년경에 히타이트 왕국이 와해된 이후에, 처음에는 소아시아의 서쪽 지역에 있는 프리기아 왕국에 정착했다. 그러나 추측건대 이들은 프리기아인에서 나온 것은 아니고, 친척관계에 있던 프리기아인과 함께 발칸반도에서 아나톨리아 지역으로 이주해 들어간 것으로 보인다. 스트라본의 기록에 따르면, 이들 아르메니아인은 스키타이인과 킴머리아인의 압박으로 동쪽으로 이동해 갔다. 코카사스 산맥 남쪽지역에 있던 이들의 거주지는 이전에 비인도유럽인인 우라르타인이 우라르타 왕국을 세워 살았던 곳이었다. 우라르타인의 언어는 아르메니아어에 큰 영향을 끼쳤다. 이는 동식물의 명칭과 통치에 관한 개념, 그리고 아마도 음운 상에서도 엿보인다.

기원후 405년쯤에 아르메니아인은 독자적인 문자를 만들었는데, 그 알파벳은 메스로브 마수토츠Mesrob Maschtots란 사람이 만들었다고 한다. 아르메니아어는 인도유럽어족에 속한다. 그러나 음운변화와 문법구조상의 변화를 통해 보면, 기본적으로 인도유럽어와는 큰 차이를 보인다. 그리고 초기시기에 초기 이란어와 접촉하는 과정에서 크게 달라져서, 처음에는 언어학자들이 아르메니아어를 이란어로 간주했을 정도였다. 아르메니아어는 오늘날 오구즈어Oghuzisch와 터키어의 영향을 강하게 받았음을 보여준다. 동사의 체계는 아주 단순화되어 격Kasus 체계가 이미 일찍이 크게 바뀌었다. 문장체계는 그동안 지역 모델에 따라서는 능격Ergativ의 특성을 갖고 있다. 이런 예를 아르메니아의 문장의 *nora gorceal ē z-gorch*을 통해 볼 수 있다. 이 문장을 단어별로 그대로 번역해 보면 다음과 같이 된다. Seines wurde gemacht in Bezug auf die Arbeit (그의 것이 행해졌다, 그 일에 관련하여). 그리고 이를 독일어로 번역하면, Er machte die Arbeit (그는 그 일을 했다)가 된다. 토착어휘의 어원을 살피면 이들의 대다수는 그리스어의 그것과 상응한다. 차용어는 주로 이란어에서 받아들여졌고, 그 수는 토착 어휘의 수를 훨씬 상회한다.

아르메니아어 내지 그라바르Grabar라 불리는 고전 아르메니아어의 문체어로서는 430년경에 만들어진 나자레트의 아르메니아 수도원에 있는 짤막한 비문이 있다. 이 문체어는 부분적으로 성경을 번역하는 데에 사용되었는데, 19세기까지 이것은 학자들이 사용하는 언어로서 이용되었다. 시간이 지나면서 두 개의 문체어에서 나온 두 개의 방언그룹이 나타났다. 즉 이스탄불의 방언에 기반을 둔 신서新西아르메니아와 에리완의 방언에 기반을 둔 신동新東아르메니아어이다. 민족이동의 과정에서 이 두 방언은 이를 사용하는 공동체에 따라서 오늘날 터키의 일부지역, 중근동의 일부지역, 유럽의 일부지역, 아메리카의 일부지역, 특히 미국 지역, 아제르바이젠의 일부지역, 조지아의 일부 지역, 이란의 일부 지역, 인도의 일부 지역 등에서 발견된다.

아르메니아인의 거주 지역은 근대에 들어와서 오스만 제국과 페르시아 제국과 러시아 제국의 3개 국가의 일부 지역에 걸쳐 퍼져 나갔다. 301년 이후에 그리스도교는 아르메니아와 조지아 지역에서 국교로 되어 있다. 이와 동일한 지역에서 있었던 종족 갈등은 시간이 지나면서 점차 완화되었다. 즉 체르케센족과 쿠르드족과의 사이에서이다. 1차 세계대전 중에 오스만 제국에서 100만 명 이상의 아르메니아인이 학살되었다 (이에 대하여는 Franz Werfel이 쓴 소설 Die vierzig Tage des Musa Dagh, 1933를 참고해 보라. 이 책은 최근 Fischer Taschenbuchverlag, Frankfurt에서 새로이 출판되었다). 아헤미니드 왕조 치하의 페르시아 제국, 메더인, 셀죽인, 파르테르인, 로마인, 비잔틴인, 아랍인, 몽골인, 오스만인, 러시아인 등 외부로부터 온 수많은 지배세력이 차례대로 아르메니아인의 영토를 점령했다. 그리하여 아르메니아인은 전 세계로 흩어져 살아갈 수밖에 없었지만, 이러한 민족이동의 와중에도 이들은 자신들의 언어와 문화와 종교 상에서의 단일성을 유지해 왔다.

오늘날 아르메니아 공화국은 거대한 코카사스 산맥의 남쪽지역에 위치해 있다. 현재 전 세계적으로 약 650만 명이 아르메니아어를 사용한다. 이들 중 3백만 명은 아르메니아 공화국에서 살고 있고, 그 외는 유럽과 북아메리카에서 수많은 집단으로 나뉘어 흩어져서 살고 있다. 특히 러시아공화국, 프랑스, 이탈리아, 루마니아, 폴란드, 미국 등의 지역에서이다. 이밖에도 터키와 근동지역의 여러 국가에도 적지 않게 살고 있다 (Wolfgang Schulze, *Armenisch*, in: Lexikon der Sprachen des europäischen Ostens, Okuka M. 〈Hrsgg.〉, Klagenfurt, 2002 (Wiesbadener Enzyklopädie des europäischen Ostens 10) Alpen-Adria-Universität Klagenfurt 〈Hrsg.〉, p. 891~899; http://claroline.uni/klu.ac.at/eeo/index.php/Sprachlexikon (2007 07. 12.).

그리스어

"그리스인은 누구인가?"라고 존 마이러스John Myrers 경은 스스로에게 질문을 던진 후에 다음과 같이 답했다. "이들은 갑자기 나타난 것이 아니라, 항상 새로이 생겨나는 과정에 있다." 그런데 이는 아마도 모든 민족에게 해당된다고도 볼 수 있다.

그리스어의 계통수에 따른 발전과정은 다음처럼 설명할 수 있을 것이다. 즉 처음 아나톨리아어가 인도유럽어에서 떨어져 나왔다. 그 다음에 토카리어Tocharisch가, 그리고 그런 직후에 이탈릭어Italisch와 켈트어Keltisch가 떨어져 나왔다. 그런데 이 직전에 이들에게는 이탈릭-켈트어란 중간단계의 시기가 있었다. 게르만어를 위시하여 사템어인 발트어, 발토슬라브어, 슬라브어, 인도이란어, 아르메니아어, 알바니아어 및 그리스어가 인도유럽어의 핵심을 이루면서, 아나톨리어와 같은 아주 먼 방언들은 이 과정에 끼어들지 못한 상태에서 이 인도유럽어의 어족이 겪은 변혁에 동참했다. 추측건대 이 어족의 핵심이었던 그리스어와 인도이란어는 초기 3000년 동안에 오늘날의 러시아의 남부지역에서 지리적으로 서로 접촉하는 과정에서 문화적으로 유사성을 갖게 되었다. 그러면서 그리스어는 인도유럽어족에서 독자적으로 갈려나온 하나의 가지로서 간주되고 있다.

기원전 2100년에 그리스인은 오늘날의 그리스 지역에 도달했다. 이곳에서 이들은 펠레스그인Pelasger을 만나게 되는데, 펠라스그인의 언어는 아직도 일부 그리스어의 단어들에 포함되어 있다. 즉 코린토스, 파르나소스, 히메토스 등과 같은 지리적인 명칭에서이다. 펠라스그어에서 기원한 *κυβερνάο* (kybernáo) (유도하다, 지배하다)는 오늘날 프랑스어 *gouverner*, 영어 *govern* (지배하다)와 *Kybernetik* (인공두뇌학)의 단어 등에서 발견된다. 그리스인이 도달하기 이전에 있던 또 다른 비인도유럽어를 사용한 선주민 종족으로는 렐레그인Leleger이 있다. 이밖에 또한 키돈인Kydoner도 있었는데, 이들의 언어에 대해서는 아직도 알려진 바가 거의 없다.

그리스인이 들어오기 이전에 그리스 지역에는 인도유럽어와 비인도유럽어에 속하는 여러 언어들이 있었다. 그러나 이들 언어들은 서로 간에 친척관계에 있지는 않았다. 이들은 틀림없이 여러 이주물결의 와중에서 생겨났을 것이다. 나중의 청동기시기에 아나톨리아어에 속하는 루비어Luwisch 등으로부터 새로운 차용어들이 그리스어에 밀려 들어왔다. 이들 단어들이 아나톨리아어에 속한 단어들의 어간들과 유사성이 있음은 부정할 수가 없다.

그리스어에는 오늘날에도 인도유럽어에 어원을 두고 있지 않은 일련의 단어들이 있다. 도표 3-36에서 이들을 주제별로 분류하여 제시한다.

분야	예제
동물 세계	Käfer (딱정벌레), Wildrind (들소), Madenwurm (구더기)
식물의 세계	stachelige Pflanze (가시투성이 식물), Olivenbaum (올리브 나무), Terpentinbaum (송진 소나무), Kirschbaum (벚나무), Granatapfel (석류), Kastanie (마로니에), Ginster (금잔화), Majoran (마요라나), Wermut (베르무트), Getreide (곡식), Kichererbse (완두콩), Pastinake (파스닙), Gurke (오이), Minze (박하), Hyazinthe (히아신스), Veilchen (제비꽃), Narzisse (산수화), Rose (장미)
문화 상품	Olivenöl (올리브 기름), Wein (포도주), Ölflasche (유병), Packesel (나귀)
금속 야금술	Zinn (주석), Blei (납), Eisen(철), Bronze (청동)
음악과 문학	Kithara (키타라), Trompete (나팔), Lyra (리라), Flöte (피리), Lobeshymne (찬송가), Jambus (얌부스 운율)
전쟁과 사냥무기	Harnisch (갑옷), Korbteil eines Wagens (마차에서 사람이 앉는 부분), Jagdspeer (사냥용 창), Wurfspieß (던지는 창), Schwert (장검)
직조	Schnur (실), Socken (양말), Tunika (투니카), Börse (돈지갑)
건축	Koloss (거대 건축물), Labyrinth (미로), Turm (탑), Ziegel (기와), Badewanne (욕조)
통치	König (왕), absoluter Herrscher (절대군주), Konkubine (첩)
기타	Korb (바구니), Eimer (두레박), Holzmaske (목제로 만든 탈), Meer (바다), Augenwinkel (시각), beschneiden (잘라내다), Exkrement (배설물), Mist (분뇨), heiß (뜨거운), Glatze (대머리), gelb (노란색)

도표 3-36_ 인도유럽어에 어원을 두지 않고 있는 그리스어의 어휘들

페터 쉬라이버는 그리스 주변의 비인도유럽어 계통의 언어들이 가진 여러 유사성을 찾아 보았는데, 서부코카사스어에서의 두음에서 이에 대한 입증자료를 발견했다. 그는 Linde (보리수 나무) 내지 Buche (너도밤나두), Blutigel (거머리), Widder (숫양), Saite (악기의 현) - 이는 Psalm (찬송가)와 친척관계에 있다 - 등에서 비유럽어와의 친척관계를 찾아냈다. Hauch (숨결) 내지 Seele (영혼) (이는 Psyche (인간의 감정)와 친척관계에 있다), Zigenbock (숫염소) 등의 단어 등에 상응한 것들이 아브카시쉬어Abchasisch 내지 체르케쉬어Kscherkessisch에서 발견되었다. 그리고 농업과 관개기술에 관한 단어들에게서도 그리스어와 인도유럽어인 히타이트어 사이에서 상응된 것이 발견되었다. 이러한 단어들에서 어느 언어가 제공자인지, 또 이때에 서부코카사스어가 어떠한 역할을 하였는지는 아직까지는 밝혀지지 않고 있다.

호머의 서사시에 따르면 그리스인은 기원전 1,400년에서 기원전 1,200년 사이의 미케네 시기에 이미 단일민족이 되었다. 그리하여 늦어도 올림픽 시기에는 하나라는 공동체 의식을 갖게 되었다. 헬레나는 원래 테살로니아 지역에 살던 한 종족의 명칭이었는데, 이것이 고전시기에 그리스인을 전반적으로 가리키는 명칭이 되었다. 그러나 원래 그리스의 북서쪽 지역에 살던 사람들은 여기에 포함되지 않았다. 나중에 생긴 헬레나란 명칭은 '문명화된 사람'이라 뜻으로 바르바르인Barbaren (야만인)과는 대척관계에 있었다. 그러나 이런 대립관계는 기원전 4세기에 들어서면서 사라진다. 그리스도교가 들어오면서 헬레나란 명칭은 Heide (이교도)를 뜻하게 되었다. 그러다가 19세기에 고전시기에 관련하여 그리스에서 민족주의가 대두되면서, 헬레네는 오늘날의 의미를 갖게 되었다. 그리스Graeci라는 명칭은 북서그리스의 한 종족의 이름에서 기인한 것인데, 이곳에서 이탈리아 남부지역에 위치한 식민지로 많은 사람들이 이주해 갔다. 그러나 로마인에게는 이 명칭이 결국은 모든 헬레나인을 지칭하는 것으로 간주되면서, 이탈리아 남부지역이 'Magna Graecia (대大그리스)'라고 불리게 되었다.

그리스에서 가장 이르게 나타나는 문서 기록물로서 오늘날 전해 내려오는 것이 미케네시기에서 선문자Linear B로 적힌 것이다. 사람들은 이 문자를 진흙 판에 새겼는데, 이 진흙 판의 일부가 기원전 12세기 초엽에 있은 우연한 화재로 단단하게 굳어져 후대에 전해 내려오게 되었다. 이 판들 위에는 선으로 된 표시와

3-43_ 선문자 A

상징그림이 새겨져 있다. 지금까지 약 5,000개의 텍스트에서 80,000개의 문자가 해독되었다. 선문자 B는 그리스어를 표기하기 위해 선문자 A와 크레타 섬의 설형문자를 기반으로 하여 만들어졌다. 이것들은 일차적으로 상품의 목록과 이의 인도에 관한 사항, 희생물의 공여, 장비 품목, 통치자 및 소유자, 수공업자의 연합, 궁중관리에 관한 사항들이 기록되어 있다.

기원전 12세기에 궁정문화가 와해되었다. 지중해 전역에 살면서 다시 가난해진 주민들은 점점 더 가축의 사육과 농경에 전념하게 되었다. 예전에 활발했던 외부와의 접촉은 드물어졌고, 이후 어두운 암흑시기가 수백 년 동안 시작되었다. 이 시기에 유뵈아Euböa 섬과 아티카Attika 지역은 지리적인 이점과 양호한 기후 덕분에 많은 사람이 이곳에서 풍족하게 살았다. 아테네는 필로스Pylos와 테베Thebe와는 달리 약탈당하거나 버려진 땅이 되지는 않았다. 이러한 환경이 아테네가 후일 그리스 고전시기에 이오니아-아티카 지역의 주도권을 쥐고서 대두하는 데에 도움을 주었다.

기원전 800년경에 그리스 문화는 큰 변혁을 겪는다. 오리엔트 지역과의 밀접한 접촉이 예술 분야에서의 오리엔트화를 이끌었다. 호머와 헤시오드의 시기에 그리스인은 지중해의 넓은 지역을 식민지로 만들면서, 여러 무역 거점을 마련하고 많은 도시를 세웠다.

이에는 일련의 여러 요소들이 작용했다. 페니키아인에 의해 시작된 무역을 통해 그리스인은 그동안 자신들이 탐하던 물건들, 예를 들면 향수와 고품질의 도자기, 동쪽지역에서의 노예, 서쪽지역에서의 은, 구리, 주석, 철과 같은 금속 등을 외지로부터 수입하여 들여왔다. 이들은 동쪽지역에는 금속을, 서쪽지역에는 도자기를 공급하였다. 이들은 외곽지역에 도시를 세워서는 이곳 현지에 매장되어 있는 여러 금속 광물을 채굴하여 제련하였다. 이를 넘어서서 한발이 닥치면, 또는 정치적인 이유를 핑계로 해서 지중해의 더 많은 해안 지역으로 주민들을 이주시키거나 식민화하는 작업을 진행했다. 원래 무역은 그리스인이 기피하던 것이었다. 그리스의 귀족들은 공동의 자산을 갖고 무역을 통해 이득을 취하는 일을 명예롭게 여기지 않았다. 농업이나 전쟁과 약탈을 통해 부를 축적하는 것이 이들에게는 영예로운 일이었다. 그럼에도 불구하고 행운이 따르면 많은 이득을 가져다는 일에 점점 더 매력을 느낀 사람들이 바다로 나와 모험을 떠났다.

이미 지리적으로 가까워서, 그리고 무엇보다도 해상무역 때문에 그리스어는 세미티드어, 즉 페니키아어의 영향에 크게 노출되어 있었다. 페니키아의 알파벳은 테라 섬으로부터 크레타를 거쳐서 아티카와 이오니아 지역으로 퍼져 나갔다. 이런 사실은 카드모스Kadmos[59]의 신화를 통해 엿볼 수 있다. 이렇게 그리스인은 기원전 9세기에 페니키아인의 알파벳 문자를 받아들였다. 이 문자는 원래 자음만으로 구성되어 있었다. 그러나 그리스인은 자신들의 필요에 따라서 이를 바꾸었다. 즉 이들은 무엇보다도 모음을 위한 알파벳을 만들어 사용했다. 페니키아인 또는 이와는 다른 아프로아시아계의 언어를 사용하던 자들을 통해 들어온 세미티드어의 요소가 고대그리스어에는 아직도 뚜렷이 나타나고 있다. 이런 우월한 문명민족이 자신들의 화물과 관련하여 함께 들여온 특별한 단어들이 흔히 나타나고 있다. 그러니까 이런 단어들의 대부분은 전형적인 상층어 단어들로서 높은 문화를 나타내는 새로운 개념을 내보이고 있다. 이들 단어들의 몇몇은 라틴어를 통해 독일어에도 들어왔다. *Tunika* 같은 것이 이러한 예의 하나이다.

그리스인의 문학전통은 기원전 8세기와 기원전 7세기에 호머와 함께 시작되

59) 자신의 동생 에우로파가 제우스에 의해 납치되자, 아버지로부터 그녀를 찾아 나서도록 명령을 받은 카드모스는 이 와중에서 그리스의 테베에 정착하는 과정이 그와 관련된 신화를 통해 엿보인다.

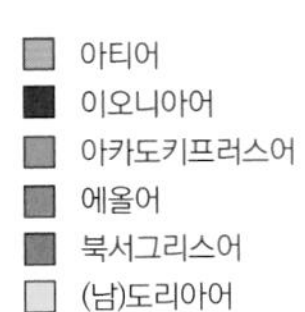

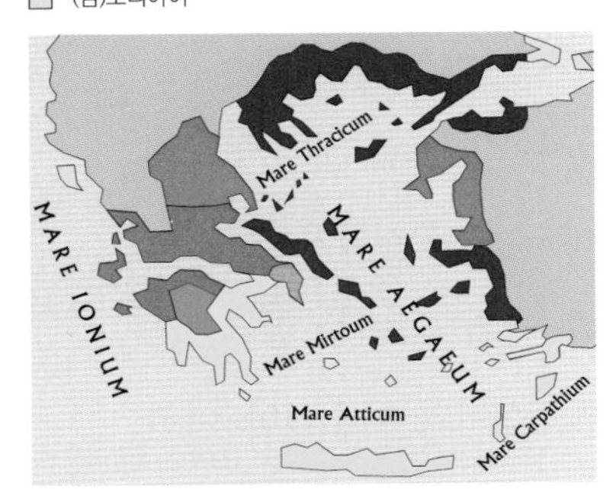

3-44_ 그리스 방언들의 분포

었다. 이때 3개 또는 4개까지의 방언그룹으로 나뉘어 있었는데, 이들 언어사용자들 간에는 의사소통상에서 별다른 어려움이 없었다. 지도를 살펴보면 방언 간의 경계선이 바다를 건너 뻗어나가고 있음을 알 수 있다. 이는 마치 바다가 산이나 강보다는 분리하는 역할을 상대적으로 덜 하였음을 보여준다. 이오니아 방언은 소아시아와 키클라덴 군도의 일부와 외우뵈아 섬, 그리고 이탈리아 지역에서까지 사용되었다. 이 방언으로 헤르도트와 히포클라테스가 자신들의 작품을 썼다. 이오니아 방언과 친척관계에 있는 아티Attisch 방언은 고대그리스어가 되어서 오늘날 인문계 고등학교에서 가르쳐지고 있다. 아티 방언은 아테네의 언어로서 아테네의 대두와 함께 관청어와 문화어가 되었다. 이웃의 여러 방언들도 통일된 그리스어의 생성에 영향을 주었다.

이와 가장 가까운 방언 그룹인 아르카도-키프로스Arkadokyprisch 방언은 키프로스 섬에서 사용되었음이 음절문자로 기록된 여러 비문을 통해 입증되고 있다. 이 문자는 그리스 알파벳과는 다르면서, 대부분의 경우에 기원전 4세기 또는 5세기에까지 이르지는 못하고 있다. 이 아르카도-키프로스 방언은 이오니아 방언과 일부 비슷한 측면이 있다. 키프로스어의 음절문자는 키프로스-미노이 문자의 후손이다. 이 후자의 문자가 크레타의 선문자 A에 아주 가까운 것으로 보아서는 크레타로부터 수입된 것임이 확실하다. 마찬가지로 몇몇 비명만으로 그 존재가 알려진 팜필어Pampylisch 방언도 역시 동일한 그룹에 속한다. 이는 소아시아에 퍼져 있던 아르케어Archäisch의 잔존물이다. 이 아르케어의 사용지역은 예전에는 동쪽

방향으로 키프로스까지 뻗어있었다. 북쪽과 서쪽에서는 이보다 이른 시기에 있었던 또 다른 여러 언어들의 흔적이 발견되고 있다. 그러나 이의 분류에 있어서는 아직도 논란이 많다. 지명을 통해 '모든 종족들'을 암시하는 뜻에서 보이듯이, 이들 언어들은 여러 방언이 혼합된 언어였을 가능성이 있다.

북동쪽의 뵈오티아와 테살리아와 레스보스 및 소아시아의 에올 지역의 도시들에서 사용된 언어들은, 즉 전통적으로 소위 에올어Äolisch로 총칭할 수 있는 이들 방언들은 일반적으로 아르카도-키프로스어에 아주 가깝다. 이들 방언들은 언어적으로나 지리적으로 도리아어와 아르카도-키프로스어와 이오니아-아티어 사이의 중간지대에 위치한다 (이에 대하여는 http:/www.uibk.ac.at/c/c6/c604/pdf/Hainal/Griech.Dial.pdf를 비교하라). 시인 알카이오스와 레스보스섬의 사포는 기원전 7세기 말과 6세기 초에 자신들의 작품을 문학적으로 잘 다듬어진 에올어로 썼다. 기원전 5세기 또는 3세기의 코리나의 작품들은 뵈오트Böotien 방언으로 쓰였다. 테살리아 방언과 뵈오트 방언은 무엇보다도 비명을 통해 널리 알려져 있다.

도리아 방언은 라코니아, 메세니아, 아르고스, 코린트, 시라쿠스, 메가라, 타렌트, 헤라클레아, 크레타를 위시하여, 에기나, 코스, 테라 등 도리아인이 살던 작은 섬들에서 사용되었다. 이 방언으로 쓰인 문학 텍스트는 오늘날 아주 적은 양만이 전해져 내려오고 있다.

그리스어로 쓰인 가장 이른 문학작품인 호머의 서사시인 일리아드와 오디세우스는 얼핏 보기에는 이오니아 방언으로 쓰인 것처럼 보이지만, 아직도 옛날 에올어의 흔적을 엿보이고 있다. 호머가 사용한 이 언어는 옛날 특징들을 많이 보이고 있다. 예를 들면 관사가 거의 나타나지 않는 것과 같은 점이다.

그리스의 표준어는 점차 지역 특유의 방언들을 몰아냈다. 이 표준어는 아주 오래된 전통을 갖고 있다. 이에서 발전해 나온 코이네Koiné라 불리는 공통어

Gemeinsprache를 사용하여 많은 복음서가 쓰였다. 교양 계층이 서신 연락이나 문학 작품에서 고전 그리스어에 매달리게 되면서, 많은 시간이 지나자 민중의 언어와는 점점 더 거리가 멀어졌다. 그리하여 결국은 시인들도 민중의 언어를 갖고 작품을 쓰기 시작했다. 다른 곳에서는 코이네 그리스어가 상당기간 동안 살아남았다. 즉 비잔틴 제국의 수도인 콘스탄티노플에서의 궁정어와 그리스 정교회의 교회어로서였다.

도시국가들이 세력을 잃게 되자, 그리스는 처음에는 마케도니아의 지배하에 들어갔다. 그리고는 잇달아 로마의 지배하에 들어갔다. 그러나 이러한 정치적인 패배가 언어적인 측면에서는 승자가 되어 그 위치를 바꾸었다. 즉 그리스어는 로마 교양계층의 언어가 되어, 많은 단어가 라틴어에 적응된 발음형태를 갖고서는 확고히 자리 잡았다. 이리하여 호메로스Hómeros가 호메루스Homérus로의 형태가 되었다. 이에 상응하여 오늘날 독일어에서도 Homer는 두 번째 음절에 강세가 놓이면서 발음된다.

기원후 7세기와 8세기에 슬라브계의 목축민족이 이곳 산악지대로 이주해 들어왔다. 이들은 나중 시기에 그리스화 됨과 동시에 그리스도 교인이 되었다. 이에 그리스 정교회의 영향을 받는 중세국가인 그리스가 생겨난다. 12세기에서 14세기까지 알바니아인Albaner과 블라흐인Wlachen이 북서부 산악지대를 정복해 들어왔다. 이들은 로만어를 사용함과 동시에 그리스도교에 귀의한 목축민이다. 이들에 대해서는 10세기에 처음으로 남부발칸 지역의 기록물에서 언급되고 있다. 이들 종족들은 나중에 지속적인 혼혈을 통해 뒤섞였다.

그리스어가 오늘날까지 살아남은 것이 당연하고 쉬운 일은 아니었다. 중세시기에 로만어와 알바니아어와 슬라브어의 방언들이 그리스 지역에 들어온 이후에, 그리스어 사용자들은 완전히 소수민족으로 전락했다. 그러나 그리스어는 도시와 교회의 언어이면서도 교양계층의 언어였다. 그리고 400년간의 터키인의 지배 시기에도 가르치는 일은 그리스어로 이루어졌다.

르네상스시기에는 그리스의 고전시기에 대한 관심이 다시 대두되었다. 보카치오[60]는 그리스인의 작품을 번역하기 위하여 그리스어를 직접 배웠다. 프랑스와 독일어 인문주의자들도 그의 모범을 뒤따랐다. 그리스는 한때 서구세계에서 자연과학의 요람이었다. 오늘날까지 사람들은 새로운 학문적 지식을 위한 용어로서 라틴어와 더불어 그리스어를 이용하여 국제적으로 통일된 용어를 만들어 사용하고 있다. 많은 그리스어 단어가 변형된 형태로 라틴어를 거쳐 독일어에 들어왔다. 또 다른 많은 그리스 단어들이 프랑스어를 거쳐 들어오기도 했다. 특히 -ieren의 접미어 형태를 통해 우리는 라틴어 및 그리스어에서의 차용과정에서 프랑스어의 역할이 어떠했는지를 알아볼 수가 있다. 그 예를 들어보기로 한다.

그리스어 *χορόζ* (choros) 'Reigen (원)' → 라틴어 *chorus* → 독일어 *Chor*
그리스어 *πρεσβύτεροζ* (presbyteros) 'der Ältere (연장자)' → 라틴어 presbyter → 독일어 *Priester*
→ 고대프랑스어 *prēstre* → 현대프랑스어 *prétre*

도표 3-37

오늘날 그리스어는 그리스 지역 밖에서는 남부이탈리아의 아주 제한된 지역에서 또한 사용되고 있다. 이는 비잔틴 제국과 그리스 식민시대의 마지막 잔재이다. 르네상스시기에 칼라브리아Kalabrien 지역에 사는 그리스인은 비잔틴의 학자들과 더불어 주요한 역할을 하였다. 왜냐하면 이들은 그리스어를 이미 자유자재로 구사할 수 있었기 때문이다. 오늘날 키프로스 섬, 이스탄불의 한 작은 공동체,

60) 죠반니 보카치오Giovanni Boccaccio (1313~1375)는 이탈리아의 인문학자였다. 또 시인이며 외교관이었다. 그는 유럽에서 이야기 산문을 확립한 사람으로 간주되고 있다 (이 책의 저자 하멜의 주).

알바니아, 마케도니아, 조지아, 코르시카, 우크라이나, 러시아, 이집트, 불가리아, 아르메니아에서도 또한 그리스어가 아직도 사용되고 있다.

오늘날 국가형태로서 가장 이상적인 형태로 간주되고 있는 민주주의는 그리스인의 덕분이다. 그리스의 역사과정에서 여러 가지의 국가형태가 교체되면서 나타났다. 이 시기의 사회는 지역과 시기에 따라 여러 다양한 사회적 계층으로 나뉘었다. 즉 비자유인, 시민권이 없는 자유인, 시민, 귀족 등이 있었다. 아주 이른 시기에는 왕이 도시들과 지방의 시골 마을을 다스렸다. 그리고 귀족세력이 지배하던 시기에는 일단의 소수 귀족들이 한 지방을 다스리고 관리했다. 이 소수 계층은 농민들이 바친 공물로 화려하고 풍족한 생활을 할 수 있었다. 민중의회인 아고라ἀγορά (Agorá)는 단지 찬성과 반대의 의견만을 피력할 수가 있었다. 여러 시기에 많은 독재자가 흔히 지도자에 대한 민중들의 불만을 자신들의 권력을 쟁취하는 데에 이용했다. 그러다가 독재자만의 유일한 지배를 뜻하는 티라니스Tyrannis를 벗어나서, 마침내 기원전 6세기와 5세기에는 모든 민중이 결정권을 갖는 민주주의로 발전해 나갔다.

마케도니아어Makedonisch

비록 마케도니아인은 예로부터 그리스인으로 간주되어는 왔지만, 이들의 언어는 그리스어로 간주되지 않는다. 옛날의 마케도니어는 오늘날의 마케도니아어와는 구분되어야 한다. 왜냐하면 후자는 슬라브어에 속하는 언어이기 때문이다. 옛날의 마케도니아어는 그리스어에 대해 특별한 위치를 점했다. 이 언어는 아직도 완전히 해독되어 있지 않다. 이 가운데 주요 문제점은 고유명사와 주석과 대개의 경우에서 온전한 텍스트 문장이 아닌 하나의 단어 형태로만 전해 내려오는 점과 함께 오늘날 남아있는 전거의 수가 극히 적은 때문만이 아니다. 무엇보다도 마케도니아어로 추측되는 단어들을 언어학적으로 분류하고 해석하는 데에 어려움이 크기 때문이다. 마케도니아에는 잘 알려지지 않은 언어들과의 접촉과정에서 들어온 단어들이 많다. 마케도니아인은 확장정책의 일환으로 다양한 언어들과 접촉하면서, 이들에게 있었던 단어들을 차용하여 받아들였다.

마케도니아어는 일라리아어Illyrisch와 비슷했던 것으로 보이지는 않는다. 왜냐하면 일라리아인은 마케도니아인과의 협상 과정에서 통역을 필요로 했다고 전해오기 때문이다. 많은 단어가 그리스어를 통해, 또 다른 많은 단어는 게르만어, 인도이란어, 아르메니아어, 발트어를 통해 그 존재가 알려져 있다. 마케도니아 지역의 언어적 측면에 대해서는 아직까지도 알려진 바가 거의 없다.

로만어들

사르디니아어Sardisch

고대시기에 사르디니아 섬의 주민들이 어떤 언어를 사용했는가에 대해서는 알려져 있지 않다. 그러나 일부 흥미로운 흔적은 남아 있다. 기원전 13세기에 지중해 동쪽지역에서 항해민족Seevölker이란 이름을 가진 일원으로서 내침한 종족들 중에서 이집트인이 *sch-r-d-n*이라고 언급한 종족이 있는데, 사람들은 이를 사르디니아 출신의 해적으로 추측하고 있다. 나중에 페니키아인이 사르디니아와 코르시카 해변에 주요 도시들을 건립했다. 에트루리아인도 역시 이곳에 진출했다. 사르디니아에서 발견되는 누라기Nuraghi란 수수께끼의 석조 탑들은 역시 이때의 아주 이른 시기에 만들어졌다. 이 탑의 명칭은 이 섬의 아주 오래된 언어에서 나온 것으로 보인다. 사람들은 이러한 기층어를 고古사르디니아어Paläosardinisch라고 부른다.

오늘날의 사르디나아어는 라틴어에서 나온 언어로서, 많은 측면에서 토스카니아어계의 표준 이탈리아어보다는 옛날 로마인이 사용하던 언어에 더욱 가깝다. 그리하여 *centrum*의 *c*는 원래 *k*로 발음되었는데, 사르디니아어는 오늘날에도 그리 발음하고 있다. 사르디니아어는 부분적으로는 고대시기의 것과 함께 이베리아 반도의 로만어 방언들이 갖고 있는 많은 특징을 공유하고 있다. 라틴어는 사르디니아아 섬에 기원전 238년에, 코르시카 섬에는 기원전 237년에 들어왔다. 이 섬들이 1차 페니키아 전쟁의 결과로 로마인의 손에 들어가면서 로마의 식민지가 되었기 때문이다. 사르디니아는 기원전 1세기에 정복되어, 아프리카의 튀니지가 그 역할을 대신 맡아줄 때까지 시칠리아와 함께 로마의 곡창지대 역할을 했다. 게다가 당시에 이 섬에서는 광물의 채굴도 광범위하게 이루어지고 있었다. 그리고 무엇보다도 이 섬은 지중해의 중심부에 위치하고 있어서 전략적 가치가 매우 컸다. 따라서 상업상의 교역에서 큰 지리적 이점을 갖고 있었다. 이것이 로마인이 기회가 주어지자마자 이 섬을 정복한 이유였다. 오늘날 이 섬은 아주 가난하지만, 관광의 측면에서는 아주 중요한 곳이다.

중세시기에 이 오래된 로만어는 사르디니아 섬에서 뿐만 아니라 코르시카 섬에서도 사용되었다. 그러니까 고古코르시카어는 사르디니아어와 친척관계에 있었다. 반면에 신新코르시카어는 이와는 다른 독자적인 역사를 갖고 있다. 즉 중세시기에 코르시카와 사르디니아는 자주 주인이 바뀌면서, 이들은 각기 이 섬들에다가 자신들의 흔적을 남겼다. 11세기에 토스카니아계의 도시국가인 피사가 코르시카를 정복하여, 토스카니아계의 이탈리아어가 이 섬에서 통용되었다. 시간이 지남에 따라 이 언어는 코르시카와 사르디니아 북부지역에서 결국은 옛날 방언들을 몰아내었다. 반면에 사르디니아 중부와 남부 지역에서 사용된 옛날 방언들이 그대로 유지되었다. 이때 특히 사르디니아 중앙부 지역에서 사용된 로구도르 방언Logudorisch은 아주 보수적인 측면을 보이고 있다. 그러나 코르시카어는 옛날 언어의 많은 특징을 아직도 고수하고 있다. 따라서 겉으로 보기에는 사르디니아어에 아주 가깝게 보인다. 여기에다가 원래 이탈리아어와 사르디니아어는 서로 간에 상당히 유사했다. 그리하여 토스카니아 방언에 기반을 둔 코르시카어는 코르소-사르디나아를 흡수하면서, 사르디니아 액센트를 가진 이탈리아어의 시대를 끝내면서 순수한 사르디니아어로 출발한다.

지금까지 섬 지역에서만 사용되었던 언어들은 정복당한 카르타고인이 사용했던 후기 페니키아어인 푼어Punisch를 포함하여 모두가 사라져버렸다. 그리고 그 자리를 승리자의 언어인 라틴어가 차지했다. 그리하여 라틴어를 위시해서 다른 어떠한 로만어에도 없는 단어들이 오늘날까지 옛날 언어들의 흔적을 보여준다. 앞서 언급된 누라게Nuraghe와 같은 단어들이 그러한 예의 하나이다.

이러한 고古사르디나아 단어들 중의 많은 것이 바스크어의 그것과 비교 대상이 되고 있다. 그리고 많은 단어가 페니키아어에서 기원한 것으로도 주장되고 있다. 사르디니아어는 몇몇 특이한 음운변화 때문에 라틴어와는 큰 차이를 보인다. *bellum*에서의 ll은 혀끝을 꼬부려 발음하여 *dd*로 되었다. 그리하여 '아름답다'라는 뜻을 가진 이 단어는 오늘날 *beddu*로 발음된다. 이러한 음운변화는 그 밖의 유럽지역에는 아주 드물게 나타나는 현상이다. 그러나 이는 남부이탈리아 방언과 시칠리아어 및 현대 노르웨이어와 스웨덴어에서는 종종 발견되는 사실이다. 그러나 이 음은 나중에 노르웨이어와 스웨덴어에서는 *rd*로 또 한 번 변화했다. 이는 유럽 밖의 지역에서는 드라비다어를 위시한 인도의 대부분의 다른 언어에게서 발견되는 현상이다. 이러한 특이한 음운변화는 사르디니아의 이 옛날 언어의 한 특징을 보여주는 또 다른 사실이다.

피사의 지배를 통해 코르시카와 사르디니아 북쪽지역에서는 토스카니아계의 이탈리아어가 퍼져 나갔다. 이리하여 현대 코르시카어는 사르디니아어화한 표준 이탈리아어처럼 작동되고 있다. 사르디니아어는 오늘날 문자어로서도 점차 사용되고 있다.

이탈리아어Italienisch

고대시기에 이탈리아에는 극단적으로 서로 다른 언어권에 속한 언어를 사용하는 여러 다양한 민족들이 모여 살았다. 그러나 이들 언어들 중에서 결국은 이탈리커Italiker인이 자신들의 언어를 관철시켰다. 이 이탈리커어에서 라틴어가 발전되어 나왔고, 이 라틴어에서 현재의 여러 다양한 언어들이 생겨났다. 해변지역에는 오늘날 아직도 여러 소수언어들이 존재하는데, 이들 방언들은 이 지역에 정착했던 그리스인과 알바니아인이 사용하던 방언들에서 나왔다.

쇠퇴해가고 있는 로마제국의 영내로 북쪽으로부터 들어왔던 랑고바르드인과 동고트인은 이탈리아어에 다소의 영향을 끼쳐 몇몇의 차용어를 남겼다. *Sgherro* (우두머리)로부터 *Scharführer* (무리를 이끄는 자)와 *Scherge* (정부의 관리인)이 나왔고, arimanno로부터 arimann 내지 harrimann (군대의 통솔자)이 나왔다. balcone에서 오늘날 우리가 사용하는 Balkon (발코니)이 나왔는데, 일부 언어학자의 견해로는 이것이 게르만어의 Balken (나무들보)에서 나온 것으로도 보고 있다.

토스카니 지역의 방언이 표준 이탈리아어로서 관철되었기에, 오늘날 이탈리아어를 배우려는 많은 외국인이 정확한 표준 이탈리아어 발음을 습득하고자 이 지역에 머물고는 한다. 그럼에도 불구하고 이 지역의 방언은 표준 이탈리아어와는 달리 발음되는 경우를 보인다. 특히 casa (집)이란 단어의 경우에 〈kasa〉로 발음하지 않고, 〈chasa〉 또는 심지어 〈hasa〉로 발음하기도 한다. 토스카나의 우월적 지위는 13세기와 14세기에 플로렌스Floenz가 문예의 중심지와 정치권력의 중심지로, 또한 재정과 상업 활동의 중심지가 되면서 확고해졌다. 독일어의 은행

용어의 일부 표현들은 이탈리아에서 받아들인 것이다. 즉 Konto (계좌), brutto (총이익), netto (순이익), Bilanz (결산)은 독일어에서는 이에 상응하는 표현이 없다. Kredit (대출)과 Bank (은행)이란 용어는 각기 Geldleihe (돈을 빌리기)와 Geldinstitut (화폐기구)란 용어에 대항하여 성공적으로 방어하고 있다. 특히 Bank의 경우에는 공원의 Bank (벤치)와 혼동되고 있음에도 불구하고 말이다.

이탈리아에서 나온 음악용어가 국제적인 용어로서 사용되고 있다. 지휘자가 forte (강하게)나 piano (조용히)라고 말하면, 전 세계적의 음악가들은 그것이 무엇을 뜻하는지를 알고 있다.

스페인어Spanisch (카스틸어Kastilisch)

이베리아 반도의 히스파니아 주는 기원후 200년에서 400년까지 로마의 지배하에 있었다. 그리하여 카스틸어는 라틴어에서 발전해 나왔다. 이베리아의 원주민이 살던 스페인으로 켈트인, 카르타고인, 고트인, 아랍인이 들어왔다. 아랍인이 지배하던 시기 스페인어에는 아랍어로부터 일련의 차용어들이 들어왔다. 도표 3-38은 그러한 예이다.

켈트인과 그리스인 역시 차용어를 들여보냈다. 카스틸어는 이곳에서 문체어의 기반을 이루었는데, 이 언어는 아주 간결한 형태를 선호했다. 그리하여 *insula*에서 *isla* (섬)이 되었고, *facere*에서 *hacer* (하다, 만들다)가 되었다. *ile* 〈il〉과 *faire* 〈fer〉의 경우에서 보이듯이 원래의 프랑스어의 형태에서 더욱 간결한 형태가 생겨났다. 이주물결을 타고 스페인 사람들이 신대륙에도 도달했다. 미국의 일부 주에서는 스페인어가 강하게 나타나고 있고, 멕시코의 경우에는 훨씬 더 넓게 퍼져 사용된다. 뉴욕과 푸에토리코에서는 많은 이주민으로 인해 스페인어가 영어 다음으로 가장 많이 사용되는 언어가 되었다. 플로리다의 마이아미에서는 쿠바인

스페인어에 들어온 아랍어 차용어들	
전쟁과 무기 체계	*almirante* 'Admiral (제독)', *alférez* 'Flagge (깃발)', *alarde* 'Parade (열병식)', *zaga* 'Rückendeckung (엄호)', *alcázar* 'Festung (요새)'
법체계	*rehén* 'Bürgschaft (보증)', *albacea* 'Testamentsvollstrecker (유언 집행자)'
국가체계와 공동생활	*alcalde* 'Bürgermeister (시장)', *valí* 'Statthalter (지사)', *ajedrez* 'Schach (장기)', *alboque* 'Flöte (피리)'
건축과 가정경제 등	*aúud* 'Damm (댐)', *alberca* 'Tank (탱크)', *aljrbe* 'Zistern (빗물통)', *noria* 'Ziehbrunnen (우물)', *albait* 'Maurer (미장이)', *taca* 'Fenster (창문)', *alfombra* 'Teppich (양탄자)'
일상생활	*alquiler* 'Miete (임차)', *ajorca* 'Armband (팔찌)', *aláneg* 'Haarnetz (머리 망사)', *algodón* 'Baumwolle (면화)', *azúcar* 'Zucker (설탕)', *arroz* 'Reis(쌀)'

도표 3-38

이 이 언어를 들여왔다. 스페인어는 전 세계적으로 영어와 더불어 주요한 교역어이다.

포르투갈어

아랍인의 지배가 끝나면서 이들이 이베리아 반도에서 물러나자, 북서쪽 지역에서 사용되던 고古포르투갈어가 이베리아 반도의 서쪽 지역으로부터 퍼져 나가기 시작했다. 여기에서 갈리치어Galizisch를 위시한 포르투갈어의 여러 방언들이 오늘날 생겨났다. 최초의 기록물은 12세기 말에 생겨났다. 포르투갈 왕국의 성립과 더불어 1139년 스페인의 갈리치아로부터의 정치적인 독립이 이루어지면서, 포르투갈어는 독자적인 언어로 발전되었다. 포르투갈어는 카스틸어와 비슷하게 고대의 로만어로부터 특별히 풍부한 모음체계를 받아 갖고 있어서 아주 멜로디적이고 부드러운 언어이다. 리스본 방언에는 9개의 구강음과 5개의 비음과 10개의 구강복모음과 5개의 비음복모음이 있다. 부분적으로는 발음상에서 방언에 따른 차이가 상당히 크다. 또 포르투갈어의 특정 방언이 브라질에도 존재한다.

포르투칼인은 콜럼버스시기에 세계적인 강국이 되어 도처에 수많은 식민지를 만들었다. 그곳에서 이들의 언어는 대개 경우에는 현지 원주민의 언어와 뒤섞이면서, 수많은 피진어와 크레올어를 만들었다. 오늘날 포르투갈어는 브라질, 앙골라, 캅 베르드, 동티모르, 기니아-비소, 모잠비크, 사웅 토메, 프린시페, 마카오 등에서 공용어로 사용되고 있다.

옥시딴어 Okzitanisch

이 언어는 긍정하는 yes를 뜻하는 *oc*라는 단어에서 그 명칭이 나왔다. 그리고 이 *oc*는 라틴어의 *hoc* 'dieses (이것)이라는 단어에서 나왔다. 반면에 고대프랑스어가 사용된 북쪽 지역에서는 *oil*이란 방언이 사용되었는데, 오늘날의 프랑스어에서 yes로 사용되는 *oui*는 이 *oil*에서 나왔다. 그리하여 사람들은 옥시딴어를 중세시기 이래로 *langue d'oc*, 즉 '*oc*의 언어'라고 불려왔다. 프랑스 중앙부에 위치한 랑독Langedoc지역이 그 명칭을 갖게 된 것은 이에 기인한다. 반면에 서쪽의 앙주지역의 앙벵어Angvinisch에서부터 동쪽의 벨기에의 왈롱어Wallonisch에 이르기까지의 프랑스북부 지역의 언어는 총칭하여 '*Langues d'oil*, 즉 *oil*의 언어'라고 불리게 되었다.

지리적으로뿐만 아니라 언어적으로도 남프랑스의 옥시딴어는 서부유럽 지역에서는 로만어를 사용하는 지역의 중심부에 위치하고 있다. 따라서 스페인어와 프랑스어, 이탈리아어를 구사하는 사람들은 옥시딴어를 무리 없이 이해한다. 또 옥시딴어를 말할 수 있는 사람은 다른 로만어에도 쉽게 적응한다.

중세전성기에 옥시딴어는 풍부한 표현력을 가지고 있어서 문학언어로 번성했다. 이 언어는 프로방스 방언에 기반을 두고 있었기에 고대프로방스어라 불리었다. 뚜르바두르Troubadour (방랑시인, 음유시인)는 한때 프로방스어의 존재를 유럽 전역에 알렸다. 이의 존재는 까르미나 부르나Carmina Burna[61]선집과 단테에게서도 발견된다. 그러나 오늘날 옥시딴어는 프랑스의 다른 지역 방언들과 마찬가지로 심한 핍박과 홀대를 받아서 단순한 농부들만이 사용하는 소수 방언의 하나로 전락되어 사라질 위기에 처해 있다. 그러나 소위 칼랑드레따Calendretas라 불리는 특별 학교를 통해서 이 소수 언어를 새로운 언어 세대들에게 알리려는 노력이 있다.

여러 측면에서 옥시딴어는 북쪽 지역에서 사용되는 자신의 이웃보다는 이베리아 반도에 있는 로만어의 방언들에게 더욱 가깝다. 특히 카탈로니아어Katalanisch와는 긴밀하게 연결되어 있다. 이 카탈로니어는 피레네산맥 자락에 있는 에브로강 계곡 북쪽지역에서 사용되는 아라곤어Aragonesisch와는 똑같은 방식으로 연결된다.

옥시딴어의 서쪽 방언들으로는 가론느강의 남안에 위치한 아끼땬 지역에서 사용되는 가스꼬뉴어Gascognisch가 포함되어 있다. 이 방언의 명칭은 이 지역에 살았던 예전 바스콘인의 명칭에서 나온 것이다. 프랑스 언어권 이외의 지역에서 사용되는 유일한 가스꼬뉴어 방언으로는 '발 다란Val d'Aran (아란 계곡)'에서 사용되는 아란어Aranesisch가 있다. 이곳은 카탈로니아의 한 자치지역이다. 비록 그 사용자는 극소수이지만, 이 언어는 공식적인 지위를 얻어 장기적으로 존립할 수 있게 보호받고 있다. 아란 계곡에서는 바스크어도 사용된다. 이 계곡의 명칭인 Val d'Aran에서 볼 수 있듯이, 이 명칭은 가스꼬뉴어의 val과 바스크어의 (h)aran이 합쳐져서 만들어졌다. 이 두 단어는 모두 계곡이란 뜻을 갖고 있다.

---

61) Carmina Burana는 1803년 베네딕트 수도원의 한 도서관에서 발견된 중세라틴어, 중세독어, 고대프랑스어, 프로방스어로 쓰인 254편의 시와 드라마가 들어간 문학선집이다.

원래 피레네산맥 동부지역에서는 카탈로니아어가 옥시딴어보다는 훨씬 우위에 있지는 않았다. 그러다가 12세기에 카탈로니아어로 쓰인 독자적인 문학이 발전되어 나오면서, 카탈로니아어는 점차 규준적인 지위를 가진 문학어가 되었다. 카탈로니아인은 최근에 오랜 기간 마드리드의 정부측이 가한 압제에 시달렸다. 카스틸리아어도 마찬가지였다. 특히 프랑코 정권 시기에는 더욱 그러하였다. 그 동안에 카탈로니아인은 광범위한 자치권을 획득하면서 카탈로니아어의 존립 가능성은 다시 확고해졌다. 스페인어를 구사하는 관광객들은 이 지역에서는 예상 밖으로 언어소통상에서 어려움을 겪고 있다. 왜냐하면 카탈로니아인은 공식적으로 자신들의 언어만을 사용하기 때문이다.

루마니아어Rumänisch

루마니아란 명칭에서 이미 로마와의 관련성이 뚜렷하게 보인다. 이는 로마인들이 한때 자신들이 갖고 있던 많은 포로를 이 지역에 이주시켰기 때문이다. 이는 영국인이 자신들의 범죄자들을 오스트레일리아로 보낸 것과 같은 성격이다. 루마니아어에는 라틴어의 많은 특성이 유지되어 있다. 예를 들면 명사의 중성Neutrum, 호격Vokativ, 복수형의 형태 등에서이다. 그럼에도 불구하고 루마니아어는 옛날에 있던 기층어에 기반을 두고 있다. 추측건대 이 기층어는 다키아어Dakisch와 트라키아어Thrakisch이다. 이들 언어들은 로마인의 라틴어에 영향을 주었다. 옛날 그리스어로부터 루마니아어에 들어온 차용어들이 보이지 않는 것으로 보아서는 원原루마니아어는 원래 소위 이레체크 라인Jireček-Linie의 북쪽 지역에서만 사용되었던 것으로 생각되고 있다. 그러니까 이 언어는 발칸반도를 가로질러 가면서 4세기까지 주로 라틴어로 쓰인 비문이 나타나는 지역과 주로 그리스어로 쓰인 비문이 발견된 지역과의 경계선이었던 이 선의 북쪽 지역에서 사용

지 남녀 무용수들이 관중들을 열광시킬 때에, 그들의 몸짓 방향이나 위치 선정에 있어서의 battement tendu en avant (앞쪽으로 격렬히 팽팽하게)와 같은 지시용어는 전 세계적으로 동일한 의미를 갖고 사용된다.

갈로-로만어의 라틴어에 들어온 프랑켄족 언어로부터의 차용어	
전쟁, 무기와 관련된 용어	*heaume* 'Helm(투구)', *brant* (장검), *éperon* 'Sporn (박차)', *épiu* 'Spieß (창)', *broigne* (갑옷, 가슴 보호대), *hache* 'Axt (도끼)', *guaite* 'Wacht (보초)', *trève* (전투행위 중지) 등
법률 용어	*franc* 'frei (자유로운)', *échevin* (배심원), *baron* (법의 판결을 내리는 관리), *bannir* (소환하다, 추방하다), *garant* (참관인), *pleige* (저당물)
국가 및 공동생활에 관한 용어	*héraut* 'Herold (전령)', *échant* (왕의 식탁 담당자), *rang*(지위, 계급), *marche* (경계선), *fief* (봉토), *maréchal* 'Mrachal (군대의 원수)' 등
가정경제, 농업, 건축, 거주에 관한 용어 등	*auberge* 'Herberge (여관)', *salle* 'Saale (홀, 방)', *jardin* 'Garten (정원)', *gant* (옷, 오늘날에는 장갑), *froc* (저고리, 상의), *écharpe* (휘장), *rôtir* 'rösten (볶다)' 등
동식물의 이름	*épervier* 'Sperber (조롱이)', *écrevisse* (게), *hareg* 'Hering(청어리)', *troupeau* (가축 무리), *mousse* 'Moos (이끼)', *blé* (곡식) 등

도표 3-39

유럽지역에서 인도유럽어족에 속하지 않는 언어들

우랄어

우랄어의 원래 고향은 우랄Ural지역과 카마Kama지역으로 추측되고 있다. 카마는 볼가Wolga강의 한 지류이다. 이미 인도유럽어족에 앞서서 사모예드어Samojedisch와 우랄어족을 형성하는 핀노-우그로 계통의 언어들 간에는 친척관계가 확인되었다. 우랄어는 유럽과 러시아의 북부지역에 널리 퍼져 있으면서, 노르웨이로부터 서부시베리아 지역에 걸친 광대한 지역에서 사용되고 있다. 단 헝가리어는 예외이다. 잘 알다시피 우랄어의 최근 분포지역은 중부유럽의 동쪽 지역이다. 우랄어의 많은 특성은 인도유럽어의 특성과는 차이가 있다. 우랄어, 고古알타이아어, 고古시베리아어에는 모음조화 현상이 있다. 이에 걸맞게 어간에서 '*설저음舌低音 tiefe Vokale*'의 모음이 있게 되면, 어미에서는 '*설고음舌高音 hoche Vokale*'의 모음이 뒤따르지 않는다. 또 이와는 반대의 경우도 역시 있다. 핀우그리어는 교착어에 속하고, 강세는 첫음절에 놓인다.

사미어Samisch와 발틱해핀란드어Ostseefinnische Sprache는 초기 중세시기부터, 또는 고대시기에서부터 최근 시기에 이르기까지 게르만어로부터 많은 차용어를 받아들였다. 차용이 진행된 방향은 전적으로 게르만어에서 핀노우그리노어 쪽으로의 방향이었다. 헝가리어에서는 단지 일부 단어의 경우에만 이와는 반대방향으로의 차용이 진행되었다. 즉 Sauna (사우나)와 스웨덴어의 poike (소년)이 핀란드어에서 들어왔다. 또 Waller (메기)와 관련된 단어들, 즉 독일어의 *Wels* (메기)와 *Wal* (고래)도 그러하다. 인도유럽어에 속하면서 이에 상응한 단어로서는 영어에서의 whale, 고대아이슬란드어에서의 *hwalr* (고래), 라틴어에서의 *squalus* (바다의 포유동물) 등이 있다. 고대프러이센어의 *kallis*도 우랄어의 +*kala*로부터 차용된 단어인데, 현지에서는 Fisch (물고기)란 의미로 사용된다. 이에 상응한 핀란드어의 kala는 북北사미어에서는 guolle의 형태로 나타난다.

우랄어에는 몇몇 국외자로부터 들어온 단어들이 있다. 이것들은 게르만어에서, 또한 경우에 따라서는 켈트어에서도 존재하고 있지만, 이들에 대한 인도유럽어의 어원은 발견되지 않고 있다. 그러나 이러한 단어들이 우랄어에서 나온 것이 아님은 확실하다. 왜냐하면 음운변화상에서 살펴보면, 이들에게서 그럴 가능성이 전혀 없기 때문이다. 이들에게서 나타나는 특징 중의 하나는 단어의 끝에 있는 자음들이 바뀔 수가 있다는 점이다. 이런 단어들이 기원한 언어들을 찾아보았지만 아직까지는 별 소득이 없다. 따라서 언어학자들은 이렇게 어원이 밝혀지지 않는 경우에는 일종의 유령 단어로서 치부할 수밖에 없다. 네덜란드의 언어학자 프란시스 쿠이퍼Franciscus V. J. Kuiper는 이러한 유령 언어에 'A2'란 명칭을 (F. B. J. Kuiper, *Gothic bagms and Old Icelandic yglr*, in: NOWELLE 25 (1995), p. 72~76), 그리고

핀노우르리어	독일어	다른 언어들에서 상응하여 나타나는 단어들
uros	*Auerochse* (들소)	
+*käti* 〉 *käsi*/*giehta*	*Hand* (손)	
moni	*manche*	영어에서는 *many*
kurki/*guor'gâ*	*Reihe* (왜가리)	웨일즈에서는 *crychydd* 브레토니아어에서는 *crec'heiz*
snu/*ovvâ*	*saugen* (젖을 빨다), *saufen* (마시다), *Suppe* (수프), *düppen* (잠수하다)	
maa		웨일즈에서는 *ma* (광장) 고대아일랜드어에서는 *mag* (들판)
단지 랩어에서만 *guttâ*	*kutten* (선별하다)	

도표 3-40

페터 쉬라이버Peter Schrijver는 복합언어Geminaten라는 명칭을 부여했다. 핀노우그리어와 게르만어에서는 도표 3-40의 단어들이 이에 해당한다.

Hand (손)와 Aueroche (들소)와 같은 단어들은 실생활과 밀접한 기본단어이다. 따라서 이런 단어들은 아주 오래된 기저어에서 기원했음이 틀림없다. 이에 따라 이 복합언어는 우랄어 사용자와 인도유럽어 사용자들이 도착하기 이전에 이미 북유럽 지역에서 사용되었던 언어였을 것이다. 이 언어에서 잔존된 단어들은 게르만어와 켈트어와 발토슬라브어에서도 발견된다. 이들은 모두 유럽의 북부지역에 위치한 언어들이다. 그런데 이들 상호간에는 관련성이 극히 적다. 그리고 이를 근거로 판단해도, 바스콘어와는 비슷한 점이 전혀 없는 것으로 보인다.

다음에 서술되는 유럽의 언어들은 우랄어의 확산과정에서 생겨났다. 이들은 부분적으로는 스칸디나비아의 중부지역으로부터 시베리아의 오브강과 헝가리에 걸친 아주 넓은 지역에서 흩어져 사용된다. 이중에서 유럽에 가장 알려진 우랄어족의 대표적인 언어들로는 핀어, 사미어, 에스토니아어, 헝가리어 등이 있다. 이들은 발음상에서 여러 단계의 장모음과 장자음을 보인다. 이들은 이중표기와 더불어 사미어와 헝가리어의 경우에는 á에서와 같은 강세를 위한 표지들이 보여 차별화된다.

에스토니아어Estnisch

에스토니아어의 존재를 가장 일찍 보여주는 것은 13세기에 나왔던 이름과 관련된 명칭이다. 에스토니아어로서 최초로 인쇄된 것은 1535년에 루터가 쓴 교리문답서의 번역서이다. 17세기 전반에서는 최초로 이 언어의 광범위한 기록물이 나타나고 있는데, 이들은 독일어로 된 종교 문학서를 번역한 것이다. 라틴어 문자를 사용하여 독자적으로 만들어진 문학작품이 19세기 중엽에서 최초로 나타난다. 그리고 아주 상당한 양의 에스토니아 민속시가 중세라틴어와 초기근대시기 노래의 모음집에 수록되어 있다.

핀어와 비교한다면 에스토니아어는 발틱해-핀어가 발전된 형태를 보여준다. 이는 두 개의 주요 방언으로 나뉘는데, 이들 간에는 서로 큰 차이를 보여 마치 두 개의 서로 다른 언어로 간주될 정도이다. 즉 북에스토니아어와 남에스토니아어이다. 이중에서 전자가 오늘날의 에스토니아 문체어의 기반을 이루었다. 남에스토니아어는 리브어Livisch와 함께 발틱해-핀어로부터 갈려져 나왔다. 에스토니아 표준어는 14개의 격을 갖고 있지만, 문법적인 성Genus의 차이는 갖고 있지 않다. 핀어와는 달리 이 언어에서는 모음조화 현상이 일어나지 않는다. 단 남에스토니아어의 경우에는 그러하지가 않다.

추측건대 비슬라강 유역으로부터 진출한 발트족은 9세기에 특히 남쪽과 동남쪽 지역에서 엷은 계층을 이루던 핀노우그리족을 집어삼켰다. 해변지역은 덴마크와 스웨덴의 영향권에 들어갔다. 대륙의 내부지역에서는 동슬라브어의 영향력이 두드려지게 나타난다. 1180년부터 아우구스티너 교계의 수석선교사인 마인하르트Meinhard의 선교 활동의 덕분으로 독일어가 에스토니아어에 큰 영향을 주었다. 13세기에서 16세기에 걸쳐서 저지독어의 영향이 있었고, 그 후의 16세기와 19세기에 걸쳐서 고지독어의 광범위한 영향이 있었음을 부인할 수가 없다. 특히 어휘 분야에서 그러하다. 어순의 경우에는 별다른 영향을 주지 못하였다. 차르 치하에서 리브란드 북쪽에 살던 에스토니아인의 제후령이 러시아의 일원이 되었다. 제2차 북방전쟁이 있은 후에 에스토니아는 1721년 이후 스웨덴의 지배를 받았다. 그런 다음에 약 250년 동안 러시아의 지배하에 있었다.

에스토니아와 레트란드 공화국의 국경선은 1차 세계대전 이후부터는 바로 언어의 경계선과 일치된다. 주민은 스웨덴인과 러시아인과 독일인 등으로 구성되어 있다. 독일인은 1920년부터 짧은 기간이지만 이 지역에서 민주국가의 형태를 갖고 독자적인 문화적 자치권을 누렸다. 스탈린의 지배 하에서 많은 에스토니아인이 강제이주를 당했다. 특히 지식인 계층과 농부들이 이를 당했다. 1991년 8월 20일 이후에 에스토니아는 다시 민주국가로 독립했다.

핀란드어 Finnisch

이 주민의 일부는 마그달레니아 문명의 한 초기 형태인 함부르기아 문화권[63]을 이룬 사람들에게서 나왔다. 다른 일부는 중부유럽 동쪽 지역에서 온 스웨데리아Swederien 문화권[64] 사람들이었다. 중석기시기에 이르러서는 이들 토기문화권 사람들의 최초 물결이 발틱해를 건너 스칸디나비아 반도에 이르러 현지 주민들과 혼혈을 이루었다. 기원후 처음 수세기 동안에는 발트지역과 동쪽에서 온 핀계의 종족들이 주로 아직 사람이 살지 않았던 오늘날의 남부핀란드와 중부핀란드 지역으로 밀려들어갔다.

핀란드의 농가는 통나무집의 형태를 가진 가옥들이 밀집한 상태로서 구성되어 있다. 이곳에서 사람들은 빵을 굽고, 버터를 만들고, 알코올 함량이 낮은 맥주를 만들고, 보리를 볶아 굽는다. 핀란드 민속음악은 선사시기로부터 내려온 5음계의 음률을 가진 독특한 음악으로서 아직도 유지되어 내려온다. 그리고 3줄 내지 5줄이 달린 칸탈레Kantale라는 현악기의 반주 하에 루넨멜로디Runenmelodie라

63) 함부르기아 문화권은 기원전 13,500~11,100년에 유럽 북서쪽의 순록 사냥꾼들이 이뤄낸 문화이다. 프랑스 북부로부터 스칸디나비아 남부까지 퍼져 나간 문화이다. 그리고 동쪽의 폴란드, 영국 등에도 이 문화권의 영향을 받았다. 독일의 함부르크 북쪽에 위치한 Meiendorf와 Ahrensburg 등에서 이들의 거주지가 발견되었다. 이에 대하여는 이 책의 '빙하기의 인간들'편을 보라.

64) 기원전 13,000~9,500년에 폴란드에서 헝가리에 걸쳐 있던 후기 구석기시기 문화로서, 비슬라 강변의 바르사와 근교 등에서 흑요석으로 만들어진 좌우 균형을 이루는 여러 종류의 찍개, 밀개, 송곳 등이 발견되었다. 이에 대하여는 이 책의 '빙하기의 인간들'편을 보라.

는 민속음악을 부른다. 예를 들면 칼레발라Kalevala[65] 서사시에서 나오는 이야기와 같은 것이다. 핀란드의 리엔Ryen 양탄자와 라우누Raunu 이불은 주요 수출품목으로서 전 세계에 수출된다.

핀란드의 민족 신앙에 따르면, 자연 속의 도처에는 영혼이 깃들어 있다. 망자에 대한 숭배는 죽은 자가 이승에서와 비슷한 삶을 영위한다는 생각에 기반을 두고 있다. 이때 노이타noita 또는 티에테야tietäjä라고 불리는 주술사가 자연과 인간 사이를 연결시키고 있다. 12세기 중엽에 스웨덴으로부터 그리스도교가 들어왔다. 그리스도교로의 개종은 별다른 정신적인 충격을 받지 않으면서 이루어졌다. 왜냐하면 수호신에 대한 생각이 성자에 대한 숭배로 흡수되었기 때문이다.

고고학자들의 견해에 따르면 핀인은 오늘날의 핀란드에 정착한 최초의 주민이다. 그동안 이들의 언어는 어떠한 기저어에도 바탕을 두지 않고 만들어졌다고 생각해 왔다. 그러나 지명과 옛날 차용어에 대한 연구 덕분으로 핀란드의 중부와 남부, 그리고 카렐리아 지역에서 한때 사미어의 방언들이나 원原사미어와 아주 유사한 방언들이 사용되었음이 밝혀졌다. 그리고 유목생활을 하면서 방랑하던 이 언어사용자들에게로 발트어의 영향을 받은 발틱해-핀란드어를 사용하는 농경 이주민이 들어오면서 점차 정착생활로 들어섰다. 그리고 이 시기에 발트해-핀란드계 방언들이 받아들여졌음이 밝혀졌다.

핀란드에서 나타나는 엄청나게 많은 게르만어로부터의 차용어는 아주 이른 시기부터 게르만어 사용자와 발틱해-핀란드어의 사용자가 서로 이웃해 살았음을 알려준다. 이 과정에서 게르만인에 대한 북해의 경우처럼, 발틱해는 이들을

65) 칼레벨라는 구전으로 내려온 핀란드의 신화를 바탕으로 하여 만들어진 핀란드의 민족 서사시이다. 이 서사시의 제목은 이 작품에 나오는 주인공의 조상인 칼레벨라에서 따왔다.

분리시키는 역할을 하기보다는 연결시켜주는 역할을 했다. 고고학과 역사기록물이 이를 밝히는 데에 아무런 기여를 하고 있지 못하지만, 아주 이른 시기에 핀란드만 지역에는 게르만인의 식민지가 있었음이 확실하다. 핀란드로 들어온 차용어들은 게르만어 자체보다도 더 오래된 형태를 잘 보존하고 있다. 핀란드의 *Kunningas* (종족)은 게르만어의 +*kunningaz*에서 나온 것으로, 오늘날 독일어에서는 König (왕)의 형태로서 남아있다. 원래 +*hrengaz/hringaz*였던 것이 핀란드에서는 *rengas*가 되었다. 핀란드어에서는 이 어휘가 오늘날 '반지, 팔찌, 자동차 타이어'란 뜻으로 통용되고 있다. *Lammas* (양) (이의 2격 형태는 lampaan이다)의 경우에도, 그 형태를 보아서는 차용어로서 들어온 것임을 쉽게 알아차릴 수가 있다. 이 단어에서 발틱해 핀란드어와 사미어에서 공통으로 나타나는 자음변화는 게르만어의 문법변화에 상응하고 있다. 이 때문에 자음에서의 이러한 변화는 게르만어로부터의 영향일 수가 있다는 견해가 제시되고 있기도 하다.

라틴어 문자를 이용하여 만든 핀어의 문체어는 약 1540년에서 1820년의 초기에 서부지역의 방언에 기반을 두고 생겨났다. 그리고 나중에는 동쪽의 방언들도 이를 뒤따랐다. 거의 발음 그대로 적는 핀란드어의 정서법은 영어, 프랑스어, 독일어의 경우와는 커다란 차이가 있어서, 들리는 그대로 적어도 아무런 문제가 없다.

스웨덴어가 핀란드어에 끼친 영향은 지대했다. 스웨덴어는 오랜 기간 핀란드에서 관청어의 역할을 했다. 이런 역할은 나중에 핀란드어에 의해 대체되었다. 이 시기에 핀란드어를 기반으로 한 관청어에서는 수많은 개념이 새로운 단어들을 만들면서 정착되었다. 또한 여러 분야에서 스웨덴어로부터 많은 차용어와 신조어가 들어섰다.

핀란드어는 핀란드 이외에도 스웨덴과 러시아에 사는 소수민족에 의해 사용되고 있다. 핀란드의 오늘날 국경선은 1940년 이후에 확정되었다. 핀란드는 1809

년에서 1917년까지는 차르 지배하에 있던 러시아 왕국의 일부였다. 오늘날 핀란드는 서방세계나 러시아와는 좋은 외교관계를 유지하고 있다.

사미어Samisch

예전에 랍인Lappen이라 불리던 사미인은 핀인과 마찬가지로 동아시아계의 특성에다가 유로파이드계의 것이 뒤섞인 외모를 보인다. 이들 안에는 아시아와 유럽의 요소가 함께 들어가 있는 측면이 있다. 사미인의 언어는 서부 핀-우그리어이다. 이 언어는 여러 다양한 방언으로 나뉘어져 있다. 그런데 이들 간에는 부분적으로도 상호간에 의사소통조차도 어려울 정도이다. 라틴어 문자를 이용한 6개의 문체어 중에서 북北사미어에 기반을 둔 것이 가장 주요한 문체어가 되어 있다.

17세기부터 사미어의 방언에서는 번역된 형태의 문학만이 존재했다. 그러다가 20세기에 들어와서야 비로소 자신들의 가치기준에 입각하여 옛 전통을 지켜나가면서도 자의식을 반영한 그들만의 고유한 문학이 탄생했다 (이에는 특히 다음을 내세울 수 있다. Johan Turi, *Erzählung von Leben der Lappen*, Emile Demant에 의해 만들어진 이 책은 Mathilde Mann에 의해 덴마크어에서 번역되고, 여기에는 저자가 그린 10개의 펜화가 수록되어 있다. Frankfurt am Main, Eichborn 출판사에서 1992년에 출간되었다).

핀란드 북쪽지역과 노르웨이와 스웨덴에는 아직도 사미어를 말하는 사람들이 많이 살고 있다. 이들은 원래 핀란드 중부에 정착한 어부와 사냥꾼이자 농부이면서 순록을 키우던 사람들의 후손이다. 이들은 스스로를 북사미어로 사미트Sámit로 부르고, 핀란드어로는 사멜라이세트saamelaiset라고 부른다. 이들은 노르웨이의 피오르드 해변에서 고기잡이와 사냥을 하면서 생활하고 있다. 원래 반쯤은 방랑민족으로서 사냥과 고기잡이를 전문으로 하면서 살던 삼림사미인들은 지금은 소규모로 순록을 키우면서 살고 있다. 그리고 이들은 오늘날에도 아직은 일부가 스웨덴 쪽에 있는 랍지역의 숲지대에서 자신들만의 전통생활 방식을 고수하면서 살고 있다. 예전에는 완전한 방랑민족이었던 산악사미인은 주요생업으로 순록을 키우고 있다. 이들은 상대적으로 큰 규모의 순록무리와 더불어 여름과 겨울철 방목지 사이의 넓은 지역을 오가고 있다. 방목지는 국가나 지방 행정부의 소유이지만 동물만은 개인의 소유이다.

모든 그룹의 사람들이 뿔, 뼈, 나무, 자작나무의 껍질을 가지고서 다양한 전통적인 관광문화상품을 만들고 있다. 또 다채로운 색깔의 수놓은 천 조각과 양털 양탄자와 가죽과 주석을 소재로 한 여러 세공품을 만들고 있다. 오늘날 정주생활을 하고 있는 사미인은 추위를 막기 위한 목적으로 특별히 가공된 의류들에다가는 자신들의 단결을 상징하는 무늬를 그려 입고 다니는데, 여기에는 과거에 핀란드 정부로부터 당한 인종차별을 반영하는 여러 무늬들이 새겨져 있다. 비록 대부분의 사미인은 루터계의 신교를 믿고 있지만, 이들은 오늘날까지도 샤마니즘을 신봉한다. 다만 콜라Kola 섬에 사는 스콜트사미인Skoltsamen만이 그리스 정교회를 믿고 있다.

헝가리어Ungarisch

마자르족의 기마유목민은 용맹무쌍하면서도 무자비한 약탈자로서 기원후 860년경에 유럽의 역사무대에 처음 등장했다. 마자르인의 출발지는 우랄산맥의 남부지역이다. 당시 유럽으로부터의 여행객들에 따르면, 이곳에는 헝가리어로 말하는 바시키르족이 살았다고 한다. 1200년 이후에 중앙아시아로 침공해 들어온 몽골인 때문에 이들은 큰 변혁을 겪었다. 이후 바시키르인은 터키어의 권역에 속하게 된다. 이들은 라인강, 발틱해, 이탈리아 남부, 프랑스 남부지역에 번갈아가며 나타나서는 도시를 불태우고 수도원과 교회를 약탈했다. 894년과 900년 사이에 이들은 당시 자신들이 지금 살고 있는 지역에 정착했다. 이곳은 로마시기에 로마제국의 판노니아 주였다가, 6세기부터는 아바르족이 살았던 곳이었다. 여러 번의 패배를 당한 후에야 비로소 이 마자르족은 평화로운 정착생활로 들어가게 된다. 그리고 유럽 종족들과 그 지역 원주민과 같은 정착생활에 적응하게 된다. 이곳에서 경계선을 확립하기 위한 전투는 10세기 말에 이르러서야 비로소 진정되었다.

헝가리어는 핀-우그리어 중에서는 최초로 문서로 기록된 언어이다. 최초의 헝가리어 텍스트는 1527년부터 생겨났다. 아랍권과 비잔틴권의 기록물들은 이미 9세기와 10세기에 헝가리어의 단어들을 인용하고 있다. 사람들은 오랜 기간 이 언어를 터키-몽골어에 편입시켜 왔는데, 이를 옛날 용어로서는 터키-타타르어라고 불렀다. 그러나 오늘날 이 언어가 핀-우그리어족에 속한다는 것에 모두가 의견일치를 보이고 있다. 그럼에도 불구하고 이들에게서 몽골인의 신체적 특징이 보이는 것에 대해서는 여전히 논란이 그치지 않고 있다. 더 동쪽에 있는 민족들과의 관계에서는 일부 접촉한 흔적만이 남아있다. 유전학적 측면에서 볼 때에, 마자르인은 중부유럽에 도달하기 이전에 이웃에 살던 정적이던 이란계의 스키타이족과 알란족, 그리고 터키어를 사용하던 오구스족과 킵착족과 긴밀한 교류를 하면서 이들의 영향을 받았다. 그리고 판노니아 평원에서는 슬라브인과 더불어 그곳에 잔존해 있던 아바르족을 위시해서 게르만인과 로만계의 여러 민족들을 자신들 안에 편입시켰다.

이미 17세기의 언어연구자들은 헝가리어가 독일어로부터 들어온 수많은 차용어를 포함하고 있는 것을 특이하게 여겼다. 이에는 여러 이유가 있다. 모자프르크Mosapurc 지역에서는 - 이는 원래 Moosburg로 헝가리어로는 찰라바르Zalavár

이다 - 한때 프랑켄인 출신의 상류계층이 있었음이 입증되고 있다. 이곳에 여러 번 잘츠부르크, 레겐스부르크, 아이희슈테트 및 그 외 여러 지역으로부터 선교사들이 파견되어 들어왔다. 헝가리의 왕 슈테판 1세 (977~1038)가 바이에른 왕의 딸인 기젤라와 결혼하였을 때에, 그녀는 많은 시종과 더불어 고향의 수공업자들을 다수 함께 데려왔다. 이로 인해 우월적 위치에 있던 독일 문화권으로부터 독일인의 이름들이 들어왔다. 그리고 또한 궁정생활, 도시생활, 상업에 관한 용어들이 헝가리어에 들어왔다. 이리하여 Kunc, Hermann, Konrád, Albert, Pazmán와 같은 사람을 위한 이름과 더불어 *hopmester* 'Hofmeister (궁정의 우두머리)', *páncel* 'Panzer (전차)', *püspök* 'Bischof (주교)', *kalmar* 'Krämer (잡화상)', *garas* 'Groschen (그로셴 동전)', *érz* 'Erz (광석)' 등과 같은 단어들이 들어왔다.

1526년 모하츠 근교에서의 전투는 이곳에 터키인의 시기가 도래함을 알렸지만, 터키인을 몰아낸 직후에는 합스부르크 왕가의 지배가 뒤따랐다. 이 시기에 이곳의 거의 모든 생활분야에서 독일어의 영향이 있었다. 특히 사회분야와 전쟁분야에서 그러했다. 당시 전쟁과 관련하여 *zsold* 'Sold (전투수당, 군복무)', *ostrom* (〈 Sturm (공격))과 같은 단어들이 들어왔다. 이때 많은 황폐한 도시와 마을로 이주해 들어온 독일의 도시민과 농민들의 정착으로 헝가리는 커다란 도약을 하게 된다.

헝가리의 시골은 도나우강을 따라 펼쳐진 헝가리 평원으로 널리 알려져 있는데, 이곳은 예전에는 유럽의 곡창지대의 역할을 했던 곳이었다. 기름진 진흙땅은 이곳으로 이주해온 도나우 쉬바벤인에게 복지와 부를 가져다주었다. 이들과 함께 *suszter* 'Schuster (제화공)', *pék* 'Bäcker (제빵사)', *kanti* 'Kante (귀퉁이)', *collstockk* 'Zollstock (세관의 눈금자)', *nudli* 'Nudel (국수)', *zselme* 'Semmel (빵의 한 종류)', *Obsit* 'Abschied (작별, 해고장)', *rajcsur* 'Reiterschule (승마학교, 오락)', *bakter* 'Wächter (보초)' 등의 단어가 정착했다. 이에 반하여 독일어 측에서는 헝가리어로부터 상대적으로 적은 수의 차용어를 받아들였다. Husar (경기병), Gulasch (굴라쉬 수프) 등과 더불어 Säbel (허리에 차는 칼), Kutsche (마차), Tolpatsch (어릿광대)와 같은 단어들이다.

그러나 빈Wien에 소재한 중앙정부가 이곳에서 독일어를 관청어로서 들여 밀려던 여러 번의 시도는 결국은 성공하지 못하였다. 개혁시기와 1848/49년의 헝가리 해방전쟁이 있기까지, 독일문화는 이에 속한 여러 개념들과 더불어 그 표현상의 측면에서 많은 규범을 제공했다. 그럼에도 불구하고 외래어의 유입에 대한 반대 운동이 일어났다. 특히 사람들은 표준어에서는 헝가리어에서 대응되는 단어들을 찾아내어 이를 선호해 사용했다. 2차 세계대전 후에는 헝가리는 소련의 지배를 받게 되었다. 그러다가 정치적 변혁을 거치면서 다시 독자적인 민주국가로 되었다.

알타이어Altaisch계 언어들

알타이어로 총칭되는 언어들은 서쪽에서는 동유럽에 있는 일부 소수언어들을 포함하면서, 터키로부터 시작하여 동쪽으로는 오호츠크해까지에 이르는 광대한 지역에 걸쳐 사용되고 있다. 이 알타이어에는 3개의 어족이 속하고 있다. 즉 몽골어와 (만주)-퉁구스어와 터키어이다. 알타이란 언어의 명칭은 중앙아시아의 알타이 산맥과 연관하여 붙여졌다. 이 3개의 어족은 원래 알타이산맥의 동쪽지역에 있는 몽골과 중국의 북부지역인 내몽골을 위시하여 만주에서도 사용되었다. 사람들은 예전에는 비슷한 음운구조와 문법, 그리고 공동의 어휘를 근거로 하여 이들 3개의 어족이 하나의 공통적인 기원에서 나온 것이라고 믿었다. 그러나 지금은 많은 언어학자들이 알타이어가 하나의 언어연합체에 불과할 뿐이며, 이들 간에 나타나는 여러 유사점은 서로 간의 빈번한 접촉 때문에 생긴 것으로 보고 있다.

이 언어들은 아직까지도 인도유럽어만큼 집중적으로 연구되지 않았다. 따라서 이제 본격적인 연구만 이루어진다면, 이들 간의 친척관계를 입증하는 새로운 자료들이 나타날 수 있을 것이다. 예전에는 오랜 기간 알타이어와 밀접한 관계에 있었던 우랄어와는 광범위한 관계가 있다고 추정했다. 그러나 이런 사항에 대해서는 아직까지도 충분히 밝혀지고 있지 않다.

알타이어를 사용하는 여러 다양한 민족들은 역사상에서 주요한 역할을 했다. 예를 들면 그 인종적 측면과 언어상의 관계가 아직까지도 명확히 밝혀지지 않고 있는 훈족과, 기원후 4세기와 13세기까지 처음 유럽에 출몰했던 몽골인과, 1644년부터 1912년까지 중국을 통치했던 청 왕조의 만주인들이다.

야쿠트어Jakutisch와 추와시어Tschuwaschichhen를 제외하고는 터키어는 단어구조 및 문법상에서 나타나는 어미교착의 현상 때문에, 또 역사상에서 이루어진 많은 언어접촉 때문에 생긴 많은 유사성을 서로 간에 보인다. 약 30개에 달하는 개별 언어들은 서로 간에 아주 유사하여, 이들 언어사용자들 간에는 그런대로 의사소통이 가능하다. 그럼에도 불구하고 이들 언어들과 터키어계의 언어들과의 친척관계는 아직도 충분히 입증되지 못하고 있다. 이는 이들 종족들의 역사적 발전과정이 아직도 충분히 연구되지 못했기 때문이다. 언어그룹간의 관계는 지역적인 밀착과 언어접촉을 통해 생겨난다. 그리고 이는 일반적인, 또 모호하게 보이는 유형 상에서와 구조적인 측면에서의 유사성에서도 나타난다. 터키어에서는 인도이란어, 중국어, 아랍어, 페르시아어, 몽골어로부터의 차용어들이 다수 발견된다.

유럽 지역에서 알타이어의 가장 대표적인 언어로서는 터키어를 들 수 있다. 이 언어는 유럽 전역에서 제2외국어로 대우받고 있기 때문에, 지금 이 책에서도 다루어져야 한다고 본다.

터키어Türkisch

터키어의 가장 오래된 사료인 오르콘Orchon 비문은 8세기에까지 거슬러 올라간다. 이 비문은 동부 에르추룸Erzurum 주에 위치한 쿠니Cunni 동굴에서 발견되었다. 12세기와 13세기에 고대투르크어로 쓰인 이 비문의 텍스트에서는 여러 오구스어Ogusisch의 명칭이 발견된다. 이는 새로운 고향에 정착한 시기의 터키계 주민들의 이동상황을 알려주는 주요한 역사 기록물이다.

고대투르크어의 오르콘Orchon 문자와 더불어 이의 나중 변이형태와 고대헝가리 문자 등은 흔히 '고대투르크어 루넨문자' 내지 '고대 헝가리 루넨문자'라고 지칭된다. 그러나 이들 문자들은 그 새겨진 형태가 표면적으로만 게르만의 루넨문자와 비슷하여 붙여진 명칭이지, 이들 서로 간에 직접적인 관계가 있지는 않다. 오르콘 루넨문자는 게르만 루넨문자와 비슷한 형상은 보이지만, 완전히 다른 음가를 갖고 있다. 게르만 루넨문자와는 달리 오르콘 문자에서는 모음이 대체로 표기되지 않고 있다. 이 두 개의 루넨 문자가 공통적 기반에서 기원하였다는 설명은 역사적인 시각에서 볼 때에 설득력이 거의 없다. 게르만 루넨문자는 우선적으로 고대이탈릭 알파벳과 관련성이 있다. 반면에 이 고대투르크어 문자는 소그드 문자와 관련성이 있을 가능성이 크다. 소그드 문자는 아람어에서 나왔다.

다른 여러 투르크어와 명확히 구분하고자, 오늘날의 터키어는 아나톨리아-투르크어 또는 터키투르크어로 부르기도 한다. 이는 셀죽인, 오스만인, 러시아인의 언어에서 기원하였다. 이들은 11세기에 기마민족으로서 소아시아에 진출했다. 셀죽인은 아랄 호수 주변 지역에 정착했던 유목민족인 오구스족으로부터 형성되었다. 이들은 970년에 이미 이슬람교에 귀의하여, 오늘날 이란의 넓은 지역을 정복했다. 셀죽인의 한 제후였던 가시Ghasi가 오스만 1세로 등극하면서 세운 오스만제국은 1299년부터 1922년까지 존속하였다. 이 제국의 영토는 북쪽에는 헝가리로부터 남쪽의 아덴만까지, 그리고 서쪽의 알제리아로부터 동쪽의 이란 국경까지 이르렀다.

오스만인의 세력은 유럽의 힘이 커지면서 점차 쇠퇴하여졌다. 개혁과 민주화운동의 와중에서 새로운 여러 독재정권들이 차례대로 나타났다. 그러다가 여러 민족이 일으킨 독립운동이 결국은 이 거대한 제국을 무너뜨리는 계기가 되었다. 그 전에 서방과의 경제협약은 오스만 제국을 재정적 파탄으로 이끌었다. 1차 세계대전에서 독일 쪽 편을 들어 참전한 결과로서 오스만제국은 패전 후에 연합군의 지배를 받게 되었다. 터키의 국부로 불리는 무스타파 케말은 1923년 로잔느의 평화협정을 통해 터키에 독립국가의 지위를 얻어냈다. 지금 이 독립국가의 수도는 앙카라이다.

터키어가 표기문자를 사용한 시기는 상대적으로 늦었지만, 오스만제국 시기 동안에 줄곧 발전되어 왔다. 터키어는 교착어의 하나로서 각 단어에 여러 구성요소들이 잇달아 붙여지는 방식으로 하나의 문장이 만들어진다. 그러나 이 요소들은 하나의 단위로 융합되는데, 이때 각 단어를 구성하는 내부요소들 내에서는 모음조화 현상이 일어난다.

아랍어의 영향으로 터키어는 1928년까지는 아랍어 문자를 사용했다. 그러나 현대적이고 서구 지향적인 정치인이었던 케말은 라틴어 문자를 도입했다. 그는 이때 비록 자의적으로 음운문자를 만들었지만, 이는 아주 좋은 모범사례가 되었다. 이때 현대 표준어의 기반이 된 것은 이스탄불 도시에서 사용하던 언어였다.

이 터키어는 터키 외에 키프로스 섬과 발칸반도와 중앙아시아와 근동지역에서도 사용되고 있다. 터키인은 서부유럽 지역에서 노동자로 일하면서 자신들의 언어를 제2외국어로서 보존하고 있다. 터키는 오리엔트와 유럽의 문화적인 연결고리의 역할을 하면서 동쪽 세계와 서쪽 세계의 영향을 동시에 받고 있다.

터키어로부터 발칸지역 언어에 들어온 차용어	
전쟁, 무기와 관련된 용어	*barut* (발포용 화약), *tüfek* (총포), *top* (대포), *tavga* (다툼, 전쟁)
일상생활과 관련된 용어	*hari* (여인숙), *birt* (선술집), *suliman* (화장, 메이크업), *makat* (이불), *ceb* (주머니), *çeyrek* (15분)

도표 3-41

유럽의 소수 언어들

아로문어Aromunisch

루마니아어에 아주 가까운 아로문어는 로마제국의 팽창시기에 발전해 나왔다. 아로문인은 원래 유목민이면서 상인이었다. 이들은 오늘날 발칸반도의 전역에 흩어져 살고 있어서 그들의 존재를 모두 확인하기는 어렵다. 가장 큰 무리로서는 약 300,000명에 달하는 아로문어 사용자들이 그리스에서 살고 있다. 그러나 이 언어의 적극적인 언어사용자는 100,000명을 넘기지 못하고 있다.

아로문인은 한때 민족영웅으로서, 또 인텔리 계층의 일원으로서 그리스의 역사문화 발전에 큰 기여를 했다. 그럼에도 불구하고 이들은 오늘날까지 조직적인 박해를 받아왔다. 지역 정치가들은 이 언어를 문법이나 기록능력이 없는 소수 방언으로 치부하고자 했다. 정치가와 교육자와 성직자를 위시하여 스토코스Stchos, 크리시Chrysí, 아브기Avgí와 같은 우익편향의 언론들은 아로문인의 기원과 그 언어 및 정체성에 대한 언급을 금기시하도록 영향력을 발휘했다. 그리하여 이 소수 언어는 집에서만 몰래 사용되었다. 그리스의 많은 분야에서 아로문인과의 접촉은 물론이고 거의 모든 순수한 문화적인 접촉도 '인종에 따른 위협'으로 간주되었다.

민속활동을 통해 자신들의 문화적 유산을 훌륭하게 가꾸어 온 이 소수민족이 그동안 자체적으로 유지해 온 소극적인 태도를 보면, 유럽의 다른 소수민족이 보여주었던 입장과는 극명한 차이를 보인다. 심지어 아로문어를 그리스에서의 보호하여야할 소수 언어로 돌봐야 한다는 1997년 유럽연합의 결정에 아로문인의 대표자들 자체에서도 격렬한 반대에 직면하기조차 했다. 최근 수년간 아로문인의 정체성에 대한 공공에서의 많은 토론들 이루어짐과 더불어 정치적인 압박이 완화되면서, 그리스 내부에서는 적어도 긴장완화로의 길로 한걸음 전진하게 되었다.

바스크어

바스크어는 인도유럽어가 유럽에 진출할 시기에 이에 대항하여 자신을 줄곧 지켜내 왔다. 그리하여 유럽 내에서 역사시기까지도 버텨 온 몇몇 안 되는 언어들 중의 하나이다. 라이프니츠는 이 언어가 유럽의 모든 언어들과는 아주 다른 특별한 차이점을 보인다고 말하였다. "이 언어에 가까운 언어로서 언급할 수 있는 언어는 아무 것도 없다." 그는 몇몇 지명이 이 언어와 관련이 있다고 하였다(Sigrid von der Schulenburg, *Leibniz als Sprachforscher*, Frankfurt am Main, Klostermann, 1973, p. 96). 바스크어는 지난 2천 년 동안에 단지 약간의 변화만을 겪은 상대적으로 안정된 언어들 중의 하나임을 여러 측면에서 입증하고 있다. 이 기간 동안에 단지 하나의 음운변화만이 있었다. 즉 두 개의 모음 사이에서 자음 n이 위치할 경우에는 이것이 탈락되는 현상이다. 이러한 특이한 현상은 포르투갈어와 가스꼬뉴어에서도 역시 발견된다.[66]

바스크인은 농부와 가축 사육자이면서 대양을 항해해온 민족이다. 이들은 여러 전쟁과 침입에 격렬히 대항하면서 자신들의 독립을 지켜냈다. 이들은 예전에는 오늘날보다는 훨씬 더 넓은 지역에 거주하면서 살았다.

'바스콘Vaskones'이란 명칭은 스트라본이 쓴 '지리학Geographica'에서 처음 등장한다. 이 고전 역사기술자는 틀림없이 오늘날의 바스크 지역에 살던 여러 종족 중에서 단지 하나만을 언급하였을 것이다. 이 몇 개의 명칭이 또한 나중에 폼포

66) 이런 현상은 룩셈부르크어에서도 발견된다.

니우스Pomponius, 프톨레마이오스Ptolemaios를 위시하여 플리니우스Plinius의 '역사 자연서Naturalis historia' 등에서도 언급되고 있다 (Strabon, (Band I, VII~XLVII) Naturalis historiae I, IV/112). 그런데 이곳 지명과 이 민족에 대한 서술은 불명확하면서도 서로 간에 상당한 모순점을 보인다. 그러나 스트라본이 이 민족의 상속에 대해 언급한 사실은 실제와 맞는 내용인 것 같다. 즉 딸들이 주요 상속자이고, 또 자신들의 형제와 결혼하는 일이 드물지 않다고 하였다. 이는 모계 상속에서 나타나는 부수적인 현상이다. 그리고 신부가 남자로부터 일종의 지참금을 받는다고도 기록하고 있다.

로마제국의 시기에는 바스크어가 아끼탄 지역에서까지도 사용되었다고 기록되어 있다. 당시 바스콘인의 거주 지역은 오늘날의 나바라 주에까지 뻗어 있었다 (이에 대하여는 그림 3-26을 보라). 고대시기의 말기에는 바스콘인이 오늘날의 알라바Alava주와 귀뿌즈코아Guipúzcoa와 비즈카이아Vizcaya주에까지 진출하여 살았다. 기원후 580년에 서고트인에게 패배한 이후에, 바스콘인의 무리는 오늘날의 프랑스 지역으로 이주해 들어갔다. 그곳에서 가스꼬뉴Gascogne 공국이 탄생하였는데, 이 명칭은 바스코니아Vasconia에서 나왔다.

바스콘인은 무어족과 프랑켄인에게 대항하면서 상당한 부분의 독립권을 확보했다. 이 작은 종족의 방어능력은 프랑켄제국의 왕인 칼 대제에게 처절한 아픔을 안겨주었다. 바스크인의 한 종족이 브레타뉴의 변경백작인 흐루오란드, 즉 롤랑이 이끌던 후미 부대를 하나도 빠짐없이 전멸시켰다. 이는 778년 8월 15일 한 계곡에서 벌어진 론스발 전투에서였다. 롤랑의 노래는 이 부대가 당한 처절한 패배를 소재로 하여 만들어진 것이다.

바스크어는 오늘날까지 피레네 산맥에서 끈질기게 사용되었다. 바스크어의 가장 오래된 언어기록물은 기원후 10세기와 11세기에 나온 한 사전의 노트장이다.

18개의 단어가 수록된 이것은 산티아고 드 콤포스텔라Santiago de Compostela를 목적지로 하였던 한 프랑스인 순례자가 바스크인의 땅을 통과하는 여행과정에서 기록하였다.

오늘날의 바스크인은 스스로를 에우스칼두나크Euskaldunak라 부르고 있다. 여기에서 에우스카라Euskara는 바스크란 뜻으로, 이 명칭은 '바스크의 것을 소유한 사람'을 뜻한다. 페네만은 빙하기시기 이후의 이들 조상들을 바스콘인이라 명명했다. 그의 이론에 따르면 이들은 옛날 유럽의 원주민이었다. 이들은 마지막 빙하시기 이후에 유럽대륙 전체에 걸쳐 널리 퍼져 나가면서 사냥꾼과 채집자와 어부로서 살았다. 그곳에서 이들은 산과 계곡과 강 등에다가 자신들의 언어로 명칭을 부여했다. 이에 오늘날까지 이 명칭의 어휘구조들에게서 부분적으로 이들의 언어가 유지되어 남아있음을 발견한다.

지난 2000년간 이들에게는 거의 아무런 변화가 있지 않았다. 이러한 현상은 빙하기 이후에도 역시 그러했을 것이다. 이런 사실이 맞는다면, 오늘날의 바스크어Baskisch로부터 옛날 바스콘어Vaskonisch를 재구성해 낼 수도 있다. 페네만은 유럽의 지명을 통해서 이것이 가능하다고 보았다. 음운상의 마모현상에도 불구하고, 일부 경우에는 단어의 핵심부분이 그대로 남아 있기 때문이다.

바스크어는 전반적으로 7개의 주요 방언으로 나뉜다. 비스카이Biskaisch 방언, 구이뿌조코안Guipuzcoanisch 방언, 고지나바르Hochnavarrisch 방언, 저지나바르 방언Nidernavarrisch, 라브르드 방언Laburdisch, 술레틴Suletinisch 방언, 그리고 얼마 전에 사라진 론칼레스Roncalesisch 방언 등이다. 스트라본은 자신의 '지리학Geografia'의 4권에서 유럽의 서쪽에 치우쳐 살고 있는 이런 종족들의 언어에 대해 적고 있다. 여기에서 그는 아끼탄어가 벨기에어나 켈트어와는 어떠한 차이점을 보이는가를 말하고 있다. 아끼탄인는 갈리아인보다는 이베리아인에 더 가까웠다. 아끼탄어에서 우리는 확실히 오늘날의 바스크어에 대한 선행 언어를 볼 수가 있다. 프랑스 역사가 아실 루세르Achile Luschaire는 1877년에 이미 이 아끼탄어를 바스크어의 한 방언으로 보고 있다 (이에 대하여는 다음을 참조하라. Denis Jean Achile Luchaire

바스크어	독일어
Gure Aita zeru–etan aiz–en–a,	Unser Vater Himmel–n in du bist–der–A
sanktifika bedi[1] hire izen–a.	heiligen/geheiligt HV–sei dein Name–A
Ethor bedi[1] hire resuma.	kommen/gekommen HV–sei dein Reich–(A)
Egin bedi[1] hire borondate–a	machen/gemacht HV–sei dein Wille–A
zeru–an bezala lurr–ean ere.	Himmel–(A)–in wie Erde–(A)–auf auch
Gure egun–eko ogi–a I–gu–k[2] egun.	unser Tag–(A)–des Brot–A (geben) HV–uns–du heute
Eta kita ietza–gu–k[3] gue zorr–ak,	und vergeben HV–uns–du unser Schuld–en
nola guk ere gure zordun–ei kitatzen bai–traue–gu[4].	wie wir auch unser Schuldiger–n vergebend da–HV–ihnen–wir
Eta ez–gaitza–la[5] sar erazi tentazion–etan,	und nicht–HV–uns–dass–du eintreten lassen Versuchungen–in
baina delibra gaitza–k[6] gaixto–tik.	sondern befreien HV–uns–du Böse–(A)–von

A = 관사
HV = 조동사 *sein* 또는 *haben*
[1]HV$_{sein}$: 명령형
[2]$_{eman\ iezauguk}$의 방언 형태: 'geben' + HVh$_{aben}$: 명령형 *uns–du–es*
[3]HV$_{haben}$: 명령형 *uns–du–es*
[4](kieatzen) baitiegu: HVhaben ihnen–wir, bait 'da, weil'에 의해 보강됨
[5]HV$_{haben}$: 명령형 *uns–du–es (dass du)*
[6]HV$_{haben}$: 명령형 *uns–du–es*

도표 3–42_ 바스크어의 주기도문*

---

* 요안 라이자라가Joanes Laizarraga가 1571년에 번역한 신약성경의 일부이다. 약간의 북北바스크어 방언의 형태를 보이는데, 여기에서는 표기상에서 약간 현대화하였다. 독일어로 직역한 여기에서 어순구조를 명확히 보여주기 위하여 기호 –를 덧붙여 넣었다 (이 책의 저자 하멜의 주).

(1846~1908), *Les origines linguistiques de L'Aquitaine*, Paris, A Pau, Véronèse, 1877).

인도유럽어족 사용자들에게 바스크어는 배우기가 쉬운 언어가 아니다. 거의 모든 분야에서 다르고, 또 익숙한 부분에서도 맞지 않는 요소가 너무나도 많기 때문이다. 전 세계적으로 바스크어와 친척관계에 있는 언어는 전혀 없다. 바스크어가 인접지역의 언어그룹으로부터 차용어를 받아들였기에, 이의 음운형태는 스페인어의 그것과 비슷하다. 좀 더 달리 말하자면, 스페인어의 음운형태는 바스크어의 그것과 비슷하다. 그러나 문법구조와 어휘는 완전히 다르다. 바스크어는 우랄알타이어나 반투어, 일본어와 마찬가지로 교착어이다. 바스크어는 형용사와 관사와 지시대명사는, 그리고 viel (많다)와 wenig (적다)처럼 양을 나타나는 단위를 뒤에 위치시키는 경우를 제외하고는 수식어를 앞세우고 있는 언어이다.

바스크어는 문법구조상에서 역시 아주 오래되고 또 고립되어 사용되었던 이웃 언어인 이베르어와 비슷한 면을 보인다. 이 이베르어는 그리스도 탄생시기에 즈음하여 사어가 되었다. 추측건대 이베르어는 바스크어와 마찬가지로 교착어였다. 음운체계에서도 마찬가지로 서로 비슷한 측면이 있다. 오늘날 이베르어와 바스크어의 공통 단어로서는 51개가 남아 전해 온다. 그러나 어느 방향으로 차용이 이루어졌는지는 확인되지 않고 있다.

이베르어와의 관련성이 있음은 추측되고 있지만, 서로 비교하기에는 그 단어들의 수가 너무나도 적다. 그리하여 이들 간에 친척관계가 있는지의 여부를 확실히 말하기는 어렵다.

몇몇 바스크어로부터의 차용어가 스페인어에서도 발견된다.

콜럼버스가 아메리카를 향한 항해에 처음 나섰을 때에, 그는 항해경험이 풍부하고 유능한 수명의 바스크인 출신의 장교들을 데리고 갔다. 그들 중에서 장 드 비스케이Jean de Biscaye란 이름만이 알려져 있다. 바스크인은 북해에서 대구가 많

바스크어	독일어
ezkar (왼쪽, 왼쪽 부분, 왼손)	izquierdo (왼쪽) izquierda (왼손, (정치적인) 좌편향)
txapar (회초리, 관목, 덤불)	chaparro (키가 작은 상록의 참나무)
sapar (관목, 덤불)	chapaparral (참나무로 우거진 곳)
zango (다리)	zanca (새의 다리, 가느다란 다리, 도요새)

도표 3-43

이 잡히는 곳을 잘 알고 있었다.

바이킹이 말린 물고기를 갖고 장사를 하였던 시기에는 대구가 바스크인의 주요 무역거래 품목이었다. 이들은 대구를 잘 말려서는 오랜 기간 보존하는 방법을 알고 있었다. 남쪽의 강렬한 태양은 바닷물을 증발시켜 소금을 얻는 데에 큰 도움을 주었다. 이런 소금에다가 이 물고기를 잘 절여 말린 후에, 이를 다시 물에 불려서 먹으면 아주 맛있는 식품이 되었다. 그리하여 중세 기독교 사회에서 대구는 아주 인기 있는 식품이었다. 왜냐하면 이곳에서는 1년의 절반 기간 동안에는 육류를 먹을 기회가 거의 없었기 때문이다. 절여서 말린 물고기를 통한 교역은 바스크인의 복지에 큰 도움이 되었다. 이들은 1497년까지 대구가 잡히는 구역을 비밀로 했다. 오늘날에도 물고기 잡이는 바스크인의 식품산업으로서 주요한 역할을 한다.

바스크인의 민속 문화는 아주 독특한 독자적인 측면을 갖고 있으면서, 오늘날에도 그 고유한 형태를 잘 유지하고 있다. 바스크인의 집은 나지막한 말안장 형태의 지붕을 가지면서, 광범위한 불균형을 이루는 아주 특이한 건축방식을 보이고 있다. 유산의 상속권은 전적으로 첫 번째 아이에게 주어진다. 이때 아들이나 딸이든 상관하지 않는다. 다른 아이들은 단지 집안에 머물러 있을 권리만을 갖게 된다. 이들은 라야Laya라고 불리는 간단한 쟁기를 이용하여 원시적인 농사를 한다. 라야는 짧은 손잡이에 두 개의 긴 뾰족한 갈래를 가진 쇠스랑으로, 산악지대에서 밭을 일구는 일종의 쟁기이다. 마찬가지로 아주 전통적인 요리 방식도 있다. 즉 돌에 달군 뜨거운 돌을 냄비 안에 집어넣어 음식물을 익히는 방법이다.

3-46_ 바스크인의 춤

3-47_ 바스크인의 퉁소피리와 드럼 동시 연주

전쟁 무용으로서 검무와 막대기를 이용한 소위 에스파다 단차Espada dantza란 화려한 윤무輪舞는 아주 인기 있는 춤이다. 또 5/8의 박자에 맞추면서 추는 활발한 조로치코Zorotziko란 춤도 있는데, 이때에는 대체로 합창으로 노래를 부른다. 장조와 단조를 구분하는 멜로디를 가진 노래는 바스크인에게는 낯설다. 그들이 사용하는 악기는 수백 년이 지나는 동안에도 거의 변하지 않았다. 여기에는 트식스투Txistu라 불리는 퉁소피리와 오늘날의 아코디온과 비슷한 소이누Soinu라 불리는 현악기 등이 있다. 복장에서는 20세기의 20년대에 큰 유행을 보였던 바스크 모자를 일반적으로 아직도 머리에 쓰고 다닌다. 그리고 알파르가타스alpargatas라 불리는 무명이나 아마로 만든 아주 진길 천을 소재로 하여 만든 가벼운 등산화를 즐겨 신는다. 이는 프랑스에서는 에스빠드릴Espadrilles이라 불리고 있다. 프랑코의 독재 치하에서 바스크인은 큰 고통을 받았다. 고문과 살해가 다반사였다. 인도유럽인이 진출하기 이전의 언어로서 서유럽에서는 마지막으로 남아 사용되는 이 언어를 말살하기 위해 프랑코는 어떠한 수단방법도 가리지 않았다. 학교에서 바스크어를 가르치거나, 공공장소에서 이를 사용하는 일은 금지되었다. 바스크어로 쓰인 책들은 공개적으로 불태워졌고, 바스크어로 쓰인 비명들은 삭제되었다. 아이들은 바스크어로 된 세례명을 가질 수도 없었고, 공공 기록물에서 모든 바스크어 이름은 스페인어로 번역되어 바뀌었다. 이러한 분위기 속에서 '에우스칼디 타 아스카타수나Euskaldi Ta Askatasuna (바스크인의 땅과 자유)'란 바스크인의 지하조직, 즉 ETA가 생겨났다. 이들은 자신들이 처한 절망적인 상황에서 압제자들에게 여러 방식의 테러를 감행했다. 이는 수년간에 걸쳐 점차 악화되어, 악명 높은 폭력행위로 발전했다. 그러나 프랑코 정권의 무자비한 탄압은 항상 이에 앞서 이루어졌다. 이런 측면에서 보면 바스크인은 놀랄만한 참을성과 고통을 감내하는 능력을 만천하에 보였다.

60년대 말에 새로운 전기가 마련되었다. 1979년 스페인 정부에 의해 지방자치가 허용되었다. 또 바스크 지방정부에 대한 자치권이 부여되면서 바스크어는 공적으로 인정되었다. 그리하여 학교에서도 바스크어를 가르칠 수가 있게 되었다. 오랜 기간에 걸쳐 당한 압박의 산물이었던 ETA는 독자적인 정당이 되었다. 오늘날 끊임없이 테러를 저지르는 사람들은 더 이상 바스크의 작은 마을 주민들이 아니라, 이들 대부분은 산업지대의 외곽에 사는 비非바스크인의 후손이다. 이러한 사실은 스페인 정부와 뉴욕에 근거지를 둔 해리 프랭크 구겐하임Harry Frank Guggenheim 재단이 이곳에서 테러조직의 사회구조에 대한 공동연구를 통해 밝혀졌다 (Andreas Klinger, *Jung und gebildet, Wer für Basken bombt*, Tagesspiegel, Nachrichten:Politik:Außenpolitik (2001. 07. 28.); http://www.tagesspiegel.de/politik/archiv/27.07.2001(ak-po-au-449173.html (2006. 08. 20.)).

바스크인은 농부와 목축인이자 항해의 민족이다. 이들은 여러 전쟁과 침입을 받으면서도 자신들의 독립을 얻어내고자 격렬히 싸운 사람들이다. 이제 이들은 스페인 영토 안에서 자치권을 가진 지역을 확보하여, 바스크어는 스페인어와 더불어 동등한 권리를 보장받는 공용어로서 사용될 수가 있다. 프랑스령 바스크인의 땅에서는 바스크어가 아직은 공공어로서의 지위를 얻지 못하였다.

섬켈트어Inselketisch

섬켈트어와 대륙켈트어Festlandkeltisch 사이에는 커다란 차이가 있다. 섬켈트어는 인도유럽어족에 속하기는 하나, 문법구조상에서 다른 모든 인도유럽어와는 뚜렷한 차이를 보인다.

아일랜드어의 어순은 인도유럽어의 어순보다 실제로는 아랍어의 어순에 더욱 가깝다.

페네만에 따르면 그동안 사라진 켈트어 이전의 많은 언어가 가진 여러 문법구조의 요소들이 섬켈트어에 들어와서는 그대로 유지되었다. 브리타니아 섬에서 켈트어는 이전에 있던 기층어의 언어들에 의해 독특한 발전을 하였고, 이는 오늘날의 영어에까지 영향을 끼쳤다.

페네만이 명칭을 부여한 아틀란틱인Atlantiker은 문화적으로 우위에 있던 민족으로서, 이들의 언어는 켈트어 이전의 언어들의 문법구조를 변경시키도록 만든 상층어의 역할을 했던 것으로 추측된다. 나중에 이 언어의 문법구조 요소는 기층어의 역할을 하면서 섬켈트어 안으로, 그 다음에는 영어 안으로 들어갔다. 셈어Semitisch 및 햄어Hamitisch와 더불어 나중에 이 언어들과 친척관계에 있던 아틀란틱인의 언어의 어떤 다른 요소들이 이에 얼마나 큰 영향을 주었는지는 오늘날의 학계는 아직도 알아내지 못하고 있다.

아일랜드어Irisch

테오 페네만은 1998년 아일랜드의 명칭인 에이레Éire를 세미티드어에서 이끌어내고 있다. 가장 이른 시기에 기록되어 나타나는 이 단어의 형태는 Iverio(n)이다. 그리고 웨일즈어에서는 Iwerddon 또는 Iverio(n), 고대아일랜드어로는 Ériu,

신아일랜드어로는 *Éire*로 나타난다. 그리고 그리스어에서는 *Irene*로, 그리고 라틴어에서는 *Ivernia*로 나타난다. 시저는 *hivernia*로 적고 있다. 발음상의 관점에서 이 단어는 시저에게 겨울을 연상시켰던 것 같다. 그러나 겨울과 관련시키기에는 현실과 전혀 맞지 않다. 왜냐하면 아일랜드는 멕시코 난류 덕분에 겨울에도 온난하기 때문이다. 이보다는 이 명칭을 *+īwerijū*에서 이끌어내면서, 바빌로니아어와 아카드어의 *+y-wr'(m)*과 연관시키는 것이 훨씬 더 합리적이라고 본다. 이 단어 형태는 아마도 모음화를 거친 *+iy-weri'um* (섬-구리)에서 나왔을 것이다.

오늘날 사람들은 아일랜드를 Grüne Insel (초록색 섬)이라고도 말하는데, 언어학자 페네만은 이 섬이 초록색과는 전혀 관련이 없다고 말하고 있다. 그런데 아카드어에서 weri'um은 구리란 뜻을 갖고 있다. 이에 페네만은 아일랜드가 원래 '구리섬'으로 불렸을 것으로 보고 있다. 세미티드어에서는 핵심어가 왼쪽에 위치하는 언어이었기에 '섬 + 구리'란 어순형태를 가졌다. 구리는 오늘날에도 아일랜드 경제에서 주요한 광물자원이다. 고고학자들의 견해에 따르면, 청동기시기에 이곳에 사는 원주민들은 필요 이상으로 많은 구리를 채굴했다 (이에 대하여는 다음을 참조하라. Peter Harbison, *Pre-Christian Ireland, From the First Settler to the Early Celts*, London, Thames and Hudson, 1988, p. 114). 당시 혈안이 되어 모두가 찾던 이 금속을 아틀란틱인은 여기로부터 배에다가 잔뜩 싣고 와서 외부 지역에서 장사를 했을 것이다.

빙하시기 이후의 가장 오래된 아일랜드에서의 주거지로 기원전 7,000년경의 것이 발견되었다. 아일랜드의 인도유럽화는 빨라야 기원전 1,000년에 켈트인에 의해 이루어졌다. 당시 항해세력에 의해 지배를 받던 경제적으로 주요한 이 지역에 켈트인이 몰려들었다.

기원후 5세기와 6세기에 아일랜드어로 쓰인 '오감-비석문자Ogham-Inschirt'가 생겨났다. 그때까지 문자가 없이 지내던 켈트인은 기원후 2세기부터 이 오감문자를 사용했다. 이 문자는 각이 진 바위 돌의 가장자리를 따라가면서 새겨졌다. 이 돌들이 경계석인지 아니면 비석으로 사용되었는지는 아직도 확실하지 않다. 오감 알파벳의 구조를 살펴보면, 로마의 교육전통과 라틴어 알파벳을 모범으로 삼은 것 같다. 로마의 영향력이 더욱 강해짐과 더불어 기독교화가 진척되면서, 이곳 주민에게서도 라틴어 문자는 점차 세력을 갖게 되었다. 그 이전에는 로마인들은 단지 가끔 보초를 위한 순시나 상업목적으로서만 이 섬에 발을 디뎠다.

아일랜드어로 쓰인 아주 이른 초기문학은 라틴어 알파벳으로 기록되었다. 8세기에 텍스트의 가장 자리에만 끌쩍이면서 쓰인 형태들이 아직도 남아 전해온다. 11세기부터는 모험소설과 영웅시와 산문으로 쓰인 기록물이 전해 내려온다. 이미 11세기에 쓰인 것으로 보이는 고대아일랜드의 문학작품들은 오늘날 단지 사본으로만 전해 내려온다. 켈트인의 전설은 향후 유럽의 중세문학에 지속적인 영향을 끼쳤다. 예를 들면 아더왕, 랜스롯트, 파르치발, 트리스탄과 이졸데 등을 둘러싼 전설들이다.

18세기에 아일랜드어는 아일랜드 섬에서만 사용된 주요 언어였다. 당시 아일랜드의 수도인 더블린에서는 주민의 70%가 아일랜드어를 사용했다. 그러나 아일랜드어는 아일랜드 민족을 족쇄로 가둔 영국인에 의해 점차 밀려났다. 1969년 아일랜드에 교환학생으로 있을 적에, 나는 텔레비전의 저녁뉴스에서 아일랜드어가 영어로 함께 방영되던 것을 아직도 기억한다. 당시 나의 교환학생 파트너였던 아일랜드인 여학생은 아일랜드어를 제대로 배우려고, 아직도 아일랜드어를 모국어로 사용하는 한 시골 지역에서 휴가의 일정 부분을 보내야만 했다. 아일랜드인은 자신들의 언어와 정체성을 지키며 가꾸는 일을 통해서 자신들의 민족적인 자부심을 지켜왔다. 1922년부터 아일랜드어는 영어와 더불어 학교의 수업에서 사용되었다. 아일랜드에서 영어는 오랜 기간 관청어이자 학교수업에서도 사용되던 언어였다. 이러한 상태는 2007년 유럽연합이 아일랜드어에 관청어의 지위를 부여할 때까지 그러했다. 아일랜드어가 모국어로 사용되는 지역의 사람들은 '겔타흐트Gaeltacht'라 불리는데, 3-48의 지도에서는 이런 지역이 초록색으로 칠해져 있다.[67]

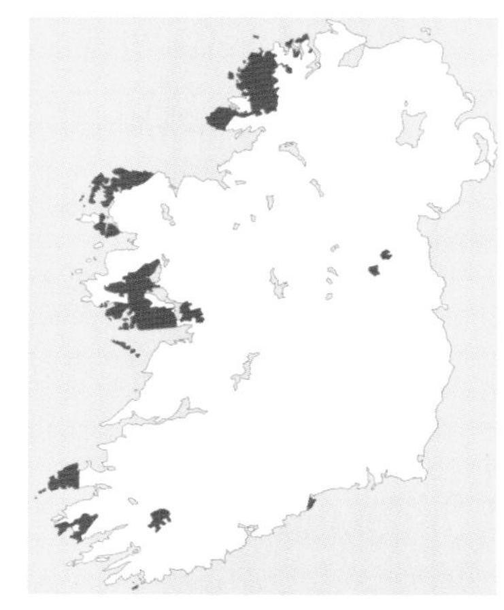
3-48_ 아일랜드어를 모국어로 사용하는 지역

아일랜드는 오늘날 영국의 통치를 받으면서 벨파스트를 수도로 하는 북아일랜드와 더블린을 수도로 하는 아일랜드 공화국로 나뉘어 있다. 같은 지역에 살고 있는 아일랜드인과 영국인 양측의 노력에도 불구하고, 오늘날까지 북아일랜드에서는 소요가 그치지 않고 있다.

스코틀랜드-골어Schottisch-Gälisch

스코틀랜드어의 가장 오래된 기록물은 16세기에야 비로소 나타난다. 로마인은 기원후 4세기와 5세기에 브리타니아 섬에 침입한 아일랜드인을 스코티Scot(t)i라고 불렀다. 여기에서 스코틀랜드인이란 명칭이 생겨났다. 스코틀랜드인은 자신들의 언어를 '가이들리그Gàidhlig'라고 부른다. 11세기에 오늘날의 스코틀랜드 거의 전역이 이 언어를 사용하게 되었다. 이 언어는 고대노르웨이어가 주류를 이루며 사용되던 세트랜드 군도와 오크니 군도에서도 사용된다.

10세기에서 13세기의 기간에 공통골어에서 스코틀랜드-골어가 분리되어 나왔다. 맹크스Manx섬의 골어도 역시 이에서 나왔다. 이에 이들 언어들은 아일랜드

67) 2002년에 아일랜드어를 사용하는 주민은 전체 인구의 43%로 약 1,540,000명에 달한다. 이들 모두가 매일 일상생활에서 아일랜드어를 사용하는 것은 아니다. 오늘날 외국인이나 아이를 상대로 말할 경우에는 이들은 곧장 영어로 바꾸어서는 말한다 (이 책의 저자인 하멜의 주).

어와는 달리 독자적인 발전을 하게 되었다. 스코틀랜드어로 쓰인 텍스트는 아일랜드어의 정서법을, 맹크스/맨 섬의 정서법은 영어의 정서법을 따르게 되었다. 16세기 말에 아일랜드와 스코틀랜드의 귀족사회가 무너지면서, 아일랜드와 스코틀랜드는 완전히 갈라서게 된다.

8세기부터 바이킹을 통해 스칸디나비아의 영향력이 스코틀랜드에도 미쳤다. 고지대인Highlander과 저지대인Lowlander의 사이에 있었던 민속적인 차이와 더불어, 한때 있었던 언어적인 차이는 오늘날에도 그 여진을 느낄 수가 있다. 원래 남자들은 평상복으로 킬트라는 옷을 입었다. 오늘날에도 이곳 사람들은 축제에서 이 옷을 입고 있다. 더불어 스포츠 복장으로 뿐만 아니라 군대의 유니폼으로도 입고 있다. 전형적인 음악도구로는 피리와 백파이프가 있다.

맹크스어는 맹크스 섬에서만 사용되는 아주 진짜 소수언어이다. 점차 영어에 밀려난 이 언어로 쓰인 문학작품은 이제는 거의 없다. 이 언어는 1974년부터 사어가 되었다. 그러나 지금 이 언어를 다시 되살리려는 노력이 이루어지고 있다.

반면에 웨일즈어는 아직도 잘 가꾸어지고 있다. 찰스 왕세자는 웨일즈의 왕세자로서 등극하는 예식에서 웨일즈어로 자신의 주민들에게 연설했다. 이 언어는 아더왕의 전설과 같은 많은 문학작품을 배출하였다가, 나중에 아일랜드어로 바뀌어서 오늘날 전해 내려온다.

온화한 멕시코만류에 접하는 콘월 지역의 언어는 거의 전적으로 종교적인 텍스트만으로 널리 알려져 있다. 1777년 코른어Kornisch를 모국어로 사용하던 마지막 여자가 죽었다. 20세기가 시작된 이후로 코른어를 다시 되살리려는 노력이 생겼다. 왜냐하면 이 언어가 보존할 가치가 있는 소수언어로 인정받았기 때문이다.

브레따뉴어Bretonisch

켈트어를 사용하던 브리타니아인이 정복자인 앵글로색슨족을 피해 달아나서는 브레따뉴 지역에 정착했다고 오늘날 추측되고 있다. 왜냐하면 이 언어는 섬켈트어에 속하면서도, 웨일즈어 및 코른어와 더욱 밀접한 친척관계를 보이고 있기 때문이다. 페더 쉬라이버는 코른어와 브레따뉴어가 기원후 1,100년 이전까지는 서로 구분되지 않았다고 말하고 있다. 고고학적 유물들은 브리타니아와 오늘날의 브레따뉴 사이에 미케네시기에, 즉 기원전 16세기에서 기원전 13세기에 이미 밀접한 관계가 있었음을 보여준다.

프랑스에서 소수언어인 브레따뉴어는 프랑스어와는 아무런 상관이 없다. 이 언어는 10세기에 가장 널리 사용되었다가, 그 이후에 점차 프랑스어에 밀려났다. 브레따뉴어를 오늘날 피니스떼르Departemant du Finistère주와 꼬뜨 뒤 노르Ctes du Nord주에서는 1/3 이상의 주민이, 모르비앙Morbihan에서는 절반 정도의 주민이 사용하고 있다.

수 세기 동안 브레따뉴어는 소수언어로서 핍박받았다. 이리하여 브레타니아어를 이용하여 이름을 지어준 가족들은 양육보조금을 신청할 권리를 갖지 못했다. 그러다가 1974년에서 1981년까지 집권한 발레리 지스까르드 데스탱 프랑스 대통령이 이들의 소수권한을 인정했다. 예를 들면 브레타니아식의 이름을 지어줄 수 있거나, 부분적으로는 상당한 액수에 달하는 어린이를 위한 양육보조금을 신청할 수 있게 된 것이다.

쿠르드어Kurdisch

쿠르드인의 고향은 메소포타미아의 상류지역으로 상정되고 있다. 이 인도이란인이 기원한 지역은 우랄산맥의 남쪽에 위치한 코카사스산맥의 북쪽 지역이다. 그러니까 아시아에 경계를 한 동유럽지역이다. 이들은 최근까지 반유목민의 생활을 하고 있었다. 이들이 살던 지역은 아르메니아 고원 산악지대의 동남쪽에 위치해 있었다. 오늘날 이들은 터키의 일부 지역, 이란, 시리아, 조지아, 아르메니아, 아제르바이젠의 국경 인접지역에 살고 있다.

쿠르드어는 이란어 계열에 속하는 인도유럽어에 속한다. 쿠르드인은 터키어를 사용하는 터키인에 대항하여, 자신들의 언어를 아직까지도 잘 지켜내고 있다. 예전에 사람들은 이들이 사용하는 언어가 터키어의 한 방언에 불과하다고 말해왔지만, 지금은 독립된 하나의 언어로서 보고 있다. 이들 간에 사용하는 언어상에서의 차이는 아주 커서, 경우에 따라서는 이웃마을의 주민과도 서로 이해가 불가능할 정도이다. 북쿠르드어는 주로 터키 지역에서 사용되는데, 이를 말하는 주민들은 스스로를 쿠르만드쉬Kurmandschi라고 부르고 있다. 소라니Sorani는 중앙 쿠르드어와 남부쿠르드어로서 특히 이라크 지역에서 사용된다. 차차Zaza 또는 딤리Dimli란 언어는 터키에서 사용된다. 이 언어는 이란의 고라니어Gorani에 더 가깝다. 쿠르드인끼리의 의사소통은 주로 터키어에 의존한다. 방언에 따라서는 이런 쿠르드어는 아라비아어, 터키어, 페르시아어, 아람어, 그리스어, 러시아로부터 받아들인 많은 차용어를 포함하고 있다. 쿠르드어의 문자는 아주 늦은 시기에 아랍어를 기반으로 하여 만들어졌다. 그러나 많은 쿠르드인은, 예를 들면 터키에 사는 쿠르드인은 오늘날에는 라틴어 문자를 사용하고 있다.

쿠르드인은 원래 모두 블론드 머리에 푸른 눈을 가졌다. 이들은 수많은 부족으로 나뉘어 흑해로부터 인도양에 이르는 광대한 지역에 걸쳐 살았다. 펠릭스 폰 루샨Felix von Luschan은 1922년에 기록하기를, 이들이 서로 간에 통합을 이루지 못하여 정치적으로는 힘을 쓰지 못한다고 말하였다 (이에 대하여는 다음을 참조하라. Felix Luschan, *Völker, Rassen, Sprachen*, Berlin, Welt-Verlag 1922, p. 89~95). 이들의 이러한 처지는 오늘날에도 크게 나아지지 않고 있다. 특히 터키에서는 PPKPartiya Karkerna Kurdistan에 소속한 쿠르드인과 터키 국가 사이에서 자치권의 부여 문제를 둘러싸고 여전히 피비린내는 싸움을 벌이고 있다. 터키 정부가 쿠르드인에 대해 취하는 입장은 전 세계적으로 비난을 받고 있다. 그런데 유럽연합에 가입하기 위한 터키 측의 노력으로 지금은 다소 간에 긴장완화의 방향으로 나아가고 있다. 이전에는 쿠르드인이라고 밝힌 사람들은 곧장 체포되어 고문을 당하였다.

코카사스 지역의 언어들

코카사스 지역은 지리적인 이유와 문화적인 이유로 부분적으로는 유럽에 속한 것으로 간주된다. 이곳은 유럽의 변두리 지역으로서 수원지의 경계선을 이루고 있다. 조지아와 아르메니아는 그리스도교 국가들로서 유럽문화권과 오랜 역사적 관계를 갖고 있다. 언어학자들은 아직도 아주 먼 시기에는 코카사스지역의 언어들이 유럽언어들과 친척관계에 있었다고 생각하고 있다.

아르고 원정대에 대한 전설은 당시에 이미 다양한 형태의 코카사스 언어들이 존재하였음을 알려준다 (이에 대하여는 다음을 참조하라. Apollaonios von Rhodos, *Die Argonauten*, Übersetzungen von Tassilo v. Scheffer, Leipzig, Dietrich 1940). 아랍인들은 코카사스Kokasus를 야발루Jabalu로 불렀다. 즉 '*lughāti* Berg der Sprachen (여러 언어들이 사용되는 산)'의 뜻을 가진 지역이라고 하였다. 그리스인과 로마인들은 그곳에서 적어도 70개의 다양한 언어들을 찾아낼 수 있다고 믿었다. 이렇게 많은 수의 언어들이 있는 이유는 이곳의 특이한 지리적 여건 때문이다. 수많은 외진 강의 계곡 안에서 각 언어들은 상당히 넓은 지역에 걸쳐 상대적으로 외부로부터는 영향을 거의 받지 않은 상태에서 독자적으로 발전할 수 있었다. 이러한 현상은 지리적으로 심하게 찢겨진 여러 다른 지역들에게서도 보인다. 예를 들면 히말라야의 산맥지대, 아마존강 유역, 오스트레일리아 북서지역, 중앙아프리카, 파푸아뉴기니아, 오세아니아 등이 그러한 곳이다. 태평양의 한 군도인 바누아투Vanuatu에는 약 100개의 언어가 사용되고 있다.

언어학자 후고 슈샤르트Hugo Schuschardt는 코카사스 지역에 몰려 사는 종족들이 예전에는 훨씬 더 넓은 지역에 흩어져 살았다가, 이 종족들의 일부가 다른 종족들에 의해 흡수되었다고 믿고 있다. 그러나 이러한 생각은 그동안 이미 한물간 견해로 간주되고 있다. 코카사스는 예전부터 민족이동의 통로였고, 또 이것이 교차하던 지역이었다. 단지 여름에만 통행이 가능한 이곳의 통로들은 이정표로서의 기능은 제대로 하지 못했다. 오히려 강이 흐르는 지역이나 그 강변지역만이 기능을 더욱 갖고 있었다. 계곡 안에는 항상 자그마한 그룹의 주민들이 몰려 살았다. 이들의 언어들은 오늘날 어떠한 큰 어족의 그룹에도 속하지 않는 특이한 위치를 점하고 있다. 페터 쉬라이버는 코카사스 지역에는 다른 지역에서는 이미 사라져버린 많은 언어들이 몰려 사용되는 곳이라고 말하고 있다 (이는 2002년 뮌헨에서 페터 쉬라이버Peter Schrijver가 구두로 발표한 내용이다). 코카사스 지역에 대한 연구자인 볼프강 슐체Wolfgang Schulze는 코카사스 언어들을 재구성하여 보면, 이들이 모두 바로 코카사스의 지역 내에서 생성되어 나온 것임이 입증된다고 말하고 있다.

거의 모든 코카사스 언어들은 바스크어와 마찬가지로 20진법을 사용하고 있다. 이점에서 흔히 바스크어와 친척관계가 있다고 추측되고 있다. 그러나 코카사스 지역의 언어들을 바스크어와 연관시키려는 시도는 출발부터 실패하면서 아직까지는 어떠한 결과도 얻어내지 못하고 있다.

원래의 코카사스 언어들은 3개의 그룹으로 나뉜다. 즉 서西코카사스어로 불리는 아브차조-아드기시어Abchazo-Adgische, 카르트벨어Kartvel-Sprachen, 그리고 동東코카사스어Ostkokasisch이다.

극히 적은 예외를 제외하고는 토착인의 언어이거나 외부로부터 이주해 들어온 자의 언어이거나를 막론하고, 코카사스 지역의 언어들은 19세기에 이르기까지 기록하는 방법을 알지 못했다. 오늘날 약 15개의 코카사스 언어들이 문서어로서 인정은 받고 있지만, 이의 사용 정도는 아주 다양한 모습을 보인다. 상당히 오랜 기간의 기록전통을 보이는 언어들로서는 무엇보다도 조지아어와 아르메니아어이다. 이들이 기록된 역사는 기원후 4세기에까지 이르는데, 이 초기시기의 것들은 일반적으로 아르메니아 궁정의 서기이자 승려인 메스로프 마쉬토트Mesrop Maschtot (기원후 362~440)와 관련이 있다. 그는 이 두 언어의 알파벳을 창조하였다고 전해진다.

그러나 추측건대 이에서는 기원후 3세기에까지 올라갈 수도 있는 장기간에 걸친 이들 알파벳의 생성과정을 의인화한 것으로 보인다. 메스로프 마쉬토트는 이미 중세시기에 또한 알루완이란 제3의 코카사스 왕국에서 사용하는 어떤 언어를 위한 문자도 창시하였다고도 알려져 있다. 즉 소위 코카사스-알루안어 문자의 창시자라고 한다. 이 문자는 발칸반도의 알바니아어와는 아무런 상관없이 없고, 북서北西아제르바이잔 지역에서 오늘날 사용되는 우디Udi어와 친척관계에 있다. 이 문자의 존재는 단지 몇몇의 비명에서만 보인다. 또 소위 코카사스-알바니아어로 쓰인 팔림프세트Palimpset에서도 발견된다.[68] 기존에 쓰인 텍스트를 긁어내고, 그 위에 다

68) 팔림프세트Palimpset는 기록이 되어있던 양피지에서 글자를 긁어내고 그 위에 새로이 글을 쓰는 것을 말한다. 옛날에 양피지는 아주 비쌌다. 따라서 필사할 용지가 부족하면, 이미 글이 쓰여 있는 양피지를 재사용할 수밖에 없었다.

시 새로이 글을 쓴 이 양피지 조각은 오늘날 시나이의 카타리나 수도원에서 발견되었는데, 여기에 쓰인 문구는 요스트 기페르트Jost Gippert와 볼프강 슐체Wolfgang Schulze에 의해 해독되었다. 만일 기원전 13세기에서 16세기까지 반제 호수의 동쪽 지역에서 사용된 우라르트어가 코카사스어의 일원으로 밝혀진다면, 우리는 이제 가장 오래된 기록물을 눈앞에 보게 되는 것이다. 우라라트어는 기원전 13세기에서 기원전 714년까지 설형문자로 새겨진 형태를 보이고 있다.

중세시기에 코카사스 언어들을 기록하려는 일련의 또 다른 시도가 있었다. 셀죽인의 고대 오세티아 비명에서 시작하여 (이 비명은 추측건대 기원후 941년에 그리스 문자로 기록되었는데, 오늘날에는 망실되어 있다), 특히 다게스탄의 지역의 관청어들이 아랍문자를 이용하여 표기되었다. 후자는 1485년부터 아바르Awar에서, 1507년에 다르그바Dargwa에서, 그리고 대략 1650년부터 라크Lak에서 쓰인 것들이다.

17~18세기에 이 지역은 러시아에 의해 식민화가 시작되어, 1860년경 식민화가 확립되었다. 이에 러시아어가 이 지역에서 관청어로서 사용되기 시작했다. 이에 따라 아주 짧은 기간 동안에 여러 마을과 계곡에서 러시아어로 인해 새롭게 변형된 수많은 언어형태와 방언들이 생겨났다. 코카사스에서는 각 마을이 각기 다른 언어를 사용하는 지역도 있다. 이에 마을 A와 마을 B의 주민이 서로 의사소통을 하고자 할 때에는, 이들은 자신의 마을 언어를 무조건 선택하지는 않는다. 그 대신에 이들은 또 다른 마을 C나 D의 언어를 사용하기로 결정하는 일도 흔히 일어난다. 가족 내부에서도 주제와 상황에 따라 다른 언어가 사용된다. 이에 아이들은 이미 여러 언어가 동시에 사용되는 환경하에서 자라난다. 그러나 물론 자신의 언어와 다른 언어를 사용하는 경우라도, 이에 대한 완전

한 언어능력이나 언어지식은 갖고 있지는 못한다 (이에 대하여는 다음을 참조하라. Wolfgang Schulze, *Das Alte im Neuene, Sprachliche Übersetzungsstrategien im Ostkaukasus*, in: *Sprachtod und Sprachgeburt*, Peter Schrijver/Peter-Arnold Mumm 〈Hrsgg.〉, Münchner Forschungen zur historischen Sprachwissenschaft, 2권, p. 251~277). 몇몇 일부 언어학자들은 언어의 천국인 이 코카사스 지역의 모든 언어들의 기원을 밝혀내려고 노력하고 있지만, 아직까지는 별다른 소득을 얻어내지 못하고 있다. 그럼에도 불구하고 이러한 노력은 계속되고 있다. 그렇지 않았다면 이를 찾고자 하는 노력은 이미 오래 전에 포기했을 것이다. 아브차조-아디기어Abchazo-Adygisch의 사용자들은 이 지역 원주민에게서 기원한 옛날 기저에 있던 주민계층에서 나온 후예일 것이다. 그러나 이 동코카사스어도 추측건대 아마도 오늘날의 북아제르바이잔 지역에서 생겨났던 하나의 언어에 기반을 둔 것일 수도 있다. 카르트벨어Kartvelsprache는 쿠라강의 상류지역인 므크크바리Mtqvari 지역과 코카사스 지역에서 뚜렷이 나타나 사용된다.

코카사스 언어군에서 나중에 생긴 언어변화는 무엇보다도 인도유럽어와 터키어의 영향 때문이다.

기원전 8세기와 기원전 7세기에 있었던 킴머리어족의 침입은 언어상의 측면에서는 특별한 흔적을 남기지는 않은 듯하다. 그러나 기원전 6세기에서 기원전 2세기까지의 그리스인에 의한 식민화는 특별히 조지아어Georgisch와 민그렐어Mingrelisch에 많은 차용어를 남겼다. 조지아와 아브차즈 해변에는 오늘날 아직까지도 폰트-그리스어Pontisch-Griechisch가 사용되고 있다. 기원후 1세기의 로마세력의 팽창은 몇몇 단어의 형태로서 우디어에 그 흔적을 남긴 것이 발견된다. 7세기의 알란인의 침입은 북코카사스의 중앙지역에 아주 끈질긴 영향을 남겼다. 이들은 사르마트인 및 스키타이인의 후예로서, 오늘날 동東이란어를 사용하는 한 종족인 오세트인의 조상이다.

다케스탄의 동남부와 아제르바이잔의 북동부에는 북北타티어Nord-Ta:ti:를 사용하는 그룹이 있다. 이는 페르시아와 친척관계에 있는 하나의 남서南西이란어에 속한다. 이 언어는 거대한 코카사스 산맥의 남동부 산록에 있던 중부페르시아의 병영들에서 사용되던 언어에서 발전되어 나왔다. 기원후 8세기에 있었던 아난 벤 데이비드Anan Ben David이 일으킨 유대인에 의한 개혁운동의 과정에서 많은 타티인이 이 유대인의 믿음을 받아들였다. 이들은 스스로를 '(탈무드를) 읽는자'라는 뜻을 가진 카라이텐Qaraiten이라 불렀다. 이들과 더불어 아르메니아계의 그리스도교 타티인과 무슬림계의 타티아인도 있다. 이로 인하여 이 언어에서 3개의 변이형태가 발전되어 나왔다. 8세기에는 아랍인들이 다게스탄의 언어에 영향을 주었다. 6세기에서 10세기에 걸친 터키계의 카자르인Chasaren의 침입은 커다란 변혁을 가져왔다. 코카사스 북부와 동부지역의 터키화는 이에 따른 결과였다.

13세기 전반부에 몽골인이 북코카사스에 침입하자 알란인의 헤게모니는 종식을 고하게 되었다. 당시 알란인의 거주 지역은 코카사스 북부에 있는 쿠반 강으로부터 다게스탄 지역에까지 뻗어있었다. 13세기와 14세기에 알란인은 오세트인으로 변신하여 코카사스 산맥의 남쪽 사면에 있는 칭발리Ckhinvali 지역인 친발리Tschinvali로 퍼져 나갔다. 이 시기에 터키계의 셀죽인이 아제르바이잔 지역에서 자신들의 위치를 확고히 했다. 이 터키어를 사용하는 종족이 남부러시아를 벗어나 이주해 나갔을 적에, 코카사스 북부지역에서는 카라차이인Karatschaier, 발카르인Balkarer, 쿠미크인Kumyken 등이 거주하고 있었다. 13세기에 중세시기의 킵착-터키인Kiptschak-Türken의 한 분파로서 갈려나온 노가이Nogay인이 북부코카사스 산록의 북동부 지역 안으로 이주해 들어왔다. 또 오이로트 몽골어Oyrot-Mongolisch인의 칼무크어Qalmuk를 사용하는 자들이 17~18세기에 북동부

코카사스의 산록 안으로 진출해 들어왔다 (이에 대하여는 다음을 비교하라. Georgij A. Klimov, *Einführung in die kaukasische Sprachwissenschaft*, Hamburg, Buske, 1994의 p. 21 이후; Wolfgang Schulze, *Person, Klasse, Kongruenz*, (Die Grundlagen Vol. 1, München, Lincolm, 1998 (이 부분에 대해서는 특히 2장의 p. 110~270이 동부 코카사스 지역에 대한 상세한 역사적 사항을 함께 제시하고 있다); Wolfgang Schulze, *Die kaukasischen Sprachen*, in: *La typologie des langues et les universaux linguistiques*, M. Haspelmath et al. 〈Hrsgg.〉, 2권 (HSK) Berlin, New York, Walter de Gruyter, 2001, p. 1774~1796; Wolfgang Schulze, *Lexikon der Einträge*, in: Wieser Enzyklopädie des Europäischen Ostens, Miloš Okuka & Gerald Krenn 〈Hrsgg.〉, (10권: Lexikon der Sppraсhen des europäischen Ostens) Klagenfurt, Wieser, 2002; Abasinisch, p. 843~850; Georgisch, p. 851~859; Kabardinisch, p. 861~867; Mingrelisch, p. 869~873; Swanisch, p. 875~881; Tscherkessisch, p. 883~890; Armenisch, p. 891~899; Osssetisch, p. 911~917; Wolfgang Schulze, *Das Alte im Neuen, Sprachliche Überlebensstrategien im Ostkaukasusa*, In: *Sprachtod und Sprachgeburten*, P. Schrijever/P. A. Mumm 〈Hrsgg.〉 Schriftreihe des Zentrums für Historische Sprachwissenscahft, München, Bremen, Hempen, 2004, p. 251~277; Wolfgang Schulze, *Towards a History of Udi*, in: International Journal of Diachronic Linguistics 1 (2005), p. 55~99).

코카사스에는 코카사스어계에 속하지 않는 3개의 언어그룹이 있다.

- 인도유럽어에 속한 러시아어, 우크라이나어, 아르메니아어, 오세트어, 쿠르드어, 북타티어, 폰트그리스어
- 터키계 언어들: 카라차이어Karatschay, 밀카르어Malqar, 노르가이어Norgay, 카라-바라크어Kara-Papq, 아체리어Azeri, 쿠뮈크어Qumüq
- 셈어: 신동부新東部아람어계 아이소르어Aisor

코카사스 지역의 다수 언어들은 아주 오랜 시기에 걸쳐 생성되어 나온 언어들이다. 이들은 오늘날 약 40개에 달한다. 그 주요한 언어들로 다음이 있다.

- 남부코카사스어

  조지아어Georgisch, 민그렐어Mingrelisch, 라즈어Laz, 스반어Svan

- 서부코카사스어

  아브차즈어Abchaz, 아바자어Abaza, 아디게이어Adyghey, 카바르다어Qabarda, 우비크Ubych[69]

- 동부코카사스어

  나키어Nachisch: 체첸어Tschetschen, 인구쉬어Ingusch, 바츠어Batsch;

  아바로-안드어Awaro-Andisch: 아바르어Awar, 안디어Andi, 보트릴크Botlich, 고도베리어Ghodoberi, 아크와크어Achwach, 틴디어Tindi, 차말랄어Tschamalal, 바그왈랄어Bagwalal, 카라타어Karata;

  체즈어Tzezisch: 체즈어Tsez, 베즈히타어Bezhita, 훈지어Hunzi, 히누크어Hinuch, 크와르시어Chwarschi;

  중앙지대의 언어: 라크어Lak, 다르그와어Dargwa;

  레츠그어Lezgisch: 레츠기어Lezgi, 타바사란어Tabasaran, 아굴어Aghul, 루둘어Rutul, 차쿠르어Tsachur, 크리츠어Kryts, 부드크어Buduch, 아르치어Artschi, 우디어Udi, 키나루그어Chinalug (이 언어는 레츠고이드어Lezgoid의 하나임)

69) 우비크어를 사용하던 마지막 생존자는 터키인 케브피크 에센크Tevfik Esenc (1904~1992)였다.

사어가 된 언어들

초기 역사시기의 많은 종족은 단지 그들의 이웃들이 언급한 사항만을 통해 알려지고 있다. 이들은 자신의 문자를 갖고 있지 않았거나, 또는 자신의 기록물을 오래 보존될 수 없는 자료에다 기록했기 때문에, 오늘날 그들에 대한 기록물이 전혀 남아있지 않다. 단지 이들이 다른 문화권의 사람들과 접촉한 경우에는 그들이 이때 남긴 기록물들을 통해서 비로소 이들에 대한 아주 제한된 자료를 접하게 된다. 이베리아어와 같은 일부 언어들은 읽을 수 있는 자료가 별로 남아있지 않은데다가, 그 태반의 내용이 아직도 해독되지 않고 있다. 그리고 일부 기록물에서는 어디에서 단어나 문장이 시작되고 끝나는지도 알아낼 수가 없어 해독에 큰 어려움을 주고 있다. 따라서 이들이 남긴 오래된 많은 기록물이 오늘날까지도 비밀의 베일에 가려져 있다.

이집트의 상형문자를 해독하기까지에는 수십 년간의 집중적인 연구가 있었다. 따라서 아직도 수수께끼로 남아있는 다른 언어들에 대해서도 앞으로 새로운 기록물이 발견되거나, 향후 해독을 위한 새로운 시도가 있기를 기대해 본다. 2003년 볼프강 슐체Wolfgang Schulze와 요스트 기페르트Jost Gippert는 기원후 6세기의 것으로 밝혀진 알루안인Aluan의 언어가 옛날 코카사스-알바니아어 계통의 고대우디Alt-Udi어에 속하고 있음을 밝혀냈다 (볼프강 슐체와 요스트 기페르트의 이 책은 2007년 벨기에의 투른호우트Turnhout 소재의 브레뽈리Brépolis 출판사에서 출간되었다. 또 http://www.ats.lmu.de/downloads/texte.php (2006. 07. 18.)에서 "우디어의 문장구조 인지적 차원"이란 제목의 PDF 논문 파일을 발견할 수 있다). 특히 같은 내용을 가진 한 문서에서 두 개의 언어로 기록된 소위 2중의 언어로 적힌 기록물이 발견된다면, 이는 아주 반가운 일이다. 왜냐하면 이중에서 한 언어의 텍스트가 해독되면, 이를 기반으로 하여 지금까지 해독되지 못한 다른 낯선 언어의 것을 알아낼 수 있는 기반이 되기 때문이다. 이 이중의 언어문서는 동시에 예전 이른 시기에는 한 정부나 하나의 행정구역에서 여러 언어들이 함께 사용된 일이 드문 현상은 아니었음을 알려준다.

오늘날 우리에게 사어로 전락한 많은 언어가 알려져 있다. 부르군드인, 헤룰러인, 게피드인, 반달인은 아무런 언어의 흔적을 남기지 않고 사라졌다. 고도의 마야 문명은 사라졌으나, 그의 후손들은 오늘날 옛날 마야 문명의 비문들을 통해 자신들의 조상들이 사용했던 언어의 옛날 형태를 찾아 낼 수가 있다. 이러한 경우에서 보듯이 사어가 된 많은 언어는 오늘날 여러 언어들의 옛날 형태일 수도 있다. 실질적으로 사어가 되는 경우는 한 언어가 어떤 통치자에 의해 지속적으로 박해를 받거나, 그 언어사용자들이 아주 짧은 기간 안에 멸절되었을 때에 일어난다. 후자의 경우로 타스마니아어Tasmenisch를 들 수 있다. 오스트레일리아 남쪽에 위치한 이 섬에서 살았던 이 언어사용자들은 유럽에서 들어온 질병에 의해 갑자기 몰살되었다. 아직까지 알려진 바로는 아나톨리아어Anatolisch와 토카르어Tocharisch도 오늘날 남아있는 어떤 언어에게서도 그 흔적이 발견되지 않고 있다.

인도유럽어권에서 사라진 언어들

베다Veda의 산스크리트어Sanskrit[70]

인도유럽어 중에서 아주 이른 시기에 기록된 언어로서 산스크리트어가 있다.

---

70) Robert Zydenbos, Sanskrit: Ewige Sprache der Götter, wiedergeboren und noch immer da, in: Sprachtod und Sprachgeburt, Peter Schrijver/Peter Arnold Mumm, (Münchner Forschungen zur historischen Sprachwissenschaft, Bd.2), Bremen, Hempen, 2004, p. 278~300 (이 책의 저자 하멜의 주).

이 언어는 아마도 기원전 2천 년대 중반에 아리아인이 인도 안으로 진격해 들어오면서 함께 가져왔으리라 생각된다. 당시 이곳에는 이미 드라비다어와 티베트-버마어와 아우스트로네시아계의 언어들이 있었다. 드라비다어는 산스크리트어에 지대한 영향을 끼쳤다. 기원전 2천 년대에 나온 베다어로 기록된 여러 송가들이 오늘날 발견되고 있다. 이와 더불어 법률 텍스트 또한 발견되고 있다.

산스크리트어로 쓰인 기록물들은 무엇보다도 종교와 관련이 있다. 종교예식을 위해 만들어진 이것들은 신적인 것과의 소통을 유지하고 또 신과의 접촉이 위협받지 않으려면, 아주 꼼꼼하게 기록되어야만 했다. 그리하여 이에 사용되는 언어는 절대적으로 중요하여, 어떠한 상황에서도 결코 변경되어서는 안 되었다. 이러한 이유로서 "이 언어는 '*신들의 목소리*'이기에 어떠한 경우라도 그 문법에 절대적으로 꼭 맞춰져야 한다."라고 기원전 400년경에 인도의 학자 파니니Panini는 말하였다. 이에서 벗어나는 어떠한 것도 신에 대한 모독이자 악마가 하는 행위와 같은 것이었다.

시간이 지나면서 산스크리트어는 점점 더 정교해졌다. 즉 점점 더 복잡해지고, 섬세해지고, 가식적이게 되었다. 그리하여 너무나도 기교적으로 바뀌어서, 결국은 몰락하게 될 수밖에 없는 너무나도 인위적인 언어가 되었다. 왜냐하면 너무나도 부자연스러워져서, 그 문법형태를 배우기가 아주 어려워졌기 때문이다.

베다의 언어는 기원후 7세기에 크게 꽃을 피웠다. 그러나 그 후에 점차 각 지역별 언어들에게로 언어사용의 중심이 옮겨졌다. 각 지역의 제후들은 자신들의 언어로 된 문학을 진흥시키는 데에 힘썼다. 이에 산스크리트어의 사용은 점차 줄어들었다. 단지 종교와 학문 분야의 엘리트와 귀족출신의 엘리트만이 산스크리트어를 충실히 사용했다. 산스크리트어는 여전히 신의 말씀과 점성술과 자연에 관한 학문 등과 같이 지역적인 차이를 넘어서는 고전적 학문을 공부하기 위한 하나의 매개체였다. 그러나 산스크리어를 사용하는 시인들은 여전히 고대시기의 사고방식에 안주하였기에, 이것이 이 언어의 발전에 장애가 되었다.

오늘날 지금 인도의 산스크리트어는 학위논문의 작성에 이용하기도 하면서 현대어에는 외래어를 공급하는 역할을 해 온 서방세계에서의 라틴어와 비슷한 역할을 하고 있다. 이에 덧붙여 산스크리트어는 전통이란 절대 변하지 않는다는 것을 대변해 주는 역할을 하면서, 모든 언어 중에서 가장 성스러운 언어로 간주되고 있다. 최근 이 언어를 다시 매력적인 언어로 만들려고 문법구조를 단순화하여 배우기 쉽게 하려는 노력이 경주되고 있다.

최근 인도인의 하위 계층에 속하는 카스트들은 영어를 선호하고 있다. 그러나 산스크리트어는 사회적인 면과 경제적인 면에서는 아직도 인도가 가진 정체성의 상징으로서 간주되고 있다. 이밖에 과격한 우파와 외국인 혐오자들에게서는 학문어로도 선전되고 있다. 모든 축문을 위한 기록물에서는 아직도 이 언어가 굳건한 위치를 고수하고 있다. 그리하여 지금도 공식적인 문서와 행운을 비는 문구와 휴가 청원서는 산스크리트어로 작성되고 있다. 거리의 가판대에서는 산스크리트어로 된 신문, 잡지, 만화 등이 팔리고 있다. 그리고 마돈나는 1988년 샨티 아쉬탕기Shānti aştangi[71]란 노래를 부를 정도였다. 이렇게 산스크리트어의 역사는 아마도 아직은 끝나지 않고 좀 더 지속될 것 같다.

71) 이는 1998년 마돈나가 부른 "빛의 섬광Ray of Light"이란 앨범에 수록된 노래이다. 샨티Shānti는 내면의 평화를 뜻하는 산스크리트어 말이다.

랑고바르드어Langobardisch[72]와 고트어Gotisch[73]

스트라본Strabon은 수웨비족Sueben을 랑고바르드족의 한 분파로 보면서 다음처럼 기술하고 있다. 그에 따르면 이들은 라인강와 엘베강 사이에 살았다가, 로마인을 피해 엘베강을 건너 동쪽으로 피신했다. 프톨로마이오스는 랑고바르드족을 엘베강 하류에 사는 하나의 작은 종족으로 기술하고 있다. 타키투스의 시기에는 이들은 케르스크족Cherusker과 이웃하여 살았다. 기원후 400년이 되어서야 비로소 마르코만족Markomanen 전사들과 연관되면서, 이들은 다시금 역사의 무대에 등장한다.

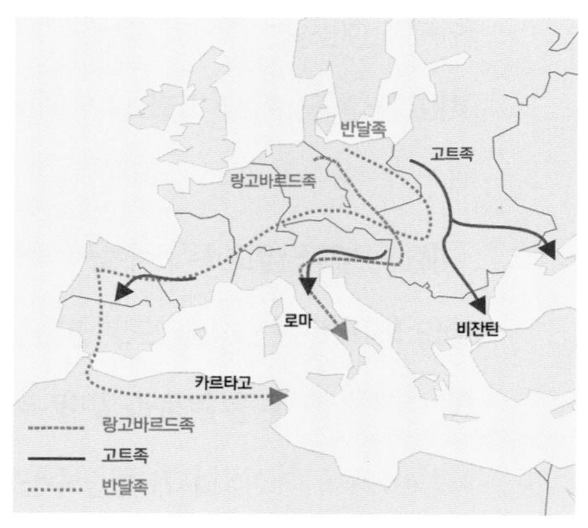

3-49_ 랑고바르드족, 고트족, 반달족의 이주경로

이들 종족은 자신들이 근거지로 삼았던 지역에서 발생하였다고 하는데, 이는 이들이 문화적인 중단 없이 한 지역에서 계속 머물러 있었음을 말해준다. 고고학적으로 볼 때에 랑고바르드족이 다른 종족들과 크게 다른 점은 화장하는 매장의 관습이다. 이들은 엘베강의 지류들을 따라가면서 정주했다. 이웃 종족들과의 경계선은 명확하지가 않다. 그런데 외래요소의 영향을 받은 증거는 보이지 않는다. 기원후 160년부터 랑고바르드족의 지역에서

72) 랑고바르드어에 대하여는 다음을 비교하라. Volker Bierbauer: Frühe langobardische Studien in Italien, in: I Langobardi dei ducati di Spoleto e Benevneto, Atti del XVI Congresso internationale di studi sull'alto medioevo, Spoleto, 2003, p. 29~77; ders., Zur ethnischen Interpretation in der frühgeschichtlichen Archaäologie, in: Die Suche nach den Ursprüngen. Von Bedeutung des Frühmittelalters, W. Pohl 〈Hrsgg.〉, Wien, Verlag der Österreichischen Akdademie der Wissenschaften, 2004, p. 45~84.

73) 고트어에 대하여는 다음을 비교하라. Volker Bierbauer, Archäologie der Langobarden in Italien: Ethnische Interpretationen und Stand der Forschung, in: Die Langobarden. Herrschaft und Identität, W. Pohl/P. Erhart 〈Hrsgg.〉, Wien, Verlag der Österreichischen Akademie der Wissenschaften, 2004, p. 21~65; ders., L'insediamento del periodo tardoantico e altromedievale, in: Italia langobarda, G. C. M. Enis 〈Hrsgg.〉, 1994, p. 121~174). 이상은 이 책의 저자인 하멜의 주이다.

3-50_ 기원후 600년경의 은으로 도금된 랑고바르드인의 걸이형 옷핀. 동물 문양과 원형모양의 좁은 밴드로 장식되어 있다.

거주하던 인원이 갑자기 줄어든 것으로 보아서는, 이들이 남쪽으로 이주를 떠났음을 보여준다.

기원후 400년 이후의 시기에 랑고바르드족이 어떤 방향으로 이주하였는가를 보여주는 명확한 고고학적 유물이나 기록은 보이지 않는다. 그러나 무덤 양식과 같은 주요 판단 기준이 되는 유물로서 판단해 볼 때에, 이들이 이주해 간 방향은 예전에는 사람이 살지 않았던 알트마르크Altmark[74] 지역이었다. 그 이후로 랑고바르드족은 매장문화로 옮겨갔다. 학식이 높은 승려이자 시인이었던 파울루스 디아코누스Pauls Diaconus (기원후 ~725-~797)는 자신의 저서인 '*랑고바르드인의 역사*'에서 이들이 판노니아 평원으로 이주해 갔다고 적고 있다.

랑고바르족은 튀링엔과 뵈멘을 지나 도나우 지역에 들어섰다. 문서로 기록된 바에 따르면, 이들은 489년 이후에 루기족Rugier이 사는 지역에 들어섰다. 고고학적인 면에서 살피면, 브륀너 분지Brünner Becken와 타야Thaya지역이 이들이 머물었던 지역으로서 또한 포함된다. 남자들의 무덤에 무기들을 부장하는 매장관습이 새로이 도입되었고, 여자들의 무덤에서는 옷을 여미는 옷핀들이 발견되고 있다. 파울루스가 적은 바에 따르면, 도나우 지역으로부터 15만 명에서 20만 명 정도의 랑고바르드인이 옛날 로마의 군사도로들을 따라서 오늘날의 이탈리아의 프리아울과 베로나 지역에 들어섰다. 이들이 이주한 시기는 기원후 568년으로 추정되고 있다. 이들의 문화는 당시 이탈리아에 살던 원주민의 문화와는 커다란 차이가

74) 독일의 작센-안할트 주의 북쪽에 위치한 엘베강 하류의 한 지역

있었다. 이들의 이주흔적은 오직 무덤에서 발굴된 유물로만 확인된다. 랑고바르드족은 비잔틴 제국의 영토 밖에서 정주하였는데, 이때 이들은 기름진 농토지역을 선호했다. 이들은 전략적으로 중요한 도로변에 요새를 세웠다. 이탈리아의 남쪽지역으로 갈수록 이들의 흔적은 점차 엷어지고 있다.

랑고바르드족이 로마인 주민들에게 점차 동화되어 간 모습은 이들의 무덤양식을 통해 확인된다. 랑고바르드족 여자의 의상에서는 아주 이른 시기부터 로마화가 진척된 모습을 보이고 있다. 여자들은 로마인의 옷핀을 사용했다. 630년경이 되면 랑고바르드인의 여자들 무덤에서 더 이상 전형적인 랑고바르드식의 부장품이 발견되지 않고 있다. 630년경에는 랑고바르드인 남자들의 무덤에 부장품으로 무기를 넣어주던 관습도 사라졌다. 이 시기부터 랑고바르드인의 무덤들은 그 양식에 있어서 로마인의 무덤들과는 더 이상 구분되지 않는다.

랑고바르드인은 이교도로서 이탈리아 안으로 들어섰기에, 주교들은 교회의 모든 행정요원들과 함께 이들로부터 도망쳤다. 그러나 랑고바르드인이 점차 지중해의 문화에 적응하면서 대립보다는 공존이 이루어졌다. 가톨릭 신앙이 이들에게서 받아들여진 징후로서는 무덤 내부에서 금편으로 만든 십자가가 시신의 이마 부분이나 입의 위치 부분에서 발견되는 데에서 알 수 있다. 물론 이 십자가에는 이교도 특유의 동물 형상들이 그려져 있다.

이탈리아에서 랑고바르드어는 10세기에 사라졌다. 롬발르디아Lombardei란 명칭은 랑고바르드인의 명칭에서 나온 것이다. 랑고바르인의 법을 라틴어로 번역하는 과정에서, 몇몇 랑고바르드인의 법률 용어들이 받아들여졌다. 이는 오늘날 이탈리아어에서 아직도 발견되고 있다 (이에 대하여는 도표 3-44을 보라).

고고학적 측면에서 판단하면, 고트인은 기원후 1세기로부터 기원후 230년까지 처음에는 폼머른의 북부 지역과 비흘라강 하류지역에 퍼져있던 '빌바르크Wielbark 문화'와 연관이 있다 (Reallexikon der germanischen Altertumskunde, Beck, Heinrich/Steuer, Heiko/Timpe 〈Hrsgg.〉, Dieter, Berlin-New York, Walter de Gruyter, 1967ff, Band 12: Goten). 이 문화가 비게르만어의 문화권에 둘러싸여 있었음은 그들의 독특한 부장품을 통해 알 수가 있다. 여기에서의 남자들 무덤에서는 부장품이 적어지고 무기는 들어 있지 않다. 반면에 여자들의 무덤에서는 특이하게도 부장품이 풍부하게 들어가 있다. 여자들이 입은 옷의 전형적인 양식은 어깨부분에 한 쌍의 옷핀이 있고, 또 가슴부분에도 또 하나의 옷핀이 놓인 것이다. 여기에다가 허리끈에는 여러 부속 장식물이 달리고, 진주로 된 끈을 가진 청동 팔찌가 놓여있다. 이밖에 이들의 토기에서도 빌바르크 문화의 또 다른 특색이 보인다.

카시오도르Cassiodor[75] (기원후 ~485-~580)는 12권으로 된 자신의 '고트인의 역사'에서 고트족의 역사에 관한 것을 적어놓았다. 이 책은 오늘날 요르단네스Jordannes[76] (기원후 ~500-?)가 551년 콘스탄티노풀에서 발간했던 책인 '*De originee actibuque Getarum* (약칭 'Getica)'에서 단지 요약된 부분으로만 전해 내려온다. 이곳에서는 "여러 민족이 몰려 살았던 스칸차Scandza섬으로부터 고트인이 벌떼처럼 로마 영내로 밀려들어왔다."고 적혀 있다. 그런데 고대 역사학자들이 언급한 이런 지명들이 오늘날 어디인지는 알아내기가 어렵다. 스트라본Strabon은 자신의 책 '지리학'에서 고트족보다 더 동쪽에서 이웃으로서 살았던 이들로서는 셈노넨Semnonen족과 루기어Rugier족을 언급하고 있다 (Strabon, Geogrphica, 7,1,3). 플리니우스Plinius der Ältere는 기원후 77년에 펴낸 37권으로 구성된 자신의 저서 '역사기본서Naturalis historiae'에서 고트족을 반달족의 한 일파라고 적고 있다. 프톨로마이오스Ptolomaios는 이들이 루기어족Rugier과 바비트족Babiten과 같은 해변에 살던

75) 학자이자 저술가이면서 또 정치가로서 동고트왕 테오도리히 치하에서 세나토 의원이었다.

76) 이 저자는 원래 고트족 출신으로 알려져 있다.

종족의 일원으로서 스칸디나Skandia섬 (오늘날의 스칸디나비아)에서 살았던 고우텐Gouten족이라고 적고 있다. 따라서 타키투스가 '게르마니카Germanica'에서 언급한 것이 사실로 확인되고 있다. 즉 타키투스는 고트족이 루기어족의 바로 북쪽에서 발틱 해변을 따라 가면서 살았다고 적고 있다. 이 명칭의 약화된 형태인 '구토네스Gutones'는 기원후 1000년대 이후까지 로마와 그리스의 저술가들이 사용하고 있다.

고트족이 자신들의 역사에 대해 서술한 바처럼, 이들이 스칸디나비아에서 출발하여 이주하였다는 것은 고고학적으로는 아직도 입증되지 않고 있다. 적어도 그 해당시점에서는 그러하다. 오히려 빌바르크 문화가 형성되기 이전에는 이미 이곳 주민들 간에는 끊임없는 이동이 있었다. 때때로 사람들이 스칸디나비아로부터 발틱해 남쪽지역에 들어와서 살았는데, 이들이 무덤에 넣는 부장품은 다른 곳의 그것들과는 확실히 달랐다. 따라서 고트족이 스칸디나비아로부터 이주해 들어왔다면, 이는 훨씬 더 이른 시기였음이 틀림없다.

자신들이 살던 농토의 지력이 다 하거나 또는 사는 공간이 협소해지게 되면 고트족은 자신들의 거주지를 바꾸었다. 이의 각 단계가 어떻게 이뤄졌는지에 대하여는 오늘날까지 완벽히 재구성해 내지 못하고 있다. 근거지에 살았던 주민들의 인구밀도가 높아지면서, 이들은 남쪽에 있는 모래투성이의 지대로 퍼져 나가면서 폴란드에까지 이르렀다. 또 동쪽으로는 파사르게Passarge 강에까지 진출했다. 2세기에는 이들은 3세대에 걸치는 기간 동안에 모두 비슬라강 중류의 동쪽 지역으로 이주해가서는, 그곳에 있던 반달족의 프르츠보르스크Przworsk 문화를 밀쳐냈다. 이때 사람들은 원래의 근거지에 남아있던 고트족 주민들을 게피드족Gepiden이라 불렀다. 이는 '너무나도 늦게 도착한 자'란 뜻이다. 동일한 시기에 고트족은 볼히니엔Wohlhynien과 우크라이나 지역에도 도달했다. 이때 주거지를 옮기는 일이 아주 평화롭게 진척된 것은 아니었고, 이때 고트족은 도처에서 약탈하고 방화했다. 3세기에 고트족의 다른 상당 부분이 또다시 이들을 뒤따라서 이주해 들어왔다.

전통적인 연구에서는 빌바르크 문화가 현지에서는 체르니야초프Černjachov문화로도 불린다. 체르니야초프 문화는 루마니아에서도 또한 퍼져 나갔다. 그곳에서는 신타나 드 무레쉬Sîntana de Mureş문화로 알려져 있다. 기원후 291년에 동고트족 (일명 그레우퉁이-오스트로고티Greutungi-Ostrogothi)과 서고트족 (일명 테르빙이-베시Tervingi-Vesi)으로 나뉘어 있던 사실이 확인되고 있다. 요르단네스는 자신의 저서인 '게티카Getica'에서 동고트족은 자신들의 왕이 죽자 서고트족으로부터 떨어져 나왔다가, 후에 훈족의 지배하에 들어갔다고 적고 있다. 그러나 이들이 어디에 정주해 살았는지는 확실하지 않다. 서고트족은 로마령인 다키아의 넓은 지역에 거주하면서 자신들의 문화를 줄곧 지켜나갔다. 단지 다키아-카르파티아에서 이들은 토기를 손으로 만드는 방법을 현지 주민들의 시장에서 익혀 배웠다.

기원후 370년에서 380년까지는 방화와 약탈과 파괴의 시기였다. 이런 사실을 고고학자들은 깨어진 조각파편들과 방화의 흔적을 통해 알아내고 있다. 이는 훈족의 침입 때문이다. 이들은 상당 기간에 걸쳐 고트족의 흔적을 지웠다. 이 시기의 고트족에 대한 기록으로 전해 내려오는 것은 아무 것도 없다. 동고트족의 일부는 크림반도에 잔존해서 머물러 있었다. 이는 그곳에서 6세기까지 이들의 의복과 장신구가 발견되고 있는 데에서 알 수 있다. 376년과 5세기 초반 사이에 동고트족은 다른 동東게르만족들과는 고고학적으로 구분되지 않고 있다. 따라서 이들의 흔적을 별도로 알아낼 수가 없다. 동고트족은 488년에서 552년 사이에 이탈리아로 들어갔다. 이들이 도나우지역의 어느 곳에서 출발하였는지는 오늘날 확실하게 알지 못한다. 이탈리아에 있는 이들의 존재는 그들의 무덤이 보여주는 특유한 장례양식을 통해 알아볼 수가 있다. 동고트족은 이탈리아에서는 시골 지역에서 살았다. 이들은 군사요새를 만들어 그곳에 군대를 주둔시켰다. 그런데 심지어 로마 도시에 아주 가까운 반경 안에서도 이들의 요새가 있었다.

이들이 나중에 로마화된 사실은 이들의 무덤양식을 통해 뚜렷하게 알 수 있다. 동고트족은 처음에는 로마인의 묘지에 자신들의 사람들을 그리스도의 관습에 따라 묻었다. 다만 이때 이교도식의 부장품을 함께 넣었다. 그러나 6세기에는 이들은 더 이상 부장품을 넣지 않았다. 그리고 그리스도교를 믿는 로마인이 행하던 방식에 따라서 부장품이 없는 무덤을 만들었다. 그 이후에도 동고트인의 이름을 가진 무덤들이 발견되고 있기는 하나, 이것들은 이제는 완전히 로마의 매장방식을 따르고 있다.

체르니아초프Černjachov문화와 신타나 드 무레쉬Sintana de Mureş문화가 끝난 것은 서고트인이 물러났음을 보여준다. 문서에 기록된 사료에 따르면, 서고트인은 알라리히Alarich왕의 통솔 하에 불가리아와 루마니아 있던 자신들의 근거지로부터 로마를 향해 약탈을 위한 진격을 시작했다. 이들은 자신들의 근거지의 대부분을 포기하고 376년에 도나우강을 건넜다. 410년 8월에 알라리히가 로마를 정복한 사실은 역사서에 기록되어 있다. 이들이 아프리카로 넘어가려던 시도는 좌절되었다. 알라리히가 죽은 이후에는 그의 처남인 아타울프Athaulf가 고트족을 남부갈리아 지역으로 이끌고 갔다. 그리고 그곳에서 톨루즈Toulouse를 수도로 한 톨로산Tolosan 왕국을 건립했다 (Herwig Wolfram, *Die Goten*, München, C. H. Beck, 1990).

5세기 후반에 이르러서야 비로소 서고트인이 이베리아반도에 다시 나타난다. 494년부터 이들이 이 지역을 점거했던 증거가 보인다. 즉 셉티마니아와 구舊카스탈리아와 신新카스탈리아 지역에 있는 묘지들이 전형적인 고트인의 무덤양식을 보이고 있기 때문이다. 이들은 기원후 578년에 이곳의 마드리드 남쪽 지역에 자신들만의 최초 도시인 레콜폴리스Reccopolis를 세워 수도로 삼았다고 한다.

스페인에서 이들은 자신들의 거주지로서 시골생활의 방식을 행할 수 있는 지역을 선호했다. 비잔틴 양식의 혁대가 대규모로 교역된 것은 이들이 로마화된 최

랑고바르드어와 동고트로부터 이탈리아에 들어온 차용어		
	랑고바르드어	**동고트어**
전쟁과 무기에 관한 용어	*srale* (화살) *fante* (보병) *sgehrro* (두목, 강도) *arimanno*(전사)	*arringo* (무술시합 경연장) *astio/aschio* (다툼, 싸움) *stroicciare* (두들겨 패다, 밀치다), *samlvir* (구타하다, 갈아 뭉개다) (방언에서만 나타남) *schippire* (빠져 나오다)
법률용어	*novigildo* (금전으로의 배상, 9배의 금액으로 배상) *guidrigildo* (보상) *manigoldo* (깡패) *guiffa* (법적 소유의 표시) *colla* (고통, 고문)	
국가정체와 사회생활	*gastaldo* (행정관) *scerfa* (혼수, 지참금) (방언에서만) *guattero* (부엌의 일꾼, 경비병)	
가정경제와 가옥건축에 관련된 용어	*stramberga* (판자집) *balcon* (발코니) *scranno* (개암나무) *guado* (바이드waid 꽃) *spalto* (출입구, 돌출된 창)	*baita* (오두막) *tovaglia* (식탁보) *hastro* (끈) *stecca* (목마) *stanga* (막대기) *rocca* (실을 감는 패) *tasca* (주머니)
일상 생활과 그용품	*guancia* (종아리) *stinco* (정강이 뼈) *sarnac (chi)are* (코를 골다 (방언에만)) *zazzera* (머리카락)	*fiasco* (병) *rappa* (마차의 사람이 타는 곳) *ratire/arratitire* (소리 지르다)

도표 3-44

초의 징후이다. 기원후 589년에 고트인은 가톨릭으로 개종한다. 6세기의 늦은 후반에서부터 7세기 전반의 시기에는 고트인의 여자들 무덤에서 더 이상 부장품을 넣지 않았는데, 이는 로마화의 영향 때문이었다. 7세기 말에 이들은 결국은 히스파니아인이라 불리면서, 더 이상 고트인이라고 불리지 않는다.

이탈리아에서 랑고바르드인과 동고트인이 한때 있었던 사실은 이탈리아에 들어온 이들의 언어 차용어를 통해 알 수가 있다. 이런 단어들이 나타나는 생활영역을 통해, 이들 이주자들이 어떠한 사회생활을 하였는지를 보여준다. 물론 나중에 이들 단어 상당수가 프랑크어인 갈로로만어로부터 들어온 차용어들에 의해 밀려나게 된다.

이탈릭어 Italisch

많은 언어학자는 이탈릭어와 켈트어가 원래는 같은 그룹에 속했다는 견해를 갖고 있다. 이탈릭어는 처음에는 북해연안 지역에서 켈트어와 게르만어는 아주 가까운 이웃이었다. 이러한 사실은 이들 언어들에 앞서 있었던 공통의 기저어로부터 받아들인 차용어를 통해 확인된다. 예를 들면 최상급을 나타내는 명사 접미어 +-ismo가 이탈리아어와 켈트어에서 공통적으로 나타나고 있다 (이에 대하여는 다음을 참조하라. Warren Cowgill, *Italic and Celtic Superlatives and the Dialects of Indoeuropean*, in: *Indo-European and Indo-Europeans*, George Cardona/Henry M. Hoenigswald/Alfred Senn 〈Hrsgg.〉, Philadelphia, Univ. of Pennsilvania Press, 1970, p. 113~153).

기원전 2000년대 말 쯤에 이탈릭어를 사용했던 자들이 알프스산맥을 넘어 이탈리아로 들어선 것으로 추측되고 있다. 그리하여 이탈릭어 방언들은 이탈리아 반도의 전역으로 퍼졌다. 이들 중의 하나로서 오늘날의 팔레스트리나Palestrina 지역에서 사용되었던 프레네스틴Pränestinisch 방언은 기원전 6세기에 만들어진 아주 오래된 비명을 통해 자신의 존재를 보여준다. 팔리스크어Faliskisch는 에트루리아인 거주지의 남쪽에 있는 팔레리Falerii 지역에서 사용되었다. 이탈릭어 방언들 중에서 도시 로마가 사용한 라틴어는 다른 여러 많은 방언 중의 하나에 불과했다. 나중에 이들의 정치적 입지가 커지면서, 라틴어는 주도권을 갖게 되었다. 이탈릭어 방언들은 라티노-팔리스크어Latino-Faliskisch와 사벨어Sabellisch (일명: 오스키-움브르어Oskisch-Umbrisch)의 두 개의 큰 그룹으로 나뉜다. 사벨어는 극히 적은 기록물만을 보인다. 오스크어는 로마의 동쪽과 남동쪽, 삼니움, 캄파니아, 아풀리아, 루카니아 등지에서 사용되었다. 이 언어로 쓰인 여러 기록물이 특별히 카푸아, 폼페이, 반티아, 아벨라에 등에 남아있다. 움브르어는 로마의 북쪽지대에서 사용되었다. 이 언어로는 지금까지 몇 개의 작은 비명들과 더불어, 아직도 그 시기가 확인되고 있지 않는 '이구빈 동판들Iguvinische Tafeln'[77] 위에 적혀있는 텍스트가 남아 있다. 이 텍스트에는 희생예식에 관한 내용이 적혀있다. 이 기록물은 기원전 시기에 만들어진 것으로서, 여기에 쓰인 문자는 라틴어 알파벳과 부분적으로 일치하고 있다. 사빈어Sabinisch와 마르스어Marsisch와 같은 북부와 북동부 지역의 다른 이탈릭어 방언의 기록물은 오늘날 거의 전해 내려오고 있지 않다.

3-50a_ 이구빈 동판

이탈릭어 안에 있는 방언 상의 차이는 상대적으로 크지는 않지만, 원인도유럽

77) 7개의 청동 판으로 구성된 인구빈청동판 (영어로는 Eugubian Tablets)은 1444년 오늘날의 구비오Gubbio에서 발견되었다. 이 지역은 옛날 인구비움Inguvium이라 불리던 곳이었다. 이중에서 가장 오래된 청동판은 기원전 3세기에 움브리어 알파벳으로 작성되었고, 가장 나중 시기의 것은 기원전 1세기에 라틴어 알파벳으로 작성되었다. 이 청동판에는 인구빈에서 주피터 신을 섬기며 주요한 정치적 역할을 했던 12명의 사제 그룹이 행한 종교예식의 방법이 적혀있다.

어와는 뚜렷한 차이를 보이고 있다.

로마인의 라틴어와 그 흔적들[78]

이탈릭어 방언 중의 하나인 라티노-팔리스크어 그룹에서 가장 주요한 언어가 당시 로마에서 사용되던 하나의 방언이었던 라틴어이다. 나중에 세계어로서 지위를 얻게 되는 라틴어는 기원전 3세기 후반에 이르러서야 비로소 비교적 큰 텍스트의 형태로서 나타난다. 이는 고대시기의 플라우투스Plautus[79]로부터 나중에 문체어의 표준어가 된 버질[80]과 키케로[81]의 고전라틴어로까지 발전하였다. 페니키아인이 지중해를 누비고 다닐 시기에 로마인은 야만인에 불과했다. 에트루리아인과 그리스인 및 페니키아인으로부터 받은 영향으로 로마인은 문화적으로 크게 발흥한다. 그리고 유럽에서의 우위를 점하게 된다.

그런데 로마인은 게르만인을 야만인으로 보았다. 로마인은 이들에게 건축기술을 전수하고, 이에 필요한 Fenster (창문), Mauer (벽)과 같은 개념들을 알게 해주었다. 게르만인은 로마인으로부터 배와 버찌와 같은 과수작물의 열매 명칭을 받아들였다. 그러나 이러한 명칭들은 원래는 로마인 자신의 것은 아니었다. 많은 문화에 관한 다른 용어들처럼 이것들은 그리스어로부터 라틴어에 들어온 것이었다. 이것들은 인도유럽어에서 기원한 것이 아니다. 왜냐하면 인도유럽어에 이들의 어원이 있지 않기 때문이다. 복숭아는 기원전 3000년대에 이미 중국에서 재

78) 이에 대하여는 다음의 것을 참고하라. Wilfried Stroh, Ein unsterbliches Gespenst Latein, in: Sprachtod und Sprachgeburt, Peter Schrijever/Peter Arnold Mumm, Münchner Forschungen zur historischen Sprachwissenschaft, Bd. 2, Bremen, Hempen, 2004, p. 77~107).

79) BC 250~BC 184년의 로마의 희곡 작가이다.

80) 푸블리우스 버질리우스 마로Publius Vergilius Maro, BC 70~BC 19. 아우구스트 시기의 로마의 시인이다.

81) 마르쿠스 풀리우스 키케로Marcus Tulius Cicero, BC 106~BC 43. 로마의 정치인이자 연설가로 수많은 철학 문서와 연설문을 작성하였다.

배되던 것이었다. 이는 아주 이른 시기에 중국과 문화적인 교류가 있었음을 시사하지만, 이에 대한 상세한 사항은 아직도 알려져 있지 않다. 이 과일은 페르시아를 거쳐 유럽에 들어온 것이라서, 중세라틴어에서는 *페르시카persica*, 즉 *'페르시아의 과일'*이란 뜻을 갖게 되었다. 로마인은 유럽의 광범위한 지역을 자신의 영토에 편입시켰다. 이때 이들은 자신들의 군사적 우위를 이용하여 수많은 다른 종족들에게 중앙집권적 통치와 더불어 자신의 언어를 사용하도록 강요했다. 라틴어에서 파생되어 나온 달마티아 지역의 여러 방언들은 19세기 말 이후로는 사어가 되었다. 북아프리카 지역에서 사용되던 방언들에도 똑같은 운명이 일어났다. 라틴어가 이미 사어가 되어버려서 더 이상 존재하지 않았을 시기에야 비로소 로만어 계통의 다양한 언어들이 생겨났다. 이중에서 포르투갈어, 스페인어, 프랑스어, 카탈로니아어, 프로방스어, 레토로만어, 사르디니아어, 이탈리아어, 루마니아어, 아로문어 등이 오늘날까지 살아남았다. 오늘날 아로문어는 발칸반도 지역에서 단지 하나의 변방 언어로서 겨우 잔존하고 있다. 이들 언어들은 여러 기저어들을 기반으로 하여 만들어지면서, 언어상에서 오늘날과 같은 다양한 차이를 보이게 되었다. 오늘날 프랑스어의 경우에는 현지 주민이 사용하던 로만어에다가 당시 관청어였던 라틴어가 뒤섞이면서 생겼다. 이들 모든 언어에게서는 이중의 언어형태가 하나의 단일어로 진척되는 과정을 자세히 엿볼 수가 있다. 그러나 켈트어의 경우는 그러하지 못하였다.

언어학자 페터 쉬라이버는 브리타니아 섬에서의 몇몇 특이한 음운변화 현상을 밝혀냈다. 브리타니아에서 살던 켈트인의 언어에서는 장음인 ā가 존재하지 않았다. 이에 라틴어에서 이 음과 가장 가깝게 발음되는 모음인 æ가 선택되어 사용되었다. 그 외의 일련의 특이한 음운들이 켈트인의 입을 통해 발음되면서 라틴어 안으로 들어갔다. 이 시기에 라틴어 전체에서 새로운 변화가 생겨났는데, 이에 켈트어 사용자들이 어떠한 계기를 제공했는지는 아직도 확실히 규명되지는 않고 있다 (이에 대하여는 다음을 참조하라. Peter Schrijver, *The Reflexes of the Proto-Indo-European Lanrygeals in Latin*, Leiden Studies in Indo-Europeans, 2, Amsterdam/Atlanta, Rodolpi, 1991).

이 점에 대하여는 지금까지도 단테가 말한 견해가 계속 받아들여지고 있다. "로마인은 집안에서는 소위 통속라틴어Vulgärlatein을 사용했다. 그러다가 이들은 나중에 문법을 가르치는 선생님이나 문법을 지키는 사람들을 통해 문서라틴어 Schriftlatein를 습득하게 되었다." 그러나 문장을 철저히 분석하면서 주어와 술부와 목적어 등을 찾아내야만 하는 이런 어려운 언어가 일상생활에서도 사용되었다고 보기는 어렵다. 뮌헨대학의 교수로 라틴어를 유창하게 구사하는 빌프리드 슈트로Wilfried Stroh는 지난 수백 년 동안에 라틴어 수업은 언어에 대한 구사능력을 얻게 만드는 방향으로는 결코 행해지지 않았다고 주장한다. 그러면서 다음과 같은 견해를 피력하고 있다. "라틴어는 수학 방정식과 같은 것이었다. 오직 정신 훈련의 목적으로 이 시체와 같은 죽은 언어를 철저히 해부하는 데에만 전력을 기울였을 뿐이다. 우리는 지금 이 죽은 언어인 라틴어가 갖고 있는 문제점만을 가지고 씨름하고 있다." (이에 대하여는 다음을 참조하라. Wilfrid Stroh: *Ein unsterbliches Gespenst*, in: Peter Schrijver/Peter Arnold Mumm 〈Hrsgg.〉, *Sprachtod und Sprachgeburt*, Münchner Forschungen zur historischen Sprachwissenschaft , Bd. 2, Bremeen, Hempen 2004, p. 77~107)

오늘날 라틴어를 죽은 언어로 보아야 할지의 여부는 이 언어가 언제부터 사어가 되었는가와 함께 격렬한 토론이 벌어지고 있다. 확실한 것은 이 언어가 기원이 시작되는 시기부터 기원후 2000년대와 3000년대의 수많은 세기를 거치는 동안에 크게 변화하여 왔다는 사실이다. 이 기간 동안에 이 언어는 아직도 살아있었다. 따라서 이 언어는 줄곧 변화하여 왔다. 그러나 이 언어는 나중에 더 이상 거의 변화하지 않았다. 다만 clusura tractilis 'Reißverschluss (지퍼)'와 같은 예에서 보이듯이, 최근에 새로운 창조어Neuschöpfung를 만들어낸 것과 같은 처절한 시도가 있기는 했다. 그러나 더 이상의 발전적인 방향으로의 개선은 없었다. 이런 측면을 감안하여 이 언어의 죽은 시기를 결정해야만 할 것이다. 슈트로의 견해에 따르면, 고전시기의 위대한 작품들이 보여주었던 라틴어의 아름다움과 완벽함을 무조건 지키고자 했던 자들이 이 언어를 죽음으로 몰아갔다. 즉 소위 라틴어의 *'선생님이자 지킴이'*들이었던 것이다. 이들의 눈에는 이 언어를 변형시키는 것은 절대로 용납할 수 없는 탈선이었다. 이리하여 이런 언어의 지킴이들이 이 언어를 죽음으로 이끈 감시자가 되었다.

이후 라틴어는 극소수 교양계층만이 사용하는 언어로만 머물렀다. 그러나 라틴어는 민중의 입을 통해 생생히 살아 말하는 여러 언어로 되어 계속 발전해 나갔다. 그리하여 이들 두 계층의 언어들 사이에 생긴 균열이 점점 더욱 커져서, 6세기에 이르러서는 고전 라틴어는 결국은 완전히 죽은 언어가 되어 버렸다. 이제 라틴어는 더 이상 살아있는 언어로서는 존재하지 못하게 되었다.

관청어로서의 라틴어는 좀 더 오랜 기간 유지되었다. 기독교인이 된 로마인들은 그동안 이 언어를 자신들의 고유한 언어로 만들었다. 그리고 그리스도교를 전파하는 과정에서 갈리아인을 위시하여 게르만인에게도 라틴어는 교회의 관청어가 되었다. 기원후 800년 이후부터는 라틴어가 교회어와 학문어로서 유럽 전반에 걸쳐 주요한 역할을 했다. 이때의 라틴어는 키케로와 버질이 보여준 아름다움과 우아함은 더 이상 갖고 있지는 못했다. 교회라틴어와 학술라틴어는 부분적으로 문법에 맞지 않는 흉측한 면을 배제하려고 했다. 그러면서 학생들에게는 좋다고 생각되는 라틴어, 즉 고전라틴어를 좀 더 상세히 가르치려는 노력을 계속했다. 그러나 여러 결함에도 불구하고 라틴어는 교통어로서의 주요한 역할을 하여, 오늘날의 교통어인 영어에 맞먹을 정도의 위치를 차지했다.

라틴어는 상류 교양계층의 언어였다. 따라서 민중의 폭 넓은 계층이 참여하는 길은 차단되었다. 교회에서 설교하는 사람들은 라틴어를 가지고는 넓은 계층의 민중에게 도달할 수가 없었다. 이에 성직자들은 그리스도의 교리를 전파시키기 위해서는 민중의 언어로 설교해야만 했다. 이러한 방향으로의 발전은 모든 곳에서 일반화되어, 17세기 말쯤이 되면 라틴어는 현지 언어들에 의해 밀려나게 된다. 라틴어가 교회의 언어로서 가장 오래 지속된 곳은 헝가리이다. 이 나라에서는 1840년까지 국회에서 라틴어로 연설을 진행했다. 그러나 20세기 후반에 들어서면서 교회는 결국은 라틴어로만의 미사를 규범으로 하는 규정을 삭제했다.

이제 더 이상 라틴어로 된 문서는 나오지 않게 되었다. 그러나 많은 차용어와 외래어가 전성기 때의 라틴어에서 생겼음을 입증하는 사실이 도처에서 발견된다. 의학, 생물학, 천문학, 그리고 로마법에 기대어 만들어진 법률체계에서의 용어들은 아직도 사용되고 있다. 독일어로부터 만들어진 것은 이제는 부분적으로만 사용될 뿐이다. 일상생활에서도 라틴어로부터 차용된 많은 단어들이 아직도 사용되고 있다. 그럼에도 불구하고 사람들은 이것들이 라틴어로부터 차용된 것인지는 알아채지 못하고 있다. 예를 들면 Fenster (창문), Schule (학교), Tisch (책상), Straße (도로), Mauer (벽)와 같은 단어들이다. 로마인들은 돌을 갖고 벽을 만드는 신기술을 도입했다. 반면에 독일어의 Wand (벽)는 고트어의 wandus (가는 나무가지)에 상응하는 단어이다. 여기에서는 게르만인이 원래는 나뭇가지를 엮은 것에다가 진흙을 발라 만드는 방식으로 벽을 만들었던 예전의 사실을 살짝 보여주고 있다.

많은 상품의 명칭에서 보이듯이, 오늘날에도 라틴어는 주요한 역할을 하고 있다. Nivea, Lux, Continental, Victoria, Triumpf, Prodomo, Bonaq[u]a와 같은 명칭들은 라틴어 단어에서 만들어진 것이다. 이런 어휘들은 광고심리학의 측면에서 우아함, 높은 품질, 진기함, 신비함 등이 깃든 물건임을 은밀히 내비치는 효과가 있다.

인문주의시기와 르네상스시기에 여러 로만어 계통의 언어들에게서는 라틴어로부터 차용된 많은 단어가 생겨났다. 그런데 이들의 다수가 나중에 새로운 의미를 갖게 되면서, 그 형태나 의미에서는 옛날의 단어들과는 많은 차이점을 보이게 되었다. 나중 시기에 새로이 만들어진 차용어들은 앞선 시기의 단어 형태와는 크게 달라져 있다. 그러나 특별한 언어학적 지식이 없는 사람이라도 이들 간에 특정의 관계가 있음은 쉽게 간파해 낼 수 있다. 이런 예로 여기에서 프랑스어에서의 3개 단어를 제시해 본다.

라틴어	옛날에 만들어진 차용어	나중에 만들어진 차용어
causa (원인, 이유, 사안)	la chose (사안)	la cause (이유, 원인)
sacramentum (봉헌, 봉납)	le secrement (맹세)	le sacrement (성사, 성체)
hospitalis (손님을 환대하는)	l'hôtel (호텔)	l'hôpital (병원)

도표 3-45

바이에른어 Bairisch

언어학에서 말하는 바이에른어의 사용지역은 주로 독일의 바이에른 주이지만, 이는 그 밖의 지역에서도 또한 사용되고 있다. 그런데 최근 이 바이에른어가 아직도 라틴어의 영향을 받고 있는 흔적이 밝혀졌다.

바이에른 방언이 사용되는 영역의 가장 남쪽 지역은 브렌너 루트와 연결되는 남부티롤이다. 이 방언의 분포지역은 알프스지역에서는 대체로 예전에 레트인Räter이 살았던 곳과 거의 일치한다. 부부 언어학자인 에바 마이어탈러 Eva Mayerthaler와 빌리 마이어탈어Willi Mayerthaler는 1990년에 바이에른어가 로만어의 영향을 받은 알레만어라고 하였다 (이에 대하여는 다음을 참조하라. Willi Mayerthaler/Eva Mayerthaler, *Aspects of Bavarian Syntax*, in: Development and Diversity, Language Variation across Time and Space, Edmondson, Feagin u. Mühlhäusler ⟨Hrsgg.⟩, ⟨a Festschrift for C. J⟩ N. Summer Institute of Linguistics 1990, p. 371~429, 여기에서는 특히 p. 374와 p. 376을 보라). 라틴어의 영향력은 원原라딘어Urladinisch 형태였던 켈트로만어Keltoromanisch를 통해 확인되고 있는데, 이 언어는 아퀼린Aquilin 지역의 켈트라틴어Kelto-Latein에서 나왔다고 한다.

라딘어Ladinisch는 남부티롤의 일부 지역인 달마티아 계곡과 이에 인접한 트렌티노Trentino와 벨루노Belluno 지역에서 사용되고 있다. 즉 그뢰드너Grödner 교구, 암페초Amplezzo 교구, 파사Fassa 교구, 가데르-아브테이탈Geder-Abteital 교구 등이 있는 계곡들에서이다. 여기에 노체Noce 계곡, 라비Rabbi 계곡, 노벨라Novella 계곡에 사는 3개의 소수 주민들도 이를 사용하고 있다. 이들 지역의 중심권은 셀라Sella의 산악지대로서, 이곳에서는 길게 뻗은 여러 계곡들이 서로 만나고 있다. 이곳 지역에서 사용되는 언어는 스위스의 뷘드너로만어Bünderromanisch 및 이탈리아에 있는 프리아울지역의 프리아울어Friaulisch와 함께 레토로만어Rätoromanisch 그룹에 속한다. 이에 따라 바이에른인은 라딘계의 알레만인이다. 10세기까지 알프스 북단지역은 두 개의 언어가 함께 사용된 지역이었다고 생각할 수 있다. 즉 알레만어와 라딘어이다. 오스트리아의 인스부르크 지역에서는 15세기와 16세기를 거치면서 사용하는 언어가 하나로 단일화 되었다. 베노스타Venosta 계곡의 일명 발 베노스타Val Venosta 계곡이라고도 불리는 상부 빈취 가우Vintschgau 지역에서는 19세기에 이르러서야 비로소 라딘어의 존재가 사라졌다. 에취탈Etschtal 계곡에서는 나중에 남쪽으로부터는 이탈리아가, 북쪽으로부터는 독일어가 영향을 주었다.

바이에른족은 이탈리아 쪽에서 보면 가장 북쪽에 사는 종족이었고, 뮌헨은 가장 북쪽에 위치한 도시였다는 말이 한때 나돌았다. 역사적으로 살펴보면 오늘날의 바이에른은 기원전 15세기에서부터 기원후 476년에 서로마제국이 와해될 때까지 로마제국과는 밀접한 관계를 맺고 있었다. 이탈리아를 지배했던 게르만인의 왕 오도아케르 (기원후 476~493)와 테오도리히 대제 (기원후 493~526)의 재위시기에는 바이에른이 이탈리아에 편입되어 있었다. 그러다가 테오도리히 대제가 죽은 이후에는 이러한 연결고리가 끊겨졌다. 이로부터 2세기가 지난 후에 바이에른이 프랑켄 제국에 편입된 이후에는 바이에른의 국경선이 비로소 오늘날의 그것이 되었다. 그러나 기원후 788년 칼 대제에 의해 완전히 병합된 이후에도 바이에른은 이탈리아와 밀접한 관계에 있었다. 이탈리아와 알프스 북부 인접지역을 연결하는 브렌너 통로는 구석기시대부터 이미 주요한 교역로였다. 이 통로를 로마인과 라딘인이, 그리고 나중에는 이탈리아인도 이용했다.

바이에른어가 알레만어에서 나온 것이기는 하나, 많은 점에서는 이와는 크게 다르게 발전해 나온 측면도 있다. 바이에른 지역에 스며들어온 알레만인은 자신들의 언어를 결코 버리지는 않았지만, 이들의 언어는 라틴어 내지 로만어의 영향을 강하게 받았다. 이리 된 것은 한편으로는 로마시기에 두 개의 언어를 사용했던 점이, 다른 한편으로는 로마계의 주민들이 그 지역에 그대로 머물러 있으면서 상당기간 로만어를 사용한 때문이었다. 이런 과정에서 바이에른어가 생겨났고, 이제는 알레만어와는 크게 달라졌다.

바이에른어는 라딘어와 더불어 프랑스어, 이탈리아어, 스페인어 등과는 전형적인 로만어계의 표준 언어들이 보이는 일련의 문법구조상의 특징을 갖고 있다.

그리하여 바이에른어는 다른 독일어 방언들과는 다른 여러 특이한 점을 보인다. 여기에서 로만어의 영향으로 나온 것으로 보이는 몇 개의 관용어를 단편적으로 제시한다.

바이에른어	표준독일어로 번안한 형태	로만어에서 기원한 형태
dà san epfi, magst a oà?	da sind Äpfel, möchtest du auch (*ein*) welche?	스페인어 *unos/algunos*; 카탈로니아어 *unes*; 이탈리아어 *alcuni*
***mi** bringt **mi** koana aus'n heis'l*	mich bringt (*mich*) keiner aus dem Häuschen	스페인어 *te lo diré a ti*; 프랑스어 *moi je le dirai à toi*
a schwestə liabt ***sein*** *bruadə'*	eine Schwester liebt (*seinen*) ihren Bruder	프랑스어 *une soeur aime* **son** *frère* 라딘어 *fratrem* **suum**
da **kummt** *die neie schui hibaut*	hierf (*kommt*) wird die neue Schule hingebaut	Italiensisch *qui* **viene** *costruita la scuola nuovai*
hàb des buach glesn, **des wo***/was I gestan kaft hàb*	ich habe das Buch gelesen, das (*das-welches*) ich gestern gekafut habe	이탈리아어 *il quale*; 프랑스어 *lequel*; 포르투갈어 *o que*
I sàg da's **fia des, dass** *d' di drauf eistein kommst*; 마찬가지로 *warum dass, wie viel dass, wile lange dass, nachdem dass*	ich sage es dir dafür, (*für das, dass*) dass du dich darauf einstellen kannst	라딘어 *per cha*; 이탈리아어 *affinché, accioocch, perché*

도표 3-46_ 바이에른어로 들어온 라틴어 단어들

바이에른어 사전을 펴낸 요한 안드레아스 쉬멜러Johann Andreas Schmeller (1785~1852)는 바이에른어에는 아직도 로만어의 방식에 따라서 문장을 형성하는 특이한 문법적 특성이 아직도 생생히 남아 있음을 밝혀냈다 (Johann Andreas Schmeller, Bayerisches Wörterbuch, Jubilläumsausgabe, Oldenburg, Oldenbourg, 2002, 이 사전은 1827년에서 1837년에 걸쳐 편찬되었다). 즉 이탈리아인과 프랑스인은 형용사의 비교변화에서 schön - schöner - der schönere (bello - più bello - il più bello; beau - plus beau - le plus beau)의 방식을 사용하지만, 독일어에서처럼 am schönsten 내지 der schönste와 같은 방식은 사용하지 않는다. 이러한 현상이 생긴 원인에 대해서는 페네만의 제자인 영국인 스테판 레이커Stephan Laker가 로만어들에서 이런 현상을 찾아내어 그 원인을 밝히기 전까지는 충분히 설명하지 못했다 (Stephan Laker, *Zur Herkunft der Vergleichspartikel was im Bairischen*, in: Sprachwissenschaft 27 (2002), Ausgabe 4, p. 397~416). 이런 형태들은 오늘날 로만어에 속하는 프랑스어에서의 que와 이탈리아어에서의 che에 기대여서 만들어졌다. 그런데 이런 단어들은 의문대명사 was의 의미를 갖고 있을 뿐만 아니라, 비교급의 사용를 위한 als의 의미로서도 사용된다. 그리고 라틴어에서는 이미 로마제국 시기 이전에 quod, quia, quam 등이 모두 하나로 합쳐져서, 로만어 계통의 모든 언어에서는 더 이상 구분되어 사용되지 않았다. 그런데 바이에른어에서만은 그러하지 않았다.

라틴어는 현재는 죽은 언어라고 선언되었으나, 전 세계적으로 이를 다시 부활시키려는 노력이 있다. 그리하여 라디오 핀란드는 수년간 매주 두 번에 걸쳐 눈티 라티니Nunti Latinii라는 라틴어로 된 방송보도를 내보내 왔었는데, 유감스럽게도 이제는 단지 기술된 형태로서만 www.intertrete.de/latein/nuntiifin.html의 사이트를 통해 접근할 수가 있다. 라디오 브레멘은 www.radiobremen.de/nachrichten/latein/를 통해 한 달에 한 번씩 하나의 회상을 위한 프로그램을 내보내고 있다. 잡지, 축제에서의 연극, www.cirlapa.org/index_2.htm의 인터넷 채팅 공간 (여기에서의 3의 인터넷 주소는 2006년 3월 2일부터 사용할 수 있다) 등은 이 라틴어를 다시 부활시키려는 노력을 하고 있다. 현재 빌프리드 슈트로Wilfrid Stroh는 "현재 영어를 모국어로 사용하는 사람들은 다른 모든 언어 사용자들에게 비해 항상 유리하다." 라고 탄식할 정도로 오늘날 영어가 학술어로서의 우위를 점하고 있다. 그러나 라틴어는 모든 사람을 평등하게 만들고 있는데, 이는 다른 어떠한 언어도 못해내는 역할이다. (Wilfrid Stroh가 2002년 11월 14일 행한 강연에서 한 말이다. 이에 대하여는 또한 그의 논문인 *Ein unsterbliches Gespenst: Latein*, in: *Sprachtod und Sprachgeburt*, Peter Schrijver/Peter Arnold-Mumm, 〈Hrsgg.〉, (Münchner Forschungen zur historischen Sprachwissenscahft, Bd. 2) Bremen, Hempen, 2004, p. 77~107을 보라).

켈트어 Keltisch

켈트족은 그리스인이 유럽지역에 있어서 최초로 언급한 종족이다. 헤로도트Herodot와 밀레 섬의 헤카타이오스Hekaitos는 서부유럽과 중부유럽에 있던 이들이 거주하는 지역에 대해 언급했다. 에포로스Ephoros는 켈트인*κελτοι*(keltoi)을 스키타이인, 인도인, 에티오피아인과 더불어 4개의 거대한 야만인 종족이 있다고 했다. 로마인은 유럽에서 켈트어를 사용하는 종족의 무리를 켈타에celtae라고 총칭하여 말했다.

켈트어는 오늘날의 프랑스, 이베리아 반도, 북부이탈리아, 그리고 터키 영역과 더불어 브리타니아 군도에서 사용되었다. 기원전 천 년대의 후반에는 켈트어가 유럽 전역에서 사용되었다. 켈트어는 기원후 5세기 이후에 아나톨리아 지역에서도 사용되었다. 사람들은 켈트어를 두 개의 큰 그룹으로 나눈다. 즉 대륙켈트어와 섬켈트어이다. 이 두 언어그룹이 서로 간에 친척관계에 있음은 13세기에 제랄드 드 바리Gerald de Barri가 처음으로 입증했다. 오늘날 켈트어는 대부분 사어가 되어 유럽지역에서는 오직 브레타니아어, 아일랜드어, 스코트-골어, 웨일즈어 등으로 살아남아 있다.

대륙켈트어는 골어 계통의 언어이다. 이에 대해서 오늘날 극히 적게 알려진 사실에 따르면, 이 언어는 이베리아켈트어Iberokeltisch나 레폰트어Lepontisch보다는 섬켈트어에 더 가까운 것으로 알려져 있다. 켈트어로 적힌 기록물은 오늘날 거의 전해오지 않는다. 따라서 선사시기와 초기 역사시기에 이 언어가 유럽대륙에서 어느 정도로 퍼져 있었는가를 파악하기는 아주 어렵다. 이는 알려지기로는 골인의 드루이드 교도들이 문자를 절대로 사용하지 못하게 하여서라고 한다. 이리하여 이탈리아와 스페인과 갈리아 지역에서만 단지 드물게 이에 대한 자료를 보인다. 마찬가지로 켈트인이 살았다고 추정되는 남부독일 지역에서는 지금까지 오직 하나의 단어만이 알려져 있다. 즉 만칭Manching의 오피다에서 보이오스BOIOS란 인명이 적힌 하나의 파편이 발견되었다 (Werner Krämer, *Graffiti auf Spätlatène-Keramik aus Manching*, in: Germania, (Anzeiger der Römisch-Germanischen Kommission des Deutschen Archäologischen Instituts Frankfurt a. M.), Mainz, Phillip von Zabern, 1982, 60, p. 489ff). 이 유물은 늦어도 기원전 1세기의 것이다. 독일어에서도 역시 켈트어의 흔적이 보인다. 이리하여 Amt (관리)는 켈트어의 ambactos (부하, 하인)에서, Reich (국가)는 켈트어의 +rīgjo (국가)에서, Geisel (볼모)는 켈트어의 +gheistlo (볼

3-51_ 로마제국의 개별 주에서 나타난 켈트어로 된 지명의 복합어들

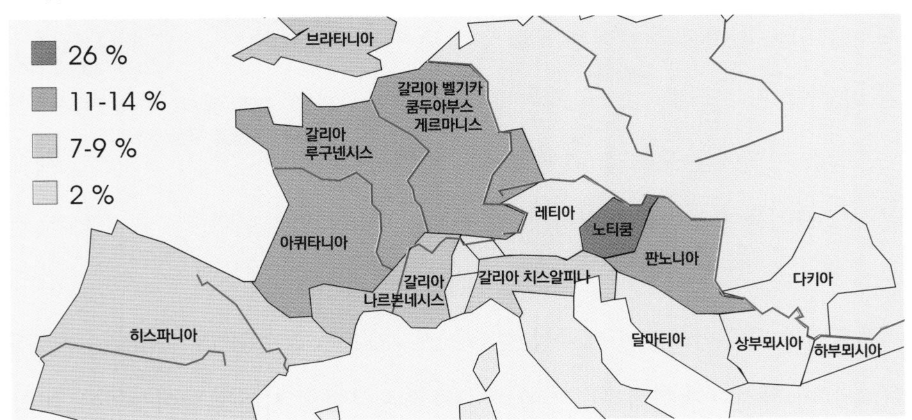

모, 저당물)에서 나왔다. Eid (맹세), Erbe (상속인), frei (자유 신분의) 등의 단어도 게르만어에서와 더불어 켈트어에서도 나타난다.

서유럽에서 발견된 것들로는 인명과 지명, 그리고 책의 가장자리에 적혀 있는 일련의 주해 및 라틴어와 켈트어를 함께 대비시키면서 기록된 것들이다. 명칭을 부여하는 방식은 언제나 특정한 유형을 보여주기 마련이다. 추측건대 켈트권 할슈타트Hallstatt 문화에서 발전해 나온 라-뗀느Latène 문화권 지역은 복합명사의 형태로 켈트계의 명칭이 나타나는 지역과 상당히 일치하고 있다. 이는 이 지역에서도 언제인가는 켈트어가 사용되었음을 강하게 입증하는 자료이다.

콜리니Coligny의 달력에서도 켈트어의 파편으로 추론되는 것이 나타난다. 이 돌로 된 비명은 단지 이름만을 보여주고 있는데, 이를 구성하는 문법적 형태는 켈트어 전형의 것이다. 연구결과 고고학자들과 유전학자들은 의심할 여지없이 이 비명이 발견된 장소에서 한때 켈트인이 살았다는 사실을 밝혀냈다. 이리하여 무엇보다도 언어를 통해서 예전에 그 지역에서 켈트인이 살았음을 보여주는 확실한 증거가 되고 있다.

3-52_ 콜리니 달력은 라틴어 숫자와 켈트어 단어들로 구성되어 있다.

프랑스 어휘에는 오늘날 50개를 넘지 않는 골어의 단어들이 포함되어 있다. 도표 3-47이 이러한 것들이다.

켈트인의 우두머리였던 베르생게또릭스Vercingétorix (Ver-(최고), -cingeto-(영웅), -rix(왕))가 자진하여 항복하면서 갈리아 지역은 로마의 지배를 받아들인다. 이리

켈트어	프랑스어	독일어
alauda	*alouette* (종달새)	*Lerche* (종달새)
cambiare	*changer* (교환하다)	*wechseln* (교환하다)
cambita	*jante* (수레바퀴의 테)	*Felge* (수레바퀴의 테)
camisa, camisia	*chemise* (셔츠)	*Hemd* (셔츠)
camminus	*chemin* (길)	*Weg* (길)
carrus	*char* (짐수레)	*Karren* (짐수레)
carruca	*charrue* (쟁기)	*Pflug* (쟁기)
cer(e)visia	고대 프랑스어 *cervoise* (옛날 골인의 맥주)	*Bier* (맥주)
rica	*raie* (줄, 가리마 선)	*Furche* (고랑), *Scheitel* (머리의 가르마), *Streifen* (줄)
rusca	*ruche* (꿀벌 통)	*Bienenkorb* (꿀벌 통)
+*soccus* (라틴어화된 켈트어)	*soc* (쟁기 보습의 날)	*Pflugschar* (쟁기 보습의 날)

도표 3-47_ 프랑스어에 있는 골어의 단어들

하여 켈트어가 로만어로 대체되는 길로 들어섰다.

아주 드물지만 켈트어로 쓰인 비명과 기록물을 통해, 기원후 200년에 대大브리타니아 섬과 북부프랑스에서 하나의 음운변화가 일어난 사실이 확인되었다. 즉 ei, ou, ie/ia로의 복모음화하는 음운변화이다. 새로이 생겨난 이 음운들은 오늘날 로만어 전체에서 그대로 유지되어 있으나, 켈트어 언어들에서는 전반적으로 점차 사라졌다. 이 음운들은 나중에 영어, 네덜란드어, 고대저지프랑켄어 등에서도 똑같은 형태로, 또는 이와 비슷한 형태로 확인된다.

켈트어 사용자들은 새로운 언어를 받아들이기는 하였어도, 이 언어가 원래 갖고 있던 강세는 그대로 유지했다. 복모음화는 라틴어를 거쳐 계속 유지되었던 것으로 보인다. 알프스산맥의 북부지역은 로마의 관할 하에 있으면서, 수백 년 동안 라틴어로 말하고 기록하였다. 그럼에도 불구하고 켈트어 방식의 강세는 라틴어를 매개체로 하여 게르만어에도 들어온 것으로 보인다. 이리하여 바이에른어에서는 이런 강세가 오늘날까지 그대로 유지되고 있다. 이는 지금까지의 견해와는 달리 로마인이 오늘날의 남부독일지역에 진출하였을 때에는 아직은 사람들이 살지 않았음을 암시한다. 그곳에서 켈트계의 잔존 주민들이 작은 무리를 이루면서 살았다. 그러지 않았다면 이러한 강세가 이 게르만어로는 들어오지 않았을 것이다.

최근 언어학에서의 연구가 밝힌 바에 따르면, 기원전 4세기와 기원전 3세기에 켈트인의 영역은 최고조에 달했다. 이들은 소아시아의 갈라티아, 도나우 지역의 판노니아, 독일 남부와 서부지역, 북부이탈리아, 발칸반도, 예전 갈리아의 4분의 3의 지역, 스페인의 일부 지역까지를 자신의 영역에 포함시켰다. 이 시기에 라-뗀느 문화를 통한 무역과 그 영향력이 알프스 지역을 넘어 유럽의 중앙지역과 프랑스와 브리타니아에까지 미쳤다.

고고학자들은 고고학적인 유물을 통해서 교역관계와 더불어 켈트인의 민족이동 경로도 밝혀냈다. 로마의 역사 저술가인 리비우스Livius는 자신의 저서인 '로마의 역사'의 5번째 책에서 켈트인이 남부프랑스로 이주했다고 서술하고 있다. 그리고 이제 이들이 기원전 400년경에 이탈리아로 이주한 사실도 밝혀졌다. 골

3-53_ 켈트인의 영역

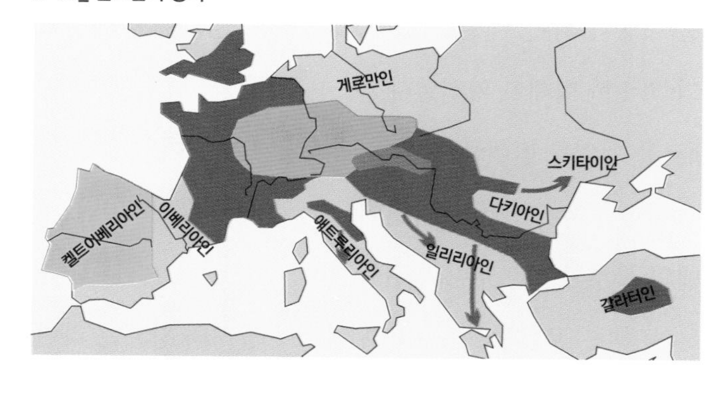

기원전 6세기의 켈트인이 문화적이고 언어적으로 준 영향권

기원전 5세기까지의 켈트인의 핵심지역

기원전 5세기의 켈트문화의 영향권 지역

기원전 5세기의 켈트인 부족들의 진출지역

→ 기원전 4세기와 3세기에 일시적으로 정복한 지역

라세카Golasecca 문화가 있던 지역에 나타났던 레폰트어Lepontisch[82]는 켈트어의 하나이다. 그리고 골로세카 문화는 할슈타트 문화의 영향권에 있었다는 사실이 입증되었다.

이베리아 반도에 관련하여 로마인은 오늘날의 스페인 북동부지역에 살았던 켈트이베르인Celtiberi에 대해 말하고 있다. sego (강한)와 Briga (성채)의 단어요소를 가진 많은 지명들은 켈트어가 이베리아 반도 전역에 걸쳐 사용되었음을 말해준다. 스페인어에는 몇몇 켈트어 단어들이 남아 있다. 이중에서 몇 개를 소개한다.

켈트어	프랑스어	독일어
alauda	*alondra* (종달새)	*Lerche* (종달새)
cambiarre	*cambiar* (교환하다)	*wechseln* (교환하다)
camisa	*camisa* (셔츠)	*Hemd* (셔츠)
caminus	*camino* (길)	*Weg* (길)
carrus	*carro* (짐수레)	*Karren* (짐수레)
cer(e)visia	*cerveza* (맥주)	*Bier* (맥주)

도표 3-48_ 스페인어에 있는 켈트어 단어들

할슈타트 문화의 유물들은 지금까지도 이베리아 반도에서는 거의 발굴되지 않고 있다. 그러나 이베리아의 방식으로 서술되어 적힌 켈트어의 비명들이 발견되었다. 아주 좁은 지역에 국한되어 나타나는 이 비명들이 나타나는 지명들에게서는 켈트어의 요소가 발견된다. 이들 자료들의 모든 것은 켈트이베르인이 이주해 들어온 켈트인과 원주민인 이베르인과 혼혈 결과로 생긴 사람들임을 강하게 보여준다. 그러나 켈트인이 그곳에 언제 들어왔는가는 아직까지도 밝혀지지 않고

82) 상부 이탈리아와 알프스 지역에서 사용되었던 겔트계의 언어이다. 오늘날에는 사어가 되어 있다.

있다. 이들은 기원전 450년 이전에 이주해 들어온 것 같다. 왜냐하면 라-뗀느 시기의 비명들은 p-켈트어의 유형을 보이고 있기 때문이다. 그런데 켈트이베르인의 비명들에는 모두 kw의 유형을 보이고 있다. 켈트어는 kw → p의 음운변화 여부에 따라 두 개의 그룹으로 나뉜다. 즉 아일랜드어와 켈트이베르어에서는 kw의 음운이 유지되고 있지만, 북부이탈리아와 프랑스 및 브리타니아에서는 이것이 p로 바뀐 음운으로 나타난다.

토카르어Tocharisch

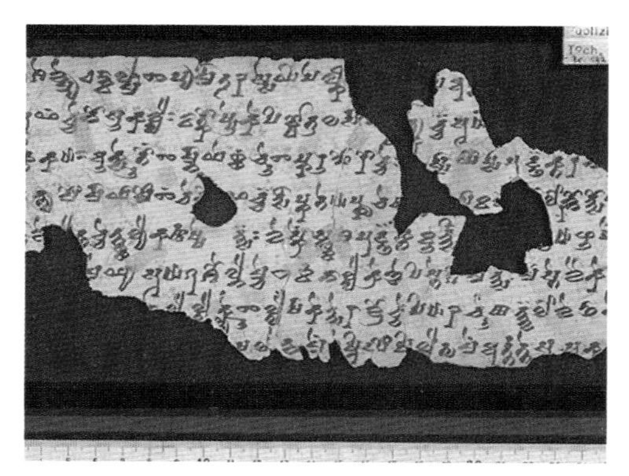

3-54_ 기원후 7세기경의 토카리아 문자 (토카리아 B)

중국의 자치구인 신장성에 있는 타림 분지의 북동쪽 지역에서 1890년에 처음으로, 그리고 그 다음의 수십 년 동안에 인도에서 기원한 알파벳으로 적힌 다수의 필사본 단편이 발견되었다. 이것들은 고대인도어의 아류였던 브라만 문자로 작성되었는데, 그동안 5,000개에 가까운 이런 종류의 문서가 발견되었다. 기원후 500년에서 700년 사이의 것으로 추정되는 이 문서들은 두 개의 서로 가까운 친척관계에 있는 언어로 작성되어 있다. 오늘날 사람들은 이들을 토카르어 A (일명: 동東토카르어)와 토카르어 B (일명: 서西토카르어)로 구분한다. 전자는 투르판Turfan의 오아시스 지역과 카라 샤르Qara Shar 지역에서 사용되었는데, 당시 현지 사람들은 자신들을 쿠치Kuči라 불렀다. 후자는 쿠크Kuq 지역에서 사용되었는데, 당시의 현지 사람들은 자신들을 아르시Arśi라 불렀다. 아르시와 이웃해 살았던 위그루인Uiguren은 옛날 동투르키스탄에서 살았던 터키계의 종족이었는데, 이들은 아르시를 투크르twqr라 불렀다. 이 명칭은 스트라본이 언급했던 토카로이Tokharoi를 가리키는 것으로 오늘날의 학자들은 보고 있다. 즉 토카르인이다.

중국 쪽의 투르키스탄의 북부지역에서 사용되었던 이 언어는 아주 이른 시기에서의 인도유럽어족의 하나이다. 이 언어는 인도유럽어에서 아주 이른 시기에 갈려져 나왔음이 틀림없다. 왜냐하면 이 언어는 아나톨리아어처럼 인도유럽어의 아주 오래된 요소를 내보이고 있기 때문이다. 남동쪽의 언어에서는 현재 Präsens, 완료형Perfekt, 부정과거Aorist의 3개 시제를 보여주고, 북서쪽의 것에서는 이들 3개 중에서 단지 2개만을 보여주고 있다.

토카르어 A는 이 언어가 기록된 시점에 이미 완전히 종교예식만을 위한 죽은 언어가 되어 있었다. 즉 일상에서 사용하던 언어는 아니었다. 이 언어로 쓰인 텍스트는 일차적으로 종교적인 문서이다. 예를 들면 불교에서의 전설 이야기 등으로, 산스크리트어로 쓰인 불교 서적을 번역한 것이거나 개작한 것이다. 토카르어 B에서는 종교와 관련된 것 외에도 수도원에서의 회계처리 장부, 상거래 관련 문서, 사랑을 소재로 한 시, 벽화의 그림을 설명하는 글, 의학과 주술을 주제로 한 것 등이 기록되어 있다. 그러니까 토카르어 B는 일상 언어로서도 사용되었다.

이 언어는 인도이란어와는 거의 아무런 친척관계를 보이지 않고 있다. 오히려 켈트어, 게르만어, 히타이트어와는 공통점을 보인다. 그리스어와 같은 형태의 토카르어 단어들도 있다. 예를 들면 왕을 뜻하는 그리스어 *ὀυάναχ* (wanach)와 토카르어 A의 *natäk*가 그것인데, 이 단어는 추측건대 오래된 인도유럽어의 유산으로 보인다. 이밖에 핀우그르어, 초기 알타이어, 내륙 아시아어의 영향도 보인다. 무게를 재는 단위를 위한 명칭과 각 달의 명칭은 중국어에서 기원했다.

토카르어의 기원에 대해서는 수많은 이론이 있다. 그러나 확실한 것은 인도유럽어의 북서지역 내지 이의 분포지역에서 이 언어가 기원하고 나서. 아주 이른 시기에 다른 인도유럽어로부터 떨어져 나왔다는 사실이다. 토카르어는 이와 좀 더 자세히 비교할 수 있는 어떠한 다른 언어들이 발견되지 않는 완전한 독창적인 언어이다.

20세기의 70년대에 큰 주목을 받은 발견이 있었다. 이는 토카르어를 사용한 사람의 것으로 보이는 시신들의 발굴이다. 중국의 신장성의 타림분지의 한 사막지대에 있는 옛날 비단길에 인접하여 흐르는 콘체 다리야Konche Darja 강의 한 근처 지역에서 백 년 이상 된 미이라의 사체들이 묻힌 거대한 무덤 군이 발견되었다. 이 미이라들은 건조지대 사막의 특성상 놀라울 정도로 잘 보존되어 있었다. 그런데 이들은 크로마뇽계의 유럽인이 가진 얼굴의 특징을 보임과 동시에, 돈강 계곡이나 카자흐스탄과 시베리아에서 발굴된 사람들과 비슷한 외모를 보였다. 여기에서 발굴된 사람들은 거구의 몸체에다가 유럽인이 가진 얼굴의 골격을 보였다. 또 블론드 머리에 부분적으로 푸른 눈을 가지고 있었다. 이들은 양털 가죽에 온갖 기교를 부리면서 염색한 옷을 입고 있었다. 그리고 털신이나 가죽으로 만든 장화에다가 가끔은 높이 올라간 형태의 뾰족한 모자를 쓰고 있었다. 또 다른 미이라들은 깃털이 달린 모자를 쓰고 있었는데, 이는 오늘날에도 알프스 지역의 사람들이 흔히 쓰고 다니는 것과 비슷하다. 라디오-카본 방식으로 연대를 측정해 본 결과, 이 미이라들 중에서 가장 오래된 것은 4,000년 이상이나 되었다.

쿠차Kucha 근처에 있는 키질Qizil과 쿰투라Qumtura의 프레스코 벽화에서는 아프카니스탄의 칼카얀Khalcayan의 벽화에서의 경우와 똑같이 밝은 색의 피부에다가 블론드 머리와 푸른 눈을 가진 사람들이 그려져 있다. 중국의 사서에 따르면 예치Yüezhi (월지)라 불린 종족이 기원전 170년경에 자신들이 살던 북서쪽 지역의 초원지대에서 밀려났는데, 이들 중의 일부 작은 무리가 타림분지에 정착했다고 한다. 그리고 이들 중의 한 커다란 그룹이 7개의 강이 흐르는 지역으로 갔다. 기원전 2세기 후반에 이들은 그곳에 있던 시르-다리야Syr-Darja 강을 건너서 아무다리야Amu-Darja강의 상류지역에 정착했다. 다리야Darja는 페르시아어로 강을 뜻한다. 이 지역은 이들 이주자들의 이름을 따서 토카리스탄Tocharistan이라 불리게 되었다. 특히 쿠차에 있었던 무리들이 주목할 만한데, 이들은 힌두쿠시 산맥을 넘어 남쪽으로 갔다. 그리고 그곳에서 수십 년이 되지 않는 짧은 기간에 하나의 거대한 왕국을 건설했다. 기원후 9세기가 되면서 터키계 위그르족의 침입으로 중국에서의 토카르 문화는 멸망한다.

아나톨리아어 Analtolische Sprachen

소아시아에 있는 이 어족에는 *히타이트어* Hethitisch, *팔라이어* Palaisch, *리디아어* Lydisch, *루비아어* Luwisch, *리키아어* Lykisch, *카리아어* Karisch, *피시디아어* Pisidisch, *시데트어* Sidetisch 등이 속하고 있다. *칼라온어* Kylaonisch, *이사우르어* Isaurisch, *킬리키시어* Kilikisch 등은 단지 그 이름만이 알려져 있다. 이 언어들은 2,000년 전에 모두 사어가 되어, 지금은 오직 지명으로만 그 흔적이 남아 있다. 예를 들면 히타이트 시기의 안쿠와Ankuwa가 오늘날의 앙카라로 된 것으로 추측되고 있다.

인도유럽어로서 아주 오래되고 잘 알려진 언어인 히타이트어가 아주 이른 시기에 존재하였음은 아카드인과 후리트인 상인들이 기록한 고유명사를 통해 확인되고 있다. 아니타Anita의 텍스트라 불리는 아주 오래된 기록물이 적힌 하나의 점토판에서 발견되었는데, 이는 기원전 17세기에 만들어진 것이다 (이에 대하여는 다음을 참조하라. Erich Neu, *Der Anitta-Text*, Wiesbaden, Harrassowitz 1974). 여기에서 시우쉬Schiusch란 신이 언급되고 있는데 그는 하늘의 신이다 (인도유럽어로는 dieus, djeus, djews이다). 고고학자인 후고 빈클러Hugo Winckler는 1907년에 보가즈-쾨이Boghaz Köy란 곳에서 설형문자가 적힌 엄청난 양의 점토판들을 발견했는데, 이는 기원전 16세기까지 거슬러 올라가고 있다. 이 언어에서의 설형음절문자는 수메르-아카드어 문자를 차용한 것이었다. 소아시아, 시리아, 레바논 등지에서는 독자적인 문자로 쓰인 루비어Luwisch의 텍스트가 발견되었다. 이 기록물은 음절문자와 단어문자로 구성되어 있어서, 일종의 설형문자로도 간주되고 있다. 이는 외형상이나 그 기능상의 측면에서 이집트의 설형문자를 연상시키고 있기 때문이다. 이 텍스트에 나타나는 이 언어를 루비어 설형문자라고 부르고 있다.

히타이트어는 인도유럽어의 수많은 옛날 형태를 내포하고 있다. 그러나 산스크리트어나 그리스어의 경우처럼 복잡하고 다양한 문법구조는 보이지 않는다. 이 언어는 단지 직설법과 명령법의 두 개의 태態 Genus verbi와 현재형과 과거형의 두 개의 시제를 갖고 있고, 명사를 위해서는 중성형과 더불어 남성형과 여성형이 합쳐진 두 개의 성Genus을 보인다. 쌍수는 갖고 있지 않다. 히타이트어에 남은 잔재를 살펴보면 히타이트어는 아마도 원原아나톨리아어의 시기에 이미 인도유럽어의 일부 특정의 성격을 잃어버렸음을 보여준다.

히타이트란 거대 왕국에서의 이른 시기에 나온 텍스트들은 왕의 위임을 받아 독자적으로 작성된 것이다. 반면에 후기 시기의 텍스트들은 세미티드어의 영향을 강하게 받았던 근동의 여러 다양한 도시국가의 지배자들에게서 나온 것이다. 이들이 구약성경에 나오는 원래의 히타이트인이다. 성경은 이들을 방랑하는 종족으로 묘사하고 있다. 이들 중의 한 종족의 명칭이 나중에 아주 강력한 왕국의 명칭으로 옮겨졌다. 그런데 우리는 오늘날 히타이트 왕국의 명칭이 바로 이 종족에서 나온 것으로 잘못 알고 있다. 히타이트 왕국이 정작 갖게 된 이 명칭은 원래는 이 히타이트인이 들어오기 이전에 이미 중앙 아나톨리아의 서부 지역에 살고 있던 하티Htti란 종족에서 나왔다. 그리고 이 흐티족은 비인도유럽어에 속한 한 언어를 사용했다.

히타이트인은 상업에 의존하여 살던 내륙 계통의 한 종족이었다. 기원전 2000년대 초기 시기에 이들은 반유목민으로서 자신들의 말과 경마차를 몰고서는 소아시아 지역에 들어섰다. 그 이후 이들은 시리아를 거쳐 사방으로 계속 퍼져 나갔다. 이들은 스스로를 *네쉼나*Nešumna, 즉 '*네샤*Neša*의 주민들*'이라 불렀다. 이 네사는 히타이트 왕국의 최초 수도이다. 아시아 지역에서 강력했던 이집트의 세력이 쇠퇴하면서, 히타이트 왕국은 강력한 세력을 구축했다. 이 히타이트 왕국은 기원전 1,900년에서 기원전 1,200년까지 존재했다. 이 왕국이 몰락한 이후에 기록하는 기술은 끊겨진다. 히타이트인의 여러 도시국가들은 그 후에도 상당기간 더 존재했다. 위쪽으로 뾰족하게 올려 감겨진 모습의 신발은 히타이트인의 한 특징이었는데, 나중에 페니키아인들이 이를 받아들여 유행시켰다.

팔라이어Palaisch는 단지 일부 단어의 형태로만 알려져 있다. 이 언어의 어휘들은 종교적인 예식과 관련된 짤막한 문구들로 구성된 것들로서, 히타이트 왕국의 문서에 끼워져서 전해 내려온다. 이는 복속된 종족들이 자신의 신들에게 기원하는 목적으로 끼워 넣어진 문구들이다. 팔라이어는 모든 아나톨리아어 중에서 히타이트어에 가장 가까운 친척관계에 있었던 언어이다. 이 언어는 기원전 17세기에서 기원전 15세기에 아나톨리아의 북쪽 해변지역의 팔라Pala란 지역에서 사용되었다. 오직 설형문자로 적힌 200개의 단어들만이 히타이트 왕국의 수도인 하투사의 왕궁 도서관에 보관되었던 문서에 적혀져 오늘날 전해 내려온다. 이 텍스트가 만들어진 시기에는 이미 팔라이어는 더 이상 사용되지 않았던 것으로 추측된다.

루비어Luwisch는 설형문자로 적힌 텍스트의 형태로서 우리에게 전해 내려오고 있다. 이 언어는 한때 히타이트어와는 아주 가까운 친척 관계에 있었다. 루비아어는 오늘날의 아다나 주에 있는 키주와트나Kizzwatna, 아나톨리아의 남서부 지역에 있던 아그자와Arzawa에서 사용되었다. 그러다가 기원전 2,000년대에는 남부아나톨리아의 전 지역에서 사용되었다. 히타이트인은 루비아인으로부터 종교상에서의 복속을 요구했다. 따라서 루비어의 것이 확실하다고 생각되는 단어들이 히타이트어로 적힌 텍스트에서 나타나고 있다. 히타이트어와 루비아어의 이중 언어로 적힌 형태로 나타나는 텍스트들도 또한 있다. 루비아어의 설형문자와 상형문자는 지역적으로나 시기적으로 서로 잘 구분되지 않는다. 기원전 13세기에 이 두 개의 문자가 히타이트 왕국의 수도인 하투샤에서 사용되었다. 남부 아나톨리아의 킬리키Kiliki 강변에서 발견된 하나의 인장 안에 그려진 무늬가 가장 일찍이 루비어의 상형문자를 보여준다. 그리스인이 기원전 마지막 년도에 이 지역을 식민지로 만들었을 때에, 아나톨리아어족은 루비아어와 리키아어를 통해 아직도 살아남아 있었다.

오늘날의 터키의 남서쪽 지역에 있던 리키아Lykien 왕국에는 또 다른 인도유럽어에 속하는 한 언어인 *리키아어*를 사용하던 사람들이 살았다. 리키아어는 터키의 남서쪽에 있는 전쟁 승전 탑과 묘비명에서 발견되고 있다. 리키아인에 대해 알려진 극히 적은 사항을 통해서도, 이들이 아주 고도의 문화를 향유한 종족이었음을 알게 해 준다. 이들은 스스로를 *트룸밀리Trummili*라고 불렀는데, 그리스인은 이들을 *루키오이*λόυκιοι (*lúkioi*)로 적고 있다. 헤로도트는 이들이 그리스의 섬들 지역에서 기원하여 크레타의 왕 미노스에 복속되어 있던 자들이라고 말하고 있다. 이들은 뛰어난 항해가로서 미노스의 함대에 소속되어 싸웠다. 기원전 6세기 후반부터 기원전 3세기에 이르기까지에 있었던 리키아 문자는 도리아인이 식민지로 만들었던 소아시아 지역에 인접한 곳에서 서부그리스어의 알파벳으로부터 기원하였다. 전형적인 일련의 리키아어 음운들은 그리스어에서 특수기호를 사용할 필요성을 제공했다.

리디아어는 주로 기원전 5세기와 기원전 4세기에 기원하여, 오늘날에는 오직 약 100개 정도로 남은 비명에 적힌 비문들을 통해 알려지고 있다. 리디아어와 아람어의 비교를 통해 리디아어로 된 문서가 해독되었다. 세미티드어의 하나인 아람어는 페르시아 제국에서는 주요한 교통어였다. 그리스인은 크뢰수스Krösus와 같은 리디아의 강력한 왕에게서 깊은 인상을 받았다. 페르시아 제국에 귀속되면서 리디아 왕국의 중요도는 떨어졌다. 그리고 그리스어가 확대되면서 리디아어는 결국은 밀려나게 된다.

카르어Karisch는 고대 종족의 하나인 카르인의 언어이다. 이 언어는 아나톨리아의 남서해변에 있는 카리아 지역에서 사용되었다. 아나톨리아어의 하나인 카르어는 루비아어에 가장 가까운 언어였음이 기원전 17세기의 이집트 상인들이 적은 오래된 비망록을 통해 입증되고 있다. 전체적으로 그리스어와 카르어의 두 개 언어로 적힌 200개 이상의 비문이 발견되었다. 기원전 7세기와 기원전 6세기에 만들어진 옛날 비문들은 카르인이 파라오의 용병으로서 근무했던 이집트와 누비아 지역에서 나왔다. 기원전 250년까지의 후기시기에 만들어진 비문들이 히타이트인이 카르키샤Karkiša라고 불렀던 카르인의 거주 지역에서 나왔다. 이 비문은 45개의 개별 알파벳으로 구성되어 있는데, 이 알파벳은 서부그리스의 알파벳과 유사하다. 카르어 기록물의 많은 문자들은 키프로섬의 미노이 음절문자에서 생성되었다. 이 문자는 카르어와 밀접한 친척관계에 있는 아나톨리아어의 한 방언인 시데트어Sidetisch에서도 역시 나타난다.

피시드어Pisidisch의 고향은 남서부 아나톨리아 내륙지역에 있는 조그마한 하나의 주이다. 이곳에서 무덤을 위한 여러 비석이 발견되었다. 아직은 해독하기에 어려운 이 알파벳은 그리스어에서 나온 것이지만, 그 언어는 아나톨리아어에 속하고 있다.

다음에 소개하는 인도유럽어에 속하는 언어들은 아직도 거의 해독되고 있지 않다.

그 밖에 남유럽과 발칸반도에 있었던 언어들

프리기아어Phrygisch: 이 언어에 대해서는 오늘날 알려진 바가 거의 없다. 이 언어는 그리스어에 가까운 것으로 알려져 있으나, 그리스 고전시기의 말기에 이미 사라져버렸다. 오늘날 학자들은 프리기아인이 청동기 말기에 발칸반도로부터 소아시아 지역으로 이주해 들어왔다고 보고 있다. 그리스의 역사가 시작된 기원전 8세기경에 그리스어로 프루기오φρυγιοι(phrugioi)로 불린 이 프리기아인은 아나톨리아 중앙의 광대한 지역에 거주하여 살았다. 고고학적인 유물을 통해 이들은 고르디온Gordion을 수도로 하여 강력한 왕국을 구축하였음을 보여준다. 이들은 그리스인에게 깊은 인상을 남겼다. 기원전 약 5세기의 헤로도트 시기에 이 왕국의 위세는 줄어들었는데, 이는 리디아와 페르시아 왕국이 이들의 일부 지역을 정복한 때문이다. 로마와 그리스의 저술가들이 언급한 바를 보면, 이들은 기원전 8세기에서 기원전 4세기에 이르는 시기에 그리스어의 것에 가까운 알파벳을 사용했다. 고대 프리기아어로 쓰인 약 20개의 비문에는 몇몇 고유명사와 단어들이 나타나고 있다. 그러나 이는 아직은 해독이 어려운 상태이다. 왜냐하면 여기에 있는 단어들은 서로 분리된 상태로 쓰여 있지 않기 때문이다. 로마시대에 나온 신新프리기아어의 수많은 비문은 당시의 그리스어의 쓰기 방식을 보이면서 나타나고 있다. 미케네 시기에 그리스어에서 차용된 단어들도 발견된다. 프리기아어는 기원후 6세기에도 아나톨리아 중앙 지역에 사는 시골주민들에 의해 사용되었다.

베네트어Venetisch: 베네트어는 기원전 6세기와 기원전 5세기에 만들어진 200개 정도의 비문에서 발견된다. 이 언어는 이탈리아의 북동부 지역에서 사용되어, 오늘날의 베니치아 도시에 대한 명칭을 부여하는 계기가 되었다. 오랜 기간 베네트어는 일리리아어의 한 방언으로 간주되어 왔지만, 오늘날에는 이탈릭어의 하나로서 간주되고 있다. 어휘상을 통해 보면 베네트인은 언어적으로는 이탈릭인과 게르만인에 가깝다. 이에 이들 간에 언어적인 접촉이 있었던 것으로 보인다.

리구르어Ligurisch: 리구르인이 스스로를 *암부뢰네스Ambrönes*라고 부른 것은 거의 확실한 사실이다. 로마의 저자들은 이들을 *리구레스Ligures*라 적고 있다. 이들의 분포지역은 이탈리아 북부와 서부 및 남부프랑스에서 이베리아 반도까지 달하고 있다. 그리스인은 이들을 *리고우에스*λιγουες (ligues)라 불린 서부유럽의 한 지역에 살았던 주민으로 보고 있다. 리구르인의 언어는 오직 하나의 비문에 적혀 있는 하나의 단어만이 전해 내려온다. 리구르인의 지명이나 비문을 살펴볼 때, 리구르어는 켈트어와 가까웠던 것으로 보인다. 따라서 켈트어와 이탈릭어 사이의 위치에 있다고 볼 수 있다.

일리리아어Ilyrisch: 이탈리아 측에서 볼 때에 아드리아 해에서 이탈리아 맞은편 지역을 *일리리쿰Illicum*이라고 하였는데, 이 지명의 명칭은 로마인이 붙인 것이었다. 그곳에 살았던 종족들의 언어에 대하여는 오늘날 알려진 바가 전혀 없다. 이들은 3개의 서로 다른 종족이었던 것으로 보인다. 그리스인은 이 명칭을 그리스의 북서쪽 경계지역에 살던 종족들에만 국한시켰다. 지명과 강의 명칭, 인명 및 짧은 텍스트를 가진 비명들에게서 이 언어를 확인할 수가 있다. 기원전 4세기에 이 언어는 발칸반도의 북서쪽지대와 오늘날의 알바니아 북쪽지대 및 이에 인접한 몬테네그로 지역에서 사용되었던 것으로 보인다. 그리스도교가 전파되기 이전까지 칼라브리아Kalabrien와 아풀리아Apulien 지역에서 사용되었던 이 언어는 오늘날 거의 해독되지 않고 있다. 따라서 아직도 도처에서 해결되지 않은 많은 문제점이 있다. 크라에Krahe는 처음에 고유럽의 물에 관한 명칭이 일리리아어에서 나왔다고 생각했다.

트라키아어Thrakisch: 트라키아인은 자신들의 언어에 있어서 후대에 거의 아무런 증거물을 남겨놓지 않았다. 그리스인에 따르면 이들은 여러 수많은 종족으로 구성되어 있었다고 한다. 이들은 발칸반도 북쪽의 전역에 거주하였다가 나중에 북동쪽 방향으로 밀려났다. 고유명사와 하나의 비명, 그리고 고전시기 저술가들을 통해 트라키아어의 어휘들이 드물게 나타나는데, 이것이 이 언어와 관련된 유일한 자료이다. 트라키아어는 발트-슬라브어에 가장 가까웠던 것으로 보인다.

다키아어Dakisch: 다키아어를 사용하던 사람들은 스스로를 게테스Getes라 불렀는데, 로마인은 이들에게 다키Daci란 명칭을 부여했다. 그리스인은 이들을 트라키아인의 한 북쪽 그룹으로 보고 있다. 식물의 명칭과 지명에 관해 적힌 하나의 리스트가 지금까지 이 언어에 대해 언어학자들에게 주어진 유일한 연구자료이다. 이 언어는 몇몇 측면에서는 트라키아어와 가까운 친척관계를 보인다.

메사피아어Messapisch: 아드리아해의 남쪽 해변에서 이 언어로 적힌 300개의 짧은 비명이 발견되었다. 로마인이 아풀리Apuli라 불렀던 이 종족은 역사적으로 그 존재가 확인되고 있다. 이들의 유물이 여러 박물관에 소장되어 있지만, 이들의 언어는 지금까지 거의 연구되어 있지 않다. 따라서 이 언어에 대해 알려진 바가 별로 없다. 학자들은 이들의 언어가 이탈리아어와는 전혀 관계가 없다고 말하고 있다. 이 언어는 다키아어와 트라키아어와 공통적으로 발전해 온 정황이 발견되고 있다. 지명과 종족명과 고유명사 및 신의 명칭에서 일리리아어와 알바니아어 사이에는 상응된 면이 있다.

시쿨어Sikulisch**와 시칸어**Sikanisch: 동부시칠리아 중부시칠리아 지역에서 사용된 이 언어들은 메사피아어와 약간의 공통점을 보인다.

엘림어Elymisch: 한때 서부시칠리아 지역에서 사용된 이 언어에 대해서는 알려진 바가 거의 없다. 다만 이탈리아어와 친척관계가 있는 것으로 보인다.

루시탄어Lusitanisch: 포르투갈과 스페인 남서부에서 라틴어 문자로 기록되었으면서, 켈트어에 아주 가까운 언어로 보이는 극소수의 텍스트가 발견되었다. 역사적으로 보아서 이 언어는 켈트어에 속했던 언어일 수도 있다.

타르테스어Tartessisch: 타르테스어는 이베리아 반도의 남서쪽에 있었던 한 언어로서 지금까지 오직 몇 개의 비문에서만 발견되었다. 표기방식은 이베리아 문자와 비슷하여, 이를 해독하는 일을 가능하게 만들었다. 단지 극소수의 문서 사료들이 남아 있는 이 언어는 오늘날 비인도유럽어로 간주되고 있다.

펠라스그어Pelasgisch: 그리스어에 대한 기저어 역할을 한 것으로 보이는 이 언어에 대해서는 아직은 확실한 판단을 내리기가 어렵다. 루비아어 또는 리디아어일 것으로 생각되는 아나톨리아어 및 트라키아어, 티렌어, 미노이어와 함께 세미티드어, 일리리아어, 마케도니아어와의 관련성도 제기되고 있다. 아마 이러한 언어들이 기저어 내지 동등어Adstrat 이상의 역할을 했을 것으로 보인다. 고전시기의 사료에 따르면 펠라스그인은 해적질을 일삼던 종족으로서 여러 섬과 해변지역을 식민화했다고 한다. 그리스인이 들어오기 이전에 이들의 언어는 발칸반도와 에게해 주변의 내륙지역에서 사용되었다. 그러나 그리스어에 남아 있는 차용어나 고유명사 이외에는 이들에 대한 어떠한 자료도 더 이상 남아 있지 않다.

인도유럽어에 속하지 않으면서 사어가 된 언어들

인도유럽어에 속하지 않는 언어로서 선사시기에 유럽에 있었다가, 오늘날에는 사라진 언어들이 여러 개 있다. 이들은 인도유럽어가 들어오기 이전에 이미 유럽 지역에 있었다. 즉 바스크어, 에트루리아어, 이베리아어, 픽트어, 레트어 등이다. 이들 언어들은 바스크어를 제외하고는 오늘날 모두 사어가 되었다.

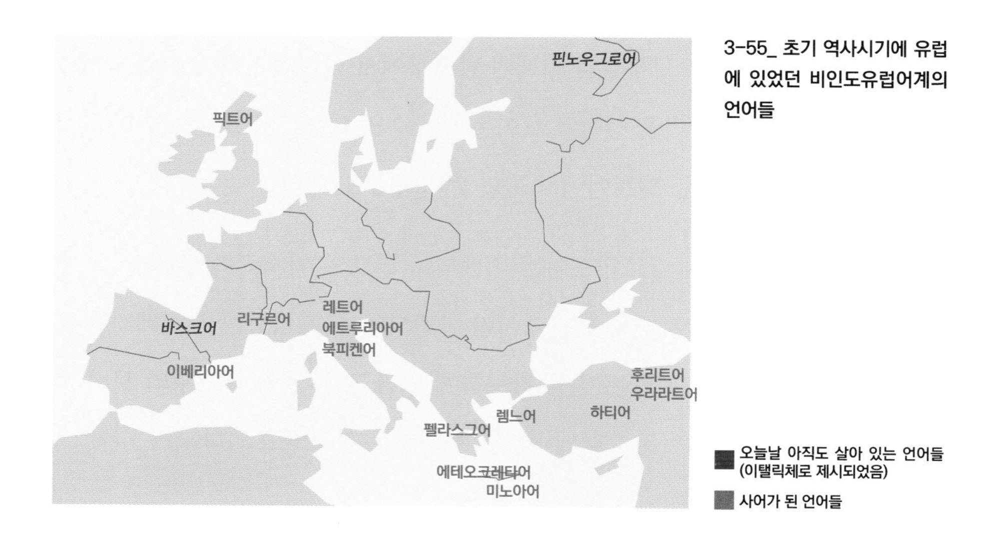

3-55_ 초기 역사시기에 유럽에 있었던 비인도유럽어계의 언어들

에트루리아어Etruskisch와 렘느어Lemnisch

초기 역사시기에서 고도의 문명을 가진 문화민족이었던 에트루리아인이 어디에서 기원하였는지는 아직도 밝혀지지 않고 있다. 이들은 마지막 빙하기시기에 온난했던 유럽의 한 피난처 지역에 머물러 있었다가, 기후가 호전되자 다시 유럽 내륙으로 퍼져 나간 고유럽계 문화권에 속한 주민들로 보인다. 이때 이들의 일부가 레트인Rätisch이 살던 지역으로 들어갔다. 에트루리아인은 아우구스투스의 행정개혁 문서에서도 언급되고 있다. 여기에서 이들을 투스키Tuschi로, 그리스인은

튀르센오이 τυϱσενοι (tyrsenoi)로 불리었다. 독일에서는 그리스인이 불렀던 명칭에 의거하여 티렌인Tyrrhener이라 부른다. 할리카르나소수 출신의 디오니스Dionys가 기록한 바에 따르면, 이들은 스스로를 라세나Rasena로 불렀다고 하는데, 이는 에트루리아인의 텍스트에서는 라스나Rasna의 형태로 나타난다.

에트루리아 지역에는 원래 움브르인Umbrer이 살았다고 한다. 실제로 오스크-움브리아어Oskisch-Umbrisch어는 문화적으로는 낮은 단계에 머문 언어였지만, 에트루리아어에 대해서는 적지 않은 차용어를 제공했다. 일면 이들 간에는 언어상에서 일치하는 점이 있어, 이들의 렘노스에서의 기원설도 제기되고 있다. 오직 비명의 형태로 나타나는 텍스트 내에서 그리스어에 가까운 알파벳이 발견되는 것으로 보아서는 렘느어는 확실히 에트루리아어와 친척관계에 있다. 어미와 어간과 단어 및 알파벳 상에서의 비슷한 점에서도 에트루리아어는 많은 측면에서 렘느어와 일치한다.

일부 언어학자들은 렘노스 섬에 있는 비명들을 근거로 하여 에트루리아인의

켈트어	렘느어	에트루리아어
어미	-z, -eiz, -zi, -ai, aiΘ, -ale, -ial 등	-s, -eis, -si, -ai, aiΘ, -ale, -ial 등
단어	*naΦoΘ* *ziazi* *maraz, marazu* *aviz* *zivai* *zeronai, zeronaiΘ* *morinail* *haralio* *arai* *holaiezi Φokialsiale* *aviz sialxviz*	*nefis* *zia* *mar, maru* *avil* *zivas* *zeri* *murinal* *hare* *aras* *larΘiale hulxniest* *avils .....śealxis*

도표 3-49

기원을 동쪽 지역에서 찾으려 하고 있다. 그러나 이때에 렘느어가 어떠한 역할을 하였는지는 명확하지가 않다. 에트루리아어와 렘느어에서 공통적으로 보이는 일부 특징들이 레트어에서도 나타난다. 따라서 많은 사람은 에트루리어와 레트어의 이 두 언어에서 공통적으로 나타나는 이런 특징들은 모두 렘느어에 기원을 두고 있다고 추측한다. 이러한 사실이 맞는다면, 시기적으로 볼 때에 이러한 공통점은 기원전 1,100년경에 벌써 렘느어로부터 받아들였을 것이다. 그렇다면 여기에서 곧바로 하나의 의문이 생긴다. 에트루리아를 연구하는 학자인 헬무트 릭스Helmut Rix는 레트인과 에트루리아인이 이른 시기에 한때 지리적으로 이웃하여 살았다고 한다 (이에 대하여는 다음을 참조하라. Helmut Rix, *Rätisch und Etruskisch*, in: *Innsbrucker Beiträge zur Sprachwissenschaft*, Wolfgang Meid 〈Hrsgg.〉, (Vorträge und Kleine Schriften 68) Innsbruck, 1998). 이렇다면 레트어와 에트루리아어 간에 어느 정도 언어적인 공통성이 있는 것은 이해된다. 그런데 이후 역사적 발전과정에 따라 서로 멀리 떨어지게 된 이 두 언어가 어떤 방식으로 렘느어의 핵심부분을 똑같이 받아들였을까? 레트어와 에트루리아어는 한 특정 시점부터는 독자적인 길을 걸어갔다. 그렇다면 그 영향력이 반대 방향으로 향해서, 즉 에트루리아인의 핵심지역으로부터 다른 지역으로 파급되어 나갔을 수도 있지 않을까? 티렌인이 머물러 살던 장소는 소아시아의 해변 지역과 여기에서 돌출해 나와 있는 섬 지역이었음이 입증되고 있다. 이런 지역은 항해하는 종족에게는 출발지라기보다는 오히려 목적지였을 가능성이 더 크다. 따라서 렘노스에서 발견된 기록물은 어떤 한 시기에 에트루리아인 항해자 내지 에트루리아인과 동행하였던 항해자들로부터 나왔다고 볼 수도 있다.

고고학적인 자료에 따르면, 에트루리아인의 거주 지역에서는 어떠한 문화적 단절이 보이지 않는다. 따라서 이는 에트루리아 주민의 대다수가 그 지역에 뿌리를 두고 기원하였음을 보여준다. 이러한 사실은 디오니스Dionysos[83]도 7세기에 펴낸 자신의 20권에 달하는 방대한 '로마 고고학'에서 그렇게 추측하고 있다 (로마 고고학 1. p. 26~30). 이들의 도시들이 모두 내륙에 위치하여 있음이 이를 입증한다. 그런데 항해 민족은 통상 자신들의 식민지를 해변을 따라 건설하는 법이다.

그럼에도 불구하고 역사기술서는 에트루리아인의 기원을 알려주는 확실한 자료가 없다. 안티클레이데스Antikleides [84] 의 한 비망록에 따르면, 이들은 북 에게해에 있는 섬인 렘노스Lemnos와 임브로스Imbros으로부터 이주해 들어왔다고 한다. 이곳은 펠라스그인Pelasger이 살던 곳으로 알려져 있다. 이러한 자료적인 입증과 렘느어와의 언어사적 공통점이 있다고 하더라도, 에트루리아 연구자인 마시모 팔로티노Massimo Pallottino는 에트루리아인의 기원지를 렘노스에서 직접적으로 이끌어낼 충분한 근거가 되지는 않는다고 말한다. 그에 따르면 헤로도트가 이들의 기원지로 내세웠던 리디아나 북부 에게해의 렘노스섬, 이오니아나 에올리스Äolis의 해변지역, 터키의 사르데스, 아나톨리아의 내륙지역 등의 어디에서도 이와 관련된 시기에 이들이 이주를 위해 출발했다고 볼만한 적절한 에트루리아 문화의 흔적을 전혀 찾을 수 없다.

에트루리아인은 켈트인과 그리스인, 그리고 무엇보다도 로마인 등에게서 인도유럽인의 영향을 받았다. 에트루리아인은 로마인에게는 문화적으로 우위에 있었다. 이들의 근거지역에서 사람들은 에트루리아어로 쓰인 수많은 비명을 발견했다. 이것들은 기원전 8세기에서 기원전 7세기로 바뀌는 시기로부터 기원후 1세기의 20년대에 이르기까지의 것들이다. 그리고 이 시기 이후부터는 단지 라

83) 기원전 75년에서 기원전 7년까지 할리카소스Halikassos 출신의 로마의 웅변가이자 역사기술가.

84) 기원전 300년경의 아테나인으로서 비평가였다.

틴어로 쓰인 비명들만 발견된다.

에트루리아 문자는 그리스어의 한 변이형태로서, 페니키아어의 알파벳을 모범으로 한 서부 그리스어의 알파벳을 받아들여 만들어졌다. 그러나 그리스어가 갖고 있는 모든 문자들을 총동원하더라도, 에트루리아어의 모든 음운을 제대로 표기할 수는 없었다. 이것이 에트루리아어의 표기가 부분적으로 불일치한 점을 보이는 한 요인이다. 표기방식에 있어서는 처음에는 왼쪽에서 오른쪽으로 뿐만 아니라, 오른쪽에서 왼쪽 방향으로도 진행되었다. 이는 아마도 점차 페니키아어로부터 받은 영향 때문으로 보인다. 그리스어의 영향력은 주로 문예물과 신화에 나타나는 존재들을 가리키는 이름으로서 차용된 단어들에게서 보인다.

주로 무덤의 비문 형태로 나타나는 기록물들은 아주 제한된 내용과 어휘를 보여준다. 따라서 에트루리아어를 우리가 알고 있는 어느 어족에도 편입시키기가 아주 어렵다. 예전에 사람들은 에트루리아어를 다른 여러 수많은 언어와 연관시키고자 했다. 즉 핀우그리어, 아르메니아어, 코카사스어, 히타이트어, 리디아어, 리키아어, 바스크어, 드라비다어, 이집트어, 알바니아어, 알타이어 등이다. 에트루리아어가 소아시아와 코카사스 지역의 일부 언어들과 유사성이 보이긴 한다. 그리고 8을 표기하는 단어에서는 남부피켄어Südpikenisch와의 유사성도 보인

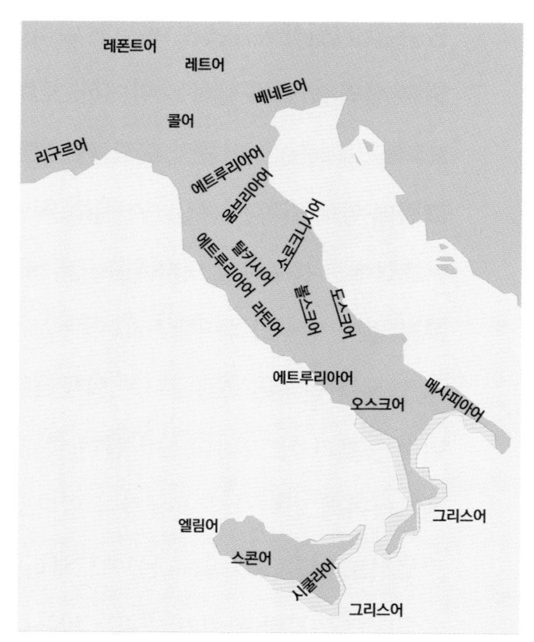

3-56_ 에트루리아인이 활동하던 시기에 이탈리아 반도에 있었던 언어들

다. 남부피켄어는 사벨어Sabellsich나 오스크-움브리아어Oskisch-Umbrisch 언어그룹에 속하는 이탈릭계 언어의 하나였다. 그러나 에트루리아어를 어느 한 특정의 언어그룹에 귀속시키려는 시도는 너무나도 자료가 부족하여 아직까지도 실패하고 있다.

에트루리아어는 명사변화의 많은 측면에서 알타이어 계통의 언어에 가깝다. 그동안 언어학자들은 에트루리아어가 인도유럽어가 아닌 언어에서 기원하였다는 데에는 일치된 의견을 보이고 있다. 일부 일치되는 어휘들은 인도유럽어로부터 차용한 것이라고 설명한다.

기원전 490~460년경에 단어 내에서 가운데 음절과 끝음절 내의 모음이 없어지면서 짧아지는 모습이 보인다. 이는 첫음절에 놓인 강세 때문이다. *idus* (달月의 중간시기)와 *artium* (집안 정원)과 같이 에트루리아어로부터 차용어로서 라틴어에 들어온 단어들을 통해 보면, 이 언어가 라틴어에 대해서는 상층어의 역할을 하였음을 보여준다. Laterne (등)과 같은 에트루리아어의 단어는 로마인을 통해서 독일어에까지 들어왔다. 이들에게서 기원한 Fenestra (창문)와 같은 단어를 통해서도 에트루리아인의 건축기술이 우위에 있었음을 알 수 있다. 왜냐하면 fenestra는 라틴어가 차용어로 받아들인 것이기 때문이다. Zeremonie (예식)와 같은 단어에서의 -mon 내지 -monia의 단어부분 역시 에트루리아어로부터 받아들인 유산이다.

에트루리아인이 후대에 남긴 기록물은 아주 적다. 또 이웃 종족들이 이들에 대해 언급하여 남긴 것도 아주 적다. 그리하여 그리스어나 라틴어 사료에서도 이 종족의 생활이나 사회에 대해 언급한 정보가 별로 없다. '*Libri rerum Etruscarum* (에트루리아 역대기)'이나 에트루리아인의 존재에 대하여 언급했던 '*Tyrrhenika* (티렌인)'과 같은 초기 기록물들은 지금은 망실되어 전해 내려오지 않는다.

라틴어로 쓰여 내려온 하나의 문서가 조각내어 잘려진 상태로 발견되었다. 즉 이집트에서 발견된 소위 '*자그레브*Zagreb*의 미이라*'를 감싸고 있는 한 헝겊 조각이다. 여기에는 예식을 위한 내용을 적은 하나의 텍스트가 에트루리아의 문자와 언어로 쓰여 있다. 이 기록물이 적혀있는 무명으로 만든 천이 어떠한 경로로 이집트의 한 미이라를 감싼 용도로 사용되었는지는 모른다. 다만 13세기말의 람세스 재위시기에 한 이집트의 신전에 새겨진 비명에서 이에 대한 희미한 실마리를 찾을 수 있다. 이 비명에 't-r-s'란 한 해양족이 침범해 들어왔다는 기록이 있다. 그러나 이 이름은 일부 사람들에게서는 'p-r-s'로도 읽혀져 해석되기도 하는데, 이는 *필리스터인*Philister으로 풀이되고 있다. 상형문자에서는 모음이 기록되지 않고 있기 때문에, 이것을 꼭 *티르세노이*Tyrsenoi라고 풀어 읽는 것이 확실하다는 보장은 없다.

에트루리아인은 이탈리아 반도에서 문화적인 주도권을 쥐었던 민족이었지만, 이곳 주민들의 상당수는 이탈리커인이었다. 그리하여 라센나Rasenna[85]의 봉건지배계층은 시간이 지나면서 이들 주민에게 점차 양보를 할 수밖에 없어서, 결국은 이탈리커인이 지배권을 획득하게 된다. 이는 에트루리아인이 결코 전 지역을 통괄하는 자체적인 통일국가는 형성하지 못했기에 이런 상황에 이르게 되었다. 여러 다양한 도시국가들은 단지 종교적인 또는 문화적인 동맹관계로써 묶여 있었는데, 여기에서 맺어진 조약은 매년 새로이 갱신되어야만 했다. 그런데 이 자유로운 독자적인 제후 국가들이 서로 간에 적대적인 관계에 빠진 일이 적지 않았다. 이점이 점차 세력을 키워오던 로마인에게 대항하는 데에 있어서 치명적인 약점이 되었다. 이리하여 로마인은 차례차례 이들 도시들을 정복하여, 결국은 에트루리아의

85) 에트루리아 문화권.

전역을 로마화하였다. 그 결과로 에트루리아어는 멸망의 길을 걷게 되었다.

단지 하나의 가정이지만, 이들의 기원에 대해서는 부득이 흔히 제기되어 온 렘느어와 연결시킬 수밖에 없다. 아나톨리아 지역으로부터 이주해온 이들은 한때 문화의 시혜자로서 큰 역할을 하였다. 에트루리아인의 조상들은 자신들의 근거지에 도착할 때까지 빙하시기에 있었던 한 언어를 - 이는 아마도 이때에는 바스콘어였을 것이다 - 사용하였다. 그러다가 이 언어가 주위에 있던 한 우월적 사회로부터 받은 압력 때문에 그 사용을 포기하였을 가능성이 있다. 즉 외부로부터 들어온 한 종족의 영향력을 받았음이 확실하다. 그리고 지중해 해역에서 아주 이른 시기에 항해를 하였던 페니키아인이 지속적으로 에트루리아의 문화에 또한 영향을 주었음도 확실하다. 기원전 700년경에 이미 항해에 능숙했던 에트루리아인은 한때 페니키아인과 그리스인에게는 강력한 경쟁자였다.

• **레트어**Rätisch

일부 특정 분야에서 에트루리아어에 가까운 측면을 보이는 레트어는 오랜 기간 인도유럽어로 간주되어 왔다. 그러나 새로이 발견된 수많은 유물에 대해 집중적으로 연구한 결과를 보면, 레트어와 에트루리아어 사이에는 언어적으로나 유전적으로 친척관계에 있다는 헬무트 릭스Helmut Rix의 견해가 오늘날에는 확실한 사실로 받아들여지고 있다. 이들은 아주 이른 시기에 분리되었다 (이에 대하여는 다음을 참조하라. Helmut Rix, Rätisch und Etruskisch, in: Innsbrucker Beiträge zur Sprachwissenschaft, Wolfgang Meid 〈Hrsgg.〉, (Vorträge und Kleine Schriften 68) Innsbruck 1998). 이에 따라 리비우스, 플리니우스, 폼페이우스 트로구스Trogus가 "레트인은 갈리아인을 피해 알프스 지역 안으로 도망쳐 들어온 에트루리아인이다."라고 한 말은 맞지 않다고 본다. 레트어는 음운구조, 명사와 동사에서의 문법변화, 어순 등에서 에트루리아어에 비슷한 언어현상을 보인다. 또 이 두 언어에는 교착어로서 많은 특성이 있다. 그러나 레트어가 에트루리아어와 친척관계에 있다는 가정에는 문제가 있다. 지금까지 레트어의 인명들 중에서, 그러니까 로마시기 이전에 돌, 사슴 뿔, 청동 그릇이나 청동 도구 등에 새겨져서 발견된 인명들 중에서는 단 하나의 경우만을 제외하고는 에트루리아어의 인명과 상응하는 것이 전혀 나타나지 않기 때문이다. 마찬가지로 레트어의 축도문이 새겨진 비명에 나타난 어휘들도 에트루리아어의 것과는 완전히 거리가 멀다. 이에 따라 다른 기층어 내지 상층어가 레트어에 영향을 주었다고 생각된다. 지명에서 보이는 아주 다양한 언어적인 양상은 이러한 가정을 뒷받침한다.

알프스에 사는 종족인 레트인은 기원전 6세기에서 기원전 5세기로 바뀌는 시기에 독자적인 문화를 만들었다. 이 종족이 처음 언급된 것은 카토가 자신의 아들에게 보낸 한 편지에서이다. 여기에서 그는 레트인의 포도주가 아주 뛰어나다고 적고 있다. 이와 더불어 당시 사람들의 기록에서 이들의 밀랍, 피치, 송진, 꿀, 밀의 한 종류, 그리고 레트인만이 사용하는 바퀴 달린 쟁기 등이 언급되고 있다.

레트인은 처음에는 북쪽에서 온 영향을, 그리고 나중에는 남쪽에서 온 영향을 자신의 문화권 내에서 받아들이면서, 이를 자신들만의 독특한 방식으로 바꾸었다. 켈트인으로부터의 영향은 기원전 약 300년 경의 라-뗀느의 중기시기에 최고조에 달하는데, 이의 흔적은 금속제 옷핀과 무기와 장식품 등에서 엿보인다.

기원전 6세기에서 기원전 5세기로 바뀌는 시기에 3개의 문화그룹이 형성되기 시작했다. 그러나 알프스 지역이 로마제국의 영토로 편입되면서, 이는 곧 그 지역의 로마문화에 흡수되어 버렸다. 몇몇 계곡에서는 레트인의 문화 흔적이 조금은 더 오랜 기간 지속되었다. 프리첸스-산체노Fritzens-Sanzeno 그룹, 마그레Magrè 그룹, 발카모니카Valcamonica 그룹 등이 그것이다. 베네치아-에트루리아 지역에서

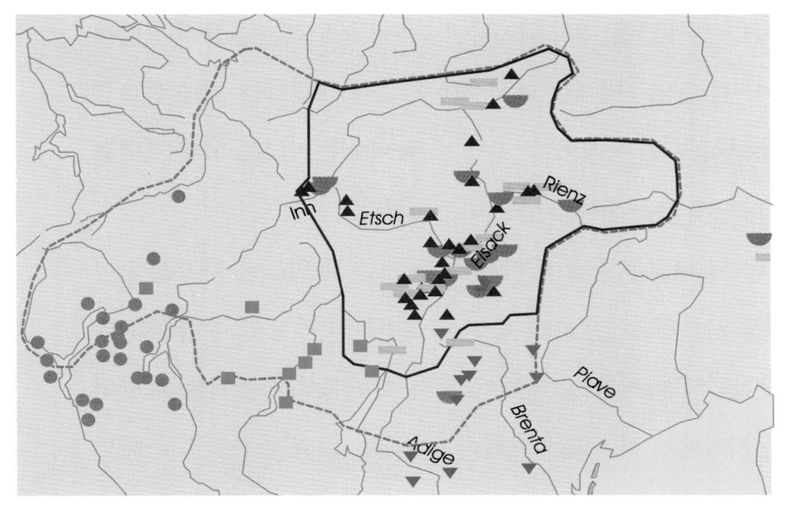

▲ 보첸Bozen 내지 산체노Sanzeno의 알파벳
▼ 마그레Magrè의 알파벳
■ 손드리오Sondrio–발카모니카Valcamonic의 알파벳
● 루가노Lugano의 알파벳
---- 지금까지 추측되는 레트인의 거주지
— 레트인의 확실한 거주지
▬ 전형적인 레트인 옷핀

프리첸스Fritzens–산체노Sanzeno 그룹의 도자기 유형

3-57_ 레트인과 다른 비명들의 분포도

받은 영향으로, 프리첸스-산체노 그룹에서는 단일화된 토기형태가 발생하였다. 이 토기형태는 레트인이 살았던 곳으로 추정되는 전 지역으로 아주 광범위하게 퍼져 나갔다 (이에 대하여는 3-57의 지도를 보라).

프리첸스-산체노 그룹은 북부티롤에 있는 인 강의 계곡과 이에 이웃한 계곡지대에 퍼졌던 북부 그룹과 트렌티노Trentino 지역에 퍼졌던 남부그룹으로 나뉜다. 이 두 그룹은 생활용품이나 청동 및 철제 세공품의 가공 기술에서 많은 공통점을 보인다. 거주공간의 조성이나 주택의 건축 분야에서도 이 두 그룹은 서로 아주 닮은 모습을 보인다. 이들이 사용한 고유 무기는 도끼가 달린 창이었다.

3-58_ 레트인의 가옥

레트인의 전형적인 주택양식인 카사 레티카Casa retica(레트인의 주택)는 오늘날 아직까지도 알프스의 산맥지역에서 보이고

있다. 이는 땅을 깊숙이 파서 만든 대지 위에다가 3층의 목조건물을 올리는 양식이다. 돌로 만든 각이 진 출입구와 외부에서 지하창고를 내려가는 계단 통로를 만드는 것이 이 건축양식의 큰 특징이다. 주택 바로 앞에는 비스듬하게 계단을 이루면서 경사져 내려가게 되는 하나의 마당이 조성된다.

오늘날 그라우뷘덴Graubünden 지역에 사는 일부 소수 주민들은 레토로만어Rätoromanisch란 방언을 사용하고 있다. 이 방언은 로만화된 레트인 주민들이 말했던 라틴어에서 발전되어 나왔다. 달마티아 지역 주변에서 사용되는 라딘어Ladinisch와 프리아울 지역에서 사용되는 프리아울어Friaulisch와 마찬가지로 레트어Rätisch는 라틴어가 로만화 된 것이다. 레토로만어의 어휘들은 오늘날 완전히 로만화 되었고, 단지 몇몇 지명과 고유명사에서 아직도 로만화 되기 이전의 형태가 남아있다. 그리하여 레트인의 이름들은 아직도 레토로만어의 명칭을 갖고 있다. 로마제국 이전 시기에 있었던 이 언어에서의 비인도유럽어 형태는 몇몇 비명에 적힌 것 외에는 남아있는 것이 전혀 없다.

그라우뷘덴 지역은 기원전 15년에 아우구스투스 황제의 양자들인 티베리우스와 드레수스가 알프스 지역을 정복하면서 로마에 편입되었다. 그 이후 수백 년이 지나서, 고트하르트의 동쪽 지역에서 오늘날의 그라우뷘덴에서 사용하는 언어가 생겨났다. 몬테 카를로 정상에 있는 라 투비La Tubie의 승전비에는 레트 종족의 여러 이름들이 새겨져 있는데, 이는 플리니우스Plinius가 베낀 사본을 통해서 오늘날에까지도 전해 내려온다. 레트인의 독자적인 종족들이 언급한 한 비명이 발견되기 전까지는, 사람들은 오랜 기간 레트인이란 명칭이 일반적으로 종족을 뛰어 넘는 하나의 문화그룹이라고 생각하여 왔다. 무엇보다도 기원전 500년경의 시기부터 레트인의 흔적이라고 볼 수 있는 여러 비명들이 발견되었다. 비록 이러한 비명들이 고대의 역사저술가들이 레트인의 기원에 대한 논란의 과정에서 보인 의견상의 불일치를 완전히 정리해 주지는 못하나, 이 알프스의 종족들이 거주했던 지역에 대한 대체적인 윤곽은 알려준다. 레온티르Leontier 지역과 알펜라인계곡Alpenrheintal 지역은 이들의 거주지에 속하지 않는다. 베르나Verona 주변지역은 확실히 레트인의 거주 지역이다. 그러나 가르다 호수와 콤머 호수 사이의 지역에 관해서는 이에 대한 명확한 규명자료가 있지 않다.

무덤의 부장품을 통해 지역적으로 나타나는 공통적인 문화구조를 살피면서, 고고학은 레트인의 주거지역과 이들의 문화권 지역을 확정해 냈다. 이러한 공통성은 화장했던 장소, 소원을 빌 때 바치는 희생 공물, 그림으로 그려진 이야기, 문자 등을 통해 나타난다. 이런 공통성이 생기는 장소라면 꼭 하나의 조건이 충족되어야만 했다. 즉 교역물과 정신적인 산물의 교환을 가능하게 했던 브렌너 통로Brennerpass와 레셴 통로Reschenpass에 접근할 수 있어야 했다.

레트어의 문자는 베네트어Venetisch의 알파벳이 변형된 형태를 보인다. 그리고 이 베네트어의 알파벳은 다시금 에트루리아어의 알파벳을 기반으로 하여 만들어졌다. 이 알파벳을 레트어에서 사용할 수 있으려면 b, d, g와 o는 각기 p(h), t, k(h)와 u로 표기해야만 했다. 3개의 서로 다른 문자들이 레트인이 살던 지역이라고 추측되는 곳에서 각기 다르게 구분되어 나타나고 있다. 이들 중의 하나는 3-57에서 푸른색 삼각형으로 표시된 산체노Sanzeno-알파벳이라고 불리는 것인데, 지금까지 이 문자로 쓰인 비명이 70개나 발견되었다. 이의 남쪽그룹의 경우에는 산체노에 하나의 필기학교가 설립되어, 소원을 내용으로 하는 비석들이 특별히 주문 제작되었던 것으로 추측된다. 두 번째 문자는 3-57에서 초록색의 삼각형으로 표시된 마그레Magrè 알파벳이라 부르는데, 지금까지 이 문자로 쓰인 30개의 비명이 발견되었다. 이 문자의 분포지역은 좀 더 남쪽에 위치해 있다. 세 번째 알파벳은 푸른색의 정사각형으로 표시된 손도리오Sondorio 지역의 것이다.

이 루가노Lugano 알파벳은 레폰트어Lpontisch로 쓰인 비명에 나타나고 있다. 붉은 원형으로 표시된 이것은 켈트어의 일종으로 알려지고 있다.

단어들 사이에서 띄어쓰기를 하지 않고 쓰였기에, 이 비명을 해독하는 데에 큰 어려움이 있다. 이 비명들은 대개 경우에는 예식을 목적으로 만든 것으로 보인다. 게다가 단어의 양도 아주 적다. 일반적으로 이들 비명들에는 아주 짧은 문장들만 적혀있다. 이 문장을 통해서 단지 비석의 기부자와 소유자의 이름만 알아낼 수 있다. 여기에서는 다양한 격Kasus을 가진 이름의 명칭들이 나타나는데, 두 번째 이름은 아버지의 이름을 가리키는 파생어임을 보여준다. 이밖에 드물게는 몇몇 동사의 형태도 보인다. 나중에 라틴어로 작성된 비명들에서 아버지의 이름이 문법적인 형태를 갖춘 모습에서 지역적인 차이가 보인다. 이는 이 밑에 깔려있는 지층어들이 각기 달랐다는 것을 보여주는 증거이다.

	Rätisch	Etruskisch
a	A ⩓ ᛏ	A Ꭿ
b	–	–
c/g	⟩?	⊃
d	–	–
e	ꟻ ᛯ Ǝ?	ᛯ Ǝ
v	ᛯ	ꟻ ꟻ
z	※ ᛘ?	I ⊦
h	⊟	⊟
θ	–	⊗ ⊙ X
i	|	|
k	ꓘ	ꓘ
l	ᛚ ᛏ ⋀	ᛚ
m	ᛖ	ᛖ ⋒
n	ᛗ	ᛗ H
o	–	–
p	ᛚ ᛚ ᛚ ᛚ	ᛚ 1
ś	M ⋈	M ⋈
q	–	ϙ
r	◁ ◁ ◁	q ◁
s	⟨ ⟨	⟩ ⟩ ⟨ X = Ṡ
t	X ᚷ ≠	ᛏ T
u	V Λ	Y V
φ	ϕ ϕ ⌽	ϕ ⦶
χ	Ψ Ψ	Ψ Ψ
f	–	⊟ᛯ 8
t'	ᛏ ↑ ᛏ ᛯ ᛯ	

3-59_ 레트어 알파벳

리누스 브룬너Linus Brunner는 이에 대해 특이한 해석을 하고 있다. 1960년대에 상 갈렌St. Gallen에서 라틴어와 그리스어를 가르치던 이 선생은 세미티드어에 어원을 두고 있는 것으로 보이는 일련의 레트어 단어들을 제시했다. 그는 신적인 것과 교회의식에서의 제례에 관련된 일련의 명칭과 지명들이 의심할 여지없이 세미티드어에 기원을 두고 있다고 주장했다 (이에 대하여는 다음을 참조하라. Linus Brunner, *Entzifferung der rätischen Inschrift von Schule, in: Hevetiea Archaeologica*, Basel,

1983/14 (Band 53), p. 3~13; Linus Brunner, *Was lehren uns rätische Namen?*, in: Bündner Monatsblatt, Chur, 3/4 (1983), p. 75~78; Linus Brunner/Alfred Toth, *Die rätische Sprache - enträtselt*, St. Gallen, Amt für Kulturpflege, 1987; 이에 대하여는 다음을 또한 참조하라. Gereon Janzing, *Das Romanische in Graubünden*, http://home.nexgo.de/gereon.janzing/raetorom.htm (2006. 07. 19.)). 몇몇 세미티드어로부터 들어온 차용어는 페니키아인을 통해서 에트루리아어로 들어왔다. 따라서 오늘날 라틴어 내지 이탈리아어에서 아직도 그 흔적을 발견할 수 있다. 이에 아마 아주 이른 시기에 세미티트어가 레트어에 영향을 주었을 가능성을 완전히 배제할 수는 없다. 물론 세미티드인이 알프스 계곡에 정주하였거나 교역하는 과정에서 밀접한 관련을 맺으면서, 자신들의 언어를 현지인에게 전달하였을 것이라고 보는 것은 단지 억측에 불과하다. 그리고 나중에 해변지역과 바다를 통해서 새로운 영향력이 밀쳐 들어오기 이전의 어느 시기에 에트루리아어, 렘느어, 레트어가 각기 형성되었는가의 의문에도 아직까지는 적절한 답을 찾아내지 못하고 있다.

3-60_ 산체노의 물고기
이는 다음처럼 번역 된다. "내 목욕탕에 물이 마르지 않게 하라. 우리는 너의 도움을 필요로 한다. 나는 열매 (과일?)를 주겠다."

페네만은 이 이른 시기에 알프스지역 주민들이 바스콘어를 사용하던 종족으로서, 나중에 외지에서 온 렘노스인Lemnos의 영향을 받고 그들의 언어로 바꿔 갈아탔을 것으로 추측하고 있다. 알프스 산록에서 Senne (치즈를 만드는 알프스 산록의 목자)란 단어를 사용하는 특별한 지역이 모자이크판 형태의 모습을 하면서 나타나고 있다. 페네만은 원래는 레트인의 거주지였던 것으로 보이는 이 지역이 바로 옛날 바스콘어를 사용하던 주민들이 살았던 곳이라고 주장한다.

레트어에서 청동기 물건에 대한 명칭에서 인도유럽어의 여러 어미형태가 나타나는 것을 보면, 레트인에게는 여러 종족의 요소가 뒤섞인 가능성이 엿보인다. 따라서 로마인에 의해 정복될 때까지, 켈트어, 에트루리아어, 일라리아어 등의 영향이 있었으리라 추측된다.

독일의 학계는 그리스어의 φ (phi), τ (theta), χ (chi)에 상응하는 에트루리아어의 알파벳을 각기 pf, ts, kch와 같은 마찰파열음Affrikat으로 보아야 한다는 의견을 제시하고 있다. 에트루리아어나 레트어에 대한 이러한 생각이 맞다면, 에트루리아어와 레트어에서는 유성 파열음은 없고 단지 무성 파열음만이 있었다고 생각된다. 그렇다면 상부독일어Oberdeutsch에서 나타나는 고대독어의 자음추이Lautverschiedung는, 특히 고대 바이에른어에서 이에 상응하여 나타나는 음운체계는 이들 주민이 북부 티롤지역과 인강의 계곡에서 레트어와 접촉하는 과정에서 생겨났으리라고 추측된다. 당시의 이 레트어는 오랜 기간 켈트어나 로만어에게 동화되지 않고 버텨냈던 것으로 보인다 (이는 2007년 3월에 뮌헨에서 플로리안 블라세 Florian Blasche가 구두로 저자에게 알려준 사항이다).

그동안 우리는 바이에른과 이탈리아의 관계는 1960년대 이후로 이 지역으로의 휴가여행이 본격화된 이후에 밀접해졌다고 생각해 왔다. 그러나 이보다 훨씬 이른 옛날 시기에 이미 두 지역 간에 밀접한 관계가 이미 시작되었던 것이다. 예전에 레트인이, 그리고 나중에 바이에른인 (여기에서 바이에른Baiern은 바이에른어를 뜻하는 것이지 정치적인 측면에서의 바이에른 지역을 의미하는 것이 아니다)이 브렌너 통로를 통해서 남쪽에 있는 지중해의 세계와 북쪽의 알프스 산록지역 간의 연결고리를 형성했다. 적응력이 뛰어난 이 지역 주민들은 외부로부터의 문화적 흐름에 자극을 받아, 이를 자신들만의 독특한 양식으로 발전시켰다. 이들은 로마제국의 팽창 시기에 비록 자신들의 사용언어를 자주 바꾸었지만, 어느 정도 자체적인 응집력은 유지했다. 특이하게도 오늘날 바이에른 지역으로 간주되고 있는 곳은 부

3-61_ 피켄어 문자

분적으로는 당시에 레트인이 살던 지역이었다. 이리하여 레트인은 바이에른 내지 바이에른 역사의 일부분을 만들었다고 말할 수 있다.

• **북부피켄어**Norpikenisch

기원전 600년 이후 안코나Ancona의 주변 지역에서 북부피켄어가 사용된 흔적이 입증되고 있다. 이 언어는 남부피켄어와는 달리 인도유럽어가 아니다. 이것이 에트루리아어와 친척관계가 있다는 증거는 아직도 발견되지 않았다. 따라서 이 언어는 비인도유럽어의 잔재로 보인다.

• **이베리아어**Iberisch

이베리아어 반도에서는 이오니아계의 그리스어 알파벳을 가지고, 그리고 나중에는 라틴어의 문자로 번역된 텍스트 이외에도 독자적인 이베리아어 문자의 존재가 있었음이 발견된다. 이러한 사실은 당시 알리캉뜨Alicante와 빌렌시아Valencia 지역에서 특히 자주 목격된다. 그러나 이 언어의 예전 발전단계에 대해서는 아직은 알려진 바가 전혀 없다.

이 독자적인 문자는 페니키인과 그리스인의 항해자들이 이베리아 반도의 해변 지역에 정박하던 시기에 생겨났다. 이 문자는 페니키아인이 가졌던 사고의 총화에 따른 유산에서 기원한 것으로 추측되고 있다. 왜냐하면 여기에서는 페니키아인이 시용하던 방식의 자음만을 갖고 표기하는 문자 방식과 그리스어의 특징으로 나타나는 음절문자와 알파벳문자가 혼용된 방식이 엿보이고 있기 때문이다. 페니키아어와 그리스어 중에서 어느 쪽의 영향을 더 받았느냐에 따라서 필기 방

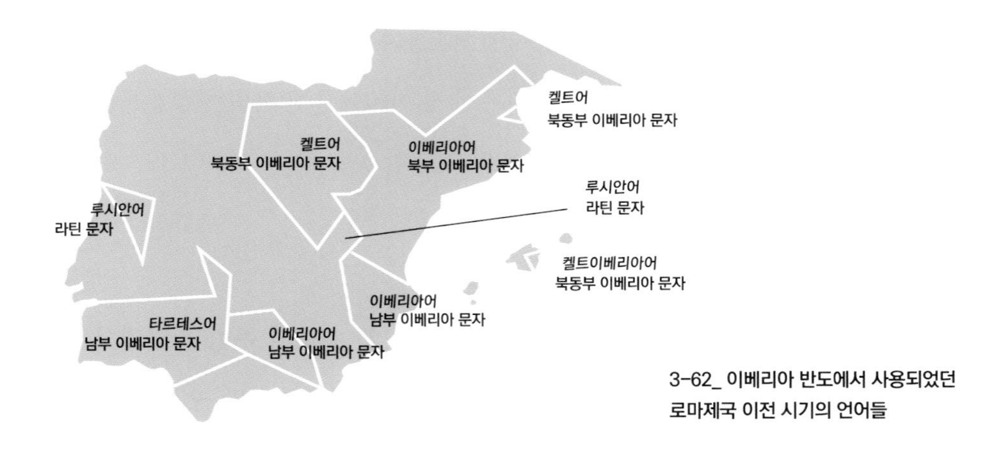

3-62_ 이베리아 반도에서 사용되었던 로마제국 이전 시기의 언어들

식이 오른쪽에서 왼쪽 방향으로 또는 이와는 반대방향으로 표기되었다. 아주 이른 시기에 그리스의 아티카에서 쓰인 한 기록물이 스페인 북동부의 울라스테트 Ullastet 지역에서 출토된 한 토기에서 발견되었다. 이러한 토기가 만들어진 시기는 기원전 5세기이다. 기원전 4세기에 이미 이곳의 주민 계층에서는 이 문자가 폭넓게 사용되었다.

이 독특한 언어가 퍼져 나가 사용된 지역은 프랑스에까지 이르고 있다. 이 문자로 쓰인 자료들은 상당수 남아있다. 그러나 이 언어의 상당 부분이 아직까지도 해독되지 않아서, 이를 어느 어족에 편입시켜야 할지는 아직도 결정하지 못하고 있다. 지금까지 발견된 두 개의 언어로 함께 적힌 일련의 텍스트들 중에서는 단지 두 개의 단어만이 그 의미가 해독되었다. 그중 하나는 바스크어의 동사 egin (하다)에 상응되는 이베리아어의 *ekiar*이고, 다른 하나는 바스크어의 *iri* (*ili*) (도시)에 상응되는 어근인 *ili* 또는 *ilu*이다. 이는 이베리아어의 지명인 Iliberris, Ilerda 등에서 나타난다. 바스크어를 연구하는 학자인 안토니오 토바르Antonio Tovar는 1959년에 두 언어들 간에서 이렇게 명확하게 서로 유사성을 보이는 여러 경우들을 조사했다. 그는 유럽의 바스크어와 이베리아어는 아프리카와 관련이 있다고 주장한다

(Anton Tovar, *El Erskera y sus parientes, Biblioteca Vasca*, Madrid, Editiones Minotauro, 1959, p. 56). "비록 이들 언어들 간에 먼 친척관계가 있었음은 배제할 수는 없지만, 이베리아어 단어들에서의 어미들을 오늘날의 바스크어 단어의 어미들과 직접 비교하려는 시도는 아직까지 성공하지 못하고 있다."라고 유르겐 운터만Jürgen Untermann은 한탄하고 있다 (Jürgen Untermann, *Die vorrömischen Sprachen der iberischen Halbinsel*, Westdeutsche Verlag, Nordrhein-Westfälische Akademie der Wissenschaften, Vorträge, 6375 (2001), p. 27). 이 두 언어의 언어구조가 밝혀질수록, 이들 간에 커다란 차이가 있음이 확인된다. 그러나 음운체계상에서만은 이베리아어가 바스크어와 아주 비슷하다. 추측건대 이베리아어는 바스크어처럼 교착어였다. 엔리크 파우스토 히메네스Enrique Fausto Jimenez는 -tar와 -ar의 어미와, 또 비석이란 뜻을 갖고 있는 이베리아어의 seldar와 바스크어의 seldor에서도 공통적인 유사성이 있음을 지적한다. 그러나 이러한 것이 언어 기원상에서 꼭 이베리아어와 바스크어가 친척관계에 있음을 확실히 보여주지는 않는다 (Alberto Quintanilla, *Estudios de fonologta ibérica*, Vitoria, Casteiz, 1998).

3-63_ 납으로 만들어진 판대기에 적힌 이베리아 문자

eisburebal [?]
bakaşketaisureş
tinir: baiteskike
norobor : atinbur
ikei : kuleşkere
bastike ; leisir : bilos
tibaş : tikirsbin :
bortuoriş : başbin : bokalş
or : atine : beleşbaş :
arsbin : kanbuloike
bakaşketai : kiskerbon
eşuresunir :

이베리아어는 이밖에도 여러 면에서 리비아어와 유사성을 보인다. 요아킨 코스타Joaquin Costa는 다음처럼 말하고 있다. "지브롤터 해협은 이베리아 반도를 아프리카로부터 분리시키던 산맥과 같은 것이 아니라, 이 두 지역을 연결하는 하나의 강과 같은 것이었다. 지브롤터는 분리를 위한 경계선이 아니었다. 아프리카는 지형적으로 이베리아 반도와 연결되어 있다." (이에 대하여는 다음을 참조하라. Carl Benedek, *Das iberisch Erbe Spaniens*, Gernbach, Casimir Verlag, 1990, p. 522) 이베리아인과 그들의 언어는 그 뿌리가 아주 먼 곳에서부터 이미 분리되어 나왔던 것으로 보인다. 추측건대 오랜 기간 지속되어 온 고립된 상황에서 일정 기간 동안에 다양한 여러 언어들과 뒤섞였다. 이 와중에서 바스콘인과 북아프리카인은 제한적이나마 서로 접촉했던 것으로 보인다.

기원전 800년경에 페니키아인은 이베리아인과 접촉하는 과정에서 도처에 수공예를 위한 여러 공방을 세웠다. 그러나 이것들은 기원전 6세기에 다시 사라졌다. 카디르Cadir, 그리고 오늘날에는 모로코의 영토인 아가디르Agadir, 말라가Malaga, 카르타게나Cartagena, 이비하Ibiza, 마혼Mahon 등의 지명에 대한 명칭이 이때에 이미 생겨났다. 그런데 수엘Suel은 나중에 푸엔기롤라Fuelgirola로 그 명칭이 바뀌었다.

그리스인과 교역이 활발했던 시기에는 로자스Rosas 만에 위치한 엠포리온Emperion은 독자적으로 동전을 찍어낼 정도로 매우 번성한 도시였다. 대부분의 그리스어 지명들은 이후에 다시 사라졌지만, 로데스Rhodes에 기원을 둔 로자스와 엠포리온에 기원을 둔 암푸리아스Ampurias는 아직도 유지되어 내려오고 있다. 이러한 이름들이 같은 시기에 그 지역들과 함께 사라졌다면, 로마인이나 아랍인들이 이 도시들에다가 새로운 명칭을 부여하였을 것이다. 오늘날 알리칸트Alicante는 그리스인이 광물을 채굴하기 위해 건립했던 아크라-레우카Akra-Leuka로 귀결된다. 이 도시는 나중에 로마시기에는 루센툼Lucentum이라 불리게 되었고, 오마이자덴Omaijaden[86] 시기에는 알 리칸트Al Likant라 불리었다. 로마인이 물러간 후에는 수에브족, 알란족, 프랑켄족, 반달족이 이베리아 반도로 몰려들었다. 안달루시아란 명칭은 아랍인이 이 지역을 '반달족의 땅Al-Andalus'이라 불렀기 때문이다. 그러나 아랍을 연구하는 학자인 하인츠 할름Heinz Halm은 이 명칭을 landlaus

86) 기원후 661년에서 750년까지 시리아의 다마스커스를 중심으로 하여 초기 시기의 이슬람 제국을 다스리던 칼리프 왕가이다. 이 왕가는 동쪽의 인더스 강으로부터 서쪽의 이베리아 반도에 이르기까지 광대한 지역을 다스렸으나 후에 압바스 왕가에 밀려나서 756년 안달루시아 지역에 코르도바 왕국을 건설했다. 이는 1031년까지 존속했다.

〈landlos〉, 즉 '주사위로 나뉘어진 땅'에서 이끌어내야 한다는 의견을 내고 있다 (이에 대하여는 다음을 참조하라. Heinz Halm, Al-Andalus und Gothica Sors, in: Der Islam 66권, (1989), p. 252~263).

이베리아어에 대한 가장 이른 기록물은 기원후 1세기 초인 아우구스투스 대제 시기에 나왔다. 그 이후에는 오늘날에는 단지 읽어낼 수만 있고, 또 음운상으로만 표기된 이 언어에 대한 어떠한 흔적도 찾아볼 수가 없다. 이 지역에서 오늘날 사용되는 모든 언어들에게서도 어떠한 기층어의 흔적은 남아있지 않다. 고古이베리아어로 된 가계 명칭은 페레즈Perez, 가르시아García, 루이쓰Ruiz, 라페쓰Lapez, 고메쓰Gomez, 히메네쓰Jimenez, 알바레스Alvares, 산드레쓰Sándrez 등에서 발견된다.

빙하시기에 이미 원原이베리아족이 페네만이 말하는 바스콘인과는 완전히 분리된 상태에서 독자적으로 형성되었는가의 여부는 확실하지 않다. 비록 아프리카로부터의 영향은 있은 것으로 보이기는 하지만, 북아프리카의 지명에서 나타

이베리아어	라틴어	스페인어
baitolo	*Baetulo*	*Badalona*
bakeno	*Barcino*	*Barcelona*
iltita	*Elerda*	*Lleida (span. Lérdia)*

도표 3-50

나는 바스콘어의 특징은 다소 혼란을 유발시킨다. 이베리아 반도에서 바스콘어 계통의 지명이 나타나는 것은 일반적인 현상이다. 따라서 아마도 이베리아인이 마지막 빙하시기 이전에 유럽의 다른 종족과는 분리되어, 작은 그룹을 이루면서 고립된 생활을 했다고 보아야 한다. 빙하기 이전에 유럽을 배회했던 모든 종족들은 자신들의 언어와 방언들을 발전시켜 나갔다. 빙하기에 남부 프랑스에서 이런

언어들의 일부로부터 바스콘어가 생겨났다. 아마도 이베리아 반도에서는 빙하기 이전에 있었던 언어들의 흔적이 아직도 어딘가에는 남아있을 것이다. 이에 대해 볼프강 슐체Wolfgang Schulze는 다음과 같이 말하고 있다. "로마시기 이전에 스페인과 남부프랑스에는 루지탄어Lusitanisch, 북이베리아어, 남부이베리아어, 켈트이베리아어, 초기 바스크어, 서부페니키아어/푼어, 그리스어, 그리고 아마도 베르베르어까지 포함한 수많은 언어가 사용되었을 것이다. 당시에 이 지역에서 무슨 일이 일어났는지는 오늘날 단지 추측만을 할 수 있다. 빙하시기 이후에 이베리아 지역에서는 인종학 상으로 보아 마치 악마가 뛰쳐나온 것 같이 보일 정도였다. 이러한 전체 풀pool에서 바스크어가 어떠한 방식으로든지 생겨났다." (이는 저자가 2006년 7월 27일에 Wolfgang Schulze로부터 받은 메일의 내용이다)

우리는 에브로Ebro 강이 당시에는 항상 넘어서기 어려운 경계선을 형성했음을 기억해야만 한다. 이베리아 반도는 비교적 작은 면적임에도 불구하고 결코 통일된 적이 없었다. 예를 들면 에브로강과 이와 서쪽으로 연결되어 펼쳐진 칸타브리아 산맥은 3만 년 전에 네안데르탈인이 갑자기 사라질 때까지 부동의 경계선을 이루고 있었다. 즉 북쪽에서는 현생 인류가, 남쪽에서는 네안데르탈인이 살았다. 빙하가 절정을 이루던 기간에는 북아프리카와의 드문 접촉을 통해서 지속적인 변화가 이루어졌다. 이때 고유럽의 기저층에 기반을 두고, 또 여러 다양한 외부로부터의 영향을 받으면서, 때로는 장기간 지속된 고립으로 분리된 상황에서도 이 지역은 독자적으로 발전해 나갔다. 칼 베네데크Karl Benedeck는 이러한 상황을 다음처럼 표현하고 있다. "이베리아 반도에서 원주민이 이미 자신만의 독특한 고유 방식으로 살아가고 있을 때에, 신은 아직도 유럽인을 창조해 내지 못하고 있었다." (이에 대하여는 다음을 참조하라. Calr Bendeck, *Das iberische Erbe Spaniens*, Gernsbach, Casimir Verlag, 1990, p. 43)

• **픽트어**Piktisch

초기 역사시기에까지 이르는 오랜 기간 동안에 존재했던 또 다른 언어로서는 픽트어가 있다. 픽트어는 청동기시기에 이미 존재한 것으로 보인다. 당시 마지막 픽트인은 스코틀랜드 북부지역으로 밀려나서 살고 있었다. 이들은 켈트인에 의해, 또 나중시기에는 로마인에게 밀려나 그 지역에서 살고 있었다. 이 민족의 기원과 생성에 대한 확실한 근거자료는 없다.

픽트인이란 명칭은 기원후 297년에 에우메니우스Eumenius (기원후 ~260-~311)의 한 파네기릭Panegyrik (축제에서 하는 연설)에서 처음 픽티Picti란 단어로서 언급되어 나타난다. 이 이름은 원래와는 달리 변형되어 생긴 명칭이 아닌가하는 의구심은 든다. 마찬가지로 이 명칭이 원래의 것에서 라틴어화 되어 생겨난 것이라고도 볼 수 있다. 초기 로마시대의 브리타니아인은 이들을 프리테니Priteni라고 불렀다. 이는 이들이 자신에게 똑같이 부르던 명칭이다. 아일랜드인은 이들을 크루이틴Cruithin이라 불렀다. 울스터와 티게르나흐와 같은 아일랜드의 수도원에 보관된 연대기의 덕분으로 픽트인 왕들의 목록과 이들의 재위기간이 아직도 알려져 전해 내려오고 있다. 8세기에 베네딕트파 수도사인 베다 베네라빌리스Beda Venerabilis (673~735)가 픽트인에 대한 기록을 남기고 있다. 픽트인은 565년에 이미 성자 니니안Ninian이 그리스도인으로 개종했다. 그는 이들의 언어를 아일랜드어-스코틀랜드어와 브리타니아어-웨일즈어와는 차별화하여 분류하고 있다.

아일랜드 출신의 성자 콜룸반Columban은 픽트인을 개종시킬 때에 통역을 필요로 했다. 오늘날 이 언어에 대한 사전은 전혀 없다. 그리고 이 낯선 언어에 대해 묘사한 내용도 전혀 남아 있지 않다. 아일랜드어의 오감문자Oghamschrift로 적힌 픽트인의 상징물인 비석에 새겨진 픽트어 단어들은 아직도 전혀 해독되지 않고 있다. 오늘날까지 언어 연구에서 큰 수수께끼로 남아있는 상징물이나 장식형태보다도 이 문자로 된 기록물들은 더 나중 시기에 생겨났다.

픽트인이 만든 상징석은 유럽에서는 아주 특이한 존재이다. 픽트인의 땅에서는 이것들이 오크니Orkney 군도와 셰틀란드Shetland 군도에 이르기까지 널리 분포되어 있다. 이 석조물 중에서 많은 것은 시간이 지나면서 원래의 목적과 다르게 사용되었고, 또 이후에도 계속 새로운 용도로서 다시금 이용되었다. 이로 인해 수많은 기록물이 상실되었다.

이 상징 표지석들은 그 가공방식과 문자의 선택에 따라 3개의 그룹으로 나뉜다. 첫째 그룹은 여러 장식문형과 함께 새겨진 여러 상징물들을 보인다. 두 번째 그룹은 여러 다양한 장식문형과 함께 양각 형태의 상징물을 보인다. 앞면에는 여러 다양한 상징물이, 뒷면에는 뒤엉킨 선들로 구성된 그리스도교 십자가 문양을 보인다. 세 번째 그룹의 돌들은 단지 그리스도교의 문양만을 보인다.

상징문양은 쌍을 이루면서 나타나고 있는데, 드물게는 4개 이상의 열을 이루면서 나타난다. 이때 하나의 알파벳이나 음절보다는 일반적으로 하나의 단어나 그 개념들을 나타낸다. 아주 오래된 몇몇 기호들은 두 번째 그룹에서는 더 이상 나타나지 않고 있다. 추측건대 그리스도교화 되는 과정에서, 이것들이 이교도의 상징물로 간주되면서 더 이상 사용되지 않았던 것으로 보인다. 이 상징물들은 멋지게 휘어진 선들을 보이고 있고, 또 여기에서 묘사된 동물들에서는 독특한 우아함이 보인다. 여기에서 그려진 선이나 형태들이 균형을 이루고 있는 것을 보아서 이것들이 직접 손으로 그려 만들어진 것은 아니고, 일정한 형태를 가진 틀의 도움을 받아 돌에 새겨진 것으로 보인다.

설형문자는 3개의 언어로 같은 내용의 텍스트가 적혀있는 로제타석이 발굴됨으로써 해독될 수가 있었다. 그러나 픽트어가 새겨진 드로스텐Drosten 석비는 우리에게 아무 것도 알려주지 않는다. 이리하여 픽트어의 상징 표지들은 그 아래에 적혀 놓여 오감문자의 텍스트를 완벽히 해독하게 만들지는 못하고 있다. 4개의 줄로 구성되어 있으면서, 추측건대 아주 완성된 것으로는 보이지는 않는 이 드로스텐의 비석에는 '*Drosten Ipe Voret ett For Cus*'란 문구가 적혀 있다. 이는 완벽하지는 않지만, 대략 다음처럼 해석된다. "여기에 에르프의 아들인 드로스텐이 누워 있다." 또 다른 카리오치의 뉴톤 비석이란 것에 적힌 내용은 너무나도 빈약하다. 이에 난감해진 학자들은 이를 만든 예술가가 언어에 대한 지식이 부족하여 다음처럼 잘못 새겨 넣었다고도 추측하고 있다. IDDAIQNNNVORRENN x UAIOSRR.

픽트인의 땅에서 발견된 상징 지석물들은 웨일즈의 지석물들과 함께 선사시기에 뿌리를 두고 있다. 이에 이미 해독된 웨일즈의 표식들과 비교하면서, 이 픽트인의 표식을 해독하려는 시도가 이루어지고 있다. 이 해독을 위한 노력의 과정에서, 이것들이 묘비석이나 기념석이라는 추측을 하고 있다. 거울과 빗은 항상 함께 나타나서, 이는 두 상징물이 서로 관련이 있음을 보여준다. 그 아래에 나타나는 보충을 위한 텍스트는 '*아들이나 딸*', '*누구의 아내*', 또는 '*여기에 누워 있다*'를 뜻하는 것으로 보인다. 또는 직업이나 종족, 그리고 그 비석을 세운 자에 대한 추가적인 설명일 수도 있다.

다른 한 비명에는 알파벳들이 아무런 의미도 없이 단순하게 나열된 것으로 보이기도 한다. 그런데 한 여류 고고학자인 카트린 폴시쓰Chathrin Forsyth가 이 수수께끼의 비밀을 풀었다. 그녀는 LMINATCADDENEB란 텍스트를 역방향으로 풀어내서, 이를 BENEDDACTANIML로 바꾸어서 읽었다. 그리고 여기에서 몇 개의 고대아일랜드어의 단어들을 발견했다. 그리하여 bendacht는 라틴어의 benedictum (축복)에 상응한 단어이고, anim은 라틴어의 anima (영혼)에 상응하는 단어임을 밝혀냈다.

3-64_ 표지석에 있는 픽트어의 그림형상을 여러 부류로 분류한 것임

모든 동물 가운데에서 픽트인이 특이하다고 생각한 야수들이 가장 흔히 나타나서, 모두 24번이나 보인다. 처음에는 코끼리 한 마리가 나타나다가, 나중에 정형화된 돌고래가 그 속에서 보이고 있다. 1부류Klasse에서는 이런 것이 8번 나타난다. 14번에 걸쳐 나타나는 연어는 현명함을 상징한다. 연어는 인간과는 달리 담수와 염수에서 동시에 살 수가 있다. 그리고 이 물고기는 강의 상류 쪽으로 거슬러 올라갈 때에 공중으로 튀어 오르기도 한다. 이에 사람들은 연어가 하늘에서도 살 수 있다고 믿었다. 1부류에서 14번이나 나타나는 뱀은 유일하게 Z-심볼과 겹쳐친 형태로서 7번이나 나타난다. 이 동물은 지혜와 죽음과 부활의 상징이다. 1부류에 속하는 10개의 돌에 새겨져 나타나는 독수리는 우두머리를 상징한다. 1그룹에서 9번이나 나타나는 황소는 항상 단독으로만 나타난다. 마찬가지로 1부류에서 9번이나 보이는 수컷 멧돼지도 다른 동물을 동반하지 않고 항상 단독으로만 나타난다. 1부류에서 3번에 걸쳐 나타나는 늑대는 신화 상에서와 마찬가지로 역시 주요한 역할을 한다. 1부류에서 2번 나타나는 거위는 높은 경계심을 상징한다. 1부류에서 말은 단지 한번만 나타나는데, 나중에는 2부류에서 기수와 함께 그려져 나타나기도 한다. 사슴은 아주 오래된 토템으로서 단지 한번 나타난다. 날씬하게 휘어진 목 부분을 가진 형태의 머

리만을 보이는 아르드로스Ardross 말[87]은 1부류에서만 나타난다. 그런데 물개와 비슷한 모습을 보이는 이 말은 이와는 다른 형태로서는 단지 2부류에서만 나타난다.

기하학적으로 그려진 상징 표지물들은 아직은 제대로 해독되지 못하고 있다. 흔히 나타나는 아래 부분에 놓인 거울은 자주 하나의 빗과 더불어 나타난다. 여기에서 사람들은 이를 누구의 아들 내지 딸로 해석하고 있다. 또는 "여기에 누워 있다"의 뜻으로도 해석되고 있다. 아주 중요한 것이 반달의 형상이라고 할 수 있는데, 이는 1부류에서는 35번, 2부류에서는 20번이나 나타난다. 마찬가지로 중요한 것은 Z의 표시에 의해 관통되고 있는 원판의 형태이다. 이는 1부류에서는 25번, 2부류에서는 23번 나타난다. 직사각형을 한 표지가 1부류에 속한 돌들에서는 10번에 걸쳐 나타난다. 선이 관통하는 원판의 형태는 7번 나타난다. 소리굽쇠, 부러진 장검, 집게로 보이는 7개의 물건들은 서로 아주 비슷한 의미를 가지고 있다. Z-표지로 관통된 사각형의 형상은 1부류에서는 7번, 2부류에서는 2번을 보인다. 두 개의 다리를 가진 것처럼 보이는 원반은 두 개의 유형으로 나뉜다. 1부류에 속한 옛날 돌 등에서는 이 형상이 12번, 2부류에서는 2번에 걸쳐 나타난다. 무지개의 형상은 1부류에 속한 돌들에서 11번이나 궁형의 형상을 이루면서 나타난다. 한 커다란 원형 안에 3개의 작은 원형이 들어가 있는 형상은 1부류에 속한 6개의 돌에 새겨져 있다. 3개의 달걀 모양이 겹쳐진 표시는 1부류뿐만 아니라 2부류에서도 나타난다.

많은 언어학자가 픽트인의 언어를 켈트어의 아류로 보고 있지만, 일부 학자들은 이를 인도유럽어가 들어오기 이전의 한 언어로 보고 있다. 왜냐하면 일부 언

87) 아일랜드의 유명한 경주마 계통의 한 종마.

어의 흔적들에서 비인도유럽어로부터의 기저어라고 볼 수밖에 없는 형태가 나타나고 있기 때문이다. 예를 들면 *Brunde, Derile, Drosten, Unen, Taran, Ornuist (Oenags)*와 같은 이름들은 아주 특이한 형태이다.

프톨로마이오스가 만든 지도에는 로마제국시기의 스코틀랜드에서 비켈트어계의 종족명이나 지명들이 발견된다. 이들은 무엇보다도 로마인들이 픽트인에 대한 방비의 목적으로 구축했던 안토니우스 장벽과 하드리안 장벽의 북쪽에 위치했던 지명들이다. *Pit-*가 붙은 약 300개에 달하는 지명들이 픽트인이 살았던 지역에서 발견되고 있다. 이는 예전에 픽트어의 단어

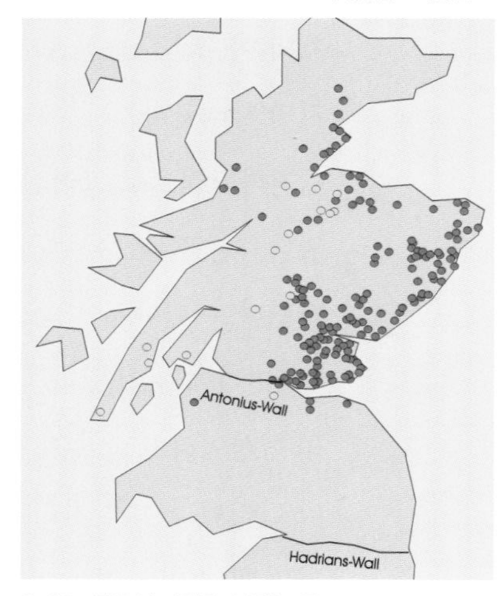

3-65_ 픽트어 지명을 보이는 곳

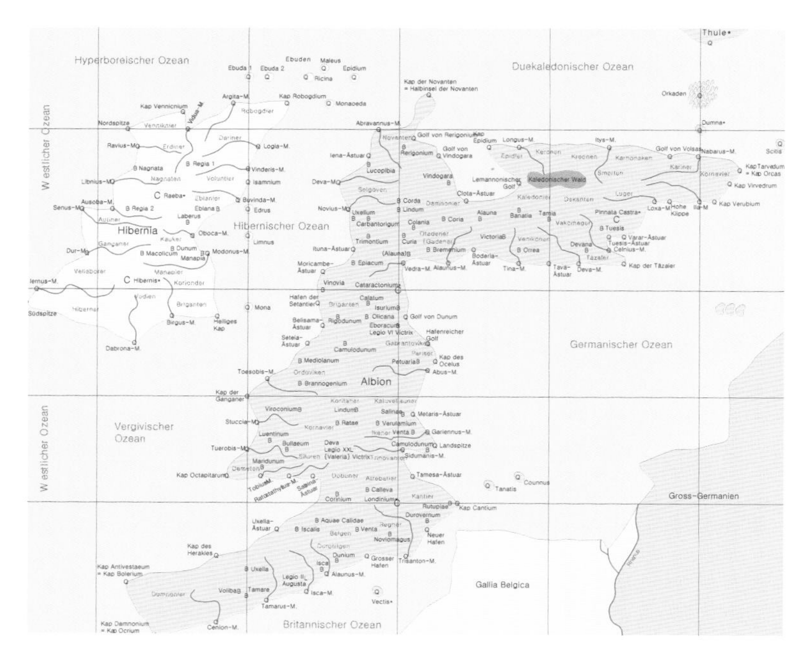

3-66_ 픽트인의 땅. 프톨로마이오스의 좌표에 따라 재구성된 것임.

pett (한 조각의 땅)이란 단어와 관련되어 있다. 웨일즈에서도 *peth*란 단어가 나타나고 있는데, 이는 '물건'이란 뜻을 갖고 있다. Aber-란 단어가 붙은 지명은 픽트인의 지역 이외에도 웨일즈인의 지역에도 퍼져 있는데, 이는 '강이 유입하는 곳'이란 뜻을 갖고 있다. 픽트인의 언어가 켈트어의 방언인지, 아니면 인도유럽어 이전에 있던 언어인가의 여부는 오늘날까지 확실히 규명되고 있지 않다. 이 언어는 중세시기에는 완전히 사어가 되었다.

• 미노이어Minoisch와 에테오크레타어Eteokretisch

크레타섬에서 주민이 살기 이전에, 그곳에는 하마와 코끼리가 살았다. 해수면이 낮아졌을 때에 아프리카로부터 들어온 이 동물들은 지중해의 다른 섬들에 사는 것들과 마찬가지로 왜소한 체구를 가졌다. 기원전 7,000년경부터의 신석기시기 이후에 크레타에 농민들과 가축을 사육하는 사람들이 거주하기 시작했다. 추측건대 이들이 현지에 살았던 토종 동물들을 멸종시킨 것으로 보인다. 그리고 단작單作경작에 따라서 식물계의 변화도 생겼다.

섬 지역에서 새로이 이주해 들어온 덩치가 큰 종들은 나중에 그 몸집이 작아진다. 반면에 작은 덩치의 종은 몸집이 커진다. 이는 갈라파고스의 거대한 거북과 뉴질랜드에서 멸종된 모아 새의 경우에서 볼 수 있다. 이런 법칙은 그 발견자의 이름을 따서 '포스터의 규칙Foster-Regel'이라 한다 (이에 대하여는 http://de.wikipedia.org/wiki/Inselverzwergund와 http://en.wikipedia.org/wiki/Foster's_rule (2016. 07. 13)을 보라. 또 J. Bristol Foster, *The evolution of mammals on islands*, in: Nature 202 (1964), p. 234~235와 T. J. Case, *A general explanation for insular body size trends in terrestrial vertebraes*, in: Ecology 59 (1978), p. 1~18 등도 참조하라).

고고학적인 유물들을 통해 살펴보면, 기원전 3,000년경에 이곳에 새로운 거주지들이 생겨났음을 보게 된다. 이때는 구리가 도입되면서 외부와 관계를 맺던 항해의 시기였다. 의복과 머리모양을 보면, 지중해의 동부와 동남부지역으로부터 이들 이주민이 들어온 것으로 추측된다. 최초의 왕궁은 기원전 1,900년에 건립되었다. 유럽 지역에서 초기 주요 문명인 시기로서 소위 '*궁정의 시기*'가 시작된 것이다.

아더 에반스Arthur J. Evans는 크노소스를 발굴하면서, 청동기시기의 에게해 문명에 맞부딪쳤다. 그는 이를 전설에서 많이 나오는 미노스왕의 명칭에 따라 명명했다. 그리고 미노이 문명의 문자를 '선문자Linear A'라고 명명했다. 미노이어는 역사상에서 크레타 궁정문화의 언어로서 등장했다. 지중해의 여러 해변에서도 선문자 A를 가진 판들이 단편적으로 발견되었다.

기원전 2,000년대 초반에 크레타 섬에는 두 개의 서로 다른 표기 방식이 공존했다. 선문자 A와 더불어 때로는 설형문자가 동일한 물건의 표면에 적혀 있다. 이집트에서 설형문자는 기원전 3,000년경에 나타났다. 크레타섬의 파이스토스Phaistos 원반은 추측건대 기원전 1,000년경에 또는 이보다 수세기가 늦은 시기에 만들어졌다. 몇몇 문자들은 이집트와 수메르 문자와 유사하다 (이에 대하여는 다음을 참조하라. Arthur John Evans, *Scripta Minoa*, Oxford, Clarenddon Press, 1909, Fig 128). 크레타의 설형문자는 일반적으로 '*크레타어 설형문자Kretisch-Hieroglyphisch*'라고 부르는데, 이는 음절문자의 하나로 추측된다. 왜냐하면 100개 정도만을 갖고 있는 이 문자는 그림문자Bildschrift로는 충분한 수를 갖고 있지 않기 때문이다. 이집트어나 수메르어의 경우에는 2,000개 이상의 그림문자[88]가 있었다. 따라서 크레타의 문자

---

88) 그림문자는 사물을 상징화시켜 묘사하는 문자들로 구성되어 있다. 예를 들면 동물의 머리나 손과 같은 것이다.

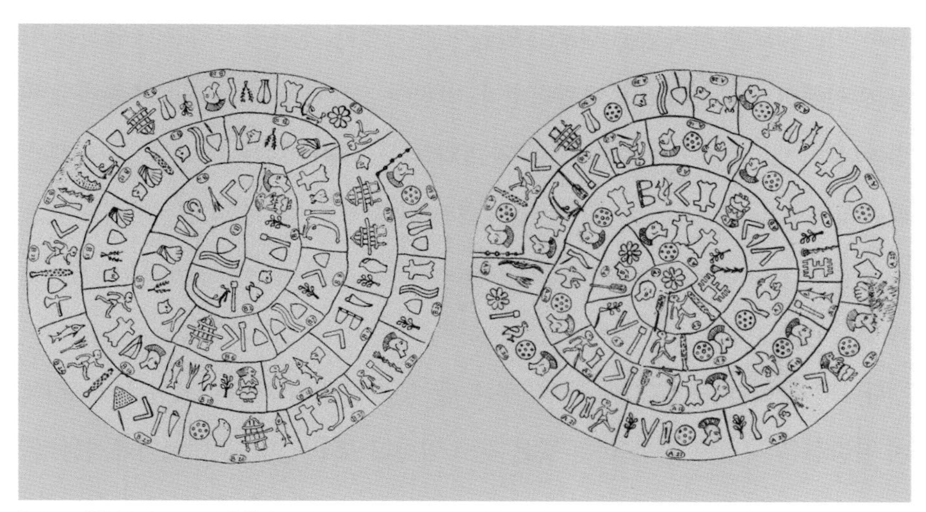

3-67_ 파이스토스Phaistos의 원반

는 인류 역사상 가장 이른 시기의 음절문자라고 할 수 있다.

기원전 2,000년대 초엽에 이 문자가 달라지기 시작한다. 즉 좀 더 세련되면서도 속기의 목적으로 단순화되었다. 생명체나 사물을 본 따서 그려낸 자연형상의 문자에서 이제는 정형화된 문자들이 생겨났다. 이때 옛날 문자들의 일부 흔적을 발견할 수 있는 새로운 형태들이 만들어져 나왔는데, 이는 페니키아 문자의 경우에서도 마찬가지이다. 예를 들면 황소의 머리는 단지 V의 형태를 보이는 두 개의 선으로 단순화되면서 이의 한 가운데를 수평으로 한 개의 선이 그어져서 지나간다. 그리고 나중에 이의 위치가 회전되어 바뀌면서 그리스어의 알파Alpha가 생겨났다. 이것이 우리가 오늘날 사용하는 알파벳 A이다.

상품명의 목록이나 축원을 위한 비문을 만들기 위해서 이 문자가 이용된 언어나 또 이를 사용한 종족이 누구였는지는 오늘날 알지 못한다. 그런데 학자들은 선문자 A를 선문자 B와 비교하는 방식으로 읽어낼 수 있었다. 선문자 B는 그리스인에 의해 선문자 A를 기반으로 하여 만들어졌다. 이때 그리스인은 선문자 A에 적응하려고 새로운 문자들을 새로이 만들어 추가했다. 선문자 B의 기록방식은 항상 왼쪽에서 오른쪽으로의 방향이었다. 반면에 선문자 A는 가끔 오른쪽에서 왼쪽 방향이기도 했다. 이리하여 선문자 A와 선문자 B는 서로 간에 약 10~15%의 차이를 보인다. 오늘날 남아있는 538개의 어휘 중에서 100개 정도는 아직도 해독되지 않고 있다 (Ives Duhoux, *Edudes Minoennes I, Le Linéaire Am Luvain*, Editions Peeters, 1978).

하나의 특별한 단어가 모든 리스트의 끝 부분에 항상 나타나고 있다. 그리하여 사람들은 이것이 '*총계*'라는 뜻을 갖고 있다고 보고 있다. 수메르어에서는 '*완결되었다. 끝나다*'라는 뜻을 가진 kull이란 단어가 나타난다. 공통 세미티드어에서는 이 *kull*은 '*완전히, 모두*'를 의미한다. 여기에서 지금 독일어의 계산체제에서의 total (총계)이란 단어가 게르만어에서 유래한 단어가 아니라고 생각은 되지만, 이를 입증할 만한 증거는 아직은 아무러한 것도 없다. 키엘 아르툼Kjell Aartum은 미노이어가 셈어라고 주장한다 (이에 대하여는 다음을 참조하라. Kjell Aartum, *Die minoische Schrift, Sprache und Text*, Bd.1, Wiesbaden, Harrassowitz, 1992). 그러나 이런 주장은 오늘날 관련 학문 분야에서 의문이 제기되고 있다.

언어학자들이 보니까, 미노이어에서 동사로 추정되는 단어들은 항상 문장의 맨 앞에 위치하고 있다. 이러한 특성을 미노이어는 하티어Hattisch와 공유한다. 페터 쉬라이버는 하티어와 미노이어에서의 차이가 리타우어와 산스트리트어에서의 차이보다 훨씬 적다고 보고 있다. 그는 미노이어가 서부 코카사스어와 유사함을 발견했다. 그의 견해에 따르면 미노이어는 그리스어에 대해서는 기저어이며, 어느 다른 인도유럽어에서는 전혀 있지 않은 정도로 그리스어의 음운을 크게 변화시켰다고 보고 있다. 이와 더불어 그리스어에는 인도유럽어에는 기원을 두고 있지도 않으면서도 서부 고카사스어와는 상응한 측면을 보이는 수많은 단어가 있다.

그리스 본토의 그리스어에서 일어났던 음운변화에 근거하여 쉬라이버는 다음처럼 추측하고 있다. 즉 기원전 약 1,200년에서 기원전 800년 사이의 시기에 미노이어의 요소가 미케네 왕국의 그리스어에 영향을 미쳤을 것으로 보고 있다. 그에 따르면 미노아인은 크레타에 밀려들어 오는 그리스인을 피해 달아났다. 그리하여 그리스 본토의 내륙에 정주한 미노이인은 그곳에서 자신들의 언어에 따른 강세 체계에 맞춰 그리스어를 말하였다. 이는 나중에 고전 그리스어에서 음운변화를 일으키면서 발전시키는 계기를 만들었다. 이 미노이어계의 기저어는 그리스의 모든 방언 안에서 존재한다.

기원전 700년과 기원전 300년 사이에 만들어지고, 또 그리스의 알파벳으로 적힌 비명들이 크레타섬에서는 성으로 둘러싸인 거주지인 프라이소스Praisos와 드레소스Dresos에서 발견되었다. 이 빈약한 상태의 자료 중에서, 사람들은 아주 적은 수의 알파벳으로 구성된 한 단어를 어떻게 끊어 읽어내야 할지 확실히 알지 못했다. 그런데 여기에서 프라이소스란 도시의 명칭은 알아낼 수 있었다. 이때 다음 사실이 알려졌다. 즉 에테오크레타어Eteokretisch라 불리는 이 기록물을 남긴 언어가 그리스어가 아니라는 사실이었다. 왜냐하면 에테오크레타어로 쓰인 비명들의 기술방식에서 보이는 자음중첩은 그리스어의 유형은 아니었고, 서부 코카사스어에서는 잘 알려진 유형으로서 미노이어에도 있었을 것으로 추측되는 한 언어유형에 기반을 두고 있기 때문이다.

초기 크레타인이 어떠한 언어를 사용하였는가에는 여러 추측이 난무하고 있다. 에테오크레타어가 미노이어와 친척관계가 있었을 가능성은 배제되지 않는다. 그러나 이 언어가 북서부 지역의 코카사스어와 친척관계가 있는가에 대해서는 현재로서는 알려진 바가 거의 없다. 어쨌든 크레타의 초기 언어는 이를 사용한 주민들이 농경과 목축을 한 사람들임에도 불구하고 인도유럽어는 아니었다. 이들의 관계에 대한 좀 더 정확한 연구가 이루어진다면, 인도유럽인의 기원지와 더불어 농경과 가축사육의 전파과정을 새로이 밝혀낼 수가 있다. 유럽의 초기 농경인이 무조건 인도유럽인이거나 항상 그러한 것은 아니었음이 확실하기 때문이다.

• **하티어**Hattisch

추측건대 기원전 18세기에 히타이트인이 자신들의 왕국을 아나톨리아 중앙지역에 세우기 이전에, 이미 그곳에서는 하티어가 사용되었다. 히타이트어로 된 텍스트는 기원전 17세기부터 전해 내려온다. 점토판 위에 종교예식을 위한 텍스트가 적혀 있는데, 이중의 일부는 두 개의 언어로 함께 기록되어 있다. 히타이트인은 하티어를 설형문자로 적었지만, 당시에는 이 언어를 더 이상 제대로 이해하지 못하였다. 설형문자가 자음중첩을 나타내기에는 부적합하였기에, 하티어의 자음중첩 현상을 직접적으로 알아낼 방법이 없었다. 이러한 측면에서 아주 드물기는 하지만 설형문자가 복잡한 음운체계를 어정쩡하게 은폐한 점은 몇몇 예를 통해 암시되고 있다. 쉬라이버의 추측이 맞는다면, 언어 유형상에서의 이러한 특이한 자음체계의 측면으로 보아 하티어가 북서부 코카사스어 및 미노이어와 비슷하다고 할 수 있다.

아마도 기원전 2,000년대에 하티어는 사멸되었지만, 서부 코카사스어에서는 아직도 이 언어의 흔적이 남아있을지도 모른다.

• **후리트어**Hurritisch

후리트어는 아카드어의 설형문자와 우라라트어의 설형문자로 적힌 텍스트를

중국과 발칸반도와 터키에서는 공통적인 규준에 따른 어떠한 리듬도 존재하지 않는다. 이것들은 마치 시냇물이 찰랑거리며 흘러가는 느낌의 형태를 나타내면서 하나의 이야기처럼 들리도록 만든다. 이때 가장 자주 나타나는 것이 2/2의 박자와 4/4의 박자이다. 바스크인에게는 5/8의 박자가 있다. 바이에른인에게서는 이것들이 이중으로 겹쳐진 형태를 가진다. 즉 두 개의 서로 다른 박자들이 불규칙적으로 또는 규칙적으로 교체되면서 나타난다. 벨라 바르토크Bela Bartók (1881~1945)와 촐탄 코달리Zoltán Kodály (1882~1967)가 기록한 전통 헝가리 음악과 발칸반도의 일반적인 음악은 다양한 박자를 가진 형태를 많이 보인다. 3박자와 5박자와 7박자 등 소위 소수素數의 여러 단순박이 혼합되면서 수시로 변화하며 나타난다. 이베리아 반도의 음악은 예로부터 수많은 헤미올라Hemiole[94]의 요소를 갖고 있다. 아프리카 향토음악은 당김Synkope의 리듬을 보인다. 여기에서 미국의 재즈 음악이 나오게 된다. 이는 원래 아프리카 출신의 노예들이 했던 음악이었다. 즉 아프리카 출신 사람들이 특별한 방식으로 얻게 되어, 정서상에서의 발전과정에서 생긴 결과물이었다. 뜻밖에 예기치 못하게 나온 이 새로운 양식의 리듬에는 특별한 매력이 숨어 있었다. 이러한 형태의 음악은 정신적인 활력과 느슨함과 더불어 특이한 박자 감각을 전제로 하는 새로운 음악을 탄생시켰다. 이 음악에는 이 정신세계에 걸맞는 박자들로 가득 차 구성되어 있다. 그리고 이에 걸맞게 몸을 이리저리 흔드는 동작과 손가락을 튀겨 내는 소리에 발을 구르는 행위 등이 동반된다. 일반적으로 널리 알려진 바와 같이, 이러한 재즈 리듬에 맞추려면 믿을 수 없을 정도로 정교한 동작이 필요하다. 따라서 오직 아주 능숙한 연주자만이 이를 해낼 수가 있을 정도로 특이한 기술을 요한다. 악보를 선호하는 이

94) 새로운 2:3의 비율을 가리킨다. 즉 2분박과 3분박이 순차적으로 나오거나 혼합되어 나오는 리듬이다.

가 이를 그려 넣으려고 하면, 믿을 수 없을 정도로 정교하게 1/16의 박자나 1/8의 박자들을 아주 확실히 구분하여 넣어야만 한다. 유럽의 음악가들은 이러한 리듬을 습득하는 것이 아주 어렵다. 그러나 아프리카인은 어린 시절부터 이러한 노래들을 들어왔기에, 이러한 리듬이 이미 그들의 피 속에 녹아 있다.

어디에서 기원했던 간에, 유럽과 일본, 또 멕시코와 아프리카 등지의 모든 자장가는 단순한 2분박의 리듬에 기반을 두고 있다. 아이들이나 자연 원시부족들에게서 나타나는 현상을 통해 볼 때, 우리는 아주 먼 옛날 선사시대로부터의 특별한 유산을 물려 갖고 있다. 이에 따라 처음에는 행진할 때에 맞추는 발의 움직임에 수반된 발걸음에 어울리는 2/4의 박자 내지 4/4의 박자로부터 시작되었다고 사람들은 믿고 있다. 이렇게 2의 수로 나뉠 수 있는 박자로부터 왈츠를 위한 3/4의 박자 내지 6/8의 박자로 이행되기 위해서는 음악적인 성숙도가 요구되었다. 이러한 후자의 박자들은 발걸음의 형태와는 상응하지 않았지만, 사람들의 심장 박동에는 거의 일치하고 있다.

여러 문화권에서 음률과 리듬 상에서 여러 변이형들이 생겨났음에도 불구하고, 특정 주제의 노래들은 모두 비슷한 음색을 보인다. 자장가는 마음을 편안하게 만들고, 전사들이 부르는 노래는 감정을 격동시키고, 사랑의 노래는 갈망을 일깨운다. 어떠한 민족에 속하던 간에, 원초적인 주요 모티브를 담은 멜로디는 모든 인간들에게서 똑같은 감정을 불러일으킨다. 따라서 음악은 감정을 표출하는 특정 수단으로서 인간에게는 우주 공통의 언어라고 할 수 있다. 이때에 심장의 박동과 동조하는 측면이 보인다. 이러한 점을 이용하여 행진하는 병사들에게는 동일한 보조로 맞추어 걸어가면서 행진곡을 부르도록 하는데, 이는 심장의 박동과 연관성이 있기 때문이다. 행진곡이나 군가는 획일화시키는 데에 도움을 주어 병사들에게는 복종심을 불러일으키게 만든다. 선도하는 박자에 맞춰 부르는 노래에는 단체를 이루어야 하는 작업에서 일에 대한 능률을 높여준다. 아프리카 출신의 노예들이 자신들의 고향에서 가져와서 미국의 면화 농장에서 선도하는 사람에 맞춰 부르는 노래들은 들판에서의 작업에도 큰 효과가 있음이 입증되었다. 무리를 지어 작업하는 인부들은 박자에 맞춰 선도하는 노래의 도움으로 피곤함을 느끼지 않은 채 여러 시간의 단조로운 노동에도 잘 적응해 나갔다.

특히 강렬한 곡조의 음악은 가수나 음악가에게 그룹에 대한 소속감을 불러일으키게 만든다. 그리고 적개심을 불러일으키는 전쟁가의 경우를 제외하고는 공격성을 감소시키는 효과도 가져 온다. 고대 중국에서는 공자 시기에 이미 음악이 감정을 누그러뜨리고 사회에 대한 소속감을 진작시키는 데 큰 효과가 있음을 알아냈다. 모든 측면에서의 감정을 즐길 대로 즐기게 하면, 인간은 모든 압박감에서 벗어난다. 또 춤과 음악을 통해 내면의 평정을 얻으면서 자신과 주변 세계에 대한 평화로운 감정을 얻게 된다.

오늘날 인간은 창조적인 음악과 춤을 점점 덜 행하고 있다. 대개의 경우 기존의 음악에 안주하거나 클럽에서 늘어진 상태에서 춤을 추면서 무의미하게 시간을 보내는 일이 많다. 이는 매우 유감스러운 일이다. 아직 문명세계를 별로 접하지 않은 종족들에게서나, 또는 스페인과 같은 지역에서는 한 마을 전체의 사람들이 사전에 미리 약속하거나 계획한 바가 없음에도 불구하고, 즉흥적으로 즐거움과 기쁨을 표출하는 노래와 춤을 동시에 함께 시작한다. 그리고 이때 이것이 하나의 자그마한 민속축제로서 자연스럽게 발전해 나가는 모습을 흔히 본다. 이때에 춤과 노래를 통해 직접적으로 감정을 표출하는 과정에서, 이는 그룹에 대한 소속감을 강화시키는 역할을 한다.

이로서 유럽 언어들에 대한 작은 백과사전과 이에 연관된 사항을 마치기로 한다. 언어들과 이의 역사적 발전과정에 대한 짤막하고 불완전한 이러한 서술을 통해서도, 우리는 모든 종족들이 단지 일정한 기간 동안이라도 여러 다른 종족들과 접촉하였음을 분명히 알 수 있다. 종족이란 특정 기간 동안에는 언어를 통해 구분하여 확정할 수가 있다. 그러나 한 종족의 유전자에 일어난 변화는 같은 시기에 있었던 언어의 변화와 꼭 일치되면서 반영되는 것은 아니다. 유전자는 언어와 다른 리듬을 갖고 있다고 말할 수 있다. 즉 다음 법칙이 성립한다. "유전자는 언어와 다르다."

4

유전학의 기여

•

유전학의 기여

유전자

인간을 대상으로 하는 학문인 고고학에서는 원래 인간의 기원을 밝히는 일이 주요 관심분야 중 하나였다. 신학, 철학, 교육학, 생물학 분야의 많은 학자가 인간만이 가진 특성을 찾아내는 일에 각별한 관심을 보여 왔다. 그런데 수십 년 전부터 뜻밖의 학문 분야가 현생인류의 기원과 전파에 관련하여 아주 새로운 지식을 제공할 가능성을 보여주고 있다. 그리고 2001년 인간의 유전자를 완전히 해독하는 데 성공하면서 이 가능성은 점차 계속 커지고 있다. 생물학 분야에서 생겨난 아주 새로운 이 학문 분야는 나름대로의 독특한 연구방식을 통해서 예전의 인류학 분야에서보다도 장차 훨씬 더 정확한 지식을 알려주리라 기대되고 있다. 이 새로운 학문이 유전학이다.

단어는 천 년간을 살아남는다. 그러나 유전자는 수백 만 년 내지, 심지어는 때때로 수십 억 년간 바뀌지 않고 유지된다." (Luigi Cavalli-Sforza : *Gene, Völker und Sprachen*. Wien: Carl Hanser 1999, p. 170) 이는 그 유명한 유전학자인 루이기 루카 카발리-스포르차Luigi Luca Cavalli-Sforza가 말한 내용이다. 언어는 문화적 유산으로서 친척관계에 있지 않은 동시대의 사람들에게 전해질 수가 있다. 그러나 유전자는 문화적이 아닌 생리적 유산으로서만 전달된다. 그럼에도 불구하고 이 둘 사이에는 놀라울 정도로 서로 비슷한 점이 여럿 있다. 우리는 '언어학의 기여'란 앞의 장에서 이미 식민Kolonisation/colonisation, 분지分岐 Divergenz/divergence, 수렴收斂 Konvergenz/convergence과 같은 여러 현상을 살펴보았다. 그런데 이러한 현상들은 유전인자에서도 관찰된다.

우리는 이 책의 2장에서 만난 고고학자인 콜린 렌프류Colin Renfrew를 통해 고고유전학Archäogenetik/Archaeogenetic이란 새로운 개념을 이미 접하였다. 이는 분자생물학Molekularbiologie/Molecularbiology이란 도구를 통해 재배식물과 가축과 인간을 실험대상으로 하여 인간의 과거 역사를 찾아내려는 학문이다. 화석화되어 남겨진 생물의 아주 오래된 DNA[95]를 분석하는 방식을 통하여, 고고유전학은 오늘날 살아 있는 사람들의 유전자란 물질을 가지고 인간이 지금까지 거쳐 온 과거역사의 흔적을 찾아낼 수가 있다. 이제 우리의 유전자가 어느 정도까지 예전에 있었던 민족의 이동 경로를 말해 줄 수 있는가에 대한 설명이 이번 장에 있을 것이다.

과거로의 일정 기간을 되돌려 계산하는 데에 있어서는 고고유전학이 언어학보다는 유리한 입장에 있다. 한 종족이 극히 적은 수의 사람들에게서 기원했을 경우에는, 예를 들면 이들이 한 무인도에 도달하여 여러 세대를 거치는 동안에 상당한 수를 가진 종족으로 발전했을 경우에는 이를 '창시자 효과*創始者 效果*

95) 여기에서 저자는 독일어로 Desoxyribonukleinsäure의 약자인 DNS로 적고 있다. 이는 '디옥시 리보 핵산' 또는 줄여서 '핵산核酸'이라고 번역된다. 그러나 일반적으로 영어인 Deoxyribonucleic acid가 더욱 흔히 통용되고 있어서, 앞으로 이의 약어인 DNA를 독일어의 DNS에 대신하여 사용하기로 한다.

Gründereffekt/founder effect'라고 부른다.

그런데 이 종족이 극히 적은 수의 사람들로부터 기원했을 경우에는 이들의 유전적인 다양성은 역시 매우 적을 수밖에 없다. 즉 일면 유전적 선택의 가능성은 극히 적고, 또 다른 면에서 이 유전인자 내의 요소들이 보이는 수적 비율에서의 관계는 최초 출발 시의 주민들의 경우에 비해 보면 크게 달라질 수가 있다.

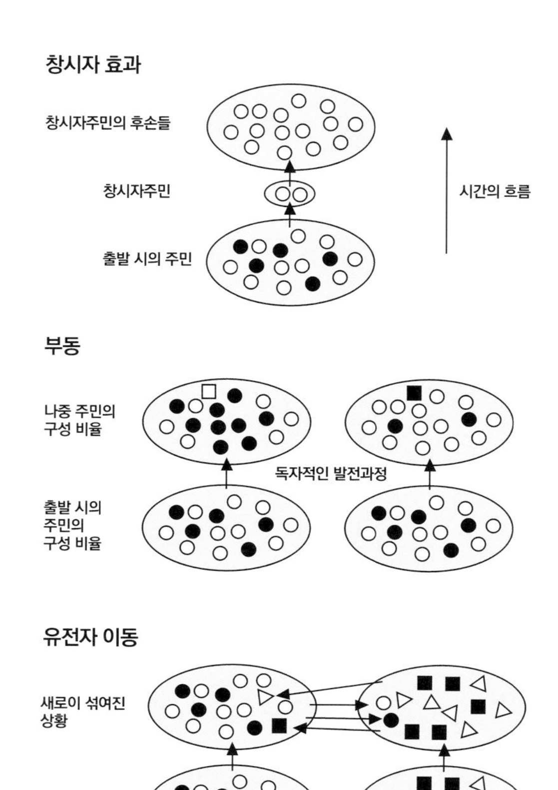

4-01_ 창시자 효과, 부동, 유전자 이동

고립된 기간이 길어질수록 새로이 생겨나는 주민들 간에 생기는 유전적 차이는 그만큼 달라진다. 그리고 각기 독자적으로 발전하게 된다. 이를 유전자 부동遺傳子 浮動 Drift이라고 부른다. 부동은 부모가 가진 특성들이 유전되는 과정에서 항상 이들 유전인자 중의 각기 절반만이 전달되면서 일반적으로 생기는 자연적인 결과이다. 이렇게 각 부모의 것 중에서 동등한 양이 선택되는 과정에서, 외부로부터의 영향에 따른 선택은 전혀 작용하지 않고 오직 우연만이 이를 결정한다.[96)]

96) 유전자 부동이란 집단 내에서 대립형질의 발현빈도가 무작위로 변화하는 것을 의미한다. 그 결과로 인해 후손 세대는 부모세대의 유전형질을 무작위로 선택받아 물려받는 과정에서 이에서 발현된 유전형질은 생존과 재생산을 할 수

또 다른 요인은 이때의 변이과정에서 예전의 주민들에게는 나타나지 않던 것이 우연히 새로이 나타나는 것이다. 이 변이된 것이 선택 상에서 중립을 유지하게 되면, 다시 말해 더 이상 선택과정에서 포함되지 않으면, 해당 주민그룹의 수가 늘어날 때마다 이 변이가 일어난 것이 차후에도 지속적으로 유지되면서도 계속 증식된다.

이 그룹의 규모가 작고 또 그 고립기간이 길수록, 이 유전적 부동의 효과는 더욱 강하게 나타난다. 그리하여 원래 있던 변이형태의 전체 수는 감소하게 되지만, 이것이 원칙적으로 유전인자의 빈곤으로 이어지지는 않는다. 왜냐하면 항상 새로운 변이가 생겨나기 때문이다. 고립기간이 오래 지속되면 이에 따른 다른 그룹과의 차이는 더욱 두드러진다.

여러 다양한 주민 그룹이 접촉하게 되면, 흔히 유전자 이동Genfluss/gene flow이 생기게 된다. 이는 평화로운 접촉 시에는 양방향으로 진행된다. 그러나 정복의 경우에는 패배한 남자들의 다수가 죽임을 당하기 때문에, 피정복자 측에 속한 많은 남성의 유전자가 사라진다. 반면에 패자 측 여자들은 능욕을 당하면서, 승자 측의 남성 유전자가 유전인자계의 전반을 지배한다. 만일 블론드 머리를 가진 자와 아프리카계가 결혼하여 아기를 가진다면, 여러 다른 많은 특질이 한꺼번에 뚜렷이 나타나게 될 것이다.

창시자 효과와 부동과 유전자 이동 등의 이런 개념을 나타내는 용어들을 배경으로 하여, 이제 우리는 여러 상이한 특질을 지닌 것들이 작용하는 바를 조사하게 될 것이다. 즉, 우리는 처음에는 혈액형의 특질들과 DNA-나선

있는 새로운 기회를 얻게 된다. 자연선택Natural Selection이 환경의 작용에 따른 적응으로 유리한 유전형질만이 선택되는 것임에 반해, 유전자 부동은 생물에 주는 유불리有不利와는 상관없이 중립적이다. 또 집단의 크기가 작을수록 유전자 부동이 주는 영향은 크다. 이에 대하여는 https://ko.wikipedia.org/wiki/%EC%9C%A0%EC%A0%84%EC%9E%90_%EB%B6%80%EB%8F%99 또는 https://en.wikipedia.org/wiki/Genetic_drift를 참조하라.

에 포함된 유전인자를 다루고 나중에 미토콘드리아에서의 '재조합되지 않는 nichtrekombinierend/non-combined' 유전인자를 다룰 것이다.

우리 몸에서 유전되어 전달되는 덩어리에는 우리 조상들에 대한 모든 정보가 들어가 있다. 즉 부모나 조부모의 것뿐만이 아니라, 생명의 기원에 이르기까지 우리 전체 조상이 가졌던 모든 것이다. 아주 기이하게 들릴지는 몰라도, 오늘날에 사는 사람들의 세포조직에서 채취한 유전자를 통해서 우리는 이들의 과거 유전자를 재조합해 낼 수가 있다. 고고유전학은 오늘날 살아있는 유기체가 발전된 과정을 살피는 방식을 통해서 그 유기체가 갖고 있는 다양성의 원인을 설명하려고 한다. '주민Population'이란 용어는 생물학에서 함께 살며 후손을 만들어내는 개개인의 총체를 뜻한다. 우리가 특히 관심을 두는 지리인류학에서 이 주민이란 용어는 흔히 일정한 영역에서 사는 특정 그룹의 사람을 뜻한다. 인구밀도의 변화는 유기체의 유전적 다양성에 영향을 준다. 진화를 일으키는 동력으로는 우연 Zufall/randam과 변이Mutation/mutation와 선택Selektion/selection 이외에도 주민의 이주 Wanderung/migration 또한 포함된다.

유전과 진화

곡식과 과일을 재배하고 동물을 가축화하는 과정에서 얻은 경험을 토대로 하여, 선사시대 종족들도 유전의 여러 과정이 일정한 규칙에 따라 이루어진다는 사실을 이미 상당히 간파하고 있었다. 그리하여 실험과 오류를 반복하면서, 이들은 인간에게 유용한 방향으로 식물과 동물을 특별히 변형시켜 키워냈다. 우리는 이미 페니키아인이 농경에 관해 저술한 기록물이 있었다는 사실을 알고 있다.

오늘날 유전학의 아버지로 불리는 멘델Mendel의 시기에는 유전에 관한 학문은 이제 막 태동하기 시작했던 별 볼일 없는 학문이었다. 오늘날 '멘델의 법칙'이라고 불리는 유전법칙을 발견한 멘델은 당시 시대를 너무나 훨씬 앞서 있었다. 따라서 그가 죽고 나서 38년이 지난 후에야 비로소 그의 연구가 주목을 받게 되었다. 우리 모두는 생물학 시간에 아우구스티너Augustiner 교파에 속한 이 수사의 실험에 대해 들었던 것을 기억할 것이다. 그는 1865년 붉고 흰 꽃을 가진 여러 종류의 완두콩을 교배한 결과를 기록하여 이를 2개의 유명한 논문을 통해 발표했다 (Johan Gregor Mendel, *Versuch über Pflanzenhybriden*, vorgelegt in den Sitzungen vom 1865. 02. 08./03. 08. 이는 Verhandlungen des naturforschenden Vereins in Brünn. Bd. IV: Abhandlungen 1865의 p. 3~47에서 인쇄되어 출간되었다. 이에 대하여는 http://www.biologie.uni.hamburg.de//b-online//d08_mend&mendel.htm (2006. 06. 29.)를 보라).

멘델은 세상을 등지고 살면서 몽상에 빠져 외곬적인 놀이에만 천착한 승려가 아니라, 자신의 선임자들이 했던 학문적인 작업을 조직적으로 이어서 행한 사람이었다. 그는 이미 아주 젊은 시절에 뛰어난 물리학도로서 두각을 나타냈다. 그리고 자신의 재배결과를 잘 분석하여 공식화하고 요약하는 데에 있어서 아주 뛰어난 능력이 있음을 보여주었다. 멘델은 생식세포가 수정되기 이전에 내포되었던 특질의 단지 절반만을 관장하고 있으리라는 추측을 하였다. 오늘날에 두 군데 쪽의 염색체 수가 각기 절반으로 줄어드는 감수분열減數分裂 Meiose의 과정은 잘 알려져 있다.

18세기의 자연과학자들은 다른 연구대상물들을 통해 시기에 따라서 생명 유기체가 변해왔다는 결론을 내렸다. 생명체가 단순한 형태에서 복잡한 형태로 발전해 왔다는 사실은 프랑스 학자 죠지 레끌레르Georges Leclerc가 하나의 생물종이 보인 여러 화석의 형태를 통해 알아냈다. 지질학에서의 연대 순서에 따라 이런 화석의 형태들이 바뀌면서 차례대로 뒤따라 일어나는 사실을 감안한다면, 이들에게는 한때 공통의 조상이 있었음을 보여준다. 그러나 이러한 유물들은 성경에 적힌 글자 그대로만 받아들이려고 했던 당시 교회의 독선적인 논리와는 부합되지 않았다. 각 발견된 유물의 상태를 어찌 노아의 홍수에서의 이야기와 결합시킬 수가 있었겠는가?

레클레르의 제자로서 척추동물에 관련하여 고생물학을 창시한 조지 꾸비에르 Georges Cuvier (1769~1832)는 다음의 가설을 내세우면서 교회와의 의견 차이로 생긴 난처한 입장으로부터 빠져나오려고 했다. 즉 그는 식물과 동물은 단순한 것에서 복잡한 것으로 진화되었지만, 인간은 결코 그러하지 않았다고 주장했다.

그러나 자끄 부셔 드 뻬르떼Jacques Bouchere de Perthes (1788~1869)가 솜므Somme 강변의 한 편마암 지대의 지층에서 빙하기시기에 살았던 동물의 유체遺體와 더불어 인간이 만든 조각물의 흔적을 함께 발견하자, 빙하기시기에 인간이 살았다는 사실은 더 이상 부정할 수가 없게 되었다. 이에 신이 창조한 것은 결코 변하지 않았다는 독선적인 논리는 흔들릴 수밖에 없었다. 왜냐하면 꾸비에르는 지금으로부터 약 6,000년 전, 대홍수가 있기 훨씬 이전에 인간이 이미 창조되었다는 사실을 확인했기 때문이다. 여기에다가 1830년 벨기에의 엥기스Engis 지역에서, 그리고 이보다 18년이 지난 후에 지브롤터의 포르베스Forbes란 채석장에서 인간의 유골이 하나씩 발견되었다. 그러나 1856년 요한 칼 풀로트Johann Carl Fulrott가 네안데르탈인의 유골을 발견한 일은 그 어떤 것보다도 아주 획기적인 일이었다. 이로써 인류의 기원에 대한 학문적인 토론의 장이 마련되었고, 이에 대한 연구는 크게 진척되었다. 그러나 1857년 풀로트는 프로이센제국의 라인란트 및 베스트팔렌 자연사학회에서의 한 강연에서 이 학회에 참석한 학자들에게 빙하시기에 살았던 네안데르탈인이 오늘날 현생인류의 조상의 하나라는 사실은 납득시키지 못하였다. 이는 최근 학계의 입장에서 보면 완전한 오류였다. 이보다도 2년 후에 찰스 다윈 또한 학자들에게 자신의 진화이론을 받아들이게 하는 데에 별다른 성공을 거두지 못하였다.

진화 이론은 찰스 다윈Charles Dawin (1809~1882)이 내세운 위대한 업적이지만, 그 자신은 아직은 진화라는 용어를 사용하지 않았다. '자연선택에 따른 종의 기원'에서 그는 자신이 내세운 이론에서 종은 절대로 변화하지 않는다는 견해를 피력해 보였지만, 그렇게 하였어도 당시의 전반적인 세계관과는 조화를 이룰 수가 없었다. 그와 동시대에 살았던 달변가인 토마스 헨리 헉슬리Thomas Henry Huxley (1825~1895)는 다윈의 진화론의 신봉자로서 아담과 이브가 최초의 인간이었다는 성경에서의 이론을 과감히 반박했다. 이때 그가 공공장소에서 행한 격렬한 논쟁은 귀부인들을 기절시킬 정도였다.

다윈의 진화론은 세계관을 급격히 바꾸었다. 이 이론은 사람들에게 인간이 모든 생명체에 대한 우월적 위치에 있다는 생각에서 벗어나게 했다. 그리하여 인간은 지상에 사는 모든 다른 생명체와 별반 다르지 않고, 본능에 따라 움직이는 다른 동물들과 뿌리를 같이 한다는 인식을 점차 갖게 만들었다. 이제 사람들은 인간이 유인원과 근본적으로 큰 차이가 없다는 사실에 익숙해져야만 했다.

이러한 모욕적인 이론에 대한 반발은 20세기에 들어설 때까지 지속되었다. 이제 지상의 여러 생명체가 점차 차례대로 생겨났고, 오늘날에 보이는 종의 다양성은 한 공통의 원형체에 기반을 두고 발전해 나온 것이라는 이 새로운 이론에 밀려, 신이 창조한 것은 전혀 변할 수 없다는 확신은 쭈빗거리면서 점차 자리를 비켜주어야만 했다. 그런데 이러한 발전과정이 각 종류별로 어떻게 진행되어 왔을까?

다윈은 자연이 자기 나름대로의 의미나 목적을 추구하지는 않는다고 생각했다. 생명 유기체는 항상 돌연변이의 형태를 우연히 만들어내어 보이는데, 이는 자연이 제멋대로 하는 하나의 유희라고 보았다. 이 돌연변이의 형태가 후속 세대에 계속 전해지기 위해서는 나름대로의 유용한 면이 있거나, 적어도 그러한 측면을 보여주어야만 했다.

이 돌연변이형이 자신의 유기체에 불이익을 가져다주면, 이는 자연선택에 의해 도태된다. 그러나 이익을 가져다주는 돌연변이의 형태는 생존 상에서 유리한 위치를 차지하기에, 이러한 후손은 그렇지 못한 후손보다 수세대에 걸쳐 훨씬 더 크게 번성하게 된다. 일정한 주변 환경은 이런저런 종을 선호하게 되면서, 돌연변이에 의한 새로운 종이 생겨난다. 만일 유전자 코드를 복사하는 과정에서 오류가 발생하면, 세포분열 시에 새로운 변화가 일어나게 된다.

돌연변이가 일어나는 관점의 측면에서 볼 때, 이는 자발적인 변이와 - 이것은 수명이 길어질수록 그 빈도가 높아진다 - 방사선, 화학물질, 환경 재해, 바이러스 등의 외부 요인에 유발된 돌연변이로 나뉜다. 돌연변이의 형태로는 다음의 5가지가 있다.

• 점點돌연변이Punktmutation: 염기천이鹽基遷移 Transition와 염기전환鹽基轉換 Transversion[97)]

• 삽입Insertion: 염기Base 하나가 덧붙여 넣어진다.

• 삭제Deletion: 염기 하나가 제거된다.

• 복제Motiv-Wiederholung: 하나 또는 여러 개의 염기가 중복되어 복제된다.

• 블록 돌연변이Blockmutation: 여러 염기가 동시에 바뀐다.

예를 들어 DNA의 한 단편Abschnitt/segment의 전체가 복제과정에서 돌연변이를 일으키게 되면, 이는 점돌연변이의 경우보다 계속 유지될 가능성이 더욱 커진다. 이렇게 되면 이는 다시 원상으로 회복되지 못하고, 시간이 지나면서 이것이 일어난 장소에서 점점 더 돌연변이가 중첩되어 쌓여나갈 가능성이 커진다. 물론 우리의 유전자 코드는 이러한 오류를 바로 잡을 프로그램을 갖고 있기는 하나, 때로는 이 프로그램이 이런 오류를 간과할 수도 있다. 그런데 자연 상태에서 이 오류란 개념은 아주 상대적이다. 만일 한 부분의 전체가 개인에게 부정적인 영향을 가져다주지 않으면, 이는 더 이상 오류로 인식되지 못한다. 이때는 단지 긍정적

97)

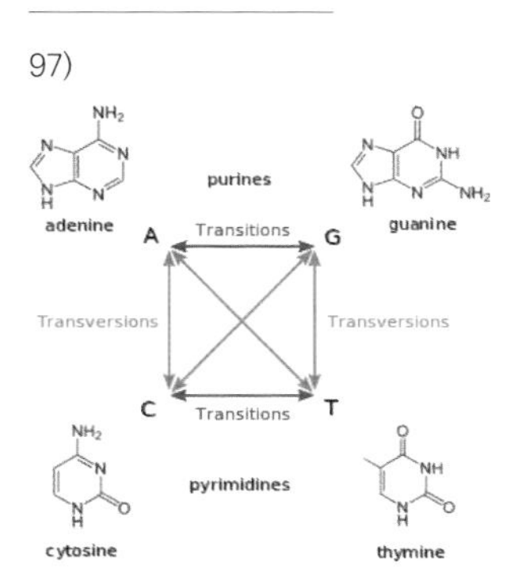

위의 도표에서 보듯이, 점돌연변이Punktmutation 과정에서 염기천이Trasition는 가로 방향으로 아데닌Adenine과 구아닌Guanine 내지 치토신Cytonsine과 티민Thymine이 교체되는 경우이고, 염기전환Transversion은 세로 방향으로 아데닌과 치토신 또는 구아닌과 티민이 교체되는 경우를 말한다 (본문의 그림 4-29 참조).

이지도 부정적이지도 않은 하나의 단순한 변화로 간주하게 될 뿐이다. 그리고 이 변화가 어떤 이득을 가져다주면, 이 오류는 오히려 개선으로 간주된다.

찰스 다윈이 멘델의 논문 '*식물 잡종화에 대한 시도*'를 제대로 분석하고 이를 배척하지만 않았다면 (이에 대하여는 Robin, Marantz Henig, *Der Mönch im Garten*, Berlin, Argon 2001, p. 363을 보라), 자기 진화의 가설에 대한 학문적 보강에서 큰 도움을 받았을 것이다. 다윈은 유전인자가 사라진다는 당시의 견해에 동조하고 있었다. 이런 견해에 따라, 그는 모든 돌연변이 형태가 한두 세대가 지나면 마치 한 두레박의 물에 떨어진 한 방울의 붉은 색소처럼 곧 사라지게 된다고 생각했다.

이런 상태로 뒤섞인 하나의 성질은 점점 더 사라져버려서, 더 이상 자신의 존재를 부각시킬 수가 없다고 그는 보았다. 그러나 멘델은 우성과 열성의 특질이 있다고 생각했다. 그리고 성공적인 우성의 특질은 계속 전달되어 지속된다는 점을 타당성 있게 설명했다. 멘델은 이런 특질들이 완전히 사라지는 것이 아니라, 열성의 경우는 일단 잠복하였다가 다음 세대에 다시 나타남을 알아냈다.

멘델의 시대에는 종자 개선에 관한 논리의 관점에서 여러 잘못된 생각이 횡행하고 있었다. 예를 들면 프랑스의 쟝 바삐스뜨 라마르끄Jean Bapiste Lamarck (1744~1829)는 주위 환경에 적응하는 과정에서 획득된 특질들이 곧장 다음 세대에 전해진다고 생각했다. 그 예로 밝은 빛깔의 피부를 갖고 오스트레일리아로 이주한 사람은 그곳의 강렬한 햇볕에 적응하느라고 자신들의 조상들보다 좀 더 진한 갈색 피부를 갖게 되는 사실을 그는 제시하였다.

그러나 이와는 반대의 경우도 생긴다. 오스트레일리아의 태양 때문에 밝은 빛깔의 피부를 가진 이주자의 후손들은 여전히 부정적인 위험에 노출되어 피부암에 걸릴 확률이 높아진다. 세대에 따라 달라지는 햇볕에 대한 일정한 차단 기능의 작용을 고려하지 않더라도, 라마르크의 가설이 꼭 들어맞지는 않는다.

유고 드 브리스Hugo de Vries (1848~1935)는 최초로 물질적인 요소가 여러 특질을 전달할 수 있으리라고 생각했다. 그는 인종의 차이와 관계없이 당시 사람들이 말하던 소위 '범汎 유전자Pan-Gen'와 관련된 특질이 나타난다고 믿었다. 오늘날 의 현대 유전학도 일부 특수한 경우에는 이런 사실이 일어남을 입증해 주고 있다.

유전자 부호는 일부 특수한 경우를 제외하고는 일반적으로 통용된다. 특히 몇몇 부분에서 서로 일치하는 경우에는 종이 다른 생명체끼리라도 교환이 가능하다. 이런 현상을 언어학에 대비하면, 유전자 부호는 라틴어 문자와 같은 기능을 한다고 볼 수 있다. 많은 단어가 여러 다수의 언어에서 서로 일치하고 있지 않은가?

영국의 생물학자 윌리암 배트손William Bateson (1861~1926)은 1906년 어떤 규칙 하에서 공통성을 보여 유전될 수 있는 것과, 어떤 때에는 이에 반하여 완전히 달라져 돌연변이로 나타날 가능성이 있는가를 연구하는 이 새로운 방향의 학문에다가 유전학Genetik이란 명칭을 사용할 것을 제안했다. 요한 프리드리히 미셔Johann Friedrich Miescher (1844~1895)는 자신이 세포핵에서 얻어낸 산성 성분을 가진 한 결합체에 핵核 Nuklein/nucleic이란 명칭을 부여했다. 이 결합체는 상당히 많은 양의 인燐의 성분을 포함하고 있었으며, 단백질과는 달리 황黃의 성분은 갖고 있지 않았다. 이 핵이란 용어를 1944년 오스왈드 애버리Oswald Avery, 콜린 맥러드Colin M. McLeod, 맥클린 맥카디Maclyn McCarty 등이 받아들였다. 그리고 유전성분을 내포한 긴 고리의 산酸 구조를 발견하였을 때, 이들은 이를 핵산核酸 Nukleinsäure/nucleic acid이라고 명명했다.

인간의 선사시대 역사를 재구성하려는 과정에서 만들어진 인종의 구분

생물의 종 사이에 나타나는 차이를 구분하는 과정에서 사람들은 동일한 종 안에도 존재하고 있는 차이점을 찾게 되었다. 고고유전학Archäogenetik/archaeogenetic은 과거를 밝혀내기 위한 노력의 일환으로서 이러한 차이점들에 주목하고 있다. 인간들이 지역에 따라 각기 다른 신체적 특성을 보이는 일은 일찍이 사람들의 주목을 받았다. 인도의 남부지역에서 나온 베다의 한 경전에서 한 통치자가 자신을 기쁘게 만드는 특별한 인간들이라면서 유럽인들을 자신의 주변에 불러 모았다는 말이 전해 내려오고 있다. 이것이 우리가 알고 있는 한에서 최초로 인간을 차별하여 대우한 현상이다. 수천 년 동안 서로 다른 인종 그룹들이 상대방을 미개인 내지 야만인이라고 지칭하면서, 오직 자신의 씨족에 속한 사람만을 인간으로 취급하였다. 인종의 다양성에도 불구하고 자신의 종족에 속하는 사람들만을 오직 '인간Mensch'으로 지칭하는 이러한 인종차별주의는 오늘날에도 하와이인Hawaii, 에스키모인Inuit, 카리브인Kariben, 폴리네시아인Polynesier, 로마계 집시인Roma, 스칸디나비아의 사미인Samen 등에 대한 태도에서도 나타나고 있다.

초기중세시대의 서구에서는 기독교를 믿지 않는 종족을 악마의 유혹에 빠진 존재로 간주했다. 인간이 셈인Sems과 햄인Hams과 자펫인Japhets 등의 후손으로 분리되어, 각기 독자적인 종족으로 발전했다는 성경에서의 언급 내용을 그대로 맹목적으로 받아들였다. 이들에 대항하는 악마의 종족으로서 고그Gog와 마고그Magog가 언급되고 있는데, 이들은 후에 동쪽에서 침입해 온 유목민족인 훈족Hunen과 아바르족Awaren에 대한 표상과 융합되었다. 교회는 낯선 외모를 가진 사람들을 추한 괴물과 같은 존재로 간주하여 이들을 악마의 화신으로 만들었다. 신대륙의 발견 당시만 하더라도 스페인 정복자들은 인디언 원주민을 야생동물보다 더 나은 존재로 보지 않았다. 그리하여 이들을 말살하는 것이 신이 원하는 바라고 생각했다. 이방인이 사용하는 언어는 동물이 내는 소리로 간주되었고, 이들에 대한 사람들의 시각은 벌거벗은 야만 상태의 식인종으로 고정되어 있었다. 그리고 오직 자신들만의 문화가 옳고 인간답다고 보았다.

소위 '다른 족속Andersartige'에 속하는 사람들

이러한 극단적인 인종적 편견에 제동을 걸기 위해, 교황 파울루스 3세는 1537년 인디언들 역시 아담과 이브의 후손임을 인정하는 교시를 내렸다.

> 프란치스코 교단의 베르나르디노 리베이라 드 사하군Bernardino Ribeira de Sahagún (1500~1599)은 근대 인종학에 아주 커다란 기여를 했다. 그는 살라만카 대학의 교육생으로서 1559년에 멕시코로의 선교활동에 나서게 되었다. 이곳에서 그는 당시 여건으로 볼 때에는 아주 드물게 존재했던 아츠텍인에 대한 많은 자료를 모았다. 그리고 그는 기독교에 귀의한 아츠텍인이 자신들의 생활영역의 문화에 대한 지식을 아츠텍어로 기록하도록 유도한 후에, 이를 스페인어로 바꾸어 번역했다. 이리하여 그 유명한 플로렌스 법전이 만들어졌다. 그러나 이 책은 300년이 지난 후에야 비로소 출판되었다. 총 12권에 달하는 이 책은 옛날 아츠텍인의 종교와 통치방식과 풍습 및 관습, 그리고 스페인에 의한 정복사가 상세히 수록되어 있다. 특히 이 책의 10권에서는 아츠텍인에 대한 인류학적인 견해가 서술되어 있다. 즉 그들의 미덕과 악습, 사회구조, 신체의 특성, 치유법, 이웃 종족들에 대한 중화사상적인 사고방식 등이 서술되어 있다. 이 선교사는 다른 낯선 종족들을 제대로 평가하는 생각을 갖게 하는 데에 절대적인 기

여를 했다. 그리하여 1640년 멕시코 대학에 멕시코 언어 강좌가 처음 개설된 것은 전부 그의 덕분이다.

남아메리카에서는 예수회 교단의 선교사들의 학문적 업적들이 이와 똑같은 정신에 입각하여 이루어졌다. 이들은 16세기에 이미 브라질에서 원주민 언어의 문법과 교재를 만들어내기 시작했다. 이런 모범적인 행위에 다른 여러 작업이 뒤따랐다. 그러나 이들 선교사들은 자신들의 관점에서 원주민에게 더 나은 생활방식을 알려주겠다고, 원주민을 아주 심한 규율에 얽매어 두려고 했다.

착취 Ausbeutung

여러 문화권 출신의 사람들이 서로 만나게 되면, 이들 간에 일종의 계급관계가 형성된다. 기술적인 면이나 조직상에서 열등한 위치에 있는 사람들은 우월적 지위에 있는 사람들을 섬기게 된다. 이때 이들 사회에서는 속박받는 종족 그룹은 큰 임무를 감당할 능력이 없을 것이라는 편견이 항상 정당화되었다. 오늘날 미국에서의 종족 문제는 인종적 우월의 편견의식을 키우게 하여 사회적으로 큰 부담이 되고 있다. 남아프리카공화국에서 백인종의 정부가 20세기 말이 되어서야 비로소 아프리카 계통의 주민들에게 동등한 권리를 부여했다.

옛날 비기독교계 문화의 예술품을 낮게 평가하는 일은 심각한 결과를 가져왔다. 콜럼버스 이전 시기의 많은 금동제 조각상이 녹여져서, 이때의 예술과 그 문화에 대한 연구를 영원히 불가능하게 만들었다. 선교사들은 이단의 종교들의 뿌리를 뽑아버리려고, 아프리카에서 목조로 된 많은 신상을 불태워버렸다. 이로써 수천 년간 지속하여 온 여러 알려지지 않은 종족들의 문화가 불길에 휩싸여 영원히 사라져 버렸다. 유럽 세력의 팽창

과정에서 이 서구문화권의 대리인들은 자기중심적인 우월감을 내보이려는 문화인식에 사로잡혀서 중부아메리카의 문화와 안데스 지역의 고도 문화를 말살하는 것이 정당하다고 생각했다. 오랜 기간 인도문화와 이슬람문화와 아프리카문화는 억압받았고, 중국문화도 서구문화로부터 부정적인 영향을 받았다.

타 종족으로부터 스스로를 분리, 구분하는 데에는 여러 가지 방법이 있었다. 그리고 이를 실행하는 데 있어서 사람들은 전혀 주저하지 않았다. 이에 대항한 반박으로 1922년 펠릭스 폰 루샨Felix von Luschan은 자신의 저서 '민족, 인종, 언어'에서 다음처럼 말하고 있다.

야만 민족이란 있을 수 없다. 단지 우리와는 다른 문화를 가진 민족이 있을 뿐이다. 반면에 열대지방에는 돌발적인 분노를 분출시키면서 거칠고 교양이라고는 전혀 없는 백인 계통의 인간들이 있다. 이들은 원주민을 이해하려는 노력은 전혀 하지 않고, 원주민 속에서 마치 야만인처럼 굴면서 상상도 할 수 없는 잔인한 방식으로 이들을 학대하고 있다 (이에 대하여는 다음을 참조하라. Felix von Luschan, *Völker, Rassen, Sprachen*, Berlin, Welt-Verlag, 1922, p. 187).

그러나 펠릭스 폰 류샨의 이러한 바람직한 사고방식은 독일 고고학계에서는 한동안 단절되어 있었다. 상당 기간의 시간이 더 지나면서, 결국은 인간이 다른 형태의 생활방식을 접할 때 관용적인 태도에서 지배적인 사고를 팽배시킬 정도에까지 이르게 되었다. 인종차별의 광기는 히틀러의 민족 말살로 정점을 이르렀다. 히틀러가 일으킨 전쟁이 끝난 이후에, 연합군의 승리로 유대인과 로마계 집시인Roma과 신티계 집시인Sinti에 대한 잔악한 행위, 더불어 소위 유전병환자, 동성연애자, 정치적 이단자를 대하는 태도를 통해 그동안 세계 도처에서 만연했던 인종적 차별이 얼마나 어리석은가를 사람들이 인식하는 커다란 계기가 되었다.

금기禁忌화Tabusierung

전 세계를 경악시키면서 특히 독일인에게는 양심의 가책을 크게 느낄 일을 저질러서, 이후 수십 년간 독일 학계에는 이런 그릇된 인종차별에 관한 논리를 드러내어 언급하는 것조차 기피하게 만들었다. 그리하여 오늘날까지 아직도 이러한 영향이 교재나 의학적 문서에서 나타나고 있다. 나치스 기간에 쫓겨났던 학자들은 다시 자신의 직책과 지위를 되찾기는 하였으나, 한동안은 자신들의 연구역량을 다시 회복하는 데에만 급급했다. 그러다가 이들은 이제는 국제적인 학문 분야에서 다시 높은 수준에 이르렀다.

전후 승전국들에 의해 분단되었던 과정에서 소련의 지배권에 있었다가 나중에 동독으로 출발한 지역에서는 새로운 이데올로기에 사로잡힌 특이한 인류학 이론이 대두되었다. 이 지역에서 이루어진 연구는 생산성의 역사와 자본주의 생성에 초점이 맞추어졌다. 그러나 여기에서도 인종차별과 이에 따른 실제 결과에 대해서는 조직적인 분석이 이루어지지 않았다.

전후 처음 30년간 인류학은 여러 민족그룹 간에 있는 유전적인 공통점과, 이것이 어떻게 환경적 요인에 따라 생겨났는가에 대한 연구에 집중되었다. 이제는 유전적인 차이점이 발생하게 된 요인을 민족이동에서라기보다는, 당시의 주변 환경요인에 적응하려는 과정에서 기인했다고 보고 있다. 그러나 인간그룹 간에 어떤 차이점들이 존재하는가에 대해서는 더 이상 별다른 연구를 하지 않았다. 사람들은 현대 인간들이 보여주는 외모상의 특징을 비교해 보는 것과 같은 일은 더 이상 하지 않고 있다. 왜냐하면 이런 작업은 인간에게서 각 종족의 족보를 파고 들어가려는 쪽으로 귀결될 가능성이 높기 때문이다. 인간의 진화를 찾아내려는 인류고고학은 이러한 연구분야의 한 주요 영역이다. 1980년대 초반에는 두개골을 재고 분석하여 통계를 내는 일이 한때 붐을 이루었다. 이러한 인간 신체구조상에서의 비율에서 나타나는 차이점은 더 이상 내재된 인종적 차이에서 나온 특징으로 보지는 않고, 단지 주변 환경에 적응하는 과정에서 나온 일련의 현상으로 보고 있다는 점이 예전과는 많이 달라졌다.

과거 나치스 치하에서 있었던 학문적 일탈 행위로 인하여, 특정 주제를 언급하는 것은 금기시되었다. 그렇지만 일부 회색지대의 학문영역에서는 일부 특정그룹과 우익 과격분자들에 의해서 '*우생학적*優生學的*청소*ethnische Säuberung'에 대한 요구가 끊임없이 제기되어 왔고, 그 목소리는 오늘날까지도 잦아들지 않고 있다.

20세기의 20년대에서 40년대까지의 인류학 분야에서 있었던 비극적인 학문적 오류과정을 거치면서, 오만하지 않은 태도로 인간을 존중하려는 사고방식은 꾸준히 지속되어왔다. 이는 교양 있는 학문연구가에게 어울리는 태도이다. 현대 인류학은 호기심에 사로잡혀, 원주민에게 무의미한 질문을 던지는 방식으로 더 이상 서로 간에 장애를 만들지 않는다. 오히려 아직도 원시단계에 머물러 생활하는 종족들과 직접 함께 살아가면서, 이들의 사회규범에 직접 적응하여 연구하려는 사람들이 늘고 있다. 이들 학자들은 맨발로 이들을 방문하면서 이들의 사회에 직접 뛰어들고 있다. 그리고 가능한 겸손한 태도로 이들과 교감하면서 접근하고 있다.

이런 방식으로 이들은 가능한 많은 사실을 알아내려 하고 있다. 이리하여 고고학은 이들을 잘 이해하면서도 존중하는 법을 배우려 하고 있다. 고고학자들이 사용하는 여러 종류의 기술적 도구들은 일면 이들 원주민에게 두려움을 주기도 하지만, 다른 면에서는 이들의 호기심을 불러일으키기도 한다. 그리하여 그들과 원활한 접촉이 가능해지고 있다.

이들과 짧은 기간 접촉하고 난 후에, 고고학자들은 벌써 이 세상에 '야만적인 인간'은 더 이상 없다는 사실을 알게 되었다. 그들이 가진 무기나 도구와 의복과 집이 원시적인 것은 사실이다. 그러나 이들이 가진 낮은 기술력만을 제외한다면, 이들도 나름대로 꽉 짜인 계급조직을 갖고 있다. 또 나름대로의 예식과 풍습을 갖고 있으며, 또 섬세한 언어를 가진 정교한 사회임을 고고학은 확인해 주고 있다. 이들 민족들은 개별적인 특성이나 지성적인 측면에서 우리에게 결코 뒤지지 않는다.

오늘날 인종Rasse이란 용어가 처한 상황

정치적이나 역사적이나 학문적인 여러 이유 때문에, 오늘날 인종Rasse이란 용어를 사용하는 일은 점차 적어지고 있다. 특히 독일에서는 인종이란 단어에는 공포와 슬픔과 양심의 가책이란 감정이 항상 따라 다니고 있다.

그래서 독일어 사용자들은 어떤 지역에 국한되어 사는 사람들을 언급할 때에, 이들을 '유형Typen', '민족문화권Ethnien', '종족그룹Volksgruppe'이란 명칭을 대신 즐겨 사용한다. 이제는 인종이란 용어는 영어 사용권에서만 즐겨 사용된다. 그러나 오늘날 일반적으로 사람을 가리키는 인종이란 용어에는 동물계에서 개량된 종류를 가리키는 품종이라는 뉘앙스가 강하게 포함되어 있다.

> 특정한 종류의 동물로 개량하려면 동종교배는 필수적이다. 이때 사람들은 자신이 원하는 방향으로 동물의 특질을 개량하려고 한다. 이들은 개

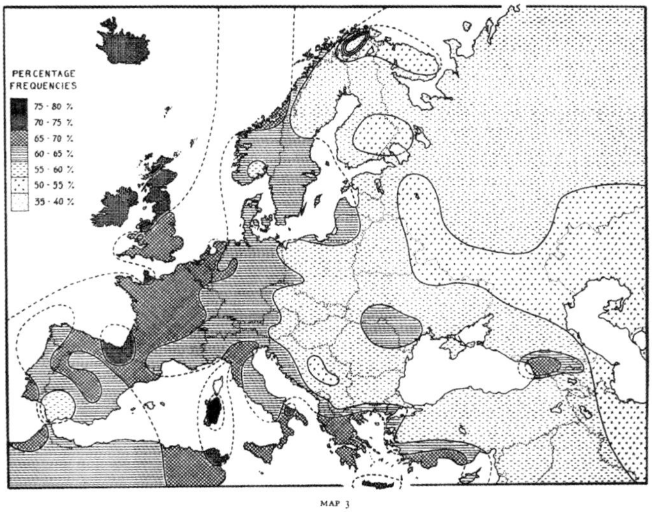

4-02_ 유럽지역에서의 혈액형 O의 지리적 분포도

MAP 3

임상학적으로도 중요한 가치가 있었기 때문이다. 이런 혈액형에 관해서는 오늘날 아주 많은 자료가 축적되어 있다.[98]

혈액의 주요 성분들

1. 적혈구 혈액형Erythrozytäre Polymorphismen:

ABO (이는 좀 더 정확히 말하자면 A1A2BO의 체계이다), ABH, MNSs, 레수스Rhesus[99], P, 켈Kell, 더피Duffy[100], 루터란Lutheran, 키드Kidd, 레위스Lewis, 디에고Diego, I, 돔브록Dombrok, 코스트Cost, XG, 카트라이트

98) 이 책의 저자는 아래에서 혈액형의 구분을 위한 여러 용어를 제시하고 있다. 그러나 이의 대부분은 너무나도 전문적인 것이어서, 독자들이 전부 이해하기에는 어려움이 크다. 따라서 오히려 혼란을 유발시킬 위험성이 있다. 이에 이의 일부 용어에 대한 설명만을 제시하고, 나머지에 대한 상세한 설명은 피하기로 한다. 이곳에서 혈액의 주요 성분들을 구분하여 나열하는 데에서 인명을 가진 명칭들이 많이 나타나고 있는데, 이는 이를 발견한 학자들의 이름을 따라 붙였기 때문이다.

99) 여기에서의 실험에 사용된 원숭이의 속명인 rhesus의 첫머리를 따서 Rh로 명명되었다. 일반적으로 D 항원의 유무에 따라 이의 항원을 가지고 있으면 Rh^+로, 그렇지 않으면 Rh^-로 표현한다. 이에서는 약 50가지의 명명법을 사용할 수 있으나, 그중에서 'D, C. c, E, e'의 항원이 가장 중요하다.

100) 말라리아 원충에 의한 감염 시에 수용체receptor로 작용하는 항원이다.

Cartwright, 게르비히Gerbich, 콜톤Colton, 베커Becker, 캄후버Kamhuber, 라이트Wright, 라딘Radin;

2. 혈청단백 다형성多型性 Serumproteinpolymorphismen:

HP와 그 하위 그룹들, GC와 그 하위 그룹들, TF와 그 하위 그룹들, PI와 그 하위 그룹들, CP, C3, C1-C8, ORM, BF, AHSG, PLG, FI3A, FI3B, ITI, KM. GM, KM;

3. 효소의 다형성Enzympolymorphismen:

ACPI, PGMI와 그 하위 그룹들, PGM2, PGM3, AK1, PGD, LDH A, LDH B, ADA, ESD, GLO1, GPT, UMPK, ALADH, PGI, SOD, PGK, PGP, CA;

4. 헤모글로빈-(혈색소)-변이형태Hämoglobin-(Blutfarbstoff)-Varianten:

HB S, HB C, HB E, HB D, HB H. 총체적으로 470개 이상의 HB-(헤모글로빈-)의 변이형이 있다. 이 중 대부분은 드물게 나타난다. 그리고 이 중 일부는 아주 극히 드물게 나타난다;

5. HLA-체계HLA-System:

체계1급: HLA-A, HLA-B, HLA-HLA-C;

2급: HLA-DR, HLA-DQ, HLA-DP;

3급: '상보성相補性 유전인자Komplementgene'

여기에서 더 관심이 있는 독자들은 브레멘 대학의 인간생리학자 후베르트 발터Hubert Walter가 저술한 '주민유전학Populationsgenetik'에서 혈액의 여러 유전인자에 대한 더 상세한 자료를 얻을 수 있을 것이다 (이에 대하여는 다음을 참조하라. Hubert Walter, *Populationsgenetik der Blutgruppensysteme des Menschen*, Stuttgart, Schweizerbart, 1992).

혈액이 갖고 있는 특성에 대한 규명

세포핵의 DNA에 이러한 유전인자가 존재하고 있음을 알기 훨씬 이전에도, 혈액이 나름대로의 특정 형질들을 갖고 있다는 사실은 이미 알려져 있었다. 혈청학자들은 아주 이른 시기에 이미 자신의 피로 생성시켜 얻어낸 항체抗體 Antikörper/antibody를 통해 이에 대한 확실한 증거를 이미 수집해 두고 있었다. 오늘날에는 이러한 항체들을 동물을 이용해 대량으로 생산하여 전 세계적으로 배포하고 있다. 시료로 사용되는 혈액에다 선택된 특정의 항체를 집어넣었을 때, 이것이 응집凝集하는가의 여부는 특정 혈액의 성질을 파악하는 주요 지표가 된다.

다른 방법으로는 전기영동電氣泳動 Elektrophorose이란 방법이 있다[101] (이 용어의 phorese는 그리스어의 φορεσις에서 나왔다). 이 방법은 무엇보다도 혈액 효소와 혈청의 단백질을 알아내는 데에 이용된다. 시료를 젤Gel이 칠해진 유리판 위에 올려놓고서 이곳의 젤에 단백질 분자의 크기에 따라서 빠르게 또는 천천히 전류를 흘려보낸다. 여러 다양한 형태들이 유리판 위에 펼쳐지면, 일단 작업을 중단하고 그 상황을 촬영한다. 이러한 방식으로 남겨진 흔적에 따라서 그 유형을 알아낸다.

오늘날에는 특정 혈액의 특성들을 세분하여 여러 하위 특성으로 나누고 있다. 이를 위해 특정 위치에 유전자 부호Gencode를 지정해 둔다. 임의로 선택된 사슬의 일정 부분을 끊어내기 위해서는 특별한 효소가 필요하다.[102] 이 효소는 긴 DNA 사슬 내에서 특정 유전자를 선별해 내는 유전자 부호를 인식해 낸다. CD

---

101) 그리스어의 φορεσιζ (phoreois) '송부되다, 운송되다'에서 나왔다 (이 책 저자의 주). 이 방법은 단백질과 DNA와 저분자물질 등을 전기장 하에서 그 이동 속도의 차이에 따라 분리하는 방법이다.

102) 여기서 말하는 특별한 효소는 제한효소制限酵素 restriction enzyme를 말한다. 이 효소는 이중나선二重螺線을 한 DNA 분자의 특정 염기서열을 인식하여, 그 부분이나 그 주변을 절단하는 과정에서 촉매의 역할을 한다.

위에 구워져 녹음된 노래의 경우에서는 레이저 광선이 그 노래의 시작 부분에 착지하면 그 노래의 시작을 알려준다. 유전자 부호는 이런 음악에서의 부호와 마찬가지라 할 수 있다.

혈액의 특별한 형질

액체상태의 혈액에는 신체기관 내에서 개별적으로 자세히 설명하기는 어려운 특정 기능을 가진 수많은 특별 인자가 내포되어 있다. 이러한 특별한 인자 중 일부는 특정 지역에서는 다른 지역과는 다른 아주 특이한 분포를 보이는데, 이는 그 인자들이 그곳에서 탄생되었음을 알려준다. 이러한 특이한 인자들은 유럽인, 아프리카인, 아시아인, 인디언, 오세아니아인 사이에서 각기 다른 양상을 보이고, 또 그 빈도나 구성이 달리 나타나기도 한다.

다음에서 나는 혈액 속에서의 특별한 이러한 인자들을 선택하여 이의 분포 정도를 보여주려 한다. 이는 무엇보다도 그러한 유전인자들이 제한적으로 알려주는 정보를 알아내기 위해서이다. 여러 다양한 혈액형이 보여주는 지리적 분포도는 이것들이 고고유전학과의 어떤 관계를 가질 수 있는지를 보여주는 첫걸음이다.

ABO 혈액형 체계

O형은 지상에서 가장 흔한 혈액형이다. 아메리카 원주민이나 오스트레일리아 원주민에게서 이 혈액형이 두드러지게 나타난다. 특히 고립된 특정 지역에서 다수의 인간이 이 혈액형을 보인다. 이 혈액형을 가진 그룹이 한 특정지역으로 이주해 들어가면, 이 혈액형은 상당 기간 그 새로운 지역에서 일종의 유전적 특성으로 간주될 정도로 매우 높게 나타난다.

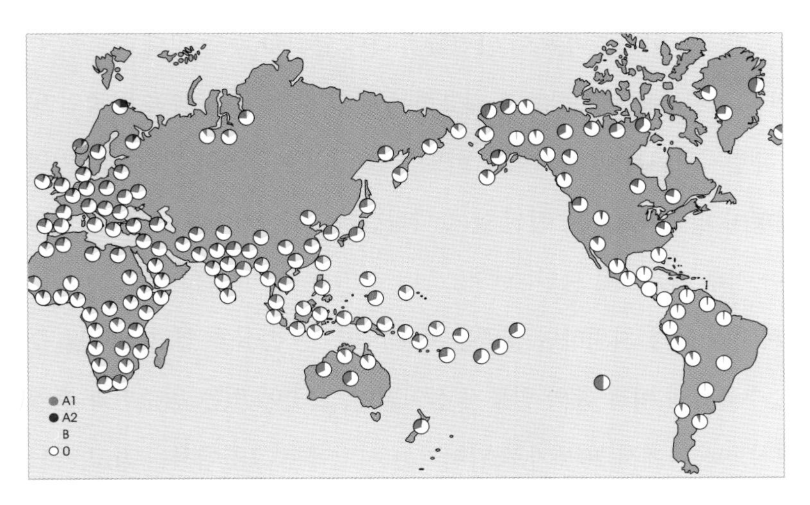

4-03_ ABO-혈액형의 지역적 분포도

예를 들면 바스크인Basken에게서는 O의 혈액형이 아주 높은 점유율을 보인다. 독일 바이에른 주의 경우에 도나우강의 남쪽 지역에서는 아직도 이 혈액형의 비중이 상대적으로 높게 나타나는데, 이는 예전에 도나우강이 아주 넘어가기 어려운 자연 상에서의 장애선 같은 역할을 하였기 때문이다.

이 높은 점유율은 바스콘인Vaskonen에게서 물려받은 유전적 유산이다. 이 바스콘인에 대해서는 언어학의 장에서 이미 소개하였다. 도나우강 북쪽지역에서는 A의 혈액형이 두드러지게 나타나는데, 이는 나중에 동쪽으로부터 이주해 들어왔던 인도유럽인의 흔적을 보여주는 것이다.

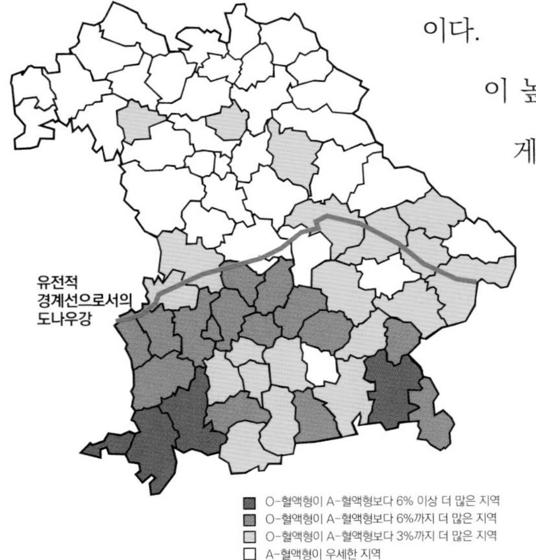

4-04_ 독일 바이에른 지역에서의 O-혈액형의 분포도

그러나 얼핏 보기에는 이러한 추론이 완전한 추측에 불과할 수도 있다.

B의 혈액형은 상당부분 아시아계를 대표하는 것일 수가 있다. 몽골 민족의 일원인 훈족이 유럽지역에서 이 혈액형의 빈도를 높였다. 프랑스의 렝스Reims 지역에서 이 혈액형이 평균치보다도 훨씬 높게 나타난다. 이는 기원후 451년에 있었던 카탈루니아 전투 때문으로 보인다.[103)]

이 지역에서 아틸라가 지휘하던 훈족은 대패하여, 큰 손실을 입고 물러날 수밖에 없었다. 추측건대 이들 중의 일부가 살아남아, 그곳에 있는 원주민과 혼혈하였을 것이다. 19세기에서 20세기로 넘어가는 시기에는 그곳에서는 작고 가느다란 눈의 아시아인의 특징을 가진 사람들이 많이 살았다. 이곳의 많은 신생아는 아직도 소위 몽고반점을 가진 상태로 태어나고 있다. 즉 골반의 엉덩이 부분에 약간의 어두운 색을 띤 부분이 나타나는데, 이 반점은 나이가 들면 사라진다. 헝가리인에게도 이런 반점은 다른 유럽인들에 비해 훨씬 더 많이 나타난다 (이에 대하여는 다음을 참조하라. Felix von Luschan, *Völker, Rassen, Sprachen*, Berlin, Welt-Verlag 1992, p. 164). A의 혈액형은 두 개의 큰 유형으로 나뉜다. 즉 A1과 A2이다. A1은 전 세계에 걸쳐 골고루 나타난다. 그러나 이 혈액형은 북아메리카 원주민에서는 드물게 나타나고, 남아메리카와 오스트레일리아 원주민에게서는 거의 나타나지 않는다. A2는 극히 드물게 나타나는 혈액형이다.

유럽에서는 A의 혈액형의 비중이 상대적으로 증가하고 있다. 특이하게도 북부 스칸디나비아 지역에서는 이 혈액형의 비율이 25%까지 높게 나타나고 있는데, 이는 아마도 창시자 효과 때문일 것이다. 유럽 남쪽의 바다에 면한 지역에서

---

103) 아틸라Attala의 지휘 하에 서부유럽 지역에 침입한 훈족의 대부대는 451년 프랑스의 카탈루니아 평원에서 로마제국의 사령관인 아에티우Aëtius스의 군대에 대패한 후에, 자신들의 근거지인 헝가리의 푸스타 평원으로 후퇴한다. 그 다음 해에 아탈라가 죽자, 거대한 훈 제국은 와해되어 모래알처럼 흩어져 사라진다.

는 이 혈액형이 전혀 나타나지 않고 있다 (Felix von Luschan, Völker, Rassen, Sprachen, Berlin, Welt-Verlag 1922, p. 164).

ABO의 혈액형 그룹 체계는 유인원에게서도 부분적으로 나타난다. 그래서 이 혈액형 체계만으로 인간 종족의 유형을 나누는 것은 타당치 않다. 왜냐하면 유인원과 같은 공통 조상에서 나온 최초의 인류가 이 ABO의 혈액형 그룹을 이미 함께 갖고 있었기 때문이다.

오늘날 혈액형이 지역적인 차이를 보이게 된 것은 초기 선사시대에 일어났던 다양한 사건들 때문이다. 면역체계가 생기는 과정에서, 오늘날의 이런 혈액형 상에서의 차이가 생겼다고 설명할 수가 있다.

폴란드의 혈청학자인 루드빅 히르츠펠드Ludwik Hirszfeld (1884~1954)와 헬무트 츠보로브스키Helmut Zborowski는 부친으로부터 O의 혈액형을 물려받은 태아가 다른 혈액형, 즉 A나 B나 AB의 혈액형을 가진 어머니의 신체기관으로부터 거부 반응을 받는지의 여부를 조사했다 (이에 대하여는 다음을 참조하라. Ludwig Hirsyfeld u. H. Zborowski, Gruppenspezifische Beziehungen zwischen Mutter und Frucht und selektive Durchlässigkeit der Placenta, in: *Klinische Wochenschrift*, 4 (1925), p. 1152~1157). 이후에 있었던 후속 연구를 통해서 이들의 추측이 맞는 것으로 확인되었다. 어머니와 아버지 사이에서 O/A이나 O/B와 O/AB의 혈액형의 조합을 가진 가정의 경우에는, 이 반대의 조합을 가진 부모의 가정의 경우보다도 A나 B와 AB의 혈액형을 가진 아이들이 태어날 때 거부 반응이 상대적으로 적었다. 또 이렇게 적절치 않은 조합을 가진 부모의 경우에는 아이의 낙태 비율이 상대적으로 높았다. 다만 태아가 임신 초기의 시기를 잘 넘기면 이러한 위험성은 사라진다.

ABO의 혈액형 그룹과 콜레라와 천연두와 매독과의 관계에 대해서는 또 다른 설명이 필요하다. 매독은 콜럼버스에 의해 서구세계로부터 아메리카 대륙에 처음 들어와서는 엄청난 피해를 입혔다. 아메리카의 원주민은 이 질병에 걸리는 경우가 적었고, 또 걸리더라도 가볍게 넘겼다. 그래서 사람들은 아메리카에서 흔히 보이는 O의 혈액형이 매독에 대한 부분적으로 내성을 갖고 있어서, 자연선택 상에서 유리한 점이 있다고 생각했다. 또 다른 국민적 질병인 천연두를 일으키는 천연두 바이러스는 A의 혈액형에 있는 항원抗原과 아주 흡사해서, B의 혈액형과 O의 혈액형을 가진 사람들은 이 질병에 대한 저항력이 확실히 높다. 그러나 페스트의 경우에는 O의 혈액병을 가진 사람이 잘 감염된다. 또 사람들은 동남아시아 지역에서는 B의 혈액형이 페스트 박테리아에 대해 자연선택 상에서 커다란 유리함을 보여줌을 아주 흔히 보고 있다. 페스트가 주민의 태반을 휩쓸어가고 있는 이 지역에서 B의 혈액형을 가진 사람의 피해 정도가 적은 것이 두드러지게 나타난다. 1971년까지 아메리카 대륙은 페스트로부터 안전지대였기 때문에, O의 혈액형을 가진 사람들은 이 병에 대한 면역력이 높았다. 따라서 자연선택의 측면에서 불리하리라고 걱정할 필요가 전혀 없었다. 아메리카 대륙에서는 O의 혈액형이 아주 널리 퍼져 있다.

지금까지 서술된 현상에 대해서는 좀 더 깊은 검증이 필요하다. 그러나 많은 지역에서도 일정 혈액형의 빈도가 높은 것과 여러 다양한 자연선택의 기능과는 서로 관련이 있다고 추측된다. 이에 따라 오늘날 특정 유전자 라인이 주민 속에서 늘어나거나 줄어들고 있다. 이 과정에서 많은 유전자 라인이 사라졌다. 그러나 이러한 사실들은 원칙적으로 오늘날의 유전자의 분포현황을 왜곡하고 있기 때문에, 이를 선사시대 민족 이동에 대한 정보로는 제한적으로 이용해야 한다.

따라서 오늘날의 ABO 혈액형의 지리적 분포도는 단지 하나의 현상으로만 보아야지, 이를 역사적 발전과정에 대한 확실한 자료로 이용해서는 안 된다. 또한 우리는 ABO 혈액형 체계에서의 특정 개별 혈액형을 특정 민족그룹의 대표적 특성으로 간주해서도 안 된다.

레수스Rhesus 요소

인간의 혈액 속에는 레수스 요소로 알려진 주요 항원이 하나 있다. 이 레수스 항원의 요소가 존재하면, 이를 가진 사람의 혈액형은 Rh^{+}이다. 반면에 이 항체의 요소가 없으면, 그 사람은 Rh^{-}의 혈액형을 갖는다. 레수스 요소에 관해서는 인간에게 두 개의 서로 상반된 유형이 나타난다.

> 일반적으로 대부분의 사람에게는 혈액에 이런 특성이 있음이 잘 알려져서, 임신한 여자가 레수스 요소에 대한 검사를 받는 것이 당연시되고 있다. 임신한 여자가 Rh^{-}를 갖고 있으면, 그녀의 남성 파트너도 마찬가지로 이에 대한 검사를 받아야만 한다. 만일 아기가 자신의 생부로부터 Rh^{+}의 요소를 물려받게 되면, 아기의 혈액과 접촉하는 순간에 어머니의 피는 아기의 피 속에서 이에 대한 항체를 생성시킨다. 이런 현상은 출산 직전이나 출산과정에서 일어난다. 그런 출산이 있은 바로 다음의 임신에서 이 항체가 아기의 혈관 계통에 들어서게 되면, 대개의 경우 아기의 피에 심각한 손상을 입히게 된다. 다행스러운 것은 오늘날 이에 대한 적절한 예방적 조처를 취하면, 이러한 위험성에서 벗어날 수가 있다.

최근의 조사에서 보면, 서로 다른 레수스 요소를 가진 부부는 아주 드물어졌다. 왜냐하면 이들은 서로 사귀는 과정에서 냄새를 통해 서로를 받아들일 수 없다는 사실을 간파해 내기 때문이다. 아마도 후각기관에 상대방이 자신에게 적합한가를 알게 하는 신호의 감지 능력이 있는 것 같다.

이와 비슷한 현상은 다른 혈액의 유형, 즉 ABO, MNSs, 켈Kell 항원시스템, 더피Duffy 항원시스템, 키드Kidd, HLA에서도 관찰된다 (이에 대하여는 다음을 참조하라. Carole Ober, *HLA and Mate Choice in Humans*, in: *The American Journal of Human Genetics*, Bd. 61 (1997), p. 497~504). 한 연구조사에 따르면, 부부의 50%가 동일한 혈액형을 공유하고 있음이 밝혀졌다. 반면에 이의 비교그룹에서는 43%에 머물렀다. 친구 관계의 남자들에게서는 54%가 일치된 혈액형을 보였고, 이의 비교그룹에서는 48%가 그러했다. 반면에 유전자의 한 면역체인 MHC-복합군Complex[104)]의 경우에는, 파트너 간의 차이가 클수록 서로에게 끌리는 정도가 훨씬 높았다. 이러한 수치는 앞으로도 더 많은 연구를 통해 검증돼야 할 것이다. 동시에 이러한 선택 상의 메커니즘에 진정 어떠한 의미가 있는지도 생각해 볼 필요가 있다.

레수스 요소는 거의 전적으로 염색체를 통해 유전된다. 이는 적어도 양친의 한 쪽에게 이런 요소가 있으면, 그 후손은 Rh^+를 갖게 됨을 의미한다. 특이한 경우를 제외하고는 Rh^-체계는 6개의 면역유전인자, 즉 C,c; D(d); E,e로 구성되어 있다. 이들이 서로 교합되는 과정에서 항상 3개의 요소가 합쳐지게 되는데, 이 개별의 면역 인자 안에는 수많은 변이형이 존재한다. 이때 d 인자와 결합하면 항상 Rh^-가 된다. 침판지, 고릴라, 오랑우탄은 레수스 혈액형 체계에서 이런 변이형은 드물게 나타나고 있다. 이는 인간에게서 보이는 이러한 다양한 변이형은 진화과정 상에서 유인원과 분리된 후에야 비로소 인간에게서 형성되었음을 입증한다.

---

104) 주조직접학성 복합체主組織適合性 複合體 *Major Histocompatibility Complex*의 약자이다. 척추동물에서 단백질을 부호화하는 일련의 유전자 군으로서, 특정세포가 자신의 세포인지 또는 외부의 세포인지를 판별하는 주요한 기능을 갖고 있다. 만일 자기 세포가 아니라는 것이 판명되면 이를 공격하여 파괴한다. 따라서 장기이식의 과정에서 거부반응이 나타나면, 이를 막기 위한 적절한 약물이 투여되어야만 한다.

오늘날 D로 명시되는 Rh^{+} 인자는 모든 민족에게서 아주 높은 빈도를 보인다. 그런데 레수스 요소의 개별 변이형은 지역적인 차이를 보이면서 분포되어 있다. 뉴기니아와 오세아니아의 주민에게서는 RH*CDe가 아주 두드러지게 나타나고 있다. 그리고 오스트레일리아와 아시아와 북극 지역에 사는 이누이트인이 이를 뒤따르고 있다. 그 다음으로 아메리카와 유럽의 주민들이 뒤따른다. 아프리카에서는 북쪽 지역을 제외한 기타 지역에서는 이 형태가 아주 드물게 존재한다. 오세아니아 민족에게서 이 형태가 아주 높게 나타나는 것은 창시자 효과에 기인한 것으로 생각된다. 극소수의 예전 이주들에게서 한 인자의 비중이 우연히 아주 높았을 경우에는, 이들의 수가 크게 증가하면서 이 인자가 전면으로 대두되어 나타난 것이다. RH*cDe 형태는 아프리카의 대다수 주민에게서 아주 흔히 나타나기 때문에 아프리카-Rh 유형으로 명명되어 있다. 이 유형은 나미비아 지역의 산San인에게서는 81%의 아주 높은 수치를 보이고 있다. 그리고 중앙아프리카에 사는 피그미족에게서는 84%의 수치를 보인다. 이 유형은 가장 오래된 Rh^{+}의 결합 형태이다.

아프리카는 유럽과 더불어 RH*cde의 형태로서의 가장 높은 Rh^{-}의 수치를 보인다. 이 형태는 백인에게서는 아주 낮은 빈도를 보여서, 유럽 주민에게서는 대략 15~20%에 불과하다. 그러나 바스크인에게서는 40%에 달하여 유럽에서 가장 높은 빈도를 보인다. 따라서 빙하시기에 피한지였던 남부프랑스 지역에 살던 사람들이 우연히 이 특성 유전인자의 비율을 증가시키고 난 후에, 이들이 다시 유럽의 전 지역으로 이주하는 과정에서 이를 함께 퍼뜨렸다고 가정할 수 있다. 그렇다면 혈액형에서의 이런 높은 특성 유전인자 비율은 바스콘인의 유전자 특성으로 볼 수도 있다.

RH*cDE의 구성 조합은 아프리카에서 유럽으로 또 아시아를 건너 아메리카

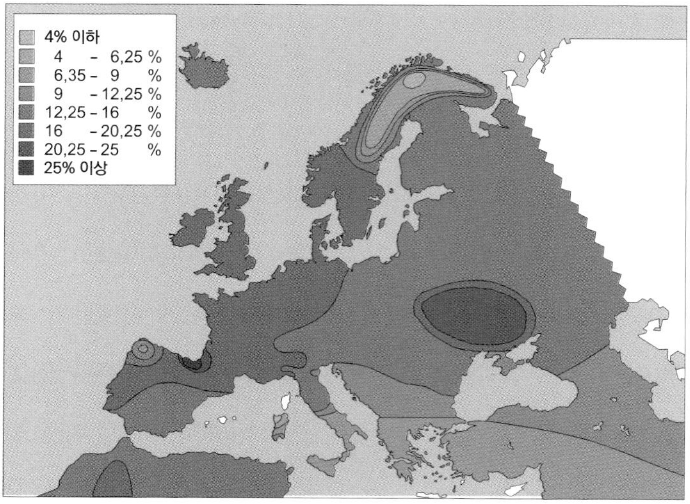

4-05_ 유럽지역에서 나타나는 Rh$^-$의 분포도

로 나아가면서, 해당 주민들에게서 그 점유 비율을 각기 점차 높이고 있다. 그리하여 알라스카에서 그 비율이 가장 높게 나타난다.

이런 비율 분포는 '아프리카로부터의 탈출' 이론에 부합된다. 현생인류는 아프리카에서 생겨나서 처음에는 오늘날의 레반테Levante 지역을 거쳐 유라시아 대륙으로 퍼져 나갔다. 사하라는 10만 년 전까지만 해도 사막이 아니라 스텝과 사반나 지대였다. 당시 정주생활을 하지 않았던 사냥꾼 및 채집자들은 계속 앞으로 진출해 나아가서, 결국은 아프리카를 떠나게 되었다고 가정할 수 있다. 당시 이러한 그룹은 아주 소규모였다. 나중에 이들 주민의 수가 증가하면서 결국은 어떠한 특정 레수스 타입이 수적 우위를 점하게 되었다. 그런데 이는 전적으로 우연에 따른 일이었다. 즉, 우연에 따른 창시자 효과이다. 특히 섬 지역과 같은 곳에서는 하나의 특정 타입이 강하게 나타날 수 있다. 그런데 RH*cde는 태평양의 많은 섬에서는 전혀 나타나지 않는다.

HLA체계

1954년 장 도세Jean Dausset는 수혈받은 환자의 피 속에서 제공받은 혈액 속에 있는 백혈구를 응집시키는 항체를 발견했다. 임신한 여자의 피 속에서도 태아가 아버지로부터 물려받은 HLA유전인자에 대항하는 항체가 발견된다. 인간백혈구항원Human Leucocyte Antigen의 약칭인 이 HLA유전인자는 면역체계에서 신체 세포의 저항 능력을 감시하고 제어制御하는 동시에 이 면역체계를 감시하는 기능을 갖고 있다.

면역체계는 바이러스나 박테리아와 같은 외부 침입자에 대항하여 출동하는 과정에서 끊임없이 스스로를 변형시킨다. 면역체계는 여러 다양한 유전인자들이 서로 만나 복합되면서 여러 형성과정을 통해 수많은 다형성多形性 Polymorphomismus을 만들어낸다. HLA-체계의 이런 다양성과 이의 조합가능성은 수백만 내지 수십억에 이를 정도이다. 어떤 조합가능성은 상당히 자주 있는 반면에 어떤 것은 아주 드물다. 때로는 수백만의 사람 중에서 겨우 자신과 동일한 유형을 찾아낼 수 있을 정도이다.

HLA-복합다형성은 주요 유전자성분에 있는 주요조직적합성복합체主要組織適合性複合體 MHC Major Histocompatibility Complex가 보여주는 한 특성이다. 이것은 한 신체 조직이나 뼈의 골수를 이식하는 과정에서, 상호 밀접한 유전자 그룹 내에서 극복하기 어려울 정도의 심한 장애를 일으키는 현상이다. 외부에서 제공되는 세포의 유전인자가 거부 반응을 유발시키지 않게 하려면, 공여자와 수혜자 사이에서 절대적으로 광범위한 일치가 있어야만 한다. 이 일치를 극대화시키려면, 좀 더 정교한 테스트 방법이 개발되어야만 한다.

포유동물과 인간 사이에서의 상호적응성체계 상 유사성이 있다면, 포유동물이 생겨난 아주 이른 시기에 그 체계가 이미 형성되었을 것이다. 이런 측면에서 추측하건데 인간과 침팬지 사이에는 아주 높은 일치점을 보여줄 것이다.

이러한 혈액의 독특한 성질은 세계지도상에서 매우 다양한 양상을 보이면서 나타난다. 그 형성된 모습과 빈도를 통해서 우리는 개별 민족이 가진 유전적 특성을 알아내는 지표로 삼을 수도 있다. 이런 것들의 이런 다양한 분포가 특정 지역에서 자주 나타나는 특정 질병과 연관되는 경우도 적지 않다. 말라리아와 나병과 결핵은 특정항원과 직접적인 연관이 있다. HLA-Bw-53 항원과 HLA-DRB11302-DQB1-0511 항원은 말라리아에 대해 강한 저항성을 보인다. 결핵성 나병환자에게서 HLA-B7 항원은 확실히 다른 경우보다 더 높은 비율을 보인다.

그림 4-06은 HLA-항원의 여러 변이형태 중에서 가장 흔히 나타나는 것들을 선택하여, 이를 막대기형태의 지표를 통해 제시한다. 이때 각 변이형태들은 색깔로 구분되어 제시되고 있다. 이를 통해 어느 민족에게서 어느 변이형태가 잘 보이지 않는지 일목요연하게 알 수가 있다. 일부 높게 나타나는 기둥들은 창시자 효과Gründer-Effekt를 보여주고 있는데, 이 과정에서 유전자의 상실로 인해 단지 극히 적은 일부 특성만이 유지되어 표시되고 있다.

소위 코카서스인의 전형적인 유전적 지표는 A1, A2, A3와 더불어 B7, B8, B12이다. 이 유전자 조합은 오직 유럽인에게서만 발견된다. 여기에서 바스크인이 전형적인 유럽인으로 밝혀지고 있다.

더피Duffy 시스템

이 혈액 특성은 아마도 현생인류로 발전해 나가는 과정에서 생겨났다. FY (A)는 유럽인에서 드물게 나타난다. 반면에 몽골로이드계에 속하는 아시아인에게서는 좀 더 많이 나타난다. FY (A)의 빈도는 인디언과 사미인에게서, 그리고 다소 약화된 상태로서 집시에게서도 상당히 빈번하게 나타난다. 바스크인과 사르디

항원	질병에 대한 저항성
HLA-Bw53과 HLA-DRB11302-DQB1-0501	말라리아
HLA-B7	나종성(癩腫性) 나병
HLA-Bw17	결핵성 나병
FY (A) 또는 FY (B)*	변형체 말라리아
G-6-PD-체계** (특정 콩과 식물에 대한 소화 능력의 결핍)	열대 말라리아
유전자 CCRS 상에서의 오류	HIV

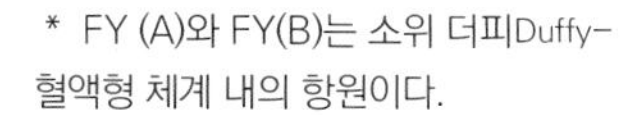
* FY (A)와 FY(B)는 소위 더피Duffy-혈액형 체계 내의 항원이다.

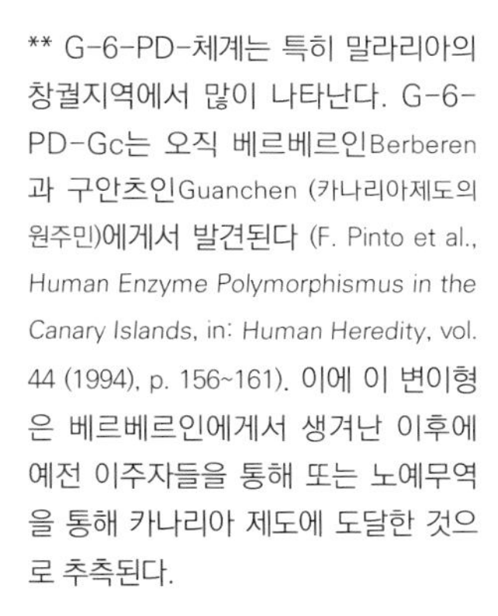
** G-6-PD-체계는 특히 말라리아의 창궐지역에서 많이 나타난다. G-6-PD-Gc는 오직 베르베르인Berberen과 구안츠인Guanchen (카나리아제도의 원주민)에게서 발견된다 (F. Pinto et al., *Human Enzyme Polymorphismus in the Canary Islands*, in: *Human Heredity*, vol. 44 (1994), p. 156~161). 이에 이 변이형은 베르베르인에게서 생겨난 이후에 예전 이주자들을 통해 또는 노예무역을 통해 카나리아 제도에 도달한 것으로 추측된다.

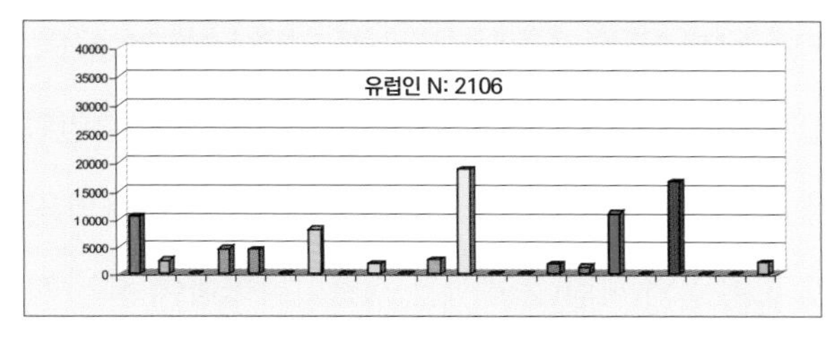

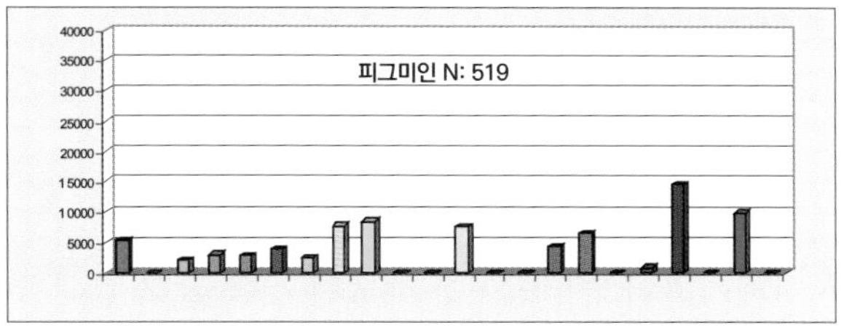

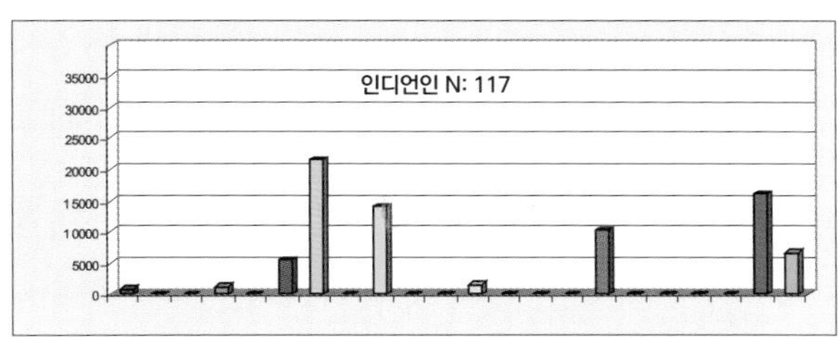

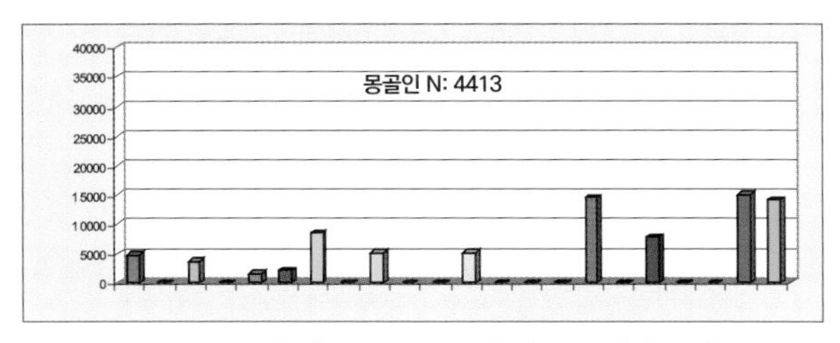

B7 B8 B13 B14 B18 Bw 27 Bw 35 B37 B16 Bw 41 B42 B12 Bw 47 Bw 48 Bw 21 B5 Bw 53 Bw 22 B17 Bw 59 B40 B15

4-06_ 여러 다양한 HLA 변이형이 나타나는 빈번도. 좀 더 자세한 사항은 부록에 제시된 그림을 보라.

나아인, 아프리카인에게서는 이 항원은 극히 드물게 나타난다.

PGM1 시스템[105)]

모든 유인원은 PGM1*1을 갖고 있다. 이와 더불어 고릴라에게서는 이의 두 번째 형질인 PGM1*GO 형질이, 침팬지에게서는 이 외에 PGM1*PAN 형질이 이미 일찍이 존재했다. 따라서 PGM1은 이미 일찍이 존재했다. 인간은 진화 과정에서 PGM1*2를 얻었다. 가장 높은 PGM1*1의 수치를 보이면서도 가장 낮은 PGM1*2의 수치를 보이는 민족이 뉴기니아인이다. 그 다음으로 오스트레일리아 원주민인 아보리진이, 또 그 다음으로 아메리카의 인디언과 에스키모인과 오세아니아의 섬에 사는 원주민이 뒤따르고 있다. 유럽의 사람 중에서는 스칸디나비아에 사는 사미인이 비교적 높게 PGM1*2의 수치를 보인다.

GM 시스템[106)]

면역글로부민Immunglobine은 신체기관이 면역방어를 해냈던 것을 잘 기억해 두었다가, 바이러스에 의한 발병이나 예방주사를 맞게 되면 GM 시스템의 면역체를 형성하라는 신호를 내보낸다. 면역체계는 끊임없이 병원체와 싸우고 있기 때문에, 새롭게 변신하는 외부 침입자에 대응하는 과정에서 수많은 다양한 하부 그룹들을 만들어낸다. 이런 다양한 형태 중에서 어느 것이 자주 나타나느냐는 지역마다 크게 다른 모습을 보인다. 전염병과 창시자 효과에 따른 선택효과가 이러한 발

105) PGM1은 Phosphoglucomutase1의 약자이다. Glucose-1-p을 Glucose-6-p로 전환시키는 역할과 더불어 이의 역반응을 매개하는 역할을 하는 효소를 말한다.

106) GM은 gamma의 약자이다. 유전적으로 결정되어 있는 알로타입Allotype 同種異因子型으로서, 사람에게서는 IgG의 γ chain(鎖) 상에서 존재하며, 단순 멘델 형질로서 유전된다. γ chain의 Fc 단편에서도 나타나며, 20종 이상의 알로타입이 알려져 있다.

현 양상과 관련된 것으로 보인다. 일정한 형태들이 이미 아주 낮은 단계의 유인원에서도 나타나는 것으로 보아서는, 이 시스템이 아주 오랜 전에 만들어진 것임을 알 수 있다.

GM 그룹 중에서 GM*3;5,13의 유형과 같은 것은 유럽에서 아주 빈번히 나타난다. 바스크인은 오직 유럽에만 있는 이러한 GM의 유형만을 갖고 있다. GM*1;13,15,16과 GM*1,3;5,13은 오직 아시아와 콜럼버스가 도착하기 이전의 아메리카 주민들에게서만 발견된다. 뉴기니아와 오세아니아에서는 GM*1,3;5,13이 득세하고 있다. 이 두 GM의 유형은 이베리아 반도와 시칠리아에서도 가끔 나타나는데, 이는 아주 이른 역사시기에 몽골계 민족이 세력을 떨쳐 들어왔던 때에 생긴 결과로 보인다. 그러나 이는 페니키아인이 이러한 유전인자를 전달해 준 것으로도 추측되고 있다.

프랑스와 헝가리에 사는 집시에게서도 이 두 개의 아시아계 GM의 유형이 발견된다. 이는 이들 민족그룹이 인도의 북서부 지역에서 기원한 것과 관련된다.

일본의 홋가이도 섬의 북부에 사는 원주민인 아이누족은 지금까지도 GM*2,17;21,26의 유형을 보이고 있다. 다른 일본 민족과는 달리 건장한 체구와 유별나게 많은 머리털 때문에, 지금까지 사람들은 이들이 인도유럽인에게서 기원한 것으로 믿어왔다. 그러나 이들의 HLA 형태는 몽골로이드계임을 확실히 보여주고 있다.

GM*1,2,17;5,10,11,13,14는 멜라네시아계의 여러 주민들에게서 발견된다. GM*1;5,13과 GM*1;5,6은 거의 오직 아프리카에서만 발견된다. 사르디니아 주민에게서는 때때로 전형적인 아프리카인의 GM 항원이 나타나고 있는데, 이는 이들이 한때 아프리카와 접촉이 있었음을 입증한다.

혈액의 특성이 보여주는 유효성의 한계

혈액의 유형을 통해 지난 시기를 들여다보는 데에는 한계가 있다. 온갖 노력을 하여 건조된 혈액을 갖고 조사하는 경우나, 또 아주 좋은 조건에서 얻어낸 혈액의 경우라도 단지 수십 년 전만을 거슬러 올라가 살펴볼 수가 있을 뿐이다.

미이라나 선사시대의 뼈에서 ABO 혈액형을 규명해 내는 작업이 여러 번 시도되었지만, 아직까지 별다른 소득을 얻어내지 못하고 있다. 잘 보존된 미이라나 뼈 조각들은 지금까지 믿을만한 결과를 내보이지 못하고 있다. 왜냐하면 박테리아의 작용으로 세포분자가 상당히 오염되어 ABO 혈액형을 구분하는 데에 필요한 완벽한 증거자료를 내놓지 못하고 있기 때문이다.

몇몇 혈액성분의 수치가 질병에 의해 크게 높아져 있더라도, 이것이 성분상에서 일반적인 증거자료로서 이용될 정도로 그 차이를 충분히 규명해 내지는 못하고 있다.

또 다른 불확실성의 요소로는 많은 주민그룹이 각기 아주 작은 수의 창시자로부터 기원하였다는 점이다. 따라서 이들이 새로운 지역 안으로 들어섰을 때에는, 자신들의 유전자 팩 안에서 우연히 하나의 특정 인자만을 가질 경우가 생긴다. 이들 개별 씨족들이 새로운 민족을 형성하면, 서로 간에 친척관계를 이루면서 유전적으로는 서로 일치된 요소를 상당히 내보일 수도 있다.

이렇게 통합된 여러 특질은 상당한 규모의 주민으로 확대된 이후에도 그대로 유지되어, 이 민족그룹을 나타내는 특성의 하나가 될 수도 있다. 이리되면 일부 민족그룹에서는 이들 창시자에의 원래 유전자를 밝혀내는 데에 어려움이 있게 된다. 왜냐하면 이들의 후손들에게서 원래의 출발주민들의 특정 유전인자들이 그대로 남아 있을 수 있기 때문이다. 이와 관련하여 일반적으로는 이주를 위한

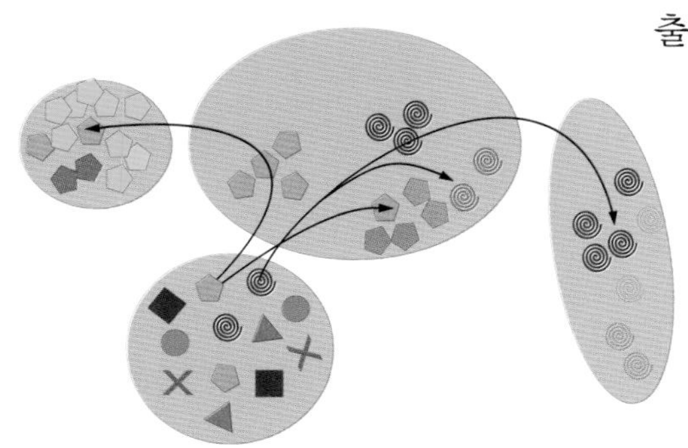

4-07_기원지의 유전인자는 다양성이 큰데 비하여, 이에서 갈라진 유전인자의 다양성은 작다.

출발 전의 기원지에 있던 유전인자의 다양성은 이들이 파급되어 갈려나간 다른 지역에서의 다양성의 정도에는 미치지 못 한다 (이에 대하여는 그림 4-07을 보라).

얼마 전까지만 해도 범죄와의 전쟁에서 법의학은 상당 부분 혈액형이 가진 특질을 분석하여 그 결과를 이용하는 데에만 의존했다.

피의자가 범행 장소에 남긴 혈흔이나 침과 정자 등에서 얻은 유전적인 흔적을 통해, 이 특질들이 지역적이고 인종적인 측면에서 전형적으로 차별화되어 나타나는 점이 조사되었다. 이리하여 범죄자가 아프리카나 유럽이나 아시아의 출신인가를 구분하는 것이 주요 사안이 되었다. 왜냐하면 특정의 혈액 상에서의 특질은 특정 지역에만 국한되어 나타나기 때문이다. 한 증인이 아프리카 출신의 범죄자를 특정화하여 기억하는 경우가 있다. 즉 검은 피부에 곱슬머리와 두툼한 입술과 같은 것을 언급하는 경우이다. 그러나 범죄자가 보이는 이러한 유전적 특질은 중부유럽이나 아시아인에게서도 보일 수가 있다. 또 다른 경우에는 피의자가 밝은 피부색에 블론드 머리를 갖고 있지만, 그의 유전적인 특질이 아프리카인이나 아시아인의 유형을 보이는 경우도 있다.

이러한 경우들에 있어서는 인간 유전인자의 지역적 분포상황을 통해 피의자의 출신지역을 대략적으로 알아내는 데에 이용하여, 무고한 사람이 처벌을 받는 것을 방지할 수는 있다. 그러나 이것이 그 이상의 능력을 갖고 있지는 않다. 그래서 오늘날 유전자 분석을 통한 시도에서 예전과는 완전히 다른 새로운 방법이 개발되고 있다. 따라서 이러한 예전의 구분방법은 점차 뒷전으로 밀려나고 있음은 이제는 주지의 사실이다.

유전학자 루기 루카 카발리-스포르차가 이룬 평생의 업적

이탈리아의 유전학자인 루기 루카 카발리-스포르차Lugi Luca Cavalli-Sforza는 고고유전학의 분야에서 커다란 업적을 이뤄냈다. 1922년에 제노바에서 태어난 그는 1951년까지 영국의 캠브리지 대학에 재직하면서 박테리아의 유전자에 대한 연구를 했다. 그러나 나중에 모국의 파르마 대학으로 옮긴 후에는, 그가 스스로 말하듯이 인간유전학을 연구하는 학자로 변신했다. 그는 1961년 인간 진화과정의 재구성을 시도하기에 충분한 시기에 이르렀다는 결론에 도달했다. 왜냐하면 인간의 진화를 재구성하는 데의 출발점이 될 자료를 구하는 데 있어서, 그동안에 큰 어려움을 주었던 문제점을 현재에 살아있는 사람을 통해 해결할 수 있게 되었기 때문이었다.

카발리-스포르차는 오래된 교회의 기록물을 조사해서, 이탈리아의 소도시에 살던 사람들의 가족 명칭들이 빈번히 나타나는 정도를 조사했다. 이를 통해 마을 간의, 지역 간의, 나라 간의, 그리고 대륙 간의 친척관계를 알아내기에 이르렀다. 이런 조사는 지리적으로 인도 북서부 지역에 기원을 둔 특정 민족의 그룹에서도 그대로 적용되었다. 이렇게 이 유전학자는 수십 년간 여러 민족그룹의 혈액을 수집하여 조사하고 분석하는 데에 커다란 노력을 기울였다. 인류의 진화상 계통도를 그려낼 수 있도록 혈액 내의 수많은 특질이 나타나는 빈도를 조사하여, 민족

따른 그대로가 그 파급 정도를 실제로 보여주는 것인지를 우리는 알지 못한다. 빙하시기에 우크라이나는 또 다른 피한 지역이었다. 거의 원의 형태를 이루면서 중심지역에서 멀어져 갈수록 약화되는 유전적 강도의 세기에서, 이 유전학자는 이를 인도유럽인이 분산된 과정으로 보고 있다.

이 방식으로는 시간적 측면에서 어떠한 것도 계산해 낼 수가 없다. 따라서 이러한 추측이 적절하다고 보기는 어렵다. 빙하시기가 끝나고 나서 대륙이 다시 따뜻해지던 시기에, 이러한 주민의 파급현상이 이루어졌을 가능성도 있지 않을까?

이러한 방법론이 가진 중대한 결함은 그 기원과 분포방향을 뚜렷이 제시하지 못한다는 점이다. 물론 한 중심지로부터 원형의 물결을 이루면서 퍼져 나가는 모습을 살펴보면, 그 기원지를 추정해 볼 수는 있다. 그러나 이러한 추정이 꼭 맞는다고는 볼 수 없다. 왜냐하면 이러한 중심이 창시자 효과로서 생겨난 것일 수도 있기 때문이다. 스칸디나비아 반도의 북부지역에서 이러한 일이 실제로 입증되고 있다.

이 방법론의 또 다른 약점은 어떠한 시기의 계산도 불가능하다는 점이다. 추측되는 시기와 민족이동을 연관시키는 것은 완전히 하나의 가정에 불과하다.

카발리-스포르차가 제시한 이러한 자료들은 단지 제한적인 정보에 불과하다. 따라서 주요요소를 분석해 내는 방법에는 그 한계가 있을 수밖에 없다. 그러나 이러한 지도들이 그가 연구하던 당시에는 오직 혈액이 보여주던 특질만을 통해서만 알아낼 수 있었던 점을 감안하면 이는 최선이었을 수는 있다.

분자생물학자 앨런 C. 윌슨의 생각

그 후 연구가 진척됨에 따라 유전학자들은 혈액의 특질들이 단지 제한적으로만 과거에 대한 답을 해 줄 수가 있음을 점차 알게 되었다. 그러다가 새로운 분석방법들과 유전자 코드를 새로이 발견하면서 인류고고학에 새로운 가능성이 열렸다. 유전학자 앨렌 윌슨Allan C. Wilson은 현대 유전학에 새로운 활력을 불어넣었다. 그는 이 분야의 연구에서 하나의 획을 긋는 대단한 논문을 사이언스지에 처음 발표했다 (Allan C. Wilson, *Immunological Time Scale for Horminid Evolution*, in: Science, vol. 158 (1967), p. 1200~1203). 그는 단백질 구조가 직접적으로 유전자 코드와 함께 한다는 점에서 출발했다. 단백질은 세대를 넘어서서도 생체기관이 달라지는 정도에 따라서 똑같이 맞추어 바뀐다. 이에 따라 인간과 유인원의 혈청 알부민 분자들은 이들의 공동 조상으로부터 갈려나가는 시점부터 이미 분리되기 시작했다. 그리고 각기 다르게 발전해 나갔다.

이런 사실을 확인하기 위해 윌슨은 여러 인간과 유인원의 혈액을 추출하였다. 그리고 이의 항혈청들을 가지고 이를 교차반응 시켜 보았다. 그는 이때 얻어낸 강하고 약하게 반응을 보이는 정도에서 어떠한 크고 작은 차이점이 있는지 살펴보았다.

이때 윌슨은 다음의 사실을 확인했다. 즉 종별 간에 나타나는 커다란 유전적 차이는 이들이 진화과정에서 일찍이 분리되어 나왔음을 나타내는 증거라고 했다. 이에 그는 분자 유전자상에서 보이는 차이점이 시간상에서의 간격을 계산해 내게 하는 진화시계의 역할을 할 수 있다는 결론에 도달했다.

자연선택의 영향을 받지 않았던 구간에서 일어난 변이정도가 정상적인 유전자의 부호와 관련된 구간에서 일어나는 변이의 정도보다 훨씬 높게 나타나는 것을 윌슨은 의아하게 생각했다 (이에 대하여는 다음을 참조하라. Allan C. Wilson, *The Molecular Basis of Evolution*, in: *Scientific American*, Vol. 253 (1985), p. 148~157), 여기에서는 p. 148). 이는 이러한 구간에서의 변이가 각 개인 간에서의 차이와 상관없이 제어할 수 없을 정도로 심하게 진행된 때문이다. 이 구간에서는 자연선택에서 작용하는 요소가 거의 작동되지 않았을 가능성이 매우 높다. 자연선택의 영향을 받지 않은 이 구간에서는 여러 많은 세대에 걸쳐 일어난 돌연변이 현상이 축적되는데, 이 부분을 고고유전학자들은 집중적으로 분석하여 평가를 내리는 것이다. 그러나 자연선택의 영향을 받지 않았던 이 구간 역시 창시자 효과의 영향을 받는다는 점은 유의해야 한다.

윌슨은 인간과 아프리카의 유인원 사이의 진화선상에서 아주 큰 유전적인 친척관계가 있음을 알아냈다. 이는 이들이 가장 늦게 서로 분리되어 나왔음을 뜻한다. 그의 계산에 따르면 인간계통과 유인원계통은 5백만 년 전에야 비로소 갈려 나왔다. 그의 이런 생각은 당시에는 허무맹랑한 것으로 간주되었다. 왜냐하면 당시 고고학의 관점에서는 2천만 년 전에 이미 이러한 분리가 시작되었다고 보았기 때문이다. 최근 발견된 화석들은 윌슨의 계산이 옳았음을 보여준다.

1970년대 중반에 윌슨은 또다시 과학계를 뒤흔들었다. 그가 인간의 유전자와 침판지의 유전자를 비교하여 본 바에 따르면, 그 차이는 단지 1%에 불과함을 밝혀냈다. 가장 최근의 조사결과에 따르면, 우리 인간은 침판지와 약 98.5%의 유전인자를 공유하고 있다. 인간과 고릴라 사이에는 약 97.7%의 유전인자가 똑같다. 한 생명체가 인간과 유전적으로 멀리 떨어질수록, 이들 간에 공통된 유전자의 비율은 낮아진다. 10억 년 전에 갈라진 식물성 효모균酵母菌과 동물성 효모균은 서로 공유하는 정도가 단지 50%에 불과하다.

윌슨은 1985년에 이미 미토콘드리아의 유전인자가 연구자들에게 다른 어떤 것보다도 많은 정보를 제공할 수 있다는 사실을 알아냈다. 그는 미토콘드리아의 DNA가 - 여기에서는 이를 간단히 줄여 MtDNA라고 표기한다 - 언젠가는 과거를 풀어주는 열쇠를 제공할 것이라고 생각했다. 1987년 그는 아프리카에서 발견된 우리 모두의 시조가 되는 여자인 '미토콘드리아 이브*Mithocondrial Eve*'를 내세우면서 유명해졌다. 그녀는 오늘날 지상에 살고 있는 모든 인간의 시조이다. 그의 계산에 따르면, 그녀는 지금으로부터 약 20만 년 전에 살았던 것으로 추정된다. 이 시기에 오직 그녀만이 유일한 여자로서 살았던 것은 아니다 (함께 비교하라. Cann (즉, Allan Wilson): Nitochondrial DNA and human evolution, in: Nature 325 (1987. 01. 01.), p. 31~35).

그러나 오늘날에서는 그녀가 우리 모두의 시조가 된 여자였고, 다른 라인의 여자들은 모두 사라져버렸다. 이는 다른 여자들이 모두 단지 아들만을 후손으로 두었거나, 또는 아무런 후손도 두지 못했기 때문이다.

윌슨은 미토콘드리아 DNA를 통해 전 세계에 사는 인간의 유전자에서의 발전과정을 조사하는 데에 있어서 3개의 서로 다른 방법이 있다고 말하고 있다. 첫 번째로는 미토콘드리아 DNA에서의 비교적 높은 변이정도를 통해 알아내는 방식이다. 미토콘드리아 DNA의 변이는 세포핵에서의 변이보다 10배 이상 더 자주 나타난다. 이리하여 구간에 따라서는 1만 년 또는 2만 년의 간격으로 그 변화정도를 알아낼 수가 있다. 따라서 인간들 간의 차이점을 좀 더 자세히 밝혀낼 수가 있다. 두 번째로 미토콘드리아 DNA는 다시 재조합되지 않는다. 따라서 병목효과와 분리과정을 명확히 보이는 정도에 따라서, 개별 인간들 간에 어느 정도로 직접적인 관계가 있는지를 알아낼 수가 있다. 이는 이들이 갖는 족보관계와 그

은 후에도 부패되지 않고 후세에 전해져 내려올 수 있다.

잘 보존된 우리 조상의 사체에서도 DNA는 원칙적으로 아주 빠른 속도로 스러지기에, 세포핵의 DNA는 거의 사용할 수 없는 상황이 된다. 그러나 세포의 발전소와 같은 역할을 하는 미토콘드리아의 DNA는 아주 오래 유지된다. 미토콘드리아 안에는 모계 라인의 DNA가 들어 있다. 뼈의 것에서는, 특히 치아에서 가장 좋은 상태의 DNA를 추출해 낼 수 있는데, 여기에는 미네랄, 특히 수산화인회석 Hydroxypatit라는 칼슘의 결정체가 많이 포함되어 있기 때문이다. 좋은 환경에서는 미토콘트리아의 DNA의 단편Abschnitt 조각이 수천 년 이상 유지될 수가 있다. 하나의 세포 안에도 많은 수의 미토콘트리아가 있기 때문에, 이의 조각만으로도 약간의 노력만 하면 이를 증폭시키면서 복사해 낼 수가 있다.[107] 또 이것들을 다른 것들과 중첩시킬 수도 있다. 이를 통해 적어도 예전에는 온전했던 DNA 사슬의 일부를 재생해 낼 수 있다. 그동안 유전학자들은 화석화 된 뼈에서 적지만 일부 자료들을 얻어낼 수가 있었다. 화석화된 뼈 조각으로부터 얻어낸 미토콘드리아 유전자에 대한 분석은 빙하에 묻혔던 남자의 미이라, 4명 이내의 네안데르탈인, 1명의 크로마뇽인, 한 인디언 묘지에 있었던 다수의 해골, 시베리아의 한 동토 지역에서 묻혀 있었던 미이라를 갖고 이루어졌다. 한 에트루리아인의 묘지에서 발굴된 것 역시 조사되었다. 7,500년 된 유럽의 최초 농경지의 무덤 군에서 발견된 뼈를 기지고 조사한 연구에서 얻은 성과는 대단했다.

지금 이스라엘의 바이츠만 과학 연구소에서는 화석 유물에서 완전한 세포핵의 DNA 고리를 추출하려는 새로운 방법을 시도하고 있다. 전자현미경으로만 겨

107) DNA의 증폭기술polymerase chain reaction (약칭 PCR)을 통해 우리는 아주 적은 양의 DNA 분자를 증폭시켜서 여기에서 몇 천 내지 몇 백만 개의 DNA를 만들어낼 수 있다. 이는 유전병의 진단과 친자 확인 및 범죄자의 확인을 위한 법의학의 기술에서도 응용된다. 이 기술은 1983년에 미국의 캐리 물리스Kary B. Mullis가 처음 고안해 냈다.

4-13_ DNA의 단편 조각들의 재생

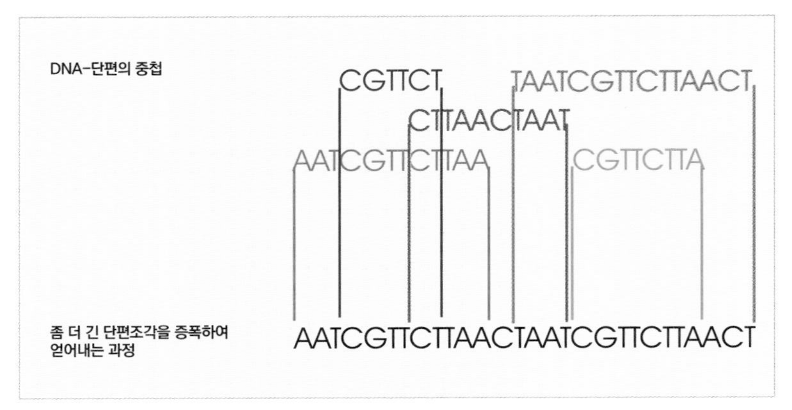

우 볼 수 있을 정도로 작은 광물화된 유물에서도 세포핵의 DNA는 생각보다 훨씬 더 오래 보존되어 있다. 이에 이 결정화된 축적물을 통해 많은 정보를 얻어낼 수가 있다 (이에 대하여는 다음을 참조하라. Alison Ross, *'Better' DNA out of fossil bones*, in: 2005년 9월 19일에 *BBC* 방송의 *News Science-Nature*에서 방영된 프로그램이다).

지금까지 얻어낸 옛날 DNA에 대한 자료가 아주 적은 데에는 두 가지의 주요 요인이 있다. 우선 분석하는 데에 매우 많은 비용이 든다. 또 다른 이유로는 발견된 많은 뼈가 조사 대상으로는 무용지물이 되어버리고는 했기 때문이다. 이는 연구조사과정에서 그 뼈와 접촉했던 많은 사람의 DNA에 의해 오염되어 생기게 되는 일이었다.

유전학자에게 이상적인 조건은 고고학적으로 발굴된 유물에서 많은 수의 뼈를 얻어내어서 이를 살아 있는 사람들의 시료에서 얻은 자료와 비교하는 것이다. 그런데 비용 상의 문제 때문에 이의 실행은 거의 불가능하다. 이렇게 될 수만 있다면 모든 시기를 포괄하는 족보를 얻게 될 것이지만, 이런 이상적인 경우는 아직은 먼 훗날 이야기에 불과하다.

그러나 유전학자들에게 다른 가능성은 남아 있다. 이들은 오늘날 살아있는 사람들의 것을 통해 예전 상태를 재구성해 낼 수가 있다. 왜냐하면 이에서 얻은 생생한 시료에는 유전학자가 필요로 하는 모든 정보가 축적되어 있기 때문이다. 여기에는 예전 시기에 어떠한 염기배열순서가 존재하였고, 그 시기에 어떤 지리적인 장소에서 이 염기서열Basenabfolge이 어떤 상태에 있었는가를 알아낼 수가 있기 때문이다. 이로서 유전학자들은 예전에 일어났던 이주과정에 대한 다양한 정보를 얻어낼 수가 있다.

유전자 부호를 읽어내는 일

20년 전만 하더라도 유전자 코드CODE를 결정하기 위해서는, 즉 유전자 사슬에 있는 염기서열을 알아내기 위해서는 혈액이나 침과 머리카락에 있는 수많은 유전자 자료가 필요했다. 그러나 오늘날에는 단지 적은 양만 있어도 된다. 예를 들면 눈에 보이지도 않는 침의 흔적만으로도 충분하다. 이제는 '중합효소 연쇄반응Polymerase-Enzym/(Polymerase Chain Reaction'의 방법을 통해 DNA의 특정 구간을 마음껏 증폭할 수 있다.

그런 다음에 이 DNA를 본격적으로 읽어내게 된다. 이를 위해 프리데릭 생어Frederik Sanger는 염기를 바탕으로 하여 효소의 작용을 자유자재로 중단시킬 수 있는 방법을 개발했다 (그의 이런 연구에 관해서는 http://de.wikipedia.org/wiki/Frederick_Sanger (2006. 07. 21.)을 보라). 이는 DNA 사슬의 복사 과정에서 방사능에 쏘인 한 구성요소를 삽입하는 방식으로 이루어진다. 일종의 화학적 제동장치인 이 방법을 사용하면, 이의 한 단편Abschnitt에서 또 다른 염기가 계속해서 배양되는 것을

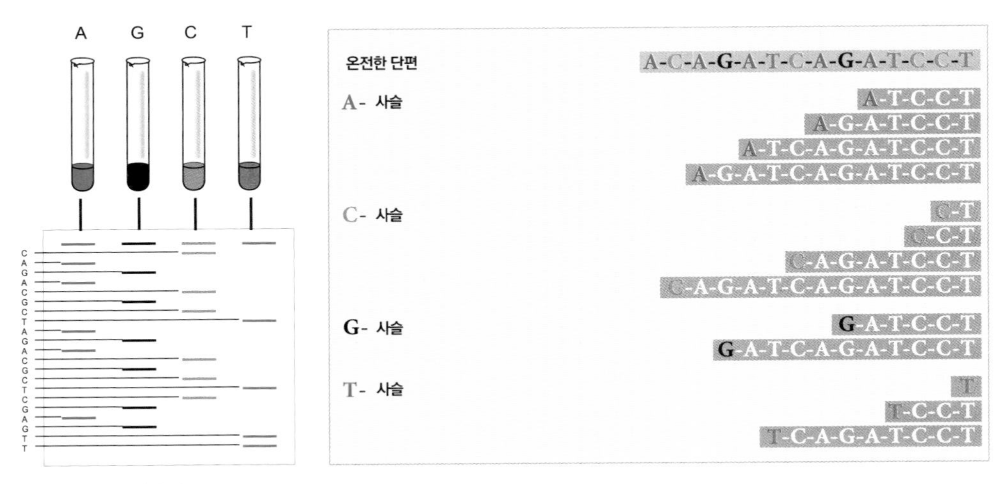

4-14_ 염기서열의 판독

동시에 억제할 수가 있다. 그리하여 상황에 따라서는 DNA의 끝부분에서 아데닌, 시토신, 구아닌, 티민을 갖고 떨어져 나온 다수의 조각들을 얻어낼 수 있게 되었다. 이렇게 얻어낸 사슬의 적은 수만으로도, 이 떨어져 나온 단편적인 조각들의 어느 끝부분에 위치하였는가를 알아낼 수 있을 정도의 충분한 양이 된다. 생어는 이 DNA 조각들을 전기영동Elektrophorese의 방법으로 젤Gel이 칠해진 판위로 움직여 가도록 했다. 이때 짧은 단면은 상대적으로 긴 단면보다 더 빨리 움직인다. 모든 단면이 판 위에 고르게 분포되어 있게 되면, 이를 뢴트겐 사진으로 촬영한다. 소위 자동엑스선 사진이다 (이에 대하여는 그림 4-14를 보라). 이때의 판독은 그 아래쪽에 나타난 도식에 의해 이루어진다. 이 과정을 완전히 이해하기는 아주 어렵다. 그러나 이런 아이디어를 떠올린 이 발명가의 업적이 얼마나 대단한가! 이에 대한 업적으로 1980년 생어는 월터 길버트Walter Gilbert와 공동으로 노벨상을 수상했다.

1994년쯤부터 필요에 따라 개별 염기의 조각 끝에다가 특정 색깔의 빛을 내는 화학물질을 결합시키는 방법이 개발되었다. 달리 말하자면 DNA의 각기 끝 부분에 위치한 모든 염기가 방사능의 도움으로 표시되지 않더라도, 화학적인 형광물질을 함유할 수 있게 된 것이다. 컴퓨터로 제어된 레이저는 자동화된 방식을 통해 끊임없이 젤이 칠해진 판위에서 예정된 선 위로 통과하는 이 형광색 조각들을 탐지해 낸다. 이를 위한 목적으로 특별히 개발된 컴퓨터의 상응 프로그램이 입력된 도구를 가지고서 오리지널 염기 끈에서 배열되었던 것과 똑같은 그대로의 염기서열을 볼 수 있게 되었다.

유전자 코드를 그려내는 데 있어서, 유전학자들은 여러 염기들이 위치한 이 유전자의 위치, 즉 뉴클레오티드의 위치마다 여러 자리에 달하는 숫자를 부여했다. 이 숫자로서 개개 뉴클레오티드의 위치상 정보가 전 세계적으로 통일되어 기록된다. 염기배열을 공표하는 데 있어서, 이들 숫자들은 항상 정확한 뉴클레오티드의 위치를 알려주게 된다.

불활성Inaktive 유전자

유전자를 확인하는 일, 다시 말하면 그 기능을 알아내는 일은 아주 어려운 작업이다. 대부분의 경우에는 유전병에 걸린 사람의 DNA를 분석하여 나온 특이한 점을 다른 건강한 사람의 DNA와 비교하여 보는 방식을 택한다. 이때에 정상적인 사람의 것과 차이가 있는 바로 그 단면에서 이 유전병의 원인이 있을 것이라고 추측할 수가 있다. DNA의 사슬에서의 대립유전자가 바로 직접적으로 마주하여 배열되어 있지 않으면, 즉 여러 다양한 염색체에 흩어져 있게 되면, 이 대립유전자Allele의 존재를 찾아내는 일은 아주 어려워진다.

이들 사이에 여러 염기배열Basenfolge/sequence of bases이 있을 수도 있는데, 얼핏 보기에 이들은 세포의 구성에 아무런 역할을 하지 않는 것처럼 보인다. 이들 중의 일부는 단지 다른 유전자들과의 간격을 띄어 놓는 존재이거나, 단순히 대신 자리를 잡고 있는 존재로서 간주되고 있다. 이들 여러 유전자에게 주어진 임무는 아직까지 알려져 있지 않아서, 이에 대한 연구가 더욱 필요하다. 많은 유전자는 다른 유전자들과의 상호 작용을 통해서만 그 역할을 발휘한다. 이들이 어떠한 역할을 하고 있는가에 대해서는 좀 더 많은 연구가 있어야 할 것이다.

옥스포드의 생화학자인 알렉 제프리스Alec Jeffreys는 일란성 쌍둥이의 경우를 제외하고는 아주 높은 다양성을 보이면서 각 개인마다 다른 차이를 보이는 DNA의 부분들을 발견했다. 그는 이에 '톡톡 튀는 유전자Stotter DNA'란 명칭을 부여했다. 이때 대개의 경우 동일한 부분이 다양하게 자주 반복되어 나타난다. 그는 이 부분들에게 미니위성Minisatelliten이란 명칭을 부여했다. 세포 분열에서 DNA의 사슬이 15번 이상 반복되어 복사되면, 흔히 오류가 발생하게 된다. 이때에 이 부분들은 정상의 것보다는 짧아지거나 길어질 수가 있다. 여기에서 그때그때 생겨나온 변이형태들을 유전적 표시기를 나타내는 유전적 자료로서 이용하면 유전적인 차이점을 밝혀내는 한 수단이 될 수 있다. 왜냐하면 이때 발생한 오류들은 여러 세대를 거쳐 계속 전승되기 때문이다.

두 명의 주민이 오랜 기간 동안에 서로 떨어져 살아온 시간이 길수록 극소위성Mikrosatelliten 간의 차이점들은 더욱 확실히 나타난다. 이리하여 변이가 자주 나타난 빈도는 두 명 또는 그 이상의 여러 명의 주민들이 서로 분리된 이후에도 흘러간 지난 시간에 대한 측정도구로서 사용될 수 있다.[108]

108) 저자는 이곳에서 극소위성Microsatelliten이란 용어를 사용하고 있다. 그런데 이는 앞서의 Minisatelliten과 혼동하여 사용한 것으로 보인다. 이 두 용어는 내용상에서 별 차이가 없다. 따라서 실질적으로 같은 것으로 볼 수도 있다.

그러니까 DNA의 변이형은 우리에게 형액형의 특징보다 더 큰 이점을 제공한다. 왜냐하면 이를 갖고 흘러지나간 옛날 시간의 간격을 측정해 낼 수 있기 때문이다. 그러나 여러 주민들 간에 생겨난 차이점들을 입증자료로 이용할 때에는, 이는 단지 제한된 역할만을 할 수 있다. 왜냐하면 한편으로는 그 시기의 측정에서 정확성이 담보되지 않을 수 있으며, 또 그 기원과정을 정확히 알아낼 수 없기 때문이다. 이는 *재조합되는 DNA*가 자료로 이용되고 있기 때문이다. 물론 '재조합되지 않는 DNA'의 경우에는 상황이 달라진다.

격세隔歲 유전Atavismen

인간의 경우에는 불활성 유전자의 상당수가 진화과정에서 일정한 역할을 하는 것으로 추측된다. 진화생물학자인 브라이언 홀Brian K. Hall의 견해에 따르면, 다모증多毛症은 불활성 유전자가 다시 활성화되기 때문에 생겨난다고 한다. 즉, 어린이의 전신이 완전히 과다한 털로 뒤덮인 상태로 태어나는 경우이다. 이런 현상은 사람의 몸이 완전히 털로 뒤덮인 시기에 우리 조상들에게 있었던 하나의 특징이었다. 다만 이 과다한 발모 현상은 언제부터인가 유전자 부호에서 불활성화되어, 수백 년 동안 더 이상 나타나지 않았을 뿐이다. 이러한 특성이 다시 나타나는 것을 격세유전Atavismen의 현상이라 부르는데, 이는 라틴어의 atavus(선조)에서 나온 말이다. 이는 추측건대 그동안 억눌려 있던 이 유전인자의 유전 부호가 변경되는 돌연변이에 따라 우연히 다시 작동된 것이다. 이러한 예전 진화과정에 있었던 특이 형태가 다시 발현되는 현상으로 유선乳腺이 추가로 더 나타나는 현상이라든가, 척추 끝부분에 꼬리뼈가 나타나는 것과 같은 현상을 들 수 있다.

이러한 현상은 동물의 세계에서도 널리 알려져 있다. 예를 들면 시저가 타고 다니던 말이 인간의 발가락을 연상시키는 5개의 말발굽을 갖고 있었다는 기록이 전해져 오고 있다. 다윈은 이미 이런 현상을 예전 특질들이 다시 나타난 것이라고 추측했다. 이에 다윈의 비판자들은 이러한 특질이 수천 년 동안 불활성의 상태에 있었다가, 시간이 지나가면서 많은 변이과정을 통해, 또는 자연선택에 따른 교정 능력의 상실에 따라 오랜 기간 이 특질이 더 이상 활성화되지 않았을 뿐이라고 주장한다. 여섯 개의 손가락이나 다섯 개의 다리가 다시 만들어져 나오는 것은 유전적인 측면에서 볼 때에는 하나의 탈선이다. 진화과정에서 이러한 형태들이 한때 있었다면, 이런 것이 나타는 현상은 격세유전의 측면에서 그 원인을 찾아볼 수가 있다. 그러나 여러 형태의 털로 전신이 뒤덮이는 다모증의 경우에는 여러 유형이 있다. 왜냐하면 여러 유형의 털이 전신을 뒤덮을 수 있기 때문이다. 이 현상이 사람의 머리카락과 같은 형태로 나타날 수도 있고, 또는 오늘날 보통 사람의 신체에서 보이는 것과 같이 솜털의 형태로 나타날 수도 있다. 그러나 어쨌든 이러한 과다 발모의 많은 경우 역시 유전학적 측면에서의 탈선이다.

바이러스와 박테리아

미토콘드리아를 다루기 전에 우선 바이러스와 박테리아가 고고유전학에서 갖고 있는 중요성을 확인해 보기로 하자. 바이러스는 여러 종족 사이에 있던 기원상에서의 차이를 밝혀내 준다. 소위 JC-바이러스[109]라 불리는 이것은 신경조직을 공격하였다가 나중에 소변과 함께 배출된다. 이 바이러스가 어느 종족의 몸속

109) JC-Virus란 명칭은 존 커닝햄John Cunningham이라는 한 환자의 이름에서 나온 것이다. 이 환자에게서 1971년 처음으로 이 바이러스가 검출되었다.

에 살았느냐에 따라서 이 바이러스는 각각 약간은 다른 변이과정을 거치게 된다.

JC-바이러스는 북아메리카의 나바호족과 도쿄의 주민 사이에서 뚜렷한 일치점을 보인다. 남태평양의 괌Guam섬의 원주민이 갖고 있는 JC-바이러스 역시 나바호 인디언의 그것과 거의 차이가 없다. 반면에 유럽인과 아프리카인에서 발견되는 JC-바이러스는 아주 다른 형태를 보인다 (이에 대하여는 다음을 참조하라. Hansjürgen T. Agostini et al., *Asian genetypes of JC virus in Native Americans and in a Pacific Island population*. Markers of viral evolution and human migration, in: *Proceedings of the National Academy of Sciences*, USA, vol. 94 (1997), p. 14542~14546). 이러한 사실은 우리의 마지막 공통 조상들이 이미 아주 이른 시기에 분리되었음을 보여준다. 위장 안에 살고 있는 헬리코박터 박테리아Helicobacter pylori의 경우 역시 이들을 갖고 있는 주민들 간에 있는 많은 유전적인 차이를 보여준다 (이에 대하여는 다음 논문을 참조하라. *Die Welt*, 12. März 2003, p. 30. 그리고 또한 다음을 참조하라. http://www.welt.de/data/2003/03/12/509444.html (2006. 07. 02.)).

미토콘드리아 - 세포 안에 있는 발전소

미토콘드리아는 우리 몸의 세포 안에서 영구적인 손님으로 받아들여져 살아가고 있다는 점에서 다른 박테리아와는 차별화된다. 이들은 아주 오래 전에 소위 그람-음성균gram-negative Bakterien이었다.[110] 대략 15억 년 전에 이들은 소위 해당작용

110) 덴마크의 병리학자인 한스 크리스티안 그람Hans Christian Gram (1853~1938)은 박테리아에 색깔을 입혀 현미경으로 구분하는 방법을 개발하였다. 이때 박테리아의 세포벽을 구성하는 차이에 따라서 두 개의 유형으로 분류했다. 즉 그람-양성균gram-positiv과 그람-음성균gram-negativ이다. 그람의 색깔을 입히는 방법은 자연과학 분야와 의학 분야에서 획기적인 진단방법으로 이용되었다. 왜냐하면 이 방법을 통해 박테리아 세포벽의 구성상의 차이를 간단히 알아낼

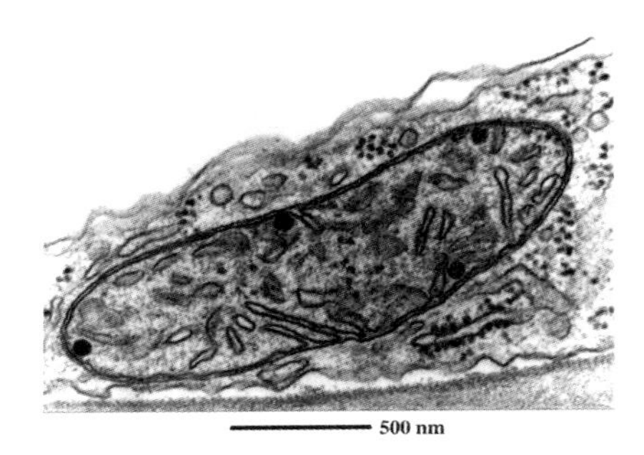

4-15_ 미토콘드리아.
얇게 절단된 단면을 전자현미경으로 촬영한 모습

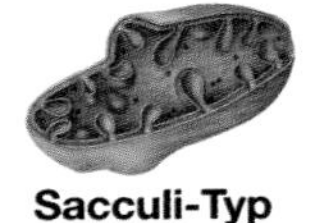

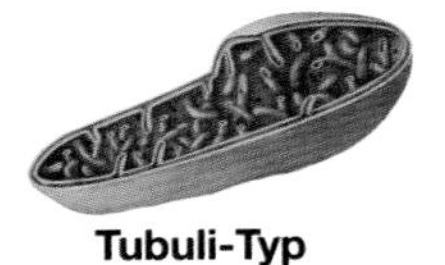

4-16_ 미토콘드리아의 구조 형태

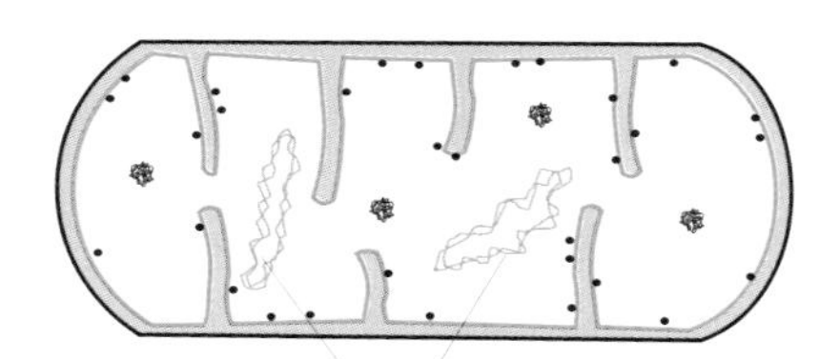

4-17_ 미토콘드리아 DNA

解糖作用 Glycolysis[111]을 하는 '시원진핵세포始原眞核細胞 glykolytische protoeukaryotische Zelle'와 공생관계에 들어갔다. 즉, 서로 간에 이득을 취하면서 상호 종속적인 관계에 들어간 것이다. 이것이 바이러스와 박테리아 간의 차이이다. 이 공생관계는 생명체의 진화를 위한 기틀을 마련했다. 왜냐하면 이를 통해 산소의 호흡이 가능해졌기 때문이다. 미토콘드리아는 호흡과 관련된 복잡한 화학 과정을 통해 발생하는 에너지의 90%를 신체에 제공한다. 효모균으로 시작하여 식물의 세포나 모든 생명체는 자신의 세포 속에 세포핵 외에도 수백 개 내지 수천 개의 미토콘드리아를 내포하고 있다.

포유동물의 미토콘드리아에는 추측건대 2개의 작은 반지 형태의 염색체가 장착되어 있는데, 이들은 대체로 확인이 가능하다. 각 반지 형태는 세포기관

수 있게 되면서, 박테리아에 의해 생긴 질병에 적절히 대처할 수 있었기 때문이다. 즉 그람 양성균에는 그람 음성계의 항생제를, 그람 음성균에는 그람 양성계의 항생제를 처방할 때에 큰 효과를 볼 수가 있기 때문이다. 그러나 모든 박테리아가 이 두 개의 유형만으로 나눠지는 않는다.

111) 해당작용解糖作用 Glykolyse이란 포도당이 피루브산Puruvate으로 바뀌는 대사代謝경로를 말한다. 피루브산은 미토콘드리아 내에서 탄산가스와 물로 변환되면서 에너지를 만들어낸다.

이 에너지를 생성하는 데에 참여하는 37개의 여러 다양한 요소들이 수행하여야 할 지침서를 갖고 있다. 포유동물의 경우에 세포의 증식 속도를 높이는 과정에서 염기쌍의 수가 약 17,000개에까지 이르게 된다. 이들의 세포기관의 수는 6,000개에서 200,000개 사이이다.

미토콘드리아는 오직 세포 내에서만 활동하면서 세포의 원형질에서 먹이를 구한다. 미토콘드리아는 독자적으로는 생존할 수 없다. 왜냐하면 이들은 자신들이 원래는 갖고 있던 유전정보의 태반을 잃어버렸기 때문이다. 대부분의 단백질 형성은 그동안에 세포핵에 있는 DNA에 의해 조종되는 상태에 이르게 되었다. 이 과정에서 생존에 필수적인 세포핵의 유전자 정보가 RNA (리보핵산Ribonukleinsäure)을 통해 미토콘드리아 안으로 옮겨갔다. 인간의 세포핵 유전자의 극히 일부가 직접 미토콘드리아 DNA의 사슬 안에 있다. 반대로 인간의 세포핵 DNA는 미토콘드리아의 일부분을 자신의 안으로 받아들였다 (이에 대하여는 다음을 참조하라. Douglas C. Wallace, *Mitochondrial Diseases in Man and Mouse*, in: Science, Vol. 283 (1999), p. 1482~1488).

미토콘드리아는 단순한 세포분열만으로 그 수를 늘려갈 수가 있는데, 이를 일반적으로 복제複製 klonen/cloning라고 부른다. 그러기에 DNA가 복제되는 과정에서 오류가 끼어들지만 않는다면, 이의 유전적 물질은 변하지 않은 상태로 그대로 유지하면서 머물러 있게 된다. 식물이나 동물 또는 인간에게 일어난 이 복제과정에서의 오류는 고고유전학자들에게 아주 높은 역사적인 가치가 있다. 왜냐하면 이것들이 진화에 대한 주요한 정보를 제공하기 때문이다.

인간을 대상으로 한 연구에서 미토콘드리아의 특정 부분이 특별히 선호되어 연구되고 있다. 소위 '조절지역Kontrollregion/controlregion'이다. 이는 세포분열을 제어하는, 그러니까 자체적으로 부호화가 되어 있지 않은 부분이다. 이 구역에서의 변이가 일어나는 정도는 세포핵 DNA의 경우보다 10배나 더 높다. 이에 의거하여 시간상의 간격을 계산하게 된다.

이렇게 여러 유전자의 종류에 대한 설명을 통해서 고고유전학자들이 어떠한 유전자들에 관심을 가지는지를 알게 되었을 것이다. 처음에는 무엇보다도 ABO 혈액형과 더불어 그 외의 혈액체계였다. 바로 그 직후에 특정 세포핵의 DNA 부분에 대한 분석이 뒤따랐다. 최근에는 미토콘드리아와 더불어 X염색체와 Y염색체를 대상으로 한 분석이 큰 관심을 끌고 있다. 어떤 세포형태에서 시료를 채취하느냐에 따라, 특정 시각에서 우리 조상들의 유전자에 대한 정보를 얻어낼 수가 있다. 이 정보들을 분석한 결과를 최대한 이용하는 것은 매우 중요하다. 고고유전학은 이처럼 여러 방법을 개발하고 있는데, 이러한 시도는 현재 다양한 평가를 받고 있다.

버스와 운전자, 그리고 승객

여성의 생식세포 - 하나의 관광버스

4-18_ 염색체의 교차

인간조립의 지침서라 할 수 있는 유전자코드는 우리의 세포핵 안에 있으면서, 22개의 상염색체 Chromsom/chromosome의 쌍과 2개의 성을 결정하는 염색체로 구성되어 있다. 즉 남자의 경우에는 X와 Y염색체가, 여자의 경우에는 한 쌍의 X염색체가 참여하고 있다. 수정 시에 부모의 유전자 정보가 동일한 비율로 합쳐진다. 즉 어머니가 염색체의 반을, 그리고 아버지가 염색체의 반을 제공한다. 이리하여 이 양쪽의 절반씩이 모여 재조합되면서 하나의 새로운 생명체가 태어나게 된다.

여성 생식세포Keimzelle/gemeell를 하나의 관광버스로 생각해 보자. 그렇다면 승객이 앉는 좌석 공간은 세포핵이라고 할 수 있고, 염색체는 여행객이 되겠다. 성의 결정에 관계하지 않는 상염색체常染色體 Autosom라 불리는 다른 염색체들은 각

4-19_ 염색체 덩어리의 절반

4-20_ 수정할 준비가 된 염색체 덩어리의 다른 절반

기 다른 국적을 갖고 있는 사람들이다. 동일한 기능을 갖는 두 개의 상염색체가 항상 함께 앉아 있는데, 이런 상태를 상동相同 homolog이라고 말한다. 이는 흡사 같은 국적을 가진 손님이 앉아 있는 것과도 같다. 새로운 생식세포가 생겨나기 이전에 각 상염색체는 각자 자신의 파트너와, 즉 동종의 상염색체와 교차Crossing-over하는 과정을 거친다. 이 와중에서 생식세포는 수정을 준비한다. 그러니까 버스 승객의 일부가 바뀌려는 것이다 (이에 대하여는 그림 4-18을 참조하라). 이와 더불어 염색체 덩어리의 절반이 밖으로 나가고, 다른 절반은 생식세포 안에 그대로 머물러 있게 된다. 이로써 이제 여성의 생식세포는 수정을 받을 준비가 되어 있다. 다음 정류장에서는 이미 남성쪽 생식세포의 염색체 덩어리가 탑승을 기다리고 있다.

4-21_ 수정되는 과정

남성쪽 생식세포의 절반에서는 상염색체常染色體가 이미 교차를 마친 상태에 있다. 이 교차는 다르게 진행되기도 하는데, 그때에는 그 시점도 역시 달라진다.

남성쪽 생식세포의 염색체가 이제 버스 안에 승차한다. 이들 모두가 들어서게 되면, 세포는 완전히 하나의 염색체 덩어리를 갖게 된다. 그러면 여기에서 새로운 인간의 개체가 생겨난다. 그 후에도 이러한 과정은 새로이 되풀이 된다.

미토콘드리아 – 버스 운전사

버스 안에서 친절히 미소 짓고 있는 버스 운전사를 아직 여러분에게 소개하지 못했다. 그는 세포 내로 보면, 세포핵 바깥에 있는 수많은 미토콘드리아의 존재를 대변한다.

버스 운전사는 항상 똑같은 사람이다. 왜냐하면 그는 단지 복제Klonen/cloning를 통해서만 계속 증식되기 때문이다. 이는 후손이란 것은 자신들의 조상에게서 그대로 똑같이 베껴지는 존재임을 뜻한다. 왜냐하면 이들은 적어도 인간의 경우에서는 재조합Rekombination/recombination되지 않기 때문이다. 이리하여 미토콘드리아 DNA는 고고유전학자에게는 아주 가치가 있는 존재이다.

미토콘드리아는 거의 전적으로 어머니를 통해 후대로 전해진다. 이를 통해 딸에게서 어머니로, 어머니에게서 할머니로, 할머니에게서 증조할머니 등으로 연결되는 모계만의 혈통 라인이 생긴다. 미토콘드리아 DNA에서의 변이는 유전학자에게는 가계의 족보를 알려주는 핵심과도 같은 역할을 한다.

이제 여러 세대를 거쳐 온 한 가계의 족보를 생각해 보자. 족보상에서 부부관계의 표시가 남자 조상들은 항상 왼쪽에다가, 또 여자 조상들은 오른쪽에다가 위치시키고 있는 것은 특별한 의도에서 나온 것은 아니다. 어쨌든 남자 가계는 푸른색으로 왼쪽 편에, 여자 가계는 붉은색으로 오른 편에 위치시키고 있다. 미토콘드리아 DNA의 경우에는 붉은 선이 여성의 직계 라인을 가리킨다. 그 외의 다

4-22_ 직계 가족을 나타내는 한 가계 족보

른 모든 참여자는 유전적으로 파악될 수가 없다. 이 족보는 미토콘드리아 DNA가 단지 작은 대물렌즈의 기능을 가지면서, 우리 조상들이 가진 역사의 한 측면만을 보이고 있음을 의미한다. 그럼에도 불구하고 이는 한 특별한 측면의 시각에서 본 것이라 할 수 있다.

Y탑승객 (Y염색체)

남자는 어머니로부터 물려받은 X염색체를 갖고 있다. 그런데 남자를 여자로부터 구분하게 만드는 것은 Y염색체 때문인데, 이는 아버지로부터 물려받은 것이다. 이 특별한 유전인자를 다른 염색체에 대비해 활성화시킴으로써 남자의 성징이 만들어지는 역할이 주어진다. 이때 Y염색체를 통해서 남자가 가진 가족의 성이 후대에 계속 주어지는 것과도 같은 효과가 생긴다. 남자 후손은 오직 아버지를 통해서만 Y염색체를 전달받고서는 이를 자신의 후손들에게 계속 전달한다. Y염색체의 특정 DNA의 부분은 재조합되지 않기 때문에, 여성 가계에서의 미토콘드리아의 경우와 마찬가지로 남성가계가 거쳐 온 모든 세대의 라인을 알아내어 그려낼 수가 있다. 이는 그림 4-22에서 제시된 가계도에서 푸른색으로 그어진 선이라고 할 수가 있다. 버스에 비교한다면 Y염색체는 단지 항상 왼쪽의 발만을 X염색체와 바꾸는 것이다. 그 외의 나머지는 전혀 바뀌지 않으면서, 세대에 따라 이 버스에서 저 버스로 옮겨 타고 다닌다. 물론 이는 각 세대에서 아들이 태어난다는 것을 전제로 한다.

4-23_ X염색체와 Y염색체

Y염색체에게는 특이한 점이 있다. 이것이 남자의 성징을 결정한다는 점 외에도, 여자와 비교하여 볼 때에 남자에게서는 상당한 정도의 건강상 문제점을 야기하는 경우가 있다. 그리하여 자연은 이를 보완하기 위하여 남자의 후손이 여자의 후손보다 더 많이 태어나도록 만

들었다. 이는 태아의 단계에서부터의 높은 사망률에 대처하기 위한 수단이다. 이러한 약점은 Y염색체에서 염색분체Chromatid라 불리는 긴 팔 형태의 끝부분이 결여되기 때문으로 추측된다. 사람들은 남자 구성원에게서 Y염색체의 염색 분체가 결여된 가계를 수 세대에 걸쳐 학문적으로 조사했다. 그 결과 이 가계의 남자들은 어떠한 특이한 결함을 보이지 않았고, 심지어 평균수명 이상을 살았음이 확인되었다. 따라서 좀 부족하다는 것이 경우에 따라서는 좀 더 많다는 것을 의미할 수도 있다.

X탑승객 (X염색체)

X염색체에는 재조합되지 않거나, 거의 그러하지 못하는 부분이 존재한다. 이 부분을 갖고 유전적 혈통 라인을 재조립해 낼 수 있다. 이것은 일괄적으로 여성의 것이라고도, 남성의 것이라고도 할 수 없다. 왜냐하면 이것은 세대에 따라 때로는 남성의 것과 여성의 것 사이를 오가고 있기 때문이다. 하나의 딸은 어머니와 아버지로부터 각기 X염색체를 하나씩 물려받는다. 그러면 이 두 개의 X염색체가 그녀를 여자로 만든다. 그녀의 아버지가 가진 X염색체를 통해서는 자신의

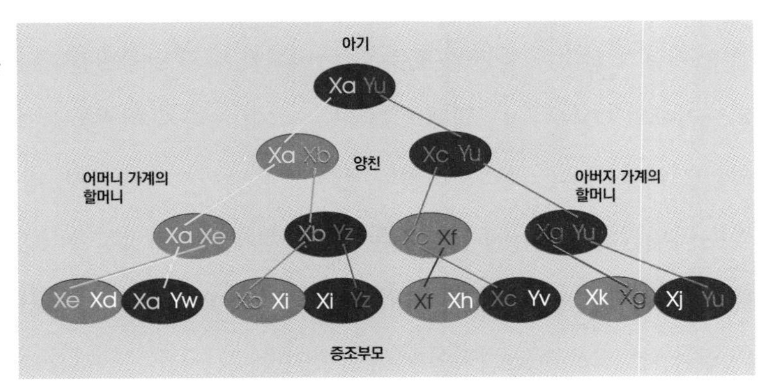

4-24_ X염색체. 성징을 보이지 않는 혈통 라인

아버지가 누구로부터 이를 물려받았는지를 알 수가 없다. 그의 어머니, 즉 그녀의 할머니는 자신의 아버지인 증조할아버지와 증조할머니로부터 각각 하나씩을 물려받아, 이 중의 하나를 아버지에게 물려주었다. 이에 이것은 어머니 가계 측에서는 자신의 할머니나 할아버지로부터 기원한 것일 수가 있다. 죽은 시체에서는 DNA 사슬이 아주 빠르게 소실되기 때문에, 이 X염색체의 제공자의 조상들을 거슬러 올라가면서 추적하여 밝혀낼 수는 없다.

이리하여 X염색체에서는 세대에 따른 직계 라인이 아니라, 단지 남자와 여자 생식세포 사이에서 멋대로 오고가는 지그재그형의 라인을 보일 뿐이다. 이 경우에는 시료 채취의 시점에서 버스 안에 예전에는 알려지지 않았던 다른 버스에 있었던 X염색체가 타고 있는 것이다. 이 X염색체가 어디에서 기원하였는지는 알 수가 없다. 그러나 원칙적으로 고고유전학자에게 필요한 혈통 라인의 존재는 알려준다. 그러나 모든 연구조사에서 여성 혈통 라인이냐, 아니면 남성 혈통 라인이냐의 여부를 꼭 알아야 할 필요는 없다.

미토콘드리아 DNA에서든지, 또 X염색체나 Y염색체의 여부와는 상관없이 재조합되지 않는 DNA의 부분들은 과거의 혈통 라인을 찾는 데에 아주 적절한 자료를 제공한다. 이때 오늘날에 사는 인간들에게서 발견되는 하나의 혈통 라인은 확실히 지금까지 지상에 존재했던 모든 혈통 라인 중 하나였던 것이 확실하다. 한 어머니가 단지 아들만을 또는 한 아버지가 단지 딸들만을 가졌다면, 그 미토콘드리아의 DNA나 Y염색체의 DNA는 이미 사라져 버렸을 것이다. 일부 혈통 라인은 이런 이유로 사라져버렸다. 단지 오늘날까지 중단 없이 계속 계승되어 온 혈통 라인만이 오늘날에 살고 있는 사람들에게서 재조립될 수가 있다. 이러한 이유에서 윌슨의 '*미토콘드리아 이브 mitochondriale Eva*'가 오직 유일하게 남은 하나의 혈통 라인으로서 연결되어 내려온 것이다.

유전적 다양성

수정을 하기 전에 있었던 재조합과 더불어 어머니와 아버지로부터 받은 두 부분이 조합되면서, 하나의 개별적인 새로운 인간들이 태어난다. 이들의 DNA 코드는 다양하면서도 이 지상에서는 오직 유일한 형태의 염색체 배열을 가지고 있다. 유전적 다양성은 인류를 영속시키는 데에 아주 중요하다.

그러나 인류를 지속시키는 데에 유용한 이것이 다른 한편으로는 고고유전학자들의 작업을 어렵게 하고 있다. 재조합은 몇 세대만 뒤를 향해 가더라도, 우리 조상의 유전자 구성을 계산해 내는 데에 있어서 많은 어려움을 야기한다. 왜냐하면 어느 세대에서, 또 어느 부분에서 유전자의 사슬이 달라지면서 재구성되었는지 알아내기가 이미 불가능해지기 때문이다. 4세대만 지나가도 이미 유전자의 상태는 급격하게 달라져서, 세포핵 유전자의 단지 1/16만이 4세대 전의 모계를 통해 받았기 때문이다. 이리되면 우리는 그것이 어떤 유전자의 것인지조차 알 수 없게 된다.

유전자의 재조합과 비재조합은 가족의 성姓에 비유하면 이를 확연히 알 수 있다. Schmied란 직업의 명칭은 8세기 이후에야 비로소 나타난다. 이는 고트어에서는 *aiza-smiþa* (금속-대장장이), 고대독어에서는 *smid*, 중세독어에서는 *smit*였다. 오늘날 가족의 성으로서 이 이름에서 나와 파생된 단어들과 이의 여러 변이형태가 발견된다. 즉 Schmidt, Schmitt, Schmiedt 등이다. 이들은 음운변화나 필사과정에서의 오류, 그리고 정서법의 변화와 통일되지 못한 정서법 등에 의해 생겨났다. 이런 사실은 그림 4-25에서 보이는 족보수族譜樹를 통해서 잘 알 수 있다. 우리는 영어의 *smith*가 당시에는 직업을 위한 명칭이었다가 서게르만어의 이른 시기에 갈라져 나왔음을 잘 알고 있다. 여기에서의 이 직업 명칭은 오직 남자 가계에만 해당된다.

여성해방 운동가들 사이에서 남자와 여자의 성을 함께 합쳐서 사용하자는 주장이 지금 대두되고 있다. 이에 따라 복합되어 만들어진 성을 현재 우리가 사용하는 가족의 성에 대비하여 보면, 이는 아주 적절하리라 생각된다. 이렇게 이중으로 세대에 따라 끊임없이 복합시켜 만들면, 이는 너무나도 길어져서 다루기가 힘들게 된다. 이와 반면에 자연에서는 수정이 이루어지기 직전에 이미 염색체 덩어리가 반감되는 과정을 거쳤다. 이를 가족성에서의 명칭에 비유해 보면, 다음처럼 보일 것이다. 재조합의 과정에서 여자의 이름 smit (Schmied의 옛 형태)는 한 중간에서 반으로 나눠지게 되는데 (이에 대하여는 그림 4-25를 보라), 만일 그 여자가 *Müllner* (Müller의 옛 형태)라는 남자와 결혼을 해서 아이를 갖게 되면, 그 아이는 이 두 개 이름의 일부를 각기 조합한 형태의 이름을 갖게 될 것이다. 즉 딸은 아마도 *smner*라는 이름을, 아들은 *mülit*란 이름을 갖게 될 것이다. 이런 재구성이 각 세대마다 새롭게 일어나면, 수 세대가 지난 후에는 원래의 이름 중의 어떠한 것도 알아내지 못하게 된다.

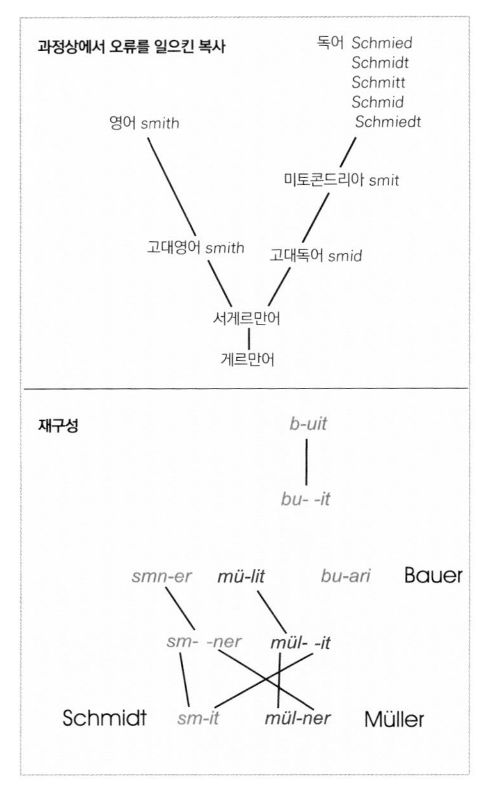

4-25_ 이름을 예로 하면서, 직접 그대로 상속된 경우와 재조합된 경우를 비교한 것

그러나 필기하는 과정에서 이를 약간만 변형시키면 상황은 아주 달라진다. 즉 이름의 명칭에서 재조합되지 않는 경우인데, 이는 역사상에서 흔히 일어났던 일이다. 그렇지만 이런 경우에서 언제나 옛날 명칭을 알아내어 밝힐 수가 있다. *Buari*[112]는 *Bauer*로, *Smit*는 *Schmidt*로, *Müllner*는 *Müller*로 되는 것과 같은 경우이다. 이렇게 단순히 매 순간마다의 변이현상만을 주시하여 파악하면, 우리는 하나의 일관된 족보수를 만들어낼 수가 있다.

그러나 가족의 성에서 재구성이 일어나게 되면, 우리는 어떠한 족보수族譜樹도 만들어낼 수가 없다. 재구성되는 DNA의 경우에도 마찬가지이다. 세포핵에서 재구성되는 DNA는 고고유전학의 연구에서 결코 유전자의 족보를 제공하지 못한다. 그럼에도 불구하고 유전학자들은 재조합되는 DNA에서 하나의 족보수를 이끌어내고자 했다. 학자들은 인간들을 언어학적, 지리적인, 문화적인 단위로 분류하여, 이들 그룹 간에서 평균적으로 보이는 유전적 차이를 찾아내고자 하였다. 이를 처음 시도한 사람이 카발리-스포르차이다 (이에 대하여는 Spektrum der Wissenschaft, Dossier 1/2000, p. 24 이하를 보라). 그러나 이러한 족보수族譜樹에서는 단지 서로 간의 관계에 있어서 어느 종족들이 다른 종족들에 비해 상대적으로 더 큰 유사성이 있음을 알려줄 뿐이지, 이러한 유사점과 그 차이점이 어떻게 일어났는가에 대해서는 아무런 답을 주지 못한다. 두 개의 다른 주민들 간에 있는 유전적인 차이는 여러 이유 때문에 생길 수가 있다. 즉 첫째로 소위 '유전자 이동 *Genfluss*'이라 불리는 것으로서 제 3의 주민에게서 들어온 유전자가 뒤섞여 생길 수가 있다. 두 번째로는 '유전자 부동*浮動 Drift*'이라 불리는 것인데, 이는 오랜 기간 동안 다른 그룹의 사람들과 뒤섞이지 않고 고립되어 산 경우에 생긴다. 세 번째로는 '창시자 효과Gründer-Effekt'라 불리는 극단적 상태에 처한 부동이 일어나는 경우이다. 실제 지상에서 순수한 측면의 언어 족보수는 존재하기가 어려운 것

---

112) 중세독어의 장모음 /ū/는 나중에 복모음 /au/로 된다. -ari는 라틴어의 -arius에서 나와서 약화되었다가, 나중에 -er로 더욱 약화된다. 이때 말음 i로 인해 어간모음이 a 〉 e로 바뀐다.

처럼, 각기 다른 언어사회에 속하는 종족들을 위한 족보수를 만들어낼 수 있을 정도로 이들을 그룹화 하여 나누기는 아주 어렵다.

지금까지 많은 학자가 다른 주민과의 그룹에 뒤섞이지 않고 장기간 고립되어 산 경우에만 부동의 효과가 결정적인 역할을 한 것으로 보고, 이를 통해 온갖 수단을 동원하여 족보수族譜樹를 만들려고 했다. 그러나 이렇게 만든 족보수族譜樹는 단지 이에 유사 정도만을 가진 하나의 지표만을 보여줄 뿐이다. 이에 이것들에게 '계열 족보수*Hierarchiestammbau*' 내지 '진화 족보수*Evolutionsstammbaum*'라는 명칭을 부여할 수 있지만, 이를 진정한 의미의 족보수라고 보기는 어렵다. 그러니까 이들은 우리가 족보수로부터 기대하는 만큼의 충분한 정보를 제공하지 못한다. 물론 그동안 재조합이 안 되는 DNA를 가지고, 예를 들면 미토콘드리아 DNA를 가지고 족보수를 만들려는 시도는 있었다. 관련 문헌에서 제시되고 있는 모든 족보수의 작성 방법은 이런 여러 약점을 갖고 있어서, 예전 연구들은 아직까지도 명쾌한 설명을 못 해 주고 있다.

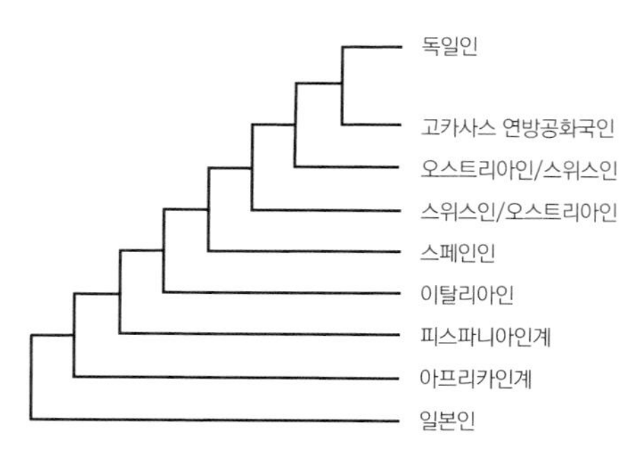

4-26_ 하나의 계열족보수의 예

유전자 족보수Genetische Stammbäume

유전학에서 이러한 족보수를 얻어내는 데에는 두 가지 방법이 있다. 그 하나는 '거리간격 방법Distanzmethode/distance method'이다. 이 방법은 재조합되는 유전자를 측정하기 위해 개발되었다. 또 다른 방법은 '특성에 따른 방법Merkmalmethode/character method'이다 (이에 대하여는 다음을 참조하라. Roderic D. M. Page/Edward C. Holmes, *Molecular Evolution. A Phylogenetic Approach*, Oxford, Blackwell Science).

우리는 거리간격의 방법을 가지고 '거리간격 족보수Distanzbaum' 내지 '차이에 따른 그물망Netzwerk'을 만들어낼 수가 있다. 거리간격 족보수는 유전적으로 가까운 개체나 주민들을 하나의 가지로 함께 무리를 지우는 방식으로서 '이웃과

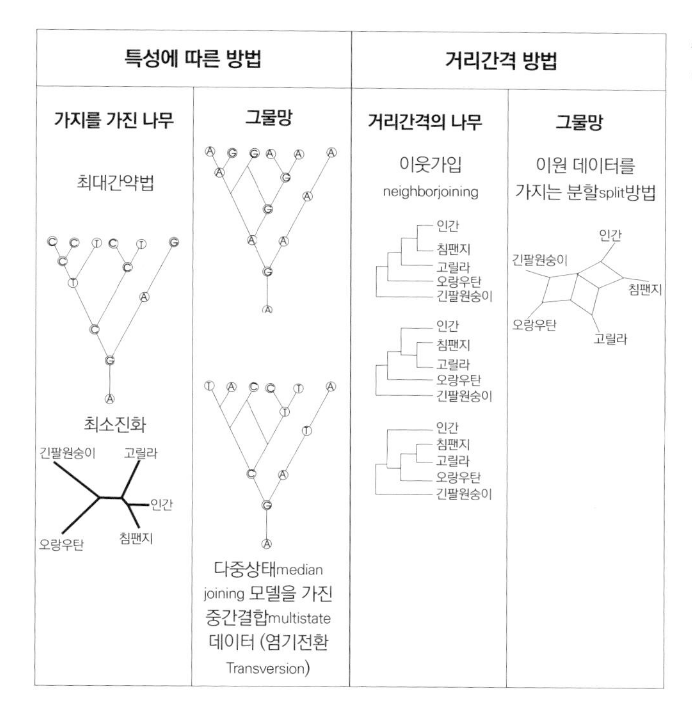

4-27_ 집합 분류 Gruppierungsarten의 방식

의 접촉정도neighbourjoining'를 기준으로 삼고 있다. 그러나 '*최소진화minimum evolution*'의 기준도 함께 고려한다. 이때에 사람들은 그 거리상의 차이 간격을 보여주기 위해서 쌍을 이루다가 갈라져 나가는 곳에서 그 가지의 길이를 조사한다. 그런데 이 두 개를 감안하더라도, 개인별 DNA 내에서 염기서열의 위치는 고려되지 않는다. 따라서 이 방식으로는 큰 성과를 얻어낼 수 없다. 그리고 각 예를 나타내는 여러 연결가지로 결합된 그물망을 만들어도 이런 불확실성은 해소되지 못한다. 단지 그 가능성만을 보여줄 뿐이고, 그 갈려나간 가지들에는 언제나 이러한 불완전한 측면이 내재되어 있다. 이런 이유로 이에 바탕을 두고 그려진 그물망에서도 역시 이러한 불확실성은 그대로 남아있게 된다.

'특성에 따른 방법'은 개개인을 차별화시키는 뉴클레오티드에 초점이 맞춰져 있다. 그리고 '*거리간격* 방법'에서와 마찬가지로, 여기에서도 하나의 족보수 내지 그물망은 그려낼 수가 있다. 이때 두 개의 판단기준에 따라 족보수가 만들어진다. 즉, 그 하나는 컴퓨터 프로그램이 수학적으로 최대한 짧은 거리를 가진 가지를 찾아내도록 하여, 이를 서로 연결한 족보수를 만들게 하는 '*최대간약법最大簡約法 maximal Sparsamkeit/maximal parsimony*'[113]이다. 그리고 또 다른 하나는 가설 상에서 가장 높아 보이는 가능성을 찾아내는 '*최대가능정도maximum liklihood*'의 방법이다. 이는 계산상에서 수많은 선택의 가능성을 제공하여, 이를 가지고 컴퓨터 프로그램이 수많은 변형 형태를 그려보이게 하는 것이다. 이리하여 대개의 경우

---

113) '최대 간약법最大簡約法 maximal Sparsamkeit/maximal parsimony'이란 계통발생학에서의 계산 방식의 일환으로 계통수를 구성하는 데 있어서 '특성상태변화特性狀態變化 character-state changes'의 총수總數를 최소화하는 방법이다. 이 기준에 의하면 이때 만들어진 최소화된 나무는 상사성의 양을 최소화시킨다. 즉 데이터가 최선이라고 생각하는 가장 짧은 나무만을 내세우는 것이다. 최대간약수最大簡約樹의 방식에서 나온 것은 항상 가장 짧은 가지들을 가진 나무이기에, 실제로 연구대상의 유기체에서 생긴 진화의 역사를 기술하는 '진짜 나무'에 비해 볼 때에 '가장 최선의 나무'가 된다. 최대 간약법의 기준은 왕왕 실제 진화과정을 과소평가하게 되는 단점이 있다. 또한 통계학적으로도 일관성이 없다. 이에 대하여는 https://en.wikipedia.org/wiki/Maximum_parsimony_(phylogenetics)를 참조하라.

에서는 이러한 변형들은 '상사성相似性 Homoplasie/homoplasy'[114]의 변화를 일으키게 만드는 동인動因이 되어 족보수 상에서 하나의 변경된 형태를 내보이게 만든다. 상사성이 무엇인가에 대하여는 나중에 족보수 구성의 예를 제시하면서 알려줄 것이다.

지금까지 사용된 방법은 모두 나름대로의 약점을 갖고 있다. 우선 이를 통해 얻어진 정보가 빈약하고, 또 그 결과도 불확실하다. 왜냐하면 사용된 컴퓨터 프로그램마다 매번 수많은 형태의 가지와 뿌리의 형태를 쏟아내고 있는데, 유전학자들은 이 중에서 어느 하나만을 임의로 선택하게 되어 있기 때문이다. 아니 꼭 그리 선택할 수밖에 없기 때문이다. 따라서 이렇게 나온 결과는 그 신뢰성을 크게 저하시킨다.

분자생물학의 족보수

더 나은 새로운 방법을 얻고자 하면, 이제 우리는 스스로에게 두개의 질문을 던져야 한다. 첫째로는 무엇이 더 바람직할까? 각 개별적인 특성들은 고려하지 않고, 그것들만이 각기 갖고 있는 차이와 거리만을 보여주어야만 할까? 아니면 한 그룹에서의 전형적인 특성만을 고려하여, 그 특성들에만 초점을 맞춰야만 할까? 이에 대한 대답을 하자면, 후자인 특성이라고 말하겠다. 두 번째로는 여러 다양한 족보들을 일일이 제시하거나 또는 시간을 거슬러 올라가 찾아낸 변이현상

---

114) 상사성Homoplasie/homoplasy은 실제로는 영어의 '수렴진화Convergent Evolution'이다. 즉 공통조상에는 없었지만, 서로 다른 계열의 종種들이 독립적으로 진화하는 과정에서 비슷한 형태나 기능을 갖는 양상을 나타내는 진화를 말한다. 예를 들면 곤충과 새와 박쥐는 종이 서로 다르나, 진화과정에서 비행할 수 있는 능력을 각자 독자적으로 만들어냈다. 그런데 저자는 자신의 주에서 이에 대해 'Homoplasic'란 용어로 표기하고 있는데, 두덴Duden 사전에서는 이것이 Homoplasmie로 나타난다. 그런데 Homoplasmie는 영어로는 Homoplasmy이다. 이는 세포 내의 여러 미토콘드리아 DNA에서 변이가 일어나지 않아서, 모든 미토콘드리아의 유전정보가 같은 경우를 말한다. 즉 Homoplasmy (이형세포질성異形細胞質性)과는 완전히 다른 개념의 용어이다.

이 어떻게 일어났는가를 확실히 알아내지 못하여, 불확실한 측면이 있을 때이다. 이때에 어떻게 해야 모든 것을 한 눈에 볼 수 있도록 제시할 수가 있을까? 이에 대한 옳은 대답은 모든 것을 한 눈에 보이게 해야 한다는 것이다. 그래야만 '유전자 복귀변이 Reversion'나 상사성 등 대수롭지는 않지만 염기서열 상에서 일어난 모든 오류를 찾아내어 이를 직접 수정할 수가 있다.

유전학자 피터 포스터Peter Forster는 유전자의 특질을 관찰해 내기 위한 방안과(이 경우에 특정 뉴클레오티드 위치에서의 변이를 뜻한다), 이의 그물망을 그려내기 위한 방안을 모색했다. 그가 한 방법은 그물망에서 나타나는 특질들을 보여주어, 이에서 의심스러운 경우를 첫 눈에 알아보게 하는 것이었다. 이를 영어로는 '특성 갈등Character conflict'이라 한다.

포스터는 자신이 만든 이 그물망에 존 아비스John Avise와 그의 동료들이 낸 아이디어를 적용했다. 이들은 1987년에 처음으로 한 종족의 족보수를 관찰하는 방식에서 '*계통생물지리학* Phylogeography'이란 용어를 내세웠다. 이들은 미토콘드리아 DNA를 통해 창시자 효과를 그려낼 수 있는 방법을 찾아낸 것이다 (John C. Avise et al., Intraspecific Phylogeography, *The Mithochondrial DNA Bridge between Population Genetics and Systematics*, in: *Annual Review of Ecology and Systematics*, Vol. 18 (1987), p. 489~522). 나는 포스터와 전화 통화를 하면서 이 용어를 어떻게 독일어로 번역할지를 깊이 논의했다. 이에 '분자족보수*Molekularer Stammbaum*'란 용어를 고안해 냈다. 이 계통생물지리학에서의 용어를 정확히 번역하자면, '*지리상에서의 분자 그물망*geographisch-molekulares Netzwork'이란 용어가 더욱 적합하리라고 생각된다. 포스터는 법의학과 고고유전학에도 마찬가지로 큰 효용성을 발휘할 수 있는 방법을 만들어내는 초석을 마련했다. 그는 젊은 유전학자로서 어느 날 함부르크 대학에 재직하는 수학자 한스-유르겐 브란델트Hans-Jürgen Brandelt와 접촉하여, 자신의 유전학상의 연구에서 발생하는 통계적 계산상에서의 문제점을 해결할 방안을 찾아줄 것을 요청했다 (Hans-Jürgen Bandelt, *Mitochondrial Portraits of Human Populations using Median networks*, in *Genetics*, Vol. 141 (1995년 10월호), p. 743~754). 이에 매우 건설적인 공동 작업이 이루어졌고, 그 직후에 당시 수학전공의 한 학생이었던 아르네 뢸Arne Röhl은 브란델이 연구 공표한 것에 바탕을 두면서 이를 진행시켰다. 이에 자신의 디플롬 학위 획득을 위한 과정에서 그는 아주 적합한 컴퓨터 프로그램을 하나 개발했다. 이 프로그램은 이제 www.fluxus-engineering.com의 사이트를 통해서 누구라도 인터넷에서 다운받을 수 있다.

광범위하게 실제로 적용된 연구과정에서 보여주었듯이, 포스터가 개발한 이 방법은 '*재조합하지 않는 DNA*'의 유전자 단면을 대상으로 하는 경우에는, 즉 미토콘드리아와 세포핵의 X염색체와 Y염색체를 대상으로 하는 경우에는 가장 좋은 선택방법이었다. 이 방법을 가지고서 예전에서 한 시도와는 달리 예전 시기의 유전자 타입을 재구성하고, 또 이의 지리상에서의 분포를 밝혀낼 수가 있었다. 이때 이러한 일은 다음 5개 분야를 통해 규명되었다.

1. 지리상에서의 소재 (시험대상자의 거주지)
2. 족보수상에서 점하는 위치.
3. 1과 2의 사항은 A에서 B로의 이동경로를 알게 해 주었다. 이는 새로이 얻어진 결과였다.
4. 지난 과거 시간의 규명. 이 역시 새로이 얻어지는 결과였다.
5. 집단적인 분포. 즉, 한 지역에서의 한 계통라인이 나타나는 빈번도이다.

이동移動과 진화進化 사이의 관계는 바로 선사시대의 민족이동을 밝혀준다.

미토콘드리아 유전자에서의 차이점과 공통점을 통해 어떻게 족보를 만들어낼 수 있는가에 대하여는 다음에서 단계적으로 설명할 것이다. 우선 이해하기 쉬운 시도로부터 시작해 보도록 하자.

분자 족보수를 생성하는 방법

'지리적 분자 그물망'에 대한 원칙은 도해를 통한 설명으로 문외한들도 쉽게 이해시킬 수 있다. 이러한 시도는 복제상의 오류로 생긴 변이라고 하더라도, 적절한 방법을 적용하면 어떻게 온전한 족보를 생성해 낼 수 있는가를 보여준다. 노란색 쪽지는 출발점을 나타나낸다. 한 참가자가 단지 A, G, C, T의 4개 알파벳을 가지고 임의로 10개의 알파벳을 적어낸다. 이때 각자는 베끼는 과정에서 '염기전이Transition'의 원칙에 따라서 A와 G 또는 C와 T를 서로 교체하여 본다. 이때 의도적으로 하나의 오류를 집어넣게 되는데, 이는 미토콘드리아의 유전자 코드에서 염기서열이 바뀌는 하나의 점돌연변이Punktmutation에 해당된다.

> 이때 두 종류의 점돌연변이가 있다. 대개 경우에는 단순히 푸린Purine계인 아데닌과 구아닌 사이와 또 피리미딘Pyrimidine계인 시토신과 티민 사이에서의 치환을 통해 일어난다. 전자를 '염기전이鹽基轉移 Transition'라 부른다. 두 번째의 경우인 '염기전환Transversion'에서는 하나의 염기가 다른 염기로 바뀌면서 일어난다. 그러나 이 염기전환은 아주 드물게 일어난다.

두 번째 과정에서 오렌지색 쪽지가 각기 다른 두 명의 학생 앞에 놓여진다. 이들은 이곳에 적힌 알파벳의 순서를 붉은색 쪽지에다가 베껴 넣게 된다. 이들은 자신들보다 앞서 베낀 사람이 만든 오류는 알지 못하기에 이를 교정할 수가 없

4-28_ 베끼는 과정에서 발생하는 오류를 실험해 보는 대학생들

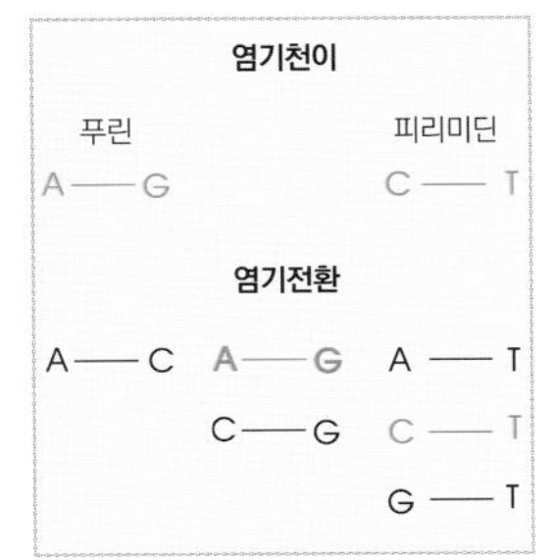

4-29_ 점돌연변이로 일어날 수 있는 두개의 가능성

다. 그리하여 이들은 이 오류를 그대로 받아들이게 되면서, 자신들도 똑같은 오류를 범하게 된다. 이러한 원칙에 따라서 보라색 쪽지들이 생기는 과정이 거쳐지고, 그 후에 푸른색 쪽지들이 내보이는 과정이 이루어진다. 이렇게 4번의 과정을 거치게 되면서 참여자들은 모두 30개의 쪽지를 적어내게 된다. 그리고 각 쪽지들은 나중에 누가 누구의 것을 베껴냈는지를 알아볼 수 있도록 일련번호를 적어 넣는다. 이러한 방식으로 족보를 베끼는 과정에서 일어난 실제 오류들을 각 단계별로 아무런 어려움 없이 찾아낼 수가 있다 (그림 4-30 참조).

이제 책상 위에는 가장 아래쪽에 노란색 쪽지들이 놓여있다. 그리고 베낀 쪽지

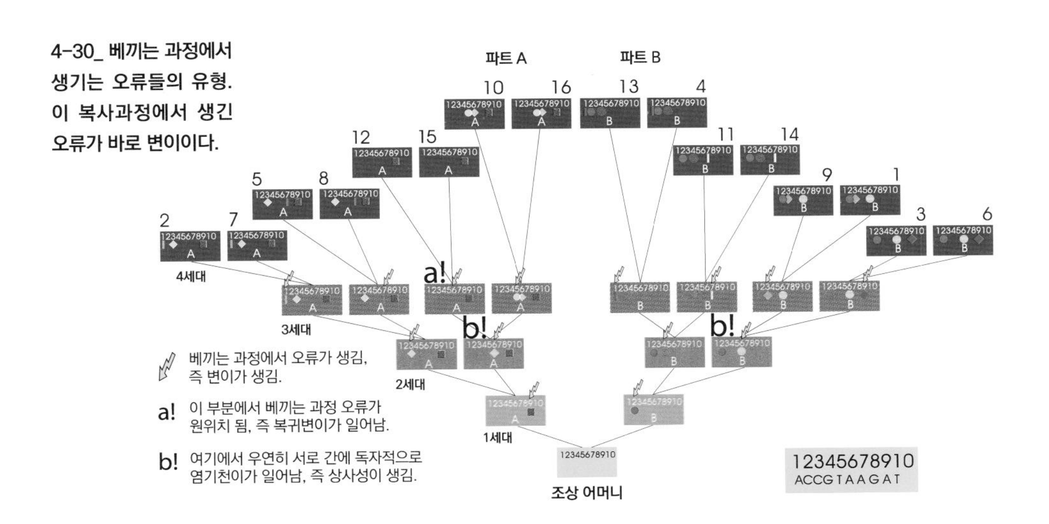

4-30_ 베끼는 과정에서 생기는 오류들의 유형. 이 복사과정에서 생긴 오류가 바로 변이이다.

들은 각 단계별로 배열되어 놓여 있다. 이리하여 각 세대마다 한 사람에게서 두 명의 후손들이 나오면서, 4세대에 걸쳐 재구성되지 않은 유전인자들이 어떻게 자신의 양친으로부터 직접 물려받았는지를 일목요연하게 보여준다.

분석을 위한 목적으로 각 알파벳의 위치마다 숫자가 매겨져 있다. 알파벳의 교체가 일어난 위치에는 원이나 나선형, 또는 사각형의 색깔을 가진 기호들이 들어가 있다. 각 세대마다 변이가 일어나고 있는데, 이때 변이가 일어난 곳에서는 번갯불 표시가 되어 있다. 이 변이의 정도는 선사시대까지 올라가는 유전자의 연구의 경우라면 감당하기 어려울 정도로 너무나 많아진다. 여기에서 이러한 예는 저속촬영에서와 흡사한 경우를 보이게 된다. 실제로는 미토콘드리아 DNA의 어느 조각을 갖고 조사하느냐에 따라서, 매 5,000년에서 20,000년 사이마다 하나씩의 변이가 생겨난다. 이렇게 이들 조각들에서 변이의 가능성은 무한하고 다양하다.

이 실험이 우선적으로 보여주는 것은 거의 모든 경우에서 복제과정 상의 오류가 계속해서 대를 이어 계승되면서, 여러 과정에 걸쳐 그 결과가 축적된다는 점이다. 단 예외가 있는 곳에는 느낌표로 표시가 되어 있다. 예를 들면 A파트의 세 번째 단계에서의 6번 위치에서이다 (이곳은 도표에서 a!로 표시되어 있다). 이곳에서는 앞서 변이가 일어났던 곳이 다시 원위치 되었다. 이를 복귀변이 Reversion라고 부른다.

우리는 또한 앞선 시기에 있었던 복제상의 오류가 나중 시기에 있었던 복제상의 오류보다도 상대적으로 더 많은 수의 쪽지에서 나타남을 보게 된다. 이는 여기에서 알아낸 것 중에서 아주 주요한 사항이다. 여기에서 우리는 이미 종족의 상대적인 출현 시기에서, 즉 '무리화를 이룬 현상 (=Clustering군집화)'에서 이들이 갈라져 나간 상황들을 알게 된다. 그리고 우리는 다음과 같은 규칙을 얻어내게 된다. 즉 인류 역사상에서 아주 이른 시기에, 즉 인간 족보수의 아주 아래쪽 부분에서 우리의 공통조상이 생겨난 후에, 우리가 물려받은 성공적인 변이들이 우리 인간들에게 결합된 상태로 나타난다는 것이다. 그 후손들이 갈라져 나와서 여러 지역으로 흩어진 후에, 즉 인간족보수의 아주 높은 곳에서 갈려나온 가지들을 통해 보이듯이, 나중 시기에 일어났던 변이들은 우리를 계속 분리시켜 온 것이다.

앞선 그림상의 양쪽 파트에서 두 번째 단계의 6번 위치에서 상사성相似性 Homoplasie이 일어난 경우를 발견하게 된다. 즉 그림에서 b!로 표시된 곳이다. 두 개의 다른 시기에 동일한 유전자의 위치에서 염기천이의 교체가 일어났다. 이제 우리는 푸른색 쪽지에서의 10번, 16번, 9번, 1번, 3번, 6번의 위치에서 동일하게 나타난 최종적인 결과를 보게 된다. 그러니까 이러한 변이는 서로 관련 없는 두 개의 독립된 가지를 연결시키게 만든다. 그러나 일반적으로 이 두 가지는 다시 결합되지는 않는다. 이러한 경우가 일어나면, 예전에 개발된 족보수를 만드는 방

4-31_ 상사성相似性 Homoplasie

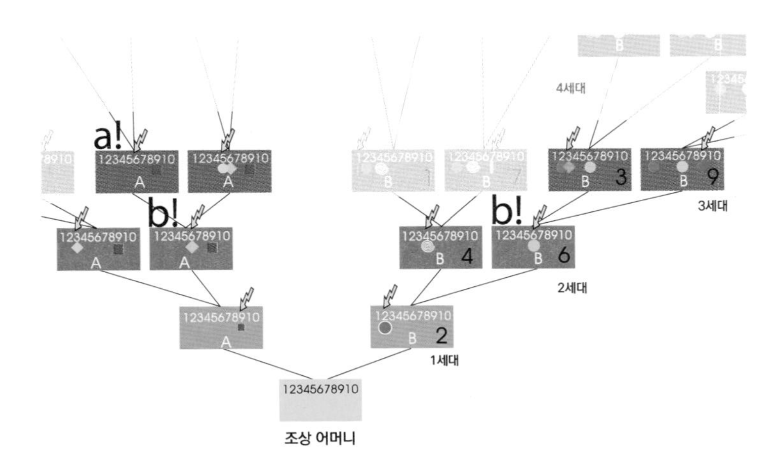

법을 통해서는 불확실성이 야기된다. 왜냐하면 컴퓨터 프로그램은 이러한 상사성을 인식해 내지 못하기 때문이다. 그러나 포스터의 방법을 이용하면, 이는 아무런 문제점을 야기하지 않는다. 왜냐하면 이 두 개 변화의 어느 것도 각기 다른 조상으로부터 다른 변이유형을 통해 나온 것인데, 포스터의 방법에서는 이들 모두를 고려하고 있기 때문이다.

오늘날 살고 있는 사람들의 유전자 자료를 통해 족보수를 만들어내는 일

하나의 족보수를 재구성해 내기 위해서는 나무가지 맨 끝부분에 있는 자료들로도 충분하다. 오늘날 살아있는 사람들이 보이는 자료는 앞서의 실험에서는 푸른색 쪽지에 해당한다. 우리는 이 실험에서 나타난 복제 상의 오류를 분석하여 얻은 지식들을 활용해 볼 수 있다.

복제상의 오류들, 즉 유전상에서 나타난 돌연변이들을 알아내기 위해서는, 여기에서 연속되어 내려오는 과정을 살펴 비교할 필요가 있다. 이를 위해 유전학자들은 프레데릭 생어Frederick Sanger가 전반적으로 분석하고, 또 슈테판 앤더슨Stefan Anderson과 그의 다른 동료들이 이를 종합하여 네이처Nature지에 발표했던 미토콘드리아 DNA를 갖고 한 방식을 그대로 이용하고 있다. 이것이 '*캠브리지 레퍼런스 시퀀스*Cambrdige Reference Sequence'란 방식인데, 이는 약어로는 CRS라고 명명되었다 (이에 대하여는 다음을 참조하라. Stephen Anderson et al., *Sequence and organisation of the human mitochondrial genome*, in: Nature, Vol. 290 (1981), p. 457~465).

인간에게서 얻어낸 족보수의 것을 침판지와 네안데르탈인에서 얻어낸 유전자의 배열과 비교하여 보면, 이들 간에 먼 뿌리 상에서 서로 친척 관계에 있다.

예를 단순화시키기 위해 하나의 트릭을 사용해 보기로 하자. 뿌리를 확인하고 그 연속성을 살피는 데에는 노란색 쪽지를 통해 그 자료들을 내보이겠다. 이때 다른 색의 쪽지들에서는 이 과정에서 나타나게 되는 몇 개의 돌연변이는 무시하고, 다만 이들 간에 있는 먼 친척관계만을 살피도록 한다.

그러면 이제 재구성하는 과정을 직접 다루어보자. 여기에서는 쪽지들 간의 단계는 보지 말고, 단지 푸른색의 자료만을 유의해 보기로 한다.

0 12345678910
Vergleichssequenz

1 12345678910
2 12345678910
3 12345678910
4 12345678910
5 12345678910
6 12345678910
7 12345678910
8 12345678910
9 12345678910
10 12345678910
11 12345678910
12 12345678910
13 12345678910
14 12345678910
15 12345678910
16 12345678910

4-32-1_ 변이의 분류화와 그룹화
이에 대하여는 부록에서 간명하게 제시된 부분을 보도록 하라.
단면화 된 DNA 사슬의 목록

• 1단계

푸른색 쪽지의 자료들은 실험자들이 멋대로 번호를 부여하면서 리스트 상에 올려졌다. 그러니까 완전히 임의로 매긴 순서이다. 맨 위쪽에는 비교대상이 되는 단면이 배치되어 있다 (4-32-1의 그림을 보도록 하라).

• 2단계

이제 첫 번째 그룹화부터 시작해 보기로 하자. 4-32-2의 그림을 얼핏 살펴보면, 이미 두 개의 단계상에서 뚜렷한 차이점이 있음을 엿볼 수 있다. 모든 시료의 한 편에서는 9번에서 갈색의 사각 형태를 나타내 보이고, 다른 한 편에서는 2번에서 푸

türkis auf Position 2
braun auf Position 9

1 12345678910 — 1 12345678910
2 12345678910 — 2 12345678910
3 12345678910 — 3 12345678910
4 12345678910 — 4 12345678910
5 12345678910 — 5 12345678910
6 12345678910 — 6 12345678910
7 12345678910 — 7 12345678910
8 12345678910 — 8 12345678910
9 12345678910 — 9 12345678910
10 12345678910 — 10 12345678910
11 12345678910 — 11 12345678910
12 12345678910 — 12 12345678910
13 12345678910 — 13 12345678910
14 12345678910 — 14 12345678910
15 12345678910 — 15 12345678910
16 12345678910 — 16 12345678910

4-32-2_ 변이의 정리와 그룹화 과정

른색의 원형 형태를 내 보인다. 가장 흔히 나타나는 돌연변이가 가장 오래된 돌연변이인데, 따라서 족보수에서는 이미 두 개의 주요한 가지 내지 커다란 덩어리의 클러스터cluster로 분리되어지고 있다.

• 3단계

이제 매번 한 번 이상 나타나면서 푸른색 내지 갈색으로 표시된 돌연변이들이 특별히 눈에 들어온다. 이에 상응하여 실험 대상자의 시료들을 수직으로 배열해 맞추어 보자. 이리하면 확인된 돌연변이들이 각기 해당된 클러스터들에게로 묶여진다.

• 4단계

이제 얻어진 자료들을 시간대별로 분리하여 배열하자. 큰 클러스터는 오래된 돌연변이가 묶여진 것이다. 이 오래된 돌연변이에서 나온 작은 클러스터들은 나중 시기의 돌연변이들이 묶여진 것이다. 이제 클러스터화된 것들이 수평

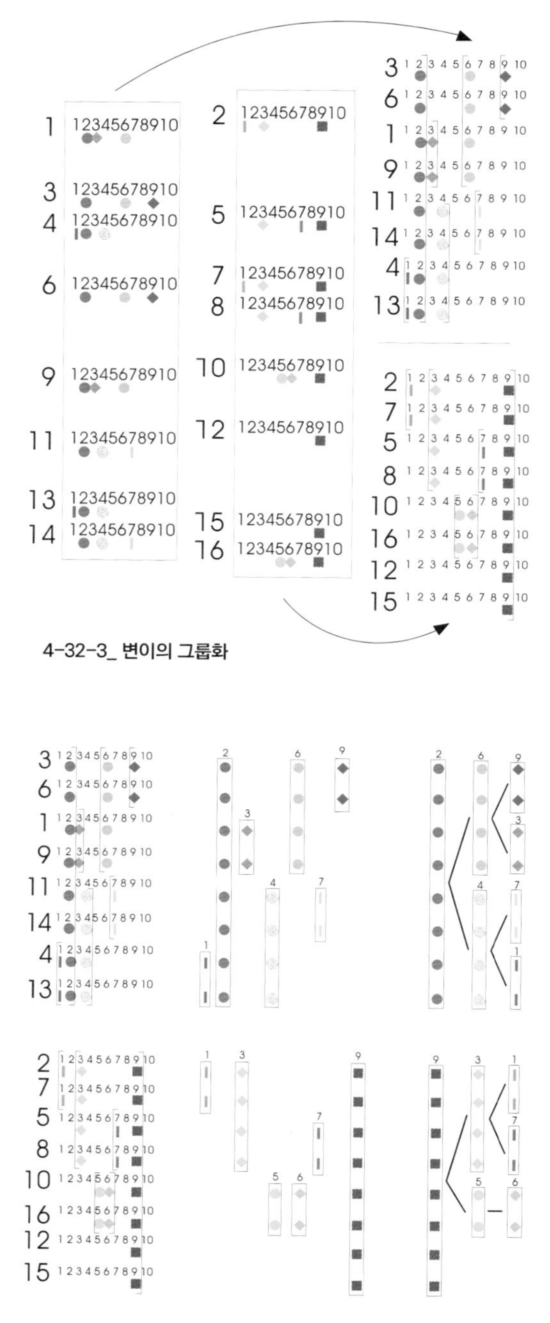

4-32-3_ 변이의 그룹화

4-32-4_ 변이가 일어난 시간대에 따라 새로이 배열된 형태

적인 것으로 바뀌어 옮겨졌다. 이때 돌연변이가 일어나지 않은 위치의 것들은 제거되었다. 왜냐하면 지금 우리의 관심사는 오직 위치상에서 차이가 생긴 것들이기 때문이다. 이제 우리는 거의 하나의 족보수와 같은 형태를 얻었다. 그러나 이 족보수를 아직 제대로 조망하기는 어렵다. 왜냐하면 배열된 DNA의 사슬은 1,000개의 뉴클레오티드의 위치를 포함하고, 또 실험대상자의 수도 약 8,000명에 달하기 때문이다. 지금 이제 우리에게는 단지 수없이 많은 긴 기둥들만이 보인다.

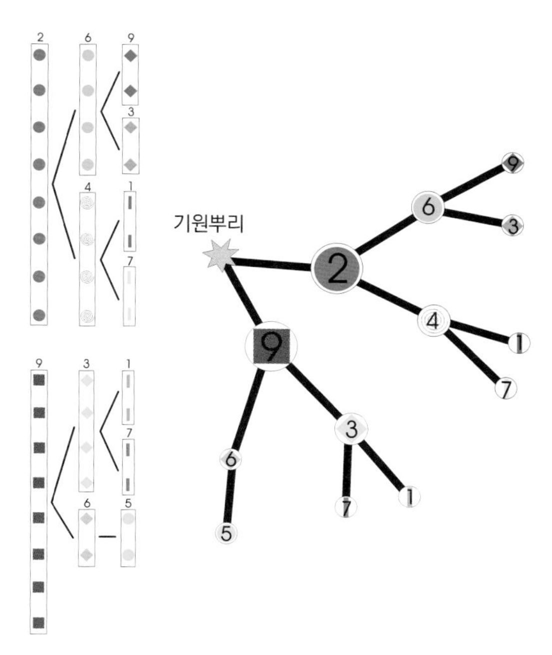

4-32-5_ 유전자 족보를 일목요연하게 조망하도록 만든 도표

• 5단계

이제 가지를 치면서 갈려 나오는 곳에는 원형의 형태가 만들어지면서, 훨씬 더 일목요연한 모습을 보여준다. 그리고 일반적인 그물망이 형성된다. 원형의 크기는 특정 돌연변이를 겪은 실험대상자가 포함된 수에 비례하여 결정된다. 이때 각 가지의 길이는 일어난 돌연변이의 수가 얼마나 되느냐에 따라 결정된다. 갈려나온 것이 보이지 않고 또 돌연변이의 발생으로 그 흐름이 중단된 곳은 없다. 이에 우리는 시간이 흐른 정도를 알아낼 수가 없다. 따라서 이점에서는 자의적으로 판단하여 결정할 수밖에 없다.

이제 흥미진진한 순간이 다가 왔다. 이 재구성된 유전자의 족보수를 도표 상에서의 쪽지들이 보여주었던 위계상의 관계와 비교하여 보기로 한다. 이를 위해서 푸른색 분야에 위치한 번호들을 살펴보자.

푸른색 쪽지의 12번과 15번의 조상은 자그마한 문제점을 야기하고 있다. 즉 이곳에서는 앞서 일어난 돌연변이를 원위치 시켜버린 새로운 돌연변이가 일어났다. 즉 복귀변이Reversion가 일어난 것이다. 이에 새로이 복원된 족보수에서 새로이 연결된 선이 이어진다.

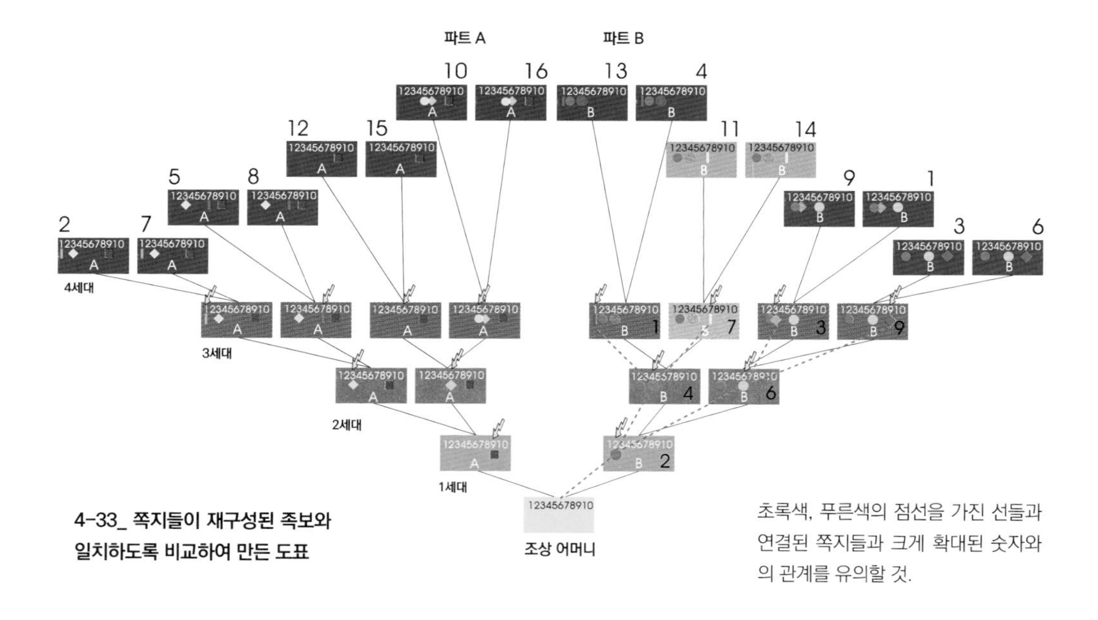

4-33_ 쪽지들이 재구성된 족보와 일치하도록 비교하여 만든 도표

초록색, 푸른색의 점선을 가진 선들과 연결된 쪽지들과 크게 확대된 숫자와의 관계를 유의할 것.

예전의 족보수 방법에서는 컴퓨터 프로그램이 이러한 복귀변이를 인식하지 못하는 문제점이 있었다. 따라서 이런 때에는 여러 얻어낸 결과 중에서 하나만을 선택할 수밖에 없었다. 룈Röhl의 프로그램은 이러한 문제점을 인식하여, 경우에 따라서는 이를 유전학자들 스스로가 경우에 맞추어 적절히 해결하도록 했다. 이는 대체로 길게 늘어진 '염기의 배열순서 Sequenz'를 조사하여, 경우에 따라서는 비슷한 위치에 달리 있더라도 비슷한 시점에 일어난 또 따른 돌연변이를 찾아내어 대체하는 방식으로 실행되었다. 그리고 이렇게 찾아진 위치의 것은 동일한 자격이 있는 것으로 간주되었다. 한 라인에서도 흔히 여러 개의 돌연변이가 일어난다. 그러나 이것들이 족보수를 재구성하는 과정에서 빼어내서 버릴 수 있다. 왜냐하면 "가능한 간결히 하라!"는 극도의 간결을 요구하는 파르시모니Parsimony의 기준에 맞추려면, 단지 하나의 대표적인 변이만을 선택하여 내보일 수 밖에 없기 때문이다.

이제 제시된 자료들이 파트 A에서 파트 B로의 이동에 관한 정보를 제대로 제공하는지를 알아보기로 하자. 또 여기에다가 또한 족보수상의 위치를 지리적 장소와 함께 연관시켜 보기로 한다. 유전자 연구에 참여한 실험대상자의 거주지는 시료를 채취하는 과정에서 이미 알고 있다. 물론 우리의 관심 사항은 이들의 선사시대 조상들이 어디에서 살았고, 또 그들이 어디로 이동해 갔을까 하는 점이다. 우리는 이러한 위치들을 처음에는 알지 못한다. 이러한 점이 오늘날에 사는 사람들의 시료를 갖고 조사하는 데에 가지고 있는 커다란 문제이다. 우리는 어떠

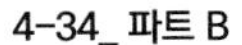
4-34_ 파트 B

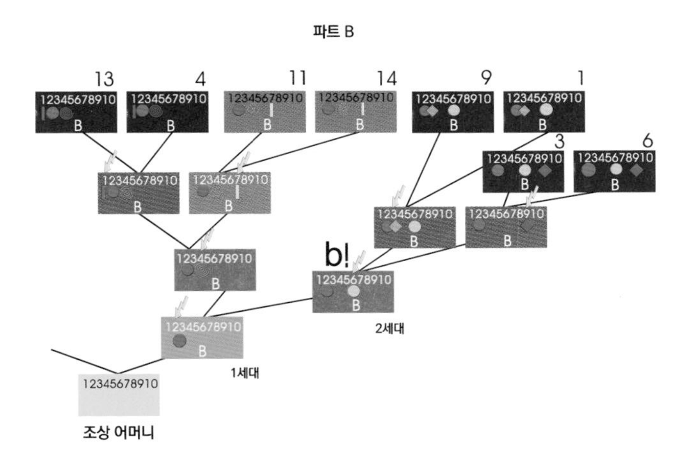

한 돌연변이들이 상대적으로 더 오래된 것인지는 알고 있다. 그리하여 이러한 방식으로 우리의 조상들이 살았던 예전 시기의 상태를 재구성해 낼 수 있다. 그러나 이 오래된 DNA들을 중간 단계의 시기에 적절히 배치할 수 있어야만, 우리는 비로소 이들 조상들이 어느 곳에서 자신들의 유전적인 흔적들을 남겨 두었는지를 확실히 알아낼 수 있다. 그런데 예전 조상들의 거주지를 파악하려면, 범죄수사상에서의 기법을 함께 적용해야만 한다. 유럽과 아시아와 아메리카를 단지 숫자 11번과 14번의 쪽지들이 보이는 알파벳들만으로도 발견할 수가 있다고 생각해보자. 이때 뉴클레오티드 7번 쪽지에서 일어난 돌연변이와 그의 후손들은 단지 아프리카 지역 외에서만 발견된다.

이를 보면 이 미토콘트리아 DNA를 갖는 여자가 아프리카로부터의 이주를 마친 이후에야 비로소 이 돌연변이가 일어났음이 틀림없다 (여기 도표에서는 이러한 쪽지 카드는 엷은 색으로 칠해져 있다). 이에 따라 11번과 14번의 후손들은 아프리카에서 기원하였음을 알 수 있다. 이와 다른 시나리오는 전혀 생각될 수가 없다.

그러나 다음의 사실만은 확실하다. 아프리카의 밖에 사는 많은 사람은 모두 오직 아프리카 라인 L3a에서 기원했다. 인간의 모든 다른 라인들도 거의 예외 없이 아프리카에서 출발하여 오늘날 존재한다. 이는 인간의 이주물결이 아프리카에서 다른 대륙으로 이동하였음을 보여준다.

이제 라인Linie이란 용어를 어떻게 정의 내려져야 할까를 생각해보자. 시기적으로 여러 번에 걸쳐 일어난 돌연변이를 통해 한 무리로부터 여러 갈래가 나오게 되었고, 이는 각기 상당수의 시료에서 발견된다. 이때 전문용어 상으로 표기가 주어지는 것은 단지 하나의 라인뿐이다. 이때에 이는 이 전문용어의 위계를 반영하기도 한다. 그리하여 주요그룹은 라틴어 알파벳 대문자로 표시되고, 바로 그 뒤에 숫자가 뒤따른다. 계속적인 가지치기의 중요도에 따라서 라틴어 알파벳의 소문자가 이에 계속 뒤따르고, 또 그 뒤를 숫자가 따라간다. 예를 들면 U5b1과 같은 방식이다.

분자시계

시간과의 관계는 어떠한가?

우리는 이미 시기를 상대적으로 밝혀내는 방법을 알아냈다. 상당수의 개별 인간에게서 보이는 돌연변이는 상대적으로 큰 무리에게서 일어났으며, 하위 그룹들에서 보이는 돌연변이의 경우는 이보다 나중 시기에 일어난 것이다. 그러나 주요 라인에서 갈려 나오도록 한 돌연변이가 천 년 전이나 만 년 전, 또는 10만 년 전에 일어났는지를 제대로 알아내지 못한다면, 이는 우리에게 별 도움을 주지 못한다. 고고유전학에서 큰 변혁을 일으키게 만든 것은 지나온 시기를 계산해 낼 수 있도록 한 것이었다. 이제 상당한 정확성을 갖고, 또 그 시기를 절대적으로 알아낼 수 있게 된 것이다.

이제 우리는 다시 범죄수사기법의 방식으로 작업해 나가야만 한다. 우리가 한 세대를 30년으로 가정한다면, 이제 현생인류인 호모 사피엔스Homo sapiens가 발생한 이후로는 7,500세대가 지난 것으로 가정된다. 장소와 시간에 관련된 돌연변이의 정도는 민족의 이주를 밝혀내는 열쇠를 제공한다. 돌연변이의 정도를 알아내기 위해서는 인류가 아프리카로부터 탈출하던 시기에 일어났던 돌연변이의 시점을 대충은 알아야 한다. 이를 위해서는 최초 이주자가 여러 장소에 남겨 놓아서 발굴된 고고학적 유물에 대한 절대적인 시점을 계산해서 알아내야 한다. 이는 C14 측정기법을 나이테 측정기법과 함께 이용하여 알아낸다.

특정 변이가 일어났던 시기에 대한 자료를 더 많이 갖고 있을수록, 우리는 더 정확한 '분자시계 *Molekulare Uhr*'를 측정해 낼 수 있다 (영어로는 이를 molecular clock이라 한다). 이는 영국의 유전학자인 앨런 윌슨Allan Wilson이 만든 용어이다 (이에 대하여는 다음을 참조하라. Allan Wilson, *The Molecular Basis of Evolution*, in: Scientific American, Vol. 253 (1985. 10. 4.), p. 148~157, 여기에서는 p. 148의 사항이 해당된다).

만일 섬에 사는 주민이 처음 이주했던 시기를 고고학적인 유물을 통해 증명해 낼 수가 있고, 또 이들 중에서 육지로 이주해 간 주민들을 알아낼 수 있다면, 우리는 이들의 DNA를 통해 이들의 분자시계를 정확히 측정해 낼 수 있다. 만일 이들 섬주민의 미토콘드리아 DNA에서 이 섬에서만 존재하는 돌연변이가 발견된다면, 그 돌연변이는 이 섬에로의 첫 이주가 있었던 이후에 일어난 것이라는 논리적인 결론을 내릴 수 있다. 물론 이 시기에 다른 지역으로부터의 어떠한 유전자 이동이 더 이상 있지 않았다는 전제하에서이다.

여기에서 얻어진 시기 측정은 모든 인간의 미토콘드리아 DNA에도 적용될 수 있다. 이때 각 조각에 하나의 돌연변이가 있었을 확률을 보여준다. 이곳의 개개 뉴클레오티드 위치들에게서 다른 곳에서보다 더 많은 돌연변이가 일어났을 가능성이 있다. 일부 '대립형질의 발현빈도 *Genfrequenz*'에 따라서는 매 5,000년에서 200,000년까지 사이마다 하나의 돌연변이가 일어난다. 이런 사실들은 점점 더 정확히 밝혀지고 있어서, 우리는 언제나 그 닻이 내려진 정확한 시간을 더욱 자세히 밝혀낼 수가 있을 것이다.

유전학자들은 돌연변이의 정도가 상당히 꾸준히 지속되면서 일어나는 이런 부분들을 조사했다. 이때 자주 이용되는 부분은 소위 과도하게 변화빈도를 보이는 영역이다. 대개의 경우 해당 영역에 있는 약 275개의 염기를 가진 특정 사슬이 분석의 대상이 된다. 이 '복제Replikation'[115]와 '전사轉寫 Transkription'[116]를 담당하는 영역은 코드화가 되어 있지 않지만 돌연변이가 있었을 가능성이 아주 높다. 그리고 대략 매 10,000년마다 일으키는 세포핵의 DNA보다 10배 정도로 그 빈도수가 높다.

분자시계가 어느 정도 정확한가에 대해서 윌슨은 점돌연변이가 대체로 방사성 반감기에서 보이는 시계의 똑딱임에 비유할 수 있다고 말하고 있다. 물론 이 시계는 모든 유전자가 소재한 곳에서 똑같이 똑딱거리지는 않고 있다. 자연선택과 무관한 곳에서는 이 시계는 더 빨리 똑딱거린다. 그동안에 루시 포스터Lucy Forster는 방사선에 크게 노출된 곳에서는 분자시계가 더 빨리 똑딱거린다는 사실을 밝혀냈다. 이는 인도남부에 있는 케랄라스Keralas 해변에 거주하는 사람들의 미토콘드리아 DNA에 해당된 사항이다. 그곳에 사는 주민들은 전 세계 평균보다 10배는 더 많은 자연 방사선에 노출되어 있다 (이에 대하여는 다음을 참조하라. Elisabeth Hamel, *Beschleunigte Evolution. Auf radioaktivem Sand tickt die Uhr des Menschen schneller*, in: (촉진화 되는 진화. 방사능에 오염된 모래 위에서 인간의 시계는 더 빨리 똑딱거린다) *Süddeutsche Zeitung*, Nr. 232 (2002. 10. 08.)).

그림 4-35에서 보듯이 지금까지 얻어진 족보수들은 상대적으로 적게 갈려져 나온 가계도를 보이고 있다. 이는 우리들의 조상의 인구밀도가 오랜 기간 아주 낮았던 것을 말해준다. 마지막 빙하기와 농경의 확산과정에서 인구폭발이 생겨났다. 이는 유전학자들이 하는 작업을 수월하게 만들어준다. 이제 전체적으로 조

---

115) 복제複製란 DNA를 증폭시켜 새로운 DNA를 만드는 과정을 말하며, DNA 중합효소重合酵素 Polymerase가 담당한다.

116) 전사轉寫Transkription란 DNA에서 mRNA, 즉 전령傳令 RNA를 만드는 과정을 말하며, 이는 RNA 중합효소 Polymerase가 담당한다. mRNA는 RNA의 일종으로 DNA의 유전정보를 전달하며 리보솜Ribosome에서 단백질이 합성될 때 그 아미노산의 배열 순서를 명시하는 역할을 한다.

망할 수 있는 족보수를 만들게 해주고 있다.

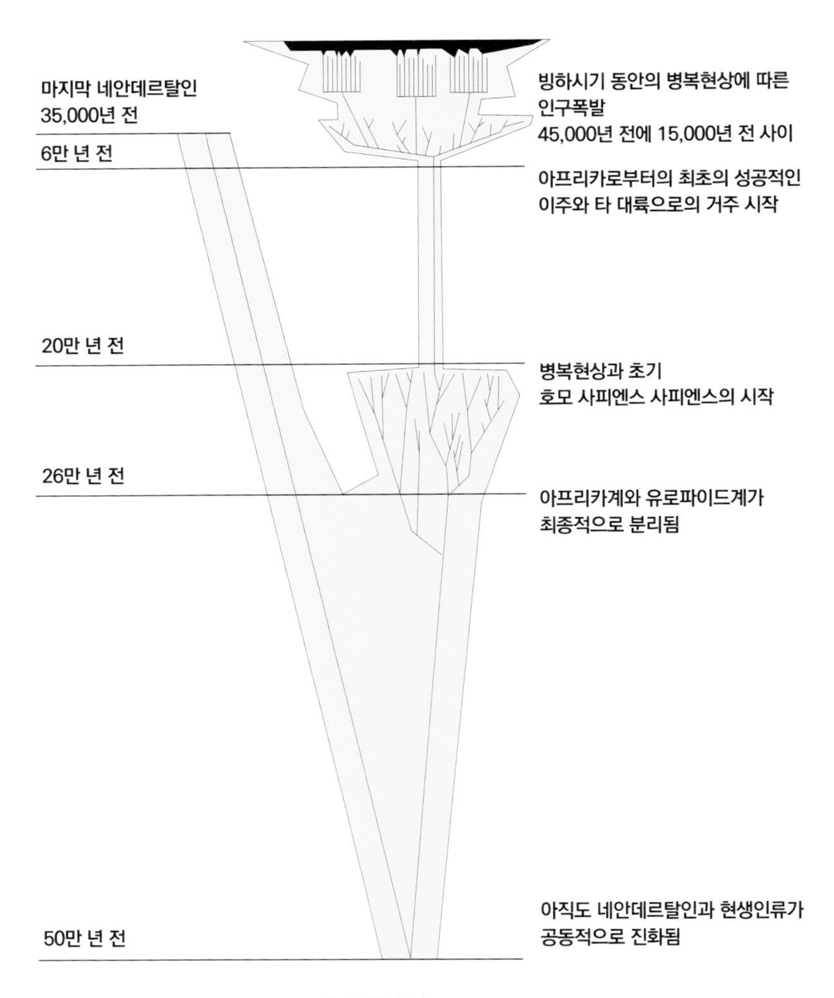

4-35_ 현생인류Homo sapiens sapiens가 진화한 역사

족보수를 얻어내기 위하여 미토콘드리아 DNA에서의 변이를 분석하는 작업이 항상 깔끔하게 진행되었던 것은 아니다. 세 번째 세대에서의 12번과 15번에서 나타난 복귀변이Reversion에서 이미 보이듯이, 알아내서

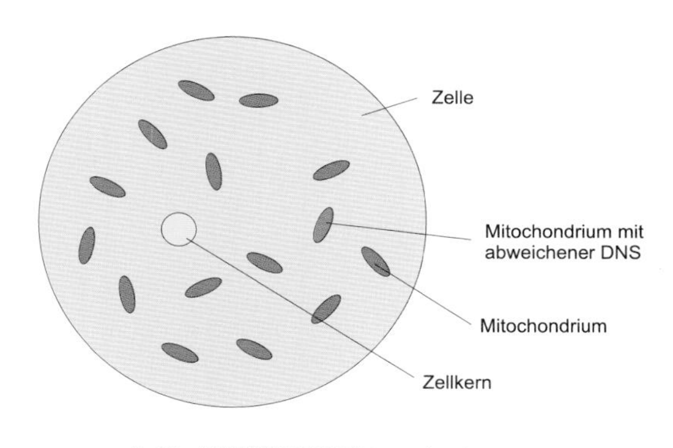

4-36_ 이형세포질유전자 Heteroplasmie

조정해야 할 여러 오류원이 있다. 여기에서 보여주는 다음 3개의 현상은 유전자 족보수를 만드는 데 큰 장애를 주고 있다.

1. 인간의 세포 안에 있는 미토콘드리아에는 여러 다양한 DNA가 함께 존재한다. 어느 시기에 서인가 세포 내에 살던 두 개의 서로 다른 미토콘드리아 DNA에서 독자적인 돌연변이가 일어난 것으로 사람들은 보고 있다. 그러니까 한 세포 안에서 이미 여러 개의 라인이 존재했을 가능성이 있다. 사람들은 이를 '*이형 세포질 유전자*異形細胞質遺傳子 *Heteroplasmie*'[117]라 부르고 있다. 여성의 생식세포에서 이렇게 서로 다른 여러 형태들이 생겨나면, 이들은 다음 세대에도 계속 전달된다. 이리하여 원래는 같은 가계 출신의 피실험자를 분석하여 나올 수 있는 미토콘드리아 중에서 어느 것을 선택하느냐에 따라서 돌연변이가 일어나게 되고, 이 때에 지금과는 완전히 다른 새로운 라인이 생겨나게 된다. 브라이언 사이키스Bryan Sykes는 자신의 저서인 '*이브의 일곱 딸들*'에서 이 이형異形세포질 유전자에 따른 유명한 실례를 제시하고 있다. 살해된 러시아의 차르의 유골을 유전학 상으로 분석하였을 때에, 당시 그의 세포의 어느 미토콘드리아에서도 존재하지 않았던 새로운 변이유형이 뉴클레오티드 169번에서 발견되었다.

2. 특정한 한 유전자의 위치에서 예전의 돌연변이를 다시 복원시키는

117) 보통 진핵세포眞核細胞 Eukaryotes는 수백 개의 미토콘드리아를 갖고 있다. 그런데 한 진핵세포 내에서 돌연변이가 일어날 때에 어떤 미토콘리아 DNA에서는 일어나고, 또 다른 미토콘드리아 DNA에서는 일어나지 않을 수가 있다. 이런 현상을 '이형 세포질 유전자異形 細胞質 遺傳子 Heteroplasmie'라 부른다.

새로운 변이가 차후에 일어나고 있다. '복귀변이 Reversion'라 불리는 이런 현상은 때때로 여러 라인을 그룹화하는 데에 어려움을 준다. 왜냐하면 이 과정에서 여러 병렬 Parallele과 중첩 Überschneidung이 일어나기 때문이다. 뢸의 컴퓨터 프로그램은 이러한 장애를 인식하여 수정하고 있다. 그러나 복제 상에서 일어난 오류에 관한 우리의 실험과정에서, 이는 완벽한 성공은 거두지 못하고 있다. 왜냐하면 아주 적은 자료들에 바탕을 두고 한 것이어서, 이를 근거로 하여 만든 족보수는 아주 축소된 형태만을 제공하기 때문이다 (이에 대하여는 다음을 참조하라. Bryan Sykes, *Die sieben Töchter Evas, Warum wir alle von sieben Frauen abstammen - revolrutionäre Erkenntnisse der Gen-Forschung*, Bergisch Gladbach, Bastei Lübbe Taschenbuch, Bd. 60515. 특히 p. 81을 보라).

3. 또 다른 제약은 상사성相似性 Homoplasie 때문에 생겨난다. 완전히 다른 라인에 속한 두 사람이 하나의 공통 조상에서 물려받은 미토콘드리아 상에서의 돌연변이가 우연히 같은 유전자 위치에서 똑같은 형태를 보여주는 경우가 있다. 그런데 이런 돌연변이들이 완전히 다른 시점에서 생겨났을 수도 있다. 그러니까 이러한 사람들은 미토콘드리아 상에서는 완전히 먼 친척 관계를 보이는 족보수를 갖고 있음에도 불구하고 우연히 일치된 변이 형태를 보이게 된다. 예전 방법에서는 이러한 경우에 여러 문제점을 야기했다. 뢸의 컴퓨터 프로그램은 이러한 돌연변이를 인식해 내어, 모든 규칙을 설정해 내는 데에 있어 이를 고려하고 있다.

고고유전학에서 알아낸 사실

분자 계통수: 새로운 연구결과

앞서의 방법론을 다룬 장에서 우리는 고고유전학Archäogenetik에서의 다양한 시도를 알게 되었다. 이제 유전학자 피터 포스터Peter Forster가 새로이 고안한 방법으로 얻어낸 결과를 살펴보기로 하자. 그런데 여기에서 우선 언급할 사항이 있다. 한 계통수 라인의 생성은 특정 시점에 일어난 어떤 하나의 돌연변이에 의해 결정된다. 그럼에도 불구하고 이 라인에 속했던 사람들이 그 돌연변이가 일어난 시점에 어느 장소에 있었는지 확실히 알아내기가 어렵다. 오늘날에 사는 사람들이 제공하는 시료들은 결코 이에 대한 명확한 정보를 알려주지 않는다. 시료의 규모가 클수록, 우리는 선사시대 민족의 거주지와 그들의 이동 과정에 대해 더 많은 사실을 알아낼 수 있다. 그러나 어디에서부터 이동을 시작하였는가를 추측해 내려면, 이때 얻어낸 결과가 합당하다는 결론을 내리기 이전에 우선 철저한 토론이 요구된다.

세계 인류의 거주지가 아프리카에서부터 출발하였다는 것은 오늘날 확실한 사실로서 간주되고 있다. 인간이 기원한 라인과 이에서 갈려나온 여러 많은 라인들이 모두 아프리카에만 있었고, 그중에서 한 라인만이 다른 대륙으로 퍼져 나갔다. 이와는 다른 시나리오는 현재로서는 전혀 생각할 수가 없다. 빙하시기의 피난지역은 이미 어렵게 알아냈다. 따라서 인류의 기원과 이와 관련된 사실들은 고고학적인 자료와 아주 오랜 옛 시기에 있었던 기후와 관련된 자료의 도움을 받아 철저한 확인 조사가 이루어져야만 한다.

우리 부계 조상들의 이주경로

우선 파브리코 산토스Fabrico R. Santos를 팀장으로 한 연구팀에 의해 1999년 2월에 'American Journal of Human Genetics'의 잡지에 발표된 Y염색체에 대한 연구를 소개하려 한다 (이에 대하여는 다음을 참조하라. Fabrico R. Santos et al., *The Central Siberian Origin for Native American Y Chromosomes*, in: *The American Journal of Human Genetics*, Vol. 64 (1999), p. 619~628). 이 논문은 현생인류가 아프리카에서 빠져나온 후에, 유럽과 아시아와 그리고 이곳을 거쳐 아메리카 대륙 안으로 간헐적으로 들어간 이주과정을 재현하고 있다. Y염색체의 재조합되지 않은 단편의 유전자는 미토콘드리아 DNA의 경우처럼 자주 돌연변이가 일어나지는 않는다. 따라서 Y염색체의 연구를 통한 세계에서의 인류의 이주과정에 대한 시나리오의 묘사는 그 세밀한 정도가 다소 떨어질 수밖에 없다. 물론 이때에 이용된 일부 작은 시료도 우연히 선택된 것이기도 하다.

모든 대륙에 사는 306명의 사람들에게서 얻은 유전자 시료에서 나타난 돌연변이를 통해 우리는 하나의 분자계통수를 얻어냈다. 이의 뿌리인

4-37_ Y염색체 계통수에 따른 현생인류의 이주 상황

Nr. 3 라인의 전 단계는 아프리카의 산족San에게서 나타나는 것으로 추측된다. 그리고 나중에 나타난 거의 모든 라인도 이에 뿌리를 두고 있다.

다음 단계의 돌연변이에 따른 Nr. 13 라인이 코카사스 쪽의 방향에서 발견되고 있고, 또 이의 직계 후손들이 인도 지역에서도 발견된다. 이 라인은 아시아 쪽의 방향으로 계속 진출한다. 그전에 Nr. 10 라인이 새로이 갈려나와, 북유럽과 인도쪽 방향으로 퍼져 나간다. 북동부유럽 지역에서는 여기에서 Nr. 1 라인이 생긴 후에, 그 다음에 다시 Nr. 32 라인이 생겨났다. Nr. 1 라인은 유럽으로 진출하여 오늘날에는 이곳 전체 주민에게서 53%의 비율을 보인다. 이들은 다시 인도로 진출하여 이곳에서는 14.5%의 비율을 보인다. 이 라인은 북아메리카 인디언에게서는 20%의 비율로 발견되는데, 이들은 이곳에서 아주 늦은 시기에 혼혈을 이루었던 것으로 보인다. Nr. 32 라인의 후손은 스칸디나비아와 북부 우랄지역으로 퍼져 나갔다.

연구자들은 이밖에 30개의 뉴클레오티드의 위치에서 다양한 돌연변이를 발견했는데, 시베리아에 사는 이들의 이주경로는 남아메리카의 지역으로까지 연결되고 있다. 이들 주민들은 틀림없이 온난한 시기에 이 지역에 들어섰고, 이후 기후가 악화된 이후에는 추위와 싸우면서 아주 힘든 삶을 영위해야만 했다. 이때에 많은 그룹들이 소멸하였고, 남은 그룹들은 부동에 의한, 즉 뚜렷한 창시자 효과로 여러 변화를 일으켰다. 이는 이들 소규모 인간그룹의 무리들이 아주 오랜 기간 완전히 고립된 상태에서 살았기 때문으로 보인다. 소비에트 연방의 확장정책에 따라서 그동안 많은 소수민족 주민의 수가 상당히 줄어들었다. 이에 일부 그룹들은 사라지거나 사멸될 위기에 놓여 있다.

상당수의 아메리카 원주민에게서 Y염색체 뉴클레오티드의 DYS199 위치에서 C가 T로 치환되는 특별한 점돌연변이가 발생했다. 그리고 이 돌연변이로 인하여 광범위한 변화가 함께 일어났다. 이 돌연변이는 마지막 빙하시기 동안에 육로로 연결되어 있던 베링해를 건너 이주한 주민에 대한 주요 이동지표가 되는데, 이에 따른 것이 Nr. 31의 라인이다. 이 돌연변이가 일어난 문화권은 아시아의 에스키모인과 베링 지역의 문화권이 친척관계에 있음을 보여준다.

Nr. 10 라인의 주민들은 콜럼버스가 도착하기 이전에 살았던 아메리카 대륙 원주민의 후예이다. 앞에서 제시한 논문에서는 6명의 북아메리카 인디언이 시료를 제공하였는데, 이는 전체의 30%이다. 또 1명의 몽골인과 4명의 인도인이 실험 대상이었다. 이 라인은 시베리아를 거쳐 갔는데, 이곳에는 아직도 Nr. 13의 변이형과 (이의 시료 제공자는 1명의 에벤키Evenki[118]인과 2명의 몽골인과 1명의 인도인이다), Nr. 20의 변이형이 발생한 곳이다 (이의 시료제공자는 4명의 알타이인 (17.4%), 7명의 케트Ket인 (70%), 1명의 몽골인과 1명의 인디언이다). Nr. 10의 라인은 계속해서 북아메리카 대륙의 안쪽으로 진출했다. Nr. 20의 라인 역시 알라스카에서 발견된다. Nr. 10의 라인이 빠르게 아메리카로 진출했다면, 여기에서 켄네위크Kennewick인[119]과 같은 비非몽골인 유형의 유골들이 발견되는 이유가 설명된다 (이에 대하여는 역시 다음을 비교하라. http:/www.kennewick-man.com/index.html (2006. 07. 02.)). 베링해를 건너가기 바로 이전이나, 그 바로 직전에 Nr. 10의 라인에서 돌연변이로 인하여 Nr. 31의 라인이 생성되었음이 틀림없다. 이들은 남아메리카에까지 도달하여, 그곳 인디오의 40%에서 확인되고 있다. 북동부 시베리아 지역에서는 이밖에

118) 에벤키인은 예전에는 퉁그스인Toungusen이라 불리던 종족으로서, 현재 시베리아와 몽골과 중화인민공화국에 흩어져 살고 있다.

119) 켄네비크인은 콜롬비아강 연안에서 그 유골이 발견되었다. 이 책의 저자는 이들이 9,200년 전에 살았던 인간으로 추정하고 있다. 또 저자는 이들의 골격구조는 유럽인에 더 가까운 것으로 밝혀지고 있지만, 이들에 대한 유전적인 분석결과는 아직 나와 있지 않다고 말하고 있다. 그러나 2015년 공표된 연구보고서는 이 켄네비크 남자의 유골이 기원전 7,300 (8410±60 uncal. BP)의 것이며, 이의 유전적 특성이 당시 인디언의 그것과 일치한다고 한다. 따라서 오늘날의 인디언과 친척관계에 있는 것이다 (Wikipedia 2016. 07. 28).

Nr. 31의 라인이 발견되고 있는데, 이들은 마지막 빙하기가 끝난 후인 나중 시기에 베링해 지역으로부터 귀환했던 사람들로 간주되고 있다.

Nr. 1의 라인에 속한 유럽인이 북아메리카 인디언과 아주 가까운 친척관계에 있음과 더불어 그 밖의 유럽인에게도 유전적으로 가까운 존재임을 간과할 수 없다. 유럽인과 아메리카 원주민의 상당수가 부계 쪽으로는 동일한 조상을 갖고 있다. 일부 몇 개의 라인들은 시베리아에 정착하여 유럽 쪽과는 유전적으로 상당한 거리를 두면서 발전해 나갔다. 그렇지만 이들은 오늘날 아시아계 라인에 상당히 가깝다. 에벤키인Evenki은 유전적으로 몽골인에게 아주 가깝다.

Nr. 20의 라인은 케트인Keten에게서 상당히 두드러지게 나타난다. 이들은 현재 약 1,000명 정도로 줄어든 상태에서 오늘날의 예니세이 강변의 분지에 웅크려 살고 있다. 고古시베리아 어족에 속하는 이 케트족의 언어는 지상의 어떤 언어와도 연결되지 않는다. 조셉 그린버그Joseph Greenberg는 이 언어가 라-데느La-Dene언어군과 가까운 친척관계에 있다고 주장한다. 케트인은 몽골인 종족보다는 더 밝은 피부색을 보이지만, 우랄인 종족보다는 어두운 피부색을 보인다. 시베리아의 연구가인 알렉산더 테오도르 폰 미덴도르프Alexander Theodor von Middendorf (1815~1894)는 자신의 탐험기에서 이들의 외모가 핀인에게 아주 가깝다고 적고 있다 (이에 대하여는 다음을 참조하라. Alexander Theodor von Middendorf, *Auf Schlitten, Boot und Renntierrücken*, Gerolf Alschner 〈Hrsgg.〉, *Reise in den äussersten Norden und Osten Sibireiens während der Jahre 1843~1844*, Leipzig, Brockhaus 1953). 케트인은 일부 알타이인과 공통으로 DYS19-A란 대립유전자를 갖고 있는데, 이는 Nr. 31의 라인에 속한 대부분의 사람에게서도 역시 보이는 현상이다. 알타이인은 예전에 7개의 터키계 문화권으로 구성되어 있었는데, 이들이 사방으로 이 유전자를 퍼뜨린 것으로 추측된다.

우리 모계 조상들의 이주경로

이제 미토콘드리아 DNA로의 연구방향에 눈길을 돌려 보기로 하자. 마크 스톤킹Mark Stoneking이 주도한 한 연구에서는 1997년에 유전적인 거리 관계를 근거로 하여 아프리카에서 인류가 기원하였음을 밝혀냈다 (이에 대하여는 다음을 참조하라. Mark Stoneking et al., *Alu insertion Polymorphismus and human evolution: Evidence for all larger population size in Africa*, in: *Genome Research*, 1997, vol. 7, p. 1061~1071; 또한 다음을 참조하라. Elisabeth Hamel, *Synchronising Paleoontological and Genetic Evidence to prove the Out-of Africa theory*, in: *Migration & Diffusion*, Vol. 1,3 (2000), p. 98~115). 이는 분자 계통수의 작성법이 타당함을 확인해 준다. 여러 일련의 발표된 연구결과를 토대로 하면서, 분자유전학자들인 피터 포스터, 마틴 리차드Martin Richards, 안토니오 토로니Antonio Torroni, 엘리자베스 왓슨Elisabeth Watson 등은 수학자 한스-위르겐 반델트Hans Jürgen Bandelt와 공동으로 개발한 방법을 통해, 지금까지 만들어진 것보다 더 상세하게 유럽과 아시아에서 거주하는 주민들의 상황에 대한 분포도를 그려낼 수가 있었다.[120)]

이제 인류 기원의 요람이었던 아프리카로부터 현생인류가 최초로 성공적으로 이주해 나온 과정을 살펴보기로 하자.

수많은 인류학자들은 아프리카로부터 처음 퍼져 나간 사람들에게 가장 유사한 인간은 오늘날의 피그미족이라고 추측하고 있다. 1903년과 1905년에 이미 율리엔 콜만Julien Kollmann (1834~1918)은 오늘날의 인류로서는 아프리카의 피그미족에 가까운 모습을 가진 최초의 현생인류가 출발한 것으로 보았다 (이에 대하여

---

120) 여기에서는 각 유전자 라인에 대한 상세한 모습을 보여주어서, 미토콘드리아 DNA를 이용한 연구결과에 관심이 있는 독자들에게는 커다란 흥미를 유발할 것이다. p. 682 이하에는 이를 요약한 '유럽에서의 이주과정에 대한 시나리오'에 대한 내용이 있다 (이 책의 저자 Hamel의 주).

는 다음을 참조하라. Julien Kollmann, *Die Pygmäen und ihre systematische Stellung innerhalb des Menschengeschlechts*, in: Verhandlungen der Naturforschenden Gesellschaft in Basel, Bd. 16 (1903), p. 85~117). 따라서 피그미족이 '현생인류의 선도자'라고 말할 수 있다. 비록 서부 피크미족과 부시맨은 기타 아프리카 종족과는 아주 다르지는 않으면서도, 이들이 현생인류가 생겨난 이후에 가장 오래된 모계계통의 라인을 내포하고 있다. 이는 엘리자베스 왓슨Elisabeth Watson과 유-셍 첸Yu-Sheng Chen이 주도한 연구팀에 소속되었던 인류유전학자들이 미토콘드리아 DNA를 갖고 연구한 결과의 발표를 근거로 하여 나온 사실이다 (이에 대하여는 다음을 참조하라. Elisabeth Watson et al., *Mithocondrial Footprints of Human Expansions in Africa*, In: American Journal of Human Genetics, Vol. 61 (1997), p. 691~704; Yu-Sheng Chen et al., *mitDNA Variation in the south African Kung and Khwe- and Their Genetic Relationship to Other African Populations*, in: The American Journal of Human Genetics, Vol. 66 (2000), p. 1362~1383).

아시아인과 유럽인과 파푸아인은 지금으로부터 약 55,000년 전에 있었던 최초 이주물결의 과정에서 생겨난 후손들이다. 이들은 아프리카에서의 탈출경로를 열었던 공통의 한 인간그룹으로부터 나왔다. 파푸아인는 아프리카인의 유형과 아주 닮아서, 지금까지 사람들은 이들이 나중의 늦은 시기에 아프리카로부터 이주해 나온 사람들의 직계후손이라고 지금까지 추측해 왔다. 그러나 이들은 이미 40,000년 전부터 지금의 거주지에 정착해 사는 것으로 추정된다. 그들의 조상은 아주 이른 시기에 아프리카로부터 이주해 나온 자들과 분리된 이후에 극도로 고립된 생활을 해왔기에, 오늘날의 아프리카인들과는 아주 닮은 외모를 보일 정도로 고유한 특성을 지켜 내려왔다. 이들의 혈액 안에 있는 특질들은 일면은 아프리카 종족의 측면의 것과 더불어 아시아 종족의 측면을 보여주고 있다 (이에 대하여는 다음을 참조하라. Peter Forster et al., *Phylogenetic Applied to Asian and Papuan mtDNA*

Evolution, in: *Molecular Biology and Evolution*, 18 (2001), p. 1864~1881).

왜 여러 민족들 간에, 특히 외모 상에서 그렇게 큰 차이를 보여줄까? 이에 대한 답은 다음과 같다. 이는 주변 환경에 적응해서라기보다는 창시자 효과가 아주 두드러지게 나타났기 때문이다.

파푸아인은 우리 아프리카인의 공통조상들과 비슷하다. 그러나 우리는 아시아인, 유럽인, 아프리카인 사이에서는 뚜렷한 차이점을 발견한다. 아시아인과 유럽인의 조상들은 파푸아인의 조상들과는 달리 따뜻한 지역에서는 살지 않아서, 추측건대 마지막 빙하시기에 추위와 굶주림에 시달렸다. 단지 제때에 비교적 따뜻한 지역을 찾아내어, 더 나은 생존 기회를 얻은 자들만이 살아남을 수 있었다. 이 때문에 당시 주민의 인구밀도는 아주 낮았다. 후에 생겨난 인구폭발은 그 직후에 있었던 강한 창시자 효과의 덕분이었다. 이리하여 우연과 자연선택이 아시아인과 유럽인의 전형적인 외모 형성에 큰 영향을 주었다. 아시아인은 일찍이 유럽의 조상들로부터 갈라져 나와 M 그룹으로 합쳐진다.

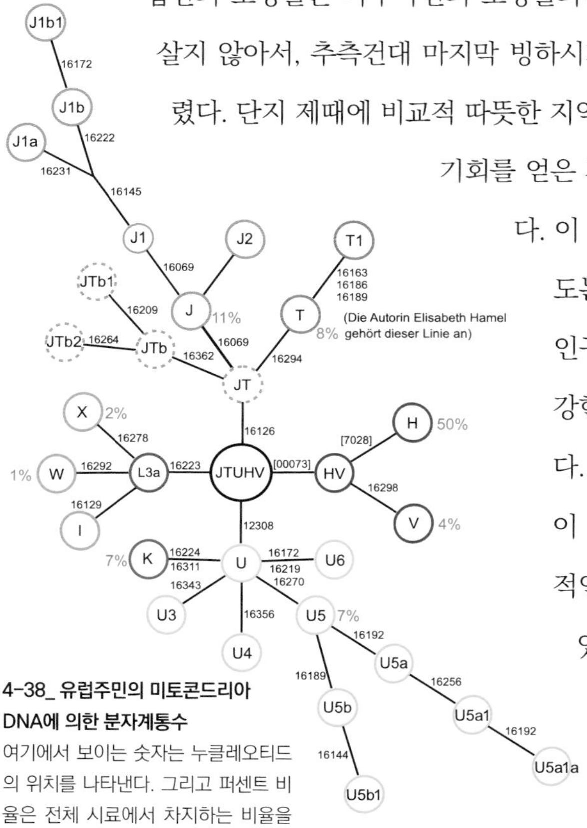

4-38_ 유럽주민의 미토콘드리아 DNA에 의한 분자계통수
여기에서 보이는 숫자는 누클레오티드의 위치를 나타낸다. 그리고 퍼센트 비율은 전체 시료에서 차지하는 비율을 나타낸다.

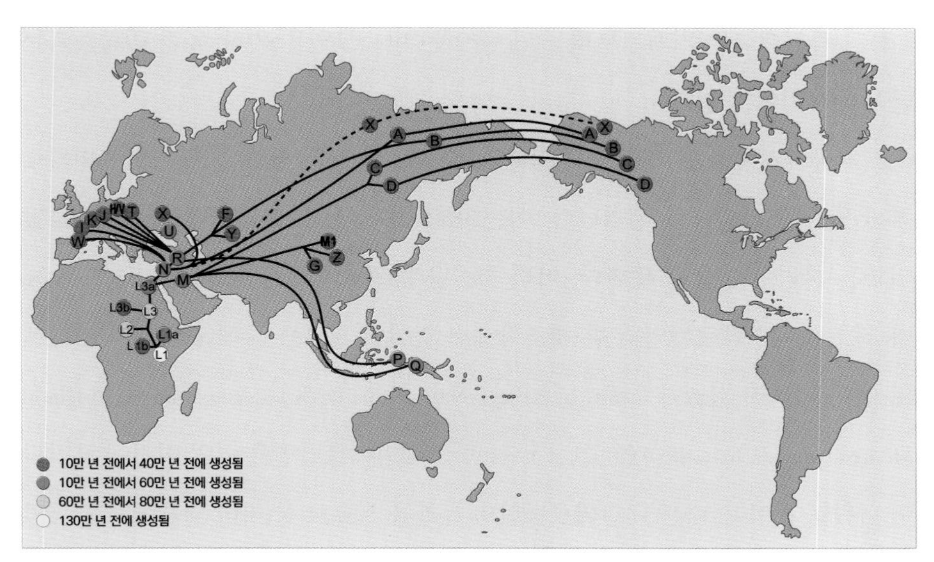

4-39_ mtDNA에 따른 현생인류의 계통수

이제 유럽에 초점을 맞추어 보자. 분자유전학자들은 상당수의 유럽인 시료 기증자에게서 5개의 다양한 주요그룹을 발견했다. 이들은 하나의 점으로 집중해 몰려있는 형태를 보이면서, 거의 전적으로 동쪽의 근동지역에 기원을 두고 있다 (이에 대해서는 4-38의 그림을 보라). 이들의 일부는 역시 아프리카와 아시아에서도 나타나면서, 아프리카에 있는 주요 그룹인 L3a에 대해서는 이의 하위그룹을 형성하고 있다. 이들 모든 그룹들은 아프리카에 뿌리를 두고 있다. 이는 유전적인 측면에서 '*아프리카에서의 탈출*'의 이론을 확고히 뒷받침한다.

유럽의 유전자 계통 라인들

다음으로 유럽에서 나타난 주요한 돌연변이에 대해 알아보기로 하자. 이와 더불어 유럽과 그 밖의 대륙에서 나타난 거주이동의 시나리오를 종합하여 살펴본다. 유전학자 팀들은 유럽의 여러 라인들을 통해 다음의 두 가지 주요 사실을 알아냈다.

1. 추측건대 신석기시기부터 크게 줄어든 바스크인은 기타 유럽 종족들과는 근본적인 차이가 없다.

2. 지금까지 얻어낸 자료에 근거하면, 오늘날의 모든 사람은 모두 아프리카로부터 탈출한 라인에서 생겨났다. 이는 이들보다 더 오래된 라인인 네안데르탈인과는 관련이 없음을 뜻한다. 이런 사실은 유전학자 스반테 파에보Svante Paäbo가 최초로 네안데르탈인의 한 뼛조각에서 얻어낸 시료를 통해 알아내기 이전에도 이미 알려져 있었다 (Matthias Krings, Neanderthal *DNA* Sequences and the Origin of Modern Humans, in: *Cell* 90 (1997), p. 19~30). 즉 네안데르탈인은 이미 이전에 분리되어 나왔던 것이다. 다른 네안데르탈인의 유골을 시료로 한 기타 연구에서도 동일한 결과가 나왔다.

아프리카로부터 이주해 나온 라인인 L3a은 유럽에서 여러 돌연변이 형태를 만들어냈다. 즉 U 그룹. K 그룹, W 그룹. X 그룹, T 그룹, J 그룹, H 그룹, V 그룹이다 (이에 대하여는 그림 4-40을 보라). 유전학자 브라이언 사이키스Bryan Sykes는 자신의 저서인 '이브의 일곱 딸들'에서 이들 각 계통의 라인에다가 여자의 명칭들을 부여했다. 이때 그는 각 라인의 표기 명을 첫 알파벳으로 한 이름을 만들어 주었다. 즉 U rsula, X enia, T ara, J asmin, K atrin, H elena, V elda이다. 지금 여기에서는 이들 미토콘드리아 DNA의 상대적인 연령을 색깔별로 구분하여 표시하고 있다. 즉 노란색이 가장 오래된 계통의 라인이다. 각 라인은 무지개색의 척도에 따라 단계적으로 계속 표시될 것이다.

이 7개의 모든 라인은 선사시기의 유럽에서 이미 존재했다. 이 라인의 대부분은 50,000년 전에서 20,000년 전 사이에서 생겨났다. 이를 가지고 개별적으로 50,000년 전에서 40,000년에 이르는 아주 이른 시기에 유럽에서 일어났던 현생인류가 이주한 모습을 밝혀낼 수가 있다.

4-40_ 유럽에서의 미토콘드리아 DNA의 분포도

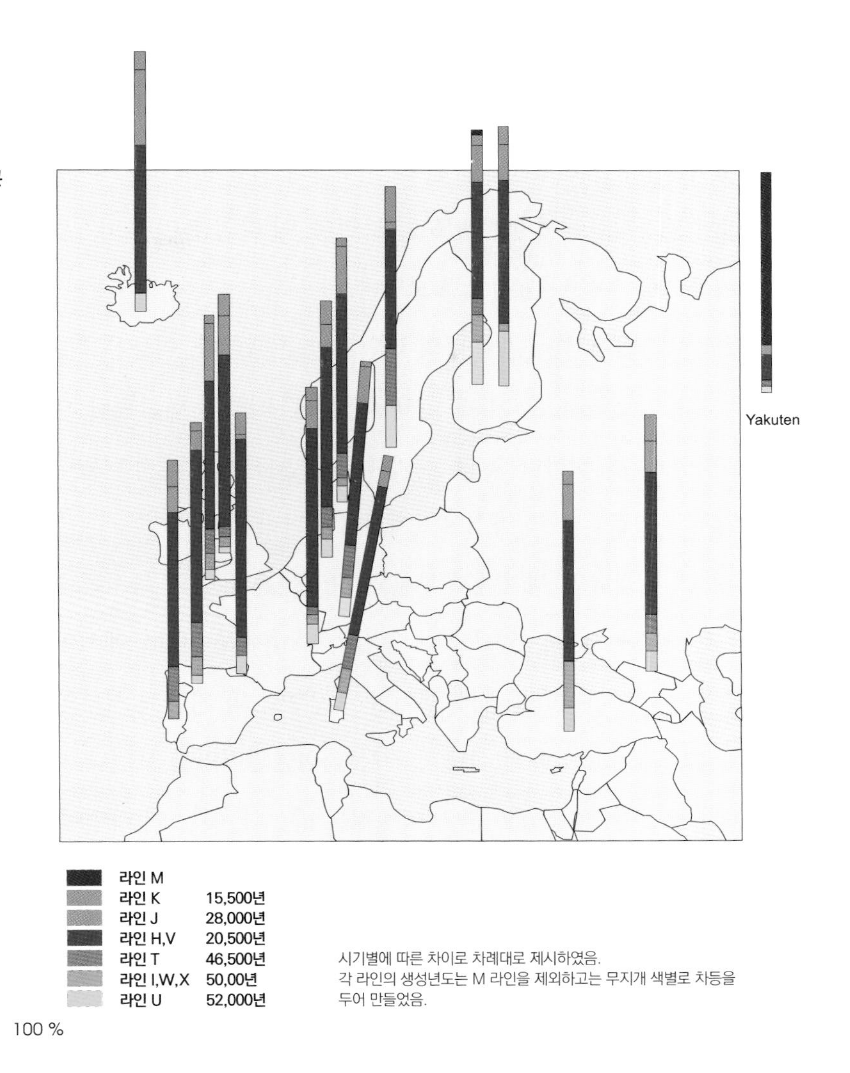

유럽에서 발견되는 가장 오래된 라인은 대략 50,000년의 나이를 갖고 있는 U의 우르술라Ursula 라인이다 (그림 4-38과 4-40에서는 노란색으로 나타난다). 이들의 기원지는 동쪽의 근동 지역이 아니라, 아프리카의 이주그룹인 L3a에 좀 더 가깝다. 이들은 주로 남쪽에 치우친 위도의 지역에서 나타난다. 오늘날의 에티오피아 지역에서 일찍이 U가 분리되어서는 인도로 이주하여 갔다. 그러나 이들은 몽골인 주민계통의 M보다는 늦게 인도에 도달했다.

U 에서 나온 유럽형의 변이형태는 지중해 서부 지역과 바스크인에 뿌리를 두고 있다. 대략 25,000년에 생긴 라인 U3 와 U4 에서 나온 후손 및 이들의 방계 라인이 불가리아에서 높은 빈도를 보인다. 이 라인은 이미 마지막 빙하시기 이전에 이곳으로 퍼져 나간 것으로 보인다.

U5 는 유럽에서는 단 하나의 라인로만 존재한다. 이들은 최초의 이주물결에 관련되어 있으면서, 오리냐크 문명을 일으킨 자들과 연관된다. 이들은 오늘날 유럽주민의 7%를 점한다. U5a 는 약 40,000년 전에 갈려져 나왔다 이에서 갈려나온 일부 라인들은 오직 바스크인에게서만 나타난다.

나중에 갈려나와 생겨난 대부분의 라인들은 유럽의 북서쪽 지역에서 나타난다. 그중의 한 갈래는 알프스와 유럽의 북중부와 핀란드에서이다. 하위그룹인 U5a1 는 대략 30,000년 전에 생겨나서, 알프스와 지중해 서부와 북부유럽과 중부유럽의 계통수 상에서 상당히 커다란 점돌연변이를 보인다. 바스크인의 시료제공자 중의 누구도 U5a1 를 보여주지는 않는다. 이는 이 라인이 이른 시기에 갈려져 나왔지만, 바스콘인의 배후지역에는 도달하지 못했음을 뜻한다. U5a 와 이에서 나온 U5a1 의 생성시기가 아주 오래된 것임을 감안하면, 이 유전자들을 지닌 사람들은 마지막 빙하시기 이전에 퍼져 나갔음을 말해준다. 나중의 늦은 시기에 갈려나온 것이 특히 북서유럽지역에서 강하게 나타난다. 북서유럽 지역과 바스크인에게 뿌리를 두고 있는 U5b 라인 계열은 지중해 중앙과 서쪽 지역에 국한되어 나타나고 있는데, 여기에서 바스콘인의 존재가 입증되고 있다. 이에 대하여는 나중에 더 상세한 언급이 있을 것이다.

이보다 나중에 U5b 에서 생겨난 U5b1 는 오직 사미인Samen에게서만 높은 비율로 나타난다.

U6 라인은 아주 특이한 측면을 보여준다. 왜냐하면 이는 유럽에서는 오직 이

베리아 반도에서만 발견되고 있기 때문이다. 이곳에서 이는 7%의 점유율을 보인다. 물론 북아프리카에서 베르베르어를 사용하는 종족인, 즉 모로코와 알제리아에 사는 베르베르인은 이보다 더 높은 점유율을 보여준다. 따라서 U6 역시 북아프리카-베르베르인의 라인으로 간주된다. U6 는 그 뿌리를 약 47,000년 전에 근동과 북동아프리카에 둔 것으로 추측된다. 이 라인은 약 27,000년 전에 지중해를 건너서, 그러니까 바다를 통해 퍼져 나간 것이 확실하다. U6 는 유럽에서는 스위스와 영국의 콘월지역에서 각기 하나씩만 관찰된다. 예전에 미케네인의 항해무역이 론 계곡을 지나 스위스에까지, 그리고 대서양을 거쳐 브리타니아에까지 도달한 사실을 감안하면, 이 미토콘드리아 DNA를 지닌 사람들은 지중해 출신이었던 선사시대 항해자의 것일 수가 있다. 이밖에 U6 라인이 오직 이베리아 반도에서만 발견되는 사실도 이를 또한 입증한다.

뉴클레오티드 16223의 위치에 있는 오렌지색의 라인인 I, W, X "Xenia"는 (이에 대하여는 그림 4-38을 보라), 중동 지역에서 공동의 뿌리를 두고 나왔다. 이들의 후손은 대부분 아시아와 아프리카에 살고 있으면서 높은 점유율을 보인다. 이들은 약 50,000년 전에 발생한 유럽의 가장 오래된 유전자 라인들이다. 이들의 뿌리는 약 65,000년 전에까지 이르고 있다.

라인 I 는 약 35,000년 전에 생겨나서 모든 시료제공자의 단지 2%만에게서만 나타난다. 이들 주민들은 주로 북유럽과 서유럽지역에 흩어져 있다. 이들이 기원한 곳은 중부유럽의 북부지역이다. 이의 두 개의 직계 계열이 알프스지역에서 발견되고, 두 개의 다른 직계 라인은 유럽의 북서쪽 지역 방향으로 향하고 있다. 이에서 갈려나온 다른 모든 계열들은 알프스 지역으로부터 유럽의 북서쪽과 지중해 중앙지역을 향해 뻗어가고 있다. 이의 옛날 방계 라인이 특이하게도 알제리아에서도 나타나며, 극소수지만 이베리아 반도에서도 나타난다.

라인 W는 상대적으로 늦은 시기인 약 18,000년 전에 발생했는데, 단지 1% 정도에 불과하여 유럽에서는 역시 아주 드물게 나타나는 라인에 속한다. 이 라인이 나타나는 비교적 중심 지역은 핀란드, 알프스 지역, 지중해의 서부와 중부이다. 이 라인에서 나중에 갈려나와 생긴 것이 북유럽과 중부유럽 방향으로 뻗어가고 있다.

라인 X "Xenia"는 대략 50,000년 전에 발생하여 유럽에서는 2%를 점하고 있다. 이의 주요 라인들은 빙하시기가 끝난 후인 상대적으로 늦은 시기에 퍼져 나갔다. 라인 X는 약 42,000년 전의 이른 시기에 X1과 X2로 갈라졌다. X1는 오직 북아프리카 지역에서, X2는 유럽과 아시아에 널리 퍼져 있다. 발생시점과 퍼진 상황에 있어서는 유럽에서 역시 최초 이주자 그룹에 속하는 U에 비견할 만하다. X2에서는 아직도 많은 의문의 여지가 있는 특이한 하위 그룹이 있는데, 이것이 X2a이다. 이는 지금까지 오직 북아메리카의 인디언 종족에게서만 발견되고 있다. 이 분리를 일으킨 돌연변이가 발생한 시점은 적어도 지금부터 11,000년 전으로 추정되고 있다. 그 이후 이 라인은 북아메리카에서 독자적으로 계속하여 발전해 나갔다.

X2a가 아시아를 지나서 베링 해를 건너갔는가의 여부에 대해서는 확실한 실마리가 없다. 아시아에서 이들의 흔적은 아직도 발견되지 않고 있다. 이는 이들이 사멸되어 더 이상 발견되지 않았을 수도 있다. 이 라인이 아주 드물게 나타나는 점을 보아서는, 이들이 사멸되었을 가능성이 농후하다. 그러나 이 라인의 조상들이 아시아를 지나 아메리카로 들어갔을 수도 있다. 지금까지 수집된 자료들의 내용이 바뀌지 않는다면, 선사시대 항해자들이 X2a를 북아메리카로 가져왔을 경우도 생각된다. 이는 콜럼버스가 아메리카에 도착하기 훨씬 이전에 유럽의 해상 항해자들이 이곳에 도착하였으리라고 생각하는 사람들이 내세우는 논리에

근거를 제공하는 또 다른 퍼즐 중의 하나이다. 실제로 이집트의 미이라에서 발견된 코카인의 흔적은 아메리카 대륙과 일찍이 접촉이 있었음을 보여주는 또 다른 증거가 되고 있다 (이에 관심이 있는 독자는 다음 책을 읽기 바란다. Christine Pellech, *Die ersten Entdecker Amerikas*, Frankfurt am Main, Peter Lang, 1997).

중근동지역에서 T "Tara" 그룹과 J "Jasmin" 그룹이 약 46,000년 전에 뉴클레오티드 16126 위치에서 공동으로 돌연변이를 일으켰다. 그리하여 사람들은 이들을 T J 의 하나로 묶기도 한다. 이들이 유럽에 도착한 것은 농경과 목축이 새로운 생활 형태로 도입된 것과 연관되고 있다. T J 는 중근동 지역에서 전체 50%의 점유율을 보이고 있다. 이들에게서 나온 후손들은 오직 그곳에서만 발견된다. 그림 4-40에서 핑크색을 보이는 라인 T 는 약 42,000년의 나이를 갖고 있으면서, 중근동 지역에서는 다소 적게 존재한다. 이 라인은 유럽에서 널리 펴져있어서, 평균적으로 8%의 점유율을 보이고 있다. 이들은 알제리아에서도 역시 발견되고 있고, 서아프리카 지역에서는 아주 흔히 나타난다. 터키와 핀란드와 아이슬란드에서는 이 유형이 전혀 나타나지 않고 있다. 러시아의 차르였던 니콜라이 2세는 그와 혈연 상에서 친척관계를 보이는 황태자 필립, 영국의 엘리자베스 여왕의 부군인 에딘버러 공작, 아메리카의 권총왕 제시 제임스, 이 책의 저자인 본인도 T 라인의 후손이다. 여기에서 갈려나온 T1 은 조금 늦은 시기인 약 9,000년 전에 생겨났다. 이들은 지중해 서부지역과 유럽의 북쪽, 서쪽, 중부 지역과 더불어 알프스 지역에서도 발견된다. 그 핵심 지역은 불가리아이다.

그림 4-40에서 연한 파란색의 J 의 라인의 덩어리는 약 28,000년 전에 중근동의 지역에서 생겨났다. 모든 측면으로 보아서 이 라인의 후손은 10,000년 전에 유럽으로 이동하기 시작했다. 유전학자들은 이 라인을 인도유럽인으로 추측하고 있다. 이의 주된 라인이 유럽대륙의 내부로 퍼진 시기는 대충 5,000년 전으로

추정되고 있다.

뉴클레오티드 16192의 위치에서 생긴 돌연변이로 인해 생겨나서 갈라진 것이 스코틀랜드 북쪽과 그 외의 다른 전형적인 켈트족 거주 지역 내로 퍼져 나갔다. 유전학자들은 여기에서 켈트족의 유전적인 지표를 보고 있다. 이의 후손들은 브리타니아와 아일랜드 해변에서 약탈원정을 행하면서 그곳에서 인간을 포획하여 노예로 팔아넘겼던 바이킹족의 유전적 증거로도 볼 수도 있다. 뉴클레오티드 16231의 위치에서 일어난 돌연변이는 유럽에서의 게르만인의 표지로서 간주된다. 이는 노르웨이, 북부독일, 스코틀랜드, 영국, 덴마크 등지에서는 그 빈도수가 점차 낮아진다.

J2 는 J 라인에서 생겨났다. 이것은 터키, 지중해 유역의 중부와 서부, 브리타니아 섬들, 아이슬랜드 등에서도 나타나면서 해변을 따라 퍼져 나가고 있다.

바스콘인의 유전자 표지

유전학자 마틴 리차드Martin Richard를 중심으로 한 연구팀이 유럽에서 가장 크게 나타나는 그룹을 살펴보는 과정에서, 이들은 기존의 연구에서 얻은 것과는 완전히 다른 획기적인 결과를 얻어냈다. 이들은 자신들의 연구대상에 새로운 유전자 단편을 추가하여 넣었는데, 이 단편은 지금까지 사용되었던 다른 유전자 배열순서와 비교해도 뒤지지 않을 정도의 다양성을 보여주었다. 이 연구팀은 뉴클레오티드 00073의 위치에서 구아닌과 아데닌이 서로 바뀐 것을 발견했는데, 이는 25,000년 전에 일어난 점돌연변이 때문이었다. 다른 유전자 배치현황과 비교하여 볼 때에, 이 뉴클레오티드의 위치에서 이 변이형은 전 세계적으로 아주 드물게 나타난다. 이것은 지금까지의 다른 라인에서 나온 것과는 완전히 다른 형태로서, 10명의 피그미인과 한 명의 일본인과 한 명의 아프리카계의 아메리카인만이 보여준다. 이는 상사성Homoplasie에 따라 생긴 현상으로 보아야만 한다. 뉴클레오티드 00073 위치에서의 이 돌연변이는 유럽에서는 외부로부터의 작용이 없이 우연히 일어난 변이로서, 학계로서는 아주 반길 만한 일이다. 왜냐하면 이를 통해 유럽에서의 이주 시나리오를 새로이 조명할 수 있게 되었기 때문이다. 이 돌연변이는 빙하시기에 남서유럽에서 피한처를 찾았던 주민들의 지표로 간주된다 (이에 대하여는 다음을 참조하라. Martin Richard et al., *Paleolithic and Neolithic Lineages in the European Mithochondrial Gene Pool*, in: *The American Journal of Human Genetics*, Vol. 59 (1996), p. 185~203).

게다가 그 후의 연구를 통해서 또 다른 위치에서 우연히 생겨난 점돌연변이로 볼 수 있는 여러 이탈된 부분들이 발견되었다 (H. M. Wilkinson-Herbots et al., *Site 73 in hypervariable region II of the human mitochondrial genome and the origin of European populations*, in Annuals of Human Genetics, Vol. 60 (1996), p. 499~508; Anton Torroni et al., *MtDNA Analysis Reveals a Major Late Paaleolithic Population Expansion from Southwestern to Northeastern Europe*, in: *The American Journal of Human Genetics*, Vol. 62 (1998), p. 1137~1152).

뉴클레오티드 00073의 위치에서 아데닌이 구아닌으로 바뀌어 생긴 이 두 개의 변이형태에 대한 공통적 뿌리는 약 60,000년에 생겨났다. 구아닌을 그대로 유지한 오래된 G-변이형은 중근동 지역의 드루젠족Drusen[121]과 중부 이탈리아와 사르디니아와 핀란드 등지에서도 발견된다. 구아닌이 아데닌으로 바뀐 새로운 A-변이형은 두 개의 라인인 **H** Helena와 **V** Velda에서 보인다 (이에 대하여는 그림 4-41을 보라). 이들은 유럽 주민들에게서 가장 높은 점유율을 보여준다.

H는 유럽주민에게서는 50~60%의 비율을 점하면서 가장 흔히 나타나는 라

121) 11세기의 이집트에서 이슬람교의 시아파에서 갈려나온 한 종파를 믿는 사람들로서 이들은 오늘날 시리아와 레바논과 이스라엘에 주로 살고 있다.

인이다. 이는 중근동 지역과 북아프리카의 코카사이드 종족들에게서 흔히 나타난다. 또 시베리아의 야쿠트족에서는 9.8%, 북인도의 펀잡 지역에서는 6%를 점하고 있다. H 라인은 피레네 산맥으로부터 멀리 떨어질수록 그 농도가 옅어진다. 이는 예멘에서는 단지 2.6%에 불과하다. 특이하게도 스페인 남부에서는 이의 점유율이 아주 낮다.

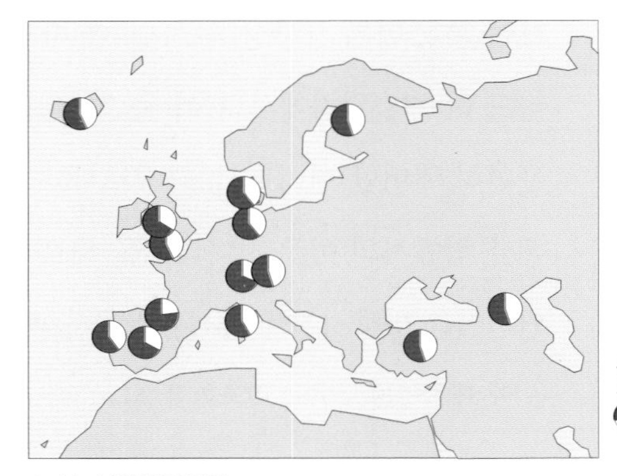

4-41_ H의 분포지역

비록 이 H 라인은 근동지역보다는 유럽에서 더 흔히 나타나고는 있지만, 그 변이형태의 수는 근동지역에서 훨씬 더 많이 보인다. 이러한 이유로 H는 중근동에서 기원한 것으로 추측된다. H는 약 28,000년 전에 생겨났지만, 유럽에서는 마지막 빙하기 전에 이미 퍼져있었다가, 빙하시기에 프랑스 남부의 온난한 지역으로 물러나서 살았다. 그곳에서 추측건대 창시자 효과를 통해 크게 퍼져 나갔다. 그리하여 빙하기 이후시기에 유럽대륙이 다시 거주되는 과정에서는 가장 성공한 라인이 되었다.

모든 정황으로 보아서 유럽에 머물러 있던 주민들은 처음의 얼마 기간 동안에는 아주 소규모의 그룹을 이루면서 살았다. 이 시기에 일어난 소수의 돌연변이로 인해 계통수 상에서 드물게 갈라져 나온 가지들을 통하여 유전학자들은 이러한 사실을 알아냈다. 마지막 시기에 강하게 퍼져 나간 계통수 상에서의 모습에서, 이것이 상대적으로 늦은 시기에야 비로소 생겼음을 알 수가 있다. 추측건대 15,000년 전의 일이었을 것이다. 그림에서의 이러한 점은 많은 별이 있는 곳에서 갈라져 나온 짧은 선을 통해 알 수 있다. 이 라인에 속한 것으로 알려진 사람으로는 마리 앙뜨와네뜨가 있다.

H의 곁가지 라인인 V는 전체 시료 제공자들 중에서 오직 4%의 비율만을 점하고 있다. 그러나 전체적으로 볼 때에는 역시 상당한 비중을 차지한다. 한 후속 연구에서 (이에 대하여는 다음을 참조하라. Antonio Torroni et al., *A Signal from Human mtDNA of Postglacial Recolonization in Europe*, in: *The American Journal of Human Genetics*, Vol. 69 (2001), p. 844~852) 이 그룹은 pre*V와 V로 나뉘고 있다. V는 이의 전단계인 pre*V에서 나왔다. 뉴클레오티드 16298C와 72C의 위치에서 일어난 두 개의 돌연변이로 인하여 이 pre*V는 V와는 구분된다.

지리적으로 보여주는 분포의 측면에서 예전에 통용되었던 V를 최근의 V와 이의 전단계인 pre*V로 분리하여 다루는 것이 얼마나 중요한 의미를 갖는지를 보여준다. 계산을 통해 알아낸 바에 따르면, pre*V는 마지막 빙하시기가 최고조에 달하기 전인 약 26,000년 전에 이미 동유럽 지역에서 생겨났다. 이를 지닌 자

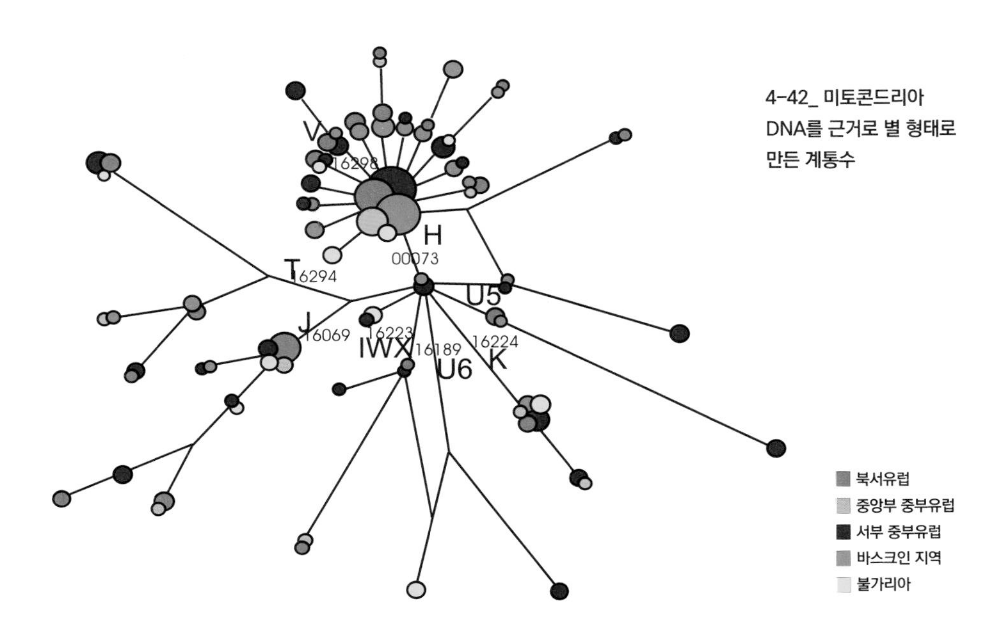

4-42_ 미토콘드리아 DNA를 근거로 별 형태로 만든 계통수

들은 그 직후에 빙하를 피해 여러 피한지에 물러나 있었다. 즉 북아프리카와 지중해 지역과 코카사스 지역이었을 것이다. 루마니아의 영토 안에 있는 카르파티아 산맥의 동쪽 부분에 사는 몰다비아의 소수인종인 창고Csángó인은 pre*V 에서 V 로 바뀌는 중간단계에 있다. 이들의 후손들이 독일, 터키, 크레타, 시칠리아 출신의 시료제공자들에게서도 발견된다. 이들은 빙하시기에 카르파티아 분지에서 살아남았거나, 마지막 빙하가 최고조로 달했던 시기에 이의 작은 그룹이 이곳에 왔다가 나중에 이곳을 근거지로 하여 퍼져 나갔을 것이다.

V 는 나중에 pre*V 에서 나온 후손들로서 약 16,000년 전에, 그러니까 추측건대 마지막 빙하기 동안에 바스콘인이 머물었던 피한지에서 생겨났다. 따라서 V 를 당연히 바스콘인의 지표로 볼 수가 있다. 페네만은 이 지역을 바스콘인이 빙하기에 살았던 피난처로 추측하고 있다 (이에 대하여는 4-43의 지도를 보라). 빙하시기가 끝난 후에 V 는 남서부유럽의 피한지로부터 빠져나와 사방으로 퍼져 나

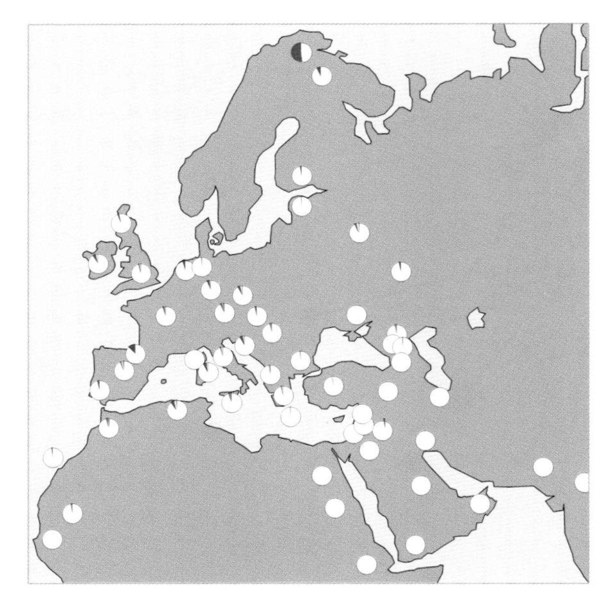

4-43_ V와 pre*V: 24,000년의 연령을 갖고 있다.

갔다. 이의 피크를 이룬 곳이 스콜트-사미인Skolt-Samen으로서 52%의 비율을 보인다. 이는 특별히 창시자 효과의 덕택이라고 본다. 이에 훨씬 뒤떨어진 수치로서 바스크인에게서는 12.4%의 비율을 보이고 있고, 7.1%의 이나리-사미인Inari-Samen, 6.1%의 알제리아인, 6%의 사르디니아의 북부지역에 사는 사람들이 이를 바짝 뒤쫓아 나타나고 있다. 서西아일랜드에서도 5.7%로, 달마티아 지역의 여러 섬들에게서는 5.6%로 역시 높은 비율을 보인다. V는 특이하게도 발칸 지역, 터키, 코카사스 지역, 그리고 시베리아의 야쿠트족에게서는 나타나지 않고 있다. 시리아에서는 2.8%로 적지만, 이렇게 예외적으로나마 나타나는 것은 나중에 항해를 통한 접촉과정에서 나온 영향으로 보이는데, 이는 아마도 페니키아인 때문일 것이다. 이는 유럽지역에서의 바다 항해자들이 여자들을 자신의 고향지역으로 데려왔음을 의미한다. 추측건대 노예로서 말이다.

지금까지 알아낸 바에 따르면, V는 프랑스에서 단지 2.8%에 불과할 정도로 낮은 비율을 보인다. 이는 얼핏 보아 놀라운 사실이다. 이의 기원지로부터 아주 가까운 지역에서 왜 이렇게 낮은 비율로 그 후손들이 발견될까?

이에 대하여는 여러 이유가 있을 수 있다. 빙하기시기에 주민의 수는 매우 적었다. 이런 사실에 입각해서 창시자 효과를 통해 스콜트-사미인Skolt-Samen에게서는 52%로 높게 나타나는 데 반하여, 프랑스인에게서는 단지 2.8%만의 아주 낮은 비율을 보이게 된 것이다. 이런 방식으로 인해 이와 같은 불균형적인 분포가 유발되었으리라고 생각되는데, 이는 나름대로 설득력이 있다. 이에 추측건대 어떠한 선발대가 새로운 지역에 처음으로 도착하였고, 그곳에서 퍼져 나갔던 일은 완전히 우연에 따른 결과라고 할 수가 있다. 이리하여 아주 소규모 그룹으로 북쪽을 향해 나선 스콜트-사미인의 모계 선조가 자신들의 미토콘드리아에서 다수의 V를 지니게 되었다고 본다.

K "Katrin"의 그룹은 나중 시기에 퍼져 나갔음이 확실하다. K는 U의 하위 그룹으로서 유럽의 도처에서 나타나며, 중근동에 뿌리를 두고 있지는 않다. K는 평균 7%의 비율로 유럽에서는 4번째로 흔하다. 이의 나이는 약 16,000년이다. K는 H 및 V와 함께 마지막 빙하시기가 끝난 후에 유럽에서 퍼져 나갔다. 알프스 산맥의 외츠 계곡에서 발견된 소위 외찌Ötzi라 불리는 빙하에서 발견된 미이라와 유전학자 피터 포스터가 이 K 라인에 속한다.

4-44_ 빙하인간 외찌

Y염색체를 통한 상응된 연구

오르넬라 세미노Ornella Semino는 카발리-스포르차와의 공동연구를 통해, 유럽과 중근동의 25개국 출신의 여러 시료제공자에게서 얻은 Y염색체 내에서 재조합되지 않는 단편들을 대상으로 연구한 결과를 2000년에 발표했다. 이 연구 결과는 그동안 모계라인의 연구를 통해 얻어낸 결과를 그대로 확인시켜 주었다. 유전학자들은 미토콘드리아 DNA를 통해 얻은 각 모계라인에 대응되는 남성 Y염색체의 각 DNA 라인들을 찾아냈다 (이에 대하여는 다음을 참조하라. Ornella Semino et al, The Genetic Legacy of Paleolithic *Homo Sapies sapiens* in Extant Europeans. A Y Chromosome Perspective, in: *Science*, Vol. 290 (2000), p. 1155~1159). 물론 이 연구결과에서는 그 시기 설정에서 아직 확실히 규명되지 않은 측면이 있어, 이에 대한 좀 더 많은 검증이 필요하다. 왜냐하면 그동안 그다지 상세하지 못했던 연구자료와 더불어 Y염색체의 DNA에서 나타난 돌연변이의 정도가 아주 약하기 때문이다. 이에 따라 유전학자들은 앞서 언급된 미토콘드리아 DNA를 갖고 한 연구결과에 오히려 더 큰 기대를 걸고 있다.

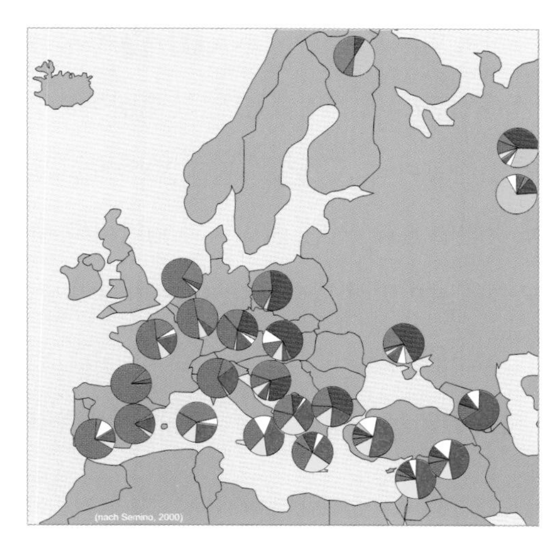

4-45_ 유럽의 Y염색체 라인의 분포도

오르넬라 세미노와 그의 동료들은 부계의 Y염색체 라인 **Eu7,8** (새로이 마련된 기준에 따르면 **I**로 명명되고 있다)과 **Eu18** (새로운 기준으로는 **R**)가 모계의 미토콘드리아 라인 **H**/**V**에 상응한다고 보고 있다.[122] 또 Y염색체 라인인 **Eu4** (**E**), **Eu9** (**J**), **Eu10** (**J**), **Eu11** (**G**)는 미토콘드리아 DNA의 **J**에 상응한다고 보고 있다. **J**에 상응하는 부계에서의 이러한 돌연변이의 형태들은 상응하는 모계의 것보다 더 높은 빈도를 보인다. 이는 배를 통해 지중해 해변을 따라서 이것이 퍼져 나갔음을 설명해 준다. 항해는 완전히 남자의 소관이다. 그럼에도 불구하고 항해가 어느 시기에든 무조건 남자의 영역이라고 치부할 수만은 없다. 그러나 이는 완전한 추측에 불과하고, 이에 대해서는 좀 더 많은 연구를 기다려야 할 것이다.

이 Y염색체에 대한 연구에 따르면, 오늘날 유럽인 남자의 80%가 유럽 원주민의 것이다. 그리고 20%만이 동쪽의 지역에서 온 이주자의 것들이다. Y염색체 라인도 특정 지역에 치우쳐 있다. 즉 그 중심부가 빙하시기 동안에 피한처로 간주되

122) 괄호 안의 것은 새로운 명칭체계에 따라 유럽에서의 기존 라인을 바꾸어 부여된 것이다. 새로운 명칭체계는 기존의 것을 좀 더 세분화하려는 과정에서 추가로 생겨난 것을 수용하고자 만들어졌다.

는 곳에 있다. 가장 높은 빈도를 보이는 것이 미토콘드리아 DNA H/V에 상응하는 **Eu18** (R)이다. 이를 지닌 자들은 서유럽 지역에 정착했는데, 그 핵심부분이 오늘날의 바스크인에게서 나타난다. 이는 카발리-스포르차의 다섯 번째 주요요소와 연결된다. 이에 상응되는 Y염색체 라인이 **Eu19**인데, 폴란드와 헝가리와 우크라이나의 지역에서 강하게 응집된 모습을 보이면서 나타난다. 이는 카발리-스포르차의 세 번째 주요요소에 연결된다. 그럼에도 불구하고 이 두 Y염색체 라인인 **Eu18** (R)과 **Eu19** (R)은 계통수 상에서 서로 가까운 위치에 있는 가지를 점한다고 볼 수 있다.

Eu4 (E)와 **Eu9** (J)의 두 개의 Y염색체 라인과 더불어 미토콘드리아 DNA J에 상응하는 **Eu10** (J)과 **Eu11** (G)은 중근동에서 강하게 나타나고, 서쪽으로 갈수록 그 강도가 약해진다. **Eu13**과 **Eu14** (N)는 아주 늦은 시기에 갈려 나와 퍼져 나갔던 우랄인으로 간주된다. 지금까지 언급된 라인 중에서, **Eu4** (E)를 제외한 모든 라인은 중근동에서 발생한 하나의 공통적인 가지로 귀결된다. 중근동 지역은 확실히 신생인류의 기원지인 아프리카에서 빠져나오는 민족이동의 교두보였다.

2004년 시이리 루치Siiri Rootsi의 연구팀은 근동지역, 미크로네시아, 중앙아시아, 코카사스 출신의 6,095명의 유럽 남자들의 Y염색체에다 근동과 매크로네시아Makaronesien/Macronesia[123], 중앙아시아, 코카사스의 1,479명의 주민의 Y염색체를 합치고, 또 여기에 예전의 연구에서 얻은 3,859개의 자료를 더 추가하여 연구를 수행했다. 이때에 이들은 방대한 자료 덕분으로 많은 것을 밝혀냈다. 특히 피한지역과 관련해서 그러했다 (이에 대하여는 다음을 비교하라. Siiri Rootsi et al., Phylogeography of Y-Chromosome Haplogroup I Reveals Distinct Domains of Prehistoric Gene Flow in Europe, in:

123) 매크로네시아Makaronesia는 유럽 및 북아프리카에 가까운 대서양의 여러 섬들을 포함하여 부르는 용어이다. 이 섬들은 스페인, 포르투갈, 카보베르데에 속해 있다.

The American Jopurnal of Human Genetics, Vol. 75 (2004), p. 128~137).

유럽에서 18%의 비율로 상당히 퍼져 나간 Y염색체의 **I** 라인은 - 이는 세미노에게서는 **Eu7**과 **Eu8**의 라인이다 - 이 연구에서 특별한 관심의 대상이 되었다. 왜냐하면 이는 유럽 외의 지역에서는 나타나지 않아서 유럽만의 전형적인 라인으로 간주되었기 때문이다. 따라서 이 라인에 대해서는 그 분지 및 갈려나간 상황에 대해 좀 더 자세히 조사되었다. 예전 돌연변이들이 분포해 나간 것을 통해서 **I** 라인을 지닌 사람들은 이미 빙하시기 이전에 유럽 지역에 살았다는 결론이 내려졌다.

I 라인은 유럽에서는 여러 가지로 갈려나가면서 발전해 나갔다. 갈려나간 많은 가지들은 특정지역에서만 국한되어 나타난다. 이에 빙하시기에 피한지로 몰려 든 피난민과 이들이 빙하시기가 끝난 후에 다시 유럽전역으로 이주한 상황에 대한 자세한 정보를 제공하여주고 있다. **I1a**과 그리고 이보다는 약간은 약한 강도를 보

4-46_ 유럽인의 Y염색체 족보수

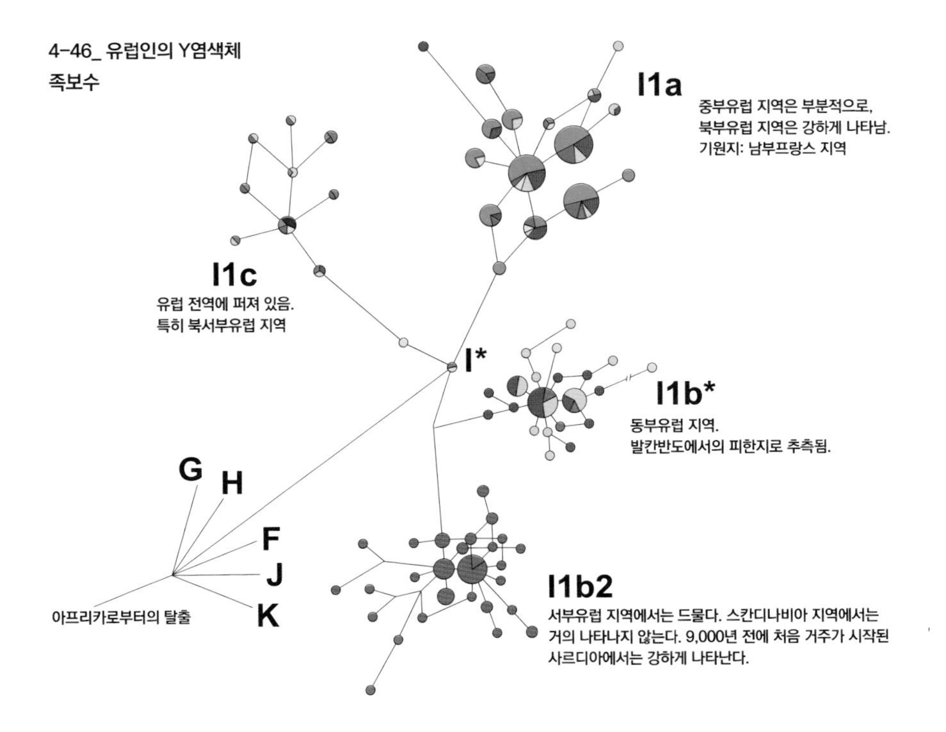

이는 **I1c**의 진출 상황은 카발리-스포르차에게서의 다섯 번째 주요요소의 그것과 비슷하다. 따라서 우리가 이미 앞서 알아낸 미토콘드리아 라인계열 V와 U5b 에 비견된다 (이에 대하여는 다음을 참조하라. Martin Richards, *Paleothic and Neolithic Linages in the European Mithocondrial Gene Pool*, in: The American Journal of Human Genetics, Vol. 59 (1996), p. 185~203). **I**라인은 남프랑스와 노르망디 지역에서 **I1a**라인으로써 상대적으로 더 자주 발견된다. 여기에서 나온 **I1a**라인은 특별히 북유럽지역에서 자주 발견된다. 이러한 사실은 **I**라인이 남프랑스에서 기원했고, 이에서 파생한 하위 라인들이 유럽의 여러 지역으로 전파되었음을 보여준다. 노르웨이와 스웨덴, 그리고 사미족에게서 **I1a**라인은 그 집중도가 88%에서 100%에 달하고 있는데, 이는 창시자 효과에 따른 것임을 확인시켜 준다. **I1a**의 빈도는 동쪽과 서쪽 방향으로 갈수록 점차 계속 낮아진다. 서부유럽 지역에서 생겨난 이의 하위그룹 계열인 **I1a4**는 동부유럽과 동남부유럽지역에서 산발적으로 나타나고 있다.

다른 하위그룹 계열인 **I1b***는 추측건대 또 다른 피한지역이 존재하였음을 암시해 준다. 아마도 동부유럽이나 발칸지역일 것이다.[124] 크로아티아에서는 31%의 점유율로서, 보스니아에서는 40%의 점유율을 갖고 이곳 발칸지역에서는 가장 흔히 나타난다. **I1b2**는 서부유럽에서는 5% 이하로 발견된다. 다만 예외적으로 사르디니아섬에서 41%의 점유율을 보인다. 이탈리아 아펜니노 산맥의 서쪽 지역에서는 **I1b2**나 **I1b***가 함께 나타나고 있지만, **I1b***는 아드리아해의 동쪽 지역에서도 발견되고 있는 점이 흥미롭다. 이는 슬라브족 계열에 속하는 라인의 것으로 간주되는데, 마지막 빙하시기가 최고조에 달하기 이전에 이들이 이미 이 지

124) 여기에서 이후 나타나는 기호 *는 이 라인계열이 너무나도 적은 실험대상자에서 이를 위한 돌연변이가 나타나고 있어서 독자적인 명칭을 부여받을 수 없음을 뜻한다. 그러나 이런 라인은 이 별표를 갖지 않은 동일한 라인과 많은 특질을 공유한다 (이 책의 저자 하멜의 주).

역에 살았던 것으로 보인다. 여러 관점으로 보아서는 **I1b2**와 **I1b***는 마지막 빙하시기 이전에 분리되었다. **I1b***의 분리를 야기한 돌연변이는 프랑스 남부지역에서 생겨나서, 빙하시기 이후에 유럽의 전 지역으로 퍼져 나갔다. **I1b***는 사르디니아 섬에서 강하게 나타난다. 이 유전자를 가진 사람들은 9000년 전에 최초로 이 섬의 안쪽으로 이주해 들어왔다. **I1b***는 빙하시기 이후에 이르러서야 동쪽으로부터 들어섰다.

I1c는 유럽 북서부를 중심으로 하여 유럽 전역에 퍼져 나갔다. 이 라인은 **I1a**와 함께 공통의 커다란 가지를 공유한다. **I**가 아나톨리아에서도 나타나고 있는 것으로 보아서는, 이들이 서쪽에서 동쪽 방향으로 이주하였음이 분명하다. 왜냐하면 동쪽으로 갈수록 그 강도가 약해지고 있기 때문이다.

라인 **I***의 파급은 그라베띠아 문명과 함께 하고 있다. 이의 각 라인은 빙하시기 이전에 분리되었으며, 또 빙하시기 이전에 이미 여러 다른 방향으로 퍼져 나갔다. **I1a**와 **I1b**는 5,000년 전에 있었던 신생기 초기에 퍼져 나갔을 것이다. **I1c**는 그 이전에 이미 생겨났다. **I**는 오직 유럽에서 빙하시기 이전에 분리되어 나왔던 라인의 하나이다. 그 이후에 통합과 고립화가 있었고, 또 그런 현상이 있은 직후인 빙하시기 이후에 이들의 확산이 일어났다. 이로써 Y염색체를 가지고 한 연구를 통한 지구상에서의 이주경로에 대한 언급을 끝마치기로 한다. 이런 연구는 모계라인에 대한 연구결과를 검토하는 데에도 또한 큰 도움을 주기에 중요하다. 그럼에도 불구하고 부계라인과 모계라인을 비교하는 측면에서는 아직까지도 많은 추측에 의존할 수밖에 없다. 사람들은 남녀 간의 성에 따른 구분에 차이를 두지 않고 함께 이주했을 것이다. 그럼에도 불구하고 우리는 차후에도 이 분야에서 두 개의 서로 분리된 계통수를 얻어내어, 이를 비교하면서 서로 상응된 바를 찾아낼 수밖에 없다.

유럽에서의 이주과정에 대한 시나리오

이제 우리는 유전학 상에서의 개별 라인과 그 분포과정을 알게 되었다. 이에 따라 사람들은 빙하시기 이전과 이후의 이주과정에 대해 추정하기 시작했다. 그리고 이제는 유럽의 이주과정에 대한 추론을 통하여 인간의 이주과정에 대한 전체 영상을 그려볼 수 있게 되었다.

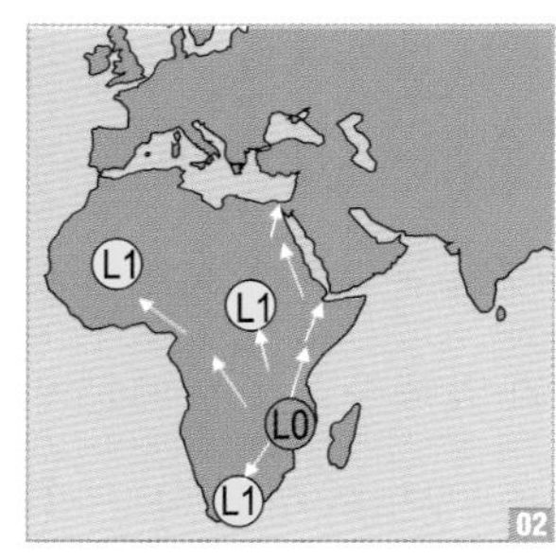

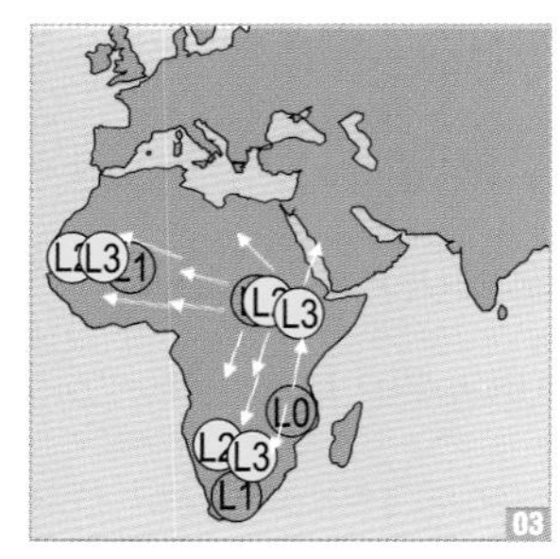

4-47-01_ *'미토콘드리아 이브'*는 약 130,000년 전에 아프리카 동부와 남부지역에서 살았다.
02_ 여기에서 L1 라인계열이 생겨나서, 아프리카 내에서 확산되기 시작했다.
03_ 약 60,000~80,000년 전에 미토콘드리아 계통수 라인 L2와 L3가 아프리카 내부에서 이동했다. 이들은 L1에서 생겨나서는 코이산족Koisan (부시맨)과 비아카족Biaka (서피그미인)을 제외하고는 모두 소수 주민으로서 머물게 되었다.

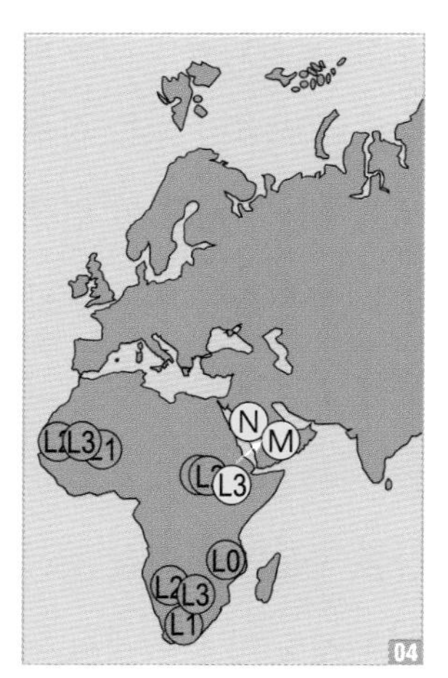

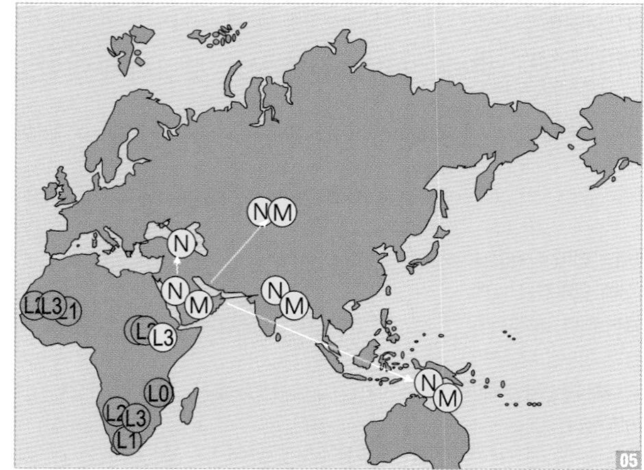

04_ 약 50,000~60,000년 전에 현생인류는 처음으로 아프리카 밖의 지역으로 이주했다. 아프리카 지역 밖에 나타난 모든 사람들은 M과 N의 라인에서 나왔다.
05_ 이들은 곧 여러 그룹으로 갈려져 나갔다. 추측건대 이들은 보르네오섬과 오스트레일리아에는 40,000년 전에 도착했다. 더 북쪽 지역에서는 추위 등의 나쁜 기후조건 때문에 멸절되었다. 그리하여 유럽인들에게서는 M의 라인이 전혀 보이지 않는다.

06_ 60,000~30,000년 전까지 현생인류는 여러 대륙으로 진출했다. 그리고 여러 창시자 효과에 따라 많은 그룹을 발생시켜, 오늘날 특정지역에서만의 전형적인 형태를 보이고 있다.

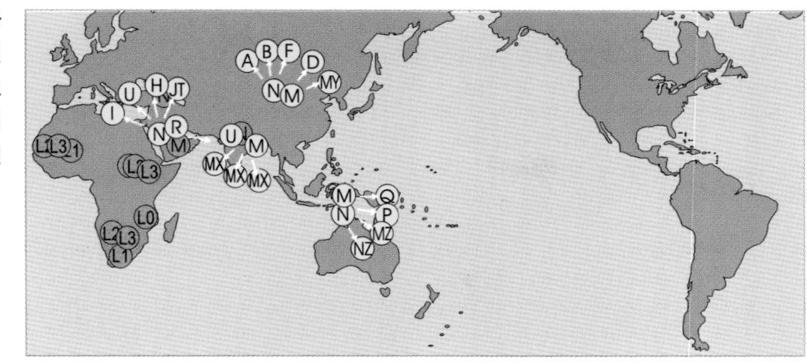

07_ 30,000년 전의 간빙기에는 주민그룹의 규모가 커져서, 유럽에서는 그라베띠아 문명을 발생시켰다. 중국에서는 이 시기의 것으로는 주구단Zhoukoudian에서의 유골이 발견되었다.

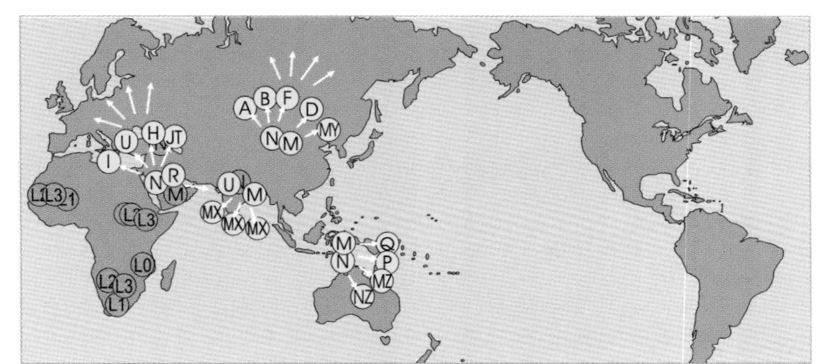

08_ 35,000년 전에 마지막 빙하기가 시작되었다. 이때에 바닷물의 수위는 오늘날보다 120m나 낮았다. 이에 따라 베링해협은 연결되어 있어 통행이 가능했다. 이 해협을 건너 소규모 그룹의 인간들이 시베리아로부터 아메리카 대륙으로 건너갔다.

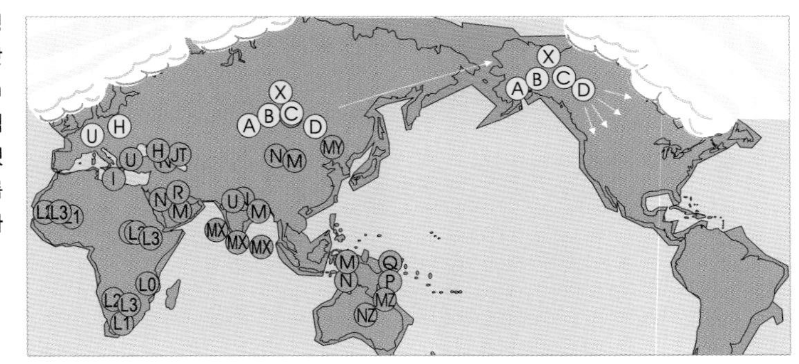

09_ 20,000년 전에 마지막 빙하기가 정점에 달하였을 때에, 인간들은 북쪽 해변으로부터 물러나야만 했다. 이들은 피한지로 물러나서는 다시 따뜻해질 때까지 기다려야만 했다.

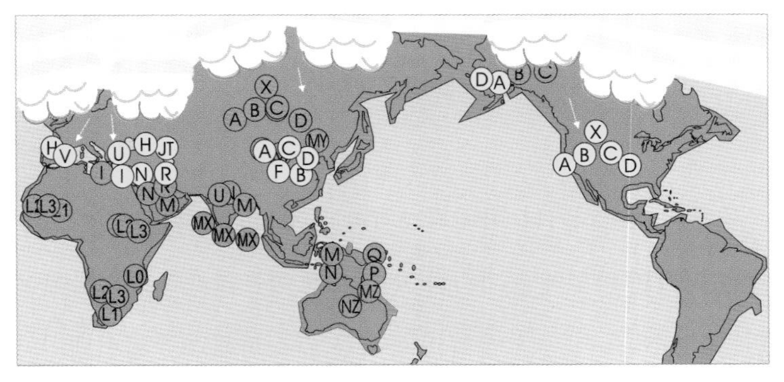

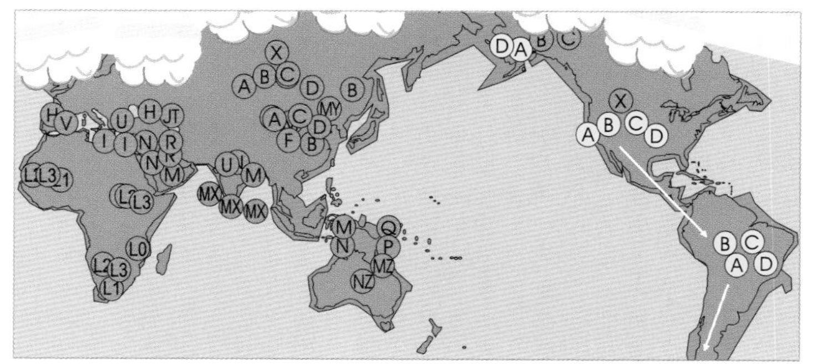

10_ 추위 때문에 아메리카에서의 그룹은 나뉘게 되었다. 일부는 베링 지역에 머물렀는데, 이들이 오늘날의 에스키모-알레우트Eskimo-Aleut 언어와 나-데네Na-Dene 언어권의 사용자들이다. 또 다른 커다란 그룹은 남쪽으로 계속 나아가서는 오늘날의 아메린드Amerinde 언어권의 사용자가 되었다. 미도크로프트Meadocroft 지역에는 18,000년 전에 도달했다 (이는 그린버그Greenberg의 언어분류에 따라 서술된 것이다).

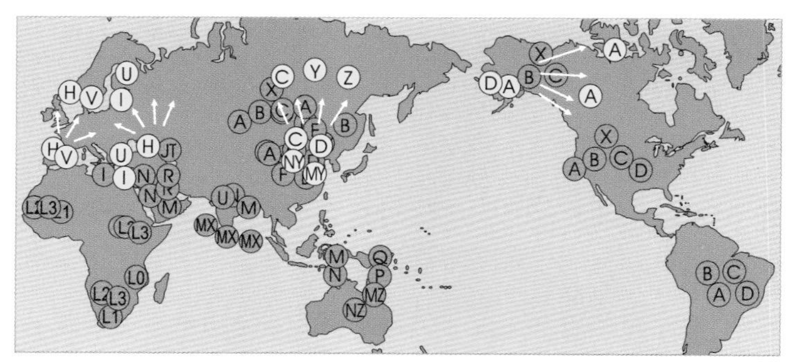

11_ 15,000~13,000년 전 사이에 있은 뵐링-알러뢰드Bölling-Alleröd의 온난기가 되면서 빙하가 물러나자 사람들은 다시 대지가 드러난 북부지역으로 이주해 들어가기 시작했다. 빙하기는 북부 지역에서 창시자 효과를 뚜렷이 내보이게 만들었다.

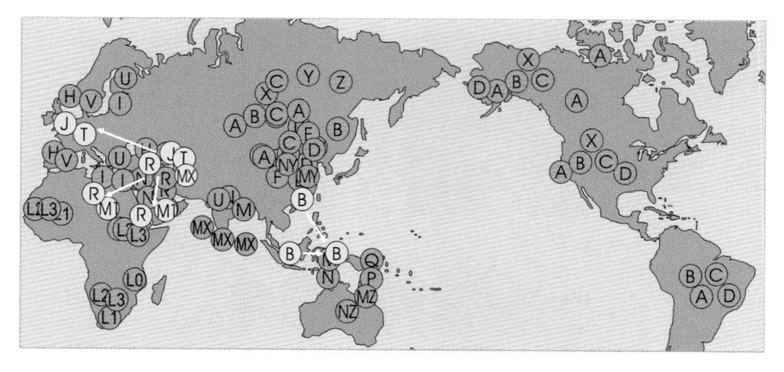

12_ 2,000년 전에 이누이트족이 그린란드로부터 알라스카로 이주해 들어간다. 비슷한 시기에 아우스트로네시아인이 항해를 통해 마다가스카르섬에 도달한다. 그리고 1,000년 전에 이르러서는 태평양에 도달한다.

유럽은 아프리카나 아메리카처럼 독자적인 대륙이 아니라, 유라시아 대륙에 딸린 하나의 반도에 불과하다. 이곳으로 아프리카와 아시아에 기원을 둔 많은 주민들이 밀려들어왔다. 유럽의 동쪽은 카스피해와 우랄산맥이 경계를 이루고 있

13_ 11,400년 전에 갑자기 빙하기의 마지막 단계가 닥친다. 추측건대 인도유럽어와 아프로아시아어와 같은 특정 언어의 사용자들과 연관된 지역들이 생겨난다.

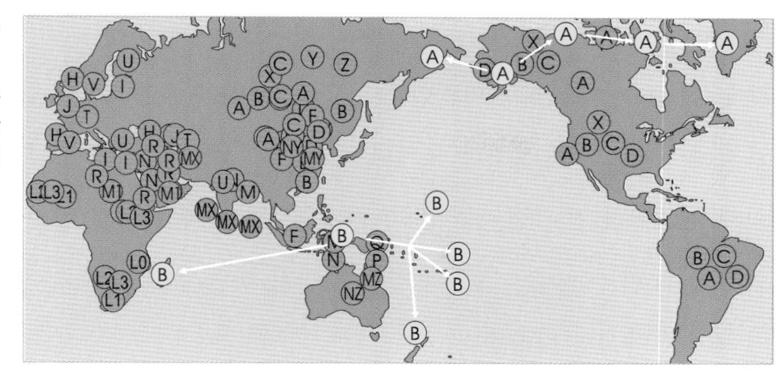

다. 유럽에 대륙이란 명칭이 주어진 것은 지리적인 위치에 따른 것이기보다는 역사적인 이유 때문이다. 터키와 코카사스와 이란은 지리적으로 보아서는 유럽에 속하지 않는다.

마지막 빙하시기에 서유럽은 우크라이나와 동유럽으로부터 분리되어 있었다.[125] 빙하시기에 상당 기간 서로 고립되어 있는 동안에, 이 두 지역은 각기 다른 역사적인 발전과정을 밟아왔다. 이후에 유럽은 다소 독자적으로 결속된 모습을 보인다. 마지막 빙하시기의 피한지였던 곳에서 새로운 언어들이 생겨났을 뿐만 아니라, 인간의 생물학적 특징에서도 지역적인 차이 또한 드러내 보이게 되었다. 이는 지구상에서 광범위하게 나뉘어 나타나는 유전적인 다양성에 상응한다.

"발전이라는 것은 한 장소 또는 한 민족으로부터 출발하여 나오는 것이 아니라, 번갈아가면서 서로 영향을 주었던 수많은 민족그룹이 끊임없이 공동으로 행한 작업의 결과로 생겨난 것이다."라고 1922년에 아베 브뢰이Abbé Breuil가 말했다 (이에 대하여는 다음을 참조하라. Henri Breuil, *Les subdivisions du Paléolithique supérieur et*

125) 빙하시기에 크고 광대하게 펼쳐져 있던 알프스산맥으로부터 나온 빙하는 유럽의 북서지역과 유럽의 동남부지역을 분리하였다. 이 빙하가 녹으면서 그동안 빙하에 눌려있던 지역이 위로 향해 부풀어 오르면서, 스칸디나비아 지역 등으로부터 녹은 물이 더 이상 유럽의 동남쪽 방향으로 흐르지 못했다. 이에 이 물이 북서쪽에 위치한 북해 안으로 흘러 들어가면서, 이의 표면적을 크게 늘렸다. 반면에 흑해나 카스피해로 유입되는 물길은 끊겼다.

leur signification, in: *Congrès International d'Anthrpologie préhistorique* (1912), p. 165~238, 여기에서는 p. 9가 해당한다). 이러한 서로 간의 영향은 물물교환을 통해서, 또는 전쟁 과정에서 침입하여 정복해 오거나 평화로운 교류의 일환으로 합류한 타 종족에 의해 이루어졌다. 유럽, 특히 서부유럽은 남쪽과 동쪽에서 밀려들어오는 사람들의 물결을 받아들이는 그릇과 같은 역할을 하면서, 기존의 것에 이를 뒤섞어 좀 더 풍부한 양상을 나타냈다.

유전적으로 미토콘트리아 DNA 라인 I, X, H, V, K를 위시하여, K와 U의 하위그룹에 속한 자들은 마지막 빙하시기 동안에 이미 유럽에 살고 있었을 것이다. 그러나 아주 오래된 이 라인들은 바스크인에게는 나타나지 않지만, 다른 많은 유럽인과 이베리아반도 사람들에게서는 나타나고 있다. 그리하여 후기 구석기시대 말기, 즉 마지막 빙하시기 이전에 오늘날의 바스크인이 사는 지역에서는 매우 적은 사람들만이 살았을 것으로 추측된다. 반면에 뉴클레오티드 00073A에서 일어난 돌연변이를 통해 생겨난 한 오래된 라인이 마지막 빙하시기에 이곳 피한지역에 살았다가, 오늘날에도 아직 그곳에 머물어 남은 것이다.

마지막 빙하시기가 닥쳤을 때에 이들 중의 많은 사람이 죽었다. 좀 더 온화한 피레네 산맥 주변의 피한 지역에서, 그리고 우크라이나와 카르파티아 분지에서, 또는 이탈리아와 북아프리카의 지중해 연안에서 이들은 웅크리고 살면서 수천 년 간이나 지속된 추운 시기를 견뎌냈다. 빙하시기에 사냥꾼과 채집인으로서 유럽에서 살았던 사람들은 수는 극히 적어졌지만, 기후가 다시 따뜻해지면서 급속히 증가했다. 그러다가 얼음과 눈 덩어리가 녹아내리면서 북유럽의 평야지대가 다시 모습을 드러내자, 사람들은 유럽 전역으로 널리 퍼져 나가기 시작했다.

U5b1은 빙하시기가 끝난 이후에 핀란드까지의 유럽대륙에 다시 거주해 간 모습을 보여준다. 그룹 U는 자신의 하위그룹인 U5, U5b, U5b1과 함께 유럽대륙

에서의 거주지의 모습을 크게 달라지게 만들었다. 이때 각기 나타난 돌연변이를 통해 생겨난 사람들의 이런 거주과정은 지리상에서 단계적으로 일어났던 모습을 잘 반영해 보여준다.

U5b1 라인은 빙하시기가 끝난 직후에 프랑스 남부지역의 피한지에서 빠져나와 유럽내륙의 각처에서 다시 거주하기 시작한 상황을 아주 잘 보여준다. 다른 그룹과는 달리 이들에게서는 다시 뒤돌아오거나 다른 그룹과 뒤섞인 흔적이 전혀 보이지 않는다. 그리하여 빙하시기에 프랑스 남부지역에 웅크려 살았던 이 그룹은 빙하시기가 끝난 직후에 다시 퍼져 나갔던 라인들의 전형적인 양상을 여실히 보여준다. 이 U 라인의 가장 깊숙한 뿌리 쪽 부분으로서 가장 오래된 그룹이 유럽 남서부지역에 있던 두 곳의 피한지에서 발견된다. 이와 가장 가까운 라인인 U5 의 일부는 이 피난처 지역에 그대로 머물러 있었고, 다른 일부는 북쪽 방향으로 이주해 나갔다. U5 에서 갈라져 나온 U5b 는 이의 기원지역에서 단편적으

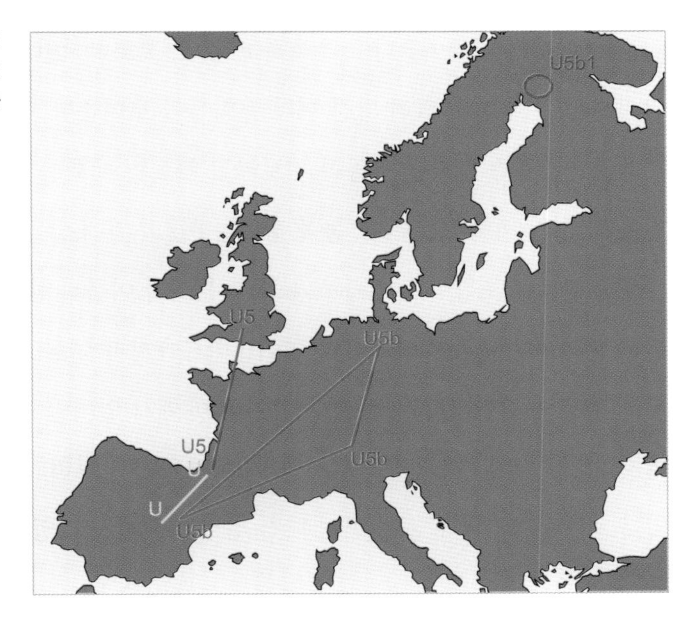

4-48_ 라인 U5b1은 빙하시기가 끝난 이후에 핀란드까지의 유럽대륙에 다시 거주해 간 모습을 보여준다.

로 발견된다. U5b에서 나온 한 하위 라인은 알프스 지역으로, 또 더 나아가서는 북부독일 지역으로 이주해 갔다. 이에서 파생된 한 그룹인 U5b1는 스칸디나비아의 북부지역에까지 도달하여, 단지 그곳에서만 자신들의 흔적을 보여준다. 나중에 U5b에서 생겨난 변이형인 U5b1는 오직 사미인에서만 나타나는데, 이는 상당 부분 창시자 효과의 덕택이다.

프랑스 남부에서 생겨난 마그달레니아 문명은 이 새로운 이주자들과 함께했다. 빙하시기 이후에 생황여건이 나아진 덕택에 주민들의 수가 폭발적으로 증가했다. H, V, K의 라인들이 보이는 큰 별모양의 형태가 이를 보여준다.

농경이 진출한 두 개의 경로

U, I, W, X, K의 라인들과 더불어 HV의 라인이 유럽내륙으로 퍼져 나간 후에야 비로소 동쪽으로부터 또 다른 이주의 물결이 밀려들어왔다. 이것이 J 라인이다. 잘 알려진 바와 같이 일부 학자들은 농경의 도입이 인도유럽인의 진출과 더불어 이루어졌다고 추측하고 있다. 고고학적인 지도는 농경의 각 단계와 평형을 이루면서 달려 나간 여러 문화들을 보여준다. 이때 두 개의 경로가 제시되고 있다. 즉 학자들이 동쪽 경로라고 부르는 내륙을 가로질러간 경로와, 해변을 따라 간 서쪽 경로이다. 동쪽 경로는 J1의 것에 상응한 것으로 보인다.

서쪽 경로는 도장형토기Impressokeramik 문화가 이들과 함께 지중해와 대서양 해변을 따라가면서 브리타니아와 아이슬란드에까지 이르고 있다. J2 라인이 이 서쪽 경로와 연관된다. 뉴클레오티드 16193에서 일어난 돌연변이로 생긴 J2가 퍼져 나간 경로는 지중해와 대서양 해변을 따라서 브리타니아 섬에까지 이르고 있다. 이 두 개의 라인들이 퍼져 나간 경로를 따라서 다양한 식물들이 함께 따라

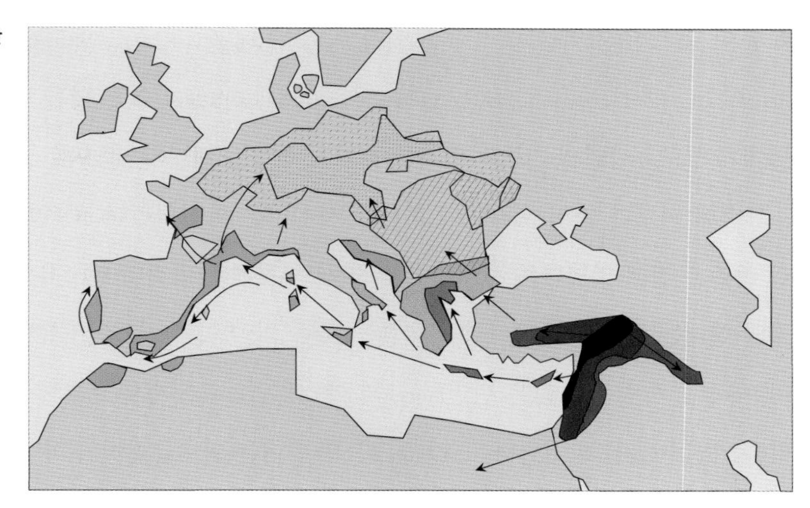

4-49_ 농경이 진출한 동쪽 경로와 서쪽 경로

간 사실을 우리는 이미 알고 있다. 예를 들면 야생 양귀비는 단지 지중해 루트를 따라서만 퍼져 나갔다. 이는 두 개의 서로 다른 주민들이 연관되어 있음을 추측케 한다. 이에 따라 이들 사람들이 사용한 언어는 비인도유럽어였을 것이다. 우리가 섬켈트어에서 발견한 세미티드어의 문법 구조를 고려하면, 아틀란틱인이 J2 를 유럽에 파급시킨 선사시기의 항해자였으리라는 결론을 내리게 한다.

4-50_ J1과 J2의 파급경로. J는 전형적인 유럽의 6개 라인의 하나이다. 이는 유럽에서 11%의 비중을 갖고 있으며, 28,000년 전에 근동지역에서 생겨났다.

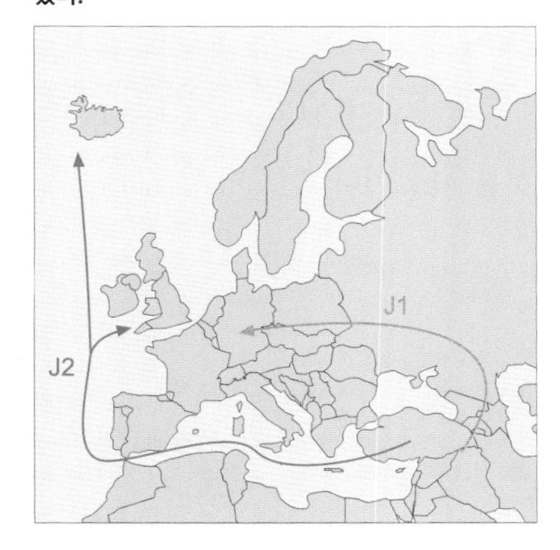

유럽인 - 바스콘인인가 아니면 인도유럽인인가?

영국의 찰스 프란시스 키어리Charles Francis Keary가 1882년 인도유럽인 '인종

Rasse'이 분포한 지역을 그려내 보이자 (Charles Francis Keary, *Outlines of Primitive Belief of th Indo-European Races*, Longman, Green and Co, 1882), 이는 다른 여러 연구자들에게 인도유럽인의 기원과 역사를 찾아보게 하는 계기가 되었다.

그런데 이보다 이미 오래전에 하나의 사실만은 확인되었다. 즉 인도유럽인이란 종족은 전혀 없었다는 사실이다. 따라서 일치된 전형적인 인도유럽인의 두개골의 형태는 있지 않았고, 푸른 눈이나 블론드의 머리카락도 인도유럽인의 특징이 아니다. 사람들은 많은 핀인Finnen과 에스트인Esten에게서 브론드색의 머리카락을 가진 이들을 발견한다. 그런데 그들의 언어는 인도유럽어가 아니다. 그리고 특정 베르베르인에게서 보이는 푸른 눈은 이러한 종족의 가설이 적절하지 못함을 보여준다. 이 베르베르인의 조상은 빙하시기 동안에, 그러니까 인도유럽인이 진출하기 이전에 이미 이베리아 반도로부터 북아프리카로 들어와서 현지 주민들과 뒤섞였다.

물론 인도유럽인 사이에서 블론드색의 머리카락과 푸른 눈이 나타나고 있는 것은 사실이다. 인도에서 'hari-kesa (블론드색의 머리)'라 불리는 신이 있다. 그리고

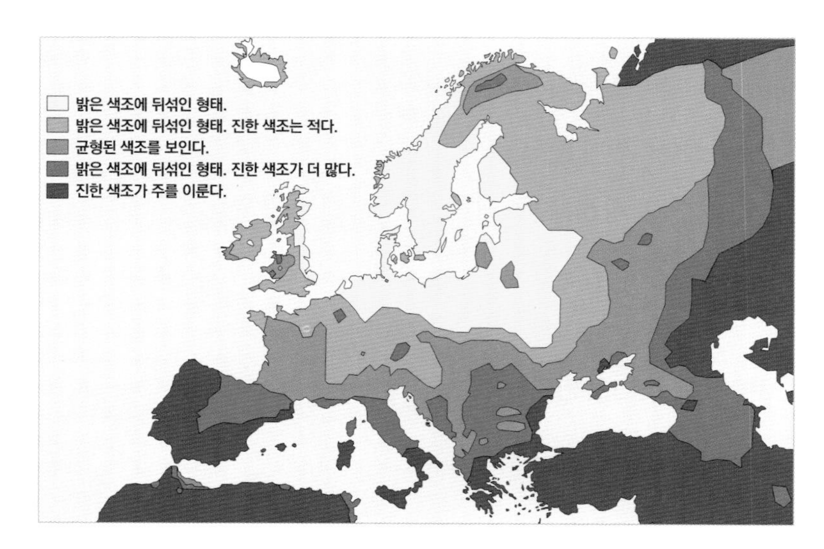

4-51_ 유럽에서의 머리카락과 눈의 색깔이 분포한 양상

이집트의 한 텍스트에서 전반적으로 푸른 눈에다가 블론드색의 머리를 가진 리비아인의 문화권이 언급되고 있다. 여기에서의 사료들에 따르면, 이들은 기원전 1227년에 이집트에 출몰했다. 기원전 2세기의 중국 사료들의 토카리인Tocharier에 대한 언급에서도 이와 비슷한 이야기가 나온다. 헤로도트스는 스키타이인Skyten이 푸른 눈을 가졌다고 서술하고 있다. 그리스의 지리학자인 로도스섬의 포세이도니오스Poseidonios는 타키투스와 마찬가지로 브론드색의 머리를 가진 게르만인에 대해 언급하고 있다. 다른 고전시기기의 작가들도 켈트인과 트라키아인Thraker이 블론드색의 머리와 푸른 눈을 가졌다고 적고 있다.

따라서 인도유럽인의 고향이 검은 머리에 검은 눈을 가진 사람들이 대부분인 지역에서 기원했다고 보는 것은 아주 비합리적인 생각이다. 그리고 지중해 지역이나 아라비아와 시리아와 아프리카와 같은 세미티드인이 사는 지역에서, 또는 서유럽에서 사람들은 이제는 이들의 고향을 찾는 일을 포기했다.

유럽인들 사이에서 나타나는 피부색의 차이 역시 창시자 효과에 따른 뚜렷한 결과일 수도 있다. 블론드색의 머리카락이 인도유럽인의 특질이 아닌 것만은 확실하다. 추측건대 바스콘인에게서도 밝은 계통의 색을 보이는 피부가 이미 있었다.

유전적인 측면으로 보면 유럽인의 일부는 빙하시기의 오랜 라인들에서 나왔다. 그리고 또 다른 일부는 농경이 정착화 되는 시기에 나중 라인에서 나온 것임이 분명하다. 유럽인들의 유전자 속에서 이 오래된 라인과 늦은 시기의 라인의 것이 어떠한 비율로 섞였을까?

암머만과 카발리-스포르차는 세포핵의 DNA를 분석한 자료에 근거를 두고, 또 근동지역으로부터 유럽지역으로 농경과 이에 따른 점진적인 정주과정을 고려하여 하나의 모델을 만들어냈다. 이 모델에 따르면 중석기시기에 유럽에 살던 주민들의 수는 아주 적어, 밀려들어오는 새로운 외래주민들에 의해 대부분 쫓겨나거나 흡수되었다. 이에 따라 오늘날 유럽 주민이 보이는 유전자 상에서의 모습은 대부분 이주해 들어온 농경민들에다가 유럽의 원주민의 흔적이 뒤섞인 것으로 보아야만 한다. 그러나 오늘날 유럽주민의 미토콘드리아 DNA에 대한 것은 새로이 쓰여져야만 한다. J 라인을 통해 추측해 보면, 인도유럽인 내지 농경민의 비율은 지금까지 생각한 것보다 훨씬 적다. 유럽인의 상당수는 H 라인에서 나왔는데, 이는 츠빌레빌Zvilebil의 모델에 상응한다. 그의 모델에 따르면 농경이란 생활형태가 앞서 살았던 주민들에 의해 받아들여지기는 하였지만, 새로이 이주해 들어온 농경민의 비율은 극히 낮았다.

미토콘드리아 DNA의 경우로 살펴보면, 오늘날의 유럽인은 바스크인에게서 두드러지게 나타나는 것과 인도유럽인이 진출하기 이전의 주민들의 것과의 사이에는 별다른 차이가 없다. 인도유럽인은 미토콘드리아 DNA의 라인 J 와 T1 의 것에, 또 Y염색체 DNA 라인 **Eu4**, **Eu9**, **Eu10**, **Eu11**의 것을 가진 것으로 추측되는데, 이들은 단지 아주 극소수의 비율만을 점하고 있다. 사람들은 유럽인의 60%에서 80%까지 바스크인과 동일한 조상을 갖고 있다고 말하고 있다. 그리하여 대부분의 유럽인은 바스콘인의 후손으로 보아야만 한다. 이들은 빙하시기 이후에 유럽대륙에서 광범위하게 퍼져 살면서, 평지와 강, 그리고 여러 거주 지역에다가 자신들의 언어로 이에 대한 명칭을 부여했다.

미토콘드리아 DNA와 Y염색체 DNA를 통한 연구에 따르면, 카발리-스포르차가 신석기 이주민으로 본 첫 번째 주요요소와 동일한 기원지인 근동지역으로부터 약 10,000년의 시차를 두고 각기 두 번에 걸쳐 이주해 들어왔을 것이다. 즉 하나는 빙하시기 이전에, 다른 하나는 빙하시기 이후이다. 이 시기에 뉴클레오티드

16126의 위치에서 J T 의 라인이 생겨났다.

바스크인은 고립된 외딴 지역에 살았기에, 농경이란 새로운 생활방식에는 늦게 접하였다. 이런 사실은 J 라인이 바스크인에게서 단지 3% 이하의 아주 낮은 비율을 점하는 데에서 알 수 있다. J 는 유럽 전체에서는 10~15%의 평균치를 보여 주고 있다. 이는 바스크인이 언어적으로나 유전적으로 고유럽인의 원래 특성을 아직도 매우 잘 보존하고 있음을 의미한다. 그러나 바스크인과 이의 조상인 바스콘인은 다양한 혼혈의 결과물이다. 바스콘인이 온난했던 유럽의 남서부 지역에 피난하여 몰려 살기 이전에는 채집과 사냥을 위주로 하여 살면서 유럽의 전역에 흩어져 살았다. 이들은 틀림없이 여러 다양한 언어를 사용하였기에, 서로 간에 동일한 문화공동체는 형성하지 못하였다. 여러 다양한 HV, U, K, I, W, X 의 라인에서 기원한 이들 무리들이 여러 번의 이주물결의 와중에서 점차 혼혈을 이루면서 합쳐졌다. 이때 그곳에서 사람들은 당연히 라인별로 따로 나뉘어 살지는 않았을 것이다. 이리하여 재조합되지 않는 유전자 성분들은 어느 정도 지역적인 표준성을 갖게 되었고, 이는 나중에 종족Rasse이란 개념으로 합쳐진다. 이를 카발리-스포르차가 자신의 책에서 내세운 하나의 제목을 통해 아주 적절히 표현했다. 즉 이들은 모두 '다르면서도 동일한Verschieden und doch gleich' 존재들이었다. 이 동일한 정도에 여러 다양한 언어들이 서로 부딪치면서 이들은 서로 가까워졌다. 이리하여 수천 년 간의 언어접촉을 통하여, 페네만이 자신의 가설에 걸맞게 바스콘어라고 명명한 하나의 단일 언어가 생겨났다.

빙하가 다시 물러서면서 바스콘어를 사용하는 무리들이 유럽 남서부에 있던 자신들의 피난처로부터 쏟아져 나오기 시작할 때에, 이들의 태반은 자신의 유전자 팩에 HV를 갖고 있었다. 물론 이에는 U, I, W, X 와 자신들의 여러 하위그룹과 함께 K 도 역시 포함되어 있었다. 이런 상태로 이들은 유럽 전역으로 퍼져 나갔다. 이 새로운 이주자들은 강과 평야 등을 자신들의 언어로 명명했다. 빙하시기 이후의 나아진 생활환경은 인구폭발을 야기했고, 이는 계통수에서 보이는 커다란 크기의 별모양의 형태를 통해 보여진다.

그런 후에 동쪽으로부터 인도유럽어를 사용하는 종족이, 즉 첫 번째 주요요소 다음으로 두 번째 주요요소를 구성하는 자들이 들어 닥쳐서는 자신들의 생활방식인 농경을 관철시켰다. 새로이 이주해 들어온 이들 농경민의 수는 극히 적었다. 그곳에 이미 정주해 살던 원주민은 농경이란 새로운 생활방식을 어깨 너머로 훔쳐보며 배우면서 습득했다. 즉 이주해 들어온 자들이 조우하게 된 현지 주민들을 몰아낸 것은 아니다. 이렇게 문화의 전수가 이루어지게 되었다.

N1a라 명명된 미토콘드리아 라인은 일반 대중에게는 결코 언급된 바가 없다. 왜냐하면 이는 오늘날의 사람들에게서 채취한 시료에서 단지 0.2%만의 점유율로 나타나서, 이를 계통수의 시기상 어느 위치에 배열할지가 난감하였기 때문이다. 따라서 유전학자들은 아주 늦은 시기에야 비로소 이 라인에 관심을 갖게 되었지만, 상황에 따라서는 T J 에 대한 기존의 연구결과를 뒤흔들 정도가 되었다. 요아힘 부르거Joachim Burger를 중심으로 한 연구팀은 선형토기인Bandkeramiker과 관련된 이 최초의 농경민을 유전적으로 밝혀내려고 했다. 이들 연구자들은 선형토기인의 무덤에서 발견된 뼈와 이빨 등의 여러 유골 등에서 실험에 사용할 수 있을 만큼 잘 보존된 유전물질을 추출해 내는 데에 성공했다. 그리고 연구에 착수하여 아주 놀라운 성과를 얻어냈다.

24개의 시료 중에서 6개가 **N1a**의 라인에 속하는 것으로 밝혀져 연구자들을 놀라게 했다. 이 시료들이 오염되지 않았던 것은 확실하다. 왜냐하면 이 라인은 오늘날 거의 사멸되었기에, 연구자와의 접촉 과정에서 **N1a**의 흔적이 남겨졌을 가능성은 전혀 없었기 때문이다. 이 연구결과로 이 라인이 어디에서 왔고, 언제 생겨났고, 또 유전적 계통수의 어느 부분에 존재하는가에 대한 의문이 제기되었다. 연구자들은 열심히 조사했다. 그 결과로 **N1a**의 한 시료가 쿠르간족Kurganen에서 나왔다. 그렇다면 짐버터스Gimbutas의 견해가 맞는 것일까?

만일 이 농경민이 **N1a**의 것이라면, 이들의 비율은 T J 보다 훨씬 더 낮을 수밖에 없을 것으로 추정된다. 농경민은 아주 작은 그룹으로서 새로운 문화를 도입하였고, 원주민은 이를 곧 받아들였다. 그러다가 나중에 유럽인의 유전자 분포에서 이 라인은 멸절되었다 (이에 대하여는 다음을 참조하라. Wolfgang Haak, *Ancient DNA from the First European Famers in 7500-Year-Old Neolithic Sites*, in: *Science*, vol. 310 (2005년 11월호), p. 1016~1018). 이 경우에 T J 의 유전자를 가진 사람들은 다른 빙하시기에, 또 추측건대 동쪽 피한지에서 유럽으로 이주해 들어왔을 수가 있다.

유럽에서 레수스Rhesus의 요소는 아주 불균형한 분포를 보이면서 나타난다. 미토콘드리아 DNA의 라인을 통해 조사한 결과는 우리가 이를 다른 시각에서 보도록 해준다. Rh^-는 바스크인에게서 매우 높게 나타나며, 바스크인의 지역으로부터 멀어질수록 그 빈도는 낮아진다. 무란트Mourant는 유럽에서는 당시 수천 년 동안에 두 개의 주민그룹이 뒤섞이게 되었다는 관점에서 출발하고 있다. 즉 원래의 오래된 주민들은 전적으로 내지 거의 대다수가 Rh^-를 갖은 반면에 수적으로 훨씬 많은 나중에 들어온 라인은 Rh^+를 갖고 있었다. 그러다가 유럽의 주민들은 시간이 갈수록 유전적으로 점점 더 Rh^- 쪽의 방향으로 기울어지는 과도기에 있었던 것으로 무란트는 보았다. 그런데 실제 현상은 이와는 정반대였다. 즉 원래 유럽의 원주민의 다수는 Rh^-를 갖고 있었다. 그리고 빙하시기가 최고조에 달했을 때에는 극적인 창시자 효과를 통해 전체 유럽 원주민의 대다수가 Rh^-를 갖게 되었다.

다음에서 최근 조사된 결과에서 나온 일부 결과를 소개하기로 한다.

이베리아인Iberer, 베르베르인Berber, 바스크인Basken

이베리아 반도의 주민들이 지리적으로 고립된 상태에서 살았던 것은 유전적으로 밝혀지고 있다. 이는 이베리아어가 사어가 될 때까지 고립된 언어였던 사실에 부합된다. 이렇게 이베리아 반도는 유럽의 다른 지역에서는 전혀 나타나지 않는 많은 라인의 후손들을 품고 있다. 스페인에서 라인 I 와 X 는 10%로, 또 U6 는 7%의 비율로 나타나고 있다. 그러나 바스크인에게서는 이러한 것들이 전혀 나타나지 않고 있다. 단지 바스크인과 베르베르인과의 관련성만이 어느 정도 암시될 뿐이다. 나중 시기에 생겨나고, 또 인도유럽인과 연관성이 있는 것으로 보이는 J 라인은 스페인에서는 평균적으로 7%에 불과할 정도로 매우 드물게 나타난다. 그리고 포르투갈에서는 단지 6%의 비율을 보인다. 이 점에서 인도유럽인의 이주물결은 서유럽의 마지막 끝자락 지역에서는 상당히 잦아들었던 것이다.

다른 관점으로 보아서도 이베리아 반도는 유럽 내에서는 또 다른 예외적인 현상을 보인다. 안달루시아에 사는 주민들은 스페인의 다른 지역 사람들과는 달리 유럽의 거의 모든 라인들을 합쳐놓은 것과 같은 양상을 보여준다. 그리고 이를 넘어서서 이베리아 반도는 물론이고, 유럽의 기타 지역 주민들이 보여주는 것보다 더 다양한 라인들을 보여주고 있다. 이 지역에서 마지막 추위가 절정기에 이르렀을 때에, 여러 다양한 주민그룹이 피난처를 찾아 이곳에 머물렀다. 그리고 이들은 나중에 더 이상 유럽 전역으로 퍼져 나가지 않고 그곳에 머물렀다.

또 적지 않은 이주민들이 아프리카로부터 들어오기도 했다. 그리하여 스페인에 사는 주민들의 조상들은 두 개의 서로 다른 지역으로부터 들어왔다. 일부는 유럽에서 들어왔는데, 이를 대표하는 것이 바스크인이다. 이보다는 낮은 비율이긴 하지만, 다른 일부는 북아프리카로부터 왔다. 알제리아에서는 다시금 이 전형적인 유럽의 라인이 8%의 비율로 발견되고 있다. 이렇게 알제리 지역에 V 가 나타나고 있는 것은, 이의 전 단계인 **pre*V** 의 후손들이 한때 이곳에서 뿌리를 박고 살았음을 보여준다.

알제리와 이베리아 반도의 주민들 간에 있은 유전자 상에서의 교류는 세포핵의 유전자를 통해서도 확인된다. 즉 HLA-다형성 항원을 통해서이다. 이베리아 반도의 주민에게서 발견되는 HLA-항원은 아프리카에서 기원한 것이다. 이밖에도 유럽 서남부와 북서 아프리카와의 관련성은 구석기문화가 보이는 유사성에서도 알 수가 있다. 추측건대 북서아프리카의 아떼리아Atérien 문화[126]는 솔루뜨렝Solutréen 문화[127]의 변이형태이며, 다반Dabban 문화는 그라베띠아Gravetien 문화의 변이형태이다. 베르베르어가 아프로아시아어에 속하기는 하지만, 이 언어는 아직은 알려지지 않은 오래된 기층어를 기반으로 하고 있다. 많은 베르베르인이 아프리카에서는 드물게 나타나는 아주 밝은 피부색에다가, 부분적이기는 하지만 푸른 눈을 보이는 특이한 점을 보인다. 이와 관련하여 이들에게 있는 이상한 이야기들이 그림형제의 동화들과 상응한 모습을 보이는 점도 지적하고 싶다. '*헨젤과 그레텔*', '*신데렐라*', '*늑대와 7마리 염소새끼*', '*엄지공주*'와 같은 동화는 베르베르인의 겉옷이 입혀진 이야기들과 같다고 말할 수 있다 (Wolfgang Neumann, Der Berber, Köln, Du Mont Buchverlag, 1987). 지명과 강물의 이름이 여러 측면에서 동일하게 나타난다. 모로코의 탈레치트Talechit 지역의 한 방언은 20진법을 사용하고 있다. 알제리아에는 전형적인 유럽인의 미토콘드리아 DNA 라인이 8%의

---

126) 40,000년 전에서 35,000년 전에 북아프리카 지역에 있었던 후기 구석기 문명이다. 이의 분포지역은 북부 사하라와 중부 사하라 전역에 걸쳐 있는데, 특히 동부 알제리아가 그 중심 지역이었다.

127) 기원전 22,000년에서 기원전 18,000년 사이의 마지막 빙하기가 절정에 달했던 시기에 서부 유럽지역에 퍼져 있던 후기 구석기 문화이다. 이의 대표적 유물이 발견된 프랑스 남부의 부르군드 지역인 Solutré-Pouilly의 명칭을 따라 그 이름이 붙여졌다. 이에 대하여는 이 책의 제2장을 참조하라.

비율로 발견되고 있다. 이 모든 것은 지브롤터 해협을 건너서 유럽과 북아프리카 사이에 교류와 접촉이 있었음을 보여준다.

이러한 사실들은 고유럽에서 물에 관한 명칭이 인도유럽어에 기반을 두고 있다고 주장하는 크라에Krahe의 가설에 치명적인 결함이 있음을 보여준다. 북아프리카에 있는 강들의 명칭이 유럽의 그것들과 동일한 어근을 갖고 있다면, 이 명칭들을 준 언어는 절대로 인도유럽어일 수가 없다.

쿤Coon이 언급한 '유럽의 종족들'이란 명칭은 당시의 연구상태로 볼 때에는 아주 선구적이었다. 오늘날 이에 대한 그의 다음 언급은 좀 더 크게 부각되어야 할 것이다. "바스크인이 우리의 관심을 점점 더 끌고 있다. 이들을 낭만적으로 바라보는 것은 좋더라도, 더 이상 신비로운 존재로는 보지 말아야 한다." (Carleton Stevens Coon, *The Races of Europe*, New York, Macmillan 1939, p. 504)

스코트인Schotten/픽트인Pikten과 토스카나인Toskaner/에트루리아인Etrusker

유전학자들은 특별한 관심을 가지고 픽트인의 후손인 스코트인과 예전에 에트루리아인 주민이었던 토스카나인에 대한 연구를 시작하였다. 우리가 알기로는 이 두 종족의 언어들은 인도유럽인이 진출하기 이전에 사용되었던 언어였다. 미토콘드리아의 DNA를 통한 연구결과에 따라서 이들을 분류하면, 스코트인과 토스카나인은 바스콘인의 계통에 속한다. 이점은 레트인Räter에게도 역시 마찬가지이다.

에트루리아인의 조상들이 얼마나 이른 시기부터 이탈리아 북부지역에 거주하였는지는 아무도 모른다. 그러나 오늘날의 연구결과로 보면, 토스카나 지역의 주민들은 바스콘인의 후손이다. 이들 바스콘인이 빙하시기 이전이나 그 당시에, 또는 빙하시기 직후에 이 지역에 자리잡고 살았는지 여부는 확실히 알 수 없다. 바스콘인 이전의 소규모 그룹이, 그러니까 빙하시기 이전에 유럽 원주민계의 한 작은 그룹으로서 에트루리아인이 살았고, 또 나중에는 레트인이 살았던 이 지역에서도 이들이 한때 역시 정착해서 살았다.

때때로 프랑스 남부와 지중해 북부 지역에 있는 온난한 피난처였던 해변지역으로부터 출발한 이들은 원래의 근거지와는 외견상으로만 접촉을 유지했던 것으로 보인다. 왜냐하면 전반적으로 지속적인 빙하로 뒤덮였던 추운시기에는 이 두 지역에서의 서로 간의 연락은 아주 어려웠을 것이기 때문이다. 그리하여 아마도 바스콘어의 영향력이 너무나도 약해져서, 그 흔적을 남겨놓기 어려웠을 것이다. 물론 첫음절 강세는 빙하이전시기의 바스콘어의 유산일 수는 있다. 현재의 연구결과로는 이 언어가 에게해 출신의 언어사용자와 어떠한 관계가 있었는지 확실히 말하기는 어렵다. 그러나 나중에 에게해 출신 사람들과의 밀접한 접촉으로 인해 오늘날 에트루리아어와 레트어의 잔재가 우리에게 전해져 내려왔을 가능성은 크다.

이것이 지금까지 밝혀진 사실이다. 최근 이 책의 인쇄 바로 직전에 알렉산드로 아칠리Alessandro Achilli의 주도하에 발표된 한 논문이 새로운 사실을 보여주고 있다 (Alessandro Achilli et al., *Mithocondrial DNA Varaiation of Modern Tuscans Supports the Near Eastern Origin of Etruscans*, in: *The American Journal of Human Genetics*, vol. 80 (2007), p. 759~768). 여기에서 예전에 에트루리아인이 살았던 지역에서 322명의 DNA가 조사되었는데, 이 중에서 시에나Siena 주의 한 외진 마을인 무를로Murlo에서 사는 86명의 주민들이 아주 특이한 결과를 보여주었

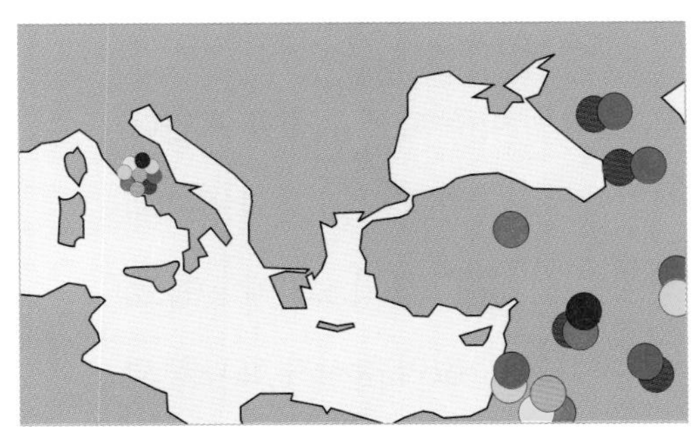

4-52_ 토스카나의 무를로 주민들과 근동지역 주민들 사이에서 일치하는 점들. 여러 다양한 색깔들은 다양한 라인계열들과 이에서 갈려나온 것들을 뚜렷이 보여준다.

다. 무를로 출신의 11명만이 근동지역에서 널리 흩어져 발견되는 유전자의 특성을 보였다. 무를로의 이 시료와 유전적으로 가장 가까운 동쪽 지역으로서는 터키의 앙카라에서 동쪽으로 약 250km 떨어진 곳의 주민들에게서 발견되었다. 여기는 에게해에서 아주 멀리 떨어진 곳이다. 이와 연관된 또 다른 시료들은 코카사스 북쪽과 남쪽 지역, 레반트 지역, 레바논의 남쪽 지역에서도 발견되었다. 그러니까 동쪽 지역과는 활발한 교류가 있었던 것으로 보인다. 그러나 이 사람들의 누가 어디에 살고 있었는지는 아직 말하기가 어렵다. 정말로 흥미로운 일이다.

핀란드인Finnen과 사미인Samen

4-53_ 순록의 무리들

핀란드인은 놀라울 정도로 유럽인 특유의 라인이 보여주는 특성의 상당 부분을 갖고 있다. 사미인의 경우도 이보다 덜하지 않다. 이 두 민족은 인도유럽어인에 속하지는 않는다. 핀란드인은 U 그룹에 속하면서 사미인과 같은 유전자의 변이형을 보인다 (이에 대하여는 다음을 참조하라. Tatiana Zerjal, *Genetic Relationships of Asians and Nothern Europeans, Reveales by Y-Chromosomal DNA Analysis*, in: American Journal of Human Genetics, vol. 60 (1997), p. 1174~1183).

생활 형태로 볼 때에, 사미인은 기타 유럽인들과는 아주 다른 특성을 보인다. 오늘날까지 이들의 상당수는 아직도 빙하시기의 바스콘인처럼 순록의 무리와 더불어 방랑생활을 하고 있다. 스콜트-사미인에게서는 V 그룹이 52%에 달할 정도로 아주 높은 비율을 보인다. 이런 특이점은 의심할 바 없이 창시자 효과의 덕택이다. 사미인에게서 이 라인의 다양성이 적게 나타남은 이들이 퍼져 나간 기간이 그리 오래 되지 않았음을 보여준다.

개개 혈액상의 특질들만으로 볼 때에는 핀란드인과 사미인의 주민들은 아시아 지역에서의 유전적 요소를 갖고 있음을 보여준다. 미토콘드리아 DNA의 조사를 통해 얻은 모계라인에서도 핀란드인에게서는 아시아인 계통의 요소가 적게나마 존재함을 보여준다 (이에 대하여는 그림 4-40에 나타난 진홍색 부분을 보라). Y염색체를 통한 연구과정에서 부계라인에는 동쪽에서 생긴 것이 상당 부분 있지 않는가 하는 추측을 유전학자들에게서 불러 일으켰다 (이에 대하여는 다음을 참조하라. Toomas Kivisild, *Deep common ancestry of Indian and western Eurasien mithocondrial DNA lineages*, in: *Current Biology*, vol. 9 (1999), p. 1331~1334. 그리고 http://jorde-lab.genetics.utah.edu/elibary/Kivisild_1999.pdf를 또한 보라). 그곳에서 우랄어가 관철된 이유로는 부계의 사냥꾼과 채집경제인이 동쪽으로부터 왔다는 것으로 설명된다. 이러한 관점으로 보아, 순록의 무리를 따라 유럽의 북동부지역으로 갔던 바스콘의 일부 무리가 이른 시기에 우랄인Uraliker과 접촉했던 것으로 생각해 볼 수가 있다. 우랄인이 추위에 잘 적응하여, 바스콘인에 비해 생존투쟁에서 유리한 위치에 있었음은 널리 알려져 있다. 이에 상대적으로 높은 위치에 있던 측의 언어가 받아들여지게 된 것이다.

부계 쪽에서 정말로 아시아 계통이 우세했는지의 여부는 오늘날 확실히 알 수는 없다. 왜냐하면 아시아 계통 라인의 뿌리에 대해서는 확실히 알려진 바가 아직은 없기 때문이다. 이를 설명해 줄 Y염색체를 통한 연구가 아직까지는 결정적으로 나와 있지 않다.

더 먼 시베리아 지역에 살고 있는 야쿠트인Yakuten에게서 유럽계의 미토콘드리아 DNA 라인이 17.6%의 비율을 보인다. 즉 H 라인이 9.8%, J 라인이 3.9%, T 라인이 2.0%의 비율을 보인다. 반면에 M 라인 및 이의 여러 하위 그룹들은 66.7%의 비율로서 아주 두드러지게 나타나는데, 여기에는 C와 D의 라인 또한 있다. 그러니까 야쿠트인의 유전인자는 절대적으로 아시아 계통의 라인으로 구성되어 있다.

인도인 Inder

유럽인은 인도유럽어와의 친척관계를 통하여 인도인과는 일부 연결되어 있다. 그러나 유전적으로는 공통점이 많지는 않다. 인도에서의 유럽계 라인의 점유 비율은 유럽에 비해 극히 적다. 이 비율은 힌디어 사용자에게서는 단지 6%에 불과하다. 드라비다어 사용자들도 이보다 단지 2%가 적은 4%에 불과한 비율을 보여, 인도유럽어를 사용하는 같은 지역 거주민들과 별 차이가 없다. 그리하여 상대적으로 적은 수의 인도아리아계 사람들이 인도로 이주해 들어왔을 뿐이다. 이는 그곳에서 곡식 재배가 시작된 것과 관련된다.

마지막 수천 년간에 있었던 이주

지난 수천 년 간의 시기에 유럽 안으로 밀려들어온 이주물결은 유럽의 유전자 현황에서 아주 작은 부분에서만 영향을 끼쳤다. 사르디니아와 포르투갈에서는 아프리카의 전형적인 라인인 L2를 가진 시료자가 발견되었다. 또 다른 전형적인 아프리카의 라인인 L1을 가진 시료자도 북부독일과 영국과 사르디니아에서 각기 하나씩을 보였다. 이들은 항해를 통해 아프리카와 접촉하여 생긴 유산일 수 있다. 아마도 노예무역의 일환으로 생겼을 것이다.[128] 이베리아 반도의 한 시료

---

128) 이들은 사르디나아섬에서 북아프리카의 라인들은 해변을 따라서 단지 내륙 안쪽의 6km 이내 지역에서만 발견된다. 이들의 조상들은 지난 수백 년간 아랍인들에 의해 이곳에 거주된 것으로 보인다. 그렇지 않다면 이들은 더욱 내륙 안쪽에서도 있었을 것이다 (이 책의 저자인 하멜의 주).

자는 아프리카에서 가장 흔하게 널리 퍼져 있는 라인인 L3에 가까운 후손임이 밝혀졌다. 이는 특히 아프리카 북서지역에서 대표적으로 나타나는 그룹인 L3b였다. 이런 시료 제공자들은 모두 유럽 출신으로서, 모두 유럽인의 외모를 갖고 있었다. 이들의 세포핵에 있는 유전물질들은 수세대에 걸쳐 유럽인의 것들과 항상 재조합되는 과정에서 뒤섞이면서 융합되었다. 단지 미토콘드리아를 통한 모계의 조상 라인을 살펴보면, 최근에도 유럽 측이 아프리카의 모계 조상과 친척관계에 있음을 증명해 주고 있다.

이미 언급한 바와 같이 혈액형 B는 몽골인에게서 아주 빈번히 나타난다. 유럽에서 이 혈액형은 이들 몽골인과 접촉했던 지역에서 흔히 보인다. 유럽에는 두 개의 M 라인이 발견된다. 하나는 지중해역의 서쪽지역에서, 다른 하나는 지중해 지역의 중앙 부분에서이다. 이들은 추측건대 몽골인의 침입에 따른 것으로 보인다. M을 가진 시료자가 둘 이상은 발견되지 않고 있는데, 이는 놀라운 일이 아니다. 왜냐하면 몽골인이 침입하였을 때에 데리고 온 여자들은 틀림없이 극소수였을 것이기 때문이다. 몽골의 전사들이 모든 여자를 능욕하였더라도, 이들 주민들 사이에 어떠한 미토콘드리아 DNA는 남겨놓지는 않았을 것이다. 이 시기에 이와 관련되었던 라인은 Y염색체에서 찾아야만 한다.

아시아와 유럽 전체를 걸쳐 보아도, 두 개의 주요 유형이 함께 겹쳐져 나타나는 지역은 그리 많지 않다. 유럽 외의 지역에서는 유럽의 라인이 단지 드문드문 뒤섞여 나타난다. 지금까지 V, T, I, W의 라인은 단지 유럽의 주민들에게서만 발견된다. 추측건대 H, I, J, K, T, W는 유럽인의 조상들이 아프리카인과 아시아인으로부터 이미 갈라져 나온 후에야 생겨났다. 여기에서 일어난 돌연변이를 통해 살펴본 시간을 계산해 보면, 이는 약 30,000년 전에 일어났다.

U 그룹이 갖고 있는 약 50,000년의 높은 연령을 고려하면, 이 라인은 이미 아프리카에서 생겨나서 중근동지역과 유럽에 도착했을 것이다. 이들이 유럽에서 처음 뿌리를 박은 지역은 이베리아 반도이다. 이리하여 유전학자들은 이 그룹이 유럽으로 처음 이주한 경로로는 지브롤터 해협을 건너는 것이었다고 추측한다. 이때에 해수면은 아주 낮아져 있었기에, 사람들은 유럽 지역으로 헤엄쳐 들어오거나 또는 원시적인 보트를 타고 도달할 수 있었을 것이다.

이 연구분야에서 바스크인에 관해 특별히 관심을 가질 필요가 있다. 예전의 기후조건으로 보아 인간들의 피난처였을 이곳이 바로 인종적인, 정치적인, 그리고 언어상의 마지막 보루지대였음은 확실하다. 바스크어는 오늘날 선사시기에 생겨나서 그 출발점이 된 바로 그 지역에서 아직도 유지되고 있는 것이다. 에트루리아어와 레트어와 이베리아어는 현재 모두 사어가 되었지만, 추측건대 이 언어들은 바스크어와 마찬가지로 예전 빙하시기에서의 피난처를 증명해 주는 잔재물이다. 코카사스도 빙하시기에 피난처 역할을 했음이 코카사스의 넝쿨호두나무와 코카사스의 언어들이 이를 증명하고 있다. 우크라이나 지역에서도 빙하시기의 언어가 있었을 수는 있다. 이 언어는 아마도 원인도유럽어였을 것이다. 그러나 이에 대해 아직까지는 알려진 바가 전혀 없다.

이렇게 양쪽 지역에 걸쳐 살았던 이들 주민들의 언어가 바스콘어에 뿌리를 두고 생겨났는지는 알 수가 없다. 바스콘인의 미토콘드리아 DNA 라인이 핀란드인에게서 놀라울 정도로 높게 나타나고 있기 때문에, 이 라인에 속한 사람들이 이 언어의 사용자들과 관련이 있을 가능성은 있다. 특히 이의 분파인 야쿠트족에게서까지 나타나고 있는 점에서다. 아마도 이들 이중 지역에 분포해 살았던 자들의 언어가 바스콘어의 변이형태였을 수도 있다.

이런 다소 황당하게 보일 수 있는 생각들을 던져보는 것은 오직 하나의 목적 때문이다. 즉 연구자들에게 그들이 앞으로 답을 찾아내야 할 질문을 던지고자 해서이다. 두 개 또는 여러 개의 학문 분야를 대립시키면서 던져보는 이러한 질문들은 항상 모험적인 놀이일 수 있다. 그러나 단지 이렇게 자유롭고 실험적인 사고에다가 뜻밖의 우연성이 더해지면, 새로운 실마리가 풀릴 계기가 생겨나지 않을까?

고고유전학을 통한 연구의 한계

작금의 고고유전학을 통한 연구는 우리가 지금까지 알아 온 방식과는 크게 궤를 달리하면서, 지금까지와는 완전히 다른 새로운 차원의 학문 분야를 열었다. 유전상에서 나타난 오류의 근원과 이를 제거하는 방법을 찾는 과정에서, 우리는 복귀변이Reversion, 상사성Homoplasie, 이형세포질유전자Heteroplasmie와 같은 여러 용어를 접하고 있다. 드물게 일어나는 또 다른 현상이 실험 결과를 왜곡시킬 수는 있다. 즉 드물지만 부계의 미토콘드리아가 세포핵에 유지되어 남아 있을 수 있다. 여기에다가 유전자 코드를 읽어내는 과정에서 소위 '염기 분석상에서의 오류Sequenzierungsfehler'가 나타날 수도 있는데, 이는 생각보다 자주 일어난다. 유전학자들은 이러한 학문상의 결함을 없애고자 많은 노력을 하고 있다. 특정 유전자가 특정 장소에서 일어났던 돌연변이는 그 정도가 알려지게 되면서, 지금까지 이의 시기 측정에 관련한 끊임없는 수정이 적절하게 이루어지고 있다. 이 과정에서 항상 일어나건 또는 일어나지 않건 간에, 오류나 돌연변이의 측면에서 우연히 일어날 수 있는 모든 측면을 우리는 항상 고려하고 있다.

우리는 지금까지 지구상의 모든 민족을 유전적으로 분류할 수 있을 정도로 충분한 유전적 자료를 아직은 지구 전체의 주민들에게서 확보하지 못하고 있다. 오스트레일리아와 아시아의 경우에는 아직까지도 본격적인 광범위한 연구가 이루어지고 있지 않다 (Peter Forster et al., *Phylogenetic star contraction applied to Asian and Papuan mtDNA evolution*, in: *Molecular Biology and Evolution* (2001), vol. 18, p. 1864~1881).

코카사스에 대해서도 아직까지는 유전학자들 측으로부터 믿을 만한 자료들을 제공받지 못하고 있다. '*거리차이 방법* Distanz-Methode'을 통한 연구에서는 전반적으로 코카사스 지역 내에서의 유전적 차이가 크게 나타난다. 그러나 아르메니아어 사용자는 터키어 사용자에게 유전적으로 매우 가까운 것으로 알려져 있다 (Ivan Nasidze, *Mitochondrial DNA and Y-Chromosome Variation in the Caucasus*, in: *Annals of Human Genetics* 68 (2004), p. 205~221). 유럽의 이주경로가 보스포러스 해협을 건너서였던지, 또는 당시 기후조건에 의해 생겨 연결된 육로를 통해 이루어졌는지는 오늘날 다만 추측만 하고 있을 뿐이다. 그리고 흑해 해변을 따라 코카사스 안으로 이동해 들어갔다는 것도 역시 추측의 차원에 머물러 있다. 이러한 진실을 알아내는 과정에서 또 다른 장애를 주는 것은 유전자의 전체 단편에서 완전히 또는 적어도 일치된 분석결과를 보여주는 경우가 아직은 매우 드물다는 사실이다. 이렇게 이러한 연구들에서 나온 자료들을 전 세계적으로 비교하는 일은 아직도 걸음마 단계이다. 그러나 특히 고고학에서는 발굴한 유골을 유전학적으로 분석하여 선사시대의 역사를 돌이켜 알아내는 측면에 있어서는 오늘날 많은 사람이 큰 기대를 하고 있다. 그런데 여기에는 항상 오염될 수 있다는 위협이 도사리고 있다. 즉 분석된 DNA가 언제나 우리가 찾고자 하는 그것이 아니라, 시료와 접촉한 사람의 것일 수도 있다는 점이다. 유골들을 별개로 분석한 경우에 있어서는, 이에서 알아낸 기원의 장소와 그 이동경로가 단지 일련의 연속된 추정의 결과에 불과할 수도 있다. 그러나 특정 유전자가 어느 시점의 한 특정 지점에서 발견됨을 알아낸다면, 여러 다양한 민족의 이주경로를 상세히 밝혀낼 수가 있다. 이렇다면 화석화된 유골에 잘 보존되어 있는 우리의 아주 오래된 조상들의 미토콘드리아 DNA는 우리에게 숨겨진 비밀의 일면을 엿보게 해줄 것이다. 현재의 연구단계는 다소 작은 대물렌즈를 갖고 순간촬영을 한 것에 불과하다.

유전학은 우리에게 세포 내에서 일어났던 것에 대한 정보를 알려주고는 있다. 그러나 우리 조상들이 어떻게 생활하고, 또 어떤 사고방식을 가졌는가에 대하여는 고고유전학은 아직 아무런 것도 알려주지 못하고 있다. 고고학과 언어학에서 얻은 광범위한 지식의 도움 없이는 고고유전학이 경험적으로 얻어낸 지식은 아주 빈약하고 실용성이 전혀 없다. 심지어 이를 적절히 해석해 낼 수조차도 없을 지경이다.

한 특정 주민이 갖고 있는 미토콘드리아의 DNA와 Y염색체의 DNA의 영상에서도 여러 다양한 라인이 중첩되어 보인다. 또 오가면서 접촉한 다른 여러 하위그룹이나 다른 라인에서 나온 것들과도 중첩되어 있다. 그리하여 얻어진 여러 자료들을 언어학적이고 고고학적인 자료들과 함께 비교하면서 상당기간 철저히 분석해야만 새로운 사실들을 확실히 밝혀낼 수 있다. 그리되면 아마도 이주경로에 대한 장소와 시간에 대한 사항들이 더 온전하게 서술될 수 있을 것이다.

다분야 학문의 협업을 통한 연구방법

언어가 민족과는 일치하지 않다는 사실을 우리는 항상 기억해야만 한다. 한 민족을 단순히 유전적인 측면을 갖고 지도상에 표시하려 하거나, 과거를 돌이켜 보는 과정에서 한 언어를 특정 유전자가 분포된 도형이나 계통수 라인과 동일시해서는 안 된다. 미토콘드리아의 DNA를 통한 연구들에서는 개별 민족이 여러 개의 미토콘드리아의 DNA 라인을 지니고 있음을 확실히 보여준다. 이는 이러한 라인들이 종족이나 민족 또는 국가에 관해서는 아무것도 설명하여 줄 수 없음을 의미한다. 그럼에도 불구하고 상황에 따라서는 민족과 언어 간에는 어떻든 일종의 연관성이 있을 수 있다. 어떤 방식으로 이러한 연관성이 있는지를 알아내는 일은 학자들의 손에 달려 있다.

우리의 노력 과정에서 어떠한 관계는 허용되고, 어떠한 것은 있을 수 없음을 밝혀내야만 한다. 한 언어학적 가정을 그 분야에서 해결할 가능성이 없으면, 이를 다른 학문 분야를 통해 알아보는 것은 바람직한 태도이다. 타 분야 영역을 통해 접근해 보려는 노력이 지금은 드물지만 어떻든 이루어지고 있다. 이에 대한 큰 장애는 단지 한 분야에서라도 광범위한 지식을 얻어내기에는 한 인간의 수명이 원천적으로 충분하지 않다는 점이다. 그리하여 학자는 대개의 경우 일방적으로만 연구하게 되고, 자신의 연구 생애에서 자신에게 주어진 분야의 벽을 넘어서 내다보기에는 충분한 시간을 갖고 있지 못하다. 다행스럽게도 몇몇 학자들이 타 분야의 동료들이 연구해 얻어낸 결과에도 관심을 보이고 있다. 그러나 동료들의 작업에 신뢰를 가질 때에만 이들과의 대화가 가능해진다. 고고학자가 언어학자에게, 또 언어학자가 유전학자에게 신뢰를 보이지 않는다면 여기에서 별다른 성과를 얻어내지 못 할 것이다. 그리고 그 연구는 정체될 수밖에 없다.

바스콘어의 경우에서 피터 포스터는 언어학자인 그린버그에게 유전학으로 도움을 주려고 달려갔다. 그린버그는 논란이 많았던 자신의 연구방식을 바탕으로 아무런 기록을 내놓은 바가 없는 여러 민족의 언어들을 특정의 어족들로 분류하였는데, 이는 신랄한 비평의 대상이 되었다. 그런데 아메리카에 대한 포스터의 연구결과가 그린버그의 연구결과에 상당 부분 일치하는 것은 놀라운 일이다 (Peter Forster, Origin and Evolution of Native American mtDNA Variation, Appraisal, in: *The American Journal of Human Genetics*, Vol 50 (1996), p. 935~945; 이에 대하여는 또한 Wandertrieb im Blut, Der Molekulargenetiker Peter Forster über die prähistorische Besiedlung Amerikas, Interview in: Der Spiegel 3-1997, p. 152~153을 보라). 그렇다고 엄격한 의미에서 그린버그의 연구방식과 그가 얻어 낸 연구결과가 완전히 옳다는 증거는 되지 않는다고 언어학자들은 주장하고 있다. 그럼에도 불구하고 그린버그의 연구방법이 피터 포스터의 도움으로 좀 더 설득력을 얻게 된 것은 사실이다.

빙하시기 이후의 유럽의 거주 현황에 있어서, 언어학자인 테오 페네만이 내세웠던 바스콘인의 가설이 유전학자인 피터 포스터가 미토콘드리아의 DNA을 통한 연구결과와 부합되는 점을 보이자, 학제 간의 교류는 탄력을 받게 되었다. 이때 바스콘인이 고유럽의 원주민이었다는 이 언어학자의 가설에 유전학은 큰 버팀목을 제공했다. 테오 페네만은 유전학의 연구결과와는 완전히 별개로, 그것도 수년은 앞서 독자적으로 자신의 바스콘인 가설을 내세웠다. 이는 단지 자신의 언어학에 기반을 두고 생각해 낸 것에다가 고고학적인 그리고 기상학에서의 지식을 접목하여 알아낸 것이지만, 이를 통해 언어학이 가진 능력을 보여주었다. 여기에서 두 개의 완전히 다른 학문 분야인 언어학과 유전학이 이처럼 일치된 결과에 도달할 수 있다는 사실은 학계에 커다란 놀라움을 안겨주었다. 유전학이 이런 결과를 내보인 이후에는 언어학계의 보수적인 학자들도 고유럽의 예전 언어 라인이 갖고 있는 의미를 새로이 파고들어갈 수밖에 없었다.

그럼에도 불구하고 엄밀한 의미에서 새로이 입증된 것은 전혀 없다. 이빨과 문서가 함께 담긴 채로 발견된 참나무로 만든 술잔을 통해서 유전자가 말을 하게 만들도록 하여, 확실한 시기를 알아내는 것이 역사학자들의 커다란 꿈이다. 우리가 현재 알아낸 지식을 통해 하나의 시나리오를 만들어내서, 이를 실제로 재구성하여본다. 이때 어떠한 모순도 발견되지 않는다면, 우리는 이에 만족할 수가 있다. 그리되면 선사시대 연구는 우리에게 다양하고 흥미로운 모습으로 다가올 것이다.

Roots for Real - 자신과 같은 뿌리를 가진 사람 찾기

유전자 자료를 갖고 광범위한 연구를 하는 데 있어서는 막대한 돈이 필요하다. 이에 나는 모든 사람이 분자 계통수에서 자신이 있는 위치를 알아낼 수 있는 가능성을 알려주고자 한다. 이를 통해 우리는 피터 포스터를 중심으로 한 연구팀을 도와줄 수 있다. 이 팀은 2002년부터 Roots for Real이란 상호를 내걸고 신청자의 미토콘드리아 DNA를 분석하고 있다.

그리고 2005년부터는 Genetic Ancestor Limited란 이름을 갖고 선불을 받는 조건으로 활동하고 있다. 면봉에 자신의 침을 묻힌 시료를 다음 주소로 보내면, 신청자는 자신의 미토콘드리아 DNA 프로필을 받고, 동시에 자신과 같은 모계 조상을 가진 다른 사람들이 어느 지역에 살고 있는가에 대한 정보를 얻을 수 있다.

Roots for Real
PO Box 503
Cambridge
CBI 0AN
England

Tel. 0044-77 656 43666 (Mo-Fr. 10-19 Uhr)
E-Mail: roots@geneticancestor.com
www.rootsforreal.com

Das Werden der Völker in Europa

부록

어원

아래에 제시한 어원들은 특별히 따로 언급된 저자가 없다면, 이는 테오 페네만의 연구결과에서 나온 것이다.

바스콘어에서 기원한 독일어 단어들 및 기타 다른 언어에서의 형태들

다른 언어에서의 단어 형태들	바스크어에서의 원래 단어들
Alde (지명의 어근으로 나타난 요소) 독일 *Arnoldsweiler,* *Aran-alde* (계곡 근처의 가까운 곳) > Arnold	바스크어 *alde* (근처, 이웃 지역, 가까운 곳, 지역)
Anger (< 게르만어의 +*ang-ra-* (풀밭지대)) 고대독어 *angar* 중세독어 *anger* 고대북구어 *-angr*, '만'으로 추측됨 북구어 eng (< +*angjō* (초원)) 후기라틴어 ancrae, angrae (나무들 사이의 공간, 나무가 있는 강변 지역) 그리스어 *ἀγκίον* (ankion) (계곡)	비스카이노(바스크의 한 방언) *angio, angia* (초원, 울타리로 둘러쳐진 초원지역)
Ar- (지명의 어근으로 나타난 요소) 독일 *Ahr, Ahre* 스페인의 *Aragon, Arana* 이밖에 남티롤의 *Ahrental* 영국의 *Arundel* 프랑스의 *Val d'Aran* 독일의 *Arnoldsweiler*	바스크어 *ara, aran* (계곡)
Axt 고대독어 *achus* 중세독어 *ackes* 고대작센어 *akus* (< 게르만어의 +*akwesjō* (도끼))	바스크어 *aizkora, haiskora* (도끼, 작뀌) 바스크어 +*aġ-/ak* (예리하게 짤리는) 아마도 adze와 교배현상이 있은 듯함 (이에 대하여는 영어에서의 단어 형태를 보라)

고트어 *aqizi* 고대북구어 *øx* 고대영어 *æcse* 고대프랑스어 *axa* 라틴어 *ascia* 그리스어 *ἀξινη (axinē)*	
Birke	바스크어 *burkhi/urki*
Bischof (지명의 어근으로 나타난 요소) 독일 *Bischofsheim, Bischofsdorf* (옛날 명칭은 *Pischofstorf*) 프랑스 *Bécon* (옛날 명칭 *Besconum*) 피레네 *Biscargui* 대서양 연안의 피레네 *Bisqueys* (옛날 명칭은 *Biscay*)	바스크어 *bizkar/biskar* (등, 산등성이, 산등성이의 소의 등처럼 길게 뻗은 고지대의 능선)
Buche (너도밤나무)	바스크어 *bago*
Delphin (돌고래) 이는 차용번역으로 들어 온 단어임. 옛날 독일어에서 Delphin을 위한 흥미로운 차용번역이 있다 즉 *merswin* 'Meerschwein'이다. 직역하면 '바다 돼지'이다.	이에 대응되는 바스크어 단어인 *isurde* 'Meerschwein (바다 돼지)'는 *is* Wasser (물)/Meer (바다)와 *urde* Schwein (돼지)의 복합 형태이다.
Eiche (참나무) 고대독어 *eih(ha)* 중세독어 *eich* 고대작센어 *ēk* 고대북구어 *eik* 고대영어 *āk* 라틴어 *aesculus* (산악 참나무) 고대프랑스어 *ēk* 그리스어 *αιγιλοπξ (aigílops)* '참나무 과'	바스크어 *agin* 'immergrüne Eiche (상록의 참나무)'
Eidam (사위) 단지 서게르만어에서 +*aiþumaz* (사위, 장인) 고대독어 *eidum* 중세독어 *eidem* 중세저지독어 *eidom, eidum* 고대영어 *āðum* 고대프리젠어 *āthom* 고트어 *aiþei* (어머니)	바스크어 *aita* (아버지)
Eisen (철) 게르만어, 켈트어 +*īsarna* (철) 추측컨대 별과 섬광을 위한 바스콘어의 단어가 금속인 철에 옮겨져 사용되었다. 이러한 가정은 최초의 철은 별동별의 철	바스크어 *izar* 'Stern (별)' *izarne* (섬광, 빛남), izar에서의 파생어

성분에서 얻어졌기에, 별의 금속 또는 별의 빛나는 물질이라 고 표현된 데에서 뒷받침된다.	
Eisvogel (물총새) 고대독어 *īsarno* 고대영어 *īsearn* 그리스어 *καλανδροζ (kalándros)* (도요새) 그리스어 *πελàργòζ* (pelàrgós) (황새)	<u>바스크어</u> *+is-arâNo* (물새)
Eller, Erle (오리나무) 고대독어 *erila, elira* 중세독어 *erle* 고대작센어 *elira* 중세저지독어 *erle* 러시아어 *ól'chá* (오리나무) 리투아니아어 *alksnis* 레트어 *èlkdnid* 라틴어 *alnus*	<u>바스크어</u> *altz*
Fliese (프랑스어 ***lauze***를 보라) 고대북구어 *flosa* (조각, 비를, 껍데기) 고대북구어 *flus* (얇은 껍데기) 중세저지독어 *flise, vlise* (돌 판대기) 리투아니아어 *plùskos* (상투) 레트어 *plauskas* (머리 비듬) 라틴어 *lausiae* (돌 쪼가리) 포르투갈어, 갈리츠어 *lousa* 프랑스어 *lauze* (돌로 만든 기와) (북부 로아르 지역) 스페인어 *losa* 카탈로니아어 *llosa* 프로방스어 *lausa* 피에몽어 *losa*	<u>바스크어</u> *lauza, lisa* (바닥에 까는 돌, 평평한 무덤 돌, 추녀 돌림띠 < 원(原)바스콘어 *+plausa* (돌 판대기), *+plisa* (평평한)
Gemse (바이에른 방언: ***Gams***) 독일어 *Gemse* < 게르만어 *+kaumuts(a)* 고대독어 *gamiza, gamtz-* < 게르만어 *+gamuza* 중세독어 *gamz, gemez* 갈로-라틴어 *camax* 영어 *chamois* (염소, 영양) (다음의 프랑스어 단어에서 차용됨) 프랑스어 *chamois* < 갈로-라틴어 *camax* 이탈리아어 *camozza, comoscio* 스페인어 *camuza* 포루투갈어 *camuça* 프리아울어 *amuts*	<u>바스크어</u> ahnuntz (염소, 영양) *+anu(n)tz, +auntz* *+kanu(n)tz, +kamu(n)tz,* *+kabunts*

티롤어 *kyamorts* 게르만어 *habe* (염소) 고대영어 *hæfer* 고대북구어 *hafr* 고대아일랜드어 *gabor* (수컷 염소) 스코트랜드 골어 *caer-irwich* (사슴) 아일랜드어 *caera* (양) 라틴어 *caper, capra* (염소, 수컷 염소) 움부리아어 *kaprum* (염소, 수컷 염소) 그리스어 *καπροζ (kápros)* (수퇘지)	
Garbe (오늘날에는 단지 고지독어와 저지독어의 독일어에서만 유지되어 있음) 고대독어 *garba* 표준 독일어 이전 시기 *garbō* 고대작센어 *garba, garva* 현대 네델란드어 *garf* 스페인어, 카탈로니아어, 프로방스어 *garba* 고대프랑스어 *garbe* 프랑스어 *gerbe*	바스크어 *garba* (묶음, 곡식 다발, 무리)
Gatter, Gasse 게르만어 *+gatwōn* 고대독어 *gazza* 고대영어 *geat, gat* (문) 영어 *gate*	바스콘어 *gathe* > *hathe* > *athe* 바스크어 *ate* (문)
Gerste 인도유럽어 +gar-sidā > 게르만어 +gersidā > +gerstā 그리스어 *σιτοζ* (sitos) (밀, 낟알, 곡식) 이비트어 sw.t (곡식, 낟알) 수메르어 zid (밀가루)	바스콘어 +gat-zito- 바스크어 gar-i (곡식, 밀) 바스크어 zitu (곡식, 수확물, 과일) 바스크어 situ (곡류, 곡식 수확물)
groß (이에는 역시 라틴어 grandis (커다란)을 보라) 게르만어 *graundi* > *graudi* > *grauta* (커다란) 고대독어 *grōz* 고대영어 *grēat* 고대작센어 *grōt* 고대프리젠어 *grōt* 라틴어 *grandis* (커다란)	바스크어 *handi* graundi > raundi > haundi > handi (커다란)

Haken (이에서 역시 영어의 ***key***를 보라) 고대독어 *hākho* 중세독어 *hākh(e)n* 고대영어 *hōk* 고대북구어 *hækja* 중세저지독어 *hōk* 러시아어 *kōkgoti* 고대프랑스어 *hōk*	바스크어 *gako, gakho* (열쇄) *gakulu* (가시, 박차) *kako, kakho* (갈고리, 집개)
Halde 고대독어 *halda* 중세독어 *halde* 고대영어 *heald* (비스듬한, 기울어진) 고대북구어 *hallr* (비탈, 경사) 고대프리젠어, 중세저지독어 *helde* 고트어 *wilja-halei* (기울어짐)	바스크어 *alde, halde* (옆, 측면) 바스크어 *aldapa* (한 언덕의 가파른 경사면, 언덕, 측면)
Harn 고대독어, 중세독어 *harn, harm* 중세독어 *hurmen* (거름을 주다)	바스크어 *gernu, garnu(r)* (오줌) 아마도 바스콘어의 +*kernu*가 독일어 이전 시기에 +*kharno*-의 형태로 들어온 것으로 보임.
Ib, Ip 지명과 강물의 명칭에서의 단어 구성요소: 독일 바이에른주에서의 *Ybbs, Ebrach, Ebersberg* 스페인에서의 *Ebro*, 세르비아에서의 *Ibar*, 조지아 공화국의 쿠라Coura 계곡에서의 *Iberia*	바스크어 *ibar* (계곡, 강이 합치는 곳) 바스크어 *ibai* (강)
Is: 지명과 강물 명칭의 단어 구성요소로서 보임. 독일: *Isen, Isar, Ismaningen, Eisbach* 벨기에: *Yser, Ijezenbeek* 프랑스: *Isère, Oise* 남부티롤: *Eisack* 피에몽: I*sella* 사르디니아: *Riu Isalle* 뵈멘: *Ijsera* 홀란드: *Ijssel* 스위스: *Isel* 노르웨이: *Isa* 덴마르크: *Iaback* 스웨덴: *Islingen* 영국: *Aire, Axe*	바스콘어 *is-* (물)

kahl 서게르만어 +*kalwa-* (벌거 벗은, 대머리의, 허가 받지 않은) 고대독어 *kalo* (대머리의) 중세독어 *kal/kalwes* (대머리의) 중세네델란드어, 고대영어 *calu* 네델란드어 *kaal* 영어 *callow* 고대교회슬라브어 *golu* (벌거벗은), *glava* (머리) 러시아어 *golyj* (대머리의, 벌거벗은) 체코어 *holý* (벌거벗은) (여기에서 Halunke (광대), *Holumek* (거지, 사기꾼)을 참조) 리투아니아어 *gáłdyti* (반작거리게 만들다, 빡빡 문질러 씻다); *galvà* (머리) 라틴어 *calva* (머리); *calvus* (대머리의) 스페인어 *calvo* (대머리의) 프랑스어 *chauve* (대머리의) 그리스어 κεθαλη *kelphalae* 고대 아일랜드어 *calb* (머리), *khalatí-* (대머리의), *khila-* (황무지) 아베스트어 *kaurva-* 신페르시아어 *kal* (머리카락이 없는, 대머리의) 이를 어근으로 한 지명들: 알리깡뜨 주의 Calpe와 고대 기록물에 나타난 오늘날 지브롤터 지역에서의 *Kalpe*는 바위투성이의 민둥산을 가리키는 것으로 보임. 게르만어에서 비슷한 모습의 형태와 관련된 명칭들로 *Kuppel, Kuppe, Schneekoppe, Kopf* 등이 있음.	바스크어 *galbar, kalbarr* (벌거 벗은, 텅 빈, 대머리의)
kante 독일어, 네델란드어 *kant(e)* 라틴어 *cant(us)* (바퀴 테두리) 고대프랑스어 *cant* (귀퉁이) 프랑스어 *canton* 핀란드어 *kantti* (스웨덴어로부터의 차용어); kanttu (각도, 빵을 자른 부분, 빵의 테두리, 바위) 지명으로서는 스페인의 *Alicante* < *Aalacanti* (평지와 산악의 뚜렷한 경계선 지역); *Monte Benacantil* (알레깡뜨 지역에 있는 한 도시 내의 바위 이름; *Canta bria* < *kant-abr-* (이베리아 반도 북부 지역에 있는 한 산맥의 이름으로 가파르게 비스케이만으로 내려가는 지형을 보임)	바스크어 *kantal* (도로 귀퉁이, 한 옷감의 가장 끝 쪽 부분 또는 들판이나 바위의 가장 끝 쪽 부분) 바스콘어 *kanto, kantoi* (잘린 부분, 썰어낸 빵의 조각); *khantu* (이음새, 옆, 가장자리)

karst (황량한 산악지대) 스위스 독일어 *charre* (황량한 석회암) 테셍 *caravel* (단단한 바위투성이 땅) 코모 *gárol* (자갈 돌) *garámpol* (메마른 땅) 칼라브리아 *garámp* (심연) 루칸 *škarrone* (돌투성이 대지) 시즈 *carrancu* (가파른 바위) 슬로베니아어 *kar* (바위) 중세아일랜드어 *carr* (바위) 아르메니아어 *kar* (돌, 바위) 이의 어간 +*kar(r)*- (돌)은 요한네스 후브슈미트Johannes Hubschmid가 최초로 재구성해냈다. 가장 유명한 지명으로서는 리구리아인이 살던 해변에 있던 항구 마리나 디 카라라 Marina de Carrara가 있다. 페네만은 이 지명을 +*karr-ara(n)* (바위-계곡)으로 재구성하고 있다.	바스크어 *harri* (돌, 바위) 저지나바르어 *khar-be* (동굴) 술레트어 *har-be* (바위 동굴)
Katze, Kater 고대독어 *kazza, kazzo* 중세독어 *katze* 고대북구어 *kǫttr* 고대영어 cat(t) 고대프랑스어 *katte* 공통슬라브어 *kotú* 리투아니아어 *katē*	바스크어 gatu/katu (고양이), gathar/katar (숫고양이) 페네만은 자신의 논문 Etymologische Beziehungen im alten Europa (고대유럽에서의 어원상의 관계)에서 여기에서 언급된 여러 '고양이'에 관한 단어에서 어원적인 관계가 있다는 추측을 피력했다. 즉 바스콘어의 것이 인도게르만어의 언어들에 차용된 것이라고 보았다. 여기에서 언급된 바스크어 단어는 옛날 바스콘어 단어를 계승한 형태이다.
Kerbe, scharf 고대독어 *s(c)arpf* 중세독어 *schar(p)* 고대영어 scearp 영어 sharp 고대프리젠어 skerp, skarp 증세저지독어, 중세네델란드어 scharp, scherp 근대네델란드어 scherp 고대북구어 skarpr 레트어 skaȓbs 중세아일랜드어 cerb (자르는) 고대영어 sceorpan (고통스럽다, 긁어대다, 자르다) 고대독어 scurfan (긁히다) 중세독어 schürfen 고대영어 scearpe (피부가 긁히다) 고대영어 *ceorfan* (새기다) 고대북구어 *kyrfa* (새기다) 스웨덴어 *karfwa* (새기다) 그리스어 *γραφειν (graphein)* (쓰다, 할퀴다, 새겨 넣다) 스페인어 *zarpa* (발톱, 뒷발톱)	바스크어 zarpa (각질의 뒷발톱, 표기하다) < 바스콘어 +sarpV{okal} (발톱)

고대프리젠어 *kerva* (잘라내다) 덴마르크어 *karve* (새기다) 프랑스어 *éperon* (박차)	
krapfen 고대독어 *krapfo, kraffo* (발톱, 갈고리) 중세독어 *krapfe* (발톱, 갈고리)	바스콘어 +*krapo* > 바스크어 이전시기 *grapa* > *garba* (가죽에 둘러붙은 것을 떼어내는 기구, 허접스러운 것)
Land 게르만어 +*landa-* (땅, 육지) 고대독어 *lant* 중세독어 *lant* 고트어 *land*	바스크어 *landa* (들판, 평야, 개간된 땅) 윌리암 코완William Cowan의 가정에 따르면, 이 단어는 바스크어로부터의 차용어이다. 이런 사실은 개인 서신을 통해 페네만이 확인하였다.
Latte, Laden 독일어의 *Laden*은 중세독어 *lade(n)* (널빤지)에서 나왔음 고대독어 *latto* 중세독어 *lat(t)e* 고대영어 *lætt* 중세영어 *latthe* 영어 *lath* 네델란드어 *lata* 고대아일랜드어 *slat* 웨일즈어 *llath* (회초리) 스페인어, 포르투갈어, 프로방스어 *lata* 카탈로니아어 *llata* 프랑스어 *latte* 이탈리아어, 레토로만어 *latta*	바스크어 *lata, latha, late* (얇은 널빤지, 지붕을 잇는 틀)
Mar-는 아래 지명들의 단어요소로서 사용됨. 오스트리아의 *Mörn, Murg, Mogenbach, Mur* 세르비아의 *Morava* 이탈리아의 Maira, Marano 루마니아의 Maroš 체코의 March 네델란드의 Mare 리타우엔의 Marà	바스크어 marra (경계석, 경계선)
Mun-은 다음 지명의 단어요소로서 사용됨. 독일의 *München, Münnerstadt, Münchberg, Mönchberg,* 카스틸리아의 *villa Munapa* 피레네산맥의 대서양연안의 *Monein* 나라바의 *Munian*	바스크어 muna- (경사면, 언덕; 강가, 솟은 지역)

Mur(e) 주로 바이에른 지역에서 사용되는 단어로서 흙, 모래, 산에서 굴러내려 오는 바위 또는 풍우로 하천에 쓸려내려 온 돌 등을 가리킨다.	바스크어 murru (덩어리, 쌓아 놓은 것; 언덕, 셀 수 없을 정도로 많은 양) murkaits (가파른 바위)
Pugge, Pogge (개구리, 두꺼비) 저지독일어, 중세저지독일어 *Pogge*	바스크어 *puka* (두꺼비)
Rek-/Reg 이는 다음 지명들의 단어구성요소로서 나타난다. 독일의 Regen, Regensburg, Reil, Regiel 폴란드의 Rega 북부이탈리아의 Rienz 영국의 Rye 크로아티아의 Rijeka 또 인도유럽어에서 어원이 발견되지 않으면서 다음의 것도 나타나고 있다. 옥시단어의 rèc (비) 라틴어의 rigō 슬라브어의 rěka	바스크어 *erreka* (내, 계곡)
Roggen 인도유럽어 *rugi-* (보리) 고대독어, 고대작센어 *roggo* 고대북구어 *rugr* 고대영어 *ryge* 영어 *rye* 고대러시아어 *rŭzĭ* 리투아니아어 *rugỹs* 스페인어 *trigo* 고대프랑스어 *rogga* (오늘날 불어에서는 blé가 사용되고 있다) 그리스어 *ὄρυζα (őryza)* (쌀) 에스토니아어 *rukkis* (게르만어 또는 발트-슬라브어에서 차용된 단어임) 핀란드어 *ruis* (게르만어 또는 발트-슬라브어에서 차용된 단어임)	바스크어 ogi (밀, 곡식) < 원바스콘어 +rugi- (곡식)
Salamander 중세독어 *salamander* 라틴어 *salamandra* 그리스어 *σαλαμανδρα (salamandra)*	바스크어 *sal-*: 소위 물을 나타내는 단어로 수중동물이나 육상돌물의 명칭을 구성하는 한 단어요소임. bask. *and(e)ra* (여자) 오늘날 바스크어에서는 *ur-andra* (물의 여인)는 도룡용을 가리킨다.

인도게르만어들에서 나타난 Salamander의 단어들을 기반으로 볼 때, 바스콘어의 *+salamanV[akal]ra* (물-여인)이 재구성된다. 바스크어 *andra*는 바스크어 and(e)ra (여인)에서 기원했다. Salamander의 첫음절 *sal-*은 고유럽에서의 물에 관련된 지명에서 흔히 나타나는 요소로서 물과 관련된 다른 단어들에게서도 흔히 나타난다. 즉 고대북구어의 *sǫl*, 중세아일랜드어의 *sāl* (바다), 라틴어의 *salmō* (연어), 라틴어의 *salar* (송어) 등이 있다. 이리하여 바스크어의 *sal*의 원뜻은 '물'임을 알 수 있다. 오늘날 Salamander(도롱뇽)은 바스크어에서 *ur-andra* (물-여인)이라 불린다. 이에 바스콘어에서 '물'을 뜻하던 옛날 단어 *sal-*이 *ur-*로 대체되었다고 본다. 그러나 인도게르만어에서는 이 동물을 가리키던 옛날 명칭인 Salamander가 아직도 유지되고 있는 것이다.

Schenkel, Schinken 중세독어 *schenkel* 중세저지독어 *schinkel, schinke* (허벅지) 고대영어 *sceanca* 고대인도어 *sákthi* 추측건대 이들 단어들은 독어의 *hinken*(절뚝이다) 관련 있음.	바스크어 zango (발, 다리) šungo (뒷다리, 양, 말) 바스크어 šanku (절름거리는)
schwarz 게르만어 *+surt-* 'schwarz (검은)' 또는 '*surt-* (불)' *Surtr* 'der Schwarze (검은 거인)': 추측건대 게르만 신화에 나오는 이 '불의 거인'은 검댕이에 의해 검은 모습이 된 것으로 보임. 고대북구어 *sorta* (검은 색) *sorti* (어둠 속의, 짙은 안개) *sortna* (검게 되다) 고트어 *swartizla, swartiza* (잉크)	바스크어 *su, sü, sur-* 'Feuer (불)' < 고대바스크어 *+sur*
Senner 고대독어 *senno* (양치기, 소 방목인) 중세독어 *senne* (양치기, 소 방목인) 엔가딘어engadin *sañ* 오브발드어obwaldisch (레토로만어) *siñum*	바스크어 *ezne* < 원바스콘어 *+seNe* (페네만의 주장) 또는 *+senne* (미헬레나Michelena의 주장) bask. (고지 나바르 방언) *esene* (우유) < *+ezene* 바스크어 *zenbera* (수제 치즈)
Silber 단지 게르만어와 발트-슬라브어에 나타남. 고대독어 *silabar* 중세독어 *silber* 고대북구어 *silfr* 고대영어 *seolfor* 고대프리젠어 *sel(o)ver* 고대작센어 *siluvar* 고트어 *silubr* 고대교회슬라브어 *sirebro* 리투아니아어 *sidābras*	바스크어 *zilar, zil̃ar, zilhar* (은) 이 단어는 세미티드어에서 기원한 것으로 추측된다. 여기에서 아시리아어의 ṣarpus (은)을 참조하라. 세미티드어의 *bar-zil*의 형태를 세미티드어의 어순의 관점에서 비교하면, 음절의 순서가 바뀌어 나타나는 것에 유의하라. 뢰펠만Löpelmann은 바스크어의 Silber 단어와 몽골어의 *sirabir* (노르스름하게 빛나는) 및 일본어의 *široi* (흰색의) 간에 연관성이 있는 것으로 보고 있다.

stinken 게르만어 +*stunkwan* 'stoßen (찌르다)' 고트어 *stigqan* 'stoßen (찌르다)' 이는 아마도 바스콘어로부터의 차용어일 것이다. 고트어에서의 이 단어의 의미는 독일어의 그 것, 즉 '강한 냄새를 풍기다'와 큰 차이가 있지만, 고트어의 것이 원래의 의미로 보인다. 다라서 독일어에서 의미변환 Bedeutungsverschiebung이 일어난 것으로 보인다.	바스크어 *zunka* (송아지가 젖을 빨려고 머리를 디밀어 미는 동작) *sunkatu* 'stoßen (찌르다)'
Strunk 후기중세독어 *strunc* 근대네델란드어 *stronk* 리투아니아어 *strùngas* 라틴어 *truncus* (나무 등걸) 고대프랑스어 *tronc* 스페인어 *tronzo* 포르투갈어 *troncho* 카탈로니아어 *tronch*	바스크어 *unkhü* (나무 그루터기) +*strunku-* (페네만이 재구성한 형태)
Ur-, Auer- 독일에서의 *Auerbach, Aurach, Eisendorf, Irsec, Urach, Ürde* 노르웨이의 *Ure* 덴마크의 *Urn* 스웨덴의 *Uren (See)* 폴란드의 *Urwis* 영국의 *Irwell* 벨기에와 룩셈부르크의 *Our* 프랑스의 *Aroffe, Huriel* 스위스의 *Ur* 오스트리아의 *Url* 북부 이탈리아의 *Ora/Auer* 크로아티아의 *Vrba* 보시니아와 헤르초고비나의 *Vrbas* 스페인의 *Ortigueira* 인도유럽어의 어원이 없는 것으로, 다음이 있다. 라틴어의 *ūrīna* (이슬비) 고대북구어의 *ūr* 고대 프러이센어의 *wurs* (연못)	바스크어 *ur* (물), *ura* (물, 샘물의 신)

Westen 고대독어 *westar* 'westwärts (서쪽 방향으로)' 중세독어 *westen* 'vom Westen her (서쪽으로부터)' 고대북구어 *vestan, vestr* 고대교회슬라브어 *večer ŭ* 'Abend (저녁)' 리투아니아어 *vākaras* 'Abend (저녁)', *vākarī* 'Westen (서쪽)' 레트어 *vakars* 'Abend (저녁)' 고대아일랜드어 *fescor* 'Abend (저녁)' 웨일즈어 *ucher* 'Abend (저녁)' 중세웨일즈어 *gosper*, gosber 'Abend (저녁)' 그리스어 *ἕσπηρος (hésperos)* 'Abend (저녁), Westen (서쪽)' 라틴어 *vesper* 'Abend (저녁)' 아르메니아어 *gišer* 'Abend (저녁)'	바스크어 *euskera, euskuara, eskara,* *euskara*
wüst 고대독어 *wuosti* (황량한) 중세독어 *wüeste, wuoste* (황량한) 고대작센어 *wōsti* 'unbebaut (개간되지 않은), leer (텅 빈), öde (황량한), unschön (아름답지 않은)' 고대아일랜드어 *fás, fásach* 'Wüste (황무지), Wildnis (황야)' 라틴어 *vāstus* 'leer (텅 빈), wüst (황량한)'	바스크어 *basa, baso* 'wild (거친), öde (황량한)' < 원바스크어 +*was-* 'wild (거친), öde (황량한)'

바스콘어에서 기원한 켈트어 단어들

ainder 'Mädchen (소녀)' 웨일즈어 *anner* 'junge Kuh (어린 송아지)' 브레타니아어 *annoar* 'junge Frau(젊은 여인)' 중세아일랜드어 *aindier, ainder* 'junge unverheiratete Frau (젊은 미혼의 여자)' 아키탄어 *andoss-* (남자 이름과 결합해 사용) 골어 *anderon* 고대프랑스어 *andre* 'Frau (여인)' 옥시단어 *andra* 'Frau(여인), Prostituierte (창녀)'	바스크어 *andere* 'junge Frau (젊은 여자), Dame (숙녀)'

중세독어 *landern, lendern* 'müßig umhergehen (한가롭게 돌아다니다) 독일어의 *schlenkern* (어슬렁대며 걷다)' *Schlendrian* (관행, 구습) 로만어 +*landra* 'Frau (여인), Schlampe (행실이 좋지 않은 여자)' 볼로냐어 *landra* 'Schlampe (행실이 좋지 않은 여자)' 칼라브리아어 *landrune* 'Müßiggänger (빈둥대는 자)' 프랑스어 *lendorer* 'schläfrig sein 졸리다)'	

바스콘어에서 기원한 영어 단어들

adze 'Dechsel(자귀), 단단한 돌, Faustkeil(쐐기)' 고대영어 *adesa* 중세영어 *adese*, 나중에는 *adys, addis, ade(e)s, adez(e)*	바스크어 *aitz, at, haitz* (바위, 절벽, 흑요석) 바스크어 *aitzur* (곡괭이) 바스크어 *aizto* (식탁용 칼, 낫) 바스크어 *aiztur, haiztur* (커다란 가위) < 원바스크어 +*aDiz* (단단한 돌, 흑요석)
key 고대프랑스어 *kei, kay* (열쇠) 고대영어 여성명사 *cǣg*, 남성명사 *cǣge* (열쇠) (영어와 프리젠어가 아직 공통언어로 있었을 시기에)	바스크어 *gako, gakho* (열쇠) < 원바스크어 +*gako*
knife 고대영어 *cnīf* 고대프리젠어 *knif* 중세저지독어 *knīf* 중세네델란드어 *cnijf* 고대프랑스어 *cnivet, canvet, quenif* 프랑스어 *canif* (호주머니 칼) 고대스페인어 *caiviete* (정글 칼) 기어얀어 *ganifete* (포도 수확 칼)	바스크어 *kanibet, ganibet* (호주머니 칼) < 바스크어 *kani* (갈대), 이는 *bet* (정원용 전지가위)와 친척관계에 있는 것으로 추측됨. 바스크어 방언 *kna* 'Federkiel (깃털의 대)'

바스콘어에서 기원한 프랑스어 단어들

lautze (돌로 된 지붕 기와) 이에 대하여는 독일어의 ‘Fliese (타일)’을 보라.	
suc (화산 봉우리) (오트 로아르 지역Haute Loire 에서)	바스크어 *zoko* ‘coin (모퉁이) échart (벌어진 틈)’. 이 단어는 오늘날 바스크어에서 더 이상 사용되지 않고 있다. 그러나 바스크 지역의 지명에서는 오늘날까지 유지되어 오고 있다 (예를 들면 저지 나바라 지역의 *Zokoze*과 남프랑스 지역에서이다).

바스콘어에서 기원한 라틴어 단어들

annus ‘Jahr (년, 해)’ 고트어 *aþnam* 게르만어 이전 시기 *athna*	바스크어 *adin* ‘Lebensalter (연령)’ < 바스콘어 +*atVnV-*/+*adVnV-* (아마도 ....일 것이다)
argentum ‘Silber (은)’ 그리스어 *ἄργυροζ (argyros)* ((은)처럼 흰 빛을 내는 광물질) 라틴어 *arguō* (밝게 만드는) *argūtus* (밝은 색조를 보이는) 그리스어 *ἄργοζ (argos)* (밝은, 재빠른) 토카르어 A *ārki* (흰색의) (치아의 색에서 유래) 고대인도어 *árjunaḥ* (밝은, 흰색의) 히타이트어 *ḫarkiš* (흰색의)	바스크어 *argi* (밝은, 청명한, 파란, 푸르스름한)
ca-seus ‘'Käse (치즈)’ 독일어 단어 Käse는 라틴어로부터의 차용어임.	바스크어 *gazi* ‘salzig (짠)’; *gatz* ‘Salz (소금)’ < 원바스크어 +*gasi-* ‘salzig’ 이 바스크어 단어는 라틴어로 차용해 들어가서 먼 거리를 건너뛰어 여러 언어에 파급되어 들어감.
grandis ‘groß (큰, 거대한)’	바스크어 *(h)andi* ‘groß’ 바스콘어 +*graundi-* ‘groß’ > 바스크어 전 단계 *raundi-* > 바스크어 *handi, (h)andi*; 라틴어 *grandis*로 차용되는 것의 기반이 됨 (만일 라틴어에서 바스크어로의 차용 방향이 이루어졌다면, 바스크어에서의 음운 법칙에 따라 +*garand-*의 형태가 나왔어야만 했을 것이다).

ferrum ‘Eisen (철)’ 수메르어 *an-bar* ‘Eisen (철)’ (원래는 ‘Himmelglanz (하늘의 빛)’ *bar-zil* ‘heller Glanz (밝은 빛)’ 아카드어 *parzillumg* ‘Eisen (철)’ 히브리어 *barzel* (밝게 빛나다, 번쩍거리다) 아카드어 *barḫu* (밝게 빛나는, 번쩍이는) *baru* (빛나는), 영어 brass (놋쇠) *bairu* (반짝이는 빛) *baīrītu* (반짝이는 것) 고대프리젠어 *bress* (구리) 중세네델란드어 *bras* (금속)	바스크어 *burdu-, burdin, burdi* 등 바스크어 *bur*는 아마도 라틴어의 (+*ḅer-som* >) ferrum과 연관성이 있을 것으로 보임.
mōns ‘Berg (산)’	바스크어 monho ‘Gipfel (산 꼭대기), Hügel (언덕)’; 여기에서 페네만은 +munt- ‘Berg’가 라틴어의 mōnt- ‘Berg (산)’에의 차용의 기반이 된 것으로 보고 있음.

바스콘어에서 기원한 그리스어 단어들

ἔθνος (éthnos) (종족그룹, Klasse) (Ethnie) 이 그리스 단어는 고상한 단어로서 대부분의 유럽 언어들에 들어갔음. 다음을 예로 들겠다. 독일어 *ethnisch* 영어 *ethnic* 프랑스어 *éthnie* 이탈리아어 *etnia* 스페인어 *étnico*	바스크어 *enda* ‘Rasse (인종), Kaste (주민 계급)’ 원바스콘어 *enda/+etna* (인간 그룹, 계급) > *etna* > *et.na* > 바스크어 *hen.da*
ἄρκος (arkos), ἄρκτ-, ἄρτ- (arkt-, art-) ‘Bär (곰)’ 고대아일랜드어 *frska-* 아베스트어 *arəša-* 아르메니아어 *arj* 라틴어 *urus* 중세아일랜드어 *art* 히타이트어 *ḫartagga-* ‘Raubtier (맹수)’, 추측건대 곰을 가리킴.	바스크어 *(h)artz* (곰)

옛날 강의 명칭, 지명, 대지의 명칭 등에 숨은 비밀을 알아내는 일은 이제 막 시작되었기에, 앞으로도 많은 연구가 필요하다. 이에 대한 상세한 어원들은 페네만이 Mouton de Gruyter 출판사에서 편찬해 낸 *Europa Vasconia - Eruopa Semitica*에서 찾아볼 수 있다.

언어비교는 많은 측면의 다양성을 갖고 있어서, 역사 발전과정을 찾는 데 있어서 많은 가능성을 제공한다. 여기에 숨겨진 보물들은 이제 발견되기를 기다리고 있다. 기저어에 대한 연구는 옛날 있었던 종족의 흔적을 찾는 데에 아주 흥미로운 자료를 제공한다.
여기에서 제시하는 예시들은 모든 어원학의 조사 방향을 총동원한 것으로서, 일부 사람들에 의한 비판의 희생물이 될 가능성이 있다고 말할 것이다. 일부 사람들은 이에 비판적인 견해를 보이고, 또 일부 사람들은 그 결과를 수용할 것이다. 나는 여기에서 제시된 모든 것이 잘못된 것이라고는 생각하지 않는다. 여기의 일부만이라도 옳다면, 이는 인도게르만어화 되기 이전의 선사시대에 유럽에 바스콘인 원주민의 언어가 있었다는 이론을 뒷받침해 준다고 하겠다.

세미티드어에 상응한 독일어 단어들

인도게르만어 영역	시미티드어 영역
***Aar* '*Adler* (매)'** 중세독어 *are, arn* 고대독어, 고대작센어 *aro, arn* 고트어 *ara* 고대북구어 *ǫrn, ari* 고대아일랜드어 *ilar* 리투아니아어 *erēlis* 바스크어 *arrano*	아시리아어 *arāni* 아카드어 *arū, erū* (1격: *erānu arānu*) 히브리어 *rā'oh*
Abend 중세독어 *ābend* 고대독어, 고대작센어 *ābend* 근대네델란드어 *avond* 고대프리젠어 *ēvend* 고대북구어 *aptann* (15시와 21시 사이의 시간) 고대북구어 aptr (다시 돌이켜) 고대영어 *æftentīd* 그리스어 *ἔρέβοξ (érebos)* 'Abend (저녁)'	셈어 **'awan-/'awin-* 'Zeit (시간), Moment (순간), Jahreszeit (계절)' 아랍어 '*awān*-Zeit (시간), Moment (순간), Jahreszeit (계절)' 서부 차드어 **win-* 'Abend (저녁)' 탕갈어tangal. *wini* 'Abendzeit (저녁 시간)' 느그짐어ngizim *wəna* 'Tag (낮)' 중앙 차드어 **wan-* 'Jahr (년)' 고원 동쿠치트어 **'awin-* 'Monat, Mond (월, 달)' 웨리초이드어 **awVn-* 'Abend (저녁)'
Adel 원게르만어 *+aþal-* (고귀한, 귀족)	(구약 성경) *'sylu* (복수의 집합명사로) '고귀한 자들' 아랍어 어근 *+tl'* (확고한, 고귀한 가문 출신의)
Apfel 게르만어 *apl-/apal-* 고대아일랜드어 *abhall* 리투아니아어 *aboulas*	셈어 **'abal-* 추측건대 옛날의 Ball (공)은 오늘날의 'Geschlechtsteile (불알)'을 가리켰음. 그리하여 원래의 뜻이 부정적인 의미로 바뀜.

고대교회슬라브어 *ablulo* 라틴어 *follis* 'Blasebalg (공기 넣은 가죽부대), Luftkissen (공기가 가득 찬 베개)' 고대북구어 *bǫllr* 'Kugel (둥근 물체)' 고대영어 *bealluc* 'Hode (불알)'	서부 차드어 +*bwal* 'Penis (음경)'
Amsel 중세독어 *amsel* 고대독어 *amsla* 고대영어 *ōsle* 라틴어 *merula* 독일어 *Merle* (지바뀌) 웨일즈어 *mywalch(en)* 'Amsel(메추라기), Schwarzdrossel (검은 지바뀌)' 코른어 *moelch* 브레타니아어 *moualch* 고대아일랜드어 *stmōlach* 'Drossel (지바뀌)'	히브리어 *zmr* 'singen (노래하다)' 히브리어 *zamar* 'Sänger (가수)' 히브리어 *qykly mzmr* (kixl mezamer) Drossel (지바뀌)
Biene/Imme 고대독어 *bīna, bini, bīa* 중세독어 *bin(e), bīn* 고대작센어 *bina, bīa* 고대북구어 *by* 고대영어 *bēo* 라틴어 *apis* 고대독어 *imbi* 'Bienenvolk (벌의 무리)' 중세독어 *imbe, imp(e)* 'Bienenschwarm (벌 떼)' 고대영어 *ymbe* 'Bienenvolk' 고대아일랜드어 *embe* (무리, 다수) 고대웨일즈어 *immet* (무리, 다수)	이집트어 bj-t 'onigbiene (꿀벌)', 'Honig (꿀)' *fj* 'Honigbiene' (꿀벌) *fj n bjt* 'Honigbiene' (꿀벌) +*MVm* 'Volk (종족)' +*HVm* + *bi* > imbi 히브리어 *'m-* 'olk (종족)' *'ummā* 'Volk (종족), Clan (패거리)' 아랍어 *'umm-at* 'Volk (종족), Clan (패거리)'
Dauer 라틴어 *dūrāre* 'dauern (지속되다)' 고대프리젠어 *dūria* 중세저지독어 *dūrlik, dūrsam* 'dauernd (지속적인)' 중세네델란드어 *duren* 중세독어 *dūr* 'zeitlicher Verlauf (시간상의 진행)'	아카드어 *dūru(m)* 'lange Zeit (긴 시간), Dauer (지속)'
-durum 켈트족의 Oppida (언덕 요새)에 포함되는 명칭	아카드어 *dūru(m)* 'Mauer (성벽)', 'befestigete Siedlung (요새화된 주거지)' 알람어, 신히브리어 *d-u̯-r-* 시리아어 (Perfekt) *dår* 'wohnen bewohnen (거주하다)' 유대-알람어 *dūrā* 'Niederlassung (정착지), Ortschaft (마을)' 아랍어 *dārūn* 'Wohnort (거주지), Stamm (종족)'

Eber 고대독어 *ebur* 고대작센어 *eƀur* 고대영어 *aefur* 원게르만어 +*ebura-* 라틴어 *aper, -i* 움브리어 *apruf* 북게르만어 *jofurr* 'Fürst (제후)' 레트어 *vepris* 고대교회슬라브어 *vepr ŭ*	아랍어 *'ift* 'Eber (수퇘지), Ferkel (돼지 새끼)' 아카드어 *apparu* 'Schweine mit zottigen Balg (털복숭이 돼지)' 아카드어 *appâru* 'Wildschwein (야생 멧돼지)'
Erde 원게르만어 +*erþō* 고트어 *airþa* 고대독어 *erda* 고대작센어 *ertha* 고대프리젠어 *erthe* 고대영어 *eorþe* 고대북구어 *jǫrð* 아르메니아어 *erkir* 그리스어 *ἔρα (érā)*	아카드어 *erṣetu* 히브리어 *éres* 'Land (육지), Erde (땅)' 아람어 *ar'ā* 'Land (육지), Erde (땅)' 남부아랍어 *'rḍ* 'Land (육지), Erde (땅)' 북부아랍어 *'arḍun* 'Land (육지), Erde (땅)'
Europa 그리스어 *ἔρεβος (érebos)* 'Abendland (서쪽 땅)'	아시리아 *êrêb šamši* 'Untergang der Sonne (석양)' 아람어, 히브리어 '*erāb* Untergang der Sonne (석양)' 히브리어 *ərb* ['ereb] 'Abend (저녁)' 아카드어 *erbu(m)* 'Untergang (der Sonne) (일몰)' 게츠어 *'arab* 하루시어 *ġarb-* 차드어 +*ġarub-* 'Dunkelheit (어둠)'
Felge (갈아 엎은 후의 땅) (Pflug를 참조) 고대독어 *felga* (갈아엎은 들판) 고대영어 *fealh* (개간할 수 있는 땅) 라틴어 *olca* (개간할 수 있는 땅) 중세독어, 중세저지독어 *valgen, velgen* 'umpflügen (땅을 갈아엎다)' 영어 *fallow* 'beflügelbares Land (개간할 수 있는 땅)' 고대프리젠어 *ouche* (개간할 수 있는 땅) 고대러시아어 *polosa* 러시아어 *polosá* (한 조각의 땅, 밭의 고랑, 들판을 갈다)	세미티드어 어간 *plC* 'Boden teilen (땅을 구획 정리하다), pflügen (땅을 갈아엎다)' 세미티드어 *palḥ* 'beflügeltes Land (개간된 땅)'

Ferkel 중세독어 *verkel, varch* 고대독어 *farh, farah, farhelīn* 라틴어 *porcus* 그리스어 *πόρκοξ (porkos)* (라틴어로부터 차용된 것임) 고대영어 *ferah* 영어 *farrow* 'junges Schwein (어린 돼지)' 리투아니아어 *paȓšas* 'Furcher, Aufwühler' 고대교회슬라브어 *parsę* 'Furcher (고랑을 내는 놈), Aufwühler (들쑤시는 놈)' 중부아일랜드어 *orc* 'Furcher (고랑을 내는 놈), Aufwühler (들쑤시는 놈)'	히브리어 *plḥ* 'Furchen zieher (고랑을 파는 자)'
Furche 중세독어 *vurch* 고대독어 *furuh* 고대영어 *furh* 고대북구어 *for* 중세저지독어 *vore* 중세네델란드어 *vore* 네델란드어 *voor, vore*	히브리어 *plḥ* 'Furchen ziehen (밭을 갈다)'
Furcht 중세독어 *vorht(e)* 고대독어 *for(a)hta* 고대영어 *fyrhto, fryhto* 고대북구어 *faurhtei* 고대프랑스어 *fruchte, fruchtia*	아카드어 (어간) *p-l-ḫ* palāḫu(m) '(sich fürchten (두려워하다), verehren (경외하다)' palḫu(m) 'furchtbar(두려워할 만한), furchtsam (두려워하는)' 성경아람어 *p-l-Ḫ* 'verehren (존경하다), (Gott) dienen (신을 섬기다)' pol-*Ḫan* 'Gottesdienst (신을 섬김), Kultus (예식)' 아카드어 *pluhtu(m)* 'Furcht (두려움), Furchtbarkeit (공포), Ehrfurcht (경외)'
Garten 고대북구어 *garðr* 'Zaun (울타리), Gehege (울타리로 둘러 싸인 땅), Garten (정원), Hof (안마당)' 러시아어 *gőrod* 'Stadt (도시)' (cf. Novogord) 라틴어 *hortus* 고트어 *garda* 영어 *yard* 'Hof'	페니키아어 *q-r-t-* 'Stadt (도시)' Qart hadascht > Karthago (Stadt +neu 신도시)
Geiß 게르만어 *+gait(i)-* 'Ziege (염소)' 고트어 *gaits* 고대영어 *gāt* 라틴어 *haedus* 'Ziege (염소)'	세미티드어 *g-d-* 히브리어 *geði* 아랍어 *gadiun* 아람어 *gedi*

Harfe (오직 게르만어에서만 나타남) 고대독어 *harpfa* 고대북구어, 고대작센어 *harpa* 고대영어 *hearpe, hærfe* 영어 *to pluck* 'rupfen (잡아 당기다), pflücken, zupfen (튕기다)'	(고대 이집트의 돌무덤에서 그림이 그려져 있음)
Hass, hader 원게르만어 **haþu-* 중세독어, 고대독어 *haz* 고대작센어 *heti* 고트어 *hatis* 고대북구어 *hatr* 고대영어 *hete* 고대아일랜드어 *šatru-* 'Feind (적)' 그리스어 *κέδος* (kēdos) 'Sorge (근심), Trauer (슬픔)' 고대교회슬라브어 *kotora* 'Streit (다툼), Zwist (갈등)'	세미티드어의 전 단계 *k -t-* 세미티트어 *š-t* 히브리어 *šātan* 'anfeinden (적대시하다) (고소 상대인)' *šātaān* 'Widersacher(적대자), Gegner im Krieg und vor Gericht (전쟁터에서의 적군 내지 법정에서의 적대자)'
Haus 고대독어, 고대작센어, 고대프리젠어, 고대영어 *hūs* 고대북구어 *hús* 고트어 *-hūs* (*gudhūs* 'Tempel (신전)') 원게르만어 *+húsa*	아카드어 *huṣṣu* (일종의 갈대 초옥)
Heer 원게르만어 *+harja-* 'Heer (군대)' 고트어 *harjis* 고대독어 heri 고대작센어 *heri* 고대영어 *here* 고대북구어 *herr* 중세아일랜드어 *cuire* 'Schar, Menge (무리)' 리투아니아어 *kārias* 'Heer (군대)' 고대페르시아어 *kāra-* 'Kriegsvolk (전투병), Heer (군대)'	아카드어 *qarâbu* 'Krieg (전쟁), |Kampf (전투)' 아카드어 *naqrabu* 'Kampf (전투)' 아카드어 *karāšu* 'Heer (군대), Lager (진지)' 히브리어 *qerâb* 'Krieg (전쟁), Kampf (전투)'
Herbst (오직 서게르만어에서만) 원게르만어 *+harbista-* 고대독어 her*bist(o)* 고대영어 *hærfest* 고대프리젠어 *herfst* 라틴어 *carpere* 'pflücken (수확하다)' 리투아니아어 *ki r̃pti* 'schneiden (베다)' 러시아어 *ćerp* 'Sichel (낫)' 그리스어 *καρπός (karpős)* 'Frucht (열매)' 그리스어 *κρόπιον (κροπιονs)* 'Sichel (낫)'	히브리어 *hóref* 아랍어 *h-r-f-* 'Früchte abnehmen (과일을 따다)' 아카드어 harpū 'Herbst (가을)' harāpū 'wegschlagen (때려서 떨어뜨리다)'

Horn 게르만어 *horn-* 라틴어 *cornu* 웨일즈어 *corn* 섬켈트어 *cornoviī*	셈어 *q-r-n* 아카드어 *qarnu(m)* 히브리어 *qéren* 아람어 *qarnā* 북부아랍어 *qarnum* 남부아랍어-아베시니아어 *qarn*
Huf 고대독어 *huof* 고대작센어, 고대영어, 고대프리젠어 *hōf* 러시아어 *kopyto* 고대인도어 *śaphá* ‘Huf (발굽), Klaue (발톱)’	아랍어 *hiff-* 하르수시어*hef* 하우사어 *kwāfa* 메리어 *hef* 앙가스어 *kwēf*
Kalb (단지 게르만어에서만) 중세독어 *kalp* 고대작센어 *kalf* 고대영어 *cealf* 고대독어 *kalb(o)* 고대북구어 *kalfr*	공통세미티드어 '*-l-p* ‘Rind (소)’ 아카드어 'alpu(m) ('는 성문 파열음으로서 나중에 k로 될 수도 있다)
Krabbe, Krebs 고대독어 *krepaz, krebiz* 고대작센어 *krevit* 중세네델란드어 *crabbe* 고대영어 *crabba* 고대북구어 *krabbi* 그리스어 *κάραβοξ (kárabos)* 그리스어 *σκοριον (skorpion)* 라틴어 *cārabus, scarabaeus*	히브리어 '*aqrāb* 아카드어 *aqrabu* 아람어 '*eqarbā* 남부아랍어-아베시니아어 '*aqráb* 북구아랍어 '*aqrabum*
Magd, Mädchen 고트어 *magaþ* ‘Mädchen (소녀)’ 고트어 *magus* ‘Junge (소년)’ 고대독어 *magad* ‘Mädchen (소녀)’ 고대작센어 *magað* ‘Mädchen (소녀)’ 고대작센어 *magu* ‘Junge (소년)’ 고대프리젠어 *maged, megith* 고대영어 *mago* ‘junger Krieger (젊은 전사)’ 중세네델란드어 *māghet* ‘Mädchen (소녀)’ 고대북구어 *mǫgr* ‘Sohn (아들), Junge (소년)’ 중세아일랜드어 *ingen mac(c)dacht* ‘junges, erwachsenes Mädchen (젊고 성숙한 처녀)’ 고대아일랜드어 *maug, mug* ‘Sklave (노예)’ 브레타니아어 *matez* ‘Dienstmädchen (하녀)’	셈어 어근 +*maC-* ‘Sohn (아들), Junge (소년)’ (여기에서 원게르만어와 접촉이 있었음을 보여준다)

인도유럽어 +*maguz*- 'Knabe (소년)' 아베스트어 *maγava*- 'unverheiratet (미혼의)'	
messen 중세독어 *mezzen* 고대독어 *mezzon* 고대작센어 *metan* 고트어 *mitan* 고대북구어 *meta* 고대영어 *metan* 원게르만어 +*mer'-a-h* 'messen (재다, 측량하다)'	
Mond, Monat 게르만어 *mēnōn* 'Mond (달)' *mēnō* 'Monat (월)'	아카드어 *imnū* 'zählen (세다), zuteilen (나누다)'; *manū(m)* 'zählen (세다), rechnen (계산하다)' 히브리어 *māna, jimnē* 아람어 *mnā* 남부아라비아어 *mnv* 북부아라비아어 *manā jamni*
Opfer, (Un)geziefer 후기중세독어 *ungezifere, ungezibele* 'unreines Tier (깨끗하지 않은 동물)' 고대독어 *zebar* 고대영어 *tiber* 고대북구어 *tivurr* ?'Opfer (희생물)' 라틴어 *opus, operis* 'Arbeit (노동), Handlung (행위)' 라틴어 *operor* 'arbeiten (일하다), religiöse Handlung vollziehen (종교적 행위를 수행하다)' 라틴어 *operātiō* (u.a.) 'religiöse Handlung (종교적 행위)' 고대아일랜드어 *ápas*- 'Werk (작업)' 고대아일랜드어 *āpas*- 'Werk, religiöse Handlung (종교적 행위)' 고대독어 *uobo* 'Landbebauer' 고대독어 *uobo* 'Feier' 고대독어 *uoben* 'ins Werk setzen (실행하다), üben, göttlich verehren (신성시하다)'	아카드어 *zību* 히브리어 *zébaḥ* 아람어 *debḥā* 남부아랍어, 아베시니아어 *zébḥ* 북부아랍어 *dibḥun* 아카드어 *epēšu* 'machen, handeln' 아카드어 *epēštu* 'magisches Ritual (마법을 위한 예식)'
Ohr 게르만어 +*auzōn* 중세독어 *ōr(e)* 고대독어 *ōra* 고대작센어 *ōra* 고트어 *auso*	아카드어 *uznu* 히브리어 *ōzen* 아람어 *uḏnā* 남부아랍어, 아베시니아어 *ezn* 북부아랍어 *uḏnum*

고대북구어 *eyra* 고대영어 *ēare* 고대프리젠어 *āre* 리투아니아어 *ausìs* 고대교회슬라브어 *ucho* 그리스어 *ὄυξ (oūs)* 아베스트어 *uš*	
Pfad (오직 서게르만어에서) 고대독어 *pfad* 중세저지독어 *pāt* 고대영어 *pæþ* 고대프리젠어 *path*	아카드어 *podān(um)*
pflegen 원서게르만어 *+plōg-* 중세독어 *pflegen* 고대독어 *pflegan* 고대영어 *pleʒan, -ean, -ian, plaʒian, plæʒian,* 중세네델란드어 *pleyen, pleien* 'tanzen, sich freuen' 고대작센어 *plegan* 네델란드어 *plegen*	셈어 어근 *plḥ* 셈어 *plḥ* 'graben, den Acker bebauer (밭을 갈다)'
Pflug (Felge 부분을 보라) 게르만어 *pflug* 고대북구어 *plógr* 덴마르크어 *ploug, plov* 고대프리젠어 *ploch, pluch* 중세저지독어 *ploch* 중세네델란드어 *ploech* 고대독어 *pfluog* 롬바르드-라틴어 *plovum, us* 롬바르드어 *bló* 티롤어 *plof* 스코틀랜드어-골어 *pleuch, pluich* 러시아어 *plugŭ* 그리스어 *εὐλάκα, ἄλοξ (euláka, alox)* 'Furche(고랑)'	히브리어 *plḥ* 'Furchen ziehen (고랑을 파다)' 아람어 *falaḥ* 'graben(파다), den Acker bebauen (농지를 개간하다)'
quelle (오직 고지독어와 저지독어에만) *quellen*	세미티드어 *q-l-l* 아시리아어 *gille* 'Welle (물결), Flut (조수)' 히브리어 *gal*
Ruß (오직 독일어에만) 중세독어, 고대독어 *ruoz* 고대작센어 *hrōt*	세미티드어 *q-ṭ-r* 'Rauch (연기)' 아카드어 *quṭru* 히브리어 *qṭōret* 'Räucherwerk (훈제물)' 아람어 *qiṭrā* 남부아랍어-아베시니아어

	qeṭārē 'Räucherwerk (훈제물)' 북부아랍어 *quaṭārun* 'Aloeholz (알로에나무)'
Säule 고대독어 *sūl* 고대영어 *sȳl* 고대북구어 *súl* 고대작센어 *sūl* 고대프리젠어 *sēle* 고트어 *sauls*	히브리어 *sela* 'Klippe (절벽), Kliff (낭떠러지)'
schmeißen 원게르만어 *smītan* 영어 *smite*	세미티드어 어근 *ṣ-m-d*
Sibbe 원게르만어 +*sibjō*	세미티드어 *špḥ* 'Familie (가족)' 서부이디시어 *Mischpoche*
sieben (7) (본 책 제3장의 숫자 7 항목을 보라)	아카드어 남성형 *sibū(m)* 여성형 *sebettum*, 'sebūtum (매월 7번째의 날)' 히브리어 *šeba*
Stern 중세독어 *sterne, sterre* 고대독어 *sterro* 고대작센어 *sterro* 고트어 *stairno* 고대북구어 *stjarno* 고대영어 *steorra* 고대프랑스어 *steru* 아르메니아어 *asił* 그리스어 *αστήρ (astēr)* 브레타니아어 *sterenn* 토카르어A *śre-n* 토카르어B *śirye* 아베스트어 *stār-əm* (아카드어 단수형) 웨일즈어 *seren* 고대인도어 *stár, tárah̩* (복수형) *stṛbhi* (도구격) 히타이트어 *haster-* 라틴어 *stēlla, astrum*	원(原)셈어 +'attar- 아카드어 Istar (여신의 이름) (Ischtar, 태양신과 전쟁의 여신의 누이, 금성은 이 여신을 상징하는 별임)
Stier 고대독어 *stior* 고대아이슬랜드어 *þiórr*	원(原)세미티드어 +*taur* 아카드어 *šūru(m)* 아시리아어 *šūru*

고대아일랜드어 *tarb* 고대교회슬라브어 *turú* 웨일즈어 *tarw* 라틴어 *taurus* 리투아니아어 ta*ûras* 그리스어 *ταυσοξ (tauros)*	아람어 *tōra'* 히브리어 *šōr* 북아랍어 *taurun* 페니키아어 *thōr*
stur (원래 오직 저지독어와 네델란드어에서만) Stier (황호)의 경우와 동일한 발전 과정을 거침.	아카드어 dūru(m) (Dauer의 항목을 보라)
Volk, Kriegsschar (Pflug의 항목을 보라) (Brockhaus: 하나의 *heri*(군대)에는 여러 개의 *folk*(종족) 이 포함되어 있음) 중세독어 *volc* 고대독어 *folc* 고대작센어 *folk* 고대영어 *folc* 고대프랑스어 *folk* 고대교회슬라브어, 고대슬라브어 *plŭkŭ* 라틴어 *vulgus* 리투아니아어 *pulkas* 러시아어 *polk* 'Divsion einer Arme (군대의 한 분견대)'	히브리어 어간 *plg* 'teilen (나누다)' 히브리어 *plgh* 'Abteilung, Gau (한 종족의 분파로서)'
wachen 게르만어 +*wak-e-* 중세독어 *wachen* 고대독어 *wachōn* 고트어 *wakan* 고대북구어 *vaka* 고대영어 *wacian* 고대프리젠어 *wakia, wekia* 영어 *watch* 라틴어 *vigil* 'Wache (보초), wach (경계하는)' 고트어 *wōkains* 'wach sein (경계하다)' 고대영어 *wæcnan* 'erwachen (깨어나다)' 고트어 *(us)wakjan* 'wecken (깨우다)' 고대북구어 *vekja* 'wecken (깨우다)' 고대영어 *weccan* 'wecken (깨우다)' 고대작센어 *weccian* 'wecken (깨우다)'	셈어 어근 *w-q-ī* 아랍어, 에티오피아어 'bewahren (지키다)' 아카드어 *(w)aqûm* 고대아시리아어 *waqûm* 셈어 어근 *w-k-l* 아랍어 *wakala* 'vertrauen (신뢰하다)' 아랍어 *wakīl* 'Bevollmächtiger (전권을 받은 사람)' 에티오피아어 *tawakkala* 'vertrauen (신뢰하다)' 아카드어 *wakālum* 'genießt Vertrauen (총애를 받다)' *(w)akāu(m)* 'Beauftrgter (위임받은 자), Aufseher (감독관)'
Welpe 중세독어 *welf(e)* 고대독어 *welf* 고대작센어, 고대영어 *hwelf* 고대북구어 *hvelfr*	셈어 *k-l-b* 'Hund (개)' 아카드어 *kalbu* 히브리어 *kéleḇ* 아람어 *kalbā* 남부아랍어, 아베시니아어 *kalb*

리투아니아어 *kal ẽ* 고대아일랜드어 *cuilēn* 그리스어 *κύλλα (kylla)* 웨일즈어 *colwyn*	북부아랍어 *kalbum*
Zaun 원게르만어 *+tūna-* 영어 *town* 고대아일랜드어 *dún* 웨일즈어 *din* 'Burg (마을, 성)' (켈트족 지명에서의 -dunum을 참조하라)	아카드어 *dunnunu* 'stark (강력한), befestigt (확고한)' *dannatu(m)* 'Festung (요새)' *danānu(m)* 'stark sein (강력하다), fest sein (확고하다)'

영어와 켈트어에 나타난 세미티드어 어근

maqq (가족 인명의 한 요소) 원(原)골어 *magg* 'Sohn (아들)' 고대아일랜드어 *macc* 게르만어 *magus* 'Knabe (소년), Sohn der mütterlichen Linie (모계의 아들)' (루가복음 2장 48절에서) 고트어 *megs* 'Schwestersohn mütterlicher Linie (모계 누이의 아들)' *mawi* 'Mädchen (소녀), mütterlicher Linie (모계 라인)' *magus* 'Junge (소년), Diene (하인), mütterlicher Linie)' *magula* 'kleiner Sohn (어린 아들)' *mawilo* 'kleines liebes Mädchen (작고 귀여운 소녀)' 고대북구어 *māgr* 'Schwiegerseoh (사위)' 고대영어 *mǣg; mago, meowle* 'mütterliche Linie (모계 라인)' 고대독어 *māg; maga* 'mütterliche Linie (모계 라인)' 고트어 *magaþs* 'Mädchen (소녀)' 고대영어 *mǣgð* 'Mädchen (소녀)' 고대독어 *magad* 'Mädchen (소녀)'	원(原)함셈어 *muġa'-muġaw-* 'männlicher Verwandter (부계 친척)' 셈어 *+maḫā'u* 'Onkel (숙부)' 아카드어 *maḫā*와 이집트어 mhw.t 'Verwandter (친척), Untergeordneter (부하), Familie (가족)'
Münze 고대독어 *munizza* 고대프리젠어 *moneie, mon(n)oie* 고대영어 *mynet*	페니키아어 *mənē* 히브리어 *māneh* 'ein Münzgewicht (한 동전 무게)' 어근 *m-n-h-, m-m-y-*

영어 *money* 프랑스어 *monnaie* 이탈리아어 *moneta* 스페인어 *moneda* 라틴어 *monēta* 그리스어 *μινα (mina)* (무게를 위한 한 단위)	원(原)셈어 +*m-n-w-* 'zählen (계산하다), zuteilen (나누다)' 히브리어 *mānoh* 'Teil Portion (한 부분의 몫)', *menāt* 'Portion (몫)'
to ward (Wache의 옛날 단어) 게르만어 +*ward-ē* 'ausschauen (주시하다), bewachen (감시하다)' 고대영어 *weardian* 중세독어 *warten* 고대독어 *wartēn* 고대작센어 *wardon* 고대프리젠어 *wardia* 고대북구어 *varða* 프랑스어 *garder* 영어 *guard* 이탈리아어 *guardia*	셈어 어근 *w-r-d/j-r-d* 아카드어 *(w)arādu(m)* 'ab-steigen, tammen (출신이다)' *(w)ardu(m)* 'Sklave (노예), Diener in Tempeln und Palästen(신전과 궁전의 하인)' 'Handwerker (수공예인)' *(w)ardūtu(m)* 'Sklaverei (노예 신분), Dienstbarkeit (봉사 활동)' *(w)ardatu(m)* 'Mädchen (소녀), junge Frau (젊은 여인), Göttinnen (여신), Dämoninnen (마녀)'

지명

Pit (픽트인의 주거지 이름) 켈트어 *pet-* 'ein Stück Land (한 조각의 땅)' 브레타니아어 *pez* 'Stück (조각)' 웨일즈어 *peth* 'Ding (물건)' 영어 *piece* 'Stück (조각)' 라틴어 *petia* 'terrae (한 조각의 땅)' 스코틀랜드 골어 *cuid* 'Portion (몫)' 프랑스어 *pièce* 스페인어 *pieza*	아카드어 *pittu* 'Region (지역), Verwaltungsbereich (관할 지역)'
Solent *Solund* (노르웨이 소재의 한 섬) *Solante* (팔레르모 섬 근처에 소재한 한 섬) *mare Solundicum, Sőlundarhaf* (중세시대 때에 북부 스코트랜드와 노르웨이 사이의 바다를 부르던 이름) *Solunto* (팔레르모 섬 동쪽에 있던 페니키아인의 식민지)	히브리어 *sela'* 'Kliff, Klippe (절벽)' 셈어 *s-l-'* 'Riff (암초)'
Tay (픽트인의 땅에 있던 강의 이름)	하우사어 *tagus* 'Fluss (강)'
Taw (영국 남서부에서 흐르는 강)	*Tajuna*, 예전의 *Tagonius* (서부아프리카의 Tajo/Teho강의 한 지류)
Uist (히브리드 군도의 섬)	*Ibiza* < 세미티드어의 *ai-b-š-m* 'Balsam(향유)'

기호 및 약어표

'	Knacklaut	성문파열음
+/*	rekonstruiert	재구성된 단어
< >	자음소	-
[ ]	발음소	-
‘ ’	번역된 단어 내지 요소	-
“ ”	인용문	-
‘ ’	번역된 인용문	-
assyr.	altasyyrisch	고대아시리아어
aeng.	altenglissch	고대영어
afries.	altfriesisch	고대프리젠어
afrz.	altfranzösisch	고대프랑스어
ägytt.	ägytisch	이집트어
ahd.	althochdeutsch	고대독어
aind.	altindisch	고대인도어
air.	altirisch	고대아일랜드어
aisl.	altisländisch	고대아이슬랜드어
akkad.	akkadische	아카드어
akslav.	altkirchenslawisch	고대교회슬라브어
altruss.	altrussisch	고대러시아어
anord.	altnordisch	고대북구어
aostfries.	altostfriesisch	고대동부프리젠어
arab.	arabisch	아랍어
aram.	aramäisch	아람어
asächs.	altsächsisch	고대작센어
aspan.	altspanisch	고대스페인어
assyr.	assyrisch	아쉬리아어
äthiop.	äthiopisch	에티오피아어
avest.	avestisch	아베스티어
awal.	altwalisch	고대웨일즈어
bask.	baskisch	바스크어
bibl. aram.	biblisch aramäisch	성경 아람어

bologn.	bolognese	볼로뉴어
bret.	bretonisch	브레타뉴어
Como	Sprache in Como	코모어
corn.	kornisch	코른어
dt.	deutsch	독일어
engadin.	engadinisch	엔가딘어
engl.	englisch	영어
est.	estnisch	에스토니아어
friaul.	friaulisch	프리아울어
frz.	französisch	프랑스어
gallo.-lat.	gallo-lateinisch	갈로-라틴어
geez.	에티오피아 악숨왕국의 언어	게츠어
gemeinslav.	gemeinslavisch	공통슬라브어
germ.	germanisch	게르만어
got.	gotisch	고트어
gr.	griechisch	그리스어
hebr.	hebräisch	히브리어
heth.	hethitisch	히타이트어
inselk.	inselkeltisch	섬켈트어
ir.	irisch	아일랜드어
ital.	italienisch	이탈리아어
jüd.-aram.	jüdisch-aramäisch	유태인-아람어
kalabr.	kalabrisch	칼라브리아어
katal.	katalanisch	카탈라니아어
kelt.	keltisch	켈트어
lat.	lateinisch	라틴어
lett.	lettisch	레트어
lit.	litauisch	리타우어
lomb.	lombardisch	롬바르드어
lombard.-lat.	lombardisch-lateinisch	롬바르드-라틴어
lukan.	lukanisch	루칸어
mengl.	mittelenglisch	중세영어
mhd.	mittelhochdeutsch	중세독어
mittelir.	mittelirisch	중세아일랜드어
mndd.	mittelniederdeutsch	중세저지독어
mndl.	mittelniederländisch	중세네델란드어
mwal.	mittelwalisch	중세웨일즈어
ndl.	niederländisch	네델란드어
neupers.	neupersisch	근대페르시아어
nord.	nordisch	북구어
nordgerm.	nordgermanisch	북게르만어

obwald.	obwaldisch	오브발드어
phöniz.	phönizisch	페니키아어
piermont.	piermontisch	피에르몬트어
port.	portugisisch	포르튜칼어
prov.	provenzialisch	프로방스어
riojan.	riojanisch	리오야 지역의 방언
russ.	russisch	러시아어
schott. g.	schottisch gälisch	스코틀랜드 골어
schweizdt.	schweizdeutsch	스위스 독일어
sem.	semitisch	셈어
slow.	slowenisch	슬로베니아어
span.	spanisch	스페인어
spätmhd.	spätmittelhochdeutsch	후기중세독일어
süearb.	südarabisch	남부아랍어
sum.	sumerisch	수메르어
syr.	syrisch	시리아어
tangal.	tangale	탕갈어
tirol.	tiroisch	티롤어
toch.	tocharisch	토카르어
tschech.	tschechisch	체코어
umbr.	umbrisch	움브리아어
ursemit.	ursemitisch	원셈어
urwestgerm.	urwestgermanisch	원서게르만어
vorgerm.	vorgermanisch	원게르만어
wal.	walisch	웨일즈어
wgerm.	westgermanisch	서게르만어

유럽에서의 석기시대

출처: 유럽에서의 석기시대. Hermann Müller-Karpe, Handbuch der Vorgeschichte, Bd. I, München, Beck 1966.

유럽에서의 석기시대

주요시기	브외이Breuil의 분류법	페이로니Peyrony의 분류법	가르노드Garnod의 분류법
후기 구석기 말기시기 Spätes Jungpaläolikum			
후기 구석기 중기시기 Mittleres Jungpaläolikum			
후기 구석기 Jungpaläolikum시기	초기 오리냑 Aurignacien superieur	뻬리고르디아 5기 Périgordien V 뻬리고르디아 4기 Périgordien IV	그라베띠아 Gravettien
	중기 오리냑 Aurignacien myoen	뻬리고르디아 3기 Périgordien III	오리냑 Aurignacien
	말기 오리냑 Aurignacien inférieur	뻬리고르디아 2기 Périgordien II 뻬리고르디아 1기 Périgordien I	샤뗄페로리아 Chátelperrronien
구석기 중기시기 Mittelpaläolikum			
구석기 말기시기			

시기	표준이 되는 대표 유물
아칠리아 Azilien	바닥에 구멍이 뚫린 작살, 황토가 칠해진 석기
마그달레니아 Magdalénien	바닥에 구멍이 뚫린 작살 단단한 나무로 만든 창촉 후기 마그달레니아: 두 개 열의 큰 갈퀴가 달린 작살 중기 마그달레니아: 사슴 뿔로 만든 큰 갈퀴가 달린 작살 초기 마그달레니아: 뼈로 만든 작살
솔루뜨레아 Solutréen	얇고, 평면이 다듬어진 창촉
그라베띠아Gravettien	여신상 그라베뜨 창 교체할 수 있는 뼈로 만든 창촉
오리냑Aurignacien	길고 좁게 다듬어진 돌 칼날 뼈, 뿔, 상아 제품
샤뗄뻬로니아Chátelperrronien	장신구 뼈, 뿔, 상아로 만든 도구들 레발르와 타격 기술Levalloistechnik[1]로 만든 석기재료
스첼레티아 Szeletien(헝가리)	넓적한 날을 가진 창과 주먹도끼
무스떼리아 Moustérien (네안데르탈인)	끌개, 레발르와 타격기술로 만든 석기자료, 레발르와 타격기술을 사용하지 않고 만든 석기자료
미꼬끼아 Micoquien (네안데르탈인)	작고 비대칭적이며 창촉의 형태를 가진 주먹도끼

1) 레발르와 타격 기술은 네안데르탈인이 흑요석을 단번에 깨뜨려 도구를 만들어내기 전에 우선 원석을 공들여 다듬는 기술이다.

용어설명

탈격Ablativ: 원래 'woher (어디에서?)'에 답하기 위해 사용하는 격Kasus. 특히 라틴어에서는 어디로부터를 나타내는 원래의 탈격 외에 여러 의미들을 추가적으로 덧붙여 갖고 있다. 즉 'wo (어디에?)'라는 장소격과 'womit (무엇을 가지고?)'라는 도구격이 합쳐져 있기 때문이다. 선사시대의 라틴어에서는 이 세 개의 격이 아직 분리되어 사용되었으나, 라틴어가 발전되어 가는 과정에서 합쳐져 융합되었다. 이 격은 라틴어, 아르메니아어, 고대알바니아어, 산스크리트어에 존재한다. 터키어, 몽골어와 우랄어 계통의 언어들에서도 이러한 격이 나타난다.

절대격Absolutiv: 자동사 문장의 주어와 능격Ergativ의 문장에서 타동사 문장의 목적어를 나타내 주는 격

부치사(副置詞) Adposition: 전치사Präposition, 후치사Postposition, 접치사(接置詞)Circumposition의 상위 개념

접사Affix: 접두사(接頭詞)Präfix, 접미사(接尾詞)Suffix, 접요사(接腰詞)Infix의 상위 개념

파찰음(破擦音) Affrikate: 폐색음(閉塞音)Verschlusslaut과 마찰음(摩擦音)Reibelaut이 합쳐진 음운. 예를 들면 ts나 pf 같은 것

기동자Agentive: 하나의 행동이 일어나게 하는 자를 나타내는 격

행위자Aktant: 한 행위자를 나타내는 격

대립 인자(對立 因子) Allel: 그리스어로 *αλλειλ* '서로, 상호간에'; 대립인자는 한 염색체의 특정 위치에 있는 한 유전인자에 대립되어 나올 수 있는 가능성이 있는 또 다른 유전인자

두음(頭音) Anlaut: 한 단어의 맨 앞에 나타나는 음운, 예를 들면 N-a-m-e에서의 n

아오리스트Aorist: 그리스어 *αοριστοζ* 'der Unbestimmte (결정되지 않은 것)'; 아오리스트는 인도유럽어의 3개 시제형의 하나이다. 아오리스트는 대부분의 언어에서 종결되고 완결된 행위, 때로는 되풀이되어 일어나는 행위를 나타낸다. 이는 행위가 일어난 시점이 아니라, 완결된 상태나 과거 일어났던 상태를 보여준다.

보통명사Appellativ: 한 사물이나 사람을 나타내는 명사

도구Artefakt: 라틴어의 ars 'Kunst (예술)'과 factum 'das Gemachte (만들어진 것)'의 합성 명사. 고고학에서는 인간에 의해 만들어진 선사시기의 물건을 가리킨다.

기음화aspiert: 확실히 들어 알 수 있을 정도로 기음(氣音)이 동반되는 자음으로, 대개의 경우에는 파열음이다.

토착autochton: 현지에서 생겨난

상(常)염색체 Autosom: 성(性)염색체인 X와 Y를 제외한 모든 염색체

상염색체의 유전경로automosal: 염색체에 있는 해당되는 유전자가 유전되는 일

우성 유전자autosomal dominate: 염색체에 이미 존재한 유전자 중에서 유전 과정에서 전면에 나타나는 유전자

열성 유전자autosomal rezessiv: 염색체에 존재해 있다가 유전과정에서 경우에 따라 나타나는 유전자

뵐링-알레뢰드 시기Bölling-Alleröd: 약 45,000년 전에서 12,800년 사이에 있었던 지질학의 한 시기로, 매우 변덕스러운 기후와 온난화 현상이 있었던 시기

클러스터Cluster: 영어 용어로 Traube (포도 송이)의 뜻이다. 하나의 전체에 포함시킬 수 있는 여러 개의 단위들

서민 문자demotische Schrift: 고대 이집트에서 서민들이 사용하던 이탤릭체로 쓰인 문자. 이는 고대 이집트의 사제들이 사용하던 성스러운 문자와 대비된다.

나이테시기분석방법Dendrochronologie: 나무의 나이테를 통해 유물의 과거시기를 측정하는 방법. 참나무의 나이테 생성 결과는 젊은 나무에게서나 늙은 나무에게서 동일하게 나타나기에, 상당 기간 지속되었던 특정 시기를 측정하는 것을 가능하게 해준다.

치음마찰음Dentalfrikativ: 혀끝을 이빨 상층부에 대고 막아 발음하여, 공기가 이 틈새를 통해 빠져 나가면서 발음되은 음운, 영어의 /th/는 이의 잘 알려진 예이다.

복모음Diphthonge: 여러 개의 모음으로 구성된 음운, 예를 들면 ei, eu, au, ui, ua 등이 있다.

분기(分岐) Divergenz: 언어학에서 언어의 변이형태나 언어의 한 요소의 변이형태가 분기되어 발전되어 나아가는 것

부동Drift: 유전학에서 한 무리가 분리되어 발전해나간 한 형태

드라이아기Dryas: 마지막 빙하기가 끝날 때에 있었던 3개의 혹한시기의 명칭이다. 즉 가장 오래된 드리이아기, 약 14,000년 전에 있었던 중간기의 드리아스기, 약 12,000년 전에 있었던 마지막 드라이아기이다. 이 명칭은 당시 독일 전역과 스칸디나비아 지역에 퍼져있던 알프스의 야생화인 드리아스 (일명: 북극 담자리 꽃나무)에서 나왔다.

전기영동(電氣泳動) Elektrophorose: 전기장 상태에서 한 실험 물질 위에 전극을 띤 작은 전자들을 이동시키켜 분석하는 방법

근원단어Erbwörter: 차용어와 달리 조상어로 부터 유래한 단어들

민족Ethnie: 공통의 언어와 문화를 갖고 있는 종족그룹

외적 소유격externer Possessor: 소유격을 나타내는 문장요소가 명사구 밖에 위치하는 것. 예를 들면 “er wäscht sich die Hände”의 문장에서의 sich 같은 것이다. 이러한 것은 “he is washing his hands”의 문장에서 his가 명사구 안에 있는 측면과 대비된다.

어원Etymologie: 단어의 기원 및 형태와 의미의 변화를 알아내는 학문

문법변화Grammatischer "Wechsel: 동일한 어원에서 나와 친척관계에 있는 단어나 동일한 단어 내에서 베르너 법칙das Vernersche Gesetz에 기인하여 생기는 자음의 변이현상. 예를 들면 ziehen의 단어에서 ‘ziehen : Zug’와 ‘ziehen : gezogen’ 처럼 ‘h : g’의 대비를 보이는 경우이다.

반수체Haplotyp: 이것은 개별 염색체의 유전적 구성 상황을 보여준다.

경수(硬水) Hartwasser: 석회석을 다량 포함하고 있는 물

상동성(常同性) Homologie: 생물학에서 다른 종에 속한 생명체에서 공통적이 유전학적 기원 때문에 내장이나 외부의 신체기관 또는 행동 방식에서 일치하거나 비슷한 양상을 보이는 경우를 말한다.

상동성homolog: 일치하는, 비슷한

인융크티브Injunktiv: 이것은 대개의 경우에는 주문장에 위치하면서, 접속법(가능을 나타내는 형태)이나 명령형에

비유될 수 있는 기능을 보인다. 예를 들면 어떤 의도를 표출하는 데 사용된다.

대명사에서의 내포적/배타적 대립관계inklusive/exklusive Opposition in Pronomen: 대명사에서 이러한 대립관계가 있는 언어들에서 배타적 대명사는 대화 상대방을 표현상에서 배제한다. 예를 들면 'wir anderen(우리 다른 사람들은)'에서는 'ich + er/sie'처럼 나와 그는 또는 그녀만을 포함하는 식으로 상대방을 표현상에서 배제한다. 반면에 내포적 대명사는 'wir alle'나 'ich + du', 또는 'ich + du +er/sie'처럼 표현상에서 대화 상대방을 함께 포괄시킨다.

자동사intransitiv: 어떠한 직접 목적어와도 함께 나타나지 않는 동사를 말한다.

측정검정(測定檢定)하다kallibrieren: 측정결과의 검정(檢定). 측정검정 시기: 탄소측정 방법을 통해 얻어내 측정 시기는 나이테 특정방법을 통해 얻어낸 측정시기와 비교하여, 좀 더 정확한 시기를 측정해 낸다. 이렇게 얻어낸 측정검정 시기는 괄호 안에 넣어 표기한다.

격(格) Kasus: 명사 변화에서 나타나는 문법상의 형태. 예를 들면 주격, 소유격, 여격, 목적격 등이 있다.

격변화Kasusmorphologie: 격을 구체적으로 나타내는 문법 형태. 이를 위한 예로 접미사의 형태 등이 있다.

복제(複製) Klonen: 일반적으로 한 개체를 수정 과정을 거치지 않고 새로이 만들어내는 것을 말한다. 즉 부계와 모계의 생식세포가 융합되지 않은 상태로도 만들어지는 것을 말한다; 한 세포가 생식세포로 바뀌는 단계를 거치지 않고 하나의 생명체로 발전해 나가는 단계이다. 유전학자들은 복제란 용어로서 DNA 조각을 잘라내는 것을 의미한다.

공동지배kodominant: 부계와 모계의 유전자 특징이 똑같이 전이되어 내려가는 유전 현상

접속법Konjunktiv: 가능의 뜻을 나타내는 문법 형태

자음조화Konosonantenharmonie: 아랍어의 일부 방언에서 한 단어 안에서 인두화의 자음만으로 항상 나타나거나 이것이 전혀 나타나지 않는 현상이다. 즉 그 대상은 인후에서 발음되는 자음이다. 추측컨대 고대터키어에서도 이와 비슷한 현상이 있었을 것으로 보인다.

자음체계Konsonantensystem: 자음체계와 그 기능

유전자 오염 Kontamination: 청결한 상태가 아닌 환경에서 DNA 시료를 분석하게 되면, 시료자의 DNA 외에 이를 다루는 사람의 DNA가 뒤섞일 수가 있다. 그리되면 시료자의 DNA가 오염된다.

머리핵심을 지시하는 Kopfmarkierend: 문장론 상에서의 용어이다. 즉 동사는 주어와 목적어와 상호간에 문법상 일치하면서 나타나고, 명사는 형용사와 문법상 일치하면서 나타나는 것과 같은 현상들이다. 이때 격어미 같은 것이 작용한다.

머리기반Köpigkeit: 명사와 수식하는 형용사와의 위치관계. 독어 Rotes Kreuz처럼 명사가 오른쪽에 놓이면 '오른쪽머리기반'이라 하고, 불어 Croix Rouge처럼 명사가 왼쪽에 놓이면 '왼쪽머리기반'이라 부른다.

대표화석Leitfossilien: 지구 역사상 특정 시기에 살았던 화석화된 동물들이나 식물들 이것들은 지층의 연대를 알아내는 지표가 된다.

어휘론Lexikologie: 어휘에 관련된 학문분야

직역Linearübersetzung: 단어가 놓인 순서 그대로 일일이 번역하는 방식

로고 문자 Logographische Schrift: 하나의 표지가 단어 전체를 나타내는 방식을 가진 언어

표지체Marker: 문법적 요소를 나타내는 기호 내지 지표

중간태 수동형 Mediopassiv: 재귀 및 상호의 의미를 함께 포함하는 행위를 나타내는 동사의 어법. waschen (능동

형) : sich waschen (중간태 수동형) : gewaschen werden (수동형)

형태소Morphem: 언어학에서 의미를 내포하고 있는 가장 작은 단위

형태론Morphologie: 언어학에서 단어의 형태 및 형성과 기능을 연구하는 학문

원망(願望)법 Optativ: 라틴어의 optare '원하다'에서 기원한 명칭이다. 원망을 바라는 문법 형태. 원망법은 특히 산스크리트어, 고대그리스어, 루마니아어, 알바니아어, 레트어, 페로어, 터키어, 조지아어 등에서 독자적인 법(法)Modus로 나타난다. 그러나 라틴어에서는 접속법에 통합되었다. 독일어에서는 이는 조동사를 통하여 표현되고 있다. 인도유럽어의 원망법은 게르만어에서 접속법이 독자적인 영역으로의 역할을 잃어버리고 난 후에, 접속법의 형태로 바뀌었다.

아부(阿附)성 연설 Panegyrik: 로마 황제시기에 특별한 연회나 축제에서 행하던 아부성의 공개연설

다양성polymorph: 여러 형태로 나타나는

파열음Plosivlaute: 구강에서 공기의 흐름에 장애를 줌으로써 폐쇄시켰다가, 이를 파열시킴으로써 생겨나는 자음들. 예를 들면 [p], [t], [k] 등이다.

후치사Postposition: 명사 뒤에 오는 부치사(副置詞). 예를 들면 einer Meldung zufolge, 라틴어의 honoris causa 'der Ehre wegen' 등이다.

대기음Präaspiration: 파열음 앞에 존재하는 기음(氣音)Hauchlaut. 대개의 경우에 모음과 파열음 사이에 생긴다.

대명사 어간prominanter Stamm: 대명사의 어간 중에서 격, 수, 성에 따른 문법 변화에도 불구하고 항상 같은 형태로 머물러 있는 부분. 많은 대명사는 문법 변화상에서 하나 이상의 어간을 소유하고 있다.

마찰음Reibelaute (Frikative): 조음시에 입안에서 장애를 만들어 생긴 좁은 통로를 통해 생기는 음운들. 예를 들면 s, ʃ, w, r 등이 이에 속한다.

복제(複製) Replikation: 2개로 만드는 것

복귀돌연변이Retikulation: 돌연변이의 과정에서 멋대로 예전 형태를 다시 형성하는 경우. 이는 변이과정에서 여러 개의 수많은 가지를 갈라쳐 만들어서 족보수를 크게 왜곡시켜, 그 분기점이 명확히 나타나지 않게 만든다. 이에 따라 2개 또는 3개의 가지들이 만들어져, 진정한 가지가 어느 것인지를 확실히 알 수 없게 만든다.

숫돌Retuscheur: 돌칼을 만들 때에 그 칼날을 세밀하게 다듬도록 만드는 도구

리보핵산RNS: Ribonukleisäure. 이는 여러 단계에 걸쳐 진행되는 유전자 부호의 복사과정에서 아주 주요한 역할을 한다. 또한 단백질에 의한 동시에 유전자 정보 전달 과정에서도 주요한 역할을 한다.

유사(流砂) Schluf: 아주 잘게 부수어진 돌조각. 먼지 모래

유전자 증폭sequenzieren: 유전학에서 특정 DNA 조각을 증폭시켜 그 수를 다량으로 늘리는 것

언어군Sprachbund: 공통의 기원을 갖고 있지는 않으나, 언어접촉의 결과로 인해 일련의 공통성의 보이는 언어 그룹

문법변화Stufenwechsel: 문법상의 변화 과정에서 같은 단어 내에 있는 동일한 자음이 바뀌어지는 현상. 원래는 음절의 위치에 따라 생겨나서 자음의 길이 또는 방식이 바뀌거나, 때로는 아주 탈락한다. 일명 Grammatischer Wechsel(문법변화)라고도 한다.

기저어Substrat: 언어학에서 아래 계층, 기반을 이루는 계층을 뜻한다. 아래 계층에 있는 종족이 지배계층의 다른 언어를 받아들여 변형된 언어형태를 만든다. 이때, 문법구조는 물론이고 어휘 분야에서도 잔존 어휘의 형태로 이 언어에 영향을 미치게 된다.

시제Tempus: 라틴어로 Zeit (tlrks)을 뜻하며, 화자가 한 말이 어느 시점에 일어났는지를 알려 준다.

지질학적 명칭topographische Namen: 지명 및 다른 지리적 요소의 명칭

타동사transitiv: 직접 목적어를 요구하는 동사. 이때의 목적어는 수동 문장에서 주어가 된다. 그 외의 모든 동사는 비타동사가 된다. 예: Peter küsst Brigitte – Brigitte wird von Peter geküsst (여기에서 Brigitte는 직접 목적어이다).

사태Vermurungen: 강한 비로 인하여 경사진 면의 흙이 쓸려 내려온 현상. 산악지대에서 산사태로 인하여 진흙과 돌의 퇴적물이 쌓이게 된다.

폐색음Verschlusslaute: 구강 안에서 공기의 흐름을 막거나 이를 터뜨림을 통해 만들어내는 음운, 폐색음에는 파열음과 비음이 속하고 있다.

모음조화Vokalharmonie: 모음조화 현상을 보이는 언어에서는 조음상의 편의를 위하여, 한 단어 내에서 같은 계열의 모음만이 나타난다. 예를 들면 전설모음끼리만, 또는 후설모음끼리만 나타나는 현상이다. 터기어에서 나타나는 현상을 예로 들 수 있다.

호격Vokativ: 한 생명체의 상대방에게 이름이나 그의 직업명을 불러 직접 말을 거는 경우에 사용된다.

민중 어원 Volksetymologie: 에른스트 푀르스테만Ernst Förstemann이 만들어낸 용어이다. 특정 언어에 있는 단어의 의미가 더 이상 알려져 있지 않은 경우에, 해당 언어 내에서 민중에게 익숙하여 민중의 입에 잘 오르내릴 정도로 잘 알려져 있으면서도, 비슷하게 들리는 특정 단어에 기대어 새로운 단어를 만들어내는 행위이다.

공양물Votive: 순례 장소에서 감사의 표시나 소원을 바라는 목적으로 바치는 물건

뷔름기Würm-Kaltzeit: 알프스 지대에서 생겨나 이를 벗어나 광대한 범위에 걸쳐 퍼져나간 빙하기의 마지막 시기. 지금으로부터 대략 11,500년 전에서 10,000년 전 사이의 시기이다. 독일 바이에른 주의 도나우강의 한 지류인 뷔름Würm강에서 따온 명칭이다.

셈의 방식을 구분하는 Zahlklassifizierend: 일본어에서 'go(다섯) **satsu(권)** no(의) hon(책) : go(다섯) **ko(개)** no(의) ringo(사과)'의 대비처럼 명사에 따라 단위의 명칭이 달라지는 모습

그림목록

저자는 본인이 직접 작성하지 않은 그림, 그래픽, 도표 등에 대한 직접적인 소유권자를 찾아내어 이에 복제할 권리를 얻어내고자 끊임없이 노력하였지만, 일부 복제 소유권자는 찾아낼 수가 없어서 이에 대한 권리를 모두 허용받지는 못하였습니다. 이리하여 이러한 소유권을 가진 분들이 있다면, 저자에게 연락하여서 그 소유권의 여부를 명확히 알려 주시기를 바랍니다.

1-10. 에르빈 루테Erwin Rutte, Bayerns Neanderthaler, München: Ehrenwirth 1992, p. 39; 그래픽: Elisabeth Hamel.

1-11. 헤르만 뮐러-카르페Herrmann Müller-Karpe, Handbuch der Vorgeschichte, Bd.1, München, Beck 1966, Tafel 85; 저자로부터 게재 승낙을 받았음.

1-12. 사진: 2005, Istvan Freifogel; 저자로부터 게재 승낙을 받았음.

1-13~1-16. 마이크로로 촬영된 꽃가루 사진Mikroaufnahmen der Pollen, Michael Peters, Institut für Vor- und Frühgeschichtliche Archäologie und Provinzialrömische Archäologie der Ludwig Maximilians Universität München; 우호적인 허락을 받고 Elisabeth Hamel이 촬영함.

1-17. 배리 컨리프가Barry Cunliffe가 제시한 참나무가 퍼져간 현황, Illustriete Vor- und Frühgeschichte, Frankfut a. M.: Campus 1996, p. 98 이하; 촬영 및 서술: Elisabeth Hamel.

1-18. 마그델레니아 문화가 나타난 시기: Rupert A. Housley, Radiocarbon evidence for the Lateglacial Human Recolonisation of Nothern Europe, in: Proceedings of the Prehistoric Society, 63 (1997), p. 25~54; 카본기법으로 측정된 자료: Mine Stuiver, Intcal98 Radiocarbon Age Calibration, 24,000-0 cal BP, in: Radiocarbon 40 (1998), p. 1041~1083; 그래픽과 서술: Elisabeth Hamel.

1-19. 배리 컨리프Barry Cunliffe가 제시한 보리수나무가 퍼져나간 상황, Illustriete Vor- und Frühgeschichte, Frankfut a. M.: Campus 1996, p. 98 이하; 그래픽과 서술: Elisabeth Hamel; 현미경으로 촬영한 꽃가루: Keith Bennet, Universität Uppsala, Quaternary Geology; 우호적으로 게재 승낙을 받고 Elisabeth Hamel이 게재함.

1-20. 아우구스트 뵘August Böhm, 에들러 폰 뵈머스하임Edler von Böhmersheim, 빙퇴석의 역사 Geschichte der Moränenkunde, In: Abhandlungen der Geographischen Geschichte in Wien, Nr. 4, Bd. III, Wien, Lechner (Wilhelm Müller) k. u. k. Hof- und Universitäts-Buchhandlung 1901, 책의 앞표지.

2-01. 우륵 III 시기 (기원전 4세기 말), 소장 장소: Louvre, Paris; (소장 번호: AO 19936); 루부르 박물관의 허락을 받아 촬영하였음.

2-02. BC 6세기경에서의 그리스의 운반용 도자기. 1950~1979년 허이네부르크Heuneburg에서의 발굴과정에서 발견된 유물, 소장 장소: Heuneburg의 켈트 박물관으로부터 촬영 허가를 받았음.

2-03. 습지에 던져 버려진 한 초기 철기시대인의 미이라, 1950년에 덴마르크의 실케보르그Silkeborg 근교에 위치한 비알드스코브달Bjældskovdal 습지에서 에밀 횔가르드Emil Højgård와 비고 횔가르드Viggo Højgård 형제가 발굴한 기원후 350년경의 것으로 추정되는 미이라로서 우호적으로 게재 허가를 받아 촬영하였음.

2-04. 독일 지역 프랑켄 알프스 Fränkisch Alb산맥의 Altmühl계곡의 Greding 근교의 한 농토에서 한 농부인 Geyer가 발견한 화석들.

2-05. 긴급 수습 발굴의 현장. 사진에서 흰 선으로 둘러 친 부분을 나타내는 발굴 장소에서 발굴된 장검이 은밀하게 숨겨져 나타내어 보이고 있다. 그리고 오른쪽 하단에 보존 처리된 이후를 보여주는 그림이 보이고 있다; Martin Nadler: Vom Feigenblatt der Archäologie. Großhöbling 근처에 있는 ICE 특급열차 노선 걸선 공사에 의해 피해를 입은 후기 라-뗀느 시기의 한 장검, in: Das Archäologische Jahr in Bayern 2001, p. 71, Abb. 66; 호의적인 허가를 받고 촬영하였음.

2-06. 대표 화석들. Kurt Heißig, Bayerische Staatssammlung für Paläolontologie und Geologie,

München.

2-07. C14의 생성과 소멸과정, Horst Willlkommen, Kiel, in: Karlhand Göttlich, Moor- und Torfkunde, Stuttgart, Schweizerbart, 1990, p. 147~151.

2-08. 나이테, 사진 촬영: Franz Herzig, Bayerisches Landesamt für Denkmalpflege, 2005; 호의적으로 게재 허가를 받고 촬영하였음.

2-09. 외치Ötzi의 발견 장소, Archiv Institut für Archäologien, Universität Innsbruck; 호의적인 게재 허가를 받고 촬영하였음.

2-10. 칼집과 함께 보여주는 흑요석으로 만든 칼, Archiv Institut für Archäologien, Universität Innsbruck; 호의적으로 게재 허가를 받고 촬영하였음.

2-11. 마우에른Mauern (바이에른 주 동남부의 Freising 준 소재)의 볼렌도르프Wollensdorf 평원에서 발굴된 기원전 4,500년경에서의 뮌희호프너Münchhofner 문화권의 한 용기. 그 위에 100% 복원된 동일한 용기 2005, 사진: Bruno Forschner; Freising 고고학 학회의 승인을 받아 게재함 (Objekt 305).

2-12. 제스테드Sehested의 초상화, www.pd-eu.de/virt_ex/detail.php?entry=07funen (2006. 01. 06.).

2-13.라 만델레이나La Mandeleinum 동굴. 도르도뉴Dordogne주의 뚜르삭Tursac시의 청사 안에 소장된 그림으로 호의적인 게재 승인을 받았음.

2-14. 오리냑 문화의 대표 유물들, Hermann Müller-Karpe, Handbuch der Vorgeschichte, Bd. I. München: Beck 1966; 저자의 허락을 받아 게재함; 솟구친 긁개, 발굴 장소: Les Cortés, Départment Vienne Tafel 26/2; 용골형 긁개, Aurignacien 문화권의 대표 유물, 발굴 장소: Fontéchvad, Départment Charente, Tafel 50/B5; Tafel 50/B22; 양면 날을 가진 째개, 발굴 장소: Les Cortés, Départment Vienne, Tafel 26/6; 양 끝이 갈라진 뼈로 만든 창촉, 발굴 장소: Fontéchvad, Départment Charente, Tafel 26/31; 머리끈, 발굴 장소: Isturitz, Départment Basses-Pyrénées, Tafel, Tafel 67/33.

2-15. 무스떼리아-창촉, 발굴 장소: Bohomme, Départment Dordogne, Hermann Müller Kappe, Handbuch der Vorgeschichte, Bd. 1 München: Beck 1966, Tafel 14/12; 호의적인 게재 승인을 받았음.

2-16. 오리냑Aurignacien 문화, Janusy Krzysztof Kozłowski, The Balkan and Upper Paleolithic. The Gate to Europe or a Cul-de-sac?, in: Proceedings of the Prehistoric Society 58 (1992), p. 13; 그래픽: Elisabeth Hamel.

2-17. 미꼬끼아 문화권의 주먹도끼, 발굴 장소: La Micoque, Départment Dordogne, Hermann Müller-Karpe, Handbuch der Vorgeschichte, Bd. I. München: Beck 1966, Tafel 108/1; 저자로부터 호의적인 게재 허가를 받았음.

2-18. 기원전 3,000년경으로 것으로 추정되는 사자인간, 발굴 장소: 1939년 홀렌스타인-쉬타델Hohlenstein-Stadel 동굴, Gemeinde Asselfingen, Alb/Donau/Kreis (Baden-Württemberg; 소장 장소: Ulmer Museum; 저자로부터 호의적인 게재 허가를 받았음.

2-19. 구석기시기의 샤뗄뻬로니아 문화권의 주먹도끼, 발굴 장소: Les Cortés, Départment Vienne, Hermann Müller-Karpe, Handbuch der Vorgeschichte, Bd. I. München, Beck 1966; Tafel 27/15; 저자로부터 호의적인 게재 허가를 받았음.

2-20. 그라베띠아 문화권에서의 가상사리가 다듬어진 송곳, 발굴 장소: Les Cortés, Départment Vienne, Hermann Müller-Karpe, Handbuch der Vorgeschichte, Bd. I. München, Beck 1966; Tafel 27/B15; 저자로부터 호의적인 게재 허가를 받았음.

2-21. 한 동굴벽화의 묘사도, Les Combarelles, Gemeinde Les Eyzies-de-Tayac, Département Drodogne, Hermann Müller-Karpe, Handbuch der Vorgeschichte, Bd. I. München, Beck 1966; Tafel 18, Nr. 109; 저자로부터 호의적으로 게재 허가를 받았음.

2-22. 몽골 초원에서 사는 프르세발시키 말들의 무리, 사진: Christian Oswald; 저자로부터 호의적인 게재 허가를 받았음.

2-23. 솔루뜨레아 문화권에서의 평면찍개, 발굴 장소: Lausssel, Département Drodgne, Hermann Müller-Karpe, Handbuch der Vorgeschichte, Bd. I. München, Beck 1966; Tafel 18, Nr. 109; 저자로부터 호의적인 게재 허가를 받았음.

2-24. 독일의 그라핑 군Gemeinde Grafing에 소재한 풀러호펜Pullerhofen에서 촬영한 겨울 밀의 모습, 촬영: Elisabeth Hamel.

2-25. 마그달레니아 문화의 대표적인 유물들, 발굴 장소: Fontéchevade, Département Charente; 째개 끌개, Tafel 50/B12; 이중 송곳, Tafel 192, 54; 뼈로 만든 귀가 달린 뭉통한 바늘, Tafel 192, 69; 낚시 바늘, Tafel 192. 61~63; 톱칼, Tafel 192, 43; 조각용 칼, Tafel 192, 21; Hermann Müller-Karpe, Handbuch der Vorgeschichte, Bd. I. München, Beck 1966; Tafel 18, Nr. 109; 저자로부터 호의적인 게재 허가를 받았음.

2-26. 빙하시기의 동물들, Hermann Müller-Karpe, Handbuch der Vorgeschichte, Bd. I. München, Beck 1966; Tafel 18, Nr. 109; 저자로부터 호의적인 게재 허가를 받았음, 순록, Tafel 16/1, 털복숭이 코뿔소, Tafel 27/1, 동굴곰, Tafel 7/1, 들소, Tafel 19/1.

2-27. 체코의 초피Zopy (Mähren, Bezirk Holešlov)에서 발굴된 선형토기, Hermann Müller-Karpe, Handbuch der Vorgeschichte, Bd. I. München, Beck 1966; Tafel 18, Nr. 109; 저자로부터 호의적인 게재 허가를 받았음.

2-28. 스폰딜루스 조개 (Spndylus gaederopus), Joachim Nepomuk Anton Spalowsky, Prodromus in Systema Historicum Testaceorum, Wien, Ignaz Alberti's Wittwe. 1795, Tafel XI.에서 찾을 수 있음. 이밖에 www://sil.si.edu/DigitalCollections/NHRareBooks/Spalowsky/SIL6-1-Page155.html (2006. 07. 14.)에서 다운 받았음.

2-29. 선형토기, 발굴 장소: Wiesbaden-Bierbrich, 소장 장소: Römisch-Germanisches Zentralmuseum, Mainz, 사진 촬영: Elisabeth Hamel.

2-30. 튜립형 토기, 발굴 장소: Michelberg, 소장 장소: Stadtmuseum Bruchsal, Thomas Ihle in: Wikipedia; 2004. 06. 12에 촬영된 것으로 Lizenz: GNU-FDL; http://de.wikipedia.org/wiki/Bild:Glockenbecher.jpg (2016. 01. 11).

2-31. 종모양잔 토기문화, Colin Renfrew, Archaeologie and Language, London, Pomilico 1998, p. 87, 그래픽: Elisabeth Hamel.

2-32. 사진 촬영: Elisabeth Hamel, Ebersberg, 2006.

2-33. 주석의 산지, Bernd Mühldorfer, Handel und Austausch in der Bronzezeit (Begleitbuch zur Ausstellung "Mykene - Nürnberg - Stonhenge, Handel und Austausch in der Bronzezeit" im Naturhistorischen Museum Nürnberg, 2000. 05. 20 - 2001. 01. 16., in: Abhandlungen der Naturhisorischen Gesellschaft Nürnberg, Bd. 43, Nürnberg 2000, Jarte p. 164, Abb. 3; 그래픽: Elisabeth Hamel.

2-34. 한 청동그릇의 조각, 1872년 사이프러스의 Limassol의 북동쪽에 위치한 Kellaki와 Sinada 사이의 Muthia Shinada산의 꼭대기에서 발굴된 것으로서 M. Laniti가 Limassol에서 한 철물점에서 구입하였음; 소장 장소: Paris, Bibliothèque natioinale; 사진 출처: George Perrot/Charles Chipiez, Histroy of Art in Phoenicia and Its Dependencies, Bd. 3 Phénicie - Cypre. London: Chapmann and Hull: Amstrong 1885, p. 87, Bild 32. Zit. nach: Corpus Inscriptionum, Pars I, no. 6 et pl. IV p. 22~26 (Fol-O2-647).

2-35. 청동제 바늘들, 위로부터 아래쪽의 순서대로 배열됨: 머리가 여럿 달린 바늘 (BC 7세기경의 초기 할슈타트 시기); 구형 머리가 달린 바늘 (BC 12,000~11,000의 유골단지문화시기); 둥근 머리 형태를 가진 바늘 (청동기시기에서 초기철기시대); Institut für Vor- und Frühgeschichte, Universität München; 사진 촬영: Elisabeth Hamel.

2-36. 사진 촬영: Irina Reberssak; 촬영 허가를 받았음.

2-37. 사진 촬영: Irina Reberssak; 촬영 허가를 받았음.

2-38. 사진 촬영: Irina Reberssak; 촬영 허가를 받았음.

2-39. 선문자 B, Copyright (C) 2000, 2001, 2002 Free Software Foundation, Inc. 51, Franklin St, Fifth Floor, Boston, MA 02110-1301 USA, 그림 교정: Johan Brand.

2-40. 에트루리아의 옷핀: 이에 새겨진 문자: Ich bin die Fibel von Arath Velavsna, Mamurke Turskikina hat mir gegeben (이 옷핀은 나 아라트 베리브수나의 것으로서 마무르케 투르스키키나가 나에게 준 것이다); BC 7세기의 마지막 3/4시기 기간, 발굴 장소: Chiusi, 소장 장소: Musée du Louvre, R. ACC/200/OR734/3889.

2-41. Caerre/Cerveteri에서 출토된 테라코타로 만들어진 부부상을 보여주는 520년경의 석관, 사진 촬영: Ministero per I Beni e le Aattività Culturali, Rom.

2-42. 독일의 만칭Manching에 있는 오피다Oppidum Manching, Römisch Germanische Kommission des Deutschen Archäolgischen Instituts, Frankfurt a. M.; 게재 허가를 받았음.

2-43. 사진 촬영: Brian Lary; 게재 허가를 받았음.

2-44. 바늘 주머니, Victor Gross, La Tène un Oppidum Helvète, Paris, Ancienne libraire Joseph Bær & C12 1886, p. 44, Abb. 4.

2-45. 곡식, Colin Renfrew, Der Ursprung der indoeuropäischen Sprachfamilie, in: Spektrum der Wissenschaft, 1989년 12월 판, p. 121, Bild 6.

2-46. 거주용 구덩이 움막, Dragoslav Serjovic, Lepnski Vir, Beograd, Srpska Kujiževena Zadruga, 1969, p. 58, Abb. 9 u. 10, 발굴 장소를 촬영한 사진: 만칭 박물관의 원장 Wolfgang David; 게재 허가를 받았음.

2-47. 장방형 형태의 가옥, Erwin Keefer, Steinzeit, Stuttgart, Theiss 1993, Abb. p. 114에서 발췌함, 그래픽: Elisabeth Hamel.

2-48. 농경의 진출경로, Jens Lüning, Steinzeitliche Bauern in Deutschland, in: Die Landwirtschaft im Neolithikum, Univesitätsforschungen zur prähistorischen Archäologie, Bd. 58, Bonn 2000, p. 6.

2-49. 기원전 600년경의 그리스 산 운반용을 위한 토기용기, 1950~1979년 독일 허이네부르크Heuneburg에서의 발굴과정에서 출토된 것임, 소장 장소: Keltenmuseum Heuneburg; 게재 허가를 받았음.

2-50. 선박들, George Perrot/Charles Chipiez, History of Art in Phoenicia and Its Dependences, Bd. 3:

Phénicia - Cypre, London: Chapmann and Hull; New York, Amstrong 1885, p. 34, Bild 8, (Layard, Monuments série, I, p. 71; Bild 9. Layard, Monumente, série I, p. 71에서의 인용임).

2-51. 페니키아인, Massimo Pallotino, Geschichte und Kultur der Etrusker, Basel, Birkhäuser, 1988, p. 108, Abb. 3; 그래픽: Elisabeth Hamel.

2-52: 동전들, George Perrot/Charles Cipez, History of Art in Phoenicia and Its Dependences, Bd. 3: Phénicia - Cypre, London: Chapmann Hull: New York, Amstrong 1885, p. 365, Bild 253 (이는 Durry, Histoire des Romains, Bd. I, p. 142에서의 인용임).

2-53. 아스타르트 여신의 상, INA Turkey Projects, Insititue of Nautical Archaeology, Bodrum Turkey; 게재 허가를 받았음.

2-54. 발Baal신, George Perrot/Charles Chipiez, History of Art in Phoenicia and Its Dependences, Bd. 3: Phénicia - Cypre, London: Chapmann and Hull; New York, Amstrong 1885, p. 73, Bild 25 (Catalogue de la collecion Barre, no. 161에서의 인용임).

2-55. 유리 궤, INA Turkey Projects, Insititue of Nautical Archaeology, Bodrum Turkey: 게재 허가를 받았음.

2-56. 영국의 Dunnichen (Angus)에서 발견된 픽트인의 상징석 Klasse I, W. A. Cummins, The Age of the Picts, Far Thrupp, Sutton 1995, p. 129, 그래픽: Elisabeth Hammel.

2-57. 사진 촬영: Chris Baugh, 게재 허가를 받았음.

2-58. 여러 반지들, Stuart Piggot, Ancient Europe, Edinburgh, University Press 1965, p. 194; 게재 허가를 받았음.

2-59. 상단에 위치한 단도: E. Gillérons의 그림, in: Georg Karo, Die Schachtgräber von Mykenai, München, Bruckmann, 1930~1933, Grav IV, Tafel LXXXIX (89), p. 396,

하단의 단도: Sabine Gerloff, The Early Bronze Age daggers in Great Britain and a reconcisderation of the Wessex Culture, in: Sabine Gerloff 〈Hrsg.〉, Prähistorische Bronzefunde 6,2. München, Beck 1975, Tafel 11; 저자 Hermann Müller-Karpe로부터 게재 허가를 받았음.

2-60. 진주로 만든 구슬들, Stuart Piggot, Aancient Europe, Edinburgh, University Press 1965, p. 136.

2-61. 거대석, Jean-Pierre Mohen, Megalithkultur in Europe,: Geheimnis der frühen Zivilisationen, Stuttgart, Belser 1989, 여기에서는 p. 93, p. 127, p. 155의 지도들을 취합하여 만든 것임; 그래픽: Elisabeth Hamel.

3-01. 뇌의 구조도, Kurt W. Alt, Paläoanthropologie, in: Freiburger Universitätsblätter, Heft 129 (1997, I), p. 51~90, 여기에서는 p. 65; 그래픽: Elisabeth Hamel.

3-02. 윌리암 존슨 경의 사진, Lord Teignmouth 〈Hrsg.〉, The works of Sir William Jones, Vol. III, London, Hatchard, 1807, 3권 책의 앞표지의 것임.

3-03. Gottfried Wilhelm Leibniz, www.hlac.uh.edu/gbrown/philosophers/leibniz/BritannicaPages/LeibnizGif.html, Wikipedia (2006. 03. 08).

3-04. 동사와 목적어. Long-range comparision and methodological disputs, Encyclopedia of Language and Linguistics, Keith Brown 〈Hrsg.〉, 2. Aufl. Oxford, Elsevier in press. 여기에 다음을 참조하라: www.linguistics.utah.edu&Fachulty&campbell&CampbellLongRangeEnc.doc, p. 4 (2006.

08. 08); 그래픽: Elisabeth Hamel.

3-05. 적십자Rotes Kreuz란 단어를 예로 하여 살펴본 유럽 언어에서의 명사에 대한 형용사의 어순의 위치, Elisabeth Hamel에 의해 조사된 사항을 도표로 그려낸 것임.

3-06. 언어계통도. August Schleicher, Compendium der vergleichenden Grammatik der indogermanischen Sprachen, Kurzer Abriss einer Lautlehre, Weimar, Böhlau, 1861, Abb. p. 7.

3-07. 언어의 분지과정, 그래픽: Elisabeth Hamel.

3-08. Johanna Nicola, The Spread of Languge Around the Pacific Rim, in: Evolutionary Anthrophology 3:6 (1996), p. 206~215; 여기에서의 지도는 p. 211에서의 Fig. 2, Fig. 3와 p. 21에서의 Fig. 4와 p. 212에서의 Fig. 5와 Fig. 6를 Elisabeth Hamel이 편집하여 합성한 것임.

3-09. 이곳의 지도는 Alexander Y. Aikhenvald, Classifiers, Oxfor, University Press, 2000의 Map 1, Map 2, Map 3, Map 4, Map 5를 Elisabeth Hamel이 편집하여 합성한 것임.

3-10. 테오 페네만Theo Vennemann이 조사한 것을 근거로 하여 편집한 -eber의 분포도, 그래픽: Elisabeth Hamel.

3-11. 문장, 에버스베르크Ebersberg의 시장으로부터 게재 허락을 받았음; 그래픽: Johann Brand, 2004.

3-12. 에른스트 푀르스테만Ernst Förstemann, 고대독어 인명사전Altdeutsches Namenbuch, Bd. II: Ortsnamen, Hermann Jellinghaus, München, Fink 1967에서 재판됨.

3-13. 켈트어 지명들, Stuart Piggott, Ancient Europe from the Beginnings of Agriculture to Classical Antiquity, Edingburgh, University Press, 1965, p. 172의 Nr. 92와 p. 173의 Nr. 96과 p. 174의 p. 97의 Nr. 97의 3개 지도를 Elisbeth Hamel이 합성하여 만든 그래픽임.

3-14. 외적 소유대명사Externer Possessor, Theo Vennemann과의 공동 작업으로 Elisabeth Hamel이 작성하고 그려낸 것임.

3-15. 유럽의 언어군들Sprachbünde, Theo Vennemann과 공동 작업으로 Elisabeth Hamel이 작성하며 그린 것임.

3-16. 문장, Ebersberg, Ochsenfurt, Füssen, München시의 시장으로부터 각기 게재 허가를 받았음.

3-17. 구개음Gaumen-r, Jack K. Chambers/Peter Tredgill, Dialectology, Cambridge, University Press, 1980, p. 185, Map II-6; 그래픽: Elisabeth Hamel.

3-18. 이에 대하여는 3-08을 보라.

3-19. 노스트라트어, Allan R. Bomhard/John C. Kerns, The Nostratic Macrofamily. A Study in Distant Linguistic Relationship, Berlin, Mouton de Gruyter, 1994, p. 36, Chart 1 (Trends in Lingusitics, Studies and Monographs 74); Elisabeth Hamel이 다시 작성한 것임.

3-20. 언어의 연속성, Elisabeht Hamel이 작성하고 그린 것임.

3-21. 세계의 언어분포도, Dierecke Weltaltlas, Westermann Schulbuchverlag, Braunschweig, 1988, p. 239/2, Westermann 출판사로부터 게재 허락은 받았으나, 모든 권리는 이 출판사에 귀속되어 있음.

3-22. 언어물결 이론, 그래픽: Elisabeth Hamel.

3-23. 바퀴의 파급 경로, 그래픽: Elisabeth Hamel.

3-24. 유럽지도에 나타난 Is-, Ur-의 어근을 가진 지명의 분포도는 Katrin Röder, Struktur und Verbreitung der alteuropäischen Toponymie (München, Diss. 2000), Berlin, Logos-Verlag에서의 p. 134의 것을, 북아프리카에서 나타난 Is-의 것은 2006. 12. 26에 저자가 개인적으로 Abdelaziz Allati로부터 입수한 것이고, Al-, Alm-, Sal-, Salm-, Var-, Ver-의 것은 Antoni Tovar, Krahes alteuropäische Hydronomie und die westindogermanischen Sprachen, in: Sitzungsberichte der Heidelberger Akademie der Wissenschaften, Philosophisch-historische Klasse 2, Heidelberg, Carl Winter, 1977, Karte 2, p. 36; Karte 4, p. 38, Karte 5, p. 39의 것을 Elisabeht Hamel이 편집하여 그려낸 것임.

3-25. 다음 관련된 참고자료 책자에서 찾은 것을 근거로 하여 Elisabeth Hamel이 편집하여 그려낸 것임: Georges Ifrah, Histoire Universalie des Chiffres, Paris, Laffont, 1981; Robert Aspinion, Apprenons le Berbère, Ed Félix Moncho, Rabat, 1953; p. 252~255에서 발췌하였는데, 이는 Theo Vennemann, Europa Vasconia, europa Semitica, Patrizia Noel Aziz Hanna 〈Hrsg.〉, Berlin: Mouton de Gruyter 2003, p. 844 (Trends in Linguistics, Studies and Monographs 138)에도 수록되어 있음.

3-26. 바스크어 사용지역이 축소된 과정, Jésus Aaltuna, Ekain und Altxerri. Sigmaringen: Torbecke 1996, p. 20, Abb. 4; 그래픽: Elisabeth Hamel.

3-27. 강변화동사 어원을 나타내는 파이 형태의 도표. Robert Mailhammer, On the Origin of the Germanic Strong Verb System, in: Sprachwissenschaft, Heidelberg, Universitätsverlag Winter 2006, Band 33, Heft 1, p. 1~52; Robert Mailhammer, The Germanic Strong Verbs: Morphology and Quantitative Etymology, (LMU München, Diss. 2004), 이 책은 저자의 박사학위 논문을 개작한 것임.

3-28. 유라시아 지역에서의 서수 7, 관련 사전들에서 Elisabeth Hamel이 편집하여 만든 그림임.

3-29. 만조 사리, 그래픽: Elisabeth Hamel.

3-30. 달의 주기형태, 그래픽: Elisabeth Hamel.

3-31. -t가 있는 일곱과 그렇지 않은 일곱을 나타내는 서수의 명칭 형태; 그래픽: Elisabeth Hamel.

3-32. 알파Alpha와 F; 그래픽: Elisabeth Hamel.

3-33. 앵글로이즘의 추세, Martin Mathes의 1998/99의 Seminararbeit: English as a Global Language, Dozent: D. Stevenson, Universität Essen에서.; 이에 대하여는 http://www-stud.uni-essen.de/-sl1506/files-uni/WAZ.pdf (2006. 07. 25)를 또한 보라.

3-34. 선사시대의 인도유럽어들, J. P. Mallory, In search of the Indo-Europeans, 144, London 1989, Map 13; 그래픽: Elisabeth Hamel.

3-35. 인도유럽인의 기원지, J. P. Mallory, In search of the Indo-Europeans, 144, London 1989, Map 80; 그래픽: Elisabeth Hamel.

3-36. 사템Satem어와 켄툼Kentum어, http://en.wikipedia.org/wiki/Satem (2007. 09. 04); 그래픽: Elisabeth Hamel.

3-37. 인도유럽어의 족보도, Phikip Baldi, The foundations of Latin, in: Trends in Linguistics, Studies and Monographs 117, Berlin: Mouton de Gruyter 1999, p. 22, Abb. 1.5; 그래픽: Elisabeth Hamel.

3-38. 갈레우스의 금제 호른, http://titus.fkidg1.uni-frankgurt.de/didact/idg/germ/runinsc.htm (2006. 04. 07.); 그래픽: Elisabeth Hamel.

3-39. 아르겐테우스 양피지판Codes Argenteus, www://ub.uu.se/arv/codexeng.cfm, http://de.wikipedia.org/wiki/Codex_Argenteus (2006. 07. 20).

3-40. 힐데브란드의 노래Hildebrandslied에서의 첫 번째 페이지의 장, 소장 장소: Nurhardschenbibliothek, Kassel, Signatur: 2° Ms. theol. 54; http://de.wikipedia.org/wiki/Hildebrandslied (2006. 08. 06.).

3-41. 한자동맹의 관청 내의 모습, Staatliche Graphische Sammlung, München.

3-42. 15세기 한자동맹 내의 교역로, Barry Cunliffe, Facing the Ocean, The Atlantic and its Peoples, Oxford, University Press 2001, p. 538; 이곳의 문장은 1510~1514년 경에서의 적십자 문장을 모사한 것임, in: Praxis Geschichte, 14, H. 1, Hanse und Handel, p .6, Braunschweig, Westermann 2001; 그래픽: Elisabeth Hamel.

3-43. 선문자-A, Ulrich Hausmann, Allgemeine Grundlagen der Archäologie, München, C. H. Beck'sche Verlagsbuchhandlung 1969, Abb. 49.

3-44. 그리스어의 방언들, Emil Nack/Wilhelm Wägner, Hellas: Land und Volk der alten Griechen, Wien, Überreuter, 1995, Vor- und Nachsatz-Doppelseiten; 그래픽: Elisabeth Hamel.

3-44a: 이레체크 라인Jireček-Linie, https://de.wikipedia.org/wiki/Jire%C4%8Dek-Linie.

3-45. 항공우편 par avion을 나타내는 쪽지, 사진 촬영: Elisabeth Hamel.

3-46. 춤추는 한 쌍의 바스크인, 바스크 지역에서 Pello Zubiria가 촬영; 게재 허가를 받았음.

3-47. 악기 Txistu 피리와 북Trommel, 바스크 지역에서 Pello Zubiria가 촬영; 게재 허가를 받았음.

3-48. http://de.wikipedia.org/wiki/Bild: Gaeltacht.svg, 아일랜드어를 모국어로 사용하는 켈타흐트 Gaeltacht인이 사는 지역을 보여주는 이 지도는 www://udaras.ie/와 www.gaelsoire.ie/default.asp에 기반을 둔 것임. Base Map is Image:Blank Ireland.png (2006. 08. 17).

3-49. 랑고바르드족과 고트족과 반달족이 이동한 경로. 이에 대하여는 다음을 또한 참조하라: Volker Bierbauer, Wandalen, in: Reallexion der Germanischen Altertumskunde 31, Berlin: de Gruyter 2005; Volker Bierbauer,: Frühe langobardische Studien in Italien, in: I Language die ducati di Spoleto e Benevento, Atti del XVI Congresso internationale di studi sull'alto medievo (Spolteo 2003); Volker Bierbauer, Zur ethnischen Interpretation in der frühgeschichtlichen Archäologie, in: W. Pohl 〈Hrsg.〉, Die Suche nach den Ursprüngen. Von der Bedeutung des Frühmittelalters, Wien, Verlag der Österreischischen Akademie der Wissenschaen 2004, p. 45~84; Volker Bierbauer, Archäologie der Langobarden in Italien: Ethnische Interpretaitonen und Stand der Froschung, in: W. Pohl/P. Erhart, Die Langobarden, Herrschaft und Identität, Wien, Verlag der Österreichischen Akademie der Wissenschaften 2004, p. 21~65; Volker Bierbauer, L'insediamento del periodeo tardoantico e altomediavele in Trentino-Alto Adige, in: G. C. M. Enis 〈hrsg.〉, Italia langobarda, 1994, p. 121~174; Volker Bierbauer, Archäologie und Geschichte der Goten vom 1. bis 7. Jahrhundert. Versuch einer Bilanz, in: Frühmittelalterliche Studien, 28 (1994), p. 51~171; Volker Bierbauer, Verbreitung und Interpretationen der ostgotischen Bügelfibeln. Ostgoten außerhalb ihrer patria, in: C. Doliat 〈hrsg.〉, Reliquiae gentium, Festschrift für Wolfgang Böhme zum 65. Geburtstag, Rahden, Leidorf 2005, p. 37~47; 그래픽: Elisabeth Hamel.

3-50. 걸이형 옷핀, Museum für Vor- und Frühgeschichte, Staatliche Museen zu Berlin.

3-51. 켈트어의 지명들, Parick Sims-Williams, The Five Languages of Wales in the Pre-Norman Inscriptions, in: Cambrian Medieval Celtic Studies, p. 1~36, No. 44, CMCS Publications, Aberyswyth, 2002, 여기에서는 p. 13; 그래픽: Elisabeth Hamel.

3-52. 콜리니 달력, 사진 촬영: Ch. Thioc, Musée gallo-romain de Lyon, , Frankreich; 게재 허가를 받았음.

3-53. 켈트인, Ludwig Pauli, Die Kelten in Mitteleuropa, Salzburg, Amt der Slazburger Landesregierung 1980, p. 31; 그래픽: Elisabeth Hamel.

3-54. 토카리아어 B, 7세기경의 토카리아어 기록물 사본, Universität Frankfurt. http://de.wikipedia.org/wiki/Bild:Tocharic.jpg.

3-55. 초기 역사시기에 있었던 비인도유럽어 계통의 언어들, 인용된 문헌들을 종합하여 Elisabeth Hamel이 편집하여 그린 그림임.

3-56. 이탈리아 반도의 언어들, 인용된 문헌을 종합하여 Elisabeth Hamel이 편집하여 그린 그림임.

3-57. 레트인의 분포지도. Paul Gleirscher, Die Räter, Rätisches Museum, Chur, 1991, p. 9, Abb. 7; p. 18 Abb. 8, Nr. 1; 옷핀과 도자기의 분포을 나타내는 1999년의 Amei Lang의 지도에 따라서 Elisabeth Hamel이 편집하여 그려낸 것임.

3-58. 레티카의 가옥, Martin Rudolf-Greiffenberg/Ferdinand Siegmund, Alemanen und Franken, in: Schlern 27 (1957), Tafel 8.

3-59. 레트어의 알파벳. Alexander Morandi, Il cippo di Castelciès nell'eppigafia retica, Roma, L'erma di Bretschneider 1999, Abb. 16, p. 39.

3-60. 물고기. Linus Brunne, Entzifferung der rätischen Inschrft von Schuls, in: Helvetia Archaeologica, Basel, 1983/94 (Band 53), p. 3~13; Nachzeichnung: Elisabeth Hamel.

3-61. 픽트어의 문서. James Poultney, The Language of the Northern Picene inscriptions, in: The Journal of Indo-European Studies 7 (1979), p. 62.

3-62. 이베리아어. Jürgen Untermann, die vorrömischen Sprachen in der iberischen Halbinsel, Westdeutscher Verlag, Nordrhein-Westfälische Akademie der Wissenschaften, Vorträge 6375 (2001), p. 33; 그래픽: Elisabeth Hamel.

3-63. 이베리아어의 문서. James Maxwell Anderson, Ancient Languaes of the Hispanic Peninsula, Lanham, University Press of America 1988, p. 54, Abb. 27a; 소장 장소: Musée de Sigeau, Inv. Nr.58.B.39.

3-64. 픽트어. Elisabeth Sutherland, In Search of the Picts, London, Constable, 1994, p. 64; 그래픽: Elisabeth Hamel.

3-65. 픽트어의 지명들. Elisabeth Sutherland, In Search of the Picts, London, Constable, 1994, p. 64; 그래픽: Elisabeth Hamel.

3-66. 이 지도의 출처: Alfred Bammesberger/Gerd Grasshoff 〈hrsg.〉, Ptolemaios, Handbuch der Geographie, Basel: Schwabe, 2006, p. 776/777, Florian Mittenhuber로부터 게재 허가를 받았음. 이에 대하여는 다음을 또한 보라: UNIPREESS123/Dey. 2004, P. 8, www.ptolemaios.unibe.ch/Text%20ptolemaios.pdt#search=%22 (2006. 09. 09.).

3-67. 이중 언어Bilingue, Arthur John Evans, Scripta Minoa, Oxford, Clarenddon Press, 1909, Fig. 128.

3-68. 음향체계. Paul Colaer/Albert van der Linden/Frans van den Bremt, Bildatlas der Musikgeschihte, Güterloher Verlagshaus, Gerd Mohn, Güterloh, 1963, p. 17; 그래픽: Elisabeth Hamel.

4-01. 진화과정에서 나타나는 현상들. cf. Boderic D. M. Page/Edward C. Holmes, Molecular Evolution, A Phylogenetic Approach, Oxford, Blackwell Science 2001; 그래픽: Elisabeth Hamel.

4-02. 혈액형 O. Arthur E. Mourant, The Distribution of the Human Blood Groups, Blackwell Scientific Publications, Oxford, 1954, Karte Nr. 3 "Distribution of blood group gene O in Europe".

4-03. 혈액형 ABO, Hubert Walter, Populationsgenetik der Blutgruppensysteme des Menschen, Stuttgart, Schweizerbart, 1998, p. 40~41; 그래픽: Elisabeth Hamel.

4.04. 바이에른 주에서 나타난 O-혈액형의 분포도. 바이에른주의 혈액원과 바이에른주의 적십자사에서 작성한 1966. 01. 02.의 현황을 근거로 하여 만든 지도임; 그래픽: Elisabeth Hamel.

4-05. 혈액형 Rh^-. Arthur E. Mourant, The Distribution of the Human Blood Groups, Blackwell Scientific Publications, Oxford, 1954, Karte Nr. 6 "Approximate Diestribution of the Rh Blood Group Gene D in Europe"; 그래픽: Elisabeth Hamel.

4-06. 항원 HLA. Konrad Hummel, Population analyses using Blood Group Markers, Immucor, Medizinische Diaagnostik GmbH, Franakfurt 1992; 그래픽: Elisabeth Hamel.

4-07. 기원과 이에서 갈라진 갈래; 그래픽: Elisabeth Hamel.

4-08~4.10. 주요요소Hauptkomponente. Luigi Luca Cavalli-Sforza, The History and Geography of Human Genes, Princeton University Press, p. 292~293, Abb. 5.11.1/2/3; 게재 허락을 받았음.

4-11. 염색체. Gerhard Wanner, Botanik, Univsersität München; 게재 허락을 받았음.

4-12. 전사(轉寫)Transkription. 그래픽: Elisabeth Hamel.

4-13. DNA의 단편 조각들. Fragmente. 그래픽: Elisabeth Hamel.

4-14. 염기서열의 판독. 그래픽: Elisabeth Hamel.

4-15. 미토콘드리아. Gerhard Wanner, Botanik, Universität München; 게재 허락을 받았음.

4-16. 미토콘드리아. Gerhard Wanner, Botanik, Universität München; 게재 허락을 받았음.

4-17. 미토콘드리아. 그래픽: Elisabeth Hamel.

4-18~4-21. 세포내의 유전자를 묘사한 만화의 그림. Paul Hintermann 2001, Grafing.

4-22. 타그라핑Taglaching에 사는 데멜Demmel 가족의 족보수; 게재 허락을 받았음.

4-23. X염색체와 Y염색체. 그래픽: Elisabeth Hamel.

4-24. X염색체. 그래픽: Elisabeth Hamel.

4-25. 쉬미트Schmidt. 캠브리지의 피터 포스터Peter Forster가 내 놓은 아이디어에 따라 작성함; 그래픽: Elisabeth Hamel.

4-26. 계열족보수Hierarchiestammbaum. 그래픽: Elisabeth Hamel.

4-27. 집합 분류의 방식Gruppierungsarten, 이에 대하여는 다음을 참조하라: Roderik D. M. Page/Edward C. Holmes, Molecular Evolution, A Phylogenetic Approach, Oxford, Blackwell Schience 2001; 그래픽: Elisabeth Hamel.

4-28. 뮌헨 대학생들의 실험광경. 사진 촬영: Elisabeth Hamel.

4-29. 점돌연변이Punktmutation. 그래픽: Elisabeth Hamel.

4-30. 베끼는 과정에서 생겨 난 오류들. 그래픽: Elisabeth Hamel.

4-31. 상사성Homoplasie. 그래픽: Elisabeth Hamel.

4-32, 1-5. DNA의 분류와 그룹화. 그래픽: Elisabeth Hamel.

4-33. 쪽지들의 비교. 그래픽: Elisabeth Hamel.

4-34. 파트 B, 그래픽: Elisabeth Hamel.

4-35. 현생인류Homo sapiens sapiens가 진화한 역사. 라르Lahr와 홀리Foley의 아이디어에 따라 작성한 그래픽임. 출처: Geography, Demography, and Diversity, in: Recent Human Evolution, Yearbook of Physicical Anthropology, 1998, Vol. 41, p. 137/176, 여기에서는 p. 158. 분석과 시기 측정은 피터 포스터Peter Forster와 엘리자베스 하멜Elisabeth Hamel이 하였음.

4-36. 이형세포질유전자Heteroplasmie, 그래픽: Elisabeth Hamel.

4-37. Y염색체 계통수에 따른 현생인류의 이주 상황, Fabrico R. Santos et al., The Central Siberian Origin for Native American Y Chromosomes, in: American Journal of Human Genetics, Vol. 64 (1999), p. 619/628, 여기에서는 p. 625, Abb. 3; 그래픽: Elisabeth Hamel.

4-38. 유럽주민의 계통수. Martin B. Richards et al., Phylogeography of mithochondrial DNA in Western Europe, in: Annual Journal of Human Genetics, 1998, Vol. 62, p. 241~260, 여기에서는 Abb. 2, p. 246; 그래픽: Elisabeth Hamel.

4-39. 미토콘드리아 DNA에 따라 작성된 현생인류의 계통수. 현 연구상황에 따라 Cambridge의 피터 포스터 Peter Forster와의 공동으로 한 작업에서 작성한 것임. 그래픽: Elisabeth Hamel.

4-40. 막대기 도표로 작성한 유럽에서의 미토콘드리아 DNA의 분포도. 이는 Martin Richards et al., Phylogeography of mitochondrial DNA in Western Europe, Annual of Human Genetics, 1998, Vol. 62, p. 241~260; 그래픽: Elisabeth Hamel.

4-41. Martin Richards et al, Paleolithic and Neolithic Lineages in the European Mitochondrial Gene Pool, American Journal of Human Genetics, 1998, Vol. 59, p. 185~293; Martin Richards et al., Phylogeography of mitochondrial DNA in Western Europe, Annual of Human Genetics, 1998, Vol. 62, p. 241~260; 그래픽: Elisabeth Hamel.

4-42. 별 형태로 작성한 계통수. Martin B. Richards et al., Phylogeography of mitochondrial DNA in Western Europe, in: Annual of Human Genetics, 1998, Vol. 62, p. 241~260, 여기에서는 Abb. 1, p. 245; 그래픽: Elisabeth Hamel.

4-43. V 유전자와 pre*V 유전자, Antonio Toroni et al., A Signal from Human mtDNA of Postglacial Recolonization in Europe, in: American Journal of Human Genetics, Vol. 69 (2001), p. 844~852, 여기에서는 p. 846, Tabelle 1; 그래픽: Elisabeth Hamel.

4-44. 빙하인간 외치가 발견된 장소. Archiv Institut für Archäologien, Universitäts Innsbruck; 게재 허락을 받았음.

4-45. 유럽의 Y염색체 라인의 분포도. Ornella Semino et al,, The Genetic Legacy of Paleolithic Homo sapiens sapiens in Extant Europeans. A Y-chromosome Perspective, in: Science, Vol. 290 (2000), p. 1155~1159, 여기에서는 p. 1155, Abb. 2; 그래픽: Elisabeth Hamel.

4-46. 유럽의 Y-족보수. Siiri Rootsi et al., Phylogeography of Y-Chromosome Haplogroup I "Reveals

Distinct Domains of Prehistoric Gene Flow in Europe, in: American Journal of Human Genetics, Vol. 75 (2004), p. 128~137; 그래픽: Elisabeth Hamel.

4-47의 1-13. 현생인류의 이주 과정. www.mcdonald.cam.ac.uk/genetics/mtDNAworld/one.html, Cambridge의 Forster의 아이디어에 따라 만들었음; 그래픽: Elisabeth Hamel.

4-48. U5b1 유전자. Martin B. Richards et al., Phylogeography of mithochondrial DNA in Western Europe, in: Annual Journal of Human Genetics, 1998, Vol. 62, p. 241~260, 여기에서는 Abb. 5, p. 252; 그래픽: Elisabeth Hamel.

4-49. 농경의 진출경로. 이는 제2장의 고고학에서의 그림 2-48에서 이미 제시한 것임.

4-50. J1과 J2의 유전자. Martin B. Richards et al., Phylogeography of mithochondrial DNA in Western Europe, in: Annual Journal of Human Genetics, 1998, Vol. 62, p. 241~260, 여기에서는 Abb. 7, p. 254; 그래픽: Elisabeth Hamel.

4-51. 블론드 머리색. Carleton Stevens Coon, The Races of Europe, The Macmillan Company, New York, 1939, p. 270, Map 8; 그래픽: Elisabeth Hamel.

4-52. 에트루리아인. Alessandro Achilli et al., Mitochondrial DNA Variation of Modern Tuscans Supports the Near Eastern Origin of Etruscans, in: American Journal of Human Genetics, Vol. 80 (2007), p. 765, Figure 5; 그래픽: Elisabeth Hamel.

4-53. 순록. 사진 촬영: Thomas Debray; 게재 허가를 받았음.

4-54. 간결한 족보수 생성법. 그래픽에 대한 아이디어: Elisabeth Hamel.

4-55-1./4-55-2. Konrad Hummel, Population Analyses using Blood Group Markers, Immucor, Medizinische Diagnostik GmbH, Frankfurt, 1992; 그래픽: Elisabeth Hamel.

도표목록

도표 3-01. 어머니Mutter. 관련된 사전들에서 수집한 것임.

도표 3-02. 피필어Pipil와 핀어Finnisch. cf. Longrange comparison and methodological disputes, Encyclopedia of language and Linguistics, Keith Brown 〈Hrsg.〉, 2. Aufl. Oxford, Elsevier u. http://www.linguistica.utah.edu/Faculty/campbell/CampbellLongRangeEnc.doc, p. 4 (2006. 08. 08).

도표 3-03. 아버지Vater. 관련된 사전들에서 수집한 것임.

도표 3-04. 단어 Tragen. 관련된 사전들에서 수집한 것임.

도표 3-05. 체첸어, 이는 2006. 07. 27에 Wolfgang Schulze가 구두로 알려준 사항임.

도표 3-06. SVO-어순. Christian Strömsdörfer/Theo Vennemann, Ziele der syntaktischen Typologie, in: Syntax: Ein internationales Handbuch zeitgenösischer Forschung, 2 Halbbände (Handbücher zur Sprache- und Kommunikationswissenschaft, 9.1, 9.2), Joachim Jacobs 〈Hrsg.〉, Arnim Stechow/Wolfgang Sternefeld/Theo Vennemann, Berlin, Walter de Gruyter, 1993, 1995, II 1031-1043, 여기에서는 p. 1040.

도표 3-07. Syntax und Morphologie, 이는 이바 벨셔Iva Welscher가 2007. 07. 25에 문서로 알려주었음.

도표 3-08. 왼쪽 머리기반linksköpfig과 오른쪽 머리기반rechtsköpfig, 이는 관련된 사전들에서 수집하였음.

도표 3-09. SVO-변이형태. Anna Siewierska, Constituent Order in the Languages of Europe, European Science Foundation Language Typolgoy Series, Berlin, Mouton de Gruyter, 1998, p. 551.

도표 3-10. 관청언어, 이는 다음에 따른 것임: Werner König, dtv-Atlas zur deutschen Sprache, München, Deutscher Taschenbuchverlag, 2001, p. 37; Elisabeth Hamel이 만들었음.

도표 3-11. 발칸언어군Balkan-Sprachbund. Lyle Campbell, Historical Linguistics, Edinburgh, University Press, 1998, p. 300f; Elisabeth Hamel이 만들었음.

도표 3-12~3-14. 무지개. 이는 다음에 따른 것임: Johannes Bechert/Wolfgang Wildgen, Einführung in die Sprachkontaktforschung, Wissenschaftliche Buchgesellschaft, Darmstadt, 1991.

도표 3-15. 격Kasus. 이는 관련된 사전들에서 수집한 것임.

도표 3-16. 이차 자음추이2. Lautverschiebung. 이는 Theo Vennemann이 이를 주제로 한 강의에서 배포한 자료에서 나온 것으로서 게재 허락을 받았음.

도표 3-17. 어휘변화. 이는 관련된 사전들에서 수집한 것임.

도표 3-18. 모음조화. 이는 관련된 사전들에서 수집한 것임. 출처: Gustav Ineichen, Allgemeine Sprachtypolgie, Darmstadt, Wissenschaftliche Buchgesellschaft, 1991, p. 49, (Erträge der

Forschung 118)와 더불어 관련된 문법사항 등을 참조하였음.

도표 3-19. 다섯의 수 fünf. 이는 관련된 사전들에서 수집한 것이고 여기에서의 음성기호는 국제 기준에 따른 것임.

도표 3-20. 타이티어Tahitisch, 이는 관련된 사전들에서 수집한 것임.

도표 3-21. 여기에서 선택한 단어들은 관련된 사전들에서 수집한 것임.

도표 3-22. 어족Sprachfamilie. 여러 문헌에서 수집하여 종합한 것임. 여기에서의 표기방식은 다음에 따랐음: http://reese.linguist.de/Laender/familie/sprachfamilien.html (2007. 09. 02).

도표 3-23. 단어 Feuer(불). 이에 대하여는 다음을 비교하라: Lyle Campbell, Nostratic. A personal assessment, in: Nostratic, Sifting the evidence, Brian Joseph/Joe Salmons 〈hrsg.〉, Amsterdan, Benjamins, 1998, p.107~152.

도표 3-24. 프랑스어에서의 수사들, 관련된 사전들에서 수집.

도표 3-25,1과 3-25,2. Altfranzösische Zahlen, 이에 대하여는 다음을 비교하라: Theo Vennemann, Europa Vasconia - Europa Semitia, Patrizia Noel Aziz Hanna 〈Hrsg.〉, (Trends in Linguistics, Studies and Monographs 138), Berlin, Mouton de Gruyter, 2003, p. 600.

도표 3-26. 바스콘어에 기원을 두고 있다고 추측되는 어근들. 이에 대하여는 다음을 비교하라: Iva Welscher, Mittteleuropa und Südeuropa im Kontext der Alteuropäischen Toponymie (LMU München, Diss. 2005).

도표 3-27. 그리스어에 차용된 세미티드어. 이에 대하여는 다음을 비교하라: Émilia Masson, Recherches sur les plus anciens emprunts sémitiques en grec, Paris, Klincksieck, 1967.

도표 3-28. rote Mühle의 어순, Elisabeth Hamel이 작성한 것임.

도표 3-29. 관련된 사전들에서 수집하였음.

도표 3-30. 테오 페네만Theo Vennemann이 구두로 알려준 사항임.

도표 3-31. 이디시어Jiddisch. Andreas Nachama, Jiddisch Berliner jargon oder hebräische Sprachelemente im deutschen Wortschatz, Berlin, Stapp, 1994; Elmar Seebold, Etymologisches Wörterbuch der deutschen Sprache, Berlin, Walter de Gruyter, 1995.

도표 3-32. Normanisch. Albert Baugh/Thomas Cable, A history of English language, London, Routledge & Kegan Paul 1978, p. 123ff; Theo Vennemann, Europa Vasconia - Europa Semitia, Patrizia Noel Aziz Hanna 〈Hrsg.〉, (Trends in Linguistics, Studies and Monographs 138), Berlin, Mouton de Gruyter, 2003, p.11.

도표 3-33. 영어 어휘에 영향을 준 언어들의 비율, Manfred Scheler, Der englische Wortschatz, Berlin, Erich Schmidt, 1977 (Grundlagen der Anglistik und Amerikanistik, Bd. 9).

도표 3-34. 영어 어휘를 제공한 비율, Manfred Scheler, Der englische Wortschatz, Berlin, Erich Schmidt, 1977 (Grundlagen der Anglistik und Amerikanistik, Bd. 9).

도표 3-35. 한제동맹Hansebund의 영향으로 스카디나비아어에 들어간 차용어, Theo Vennemann, Europa Vasconia - Europa Semitia, Patrizia Noel Aziz Hanna 〈Hrsg.〉, (Trends in Linguistics, Studies and Monographs 138), Berlin, Mouton de Gruyter, 2003, p. 15~16.

도표 3-36. 인도유럽어에 어원을 두지 않고 있는 그리스어 어휘들. Colin Renfrew, World of Minos: The

Minoan Contribution to Mycenean Greek and the Linguistic Geography of the Bronze Age Aegean, in: Cabrdige Archaeological Journal, Vol. 8, No. 2, 1998년 10월), p. 239~264. 여기에서는 p. 245.

도표 3-37. 차용 과정. 2006년 겨울학기에 Uwe Dubielzig로부터 구두로 전달된 사항임.

도표 3-38. 아랍어어로부터 스페인어에 들어온 차용어. Theo Vennemann, Europa Vasconia - Europa Semitia, Patrizia Noel Aziz Hanna 〈Hrsg.〉, (Trends in Linguistics, Studies and Monographs 138), Berlin, Mouton de Gruyter, 2003, p. 13.

도표 3-39. 프랑켄어에서의 차용어. Theo Vennemann, Europa Vasconia - Europa Semitica, Patrizia Noel Aziz Hanna 〈Hrsg.〉, (Trends in Linguistics, Studies and Monographs 138), Berlin, Mouton de Gruyter, 2003, p. 12.

도표 3-40. 핀란드어와 독일어. F. B. j. Kuiper, Gothic bagms and Old Icelandic yglr, in: NOWELE 25 (1995), p. 72~76.

도표 3-41. 터키어에서 들어온 차용어. Theo Vennemann, Europa Vasconia - Europa Semitica, Patrizia Noel Aziz Hanna 〈Hrsg.〉, (Trends in Linguistics, Studies and Monographs 138), Berlin, Mouton de Gruyter, 2003, p. 14.

도표 3-42. 주기도문. 다음에서의 신약성경을 번역한 것에서 발췌하였음: Leiçarras ga Baskischer Bücher von 1751, Hrsg. Th. Luschmann/H. Schuchardt, 1900. Strassburg von K. J. Trübner;

http://leizarraga.wikispaces.com/Test004.htm; 이의 직역에서 Bernahrd Lechner와 Joan Azurmend의 호의적인 도움을 받았음.

도표 3-43. 스페인어에 들어온 바스크어. http://en.wikipedia.org/wiki/List_of_Spranish_words_Basque_/Iberian_origin.

도표 3-44. 랑고바르드어와 동고트어. Theo Vennemann, Europa Vasconia - Europa Semitica, Patrizia Noel Aziz Hanna 〈Hrsg.〉, (Trends in Linguistics, Studies and Monographs 138), Berlin, Mouton de Gruyter, 2003, p.13~14.

도표 3-45. 차용어들. 관련된 사전들에서 수집한 것임.

도표 3-46. 라틴어와 바이에른어. 이에 대하여는 다음을 비교하라: Willi u. Eva Mayerthaler, Aspects of Bavarian Syntax, in: Development and Diversity, Language Variation across Time and Space, Edmonson, Feagin u. Mühlhäusler 〈Hrsg.〉, (A Festschrift for C.-J. N. Bailey) Arlington, University of Texas, Summer Institute of Linguistics 1990, p. 371~429, 여기에는 p. 374~376.

도표 3-47. 골어. Erfurt 대학에서의 세미나에서 크리스티안 레만Christian Lehmann이 행한 것임. 이에 대하여는 다음을 역시 참조할 것: http://www.uni.erfurt.de/sprachwissenschaft/Erfurt.erfurt.de/personal/lehmann/Fundus/Roman_elt_Lehnwoerter.html (2006. 08. 02).

도표 3-48. 스페인에 들어온 켈트어. Erfurt 대학의 Christian Lehmann가 세미나에서 나왔음. http://www.uni.erfurt.de/sprachwissenschaft/Erfurt.erfurt.de/personal/lehmann/Fundus/Roman_elt_Lehnwoerter.html (2006. 08. 02).

도표 3-49. 렘느와 에트루리아어. http://en.wikipedia.org/wiki/Lemnian_language.

도표 3-50. 이베리아 반도의 지명. Jürgen Untermann, Die vorrömischen Sprachen der iberischen Halbinsel, Westdeutscher Verlag, Nordrhein-Westfälischer Akademie der Wissenschaften, Vorträge, 6375 (2001).

4-54_ 속성방법을 통한 족보수 생성법

뉴클레이드 위치 번호	1	2	3	4	5	6	7	8	9	10	11	12	13	14	15	16	17	18	19	20	21	22	23
시료 0	A	C	C	G	A	C	C	T	T	G	A	C	T	A	G	C	T	C	C	T	A	G	G
시료 1	–	–	–	–	–	T	–	–	–	–	–	–	C	–	–	–	–	–	–	–	–	–	–
시료 2	–	–	–	–	–	–	–	–	–	–	–	–	C	–	–	–	C	–	–	–	–	–	C
시료 3	–	–	–	A	–	T	–	–	–	–	–	–	C	–	–	–	–	–	–	–	–	–	–
시료 4	–	–	–	–	–	–	–	–	–	–	–	–	C	–	–	–	–	–	–	–	G	–	–
시료 5	–	–	–	A	–	T	–	–	–	–	–	–	C	–	A	–	–	–	–	–	–	–	–
시료 6	–	–	–	A	–	T	–	–	–	–	–	–	C	–	A	–	–	–	–	–	–	–	–
시료 7	–	–	–	–	–	–	–	–	C	–	–	–	C	–	–	–	–	–	–	–	G	–	–

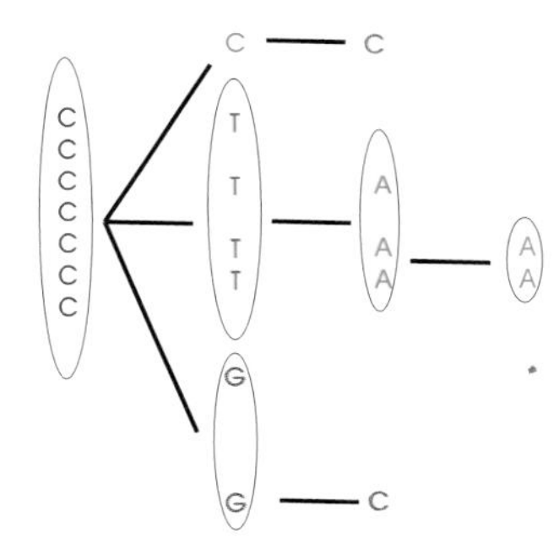

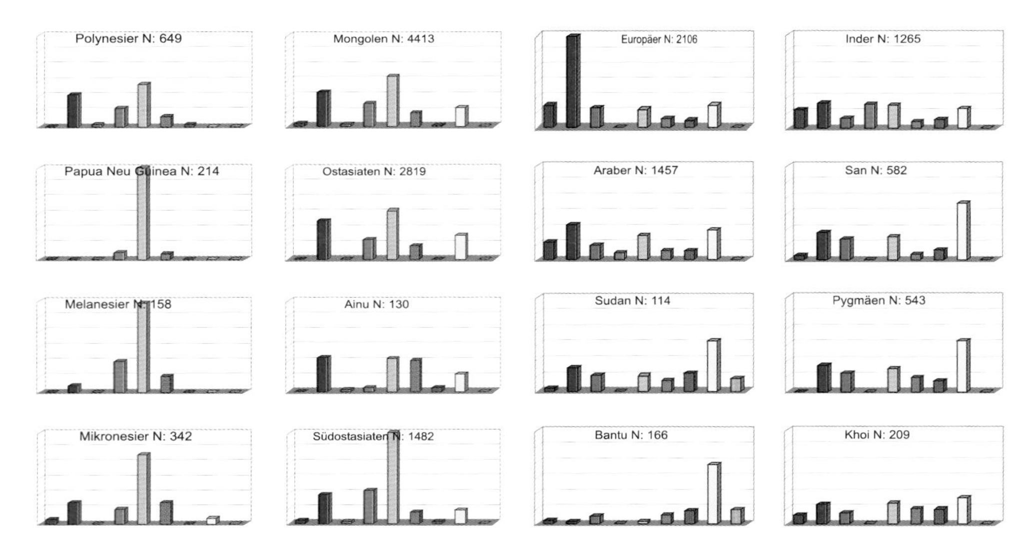

4-55-1_ 여러 다양한 HLA-A 변이형이 나타나는 빈번도

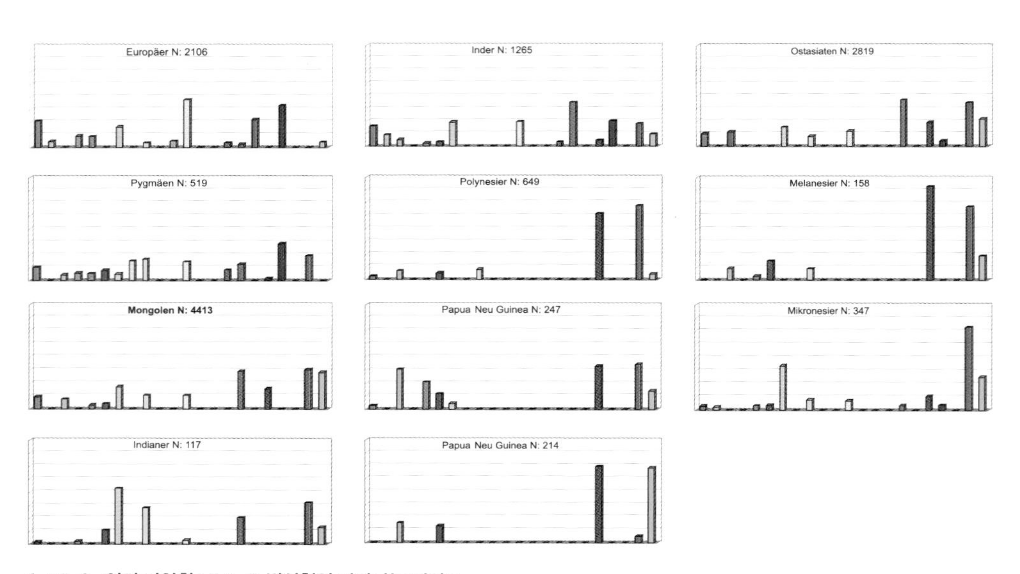

4-55-2_ 여러 다양한 HLA-B 변이형이 나타나는 빈번도